FUNCTIONAL SAFETY IN ONE BOOK
STANDARD DETAILS AND
APPLICATION PRACTICES

一本书讲透汽车功能安全

标准详解与应用实践

王伟峰 著

机械工业出版社
CHINA MACHINE PRESS

图书在版编目（CIP）数据

一本书讲透汽车功能安全：标准详解与应用实践 / 王伟峰著 . -- 北京：机械工业出版社，2025.5.
（智能汽车丛书）. -- ISBN 978-7-111-78094-6
I. U461.91
中国国家版本馆 CIP 数据核字第 2025T1E038 号

机械工业出版社（北京市百万庄大街 22 号　邮政编码 100037）
策划编辑：杨福川　　　　　　　　责任编辑：杨福川　董惠芝
责任校对：王　捷　李可意　景　飞　责任印制：刘　媛
三河市宏达印刷有限公司印刷
2025 年 6 月第 1 版第 1 次印刷
186mm×240mm・31 印张・552 千字
标准书号：ISBN 978-7-111-78094-6
定价：149.00 元

电话服务　　　　　　　　　网络服务
客服电话：010-88361066　　机　工　官　网：www.cmpbook.com
　　　　　010-88379833　　机　工　官　博：weibo.com/cmp1952
　　　　　010-68326294　　金　书　网：www.golden-book.com
封底无防伪标均为盗版　　　机工教育服务网：www.cmpedu.com

Preface 前　　言

为什么要写这本书

几年前在进行 IEC 61508 标准融合研究时，我查阅了一本国外的书籍，书名叫 *The Safety Critical Systems Handbook*。当时，该书已经出版到第 4 版。对于这本非常小众的专业书籍能一版再版，我不免有些好奇。读完该书之后，我才发现它之所以具备这么强的生命力，一是因为内容质量高，具有实践指导意义；二是因为内容紧跟标准发展动态，会及时将新内容、新思考同步到图书中。目前，该书已更新至第 5 版。

钦佩之余，不禁感叹，我也写一本基于 ISO 26262 的汽车领域功能安全图书怎么样！

人天生有惰性，怎么说服自己将想法付诸实践，正是"万事开头难"的关键。真正让我把动念付诸实践的原因是，内子在三年前经历的一场重病，这让我意识到，如果想做点什么，就得尽快开始行动。而真正开始行动的标志性事件是，在微信公众号"功能安全落地漫谈"发表了第一篇文章。

其实，在微信公众号发表第一篇文章之前，我已经完成了用于内部培训的 PPT，但实际写文章与编写 PPT 相差甚远。PPT 字少图多，追求言简意赅，基本无法用于出版图书，因为出版物对内容的正确性、逻辑性、规范性、详细程度有严格要求，而且受众变成了整个行业的从业人员，包括各个层次的开发人员、专家、学者等，这就迫使我重新规划书稿内容。因此，只能再次克服"惰性"对文章内容进行重构。正如费曼学习法中所讲，这个重构的过程其实就是"用输出倒逼输入"。最终给大家呈现的内容是经过重新翻阅标准原文并查阅大量相关资料后，结合实践经验编写而成的。

期望本书能够成为汽车功能安全领域的一本常翻常新的工具书，为广大读者提供全面、深入、实用的功能安全知识和实践应用参考。同时，期待与读者一起探讨汽车功能安全在项目中的落地实践方法。希望能持续更新和丰富这本书的内容，使其保持生命力。

读者对象

本书适合以下汽车从业者阅读。
- 组织内部的功能安全专家和评估师
- 从事汽车电子电气系统、硬件、软件开发及测试的人员
- 项目管理人员、产品经理和质量管理人员
- 车规级芯片设计人员
- 汽车科技科研机构
- 汽车工程专业学生
- 其他行业的功能安全从业人员

本书特色

随着科技的飞速发展，汽车已不再仅仅是简单的代步工具，它们正逐渐演变成集智能、互联、安全于一体的移动空间。在这个过程中，汽车功能安全的重要性日益凸显。

简而言之，汽车功能安全就是确保汽车在各种可能的工作状态下都能保持其设计功能的完整性和安全性。这包括但不限于车辆的控制系统、驾驶辅助系统、动力系统、底盘系统等。每一项功能的稳定运行，都离不开严格的安全设计和验证。要实现这些，需要系统性的方法论来提供理论依据，而 ISO 26262 正是提供功能安全开发和管理方法论的标准依据。

本书主要基于 ISO 26262 及 GB/T 34590，从汽车功能安全的基本概念入手，逐步介绍其发展历程、技术原理、设计方法、验证流程等，旨在全面、深入地探讨汽车功能安全的相关内容。

在编写本书时，汽车功能安全标准在国内已经推行了 10 多年，单纯讲解标准已经不再吸引读者。读者更希望了解的是如何将标准条款应用到实际项目工程中，这就是我常提

到的"落地"。在实践中，汽车功能安全的落地是读者关注的重点，也是我在项目实践中不断探索的话题。

鉴于读者对汽车功能安全在项目实践中的关注，本书从标准条款入手，结合 V 模型，循序渐进地以问题的形式展开讲解，全面深入地介绍每个阶段的相关要求及对应的实践经验（详见本书中标有**解读**字样的内容）。同时，在行文过程中随机对当前内容提出疑问，以引发读者的思考和讨论（详见书中标有"Q"字样的内容）。无论是解读还是随机提出的疑问，这些内容都凝聚了个人在不同产品功能安全项目中的实践经验和思考，旨在为读者提供标准条款解读的同时，提供一些功能安全的可行实践参考。

同时，针对不同开发阶段（系统、硬件、软件）的一些技术要求以及不同分析方法，本书尽量结合具体案例进行说明和分析。实践过程中，大部分活动其实都非常具有挑战性，而本书试图给读者提供可参考的解决方案。

如何阅读本书

本书共 16 章，分为两个部分，具体内容如下。

第一部分　功能安全详解

第 1 章对标准进行整体性介绍，以期建立或重塑读者对于标准的认知。

第 2 章系统地介绍功能安全管理相关的活动，以及如何与常规项目管理融合。

第 3 章阐述功能安全概念阶段的活动应如何实施。

第 4 章基于功能安全系统层面开发模型，阐述功能安全系统阶段的活动要求及实践，以及系统阶段的验证和确认要求及实践。

第 5 章基于功能安全硬件层面开发模型，阐述硬件安全要求、硬件设计、硬件安全分析、硬件架构度量、硬件设计验证等内容。

第 6 章基于功能安全软件层面开发模型，并结合 ASPICE 的过程开发要求，阐述软件安全要求、软件设计（架构设计 + 详细设计）、软件设计验证等内容。

第 7 章系统讲解了功能安全 V 模型右侧各阶段的测试与验证活动要求，并对活动的测试与验证方法进行了详细解读。

第 8 章从标准要求出发，解读标准要求，阐述如何实施硬件要素评估、软件组件鉴定和软件工具鉴定。

第 9 章从 MooN 架构模型谈起，阐述了不同 MooN 架构模型及其与 Fail-safe 架构和 Fail-operational 架构的关系，还介绍了 ISO 13849 中关于机械安全系统的指定架构模型、IEC 62061 中的安全控制系统（SCS）架构、E-GAS 三层电子监控架构，探讨了这些架构模型的关系，以及这些安全架构模型在芯片功能安全架构设计和自动驾驶系统安全架构设计中的应用。

第二部分　功能安全分析

第 10 章全面深入地阐述了 FMEA 和 FMEA-MSR 方法及具有实际指导意义的实践应用。

第 11 章全面深入地阐述了 FTA 相关的术语、符号、事件、实施原则等概念，并结合示例阐释 FTA 方法。

第 12 章基于第 11 章讲解的 FTA 方法，结合示例进行实践应用分析，讲解如何通过 FTA 方法来改进系统设计的薄弱环节。

第 13 章讨论 FMEA 与 FTA 融合分析的可能性和方法论，提供两者融合分析的参考思路。

第 14 章讲解 FMEDA 的相关概念、随机硬件故障的特征及分类流程、FMEDA 输入输出信息、FMEDA 的相关要求，并结合示例介绍 FMEDA 方法应用。

第 15 章全面深入地讲解 DFA 方法，包括为什么要实施 DFA、DFA 与其他安全分析方法之间的关系、DFA 实施的相关要求、DFA 六步法。

第 16 章介绍了 ASIL 分解的相关概念和原理，并结合示例说明 ASIL 分解的应用。

勘误与支持

由于个人能力有限，本书在力求"惟精惟一，允执厥中"的同时，难免有纰漏和待商榷之处，欢迎广大读者不吝指正。欢迎关注微信公众号"**功能安全落地漫谈**"或知乎账号"WF.WANG"，留言"功能安全落地漫谈"即可获取本书的参考文件目录。阅读过程中发现任何问题，可在微信公众号或知乎账号留言，我将尽可能及时回复，并定期在微信公众号公布解答及勘误清单。

致谢

在撰写本书的过程中，我得到了业内专家和广大读者的大力支持。他们对书中的内容提出了许多宝贵的意见。在此，向他们表示衷心的感谢！同时，也要感谢家人对我的理解和支持。本书的编写大多是在晚上和节假日完成的，占用了陪伴他们的时间，在这里向家人表达我深深的谢意！

声明

本书提供的是针对标准内容的个人实践应用参考，并不能作为组织在功能安全开发方面的依据。鉴于该领域的知识和最佳实践在不断变化，组织可能需要基于行业动态及产品形态改变研究方法、专业实践和测试方法。

在法律允许的最大范围内，出版商、作者、编辑均不对因使用本书中的任何方法、产品、说明或想法而造成的任何人身伤害和财产损害承担任何责任。

目 录 Contents

前言

第一部分 功能安全详解

第1章 功能安全概述 ……………… 2
- 1.1 导读 ………………………………… 2
- 1.2 关于安全文化 …………………… 5
  - 1.2.1 安全文化的定义及评价准则 ……………………… 5
  - 1.2.2 安全文化的要求与呈现方式 ……………………… 8
- 1.3 ISO 26262 功能安全概述 ……… 13
  - 1.3.1 ISO 26262 的发展历程 …… 13
  - 1.3.2 重要术语定义 …………… 14
  - 1.3.3 为什么需要功能安全 …… 22
  - 1.3.4 ISO 26262 标准总体内容框架概览 ……………… 25
  - 1.3.5 ISO 26262 标准分解概览 … 26
- 1.4 本章小结 ………………………… 40

第2章 ISO 26262中的功能安全管理 ……………………………… 41
- 2.1 功能安全管理的主要活动 ……… 42
- 2.2 功能安全管理中的角色与职责 … 42
- 2.3 安全计划 ………………………… 44
  - 2.3.1 关于组织架构 …………… 45
  - 2.3.2 关于开发接口协议 ……… 46
  - 2.3.3 关于安全异常管理 ……… 47
  - 2.3.4 关于能力管理 …………… 49
- 2.4 关于安全档案 …………………… 49
- 2.5 关于认可措施 …………………… 51
  - 2.5.1 认可措施简介 …………… 52
  - 2.5.2 认可评审 ………………… 55
  - 2.5.3 功能安全审核 …………… 55
  - 2.5.4 功能安全评估 …………… 56
  - 2.5.5 认可措施的独立性 ……… 57
- 2.6 关于验证 ………………………… 58
  - 2.6.1 验证方式 ………………… 58
  - 2.6.2 验证与认可措施的联系 … 59

2.7	功能安全管理之生产、运营、服务和报废环节 ············ 60			3.5.2	如何获取 FSR ············ 110	
				3.5.3	什么是 FSC ············ 112	
	2.7.1	生产计划的相关要求 ········ 61	3.6	本章小结 ························ 113		
	2.7.2	样件制造、预生产及生产的相关要求 ············ 62	**第4章**	**功能安全之系统开发** ········ **114**		
			4.1	系统层面开发模型概览 ········ 114		
	2.7.3	运营、服务和报废计划相关要求 ············ 63	4.2	系统层面功能安全开发的考虑 ··· 116		
			4.3	技术安全概念设计基本要点 ····· 117		
2.8	功能安全管理之需求管理 ········ 64		4.4	系统层面的架构设计 ············ 120		
	2.8.1	需求的颗粒度与完整性 ······ 67	4.5	软硬件接口规范 ················ 122		
	2.8.2	需求的来源 ············ 70	4.6	安全验证与确认 ················ 125		
	2.8.3	如何编写需求 ············ 72		4.6.1	验证 ············ 125	
	2.8.4	如何管理需求 ············ 73		4.6.2	确认 ············ 126	
	2.8.5	安全需求与安全概念的区别和联系 ············ 78		4.6.3	系统验证和确认要求 ········ 127	
			4.7	本章小结 ························ 128		
2.9	本章小结 ························ 83					
第3章	**功能安全之概念阶段** ········ **84**		**第5章**	**功能安全之硬件开发** ········ **129**		
			5.1	功能安全硬件开发模型 ········ 129		
3.1	什么是 HARA ················ 84		5.2	功能安全硬件开发中的常见问题 ···················· 130		
3.2	实施 HARA 活动前的准备 ····· 85					
3.3	如何实施 HARA 活动 ·········· 88		5.3	硬件安全要求 ··················· 132		
	3.3.1	步骤一：危害分析 ············ 89		5.3.1	目的 ············ 132	
	3.3.2	步骤二：场景识别 ············ 93		5.3.2	输入输出关系 ············ 132	
	3.3.3	步骤三：风险评估 ············ 95		5.3.3	如何定义 HSR ············ 133	
	3.3.4	步骤四：分析整理 ············ 103		5.3.4	硬件安全要求的导出示例 ··· 134	
3.4	HARA 方法得到的 ASIL 等级对应活动的区别 ············ 104		5.4	硬件设计 ························ 137		
				5.4.1	目的 ············ 137	
3.5	"万里长征"第一步：从 SG 到 FSC ················ 108			5.4.2	输入输出关系 ············ 138	
				5.4.3	硬件设计过程 ············ 138	
	3.5.1	什么是 FSR ············ 108				

5.4.4　硬件层面的HSI规范⋯⋯⋯144
5.5　硬件安全分析⋯⋯⋯⋯⋯⋯⋯145
　　5.5.1　硬件故障的类型及相关定义⋯⋯⋯⋯⋯⋯⋯⋯147
　　5.5.2　硬件安全分析（定性）与设计举例⋯⋯⋯⋯⋯⋯149
　　5.5.3　练习时刻⋯⋯⋯⋯⋯⋯155
5.6　硬件架构度量⋯⋯⋯⋯⋯⋯⋯156
　　5.6.1　基础知识⋯⋯⋯⋯⋯⋯156
　　5.6.2　单点故障度量⋯⋯⋯⋯158
　　5.6.3　潜在故障度量⋯⋯⋯⋯158
　　5.6.4　随机硬件失效度量⋯⋯159
　　5.6.5　硬件架构度量计算示例⋯⋯160
　　5.6.6　练习时刻⋯⋯⋯⋯⋯⋯164
5.7　硬件设计验证⋯⋯⋯⋯⋯⋯⋯167
　　5.7.1　目的⋯⋯⋯⋯⋯⋯⋯⋯167
　　5.7.2　要求及建议⋯⋯⋯⋯⋯167
　　5.7.3　工作成果⋯⋯⋯⋯⋯⋯170
5.8　本章小结⋯⋯⋯⋯⋯⋯⋯⋯⋯170

第6章　功能安全之软件开发⋯⋯172
6.1　软件开发概述⋯⋯⋯⋯⋯⋯⋯172
　　6.1.1　软件开发模型⋯⋯⋯⋯172
　　6.1.2　软件开发的通用要求⋯⋯173
6.2　软件安全要求⋯⋯⋯⋯⋯⋯⋯178
　　6.2.1　目的⋯⋯⋯⋯⋯⋯⋯⋯178
　　6.2.2　要求与建议⋯⋯⋯⋯⋯178
6.3　软件架构设计⋯⋯⋯⋯⋯⋯⋯180

　　6.3.1　目的⋯⋯⋯⋯⋯⋯⋯⋯180
　　6.3.2　什么是架构⋯⋯⋯⋯⋯180
　　6.3.3　什么是软件架构⋯⋯⋯181
　　6.3.4　软件架构与系统的交互⋯181
　　6.3.5　软件系统简介⋯⋯⋯⋯182
　　6.3.6　软件层面的开发视图⋯⋯183
　　6.3.7　软件架构设计要求及方法⋯185
6.4　软件详细设计⋯⋯⋯⋯⋯⋯⋯198
　　6.4.1　目的⋯⋯⋯⋯⋯⋯⋯⋯199
　　6.4.2　输入输出关系⋯⋯⋯⋯199
　　6.4.3　软件详细设计要求⋯⋯⋯200
6.5　软件设计验证⋯⋯⋯⋯⋯⋯⋯202
　　6.5.1　软件安全分析⋯⋯⋯⋯202
　　6.5.2　软件要素间的免于干扰⋯203
　　6.5.3　简述软件单元验证⋯⋯⋯211
　　6.5.4　简述软件集成和验证⋯⋯213
　　6.5.5　简述嵌入式软件测试⋯⋯215
6.6　本章小结⋯⋯⋯⋯⋯⋯⋯⋯⋯217

第7章　功能安全之测试与验证⋯⋯218
7.1　关于验证与确认⋯⋯⋯⋯⋯⋯218
　　7.1.1　验证⋯⋯⋯⋯⋯⋯⋯⋯219
　　7.1.2　确认⋯⋯⋯⋯⋯⋯⋯⋯219
7.2　硬件测试与验证⋯⋯⋯⋯⋯⋯220
　　7.2.1　目的⋯⋯⋯⋯⋯⋯⋯⋯220
　　7.2.2　输入输出关系⋯⋯⋯⋯221
　　7.2.3　硬件测试与验证的相关要求⋯⋯⋯⋯⋯⋯⋯⋯221

7.3	软件测试与验证 …………… 224		8.2.5	如何进行软件组件鉴定 …… 257
	7.3.1 详解软件单元验证 ………… 224	8.3	软件工具鉴定 ……………… 259
	7.3.2 详解软件集成和验证 ……… 231		8.3.1	软件工具鉴定的概念 ……… 259
	7.3.3 详解嵌入式软件测试 ……… 233		8.3.2	软件工具置信度评估
	7.3.4 软件测试方法 ……………… 234			相关要求 …………………… 260
7.4	系统测试与验证 …………… 237		8.3.3	如何进行软件工具鉴定 …… 261
	7.4.1 目的 ………………………… 238	8.4	本章小结 …………………… 265
	7.4.2 输入输出关系 ……………… 238			
	7.4.3 软硬件集成与验证 ………… 238	**第9章**	**功能安全架构设计** …………… 266
	7.4.4 系统集成与验证 …………… 241	9.1	*MooN* 架构模型探讨 ……… 266
	7.4.5 整车集成与验证 …………… 243		9.1.1	Fail-safe 架构 …………… 267
7.5	安全确认 …………………… 244		9.1.2	Fail-operational 架构 ……… 269
	7.5.1 目的 ………………………… 244		9.1.3	*MooN* 架构及 *MooN*(D)
	7.5.2 输入输出关系 ……………… 245			架构 ………………………… 271
	7.5.3 安全确认的相关要求 ……… 245	9.2	机械安全系统的指定架构 … 278
7.6	本章小结 …………………… 246		9.2.1	Category B 指定架构 ……… 279
			9.2.2	Category 1 指定架构 ……… 279
第8章	**硬件要素评估与软件组件、**		9.2.3	Category 2 指定架构 ……… 280
	工具鉴定 ……………………… 247		9.2.4	Category 3 指定架构 ……… 280
8.1	硬件要素评估 ……………… 247		9.2.5	Category 4 指定架构 ……… 281
	8.1.1 硬件要素评估的目的 ……… 248	9.3	关于 IEC 62061 中的安全
	8.1.2 硬件要素的分类 …………… 249		控制系统架构 ……………… 282
	8.1.3 硬件要素评估方法 ………… 250		9.3.1	A 类系统架构 ……………… 282
8.2	软件组件鉴定 ……………… 253		9.3.2	B 类系统架构 ……………… 283
	8.2.1 软件组件相关概念 ………… 253		9.3.3	C 类系统架构 ……………… 283
	8.2.2 软件组件鉴定的目的 ……… 254		9.3.4	D 类系统架构 ……………… 286
	8.2.3 软件组件鉴定的适用范围 … 255	9.4	E-GAS 三层电子监控架构 … 286
	8.2.4 软件组件鉴定的相关要求 … 255		9.4.1	设计概念 …………………… 287

9.4.2 应用示例：整车控制器……287
9.5 硬件层面的芯片功能安全架构设计……294
 9.5.1 芯片的硬件安全设计要求参考……295
 9.5.2 芯片的供电安全……297
 9.5.3 芯片的时钟安全……302
 9.5.4 芯片的存储安全……305
 9.5.5 芯片的温度监控……307
9.6 软件层面的芯片功能安全架构设计……308
 9.6.1 芯片的软件安全……308
 9.6.2 芯片的通信安全……313
 9.6.3 芯片的信息安全……314
9.7 不可小瞧的"隐匿杀手"——单粒子翻转……322
 9.7.1 无处不在的电离辐射……322
 9.7.2 单粒子翻转……323
 9.7.3 单粒子翻转的缓解措施……324
9.8 自动驾驶系统的 Fail-operational 架构……328
 9.8.1 Fail-operational 架构设计考量……328
 9.8.2 Fail-operational 架构参考模型……332
 9.8.3 实现最低风险条件的智能失效可运行的回退策略……337
9.9 本章小结……340

第二部分　功能安全分析

第10章　FMEA和FMEA-MSR方法及应用……342

10.1 FMEA 的定义及发展历程……342
 10.1.1 FMEA 简介……342
 10.1.2 FMEA 的发展历程……343
10.2 FMEA 的目的和应用时机……344
10.3 FMEA 的类型……345
 10.3.1 DFMEA……345
 10.3.2 PFMEA……345
10.4 FMEA 方法……346
 10.4.1 第一步：策划准备……347
 10.4.2 第二步：结构分析……347
 10.4.3 第三步：功能分析……349
 10.4.4 第四步：失效分析……351
 10.4.5 第五步：风险分析……355
 10.4.6 第六步：优化……365
 10.4.7 第七步：结果文件化……367
10.5 FMEA 的特殊特性……369
 10.5.1 特殊特性的定义及分类……370
 10.5.2 特殊特性的传递……373
10.6 FMEA-MSR 方法……376
 10.6.1 FMEA 在 ISO 26262 中的局限……376
 10.6.2 具体实施……377
 10.6.3 如何避免监控设计的缺陷……385
10.7 本章小结……386

第11章 FTA方法 ······ 387

- 11.1 FTA 的发展历程 ······ 387
- 11.2 FTA 相关内容简介 ······ 389
  - 11.2.1 故障树介绍 ······ 389
  - 11.2.2 FTA 的定义 ······ 389
  - 11.2.3 FTA 的目的 ······ 390
- 11.3 ISO 26262 中关于 FTA 的说明及要求 ······ 390
- 11.4 FTA 中的事件及其符号 ······ 392
  - 11.4.1 底事件 ······ 392
  - 11.4.2 结果事件 ······ 392
  - 11.4.3 特殊事件 ······ 393
  - 11.4.4 FTA 中的逻辑门及其符号定义 ······ 393
  - 11.4.5 FTA 中的转移符号 ······ 395
- 11.5 FTA 中的术语 ······ 397
  - 11.5.1 模块与最大模块 ······ 397
  - 11.5.2 割集与最小割集 ······ 398
  - 11.5.3 径集与最小径集 ······ 399
  - 11.5.4 单调故障树与非单调故障树 ······ 401
  - 11.5.5 重要度 ······ 403
- 11.6 FTA 实施原则 ······ 404
  - 11.6.1 划定边界和合理简化架构图 ······ 404
  - 11.6.2 故障事件严格定义 ······ 404
  - 11.6.3 故障树应逐层推演 ······ 405
  - 11.6.4 从上而下逐级建树 ······ 405
  - 11.6.5 建树时不允许逻辑门直接相连 ······ 406
  - 11.6.6 妥善处理共因事件 ······ 406
- 11.7 FTA 实施步骤 ······ 407
- 11.8 本章小结 ······ 408

第12章 故障树构建与分析 ······ 409

- 12.1 确定顶事件 ······ 410
- 12.2 确定子树 ······ 410
- 12.3 子树演绎 ······ 410
- 12.4 子树集成 ······ 414
- 12.5 故障树整理 ······ 415
  - 12.5.1 目的 ······ 415
  - 12.5.2 故障树规范化的基本规则 ······ 415
  - 12.5.3 故障树的简化与模块分解 ······ 419
- 12.6 故障树定性分析 ······ 426
  - 12.6.1 目的 ······ 426
  - 12.6.2 求最小割集 ······ 426
  - 12.6.3 故障树定性分析示例 ······ 428
- 12.7 本章小结 ······ 433

第13章 FMEA与FTA融合分析 ······ 434

- 13.1 FMEA 与 FTA 的区别与联系 ······ 434
- 13.2 FMEA 与 FTA 的融合 ······ 436
  - 13.2.1 前融合 ······ 437

13.2.2　后融合 ············ 437
　　13.2.3　双向融合 ·········· 438
13.3　本章小结 ················· 440

第14章　FMEDA方法 ············ 441

14.1　FMEDA 相关概念 ············ 441
　　14.1.1　FMEDA 与 FMEA ······ 442
　　14.1.2　失效率 ············· 442
　　14.1.3　失效模式 ··········· 443
　　14.1.4　安全机制 ··········· 444
　　14.1.5　诊断覆盖率 ········· 444
　　14.1.6　安全状态 ··········· 445
14.2　随机硬件故障的特征及
　　　分类流程 ················ 445
　　14.2.1　单点故障特征 ······· 445
　　14.2.2　残余故障特征 ······· 446
　　14.2.3　可探测的双点故障特征 ··· 446
　　14.2.4　可感知的双点故障特征 ··· 447
　　14.2.5　潜在双点故障特征 ····· 447
　　14.2.6　安全故障特征 ········ 448
　　14.2.7　随机硬件故障分类流程 ··· 448
14.3　FMEDA 输入输出信息 ········ 448
14.4　FMEDA 的相关要求 ········· 449
14.5　FMEDA 方法应用 ··········· 450
　　14.5.1　FMEDA 五步法 ········ 450
　　14.5.2　FMEDA 示例 ········· 451
14.6　本章小结 ················· 456

第15章　DFA方法 ············ 457

15.1　为什么要实施 DFA ·········· 457
15.2　DFA 与其他安全分析方法
　　　之间的关系 ·············· 459
15.3　DFA 实施的相关要求 ········ 460
15.4　DFA 六步法 ··············· 461
15.5　本章小结 ················· 469

第16章　ASIL等级分解 ············ 470

16.1　ASIL 等级分解相关概念
　　　及要求 ················· 470
　　16.1.1　ASIL 等级分解的概念 ··· 471
　　16.1.2　ASIL 等级分解要求 ···· 472
16.2　ASIL 等级分解的目的 ········ 473
16.3　ASIL 等级分解原理 ········· 474
　　16.3.1　ASIL 等级分解的数学
　　　　　原理 ··············· 475
　　16.3.2　ASIL 等级分解要点 ···· 476
16.4　ASIL 等级分解实践 ········· 477
16.5　本章小结 ················· 479

后记 ························ 480

第一部分 *Part 1*

功能安全详解

- 第1章 功能安全概述
- 第2章 ISO 26262中的功能安全管理
- 第3章 功能安全之概念阶段
- 第4章 功能安全之系统开发
- 第5章 功能安全之硬件开发
- 第6章 功能安全之软件开发
- 第7章 功能安全之测试与验证
- 第8章 硬件要素评估与软件组件、工具鉴定
- 第9章 功能安全架构设计

第 1 章

功能安全概述

本章将概括性地介绍 ISO 26262 及 GB/T 34590 功能安全标准的内容，包含安全文化的理解、标准的发展历程、功能安全对于产品开发的意义、重要的术语及定义、标准内容框架及概览、标准分解概览等。

本章从一份问题清单开始，其中包含了标准各个部分相关的基础性问题以及实践过程中可能遇到的各种问题，旨在引导大家带着问题去阅读、思考和实践。这份清单可以说是一份进入功能安全标准的"入门考卷"。

注：除非特别说明，本书中的"标准"是指 ISO 26262 及对应版本的 GB/T 34590。

1.1 导读

在结合项目实践逐步展开标准内容解读之前，我想先在这里埋下一个"伏笔"，作为预先安排的一个测试。

表 1-1 为一份关于功能安全标准内容的初阶问题清单。由于时间和能力有限，该问题清单并不能涵盖全部标准，权当用于引发思考。随着学习的持续和深入，本清单可用于粗略检视自身学习过程中的问题，也可用于交流探讨。希望该问题清单能不断扩展，逐渐深入。

表 1-1　功能安全标准初阶问题清单

Q1	功能安全标准 ISO 26262、GB/T 34590 的适用范围是什么？
Q2	功能安全标准所提到的 V 模型涉及哪些过程？
Q3	什么是安全？功能安全关注什么？
Q4	Item 的概念是什么？怎么和产品对应？
Q5	什么是可用性？它与安全是什么关系？除了这两个概念，功能安全项目实施过程中还与产品的哪些属性相关？
Q6	什么是 ASIL？ASIL 与 IEC 61508 中的 SIL 有什么关系？
Q7	什么是基线？基线与功能安全有什么关系？
Q8	什么是 HARA？如何实施 HARA 活动？
Q9	什么是 SG？SG 是怎么得出的？它具备哪些属性？
Q10	什么是 FTTI？
Q11	什么是安全认可措施（Confirmation Measure）？如何实施安全认可措施？
Q12	什么是专用措施（Dedicated Measure）？
Q13	什么是其他技术（Other Technology）？
Q14	什么是外部措施（External Measure）？
Q15	专用措施、其他技术、外部措施三者是什么关系？
Q16	什么是降级（Degradation）？
Q17	什么是相关失效（Dependent Failure）？
Q18	什么是 DIA？非功能安全项目需不需要 DIA？
Q19	什么是诊断覆盖率（Diagnostic Coverage，DC）？
Q20	什么是分布式开发（Distributed Development）？
Q21	什么是紧急运行（Emergency Operation）？
Q22	什么是伤害（Harm）、危害（Hazard）？
Q23	什么是 SEooC？什么情况下用 SEooC？
Q24	安全生命周期中包括哪些活动？
Q25	安全管理可分为哪些部分？
Q26	功能安全管理部分包括哪些输出物？
Q27	功能安全管理需要哪些角色？
Q28	如何将功能安全活动和项目管理活动结合起来？
Q29	安全计划包括哪些内容？它和项目管理计划有什么不同？
Q30	什么是认可措施的独立性？为什么需要独立性？
Q31	对于功能安全项目，生产释放的前提是什么？
Q32	HARA 活动的输入是什么？谁来做 HARA 活动？HARA 活动的目的是什么？
Q33	HARA 活动中的风险评价要素有哪几个？分别代表什么含义？和 FMEA 中的 S、O、D 有什么异同？
Q34	得到 SG 后在整车层面要提什么需求？该需求如何得到？对应的输出物是什么？
Q35	FSR 和 FSC 是什么关系？
Q36	标准对 FSC 输出物的内容有什么要求？
Q37	FSC 完成之后要开始哪部分工作，下一层级的需求是什么？

(续)

Q38	针对 FSR 的测试是什么？谁来执行？
Q39	概念阶段有哪些输出物？
Q40	TSC 关注哪些方面？TSC、TSR、系统架构设计文档包含哪些内容？
Q41	TSC 里的架构和系统架构设计中的架构有哪些区别？它们都是系统层面的架构，为什么要做成两份？
Q42	TSR 的考虑点包括哪些？和基本的系统需求有何区别和联系？
Q43	什么是系统性失效？什么是随机硬件失效？
Q44	HSI 是指什么？HSI 要包括哪些内容？
Q45	什么是验证（Verification）？实施方式有哪些？
Q46	系统设计阶段要做什么测试？有哪些测试方法？
Q47	验证（Verification）和确认（Validation）的区别是什么？安全确认是要确认什么？
Q48	什么是 E-GAS 三层电子架构设计？
Q49	系统设计阶段有哪些输出物？
Q50	硬件安全需求（Hardware Safety Requirement，HSR）规范要达到什么目的？包括哪些内容？
Q51	硬件安全要求怎么得到？
Q52	有了硬件的需求后该做什么？硬件架构设计的原则有哪些？
Q53	功能安全的硬件详细设计要做什么？和普通的详细设计有什么不同？
Q54	硬件架构度量用来表征什么？对设计起到什么作用？
Q55	硬件架构度量有哪几个指标？这几个指标的值分别是多少？
Q56	计算硬件的失效率和硬件的寿命有什么区别和联系？
Q57	功能安全硬件阶段要做什么测试？有哪些测试方法？
Q58	功能安全硬件阶段有哪些输出物？
Q59	软件的开发活动什么时候启动？
Q60	软件的开发模型包含哪些过程？功能安全中的软件开发模型和 ASPICE 中的软件开发模型有什么异同？
Q61	软件需求分解时，可以从哪些方面考虑来得到需求？
Q62	软件架构设计需要考虑哪些方面？有哪些设计原则？设计验证方法有哪些？
Q63	标准对软件单元设计有什么要求？有哪些设计原则？设计验证方法有哪些？
Q64	软件测试包含哪些类型的测试？有哪些测试方法和要求？
Q65	软件的配置管理该如何实施？软件配置包含哪些过程？配置过程中的变更如何管控？
Q66	什么是 FFI？可从哪些方面考虑来实现 FFI？
Q67	软件阶段有哪些输出物？
Q68	定义生产、运营、服务、报废阶段的要求有什么目的？
Q69	生产过程中主要涉及哪些安全相关要求？
Q70	标准对生产、运营、服务、报废阶段有哪些要求？
Q71	如何实施 PFMEA？PFMEA 的目的是什么？
Q72	生产发布前还有哪些活动要做？
Q73	生产、运营、服务、报废阶段有哪些输出物？
Q74	功能安全里的支持过程包括哪些内容？和标准其他部分的内容有什么关系？
Q75	标准对需求管理有什么要求？功能安全里的需求结构是怎样的？需求有哪些定义方式？

(续)

Q76	安全需求需具备哪些特性和属性？如何进行安全需求的管理？
Q77	标准对变更管理有什么要求？和质量的变更管理有什么区别？
Q78	配置管理的目的是什么？标准对配置管理有哪些要求？
Q79	支持过程中的验证的目的是什么？包含哪些活动？
Q80	支持过程中的文档化管理的目的是什么？标准对文档化管理有什么要求？
Q81	支持过程有哪些输出物？
Q82	什么是安全分析？它包括哪些分析活动？实施安全分析的目的是什么？
Q83	FMEA 和 FTA 有什么异同？什么阶段要做这两个分析？
Q84	DFA 和 FMEA、FTA 有什么关系？三者和 FMEDA 又有什么关系？
Q85	安全分析和安全报告需要单独输出吗？
Q86	以 ASIL 等级为导向和以安全为导向中的安全分析和其他开发阶段的安全分析有什么异同？

各位可以结合本书和表 1-1 中的问题清单去学习标准，答案终将在个人学习和实践的反复磨砺中得到。

千淘万漉虽辛苦，吹尽狂沙始到金。

1.2 关于安全文化

1.2.1 安全文化的定义及评价准则

功能安全是一门"流程和技术相结合"的综合性通用学科，文化其实是流程的一种抽象。如果一家公司拥有先进、成熟的开发和管理流程，其安全文化自然不会差，因为流程是文化的具象化体现。简单来说，就是通过流程将文化落地。

拥有优秀的流程相当于有了好的开端，这是功能安全在项目中落地的一大保障，通过"流程为技术赋能"是功能安全真正落地的先进模式。

在讨论安全文化之前，有必要了解一下这个词的概念。由于本书是关于 ISO 26262 功能安全标准的内容，文中提到的"安全"特指汽车行业的功能安全。但是，安全文化中的"安全"不仅仅指功能安全，还涵盖产品开发过程中与安全相关的各个方面，我称之为"大安全"，包括功能安全、预期功能安全和信息安全。这也符合汽车发展的趋势以及对安全的需求。

1. 定义

先来看看"文化"的概念。从百度百科的解释来看，"文化"一词的含义非常广泛，不同行业、不同学科都有自己的定义。其中有一种比较符合本书要表达的含义，即"文化是人类创新活动永恒拓展的载体、创新水平提升的工具、传播的手段"。

看起来该定义非常宏大，因为涉及人类创新活动。如果将活动主体缩小到公司范畴，这个定义就变得具体一些了，即"文化是公司创新活动永恒拓展的载体、创新水平提升的工具、传播的手段"。

简单讲，文化是一种载体、工具和手段。按此定义延伸到安全相关方面，安全文化则是公司安全相关活动拓展的载体、安全活动创新水平提升的工具、安全活动传播的手段，这不就是流程吗？结合个人理解和日常工作的实践经验，我对此定义深以为然。

言归正传，回到本节的主题"安全文化"。ISO 26262 标准中给出了安全文化的定义，具体如下。

标准原文 Safety culture includes:

a) **personal dedication and integrity** of the persons responsible for achieving or maintaining functional safety and of the persons performing or supporting safety activities in the organization; and

b) **safety thinking** throughout the organization that allows for a questioning attitude, that **prevents complacency, commits to excellence**, fosters the taking of responsibility and corporate self-regulation in safety matters.

（参考 ISO 26262-2: 2018, Annex B）

解读 该定义强调了参与功能安全活动的组织与个人需要具备奉献、正直和诚信精神，因为这些品质会影响安全的质量。同时，该定义还强调组织要具备安全思维，围绕安全问题保持质疑，勇于承担责任和自我监督，使安全相关活动能够创新发展。这与上文提到的安全文化的内涵相符合。

2. 评价标准

那么，具体如何用该定义来衡量安全文化是否足够或达标呢？

ISO 26262-2:2018 附录 B 表 B.1 中的例子非常具有说明意义。我们可以从中挑选一部分来举一反三，如表 1-2 所示。

表 1-2 安全文化评估示例

缺乏安全文化的例子	良好安全文化的例子
责任不具备可追溯性	流程确保了与功能安全相关的决策责任是可追溯的
成本和进度总是优先于安全和质量	安全是最高优先级

(续)

缺乏安全文化的例子	良好安全文化的例子
与安全和质量相比，奖励制度更有利于成本和进度	• 奖励制度支持并激励有效地实现功能安全 • 奖励制度惩罚那些走捷径而危及安全或质量的人
评估安全、质量的人员及其管理流程过度地受到负责执行流程人员的影响	流程提供了足够的相互制衡，例如：集成过程中适当的独立程度（安全、质量、验证、确认以及配置管理）
对于安全持消极态度，例如： • 严重依赖于产品开发周期最后阶段的测试 • 仅当现场出现问题时才有管理应对	对于安全持积极态度，例如： • 安全和质量问题在产品生命周期的最初阶段被发现并解决
所要求的资源没有及时进行计划或分配	• 所要求的资源被分配 • 所分配的技术资源与活动相匹配
• 群体思维 • 形成审查小组时"暗中布局" • 异议者被排斥或认定为"不是团队成员" • 反对意见对绩效考核有消极的影响 • 少数异议者被认为是"麻烦制造者""不是团队成员"或"告密者" • 有质疑的员工害怕后果	• 在所有的流程中探寻多样性 • 不鼓励并惩罚反对流程多样性的行为 存在支持交流和决策的渠道，并鼓励下列管理做法。 • 鼓励自我披露 • 鼓励其他任何人进行披露 • 发现和解决问题持续进行
没有系统的持续改进流程、学习循环或其他形式的经验总结	持续改进集成到所有的流程中
流程是临时的或不明确的	在所有层面执行一个明确的、可追踪的和受控的流程，包括： • 管理 • 工程 • 开发接口 • 验证 • 安全确认 • 功能安全审核 • 功能安全评估

总体来说，安全文化是否满足标准要求可参考表 1-3 进行评估。

表 1-3 安全文化评估

编号	安全文化特征	评分	证据
1	功能安全相关活动是否可追溯，包括责任		
2	安全属性是否得到了组织的肯定，即安全性是否在开发活动中被优先考虑		
3	与功能安全实现相关的行为是否有相关奖惩措施		
4	安全评估人员的权力和独立性是否有保证，即能否确保安全评估活动的公正性		
5	是否具有积极的安全意识，即安全要做的"防患于未然"，而非事后"打补丁"		
6	功能安全活动所需的资源是否匹配，例如人员能力		
7	组织和个人是否具备担当意识和自我革新精神		
8	组织和个人是否具备持续改进的精神（与质量要求相一致）		

(续)

编号	安全文化特征	评分	证据
9	是否具备一个统一而强有力的功能安全开发流程来指导功能安全开发活动的方方面面		
10	安全开发活动是否充分融入产品开发活动，即功能安全活动是不是项目开发的一部分		
11	组织是否具备良好的安全文化氛围，以及是否维持和更新安全文化活动，如流程持续改进和功能安全定期培训		
12	组织是否为功能安全从业人员或希望从事该领域工作的人员提供了完善的职业发展路径		
……	……		

注：本表格仅供参考，组织可根据自身情况进行扩充。

以上准则的某些方面需要基于一些假设，例如第4条安全评估活动的公正性能否得到保障，要完美实现这一点，前提是评估人员需具备诚信和正直的品质，否则将成为安全评估中的一个"漏洞"。

1.2.2 安全文化的要求与呈现方式

根据上文的介绍，安全文化实际上是一种流程规范的抽象，嵌入公司产品开发流程的各个细节中。拥有良好的安全文化意味着功能安全落地得到了流程上的支撑和保障，使功能安全活动的开展不再面临诸多"开头难"问题，这是令人兴奋的。

Q：标准对于安全文化具体有哪些要求呢？

作为安全管理的一部分，标准要求组织建立一套功能安全开发流程，以指导并确保所有的功能安全活动都朝着实现项目功能安全目标的方向前进，具体要求如下。

标准原文 The organization shall **create, foster, and sustain** a safety culture that supports and encourages the effective achievement of functional safety.

（参考 ISO 26262-2: 2018, 5.4.2.1）

解读 在具体实施层面，上述标准要求的实践如下。

1）将功能安全的流程融入组织的开发流程中，基本的做法是在原本没有考虑功能安全输出物的项目计划中，同步明确各阶段与安全相关的输出物。

2）为了确保参与安全活动的人员具备功能安全相关知识，必须对他们进行有计划、有针对性和持续性的培训。这种培训旨在让团队成员充分认识到功能安全的重要性。简单来说就是，通过持续的培训，使团队成员明确功能安全的概念、必要性及实施方法，培养他们的安全开发意识。

标准原文 The organization shall institute, execute and maintain **organization-specific rules and processes** to achieve and maintain functional safety and to comply with the requirements of the ISO 26262 series of standards.

（参考 ISO 26262-2: 2018, 5.4.2.2）

解读 此要求需要组织输出一份公司级的关于功能安全开发的流程规范文件。该文件需清楚定义公司实施功能安全活动的流程和各环节的职责。标准定义的 V 模型本身就是一个通用的流程，只不过需要在此基础上进行展开并根据组织自身情况进行细化。

功能安全 V 模型具体可参考图 1-1。

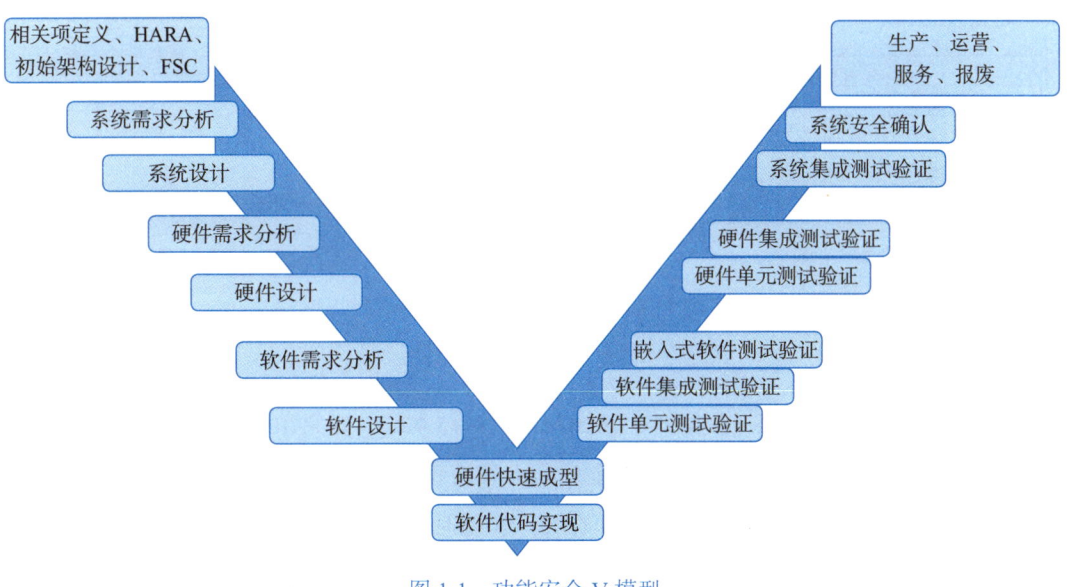

图 1-1 功能安全 V 模型

由功能安全 V 模型导出的功能安全开发流程可参考图 1-2。

标准原文 The organization shall institute and maintain **effective communication channels** between functional safety, cybersecurity, and other disciplines that are related to the achievement of functional safety.

（参考 ISO 26262-2: 2018, 5.4.2.3）

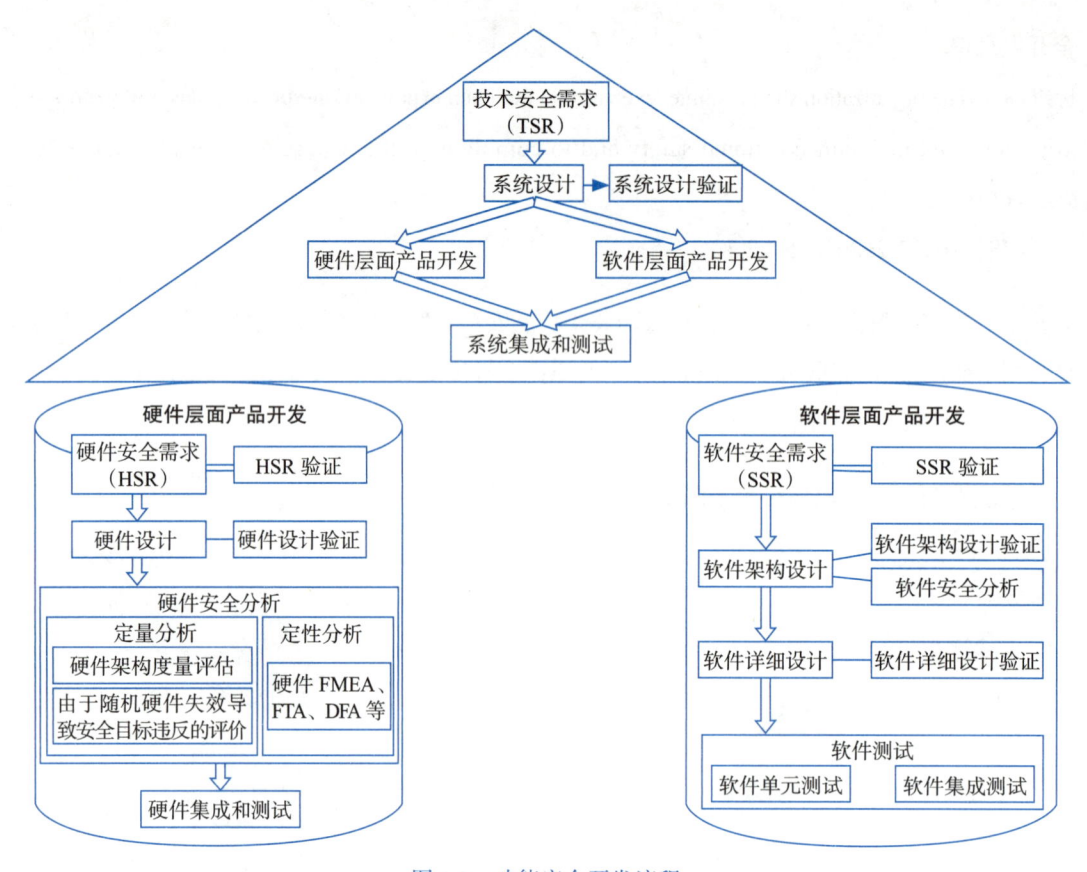

图 1-2 功能安全开发流程

解读 该要求可以在上一条（参见 ISO 26262-2:2018，5.4.2.2）定义组织的功能安全开发流程规范时进行同时覆盖，也就是在定义功能安全开发流程的同时，考虑其他相关标准的要求。典型的例子是 ISO 21434 的网络安全，即在具体实施时，可以在定义功能安全开发流程时同步考虑网络安全相关输出物。

标准原文 During the execution of the safety lifecycle, the organization shall perform the required safety activities, including the creation and management of the associated documentation in accordance with ISO 26262-8:2018, Clause 10.

（参考 ISO 26262-2: 2018, 5.4.2.4）

解读 这是一条关于文档化管理的要求，即组织在项目的整个安全生命周期内，必须按照已定义的开发流程规范，对各阶段的输出物进行有效管理。这包括输出物的编码、命名、创建、存放和权限管理等。具体如何进行文档管理，可以根据公司现有资源进行安排，如使用服务器、专门的文档管理工具或公司现有的其他系统，只要能满足上述要求即可。

标准原文 The organization shall provide the resources required for the achievement of functional safety.

（参考 ISO 26262-2: 2018, 5.4.2.5）

解读 这是基本要求，非功能安全项目也需要相关资源。这里的资源除了基本的人力、工具外，还包括流程方面的各种数据库（例如测试用例库、经验教训库等）、开发指引类文件、各类检查表等。该要求强调全方位支撑项目开发的"软性"资源，但往往这些"软性"资源是大部分组织所缺乏的。

标准原文 The organization shall institute, execute and maintain a continuous improvement process, based on:
— learning from the experiences gained during the execution of the safety lifecycle of other items, including field experience;
— derived improvements for application on subsequent items.

（参考 ISO 26262-2: 2018, 5.4.2.6）

解读 此要求可以在定义组织的功能安全开发流程规范时进行同步确定，即在该流程规范中明确组织如何进行持续改进。实际上，持续改进并非功能安全的新概念，质量管理中的 PDCA 循环就是一种持续改进的方法论。如图 1-3 所示，组织可根据 PDCA 循环制定持续改进策略。

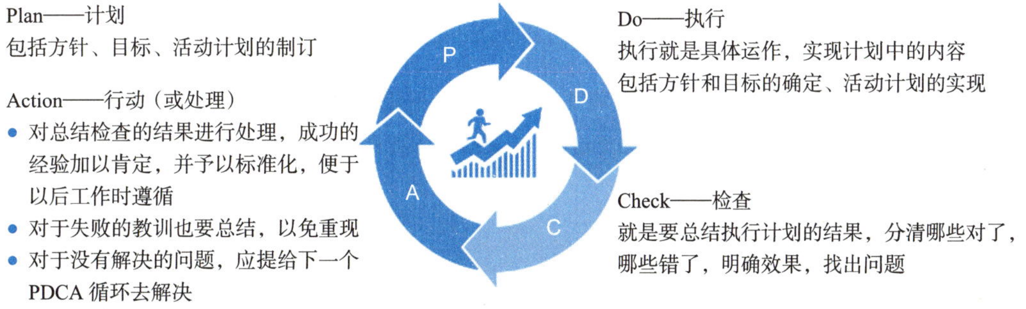

Plan——计划
包括方针、目标、活动计划的制订

Action——行动（或处理）
- 对总结检查的结果进行处理，成功的经验加以肯定，并予以标准化，便于以后工作时遵循
- 对于失败的教训也要总结，以免重现
- 对于没有解决的问题，应提给下一个 PDCA 循环去解决

Do——执行
执行就是具体运作，实现计划中的内容
包括方针和目标的确定、活动计划的实现

Check——检查
就是要总结执行计划的结果，分清哪些对了，哪些错了，明确效果，找出问题

图 1-3 PDCA 循环

这里我想分享一下功能安全开发持续改进落地的简化实用步骤，参见图1-4。

1）将项目管理中的开放问题列出清单进行管理。

2）对开口项进行闭环追踪，明确责任人、问题解决方案及解决日期。

3）将解决方案文档化形成经验教训案例，并按照文档管理要求进行案例文档的编号管理。

4）从经验教训文档中总结出相应的产品开发需求并进行编号。

5）将总结出的需求反馈到相关项目的需求规范中，并同步更新对应的需求规范。

6）通知开发团队更新相关需求，并实施对应需求的实现及验证。

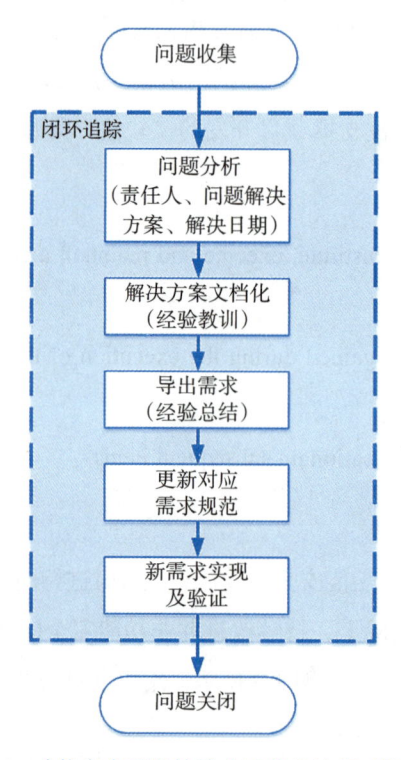

图1-4 功能安全开发持续改进落地流程（简化版）

标准原文 The organization shall ensure that the persons responsible for achieving or maintaining functional safety, or for performing or supporting the safety activities, are **given sufficient authority to fulfil their responsibilities**.

（参考 ISO 26262-2: 2018, 5.4.2.7）

解读 此要求可以在定义组织的功能安全开发流程规范中同步明确。例如，开发流程规范应声明，产品开发过程中安全属性的优先级最高，必须确保所有安全相关问题都得到妥善解决。该要求还涉及配置的权限管理，例如，功能安全经理需具备访问标准要求的所有输出物的权限，以便进行功能安全开发和管理活动。同时，还要明确安全活动的对应责任人及其权限，并确保其权限与职责匹配。

以上就是标准关于安全文化落地的具体要求。总结而言，这些要求可以集中在一份输出物上进行呈现，即标准要求的"针对功能安全的组织特定的规则和流程"这份输出物。

该输出物也就是上文提到的组织的功能安全开发流程规范。将这份流程规范按上述要求及提示定义好，是组织安全文化落地的第一步，接下来就是执行的事。个人认为，优秀的安全文化落地的终极表现是组织从"别人要你这样做"到"我自己要这样做"的转变。

这正是"文化"一词的内涵所在，即为实现目标不断努力，持续改进和创新，最终实现组织内部理念的统一并获得外部的认可。这并非易事，需要坚持长期主义和群策群力，好事多磨。

安全文化的落地更多是对组织过程能力的考验，虽非易事，但道阻且长，行则将至。最后用中国古人的一句话来总结安全文化的落地，即"为之，则难者亦易矣；不为，则易者亦难矣"。

1.3　ISO 26262 功能安全概述

本节将对 ISO 26262 标准进行全面解析，包括 ISO 26262 的发展历程、重要术语和定义、汽车安全的意义、标准总体内容框架概览、标准分解概览。此外，本节还将介绍各部分内容之间的联系，以帮助读者全面了解标准的本质、用途及其内容框架。

1.3.1　ISO 26262 的发展历程

ISO 26262 是一部应用于汽车领域的标准，其应用范围为量产乘用车上的包含一个或多个电子电气系统的与安全相关的系统，但不适用于特殊用途车辆上特定的电子电气系统，例如为残疾驾驶者设计的车辆。ISO 26262 发展历程参见图 1-5。

图 1-5　ISO 26262 发展历程

许多行业都有各自的功能安全标准，这些标准最初均由 IEC 61508 派生而来，ISO 26262 是针对汽车行业的功能安全标准，对应的国家标准为 GB/T 34590。图 1-6 展示了 IEC 61508 与其他行业功能安全标准的关系。

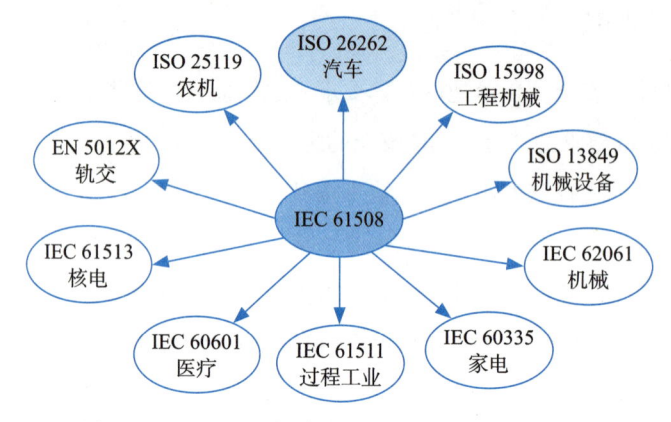

图 1-6　IEC 61508 与其他行业功能安全标准的关系

1.3.2　重要术语定义

在介绍标准之前，有必要了解一下 ISO 26262 标准的一些专业术语，这有助于更好地理解标准。ISO 26262 专门用一个部分来介绍相关术语。标准中的术语是行业从业人员在搭建功能安全流程和实施功能安全开发、管理工作的过程中，与同行及公司内部使用的统一沟通语言。

以下摘取了标准中部分常用术语进行介绍，更多详情请参考标准的第 1 部分。

1. 安全（Safety）

标准中对安全的定义是：不存在不合理的风险。

按一般的概念理解，安全就是没有风险、不受威胁、不出事故。按照这种概念，安全是不可控的，因为这是一个绝对安全的概念，而绝对安全是不存在的。

"不存在不合理的风险"这一定义将安全问题转化为风险问题，这使得安全变得可控，因为风险是可以控制的。

Q1：那么应如何控制风险？

Q2：什么是"不合理的"？或者如何界定合理性？

2. 不合理风险（Unreasonable Risk）

标准中对不合理风险的定义是：根据现行的安全观念，在某种环境下被认为不可接受的风险。

Q3：那么，如何判断风险不可接受呢？为了实现风险的可接受性，功能安全开发人员需要做出哪些努力？

图 1-7 中标示了功能安全开发人员需要在哪些方面努力，以实现风险的可接受性。图中有两个词："可接受的风险"和"可容忍的风险"，这两者有什么区别呢？

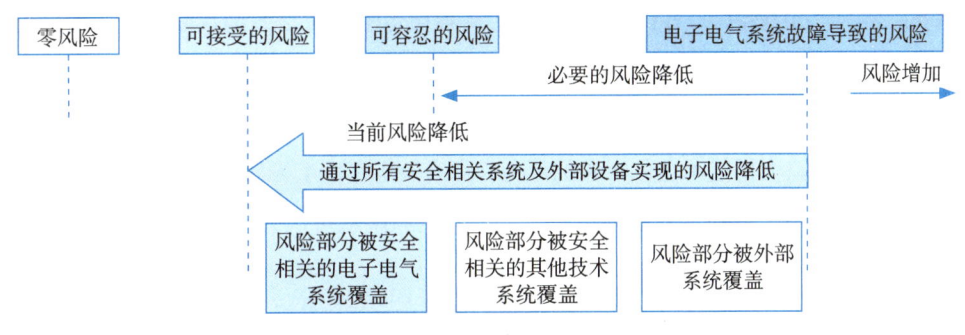

图 1-7 风险降低示意图

解读 "不合理的风险"的定义中使用了一个状语"根据现行的安全观念"，直白点讲就是社会大众认可的道德观。从这个角度讲，风险是否可接受可以根据该地区社会大众对其接受的程度进行评价。

关于风险的接受标准，不同国家有不同的评价标准，如英国的 ALARP、法国的 GAMAB 和德国的 MEM 等。这里不对这些评价标准做具体介绍，先简单举例说明什么样的风险被认为是"合理的"或"可接受的"。

比如，加油站有人边加油边点烟，这种情况你敢过去加油吗？再比如，一台装有被曝安全气囊缺陷的乘用车，以高于 60km/h 的速度行驶在道路上，这样的风险你能否接受？

接着上面的举例，边加油边点烟导致起火、爆炸的风险显然是非常高的，几乎所有社会大众对这样的风险都是不可接受的。那么，离加油站多远进行点烟导致的风险是可接受的呢？换句话说，风险可接受的标准又是如何界定的呢？

关于这个问题，我在这里分享了钢铁大王安德鲁·卡内基修建第一座跨越密西西比河、连接美国东西部的铁路大桥的故事作为启示。

卡内基的导师汤姆·斯科特设想建设一条跨越密西西比河的桥梁，这座桥长至少 1.6km。此前，没有人建过这么长的铁路桥。根据过往建造桥梁的数据，高达 1/4 的桥会有倒塌的风险，但卡内基勇敢地接受了这一风险和挑战。经过 7 年的努力，世界上第一座宏伟的钢结构铁路大桥——圣路易斯大桥终于建成。

然而，大多数人却觉得，大桥有坍塌的风险。

当时的人们认为，大象不会踏上不结实的建筑。于是，卡内基决定让大象过桥。1874 年的某个秋天，圣路易斯大桥迎来了它的第一批行人。这是一支由卡内基公司员工和好奇者组成的队伍，由一头巨象带头。巨象非常自信、从容地走上大桥，人们欢呼雀跃。他们见证了世界奇迹：这座铁路大桥能够承受巨大的压力，将美国东西部连接起来。

故事涉及铁路大桥在承受压力后坍塌风险有多大人们才能接受的问题。人们选择大象作为参照物，如果铁路大桥能承受住大象的压力，那么人走在桥上自然也不会有问题。人们能够接受他们走在这座桥上时桥发生坍塌的风险，此时的风险就可认为是合理的，也是可接受的。

3. 风险（Risk）

标准中对风险的定义是：伤害发生的概率及其严重度的组合。

4. 功能安全（Functional Safety）

标准中对功能安全的定义是：不存在由电子电气系统的功能异常表现引起的危害而导致的不合理风险。

5. 电子电气系统（E/E System）

标准中对电子电气系统的定义是：由电子和电气要素组成的系统，包括可编程电子要素。简单讲，构成一个系统的三要素为输入、处理和执行，如图 1-8 所示。

图 1-8　系统三要素

6. 伤害（Harm）

标准中对伤害的定义是：对人体造成的物理伤害或损伤。

由财产或环境破坏而导致的直接或间接对人体健康的损害或对人身的损伤（参考 ISO/IEC

Guide 51:1990）。由 ISO 26262 中的定义可知，安全关注的是人身安全。

7. 危害（Hazard）

标准中对危害的定义是：由相关项的功能异常表现而导致的潜在伤害。

8. 系统性失效（Systematic Failure）

标准中对系统性失效的定义是：与某个原因相关且以确定方式发生的失效，只有通过修改设计、生产流程、操作规程、文档等，才能排除此类失效。

9. 随机硬件失效（Random Hardware Failure）

标准中对随机硬件失效的定义是：在硬件要素的生命周期中，非预期发生并服从概率分布的失效。

【解读】由定义可知，系统性失效是原因确定的失效，即只要导致失效发生的条件具备，那失效就一定会发生，例如软件 Bug。随机硬件失效是随机发生的，但其随机性服从一定的概率分布。

10. 故障容错时间间隔（Fault Tolerant Time Interval，FTTI）

标准中对故障容错时间间隔的定义是：在安全机制未被激活的情况下，从相关项内部故障发生到可能发生危害事件的最短时间间隔。

FTTI 的图形解释如图 1-9 所示。

图 1-9 FTTI 的图形解释

注：定义中明确指出，FTTI 是指在没有安全机制或安全机制未起作用的情况下，从故障发生到导致危害事件的最短时间间隔。

11. 汽车安全完整性等级（Automotive Safety Integrity Level，ASIL）

标准中对汽车安全完整性等级的定义是：四个等级之一，用于规定相关项或要素需要满足的 ISO 26262 中的要求和安全措施，以避免不合理的风险。其中，D 代表最高严格等级，A 代表最低严格等级。

解读 ASIL 其实是一个表征需求严苛程度的指标。ASIL 等级越高，在实现功能安全上需要满足的要求越严苛。

12. 安全状态（Safe State）

标准中对安全状态的定义是：相关项在失效时，不存在不合理风险的运行模式。

解读 由定义可知，安全状态是一种运行模式。其实，安全状态可理解为一种从其他状态切换过来的状态，因为它是在失效发生后进入的一种运行模式。系统正常运行模式虽然也是安全的状态，但这里考虑的是发生某种失效后进入的状态，因此不把正常运行模式定义为安全状态。

13. 相关项（Item）

标准中对相关项的定义是：适用于 ISO 26262 或 GB/T 34590，实现整车功能或部分功能的系统或系统组合。

解读 简单理解，相关项即要开发的对象。

14. 单点故障（Single Point Fault，SPF）

标准中对单点故障的定义是：要素中直接导致违背安全目标的硬件故障，且该要素中的故障未被任何安全机制覆盖。

解读 简单理解，单点故障即独立要素失效后能直接导致违背安全目标的故障且该失效没有相应措施来应对。例如，在整车控制器（VCU）中，加速踏板传感器故障导致踏板行程采样值错误（例如过高或过低），从而导致输出扭矩过大或过小，这将直接违背安全目标。

15. 多点故障（Multiple Point Fault，MPF）

标准中对多点故障的定义是：在未被探测且未被感知到的情况下，与其他独立故障组合可能导致多点失效的故障。

注：多点故障只有在识别出（例如，通过故障树的割集分析）多点失效后才能被辨认出来。

解读 简单理解，需要两个及以上的独立故障同时发生才能导致违背安全目标的故障。例如，BMS 的继电器驱动高、中、低边继电器都故障，导致高压回路断开失败，将会违背安全目标。

16. 潜在故障（Latent Fault，LF）

标准中对潜在故障的定义是：在多点故障探测时间间隔内，未被安全机制探测到且未被驾驶员感知到的多点故障。

解读 由定义可知，潜在故障首先是一种多点故障，即需要两个及以上的独立故障同时发生才能导致潜在故障。这种故障既没有被安全机制探测到，也无法让驾驶员察觉。换言之，如果不采取相关措施进行检测，这种故障将伴随相关项的整个生命周期。此类故障往往是安全机制故障与基本功能本身故障相结合导致的。

图 1-10 展示了内存中某位发生反转（见蓝色数字）的故障。

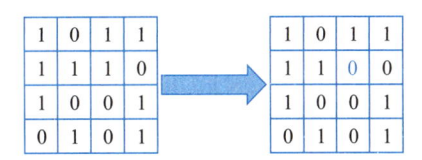

1	0	1	1
1	1	1	0
1	0	0	1
0	1	0	1

→

1	0	1	1
1	1	0	0
1	0	0	1
0	1	0	1

图 1-10　内存中的位反转故障

当内存发生位反转时，由于有 ECC 机制的存在，错误位会被直接纠正且不会有任何故障标志，因此，此位反转故障也就成了潜在故障，只能希望 ECC 机制不要出错。

反过来看，当 ECC 机制失效时，内存功能未受到影响，即 ECC 机制的失效是潜伏的。当内存恰巧也发生了位反转时，由于 ECC 机制已失效而无法应对，这势必会导致功能异常，进而违背安全目标，使其成为潜在故障。

那么，如何应对潜在故障呢？

根据定义，既然故障没有被探测到，那就必须为潜在的故障添加检测机制；既然驾驶员无法感知此故障发生，那就通过告警通知驾驶员故障的存在，以提示驾驶员及时进行相应的维修。

17. 可用性（Availability）

标准中对可用性的定义是：在特定时间或给定的期间内，假设所需的外部资源是可用的，在给定条件下，产品处于执行所需功能状态的能力。

Q4：可用性和功能安全性是什么关系？两者在具体实现层面会有什么差异？

解读 从定义来看，可用性更多是实现基本功能的一种能力，而功能安全性关注的是如何在功能实现过程中控制因异常引起的风险。两者虽然属于产品的两种不同属性，但在实现层面具有一定的依存关系。例如，刹车这个功能，可用性强调踩下刹车踏板能实现预期的刹车效果，而功能安全性则考虑在刹车功能出现故障时该怎么办。比如，车辆在高速行驶时非预期地执行了刹车操作，这时其可用性并未受到破坏，但功能安全性却受到了威胁。因此，从实现层面来看，功能安全性需要对涉及安全的功能进行适当的监控和诊断，以及时应对基本功能故障问题。

可用性和功能安全性在实现上的区别可参考图 1-11。

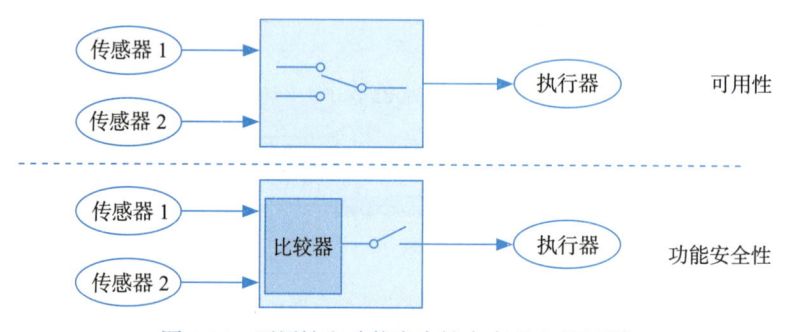

图 1-11　可用性和功能安全性在实现上的区别

18. 基线（Baseline）

标准中对基线的定义是：已批准的可作为变更基础的一组单一或多个工作成果、相关项或要素的版本。

解读 基线是项目管理中的一个重要概念，它指的是项目启动阶段确定的项目计划、进度、成本和范围的各里程碑下对应输出物的一组固定版本。这一组固定版本就是当前节点的一条基线，它明确了当前节点各工作成果的状态，为接下来的开发提供了明确的项目开发状态信息。

19. 错误（Error）

标准中对错误的定义是：计算、观测、测量的值或条件与真实、规定、理论上正确的值或条件之间的差异。

注：错误可能因未预见的工作条件、系统、子系统或组件的内部故障引起。

20. 降级（Degradation）

标准中对降级的定义是：通过设计提供失效后的安全策略。

注：降级可以包含功能缩减、性能降低，或两者均降低。例如，跛行就是一种降级后的

运行模式。

21. 现场数据（Field Data）

标准中对现场数据的定义是：从相关项或要素的使用中获得的数据，包括累加的运行时间、所有的故障和服务中的异常。

注：现场数据通常是客户的使用数据。

22. 预期功能（Intended Functionality）

标准中对预期功能的定义是：系统或要素在不包含安全机制时的行为规范。

解读 预期功能是指使系统正常运转的基本功能，满足产品预期使用的最小功能组合需求。例如，一把既能钉钉子又能拔钉子的锤子，其功能设计应包含锤头和钳子。

23. 生命周期（Lifecycle）

标准中对生命周期的定义是：从概念到报废的全部阶段。功能安全产品开发生命周期中相关的管理活动如图 1-12 所示。

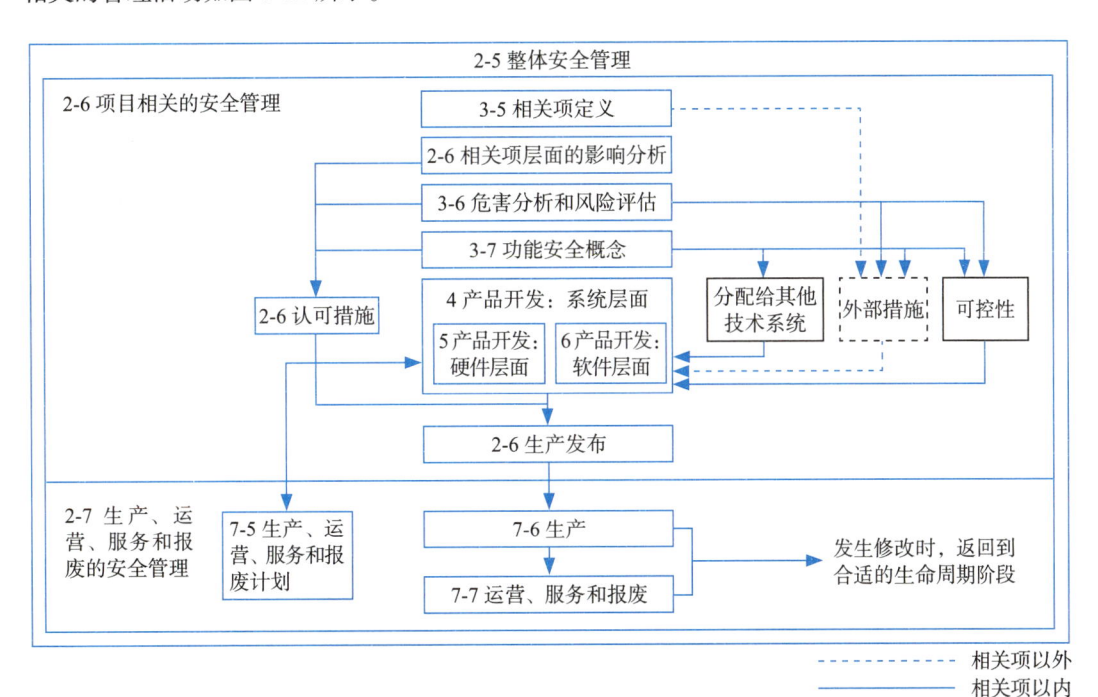

图 1-12 功能安全产品开发生命周期中相关的管理活动

标准中还有其他专业术语，这里只挑选了笔者认为使用频率较高的术语进行说明。在后文中遇到其他术语时将随文进行说明。当然，本文未进行说明的术语同样重要，从业人员需要在实践中结合标准进行理解。

1.3.3 为什么需要功能安全

1.3.2 节介绍了一些标准中常见的术语及其定义，本节将从消费者和政府期望、制造商和经销商的自我要求、电子控制单元（ECU）功能的多样性、软件复杂度、产品责任、民事责任，以及标准及法规要求这几个方面来讨论为什么需要功能安全。

1. 消费者和政府期望

行业高质量发展的实践表明，任何一个行业的高质量发展都必须以人为本，汽车行业也不例外。在汽车科技高速发展的同时，将保护人的生命安全作为基本底线正是一种以人为本的体现。从社会角度来看，消费者和政府对产品的安全性都有极高的期望。谁都不愿意看到事故发生在自己身上，政府也有强烈的意愿来降低这方面的社会管理成本。

例如，现在新能源汽车的安全性是社会普遍关注的问题。消费者是产品的使用者，产品的安全性直接关系到消费者的人身安全。

2. 制造商和经销商的自我要求

制造商（OEM）和经销商都希望能够制造和发布满足社会大众期望的产品。OEM 应尽最大努力避免由于自身产品引发事故而招致社会的谴责以及名誉受损。

丰田"刹车门"事件给丰田带来了不小的影响，持续的诉讼及大规模召回不是一般车企能够承受的。

3. ECU 功能的多样性

随着汽车电子技术的高速发展，整车 ECU 数量不断增加，ECU 的功能也日益复杂，许多 ECU 都包含了安全相关的功能。

图 1-13 展示了日益复杂的汽车电子电气架构。

整车具备的功能越来越丰富多样，势必带来整车的电子电气架构越来越复杂，功能与功能之间的交互越来越密集，这些都将导致安全相关的功能越来越多、越来越复杂。涉及安全的模块越多、功能越复杂，产品发生失效的风险就越高，这是自然规律。那么，整车复杂度增加实际会带来什么隐患呢？

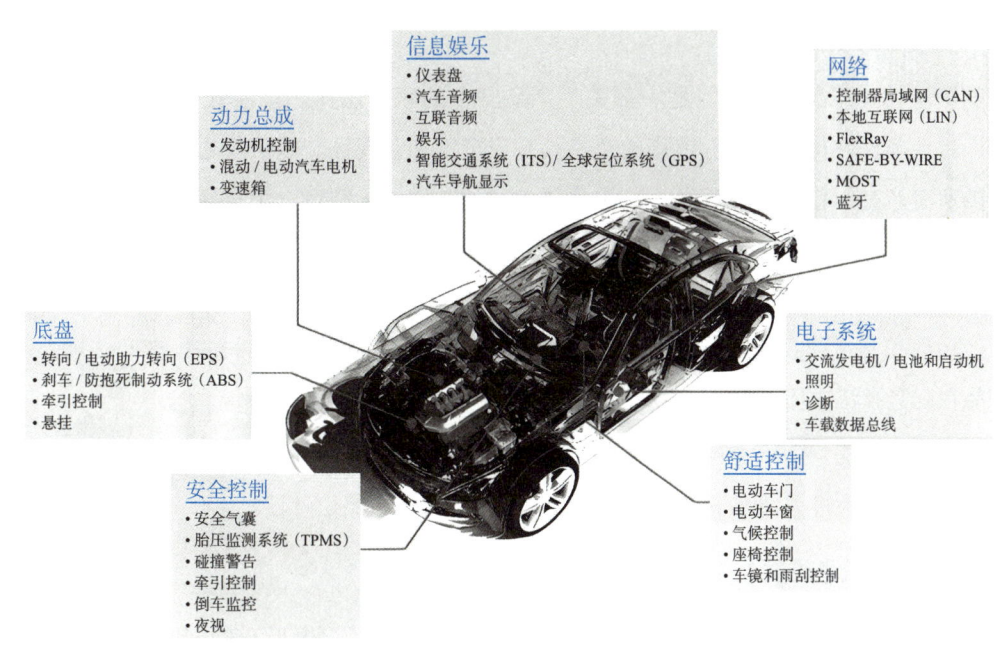

图 1-13　日益复杂的汽车电子电气架构

整车复杂度越来越高可能导致的结果如下。

❑ 车辆的可靠性和可用性显著下降。

❑ 因电子电气设备失效引发的车辆故障增多。

❑ 大量的车辆召回。

❑ 重大的个人伤害事件增加。

❑ 功能安全性降低。

4. 软件复杂度

汽车电子电气架构中软件组件的占比越来越大，软件开发的复杂度也越来越高，而且这些软件组件中大部分都包含了安全相关的功能。

无人驾驶汽车是智能汽车的终极模式，是汽车技术发展的集大成者。传统汽车需要满足的要求，无人驾驶汽车自然也需要满足，而且无人驾驶汽车还需要具备传统汽车不具备的功能。在安全方面，无人驾驶汽车不仅需要考虑功能安全，还需要考虑其他安全。这些需求无疑会导致软件复杂度呈指数级增长，无人驾驶汽车系统中上亿行代码的软件复杂度使得系统的安全问题极具挑战性。

5. 产品责任

德国法律《产品安全法》是一部关于产品安全的联邦法律。该法规于 2011 年 6 月 1 日生效，旨在确保在德国市场上销售的产品具有安全性和合规性。该法规适用于在德国市场上销售的所有产品，包括进口产品。该法规要求产品在设计、制造、销售和使用过程中，必须确保用户的人身安全和健康。此外，该法规还规定了制造商、进口商和经销商的责任和义务，以确保产品安全。

经销商和制造商在生产、销售产品过程中有责任证明自己遵循相关的标准和法规，以确保产品在制造和流通环节的安全。

6. 民事责任

在故意或重大过失情况下造成的损害，责任主体应承担赔偿责任。

Q：怎样算故意或重大过失？

有明确的标准要求却不按照标准执行，无视标准的存在，明知有缺陷却不考虑解决或改善，或不进行完善的分析、审核等措施去发现潜在的问题，如果在产品开发过程中没有过程证据证明自己遵守了相关标准、法规要求并"尽心尽力"，那都可以视为故意或重大过失。

7. 标准及法规要求

IEC 61508 或 ISO 26262 等功能安全标准中有详细的功能安全要求，一些法规对产品功能安全开发有隐含要求，比如 R131 对于 AEBS（自动紧急制动系统）的规定其实就隐含了按照功能安全标准要求开发 AEBS 能够很好地提供相关证据/声明，以证明该法规在安全方面规定的技术要求的符合性。

标准要求功能安全开发过程中需采用最先进的技术（State of Art），这意味着产品在开发和生产的各个环节均需采用行业认可的当前最先进技术或工艺，以确保产品的各项特性达到前沿的水平。

关于实施功能安全开发的隐含要求可归纳为图 1-14 所示的几类。

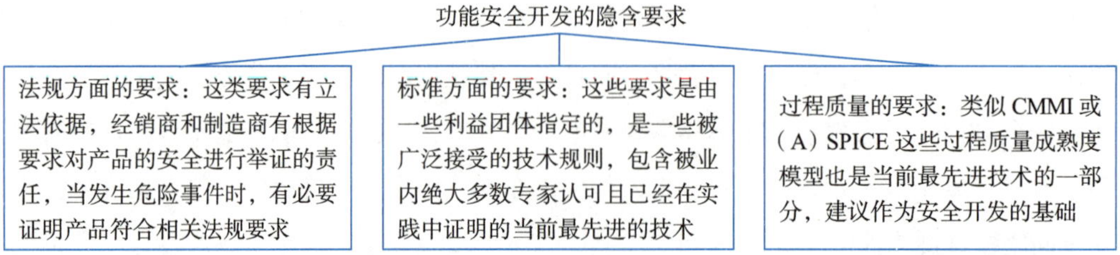

功能安全开发的隐含要求

- 法规方面的要求：这类要求有立法依据，经销商和制造商有根据要求对产品的安全进行举证的责任，当发生危险事件时，有必要证明产品符合相关法规要求
- 标准方面的要求：这些要求是由一些利益团体指定的，是一些被广泛接受的技术规则，包含被业内绝大多数专家认可且已经在实践中证明的当前最先进的技术
- 过程质量的要求：类似 CMMI 或（A）SPICE 这些过程质量成熟度模型也是当前最先进技术的一部分，建议作为安全开发的基础

图 1-14 功能安全开发的隐含要求

1.3.4　ISO 26262 标准总体内容框架概览

本节将简要介绍 ISO 26262 标准总体内容框架、标准内容中的一些基本要点，让大家在脑海中形成对该标准的整体印象。

ISO 26262 标准总体内容框架如图 1-15 所示。

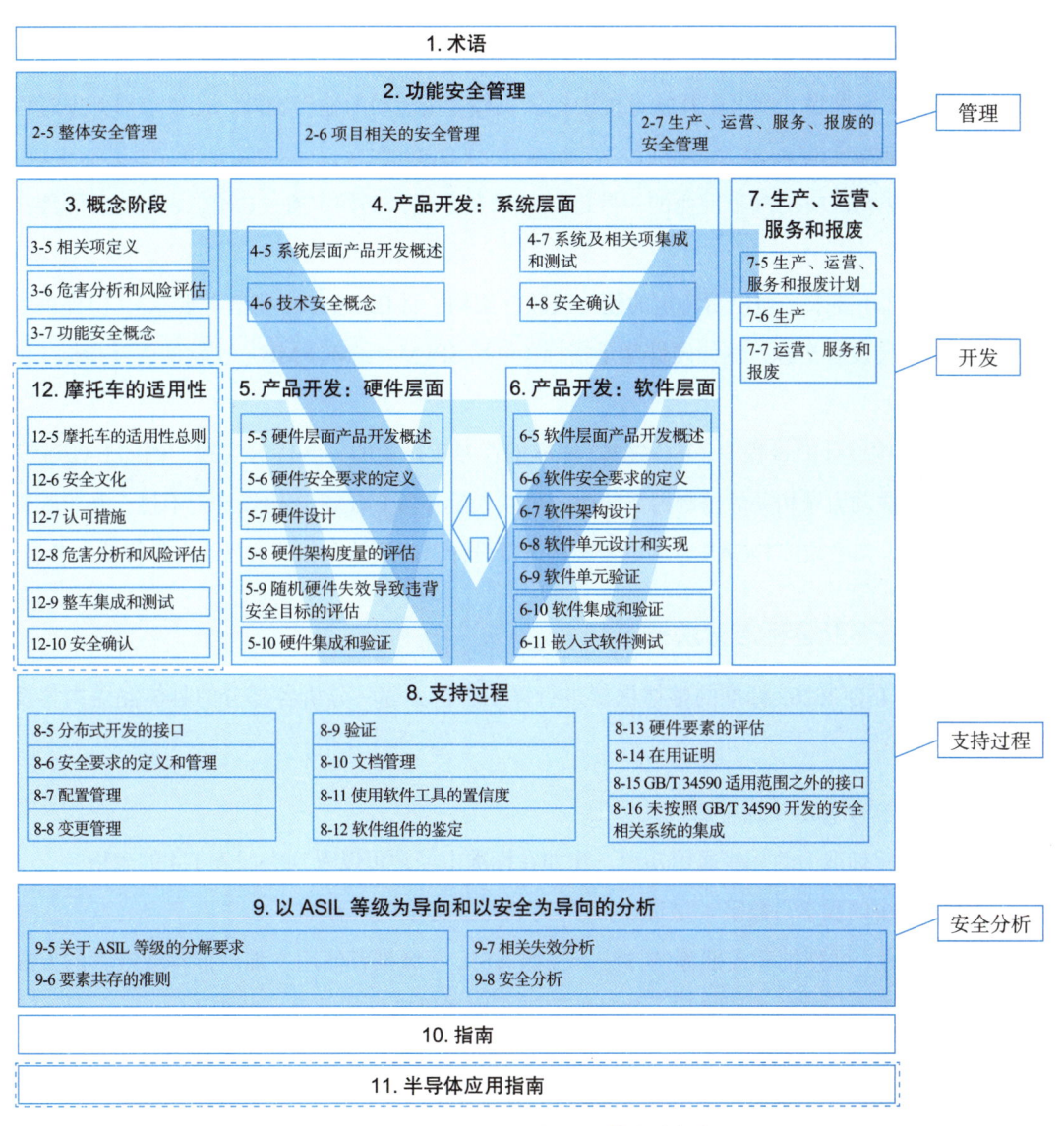

1. 术语

2. 功能安全管理　【管理】
- 2-5 整体安全管理
- 2-6 项目相关的安全管理
- 2-7 生产、运营、服务、报废的安全管理

3. 概念阶段
- 3-5 相关项定义
- 3-6 危害分析和风险评估
- 3-7 功能安全概念

4. 产品开发：系统层面
- 4-5 系统层面产品开发概述
- 4-6 技术安全概念
- 4-7 系统及相关项集成和测试
- 4-8 安全确认

7. 生产、运营、服务和报废
- 7-5 生产、运营、服务和报废计划
- 7-6 生产
- 7-7 运营、服务和报废

【开发】

12. 摩托车的适用性
- 12-5 摩托车的适用性总则
- 12-6 安全文化
- 12-7 认可措施
- 12-8 危害分析和风险评估
- 12-9 整车集成和测试
- 12-10 安全确认

5. 产品开发：硬件层面
- 5-5 硬件层面产品开发概述
- 5-6 硬件安全要求的定义
- 5-7 硬件设计
- 5-8 硬件架构度量的评估
- 5-9 随机硬件失效导致违背安全目标的评估
- 5-10 硬件集成和验证

6. 产品开发：软件层面
- 6-5 软件层面产品开发概述
- 6-6 软件安全要求的定义
- 6-7 软件架构设计
- 6-8 软件单元设计和实现
- 6-9 软件单元验证
- 6-10 软件集成和验证
- 6-11 嵌入式软件测试

8. 支持过程　【支持过程】
- 8-5 分布式开发的接口
- 8-6 安全要求的定义和管理
- 8-7 配置管理
- 8-8 变更管理
- 8-9 验证
- 8-10 文档管理
- 8-11 使用软件工具的置信度
- 8-12 软件组件的鉴定
- 8-13 硬件要素的评估
- 8-14 在用证明
- 8-15 GB/T 34590 适用范围之外的接口
- 8-16 未按照 GB/T 34590 开发的安全相关系统的集成

9. 以 ASIL 等级为导向和以安全为导向的分析　【安全分析】
- 9-5 关于 ASIL 等级的分解要求
- 9-6 要素共存的准则
- 9-7 相关失效分析
- 9-8 安全分析

10. 指南

11. 半导体应用指南

图 1-15　ISO 26262 标准总体内容框架

该内容框架实际上包含了产品功能安全的开发模型，而安全生命周期就蕴藏在这一开发模型中。

ISO 26262 标准定义了 V 模型开发流程，每个阶段的活动都有明确的定义。工作成果展示了 V 模型各阶段活动的输出。

ISO 26262 描述了具体的工作成果，例如安全计划、安全案例/档案、相关项定义、功能安全概念、技术安全概念、硬件/软件接口规范、FMEDA 报告、认可措施报告等。

ISO 26262 标准除了要求在开发过程中提供一些直接活动的输出物外，还要求对开发过程进行大量的验证。

ISO 26262 要求应用汽车行业的一些已知技术和方法，例如审查、FMEA、FTA、硬件在环测试等。

ISO 26262 不要求必须使用特定的硬件或软件架构（而 IEC 61508 则有此要求），但提供了一些明确的架构度量指标，例如硬件度量指标（包括 SPFM、LFM、PMHF）、软件度量指标（包括测试覆盖率）。

在进行架构设计的过程中，ISO 26262 标准推荐参考行业的一些优秀实践，例如 E-GAS 三层电子架构。在动力域相关的控制器系统中，可以大量参考 E-GAS 架构设计。不过，并非所有产品的架构设计都必须按 E-GAS 三层电子架构进行设计，还须结合相关项目的自身特性来考量。

1.3.5　ISO 26262 标准分解概览

本节将对 ISO 26262 标准的整体框架进行详细解析，逐一分析各部分的具体涵盖内容及输出要求。

1.3.5.1　关于标准中各种表格的标记

首先来了解标准中的一些通用知识，比如在标准中经常可以看到类似表 1-4 的表格。

对于表格中的数字、数字+字母、"+"等符号，标准的解释如下。

1，2，3…：强烈推荐或推荐的方法，按照 ASIL 等级推荐使用。强烈推荐或推荐的方法允许用未列入表中的其他方法替代，此种情况下，应提供满足相关要求的理由。

1a，2a，2b…：这些方法是可选的，应按照指定的 ASIL 等级进行适当的组合。

每种方法的推荐等级取决于 ASIL 等级，分类如下。

❑ "++"表示对于指定的 ASIL 等级，强烈推荐采用该方法。

- "+"表示对于指定的 ASIL 等级，推荐采用该方法。
- "o"表示对于指定的 ASIL 等级，不推荐也不反对采用该方法。

如果有可选方法，优先选择"++"而不是"+"的方法，并说明所选方法组合符合相应要求的原因。

表 1-4　标准表格中符号示例

方法		ASIL 等级			
		A	B	C	D
1a	检查 [a]	+	++	++	++
1b	走查 [a]	++	+	o	o
2a	仿真 [b]	+	+	++	++
2b	系统原型和车辆测试 [b]	+	+	++	++
3	系统架构设计分析 [c]	—			

[a] 表示方法 1a 和 1b 用于检查要求是否得到完整和正确地实施
[b] 表示方法 2a 和 2b 可以用于故障注入测试，以支持系统架构设计关于故障方面的完整性和正确性的论证
[c] 表示对于如何实施安全分析，见 GB/T 34590.9—2022 第 8 章

解读　"++"标识的方法，不论是否在 1a、1b、2a 等可选项中，都需要根据对应的 ASIL 等级进行执行。

1.3.5.2　第 1 部分术语

本部分收录了 ISO 26262 标准中所有的专业术语，共 185 个词条。这些术语对于理解标准起到基础性作用，犹如数学里的公式和定理一样。

1.3.5.3　第 2 部分功能安全管理

第 2 部分在标准总体框架中的内容视图如图 1-16 所示。

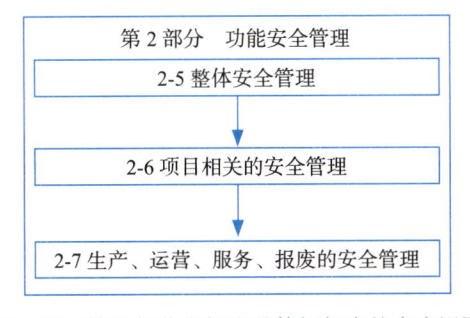

图 1-16　第 2 部分在标准总体框架中的内容视图

第 2 部分相关的关键输出物如图 1-17 所示。

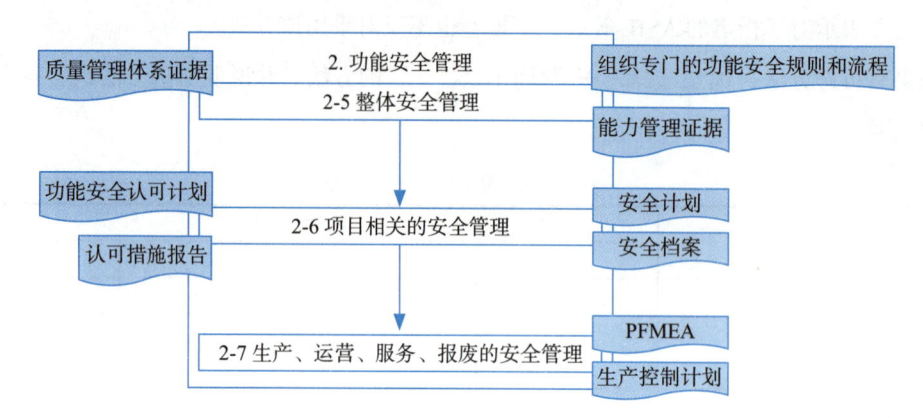

图 1-17　第 2 部分相关的关键输出物

这部分关于功能安全管理的要求主要包括以下内容。

- 独立于项目的要求，例如公司层面的管理要求；项目开发过程中的要求；生产发布后的要求。
- 针对整个生命周期及其裁剪、安全文化、能力管理、质量管理、角色、责任、安全档案、认可措施、功能安全评估的要求。

1.3.5.4　第 3 部分概念阶段

第 3 部分在标准总体框架中的内容视图如图 1-18 所示。

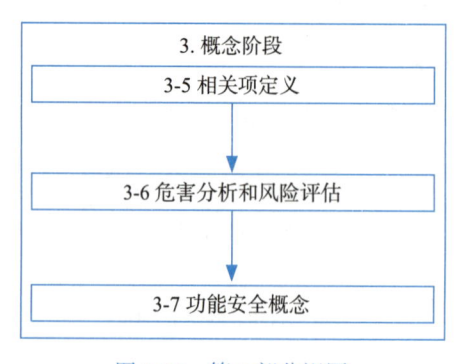

图 1-18　第 3 部分视图

第 3 部分相关的关键输出物如图 1-19 所示。

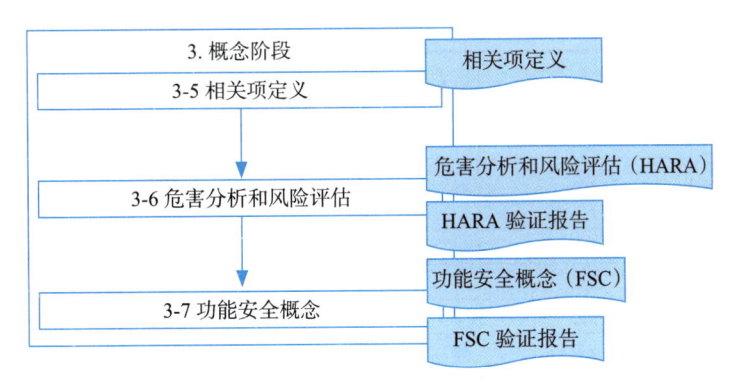

```
      3. 概念阶段                  相关项定义
      3-5 相关项定义
           ↓
      3-6 危害分析和风险评估    危害分析和风险评估（HARA）
                              HARA 验证报告
           ↓
      3-7 功能安全概念          功能安全概念（FSC）
                              FSC 验证报告
```

图 1-19 第 3 部分相关的关键输出物

1. 第 3 部分与第 8 部分的关联

第 3 部分与第 8 部分的关联如图 1-20 所示。

```
   3. 概念阶段            8-9 验证 ────── 相关项定义验证
   3-5 相关项定义
        ↓
   3-6 危害分析和风险评估   8-9 验证 ────── HARA 验证
        ↓
                         8-6 安全要求的定义和管理
   3-7 功能安全概念        8-9 验证 ────── FSC 验证
```

图 1-20 第 3 部分与第 8 部分的关联

2. 概念阶段之 HARA

HARA 方法用于识别每个危害事件并针对其确定 ASIL 等级，然后将 ASIL 等级分配给对应的安全目标。

ASIL 等级评价见表 1-5。

表 1-5 ASIL 等级评价

严重度等级	暴露概率等级	可控性等级		
		C1	C2	C3
S1	E1	QM	QM	QM
	E2	QM	QM	QM
	E3	QM	QM	A
	E4	QM	A	B

(续)

严重度等级	暴露概率等级	可控性等级		
		C1	C2	C3
S2	E1	QM	QM	QM
	E2	QM	QM	A
	E3	QM	A	B
	E4	A	B	C
S3	E1	QM	QM	A
	E2	QM	A	B
	E3	A	B	C
	E4	B	C	D

Q: 表中为什么没有 S0、E0、C0？

1.3.5.5　第 4 部分产品开发：系统层面

第 4 部分在标准总体框架中的内容视图如图 1-21 所示。

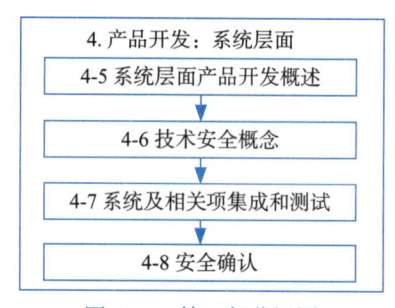

```
4. 产品开发：系统层面
    ↓
4-5 系统层面产品开发概述
    ↓
4-6 技术安全概念
    ↓
4-7 系统及相关项集成和测试
    ↓
4-8 安全确认
```

图 1-21　第 4 部分视图

第 4 部分相关的关键输出物如图 1-22 所示。

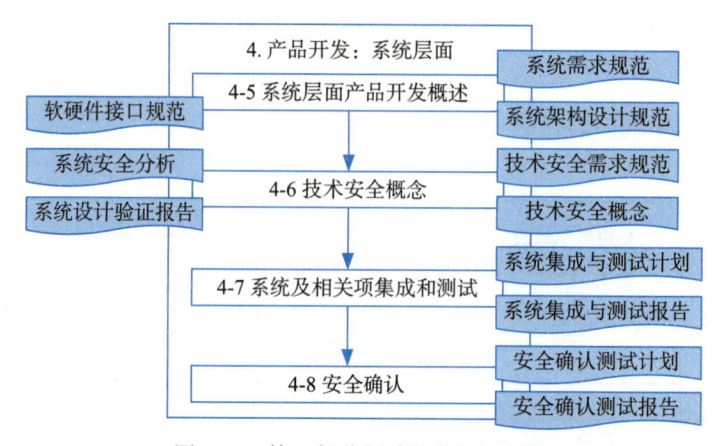

```
                4. 产品开发：系统层面
                                          系统需求规范
软硬件接口规范   4-5 系统层面产品开发概述
                                          系统架构设计规范
系统安全分析                                技术安全需求规范
                4-6 技术安全概念
系统设计验证报告                            技术安全概念
                                          系统集成与测试计划
                4-7 系统及相关项集成和测试
                                          系统集成与测试报告
                                          安全确认测试计划
                4-8 安全确认
                                          安全确认测试报告
```

图 1-22　第 4 部分相关的关键输出物

第 4 部分与第 8、第 9 部分的关联参见图 1-23。

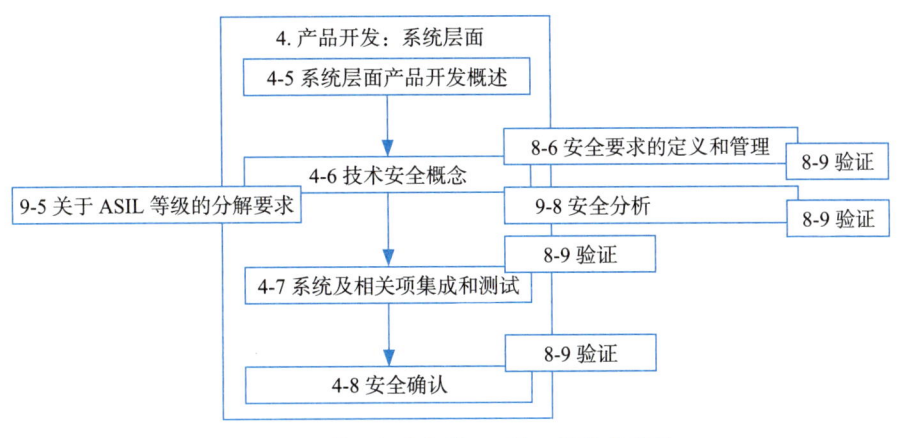

图 1-23　第 4 部分与第 8、第 9 部分的关联

解读 安全要求管理、验证和安全分析贯穿整个功能安全开发生命周期。

1.3.5.6　第 5 部分产品开发：硬件层面

第 5 部分在标准总体框架中的内容视图如图 1-24 所示。

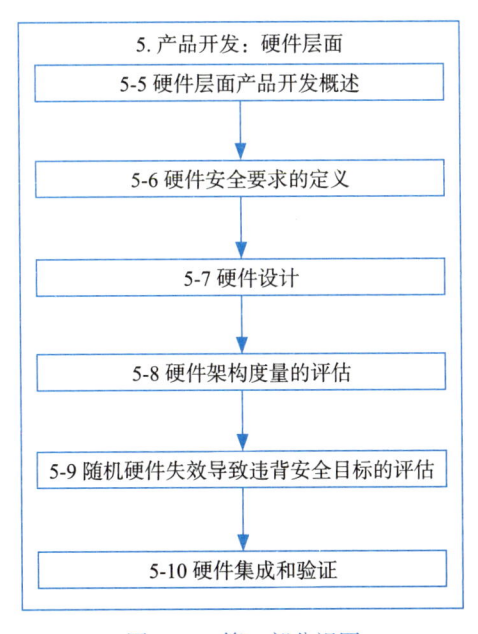

图 1-24　第 5 部分视图

第 5 部分相关的关键输出物如图 1-25 所示。

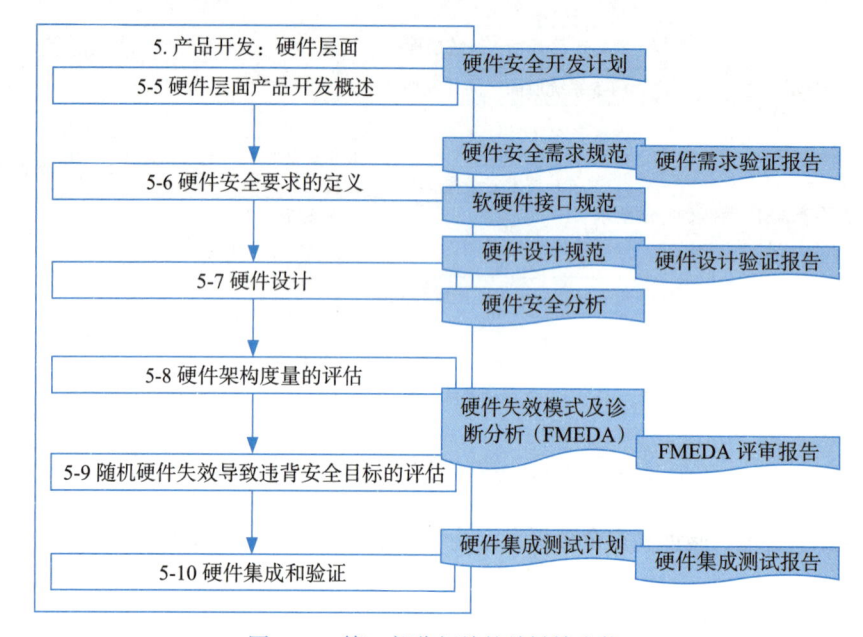

```
5. 产品开发：硬件层面
  ┌─ 5-5 硬件层面产品开发概述 ─── 硬件安全开发计划
  │
  ├─ 5-6 硬件安全要求的定义 ─── 硬件安全需求规范 ─── 硬件需求验证报告
  │                          软硬件接口规范
  │
  ├─ 5-7 硬件设计 ─── 硬件设计规范 ─── 硬件设计验证报告
  │                 硬件安全分析
  │
  ├─ 5-8 硬件架构度量的评估 ─── 硬件失效模式及诊断分析（FMEDA）
  │
  ├─ 5-9 随机硬件失效导致违背安全目标的评估 ─── FMEDA 评审报告
  │
  └─ 5-10 硬件集成和验证 ─── 硬件集成测试计划 ─── 硬件集成测试报告
```

图 1-25　第 5 部分相关的关键输出物

1. 硬件层面之硬件架构度量

硬件部分一个非常重要的输出物是 FMEDA 分析报告，用于定量评估硬件架构的失效率是否满足对应 ASIL 等级的度量指标要求。硬件架构度量指标包含 SPFM（单点故障度量）、LFM（潜在故障度量）、PMHF（随机硬件故障度量）。

这三个指标的计算方法参见图 1-26，具体详见标准的第 5 部分。

2. 第 5 部分与第 8、第 9 部分的关联

第 5 部分与第 8、第 9 部分的关联参见图 1-27。

1.3.5.7　第 6 部分产品开发：软件层面

第 6 部分在标准总体框架中的内容视图如图 1-28 所示。

标准提到需要对软件开发流程和开发环境进行描述，并输出软件开发环境文档，这项活动对于软件开发来讲是一项通用性质的基础活动，为接下来如何展开软件设计和开发活动提供指引和说明，因此该活动并未体现在图 1-28 中。

第 6 部分相关的关键输出物如图 1-29 所示。

第 1 章　功能安全概述　◆　33

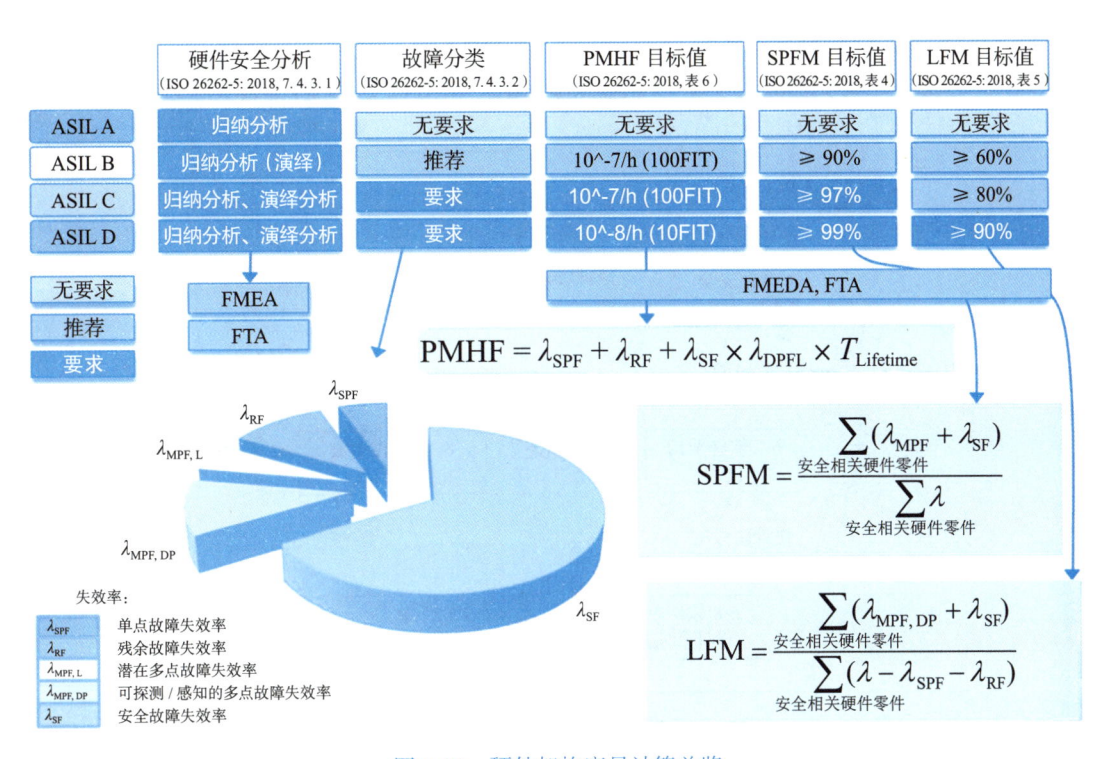

图 1-26　硬件架构度量计算总览

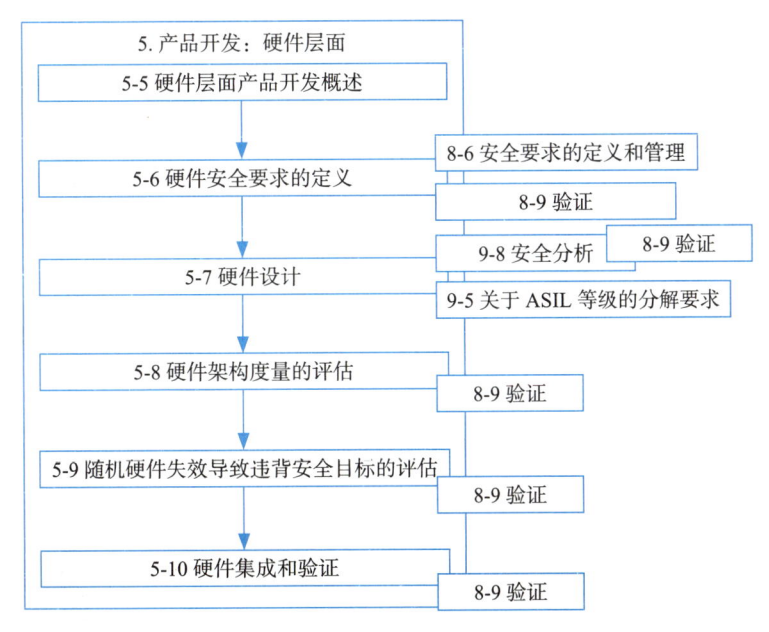

$$PMHF = \lambda_{SPF} + \lambda_{RF} + \lambda_{SF} \times \lambda_{DPFL} \times T_{Lifetime}$$

$$SPFM = \frac{\sum_{\text{安全相关硬件零件}}(\lambda_{MPF} + \lambda_{SF})}{\sum_{\text{安全相关硬件零件}} \lambda}$$

$$LFM = \frac{\sum_{\text{安全相关硬件零件}}(\lambda_{MPF,DP} + \lambda_{SF})}{\sum_{\text{安全相关硬件零件}}(\lambda - \lambda_{SPF} - \lambda_{RF})}$$

失效率：
- λ_{SPF} 单点故障失效率
- λ_{RF} 残余故障失效率
- $\lambda_{MPF,L}$ 潜在多点故障失效率
- $\lambda_{MPF,DP}$ 可探测/感知的多点故障失效率
- λ_{SF} 安全故障失效率

图 1-27　第 5 部分与第 8、第 9 部分的关联

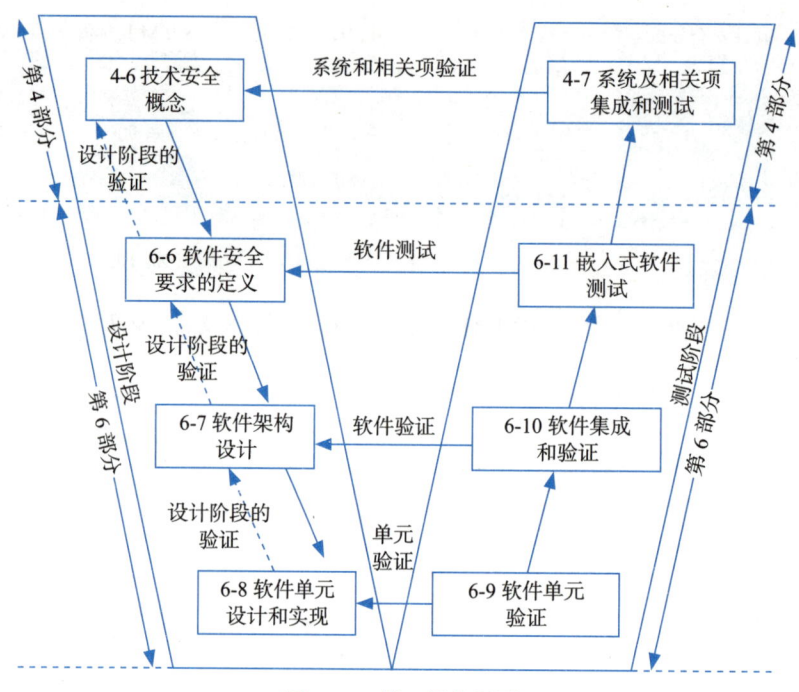

图 1-28　第 6 部分视图

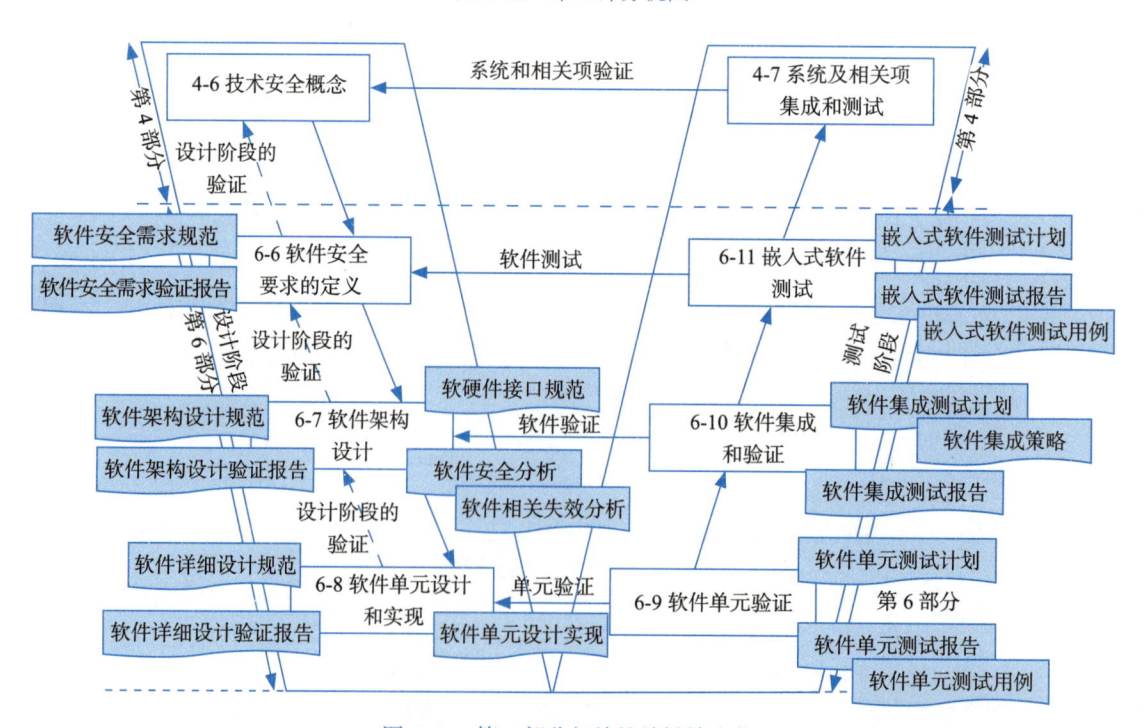

图 1-29　第 6 部分相关的关键输出物

第 6 部分与第 8、第 9 部分的关联如图 1-30 所示。

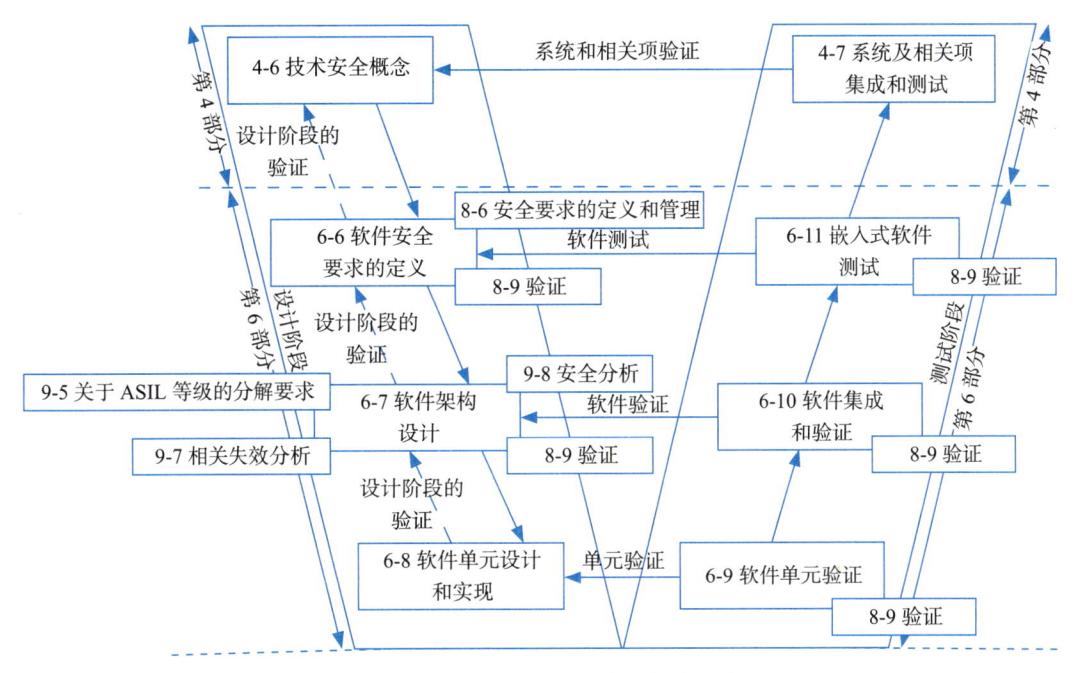

图 1-30　第 6 部分与第 8、第 9 部分的关联

1.3.5.8　第 7 部分生产、运营、服务和报废

第 7 部分在标准总体框架中的内容视图如图 1-31 所示。

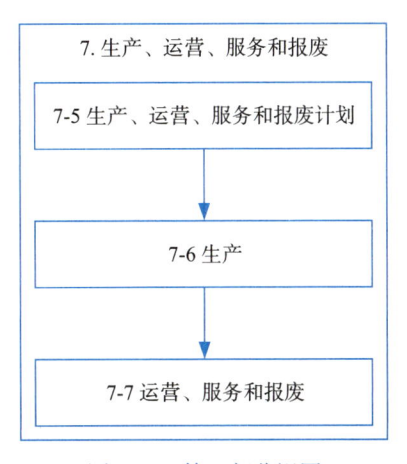

图 1-31　第 7 部分视图

第 7 部分相关的关键输出物如图 1-32 所示。

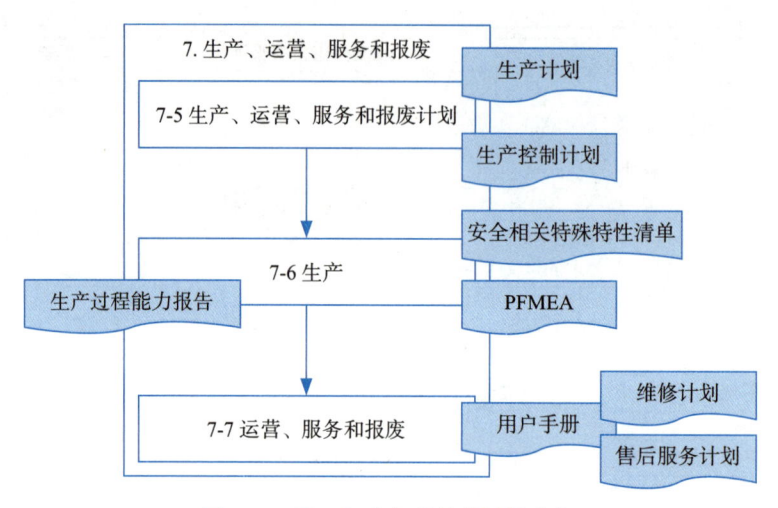

```
7. 生产、运营、服务和报废
    ├── 7-5 生产、运营、服务和报废计划 ──→ 生产计划
    │                                  ──→ 生产控制计划
    │                                  ──→ 安全相关特殊特性清单
    ├── 7-6 生产 ──→ 生产过程能力报告
    │            ──→ PFMEA
    └── 7-7 运营、服务和报废 ──→ 用户手册
                              ──→ 维修计划
                              ──→ 售后服务计划
```

图 1-32　第 7 部分相关的关键输出物

解读　功能安全在生产和运维阶段可以通过质量管理体系（IATF 16949）来支持。安全相关的需求需额外提出并体现在生产、控制计划中，确保生产过程中的安全需求得到实现。

1.3.5.9　第 8 部分支持过程

第 8 部分在标准总体框架中的内容视图如图 1-33 所示。

```
8. 支持过程
┌─────────────────────────┬─────────────────────────────────┐
│ 8-5 分布式开发的接口     │ 8-11 使用软件工具的置信度       │
│ 8-6 安全要求的定义和管理 │ 8-12 软件组件的鉴定             │
│ 8-7 配置管理             │ 8-13 硬件要素的评估             │
│ 8-8 变更管理             │ 8-14 在用证明                   │
│ 8-9 验证                 │ 8-15 GB/T 34590 适用范围之外的接口 │
│ 8-10 文档管理            │ 8-16 未按照 GB/T 34590 开发的安全相关系统的集成 │
└─────────────────────────┴─────────────────────────────────┘
```

图 1-33　第 8 部分视图

从第 8 部分的框架视图可以看出，支持过程贯穿整个功能安全开发生命周期。

第 8 部分相关的关键输出物如图 1-34 所示。

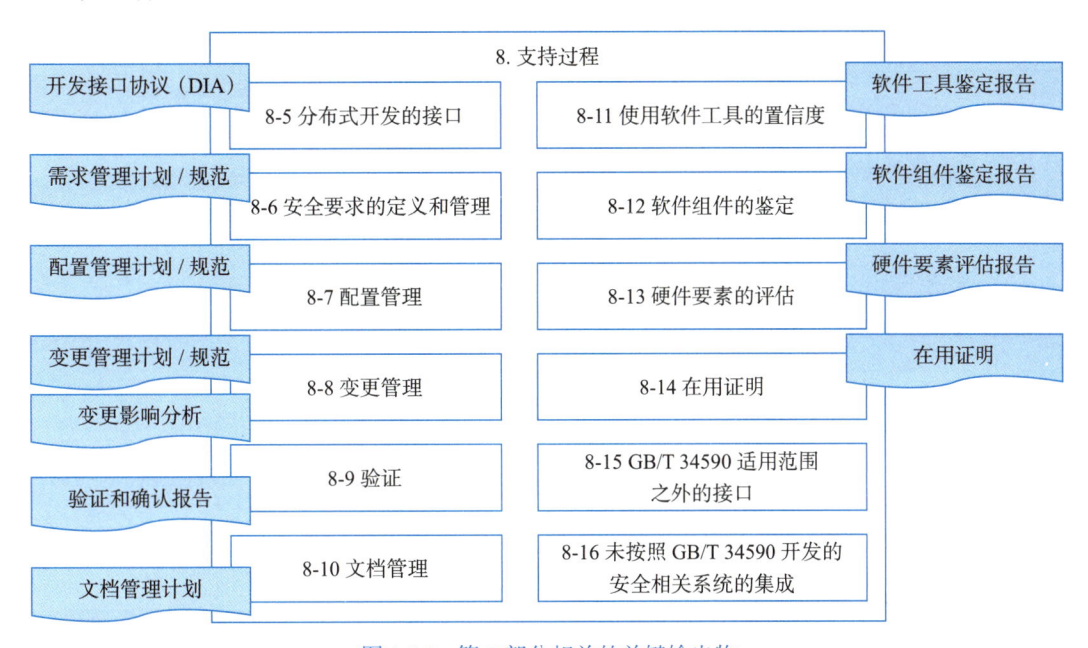

```
                        8. 支持过程
开发接口协议（DIA）                          软件工具鉴定报告
        8-5 分布式开发的接口    8-11 使用软件工具的置信度

需求管理计划/规范                             软件组件鉴定报告
        8-6 安全要求的定义和管理  8-12 软件组件的鉴定

配置管理计划/规范                             硬件要素评估报告
        8-7 配置管理            8-13 硬件要素的评估

变更管理计划/规范
                                              在用证明
变更影响分析  8-8 变更管理       8-14 在用证明

验证和确认报告 8-9 验证         8-15 GB/T 34590 适用范围
                                       之外的接口

文档管理计划  8-10 文档管理     8-16 未按照 GB/T 34590 开发的
                                       安全相关系统的集成
```

图 1-34　第 8 部分相关的关键输出物

图中提到的 DIA 这一输出物从形式上讲并不是 ISO 26262 所独有的。事实上，对于分布式开发的非功能安全项目，也可以定义一份类似的、明确双方开发责任的说明文件。具体名称可以根据各个组织的流程进行自定义。

1.3.5.10　第 9 部分以 ASIL 等级和以安全为导向的分析

第 9 部分在标准总体框架中的内容视图如图 1-35 所示。

```
9. 以 ASIL 等级为导向和以安全为导向的分析
    9-5  关于 ASIL 等级的分解要求
    9-6  要素共存的准则
    9-7  相关失效分析
    9-8  安全分析
```

图 1-35　第 9 部分视图

从第 9 部分的内容视图可以看出，安全分析贯穿整个功能安全开发生命周期。

第 9 部分相关的关键输出物如图 1-36 所示。

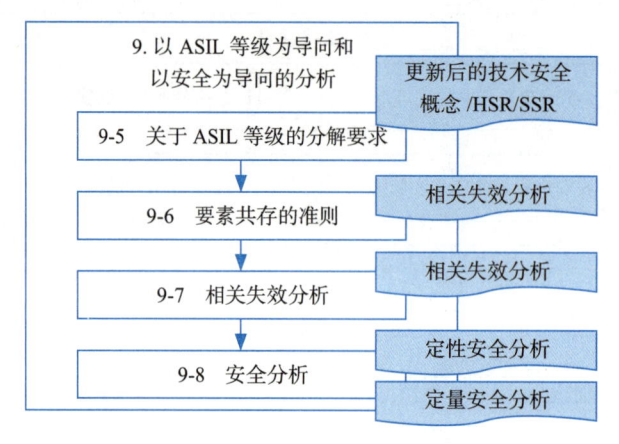

图 1-36　第 9 部分相关的关键输出物

相关失效分析在第 15 章有专门讲解，这里不再赘述。

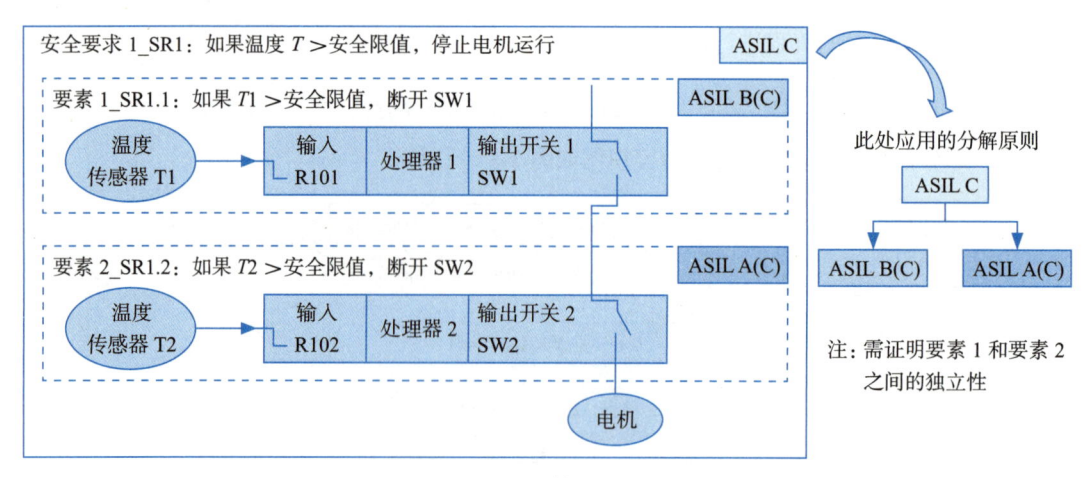

1. 关于 ASIL 等级分解要求

ASIL 等级分解成功与否的标准是分解后的需求和功能是否满足相互独立性要求，而这需要通过实施 DFA（相关失效分析）来证明。图 1-37 提供了一个简要的 ASIL 等级分解示例，作为 ASIL 等级分解原则的示意性说明。

图 1-37　ASIL 等级分解示例

关于 ASIL 等级分解的方法和原则将在第 16 章详细介绍。

2. 要素共存的准则

分解后的要求将分配给不同的要素,这些要素能否"和谐共处"需要通过 DFA 来验证,如图 1-38 所示。

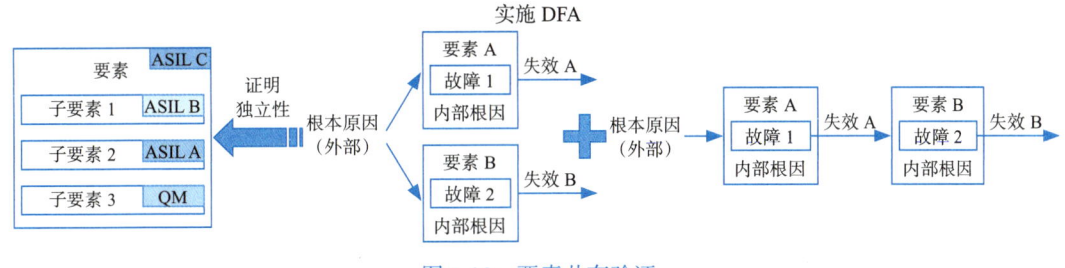

图 1-38 要素共存验证

要素是否共存可通过 DFA 来证明,即识别出要素间的共因失效和级联失效,并分析这些失效是否有对应的控制措施,从而证明要素间的独立性。

3. 安全分析

标准重点推荐了两种分析方法,分别是归纳分析和演绎分析。归纳分析的典型代表是 FMEA,而演绎分析的典型代表是 FTA,两种分析方法相辅相成,各有所长。两种分析方法将在后面结合实际案例进行分享。

Q:安全分析的目的是什么?由谁来执行安全分析?非功能安全开发也会用 FMEA,与功能安全开发中的 FMEA 有什么不同?

从上述各部分与第 9 部分的关联关系可以看出,安全分析是一项贯穿产品整个生命周期的活动,从概念阶段到报废阶段,都可以应用相关分析技术来提供活动实施依据。安全分析与其他活动之间的关系可参考图 1-39。

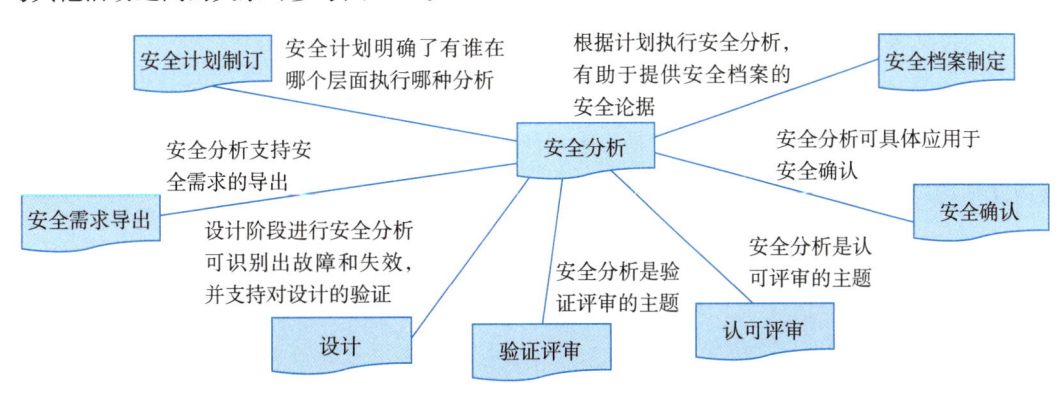

图 1-39 安全分析与其他活动之间的关系

Q：回想一下你在项目过程中是否进行过安全分析？你的安全分析做到位了吗？你所做的安全分析是否真正落到了实处？

总结来说，ISO 26262 的 12 个部分主要包括以下内容。
- 提供术语和定义。
- 提供汽车安全生命周期的定义及需要满足的流程。
- 支持在此安全周期内的裁剪活动。
- 为确定风险等级提供一种基于风险的汽车专用方法。
- 提供开发、验证、安全确认和认可措施以及文档化的要求。
- 提供包含所有开发过程（概念、系统、硬件、软件）的活动的要求和指引。
- 提供安全分析的方法、示例及要求。
- 提供半导体功能安全开发流程和设计要求。

关于标准第 11 部分半导体的功能安全开发的相关要求将在 9.5 节介绍芯片的功能安全架构设计时进行简要的介绍。标准第 12 部分是关于摩托车的功能安全相关要求，本书不展开介绍。

1.4 本章小结

到这里，ISO 26262 标准的概述就告一段落了。光从整个概述来看，功能安全开发涉及很多文档输出工作，但这只是"理论指导实践"的"理论"部分。标准不仅要求产品全生命周期各个过程的活动都要有明确的规范及定义，还要求根据这些规范及定义来实施对应层级的开发实现，这是"实践"。此外，我们还需要通过占据 V 模型"半壁江山"的验证环节对各层级的设计、开发成果进行验证和确认，每一个过程都要有对应的文档输出，通过过程把控结果，通过结果反向验证过程，如此迭代。

最终在达成功能安全目标的同时，不仅积累了组织的"技术资产"，还让组织人员养成了良好的工程习惯。这种长期获益才是实施功能安全的要义。浮在空中并非功能安全的本意，落地才是。

第 2 章

ISO 26262 中的功能安全管理

功能安全是"流程和技术的结合体","流程"是功能安全管理的主要对象。功能安全管理在流程上类似项目管理,也就是要在项目实施环节对相关项的安全属性进行项目管理,以保证功能安全开发的流程符合要求。ISO 26262 定义的 V 模型为功能安全管理提供了流程框架,每个阶段的任务也做了明确规定。功能安全管理是基于该流程框架,对功能安全相关活动进行计划、监督、管理的过程,最终形成各个阶段可管理的工作成果。

本章将从以下方面对功能安全管理相关活动进行介绍。

1)安全管理与其他活动的关系。

2)安全管理涉及的活动及角色。

3)安全计划。

4)安全档案。

5)认可措施的类别和形式。

6)功能安全的验证。

7)生产、运营、服务和报废环节的安全管理。

8)需求管理。

2.1 功能安全管理的主要活动

从图 1-15 的主体内容来看，功能安全管理部分主要涵盖以下活动。
- 创建、培育并维护安全文化。
- 建立组织特定的规则及流程（包括工具、模板、检查清单等）。
- 确保功能安全异常项得到有效传达。
- 经验教训库的建立与传递。
- 对相关人员进行功能安全培训。
- 确定要执行的安全生命周期阶段，分配安全活动和相关职责。

2.2 功能安全管理中的角色与职责

功能安全中有两个重要角色：项目经理和安全经理。标准中对二者的职责及分工要求如下。

1. 项目经理

标准原文 A project manager shall be appointed at the initiation of a product development concerning the item.

（参考 ISO 26262-2: 2018, 6.4.2.1）

The project manager shall be given the responsibility and the authority, in accordance with 5.4.2.7, to ensure that:

a) the safety activities required to achieve functional safety are performed; and

b) compliance with ISO 26262 is achieved.

（参考 ISO 26262-2: 2018, 6.4.2.2）

解读 从这条要求来看，确保功能安全在项目中落地并不应该是安全经理一个人操心的事，项目经理是整个项目的全权负责人，应提供达成功能安全所需的资源。

标准原文 The project manager shall verify that the organization has provided the required resources for the safety activities, in accordance with 5.4.2.5.

（参考 ISO 26262-2: 2018, 6.4.2.3）

The project manager shall ensure that the safety manager is appointed in accordance with 5.4.4.

（参考 ISO 26262-2: 2018, 6.4.2.4）

解读 项目经理在项目中扮演着重要角色。在功能安全项目中，项目经理需要指定一位安全经理负责管理项目的安全相关活动。如果项目经理具备相关能力，可以兼任安全经理的角色，反之亦然。

总结来说，项目经理的职责如下。
- 确保各项安全活动得到执行。
- 实现 ISO 26262 标准的合规要求。
- 任命安全经理。

2. 安全经理

标准原文 The safety manager shall be responsible for the planning and coordination of the safety activities in which the organization is involved, in accordance with 5.4.2.7.

（参考 ISO 26262-2: 2018, 6.4.6.1）

The safety manager shall be responsible for maintaining the safety plan, and for monitoring the progress of the safety activities against the safety plan.

（参考 ISO 26262-2: 2018, 6.4.6.2）

The responsibilities with regard to performing the safety activities shall be clearly assigned and communicated within the organization in accordance with 5.4.2.7 and 5.4.4.

NOTE The safety manager is responsible for planning and coordinating the safety activities. Other persons can be responsible to detail the planning (see also 6.4.6.8) or to perform the safety activities (e.g. to plan or perform integration and verification activities and configuration management).

（参考 ISO 26262-2: 2018, 6.4.6.3）

解读 安全经理要负责制订安全计划（静态），将安全相关的活动分配给组织中相应的人员，并根据计划组织、协调资源来实施安全活动（动态）。在任务分配过程中，安全经理应识别相关人员的能力，确认他们具备实施相关安全活动的能力，或者帮助相关人员建立起这种能力。

总结来说，安全经理的职责如下。
- 计划并定期检查项目的功能安全活动。

- 创建和维护安全计划。
- 监督安全计划的进展。
- 组织建立与功能安全相关的输出物。
- 对接客户和供应商的功能安全事项。
- 维护安全档案。
- 向项目经理汇报功能安全活动的进展。

2.3 安全计划

先查看标准中对于安全计划有哪些要求，以下为摘选的标准中关于安全计划的相关要求，详细内容请参考标准对应章节。

标准原文 The safety plan shall either be:

a) **referenced in** the project plan, or

b) **included in** the project plan, such that the safety activities are **distinguishable**.

（参见 ISO 26262-2: 2018, 6.4.6.4）

Q：根据上述要求，安全计划和项目计划的区别与联系是什么？

标准原文 The safety plan shall define the planning of the activities and procedures for achieving functional safety, including:

a) the implementation of **project-independent safety activities** in accordance with Clause 5 into project-specific safety management;

b）The safety plan shall be **updated incrementally**, as a minimum at the beginning of each phase.

（参见 ISO 26262-2: 2018, 6.4.6.5）

从这条要求看，安全相关的活动似乎还是与常规的项目活动有些"独特"的地方。想一想标准中哪些活动是功能安全所独有的？或者说哪些输出物是常规项目管理（如 PMBOK）中没有定义但在 ISO 26262 标准中有要求的？

标准原文 In the case of a distributed development, both the customer and the supplier shall define a safety plan regarding the respective safety activities.

（参见 ISO 26262-2: 2018, 6.4.6.10）

> **解读** 不论是否为分布式开发,安全相关项目均需编写安全计划。安全计划用于计划、管理和指导项目安全活动的执行,包括日期、里程碑、任务、可交付物、责任人及所需资源。在实际实施安全管理过程中,安全计划需从"静态"和"动态"两个维度进行。安全活动包括安全生命周期中所有安全相关输出物编写及其验证与确认,包括验证开发接口协议计划、验证活动计划、认可评审计划等。

Q:那么,安全计划需要包含哪些内容,或者说,安全计划要计划些什么呢?

安全计划的详细内容要求参考标准第 2 部分第 6.4.6.5 节的内容。概括来说,安全计划包括以下内容。

- ☐ 实现功能安全的活动和流程规划。
- ☐ 将独立于项目的安全活动纳入项目特定的安全管理。
- ☐ 制定安全活动的定义。
- ☐ 危险分析与风险评估规划。
- ☐ 开发活动规划。
- ☐ 开发接口协议(DIA)规划。
- ☐ 支持过程规划。
- ☐ 验证和确认活动计划。
- ☐ 确认审查计划、功能安全审计的启动和功能安全评估的启动。
- ☐ 安全档案内容规划。
- ☐ 计划相关失效分析和安全分析。
- ☐ 对相关项所采用的硬件要素和软件组件的功能安全应用符合性的鉴定计划。
- ☐ 对相关项设计、开发流程中所采用的软件工具的功能安全应用符合性的鉴定计划。

接下来将挑选实践过程中大家容易对安全计划产生疑惑的部分内容进行介绍。

2.3.1 关于组织架构

安全计划应将不同安全活动分配给对应的角色,并定义其责任。分配的表示方式不限,可以采用图形方式或表格方式,只要活动与人员及其责任能够一一对应即可。

1.图形表示方式

图 2-1 展示了安全计划中项目团队组织架构的图形表示方式。

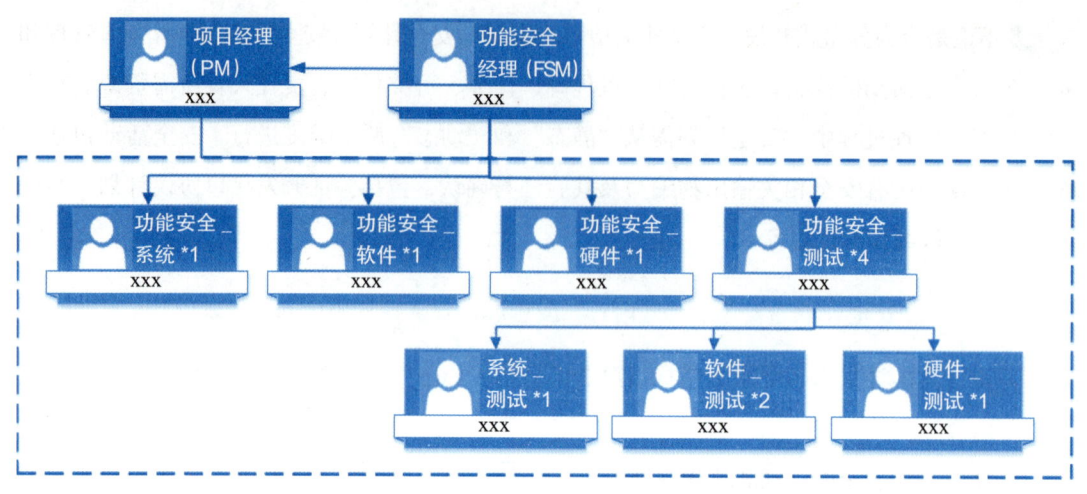

图 2-1　项目团队组织架构的图形表示方式

2. 表格表示方式

表 2-1 展示了安全计划中项目团队组织架构的表格表示方式。

表 2-1　项目团队组织架构表格表示方式

姓名	角色	职责	邮箱	电话	备注
WF.WANG	功能安全审核员（SaAu）	功能安全审核	×××	×××	
×××	功能安全评估师（SaAss）	功能安全评估	×××	×××	
×××	功能安全经理（FSM）	功能安全开发、管理	×××	×××	
×××	系统设计负责人（SysDL）	系统开发、管理	×××	×××	
×××	软件设计负责人（SwDL）	软件开发、管理	×××	×××	
×××	硬件设计负责人（HwDL）	硬件开发、管理	×××	×××	
×××	测试负责人（TL）	测试开发、管理	×××	×××	
×××	研发质量（QA）	研发质量管理	×××	×××	
×××	<TBD>	×××	×××	×××	

2.3.2　关于开发接口协议

开发接口协议（DIA）是客户与供应商之间签署的一份开发责任框架协议，具有以下特点。

- 描述相关项及其要素在分布式开发过程中的角色分配和对应的责任。
- 适用于各个层级的客户 – 供应商关系。
- 适用于内部供应商。
- 只有合格的供应商，才能开发安全相关的系统和组件。
- 在签订协议前，客户需对供应商进行评估和审核。

> **解读** 签订 DIA 其实对供应商在功能安全方面的开发能力起到了间接评估的作用。DIA 中定义了功能安全标准全生命周期过程输出物的要求，如果供应商不具备这个能力，那 DIA 短时间内是签不下来的。所以，功能安全的项目对供应商还是有基本的要求的，至少在组织架构上需要有负责功能安全的岗位，否则很难与客户的功能安全团队顺畅对接。

由于 DIA 往往是客户提供给供应商进行确认的一份输出物，所以格式通常由客户定义，但这不是绝对的，最终的签署需要双方确认。格式在双方确认过程中可以修改，只要双方认可即可。标准第 8 部分附录 B 列举了 DIA 的格式示例，参见表 2-2。目前，比较流行的方式是采用 RASIC 格式来定义 DIA。

表 2-2 DIA 的格式示例

序号	ISO 26262 参考要求			子输出物	客户（C）				供应商（S）				交付		备注
	部分	章节	工作成果		R	A	S	I	R	A	S	I	C⇒S	S⇒C	
1	2	5.5.1	关于功能安全的特定规则和流程	×××	–	–	–	–	×	–	–	–	–	×	供应商应建立功能安全流程和安全文化
2		5.5.2	能力管理证据	×××	–	–	–	–	×	–	–	–	–	×	供应商应提供参与本项目的相关人员的功能安全能力证明
3		5.5.3	整理管理体系证据	×××	–	–	–	–	×	–	–	–	–	×	供应商应具有质量管理体系
4		5.5.4	已识别的安全异常报名	×××	–	–	–	–	×	–	–	–	–	×	供应商应管理功能安全方面的安全异常
5		6.5.1	相关项层级的影响分析	×××	–	–	–	–	–	–	–	–	–	–	不适用
6		6.5.2	要素层级的影响分析	×××	–	–	–	–	–	–	–	–	–	–	不适用

2.3.3 关于安全异常管理

只要是项目管理就有异常管理，安全管理也不例外。安全异常也需要在日常安全管理中进行监控。但什么样的异常算是安全异常？如何识别安全异常？由谁来识别？

其实这些问题在日常项目管理中也会遇到，只不过 ISO 26262 标准将这些问题聚焦到了安全这个属性上并按照一定的流程提出来了。所以，所谓的"安全异常管理"，对于项目管理来讲，就是我们常说的问题管理，不要因为标准"换了个马甲"就不知从何下手。

日常项目管理中的风险项和开口项都属于异常，这些异常既有涉及流程层面的，也有涉及技术层面的。对于安全异常，我们需要识别当前的开口问题是否会影响到产品的安全性。

这个识别工作可以由问题提出者执行，也可以由功能安全工程师执行，只要具备相应的分析能力即可，但需要明确定义相关责任人。

标准要求组织需定义一个明确的流程，说明组织如何处理安全异常问题。问题的处理最终要形成闭环。图 2-2 展示了安全异常管理流程。

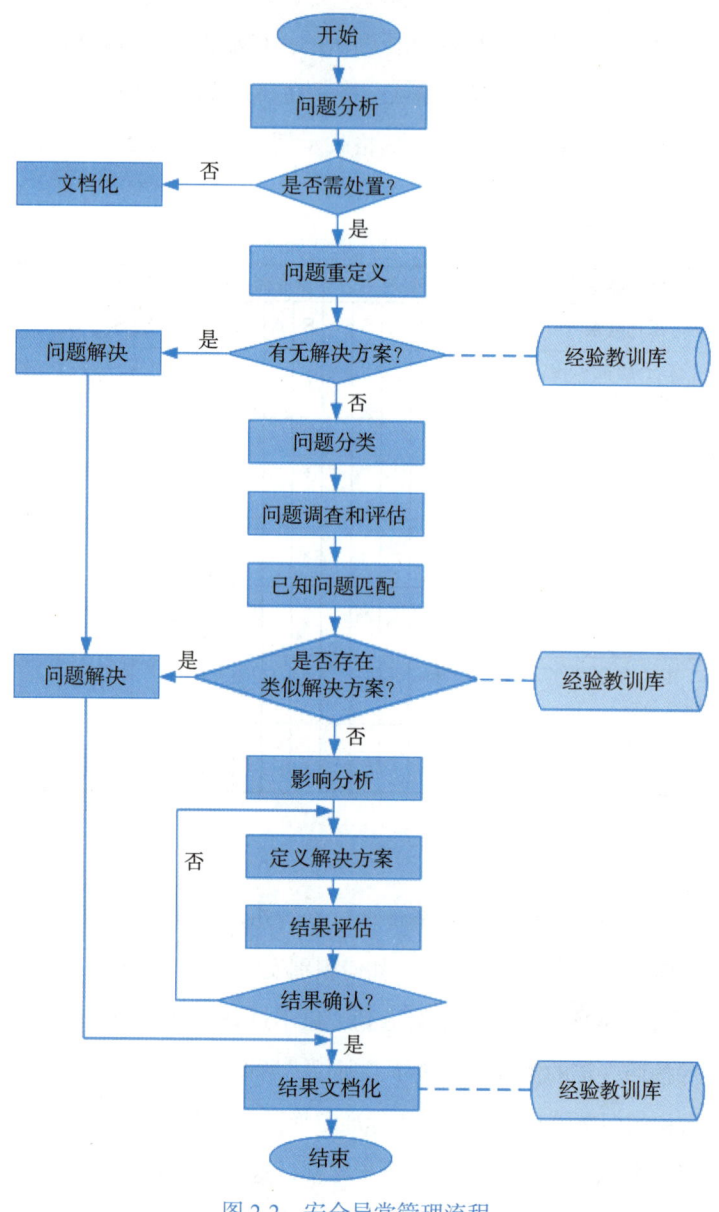

图 2-2 安全异常管理流程

然而，现实情况是，对于安全相关的系统，技术层面的问题有 80% 以上是安全相关的。因此，安全管理需要融入日常项目管理中，直面问题才能做好安全异常管理。

2.3.4　关于能力管理

关于能力管理，标准提出的要求如下。

标准原文 The organization shall ensure that the persons involved in the execution of the safety lifecycle have a sufficient level of skills, competence and qualification corresponding to their responsibilities.

（参考 ISO 26262-2: 2018, 5.4.4.1）

解读 这条要求提的可谓"天经地义"。进行一款产品的开发，人力资源是第一位的，有人做事才有成事的可能，而事情做得好不好则主要取决于负责人的业务能力。因此，在创建工作分解结构（WBS）的过程中，需要考量对应责任人的能力是否能胜任所分配的任务。如果不能，则在条件允许的情况下选用能胜任的人，或者对相关人员进行能力建设，如标准提到的培训就是能力管理中需用到的手段，培训可以是内部的也可以是外部的。不管怎样，我们得确认功能安全活动的干系人具备实施对应活动的技能、能力及资质。从实践经验来看，实施内部功能安全培训是最经济、高效的方式。

2.4　关于安全档案

Q：什么是安全档案？安全档案用于做什么？

在回答这个问题之前，我们先来回顾一下标准对安全档案的定义。

标准原文：argument that functional safety is achieved for items or elements, and satisfied by evidence compiled from work products of activities during development.

（参考 ISO 26262-1: 2018, 3.136）

解读 安全档案将作为项目功能安全符合性、满足性评估的证据文件，用于提供清晰、全面且有力的论据，证明系统在特定环境下运行时不存在不合理的风险。前文提到，功能安全是一门结合流程和技术的通用学科，安全档案中的论据也将从流程和技术两个维度来证明相关项目满足标准的安全要求，如产品论据可以是安全机制，流程论据可以是方法指引、审查、认可评审。

图 2-3 展示了 V 模型中安全档案在流程和技术两方面的证据。

图 2-3　V 模型中安全档案内容

关于安全档案标准有哪些要求？我们先来学习标准的内容。

标准原文 A safety case shall be developed, in accordance with the safety plan, in order to provide the argument for the achievement of functional safety.

（参考 ISO 26262-2: 2018, 6.4.8.1）

The safety case should progressively compile the work products that are generated during the safety lifecycle to support the safety argument.

（参考 ISO 26262-2: 2018, 6.4.8.2）

标准中关于安全档案的要求总结如下。

☐ 应根据安全计划进行制定。

☐ 应逐步根据安全生命周期过程中生成的工作产品进行编辑。

☐ 独立执行认可评审（通常由另一个部门进行评审），这点隐含在认可措施的表格中，见表 2-3。

表 2-3　安全档案认可评审要求

认可措施	应用于以下的独立性程度					范围
	QM	ASIL A	ASIL B	ASIL C	ASIL D	
安全档案的认可评审独立于安全档案的责任者	—	I1	I1	I2	I3	依照全部安全需求中的最高 ASIL 等级执行

Q：根据标准的要求及内容提示，安全档案需要包含哪些信息才算完整呢？或者说，安全档案要体现哪些内容呢？

从上述内容可知，创建安全档案时需要从技术和流程两个维度进行收集论证并结合安全计划中的规划活动。下面列出了一些安全档案的内容模块供参考。

☐ 认可报告。

☐ 需求规范。

- 安全分析报告。
- 安全计划、组织结构图、安全规则。
- HARA 报告。
- 开发接口协议。
- 测试计划及评审报告。
- 测试报告和评审报告。
- 评估和审查报告。
- 变更需求，释放备注信息。

在项目实践过程中，编写详尽的安全档案并非易事。这是一项伴随开发和验证阶段持续进行的工作。组织需要在流程上提供有效的配置管理系统或方法，以便更好地收集当前阶段的活动状态证据。这些证据收集需要测试团队、质量团队等的支持。无论是输出物版本的频繁变动，还是人员变动、多变种项目抑或工具系统的变更，这些因素都会影响过程证据的收集。

2.5 关于认可措施

先来回顾标准中对相关项是否满足功能安全要求评估有哪些认可措施。

标准原文 The functional safety of the item and its elements shall be confirmed, based on:

a) **confirmation reviews** to judge whether the key work products, i.e. those included in Table 1, provide sufficient and convincing evidence of their contribution to the achievement of functional safety, considering the corresponding objectives and requirements of the ISO 26262 series of standards, in accordance with Table 1 and 6.4.10;

b) a **functional safety audit** to judge the implementation of the processes required for functional safety, in accordance with Table 1 and 6.4.11;

c) a **functional safety assessment** to judge the achieved functional safety of the item, or the contribution to the achievement of functional safety by the developed elements, in accordance with Table 1 and 6.4.12.

（参考 ISO 26262-2: 2018, 6.4.9.1）

从上述要求可知，标准中提到的认可措施有以下 3 类。

- **认可评审**：目的是核查关键工作成果是否提供了充分且令人信服的证据，以证明所做的工作对实现功能安全有贡献。

- **功能安全审核**：目的是评估功能安全活动的执行情况。
- **功能安全评估**：目的是判断相关项目是否实现了功能安全，或判断所做的工作（例如要素的开发）对功能安全实现的贡献。

Q：这三种认可措施有什么区别和联系？3 种认可措施确认的侧重点是什么？

2.5.1 认可措施简介

图 2-4 展示了这三种认可措施的侧重点。

```
                        认可措施
          ┌───────────────┼───────────────┐
       认可评审         功能安全审核      功能安全评估
  工作成果是否符合   开发过程中的活动执行  相关项是否实现了功能安全？
  标准要求？         情况是否符合标准的流  该相关项的安全可接受吗？
  是否有令人信服的   程要求？
  证据证明所做
  的工作对实现功
  能安全有贡献？
```

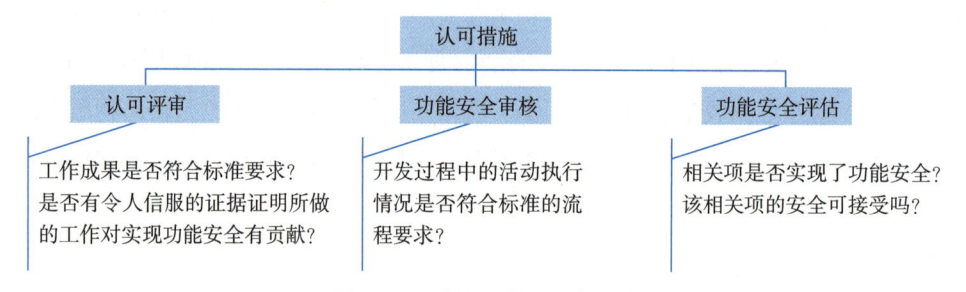

图 2-4　3 种认可措施的侧重点

3 种认可措施的区别与联系总结如表 2-4。

表 2-4　3 种认可措施的区别与联系总结

对比项	认可评审	功能安全审核	功能安全评估
评价对象	工作成果	实施安全活动的流程	相关项（工作成果、流程、安全、措施）
结果	认可评审报告	功能安全审查报告	功能安全评估报告
执行认可措施人员的职责	评价工作成果与对应需求之间的符合程度	评价所需流程的实施情况	评价所达到的安全程度，给出接受、条件接受、拒绝的建议及结论
执行认可措施的时间	每项安全活动结束后，产品释放前	所需流程实施过程中	在开发过程中逐步执行，生产前释放
执行的范围和深度	满足安全计划的要求	按照安全计划中定义的活动实施相关的流程	安全计划中要求评审相关项在开发过程中的输出物

Q：从上面信息来看，执行认可措施的人需要什么资质和权限？实际操作过程中该如何保证组织的知识产权？

标准（参见 ISO 26262-2: 2018，表 1）提供了示例来说明对哪些输出物实施哪些认可措施，详见表 2-5。

表 2-5 对输出物实施认可措施要求

认可措施	独立性程度					范围
	QM	ASIL A	ASIL B	ASIL C	ASIL D	
相关项层面对于影响分析的认可评审 独立于影响分析的责任者和项目管理	I3	I3	I3	I3	I3	• 判断按照标准第 6.4.3 节要求进行的影响分析活动是否正确识别了相关项是新相关项的修改或是环境变化的现有相关项 • 判断按照标准第 6.4.3 节要求进行的影响分析活动是否充分地识别了各种变化引发的功能安全影响，以及要执行的安全活动
危害分析和风险评估的认可评审 独立于相关项开发人员、项目管理和工作成果责任者	I3	I3	I3	I3	I3	• 判断与危害事件相关的运行场景的选择和危害事件定义是否适当 • 判断已确定的 ASIL 等级，对于相关项识别的危害事件的 ASIL 等级，对于相关项识别导致没有 ASIL 等级的参数（例如 C0、S0、E0）是否正确
安全计划的认可评审 独立于该相关项的开发人员、项目管理和工作成果责任者 注1：安全计划的认可评审包括由于现有要素复用而执行的要素层面包括选项在用证明（分析、数据和可信度）反相应的剪裁，若适用 注2：安全计划包含候选项在用证明（分析、数据和可信度）反相应的剪裁，若适用 注3：安全计划包括因使用软件工具而引起的剪裁，若适用	—	I1	I1	I2	I3	依照全部安全需求中的最高 ASIL 等级执行
功能安全概念的认可评审，由相应安全分析和相关失效分析的开发人员、项目管理和工作成果责任者	—	I1	I1	I2	I3	依照相关项全部安全目标中的最高 ASIL 等级执行

(续)

认可措施	独立性程度					范围
	QM	ASIL A	ASIL B	ASIL C	ASIL D	
• 技术安全概念的认可评审，由相应安全分析和相关失效分析的结果支持 • 独立于该相关项的开发人员、项目管理和工作成果责任者	—	I1	I1	I2	I3	• 依照导出技术安全需求的全部功能安全需求的最高ASIL等级执行 • 如果已对功能安全概念执行了ASIL等级分解，则应考虑分解的ASIL等级结果
• 集成和测试策略的认可评审 • 独立于该相关项的开发人员、项目管理和工作成果责任者	—	I0	I1	I2	I2	依照全部安全需求中的最高ASIL等级执行
• 安全确认规范的认可评审 • 独立于该相关项的开发人员、项目管理和工作成果责任者	—	I0	I1	I2	I2	依照全部安全需求中的最高ASIL等级执行
• 安全分析和相关失效分析的认可评审 • 独立于该相关项的开发人员、项目管理和工作成果责任者	—	I1	I1	I2	I3	依照全部安全需求中的最高ASIL等级执行
• 安全档案的认可评审 • 独立于安全档案的责任者	—	I1	I1	I2	I3	依照全部安全需求中的最高ASIL等级执行
• 按照标准第6.4.11节进行功能安全审核 • 独立于该相关项的开发人员和项目管理	—	—	I0	I2	I3	依照全部安全需求中的最高ASIL等级执行
• 按照标准第6.4.12节进行功能安全评估 • 独立于该相关项的开发人员和项目管理	—	—	I0	I2	I3	依照全部安全需求中的最高ASIL等级执行

Q：表中的"I"代表什么含义？

2.5.2 认可评审

认可评审是评估评审工作成果是否满足标准要求的过程，这需要结合相关项的安全目标和安全要求进行评价，因为标准的要求符合性是针对相关项的。

以下是标准中关于认可评审要求的摘录，帮助理解认可评审的具体含义。

标准原文 A person responsible to perform the confirmation review **shall be appointed**, in accordance with 5.4.4 and 5.4.2.7, for each confirmation review that is included in Table 1 and required by the safety plan. This person shall **provide a report that contains a judgement** of the achieved contribution to functional safety by the work product.

（参考 ISO 26262-2: 2018, 6.4.10.1）

The confirmation reviews shall be **finalized before the release for production**.

（参考 ISO 26262-2: 2018, 6.4.10.2）

A confirmation review may be based on performing a judgement of **whether the corresponding objectives of the ISO 26262 series of standards are achieved**.

（参考 ISO 26262-2: 2018, 6.4.10.3）

解读 从以上标准条款来看，认可评审与常规设计评审其实只是关注点上的区别。标准提到的认可评审关注的是标准要求的符合性，所以要基于标准条款进行认可评审，对于非功能安全项目则不涉及。另外，在形式上，认可评审和常规设计评审也有一些差异。首先，认可评审有明确的独立性要求，当然常规设计评审基本都可以满足，区别在于标准要求要指定人员进行认可评审，这对组织的成熟度其实有要求。成熟度高的组织有专门的审核人员和专家成员实施不同层级的评审，而成熟度低的组织可能就没那么讲究了。

Q：从标准对于认可评审的要求来看，你认为实施认可评审的难点在哪？

2.5.3 功能安全审核

标准中对功能安全审核的定义：对已实施过程进行针对过程目标的检查。

Q：标准对功能安全审核的要求有哪些？

下面摘选了标准中对于功能安全审核的部分要求，从中可以窥探功能安全审核这项活动的具体要求及表现形式。

标准原文 For items and elements where the highest ASIL of the safety requirements is ASIL (B), C, or D: a functional safety audit shall be carried out in accordance with 6.4.9; and shall be finalized before the release for production.

（参考 ISO 26262-2: 2018, 6.4.11.1）

A person responsible to carry out a functional safety audit shall be appointed in accordance with 5.4.4 and 5.4.2.7.

（参考 ISO 26262-2: 2018, 6.4.11.2）

A functional safety audit may be based on a judgement of whether the process related objectives of the ISO 26262 series of standards are achieved.

（参考 ISO 26262-2: 2018, 6.4.11.3）

解读 任何一项认可措施都需要指定相应的人员去执行，功能安全审核也不例外，需要指定特定人员实施审核。ASIL B 及以上的目标才需要实施功能安全审核。功能安全审核工作不是一次性完成的，需要根据安全计划中定义的活动，按阶段执行一次或多次。指定的审核员需要为每一次审核提供相应的报告，该报告应评估功能安全审核要求的实施情况。

Q：既然审核是为了确认流程的符合性，那么像 ASPICE 这类关于过程评估模型的标准，如果项目通过了 ASPICE 的某个能力等级（比如 Level 2），是否可以证明对应过程域的功能安全相关活动流程是满足标准要求的呢？

2.5.4　功能安全评估

上文介绍了功能安全评估的目的是确认项目最终是否达到了安全目标的要求，而这些要求都是要遵循标准来开发的。

标准对于功能安全评估的要求具体概括如下。

- **目的**：评估相关项是否实现功能安全。
- **评估流程**：安全评估员应进行充分的评价，但没有特定的流程要求。
- **对安全评估员的要求**：没有特定的资质或认证要求。

- **独立性要求**：参见表 2-6 示例。

表 2-6　功能安全评估的独立性要求示例

认可措施	应用于以下的独立性程度				范围
	QM	ASIL A	ASIL B	ASIL C	ASIL D	
• 相关项层面对于影响分析活动的认可评审 • 独立于影响分析的责任者和项目管理	I3	I3	I3	I3	I3	• 判断按照标准第 2 部分 6.4.3 节要求进行的影响分析活动是否正确识别了相关项是新相关项、对现有相关项的修改或是环境变化的现有相关项 • 判断按照标准第 2 部分 6.4.3 节要求进行的影响分析活动是否充分地识别了各种变化引发的功能安全影响，以及要执行的安全活动

- **生命周期中的执行时间**：逐步进行评估，必须在产品发布前完成。
- **评估对象**：工作成果、流程、安全措施。
- **评估结果**：接受、条件接受（存在开口项，但相关项的功能安全性被认为是明显的）、拒绝。
- **输出**：功能安全评估报告。

Q：我们在前面介绍认可措施时提到了独立性，这里也提到独立性，什么是认可措施的独立性？为什么需要独立性？

2.5.5　认可措施的独立性

首先回顾标准中关于独立性的定义。

标准中对独立性的定义：两个或者多个要素之间不存在导致违背安全要求的相关失效，或者从组织上分隔执行某一活动的各方。

对于认可措施的独立性，它适用于此定义的后半句，即实施认可措施的人员与被实施对象的负责人之间要具有一定的独立性关系。

标准中对于认可措施独立性要求的标记方式参见表 2-7。

表 2-7　认可措施独立性要求的标记方式

独立性程度				
QM	ASIL A	ASIL B	ASIL C	ASIL D
—	I0	I1	I2	I3

表 2-7 中各种独立性标记的解释参考如下。
- —：对于认可措施没有要求和建议。
- I0：应执行认可措施，但如果执行，应由不同的人员执行。
- I1：认可措施应由不同人员执行。
- I2：认可措施应由来自不同团队的人员执行，即不向同一个直接上级汇报。
- I3：认可措施应由来自不同部门或组织的人员执行，即在管理、资源和发布权限方面独立于负责相关工作成果的部门。

Q：仅实施标准提到的这三项认可措施就能证明相关项满足安全目标的要求吗？或者说，仅凭认可措施就能证明相关项开发过程中的安全要求都落地了吗？

2.6 关于验证

我们先回顾标准中关于验证的相关定义。

标准中对验证的定义：确保开发活动结果满足项目要求和 / 或技术要求的活动。

标准原文 The objective of verification is to ensure that the work products comply with their requirements.（参考 ISO 26262-8: 2018, 9.1）

从以上标准条款可以看出，验证是为了确保被检查对象符合规定的要求。

2.6.1 验证方式

验证方式如图 2-5 所示，包含以下几种。
- 评审：根据评审目的，对工作成果进行检查，以实现预期的目标。
- 走查：为了发现异常，对工作成果进行系统性检查。
- 检查：依据正式流程对工作成果进行检查，以发现异常。
- 测试：通过运行相关项或要素，以验证相关项或要素是否满足所定义的要求、探测其异常的过程。

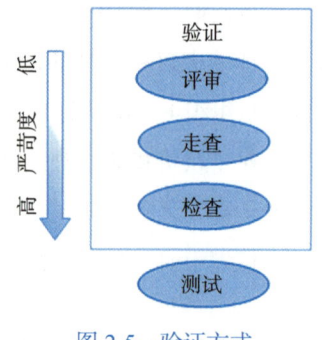

图 2-5 验证方式

在实际项目实践中，走查和检查实施方法如下。
- 仿真：使用专门的工具实现设计模型的仿真（例如，原理图仿真、热仿真、结构仿真等），以验证预期的设计模型。
- **原型开发**：基于开发的原型机来验证当前设计模型的符合程度。
- **分析**：通过各种分析手段和方法（例如 FMEA、FTA、控制流分析等）来验证当前设计是否满足需求。

Q：走查和检查有什么区别？在实际项目实践中，走查和检查是如何实施的？

2.6.2 验证与认可措施的联系

第一版 ISO 26262 标准中对输出物的验证评审及独立性要求进行了总结。我们可以通过比较验证和认可措施所关注的对象和要达成的目的，梳理出两者的关系，如图 2-6 所示。

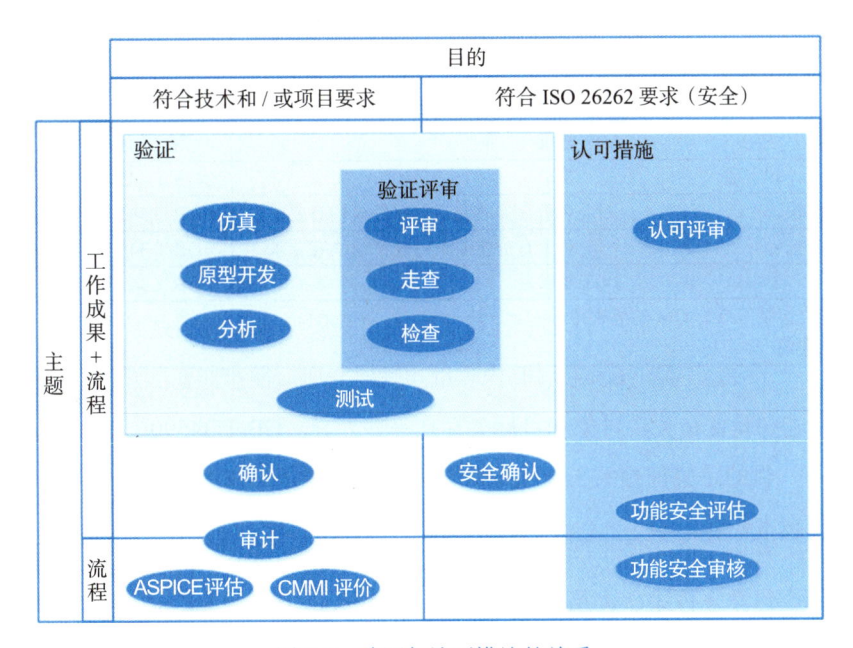

图 2-6 验证与认可措施的关系

解读 简而言之，验证是基本要求，即使是非功能安全项目也会实施相应的验证活动。而认可措施是针对标准要求实施的认可活动，因此认可措施具有标准的特色。此外，一些验证方法在认可措施中也需要使用，验证的结果可以作为认可措施的输入或基础。

标准中关于需要进行验证的内容概览见表 2-8。

表 2-8 验证内容概览

验证内容	A	B	C	D	要求或推荐的条目
相关项的危害分析和风险评估（参见 GB/T34590.3 第 5 章和第 7 章，如果适用，GB/T34590.8 第 5 章）	要求[a]				GB/T 34590.3 第 7 章
安全目标	要求				GB/T 34590.3 第 7 章
功能安全概念	要求				GB/T 34590.3 第 8 章
技术安全要求规范	要求				GB/T 34590.3 第 6 章
系统设计	要求				GB/T 34590.3 第 7 章
硬件安全要求	要求				GB/T 34590.3 第 6 章
硬件设计	要求				GB/T 34590.3 第 7 章
对于硬件架构评估的结果	[b]	推荐	要求	要求	GB/T 34590.3 第 8 章
按照应用的评估方法，分析随机硬件失效造成的潜在的对安全目标的违背	[b]	推荐	要求	要求	GB/T 34590.3 第 9 章
软件安全要求和细化的软硬件接口要求	要求				GB/T 34590.3 第 6 章和第 11 章
软件架构设计	要求				GB/T 34590.3 第 7 章
软件单元的设计和实现	要求				GB/T 34590.3 第 8 章
软件组件资质报告	对于有资质要求的软件模块有要求				GB/T 34590.3 第 12 章
硬件组件资质报告	对于有资质要求的硬件模块有要求				GB/T 34590.3 第 13 章
安全分析	要求				GB/T 34590.3 第 8 章

[a] 表示评审范围也包括等级为 QM 的危害事件
[b] 表示无要求和建议

解读 认可措施和验证在关注对象和目标上存在一些差异。GB/T 34590：2017 的其他部分也要求进行评审，目的是验证相关工作成果是否满足项目要求，以及是否满足与应用案例和失效模式相关的技术要求。

Q：想想在日常工作中，你所在组织使用了哪些验证方法？你们是如何称呼这些验证方法的？

2.7 功能安全管理之生产、运营、服务和报废环节

标准要求的量产前后的一些活动如下。
- 制订生产计划。
- 确保生产过程中的功能安全。

❑ 制订运营、服务及报废计划。

❑ 确保运营、服务和报废过程中的功能安全。

除去功能安全这个属性，这些活动实际上在质量管理中也需要定义，问题在于如何确保这些活动中涉及的功能安全性。

这里先回顾标准对每项活动的具体要求，然后再确认功能安全该如何体现在这些活动中。

2.7.1 生产计划的相关要求

功能安全相关项的生产计划涉及的活动和常规项目类似，唯一的区别在于要关注在生产环节是否有安全相关的要求需要追溯，其他都可以按照质量管理标准对生产的要求进行。下面总结了标准对于功能安全相关项的生产计划涉及的具体活动及要求，详情可参考 ISO 26262-7:2018 第 5.4.1 节。

1）应考虑装配指引、公差、标定数据要求、存储、运输和处理条件、授权的配置、以前生产计划的经验教训、人员能力要求。

2）在生产环节，应考虑审查和装配步骤、工具及使用方法、部件标识、文档可追溯性、返工流程。

3）确保正确的配置管理，考虑确保安装了正确的嵌入式软件版本与使用了正确的标定数据。

Q：关于生产计划要求，你在项目实践过程中是如何将需求落实的？

4）生产计划应描述为了实现相关项或要素的功能安全所要求的生产步骤、顺序和方法。下面为参考要求及方法。

❑ 定义生产工艺流程和指引，例如作业指导书。

❑ 生产工具和设备。

❑ 追溯性措施，例如 PCB 板二维码等。

❑ 一些专门措施，如使用麦拉片进行绝缘。

❑ 一些合理的、可预见的生产过程失效，可以通过 PFMEA 方法识别。例如，某些特殊工序的相关人员容易犯困，可以设计"看门狗"机制等。

5）要求制定控制步骤，确定必要的测试设备和工具，制定测试标准。

6）识别合理的可预见的过程失效，评估其影响并采取预防措施。这条要求需要先识别工艺流程，然后根据工艺流程实施对应的 PFMEA 方法。

7）发生变更时，应遵循正式的变更管理流程。

2.7.2 样件制造、预生产及生产的相关要求

样件制造、预生产及生产的相关要求的目的是确保涉及功能安全生产的各个方面都被考虑到，具体如下。

1）在生产释放前，样件（或预生产过程）应与实际产品（或目标生产过程）保持一致，相关要求为

- 知道目前与目标生产过程之间还有多大差距。
- 评估生产过程能力。
- 评估生产过程中哪些环节仍需要进一步改善。

2）评估生产过程能力包括周期性审核、人员能力鉴定、测试设备监控。

3）避免过程失效。对于将所执行的控制措施文档化，可以通过 PFMEA 输出对应的控制计划（CP）来实现。

解读 PFMEA 和 CP 是将功能安全属性与生产相连接的两个非常重要的活动。在生产过程中，有些安全特性需要满足，以确保产品在生产端的安全。这些安全特性需要传递到 PFMEA 中进行分析，然后得到相应的控制措施，这些措施要在 CP 中体现并文档化输出。

4）在生产释放后，只生产已批准的配置，并按计划控制。

生产相关的要求其实在质量管理体系中也会涉及，可以通过质量管理标准（例如 IATF 16949）要求的输出物进行覆盖，如标准中这样一条要求：

标准原文 The organization shall have a quality management system that supports achieving functional safety and complies with a quality management standard, such as IATF 16949 in conjunction with ISO 9001, or equivalent.

（参考 ISO 26262-2: 2018, 5.4.5.1）

解读 该要求说明了针对标准第 7 部分的要求，组织可以通过 IATF 16949 等相关质量管理标准要求来支持 ISO 26262 的对应部分要求，体现了两者在某些部分的联系。

Q：那么，安全在生产、运营、服务和报废环节是如何体现的呢？

首先要看有没有安全相关的特殊特性被识别出来，这些特殊特性在生产环节是如何得到保障的。比如激光雷达的光学器件，虽然是非电子电气部件，但其设计公差会直接影响激光

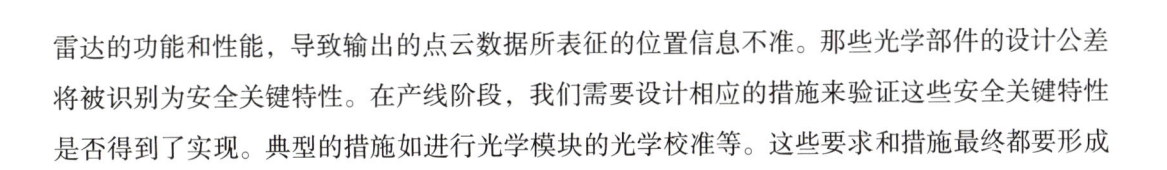

雷达的功能和性能，导致输出的点云数据所表征的位置信息不准。那些光学部件的设计公差将被识别为安全关键特性。在产线阶段，我们需要设计相应的措施来验证这些安全关键特性是否得到了实现。典型的措施如进行光学模块的光学校准等。这些要求和措施最终都要形成需求输出。需求是功能安全落地的基础。

2.7.3　运营、服务和报废计划相关要求

ISO 26262-7:2018 第 5.4.3 节对服务与维修的内容描述如下。

1）包括工作步骤、流程、诊断程序和方法。

2）包括维护工具和手段，如程序设定、传感器校准/设置和诊断设备。

3）用于验证安全相关特殊特性的控制步骤的顺序、方法，以及控制准则。

4）进行有关相关项、系统或要素的配置，包括可追溯性措施。注：这包括用来确保车辆下载正确版本软件的维护工具特性（如果在维护中执行这种操作）。

5）包括关闭的相关项或要素的功能关闭及其所引发的车辆的任何变更。

6）针对允许功能关闭和变更的驾驶员信息的描述，例如通知驾驶员某项辅助功能已被关闭。

7）备件的供应。

8）用户手册应对相关项正确使用提供指导说明和警告，如适用，还应提供以下信息。

☐ 相关功能（例如预期使用、状态信息或用户交互）及其运营模式的描述。

☐ 在通过告警和降级表明失效时，描述确保可控性所需的维护行为。

☐ 在通过告警和降级表明失效时，描述所期望的维护活动。

☐ 关于与第三方产品交互可能导致的已知危害的警告。

☐ 关于可能导致驾驶员误解或误用的安全相关创新功能。

9）报废说明应描述在拆卸前所采用的措施，以及防止车辆、相关项或要素被拆卸、处理过程中违背安全目标的活动和措施，以保证其安全报废。例如，说明安全气囊的拆除流程，并说明在拆除过程中如何确保维修人员的安全。

10）在运营、服务（维护和维修）以及报废计划中提出的系统、硬件或软件层面的安全要求应被明确界定，并传达给负责开发的人员。

在项目实践过程中，这部分要求可以在类似"用户手册"或"产品说明书"这样的输出物中覆盖。所以，关于这部分要求的落地，首先需要考虑组织是否已经输出了相关的文档，这些文档是否对上述要求进行了说明。在这方面，如何体现安全相关的内容呢？

其实不用想得太复杂，产品使用中的一些风险提示都是安全相关的内容。例如，高压锅的产品说明书中会说明在人工泄压时需要注意什么，以免烫伤。随便翻一翻汽车用户手册，也能看到很多基本的使用说明和安全提示，比如仪表上的指示灯代表什么含义，多久需要进行发动机保养，以及驾驶辅助功能使用时应注意的事项等。

这些使用注意事项的说明其实也可以作为标准中提到的"可合理预见误用"的预防型措施。

2.8 功能安全管理之需求管理

大家在做项目的过程中或多或少都能感受到，需求提清楚了，项目开发起来神清气爽。需求提不清楚，项目开发起来一团乱麻。可见，需求不仅得定义好，还得管理好。

功能安全有一条很清晰的需求链条，从整车层面的概念阶段到系统层面的零部件，再到软硬件层面的零部件开发都有对应的开发需求。标准要求这些需求要具备可追溯性。

根据上文描述，安全相关需求的追溯链条为安全目标（Safety Goal, SG）→功能安全概念（Functional Safety Concept, FSC）→技术安全要求（Technical Safety Requirement, TSR）→硬件安全要求（Hardware Safety Requirement, HSR）/软件安全要求（Software Safety Requirement, SSR），如图 2-7 所示。

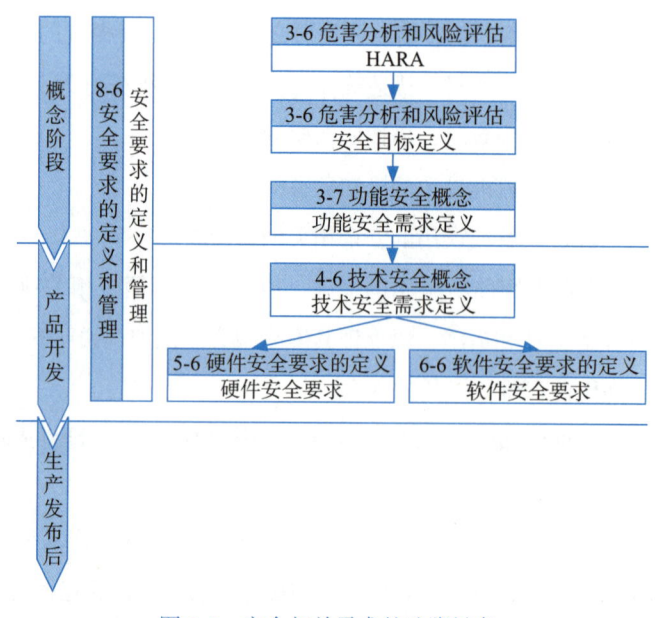

图 2-7 安全相关需求的追溯链条

图 2-7 所示的安全相关需求追溯链条，可进一步简化成图 2-8。

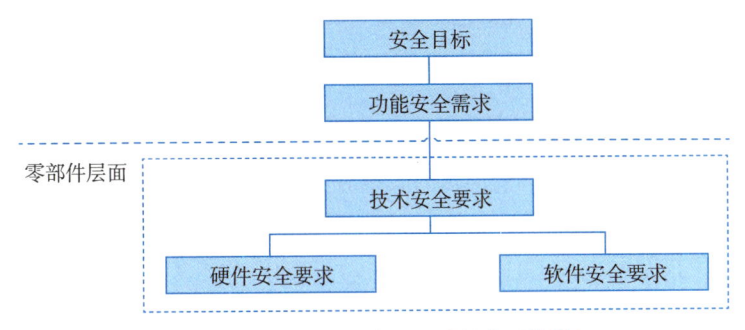

```
            ┌─────────┐
            │ 安全目标 │
            └────┬────┘
                 │
            ┌────┴──────┐
            │ 功能安全需求 │
            └────┬──────┘
  ┌ ─ ─ ─ ─ ─ ─ ─│─ ─ ─ ─ ─ ─ ─ ─ ┐
                 │
  │         ┌────┴─────┐              │
零部件层面    │ 技术安全要求 │
  │         └──┬────┬──┘              │
               │    │
  │    ┌───────┘    └────────┐        │
       │                     │
  │ ┌──┴───────┐      ┌──────┴───┐    │
    │ 硬件安全要求 │      │ 软件安全要求 │
  │ └──────────┘      └──────────┘    │
  └ ─ ─ ─ ─ ─ ─ ─ ─ ─ ─ ─ ─ ─ ─ ─ ─ ─ ┘
```

图 2-8　安全相关需求的追溯链条（简化）

Q：单从安全相关需求的追溯链条来看，整个需求链条是自上而下的单向追溯，大家经常听到的双向可追溯性是怎么一回事？

关于这个问题，以下是标准中关于需求管理的描述，看看标准对需求管理有哪些具体要求。

标准原文 The functional safety assessor considers if requirements management (see ISO 26262-8:2018, Clause 6), including bidirectional traceability, is adequately implemented.

（参考 ISO 26262-2: 2018, 6.4.12.7, Note 2）

解读 在进行安全评估 / 审核时，评估师 / 审核员必然会关注被审组织如何实施需求管理，以及需求是否具有可追溯性，包括双向可追溯性，这贯穿了评估 / 审核的整个过程。

标准原文 To achieve the characteristics of safety requirements listed in 6.4.2.4, safety requirements shall be specified by an appropriate combination of:

a) natural language;

b) methods listed in Table 1.（对应表 2-9）

（参考 ISO 26262-8: 2018, 6.4.1）

表 2-9　安全需求描述方法

方法		ASIL 等级			
		A	B	C	D
1a	用于需求定义的非形式记法	++	++	+	+
1b	用于需求定义的半形式记法	+	+	++	++
1c	用于需求定义的形式记法	+	+	+	+

解读 描述需求的方式包括自然语言和非自然语言两种。自然语言是指我们常用的具备一定语法和语义的文字语言。非自然语言则包括表 2-9 中列出的几种形式。通常，多种描述方式结合使用能使需求更加清晰、易懂。

有时候仅看需求描述可能会比较吃力，但如果能配上对应的图示进行解释，尤其是涉及状态跳转逻辑较复杂的需求，辅以图形化的表示对于理解需求来讲更容易。

标准原文 Safety requirements shall be unambiguously identifiable as safety requirements.

（参考 ISO 26262-8: 2018, 6.4.2.1）

解读 安全需求只是项目开发过程中的一小部分。为了便于识别这些需求，建议将安全需求文档单独输出和管理，这也是目前大多数公司的做法，即功能安全由专人进行安全相关活动的管理，然后和项目经理并行管理整个项目。标准并不强制要求将安全需求与常规项目需求分开在不同文档中输出。成熟度较高的组织会将安全需求和非安全需求整合在一份文档中，只要安全需求能够被清晰识别，并满足标准要求即可。

标准原文 Safety requirements shall inherit the ASIL from the safety requirements from which they are derived, except if ASIL decomposition is applied in accordance with ISO 26262-9.

Safety requirements shall be allocated to the item or element which implements them.

（参考 ISO 26262-8: 2018, 6.4.2.3）

解读 无论是安全需求还是非安全需求，最终都要将分配到各层级架构中的不同模块（负责实现对应需求的模块）。

标准原文 Safety requirements shall have the following characteristics:

a) unambiguous;

b) comprehensible;

c) atomic (singular);

d) internally consistent;

……

（参考 ISO 26262-8: 2018, 6.4.2.4）

解读 标准中关于需求的属性非常全面。在实践中，大家最关心的需求的两个属性是"颗粒度"和"完整性"。

2.8.1 需求的颗粒度与完整性

Q：需求写到什么程度才合适？写成这样可以吗？需求写多少或怎样写才算完整？目前写的这些需求够了吗？

其实，颗粒度的问题没有标准答案。如果非要说有，那标准的说法可以认为是标准答案。在实践过程中，我也是基于架构设计的层次，对需求进行层次化描述的。我个人觉得，需求如果能与架构对应，实现层次化，那就是最佳的表现形式。

如果系统、软件和硬件的详细设计需求看起来都一样，仅从内容上看可能没有错误，但不能很好地展示设计思路，即无法体现出这条需求如何分解出其他需求的思路。

另外，软硬件的需求如果只是系统需求的简单拆分，除非系统需求已经过全面验证且写得非常细致，否则这样的软硬件需求的完整性是有问题的。毕竟，软硬件层级的设计有其自身的一些考量，而且软硬件层级的架构较系统架构也更加细化，需求描述中的主语应对应各自架构里的要素，因此其对应需求的颗粒度理应在系统需求的基础上更加细致且全面。

对于需求完整性这个问题，也是很多人的困扰，怎么确定需求写得够不够？这个问题实际上是一个需要自我验证的问题。在个人实践和培训过程中，我习惯用"**输入 – 处理 – 输出**"的方式来编写某个功能的需求，并称之为"**需求编写三板斧**"。

厘清功能的输入输出关系，结合功能自身目的来编写需求基本能保证其完整性。由于输入和输出可能与其他功能部分重叠，在整体需求完善之后需要进行整理，尤其在任务分工环节进行最终的需求汇总时，也会有一个整理的过程。结合分析、评审等手段对需求的完整性进行验证，经过多层内部/外部审核后，如没有新的需求提出，则可认为当前基线的需求是完整的。

标准原文 Safety requirements shall have the following attributes:

❑ a unique identification remaining unchanged throughout the safety lifecycle;

❑ a status;

❑ an ASIL.

（参考 ISO 26262-8: 2018, 6.4.2.5）

解读 需求必须拥有唯一的 ID。需求的状态可以有多种表现形式，如 Reserved（预留的）、Assumed（假设的）、Draft（草稿）、Reviewed（评审过的）"等。安全需求必须有对应的 ASIL 等级标识，这是区分安全需求和非安全需求的基本要求。

标准原文 The set of safety requirements for an item, an element, which are derived from one or more safety goals shall have the following properties:

- hierarchical structure;
- organizational structure according to an appropriate grouping scheme;
- completeness;
- external consistency;
- no duplication of information within any level of the hierarchical structure;
- maintainability.

（参考 ISO 26262-8: 2018, 6.4.3.1）

解读 需求需要层次化、唯一化、类别化，并保证完整性、外部一致性及可维护性。这些是标准概括性的要求，实现这些特性在实践中并不困难。例如，使用 Excel 管理和编写需求，在上游需求下紧接着写下游需求，能够体现层次结构并具备可维护性。同样，使用 Excel 基于功能对需求进行分类编写，如电源管理的需求单独一页，并在 ID 中带有电源管理的标识。

标准原文 Safety requirements shall be traceable with a reference being made to:

- each source of a safety requirement at the next upper hierarchical level;
- each derived safety requirement at the next lower hierarchical level, or to its realisation in the design;
- the verification specification in accordance with 9.4.2.

（参考 ISO 26262-8: 2018, 6.4.3.2）

解读 从上述要求来看，需求的可追溯体现在需求的上下游追溯。注意：第二项关于需求下游追溯中描述的"realisation in the design"，即需求到设计实现层面的追溯，比如需求到架构、需求到图纸、需求到代码都得可追溯。提到这里，上面提到的"bidirectional traceability"（双向可追溯）是不是得到了体现？再看第三项，标准还要求需求和验证规范之间可追溯，即需求到测试用例、测试用例到测试结果之间要可追溯，这也是需求的双向可追溯的体现。另外，可追溯性做好了，需求间的一致性也会得到保障。

图 2-9 展示了需求与设计、验证之间的双向可追溯关系。

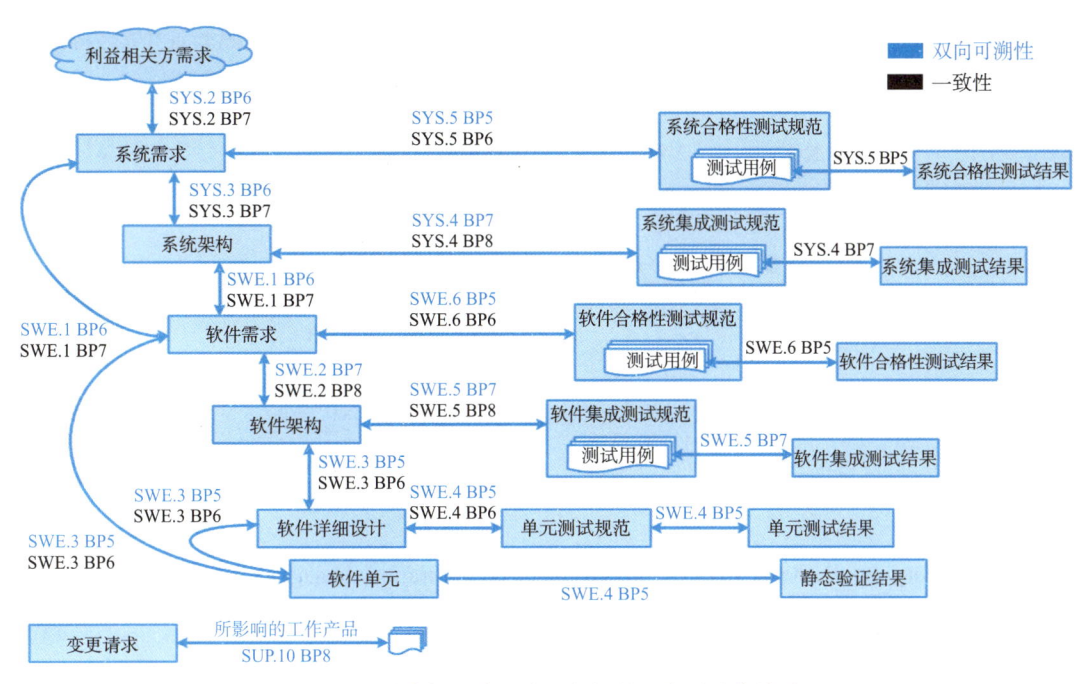

图 2-9　需求与设计、验证之间的双向可追溯关系

对表 2-10 中列出的验证方法适当组合，可验证安全需求是否符合安全要求定义和管理的要求，以及它们是否符合 ISO 26262 系列标准各部分中关于安全需求验证的具体要求。（参考 ISO 26262-8: 2018, 6.4.3.3）

表 2-10　安全需求验证方法

	方法	ASIL 等级			
		A	B	C	D
1a	通过走查验证	++	+	o	o
1b	通过检查验证	+	++	++	++
1c	半形式化验证 [a]	+	+	++	++
1d	形式化验证 [a]	o	+	+	+

[a] 表示可执行模型可以支持验证

表 2-10 中提到的走查和检查两种验证方式在 2.6.1 节中有详细的介绍。这里介绍标准中的另外两种需求验证方式：半形式化验证和形式化验证。

这两种验证方式都可以用可执行的模型来实现，那么在实际过程中如何落实呢？比如，通过搭建仿真模型来验证硬件设计的具体需求。基于模型的测试，如通过 MIL 测试来验证模型与算法的一致性和正确性，也因此验证了模型开发的需求。使用公式、定理来证明设计的正确性也是一种典型的形式化验证方式，如图 2-10 所示。这种方式在代码验证中较为常用，通过证明题的方式，验证设计满足相应的公式、定理，从而确保其符合相关需求。

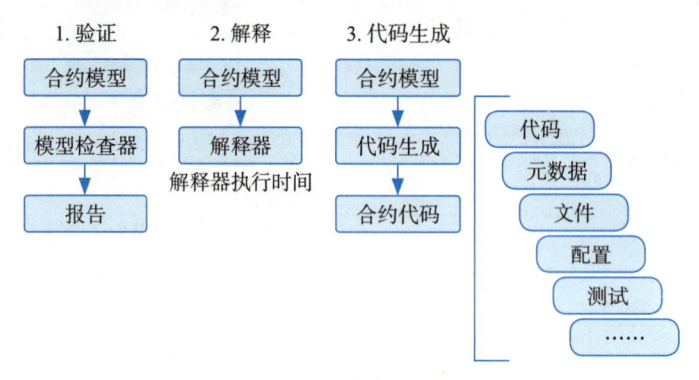

图 2-10 形式化验证

标准原文 Safety requirements shall be placed under configuration management in accordance with Clause 7 to maintain consistency throughout the safety lifecycle.

（参考 ISO 26262-8: 2018, 6.4.3.4）

解读 需求管理包括变更管理和配置管理，都是为了保证需求在整个生命周期内的一致性。举例来说，从产品 A 到产品 B，功能发生了变更，相应的需求也会随之变化。此时，我们需要将配置同步为变更后的需求的配置。如果后续发布的需求文件仍然是产品 A 的需求，就会导致产品 B 需求的不一致，这通常是需求基线管理不当引起的。因此，变更管理和配置管理常常需要联动进行。

以上是标准对需求管理的要求。正如上文所述，个人认为需求编写和创建过程中"颗粒度"和"完整性"是困扰大家的两大问题。如果能"完美地"解决这两个问题，那么需求的其他属性的实现都是水到渠成的。

2.8.2 需求的来源

在上文中我们提到功能安全的需求追溯链条，了解到功能安全管理中很大一部分任务是需求管理，而需求管理的一大任务是建立可追溯性。我们还谈到了双向可追溯性。

需求是产品开发工作的主线，贯穿了产品整个生命周期的各个阶段。因此，在每个阶段明确需求、清晰书写、实现到位并全面验证，能从侧面反映组织具备了一定的成熟度。在这种情况下，整个功能安全管理工作的质量也不会差。

Q：既然需求那么重要，那么需求从哪里来？

需求来源比较广泛，按出处可分为内部和外部。总体而言，产品的开发需求可以从以下几个渠道获取，如图 2-11 所示。

1）用户反馈。比如你去 4S 店试乘试驾时的意见，或者你在网上购物后的评价。

2）用户调研。比如询问希望车辆座椅具备哪些功能，以及车外后视镜的设计期望等问卷调查。

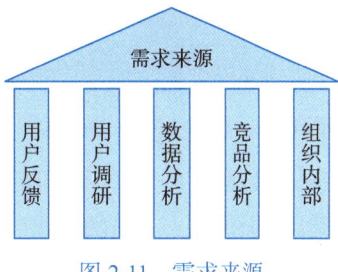

图 2-11 需求来源

3）数据分析。通过收集相关数据，分析并提取有用信息以形成结论，这个结论将成为新开发需求的一部分。

4）竞品分析。例如，每家车厂的每款车型的对标车型，以特斯拉 Model 3 为例，通过对标车型进行实车测试（包括驾驶）以获取相关数据，然后开发出差异化的需求。

5）组织内部。例如利用组织既有产品已开发的功能来形成新的需求；利用组织内部其他部门反馈的问题例如运营部门从市场端、客户端收集整理的问题来开发需求；组织头脑风暴产生的问题和点子也可形成需求。

以上关于需求来源的介绍可能是一个较为通用的标准答案，可以作为参考。本节更多探讨的是安全需求的来源问题。

在图 2-8 中可以了解到安全相关需求的追溯链条为：SG → FSR → TSR → HSR/SSR。不管是刚接触 ISO 26262 的人员，还是从事功能安全开发和管理工作多年的老兵们，几乎每天都要与这条安全需求链打交道。你是否思考过该需求链中每种需求是如何得到的呢？

如果答案是这样的：HARA 方法得到 SG，SG 分解得到 FSR，FSR 分解得到 TSR，TSR 分解得到 HSR/SSR。

这个答案更多是将安全需求链用自然语言描述一遍而已，接触过功能安全的人都知道这一点。只是知道这条需求追溯链，能写出对应的需求吗？

如果没有相关产品的功能安全项目实践经验，仅仅知道需求追溯链是很难写出具有指导意义的安全需求的，更不用说需求的正确性、完整性和可追溯性了。

我认为，安全相关的需求首先应该从功能出发。毕竟，功能安全关注的是防止功能异常或故障后引发不合理的风险，因此，必须先确保功能完善，然后再谈安全。

2.8.3 如何编写需求

功能安全要落地，首先需要在各层级的需求链中定义好安全需求。要做到这一点，必须先厘清相关项的功能、设计意图和设计约束，然后基于这些信息进行安全分析，通过分析得出对应的应对措施，再将这些应对措施导出，并经过收集、整理得到安全需求。如果各位在为如何编写需求而烦恼，不妨试试这个方法。这个方法个人称之为"**需求分析三部曲**"，如图2-12所示。

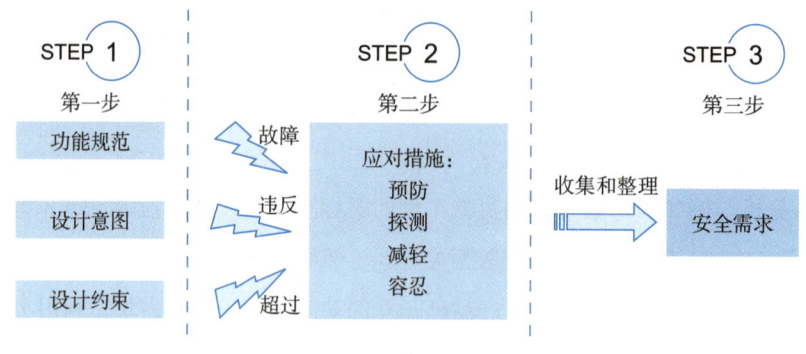

图2-12 需求分析三部曲

2.8.1节中提到写需求的两大痛点是"颗粒度"和"完整性"的问题。颗粒度是一个"运用之妙，存乎一心"的问题，你的需求是否具有层次感与其正确性无直接关联，但对感官有很大影响。这需要通过层次化的架构思维进行多思考、多练习来解决，并没有捷径。这里想再讨论一下完整性的问题。

如何保证需求的完整性？前文介绍过"需求编写三板斧"即从"输入－处理－输出"这三个方面来展开需求的编写。这三个方面正好也是构成系统的三要素，这也证明了该方法具备一定的系统性。

- **第一板斧**：输入。为实现当前功能需要什么样的输入信息？对输入信息有什么要求？将这些问题的答案写出来，形成当前功能输入部分的需求。
- **第二板斧**：处理。当前功能本身应该如何使用？如何处理输入信息以达到设计意图或功能目的？需要具备哪些条件来实现这些意图或目的？将这些问题的答案写出来，形成当前功能处理部分的需求。

- **第三板斧**：输出。当前功能对数据、信息处理完后，要把处理后的数据、信息发送给谁？通过什么方式发送？希望接收方有什么反应？将这些问题的答案写出来，形成当前功能输出部分的需求。

其实，这三板斧不仅适用于写需求，在进行一些安全分析时也同样适用。典型的例子如FTA，也可以使用"三板斧"这一招。后面介绍 FTA 时，会详细讲解 FTA 中的"三板斧"。

功能安全要落地，安全需求得先落地，安全需求提不清楚，功能安全在项目中落地就无从谈起。前面介绍的"需求分析三部曲"以及"需求编写三板斧"就是编写安全需求的经过实践检验的可落地的方法论，可供参考但并不唯一，各位不妨试试。

2.8.4 如何管理需求

项目管理中有个"铁三角"，即"范围 – 成本 – 时间"构成的项目管理"铁三角"，如图 2-13 所示。这个三角需要在一定的质量约束条件下实现平衡，所以也被称为"项目管理的'不可能三角'"。当然，这个"不可能"是相对的，最终要以是否满足客户需求为考量。

图 2-13　项目管理"铁三角"

比如，成本往往是客户非常关心的一项指标。当客户提出"在现有成本上降低 50%"这样的要求时，组织是否思考过如何对客户的需求进行重新定义？毕竟，30 万元的车能将乘客从 A 点带到 B 点，10 万元的车同样能实现这个要求。

所以，当客户项目管理的"铁三角"某一角面临挑战时，是否可以从需求分析的角度出发，根据客户的新需求重新定义项目开发需求？

1. 客户需求管理现状

按照 ISO 26262 中 V 模型的概念，产品需求贯穿了产品的整个生命周期，如何定义这些需求、管理这些需求成为项目管理的重中之重。需求管理对于项目管理而言至关重要，可以毫不夸张地说，它关乎产品最终输出的形态，甚至决定了项目的成败。

对于以上见解，学过项目管理的人可能会有疑问，项目管理的十大管理知识领域中并没有需求管理这一项，既然需求管理如此重要，为什么不在十大管理知识领域之列呢？

其实，需求管理并非不在，而是包含在范围管理中。在定义项目范围时，需要将"客户需求"和"产品需求"定义清楚。这些需求决定了项目的开发边界，即项目范围。

Q：在产品开发过程中，需求的生命周期是怎么样的？谁来定义需求？谁来实施需求？谁来验证需求？谁又来管理需求？

对于未曾涉及有严格流程要求的项目（例如功能安全）的组织，或是没有自己的产品开发和管理流程的组织而言，要清楚回答上述问题是相当困难的。这类组织缺乏需求定义、分析和管理的概念，在项目开发和管理过程中更依赖口头沟通，经常将听到的内容直接作为需求来实施。

项目开发过程中频繁沟通本身没有问题且非常重要，但沟通也是需要进行管理的。如果在涉及产品开发的具体需求时，仅进行口头沟通并直接在开发中实施，而没有任何需求整理及评审等中间环节，这会导致项目"千疮百孔"且频繁返工。因为每个人在表达需求时都会带上自己的理解，经过多次传播后，内容可能就与原始需求存在偏差了。随着项目的进行，有些这样的"偏差"已经实施却未被发现，有些在后续沟通过程中被发现又需要返工修改。如此带着"偏差"在产品开发过程中一路狂奔，最终掉进了深渊——项目失败。

以上问题是很多组织的现状，即没有进行客户需求管理。实施客户需求管理的目的是追溯和确认客户需求，确保组织理解了客户需求和期望。

2. 将客户需求转化为产品需求

Q：既然客户需求管理如此重要，那具体管理的是什么？或者说，在产品开发过程中，需求的作用是什么？

在回答这个问题之前，我们不妨先看看产品需求的定义。

项目管理协会（Project Management Institute, PMI）对于产品需求的定义如下。

产品需求是指产品必须具备的功能特性，这一特性通常用于解决客户的特定问题，或为客户带来额外的价值。

可以理解为，需求是一种用需求语言描述的细化要求，产品开发需要满足这些要求。这些需求不仅涵盖客户对于产品开发范围内的具体问题，还可能包括超出客户预期的功能特性，为客户创造额外的价值。

这样看来，产品需求最终还是要聚焦客户需求，以客户需求为导向分解出来的产品需求才是项目成功的关键。

在做好客户需求追溯后，还需对其进行分析，将客户需求转化为产品需求，实现从客户需求到产品需求的追溯。这是需求管理中非常重要的一步。

在现实场景中，项目团队未能充分理解客户的真实想法和意图的情况并不罕见，即未进行客户需求分析，也因此缺少将客户需求转化为产品需求的过程，最终可能导致项目结果与预期相差甚远。

3. 需求管理示例

这里分享一下项目管理中经常提到的一个示例——秋千制作过程，以此来延伸理解客户需求在项目管理中是如何一步步被带偏的。

漫画显示客户的需求是这样的：在院子里的树上安一个秋千，供家中 3 个小孩一起玩耍。

1）**客户需求**：我家有 3 个小孩，我需要一个能供 3 个人使用的秋千。它由一根绳子吊在我花园里的树上。

根据客户需求的描述，制作出了图 2-14 所示的秋千。

2）**项目经理 / 产品经理理解到的客户需求**：秋千＝一块板子＋两条绳子，需要在一棵树上安一个秋千，就用一块板子，两侧用绳子吊起来，挂在两根树枝上。于是，基于该分析得到的产品需求制作出了图 2-15 所示的秋千。

图 2-14　客户描述的期望的秋千　　　　图 2-15　项目经理理解的客户需求

3）系统工程师收到产品经理的需求后，开始分解系统需求并进行系统架构设计。系统工程师通常具有严谨的工程思维，看到产品经理的需求后会想，图 2-15 中在两根树枝上挂上秋千怎么能荡起来？除非把树从中截断再支起来，这样才能在秋千上愉快地荡起来——构想之精妙啊！

经过系统工程师对需求描述的进一步"优化"，制作出了图 2-16 所示的秋千。

4）软件工程师收到系统工程师的需求后开始分解软件需求并编写对应程序。软件工程师将系统需求分解，得到的软件需求是这样的：一块板，两条绳，一棵大树，绳子接在树的中段。经过软件工程师进一步分解需求后，制作出的秋千如图 2-17 所示。

图 2-16　系统工程师设计的秋千 　　　　图 2-17　软件工程师编码后的秋千

5）测试人员收到开发部门的需求和产品后进行测试。测试人员理解的功能需求是这样的：一根在树末端系有一个圈的绳子。于是，测试人员搭建了图 2-18 所示的"秋千测试台架"。

6）产品开发完成并量产后，销售人员是这样向客户推销该款秋千产品的：基于人体工学和工程力学的多方面研究，本着让客户满意的宗旨，我们的秋千产品可以让您如同坐在沙发上一样舒适，如图 2-19 所示。

图 2-18　测试人员接收到的功能需求 　　　　图 2-19　销售人员描述的秋千

7）组织认为，对于这样的小型项目，不写技术过程文档是正常的，也没有必要。只要有需求说明书（如 SOR、RFQ）和合同就足够了。因此，实际项目过程中，技术过程文档中对于秋千制作的设计需求并未描述，如图 2-20 所示。

8）由于缺乏技术过程文档，运维人员只能根据研发人员提供的信息进行理解，最终安装出了图 2-21 所示的秋千。

图 2-20　技术过程文档的状态　　　　　图 2-21　运维人员安装的秋千

9）在供应商一番生动形象的介绍之后，客户脑海中接收到的秋千模型如图 2-22 所示。

10）客服接到客户投诉后的解决方法往往简单粗暴：既然这个秋千不好用，那干脆不用，不就解决"烦恼"了吗，如图 2-23 所示。

11）市场推广必须让人耳目一新，于是有了广告语"暗夜黑＋天使白"。市场推广描述的秋千如图 2-24 所示。

12）客户的真实需求只是一个能给小孩子玩的秋千。

上面秋千制作过程漫画中出现的问题是什么原因造成的？

你可能会说，是组织内部沟通不到位导致各功能小组获得的信息不一致引起的，这个说法没有问题。项目管理的大部分时间确实是在沟通，但关键在于沟通的信息和信息的传递方式。

项目组的各个功能小组首先需要明确各自负责的需求。如果接收到或分解出的需求在上下游或前后之间不一致，必然会导致开发出的产品与客户需求不符。

此外，将客户需求转化为产品需求的过程，其实就是对客户需求进行分析并逐层分解，同时建立相关过程文档的过程。

图 2-22 客户想象的秋千　　图 2-23 客户投拆后客服的方法　　图 2-24 市场推广描述的秋千

解读 要确定项目范围，必须进行需求分析，明确符合客户需求的项目开发要求。在有具体客户的情况下，需求分析关注的是客户真正需要什么，而不是自行假设或认为客户需要什么或者能够为客户提供什么。不然就成了闭门造车，最终造出来的"车"客户也不会买账。

因此，我们在需求分析时应以客户需求为导向，分解出完整、准确、清晰、具体的需求，并对这些需求进行管理。这对项目的成功至关重要。如果需求分析不充分，势必会导致需求的不断变更，从而影响进度、成本及产品质量，甚至导致项目失败。

那么，你们的组织有进行需求分析吗？分析得到的需求有进行需求管理吗？在进行需求管理时是否解决了以下问题：

1）需求都清楚了吗？

2）需求都实现了吗？

3）需求都验证了吗？

2.8.5　安全需求与安全概念的区别和联系

2.8.2 和 2.8.3 节中多次提到安全需求的追溯链，概念层面有 FSR，系统层面有 TSR，软硬件层面有 HSR、SSR，又可从 1.3.5 节中了解到，这几个层面对应的输出物有 FSC、TSC、HSR、SSR。这时很多细心的朋友的问题来了：

1）输出物中怎么没有看到 FSR 和 TSR？

2）FSR 和 FSC 是什么关系？TSR 和 TSC 是什么关系？

3）TSC 和相关项的常规系统需求及设计是什么关系？是否可以合并在一起写？

4）为什么软硬件层面的安全需求是 HSR、SSR？为什么不叫 HSC、SSC 呢？这样看起来不是更顺理成章吗？

关于上述问题，先回顾标准对于 FSR、FSC、TSR、TSC 这些术语的定义。

标准中对 FSR 的定义：独立于具体实现方式的安全行为，或独立于具体实现方式的安全措施，包括安全相关的属性。

标准中对 FSC 的定义：为了实现安全目标，定义功能安全要求及相关信息，并将要求分配到架构中的要素上，以及定义要素之间的必要交互。

解读 FSR 定义了在概念层面的需求，这一层面主要从整车层级的角度来确定相关项的功能，而不关注其具体实现方式，更多涉及的是一些功能性、逻辑性的描述，如定义中的安全行为和安全措施，简单而言，就是偏向于整车层级的安全需求。而 FSC 从定义上看，包含了 FSR，还定义了不同 FSR 之间的交互关系、需求的描述性和解释性信息，以及 FSR 如何分配到架构中的要素。这样，FSC 使 FSR 的信息更加完整，将需求和架构的关系进行对应，使其在概念层面具有实施的指导性。

图 2-25 展示了 FSR 与 FSC 之间的关系。

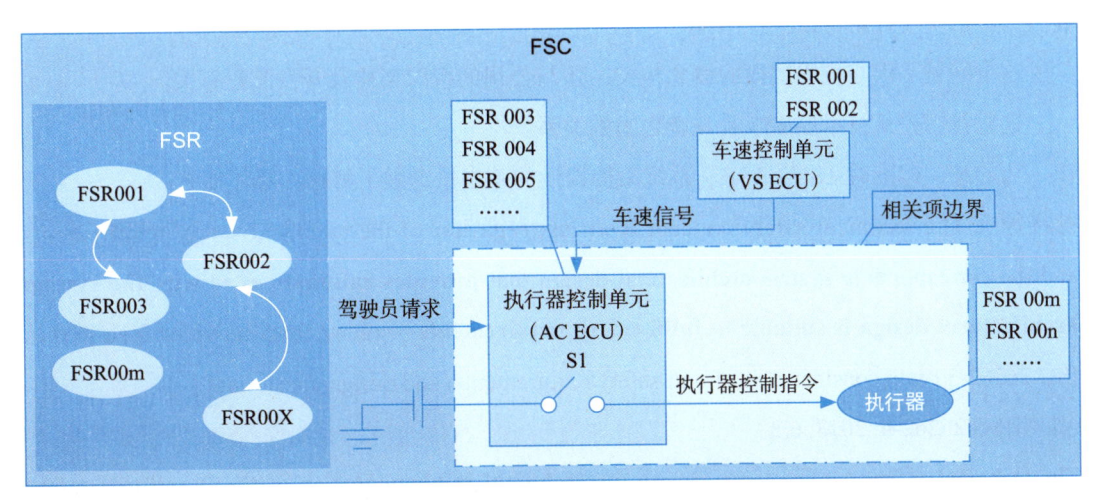

图 2-25　FSR 与 FSC 之间的关系

再看 TSR 和 TSC 在标准中是如何定义的。

标准原文 technical safety requirement: requirement **derived** for implementation of associated functional safety requirements.

（参考 ISO 26262-1: 2018, 3.168）

标准原文 technical safety concept: specification of the technical safety requirements and their allocation to system elements with associated information providing a rationale for functional safety at the system level.

（参考 ISO 26262-1: 2018, 3.167）

解读 这里的定义与 FSR 和 FSC 的定义类似，只不过 TSR 是从 FSR 分解出来的，用于相关项在系统层面的安全设计和实现相关的需求。TSC 不仅包含这些需求，还定义了这些需求之间的关系，以及这些需求在系统层面的系统架构中的分配方式。因此，TSR 是 TSC 的一个组成部分，TSC 为如何通过 TSR 实现系统的安全设计提供了技术指导。

通过上述提示，大家对于第一个和第二个问题是否已经有了一些自己的答案？

因此，概念层面和系统层面的输出物并非不包含 FSR 和 TSR。事实上，这两者都包含在 FSC 和 TSC 中，而且通常是先对 FSR 和 TSR 进行分析整理，然后作为 FSC 和 TSC 的一部分在对应层面进行输出。

既然 TSR、TSC 也是用于系统层面的设计，那它和常规的设计有什么不一样？能不能只输出一份系统设计就可以了？

这个问题不仅与技术层面的概念相关，还与公司的组织架构及开发流程有关。

这里我们先从技术层面来看几者之间的关系。

巧的是，标准对 TSC、TSR、系统架构设计的基本概念做了解释，具体如下。

标准原文 The technical safety concept **is an aggregation of** the technical safety requirements and the corresponding system architectural design that **provides rationale as to why the system architectural design is suitable to fulfil safety requirements** resulting from activities described in ISO 26262-3 (with consideration of non-safety requirements) and design constraints.

（参考 ISO 26262-4: 2018, 6.2）

The technical safety requirements specify the **technical implementation of the functional safety**

requirements at their respective hierarchical level; considering both the item definition and the system architectural design, and addressing the detection of latent failures, fault avoidance, safety integrity and operation and service aspects.

（参考 ISO 26262-4: 2018, 6.2）

The system architectural design is **the selected system-level solution** that is implemented by a technical system. The system architectural design aims to **fulfil both**, the allocated technical **safety requirements and the non-safety** requirements.

（参考 ISO 26262-4: 2018, 6.2）

根据以上描述，TSC、TSR 与系统架构设计三者的关系如图 2-26 所示。

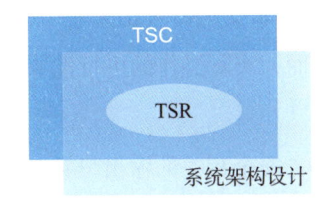

图 2-26　TSC、TSR 与系统架构设计三者的关系

解读 从上述标准的基本概念可以看出 TSR 与 TSC 之间的关系，但看完系统架构设计的概念描述后，大家可能对几者的关系有些疑惑。从描述可知，系统架构设计是一种系统级的设计方案，既要考虑安全需求，也要考虑非安全需求，这个概念本身没有问题，大家可能疑惑的是既然系统架构设计要考虑安全和非安全的需求，那项目实践过程中，TSC 和系统架构设计中的架构是使用同一张图还是分开使用不同的图？另外，既然系统架构设计考虑了安全需求和非安全需求，那么系统需求规范中的需求是否也要考虑安全和非安全的系统需求？如果是这样，为什么还要单独花精力输出什么 TSR 和 TSC？在传统的开发流程中，系统层面的输出物（如系统设计规范/描述，或是分开的系统需求规范、系统架构设计）不就已经足够了吗？

这里先从技术操作层面思考这几个问题。

在 2.8.2 节中关于需求来源的介绍中提到，安全需求要具备可追溯性。安全需求并非凭空想象或随意决定的，而是需要经过系统性的安全分析。这些分析是在基本设计（即非安全需求设计）的基础上实施的。这个过程也是标准中提到的对设计进行验证的方式之一。

因此，传统的系统需求和系统架构并未能够体现安全的相关概念，而 TSR 和 TSC 则是基于标准要求针对安全提出的需求和架构设计方案。这些方案是在对基本设计进行验证后得出的，并为了更好地满足需求追溯性的要求，对需求进行了单独的输出和管理，这也是标准推荐的方式。

有了 TSR 和 TSC 之后，将其分别融入系统需求规范和系统架构设计里，这样在系统层面照常管理传统的输出物就行了吗？

这个问题从流程角度来看是可行的，只要能满足安全需求的可追溯性及标准的其他要求。如果有的公司在组织架构上没有单独的功能安全负责人员，而是由负责系统的人员兼顾，且其开发流程在系统设计阶段只定义了系统需求规范和系统架构设计两份输出物，只要这些输出物能覆盖安全相关的要求，那也是没问题的。

因此，理论上可以将安全需求和非安全需求相关输出物的合并输出，只要你的组织在流程和技术上能够满足标准要求。然而，实际操作的可行性取决于你所在组织的成熟度。

现在来看最后一个问题。

为什么在软硬件层面的设计端，安全相关的输出只有 HSR 和 SSR？为什么不像在概念和系统层面那样，也有 HSC 和 SSC？

能提出这个问题的人，不得不说具备较强的独立思考能力和找规律的能力，因为绝大多数人在阅读标准的过程中并不愿意给自己"找麻烦"。大众的思维通常是：既然标准已经这么规定了，为什么还要纠结呢？

对于这个问题，我想谈谈我的观点。标准没有定义并不代表你不可以定义，只要在满足标准要求的基础上能够自圆其说，这也是可以的。

另外，标准没有定义 HSC 和 SSC 这样的输出物，笔者认为有以下几点考虑。

1）概念具有一定的抽象性。像 FSC 和 TSC 分别是整车层级和零部件层级的输出物，在其对应层级都具有一定的抽象性。而到了软硬件层级，要求要与具体的软硬件实现对应，这时要求相关的需求和架构设计要有具体的可实现性描述。

2）标准没有定义这样的输出物并不代表实际过程中不需要有对应的输出物，比如软件有软件架构设计和软件详细/单元设计、硬件有硬件架构设计和硬件详细设计。同样地，HSR 和 SSR 也需要分别分配到硬件架构设计和软件架构设计当中，这与 FSR 和 FSC、TSR 和 TSC 是有相通之处的。

综上所述，对于本节的几个问题，标准实际上提供了自己的答案，但这些答案可以理解为推荐性质的。关于安全和非安全相关需求能否使用同一份输出物，软硬件层面能否定义 HSC、SSC 这样的输出物等问题，理论上的答案是"可以"。这取决于组织的成熟度、公司的组织架构以及组织开发流程。只要能够满足标准的要求，如何输出、如何定义都是组织自己的事。

2.9　本章小结

本章聚焦于功能安全管理中涉及的一些典型安全活动和概念，介绍了功能安全项目组织架构与传统项目组织架构的不同之处，功能安全计划与传统项目计划的区别，功能安全中的认可措施与传统项目管理的评审的异同，功能安全在生产、运营、服务和报废阶段的要求与质量管理的要求的异同，以及需求管理在功能安全管理中的意义。相信通过本章的学习，你会在传统项目管理中如何融合功能安全的活动进行功能安全管理找到一些有价值的思路。

第 3 章

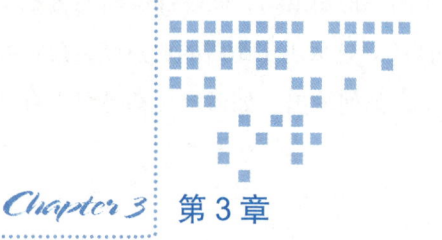

功能安全之概念阶段

2.8 节提到功能安全中安全需求的追溯链,该追溯链简要提到通过 HARA 活动来得到 SG 需求。SG 需求作为顶层的安全需求,是主机厂在概念阶段的工作成果之一。要想获得 SG 需求,需要分析人员具备一定的整车系统架构知识及车辆动力学知识,从整车层级视角审视相关项的风险问题。

如果你所在的组织是汽车零部件供应商,那么你可能会经常听到 HARA 这一术语,但很可能没有实际操作过,因为这部分活动不在零部件供应商的责任范围内。如果你所在的组织是主机厂,那么你可能会接触并参与部分分析活动,但你的组织是否认真、完整地做过 HARA,这可能要打个问号。

不管你所在的组织在供应链中是什么角色,如果你想了解如何通过这项活动来实现安全目标,那么请跟随本章的内容来看一看如何实施 HARA 活动,以及如何从 HARA 活动的成果中进一步分解得到 FSR,然后 FSR 又是如何分配到相关项层面的系统要素,进而得到相关项层面的安全设计,从而得到 FSC 的。

3.1 什么是 HARA

在讲解 HARA 活动之前,我们有必要了解其涉及的一些基本概念以及分析所需的输入信息。

Q：HARA 是什么？HARA 活动的目的是什么？

下面摘取了标准对 HARA 的定义。

标准原文 hazard analysis and risk assessment: method **to identify and categorize hazardous events of items and to specify safety goals** and ASILs related to the prevention or mitigation of the associated hazards in order to avoid unreasonable risk.

（参考 ISO 26262-1: 2018, 3.76）

标准提到的 HARA 活动的目的如下。

a) to identify and to classify the hazardous events caused by malfunctioning behaviour of the item;
b) to formulate the safety goals with their corresponding ASILs related to the prevention or mitigation of the hazardous events, in order to avoid unreasonable risk.

（参考 ISO 26262-3: 2018, 6.1）

解读 从标准给出的定义可以看出，HARA 的基本方法论是首先通过分析识别并整理出相关项的危害事件，再根据这些危害事件定义出 SG 及对应的 ASIL 等级。HARA 活动的目的是明确相关项在功能安全方面需要达到或实现的目标。

3.2　实施 HARA 活动前的准备

Q：HARA 活动的输入是什么？换句话说，实施 HARA 活动需要哪些信息？

标准对 HARA 活动的输入有如下描述。

标准原文 This **definition** serves to provide sufficient information about the item to the persons who conduct the subsequent sub-phases: "Hazard analysis and risk assessment" (see Clause 6) and "Functional safety concept" (see Clause 7).

（参考 ISO 26262-3: 2018, 5.2）

The following information shall be available:
— **item definition** in accordance with 5.5.1.
The hazard analysis and risk assessment shall be based on the **item definition**.

（参考 ISO 26262-3: 2018, 6.3.1）

从以上标准提到的信息中可以看到，HARA 活动的输入都指向**相关项定义**（Item Definition）这一输出物。

那么问题来了，"相关项定义"是一份什么样的输出物呢？它需要具备哪些信息，以供开展 HARA 活动？

1.3.2 节提到过"Item"（相关项）这个词条的概念，可以简单理解为要开发的对象及其所在的系统。比如，如果你要开发的是电动助力转向系统（Electric Power Steering, EPS），那么 EPS 就是对应的相关项。让我们先来学习标准对"相关项定义"的一些介绍和要求。

标准原文

a) to define and describe the item, its functionality, dependencies on, and interaction with, the driver, the environment and other items at the vehicle level;

b) to support an adequate understanding of the item so that the activities in subsequent phases can be performed.

（参考 ISO 26262-3: 2018, 5.1）

解读 相关项定义需要明确描述该相关项在整车层级的功能，以及它与驾驶员、环境和其他相关项之间的交互、依赖关系。这是为了使分析人员充分理解该相关项的功能及其与整车其他相关项的交互、依赖关系，更高效地开展后续的活动，包括 HARA 和 FSC 分析。这也可以看出功能安全活动与基本设计密切相关，脱离产品本身功能来谈功能安全都是不切实际的。你不能期望功能安全工程师在对产品及其功能一无所知的情况下，做好分析并明确提出安全需求。

Q：相关项定义要包含哪些内容？或者说，怎么写相关项定义？

标准原文

The requirements of the item shall be made available, including:

a) legal requirements, national and international standards;

b) the functional behaviour at the vehicle level, including the operating modes or states;

c) the required quality, performance and availability of the functionality, if applicable;

d) constraints regarding the item such as functional dependencies, dependencies on other items, and the operating environment;

e) potential consequences of behavioural shortfalls including known failure modes and hazards, if any;

f) the capabilities of the actuators, or their assumed capabilities.

（参考 ISO 26262-3: 2018, 5.4）

解读 从上述要求来看，要将相关项定义做好确实需要一些功夫。相关项定义不仅要清楚地讲解相关项在整车层面的功能，还要描述该相关项与整车其他相关项之间的交互、依赖关系。另外，要满足的法规和标准（国标和ISO）要求、功能限制、运行环境、识别出的功能不足导致的潜在后果也需要详细描述。相关项在整车层级的初始架构、架构中的构成要素及接口信息、运行模式等都应有所描述。

根据以上介绍，相关项定义的内容框架可参见图3-1。

```
ITEM DEFINITION TOC
                                    Content 目录
目  录..........................................................3          3.6.2 Item Function allocation 相关项功能分配................23
1 ABBREVIATIONS 缩略语..............................5          3.7 PERFORMANCE, QUALITY, AVAILABILITY 性能质量可用性指标........26
2 REFERENCE DOCUMENTS 参考文档...........8          3.7.1 Performance Index 性能指标..................................26
3 FUNCTION CONCEPT 功能概念..............10         3.7.2 Qaulity Index 质量指标...........................................26
   3.1 FUNCTION PURPOSE 功能目的.........................10         3.7.3 Availability Index 可用性指标................................26
   3.2 SYSTEM FEATURE FUNCTION 系统特征功能........10         3.8 FUNCTIONAL INTENTION AFTER FAIT OR HAZARD 失效或危害后的功能预期.26
   3.3 FUNCTION LIST 功能列表..................................11         3.9 FUNCTION DEPENDENCIES WITH OTHER ITEMS 与其余相关项有关的功能需求..26
   3.4 FUNCTION OPERATION ENVIRONMENT 功能运行环境...14         3.10 RELEVANT STANDARDS AND REGULATIONS 相关标准及法规...27
      3.4.1 Operation Environment 运行环境...............14         3.10.1 External Standards 外部标准.................................27
      3.4.2 Operation Mode 工作模式....................15         3.10.2 Internal Standards 内部标准..................................28
      3.4.3 State Transition 状态转换......................18
   3.5 DESIGN CONSTRAINT 设计约束.................21
      3.5.1 Environment Constraint 环境约束............21
      3.5.2 Function Constraint 功能约束..................21
   3.6 ITEM ARCHITECTURE AND FUNCTION ALLOCATION 相关项架构及功能分配...22
      3.6.1 Item Preliminary system architecture 相关项初始系统架构......22
```

图3-1 相关项定义的内容框架示例

下面是一个相关项定义简化示例。

以具有一个执行器的系统为示例，驾驶员通过仪表板上的开关来触发此执行器。执行器在车速为零时提供舒适功能，但在车速超过15km/h时被激活，并可能导致危害事件发生。

相关项的初步架构如下。

□ 由一个专门的ECU（本示例中称之为"AC ECU"）读取仪表板开关的输入信息，该

ECU 通过一个专门的电源线为执行器供电。
- 搭载本相关项的车辆同时也配备了一个能提供车速信息的 ECU（本示例中称之为"VS ECU"）。假定此 ECU 能按照 ASIL C 的要求提供车速是否超过 15km/h 的信息。

根据以上描述，该相关项的架构如图 3-2 所示。

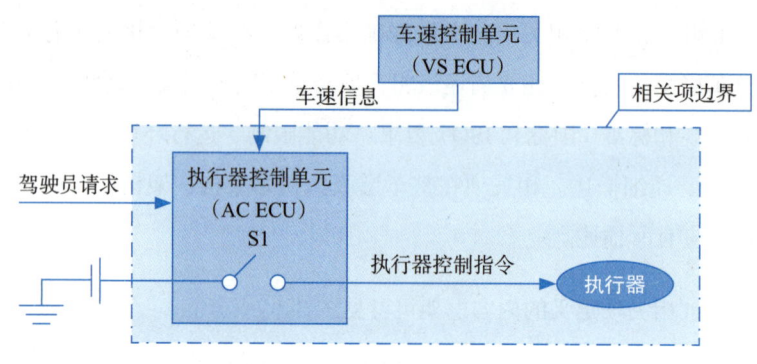

图 3-2　相关项的架构示例

将相关项定义输出之后，分析人员对产品有了基础认知。接下来，我们谈谈如何实施 HARA 活动。

3.3　如何实施 HARA 活动

从 HARA 的中文名称"危害分析及风险评估"可以看出，HARA 活动由两部分组成：首先进行"危害分析"，然后进行"风险评估"。我将 HARA 活动归纳为以下几个步骤，简称"HARA 四步法"，如图 3-3 所示。

第一步　危害分析：根据相关项定义整理出相关项在整车层级的功能，分析功能异常可能导致的潜在危害。

第二步　场景识别：从运行模式、运行场景和环境条件 3 个维度综合识别出可能导致危害事件的场景。

第三步　风险评估：结合第一步得到的"潜在危害"及第二步识别到的"场景"，分析出危害事件，并根据严重度（S）、暴露率（E）、可控性（C）3 个评价指标评估危害事件的影响等级。

第四步　分析整理：根据第三步的评估结果收集，整理出 SG、ASIL 等级、安全状态。

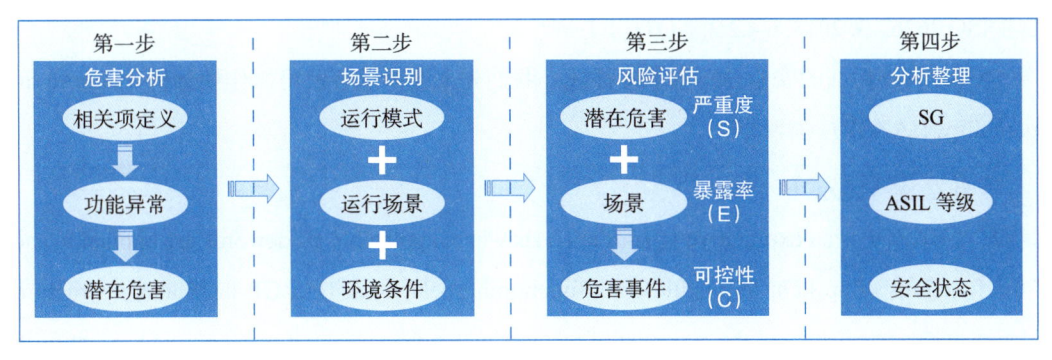

图 3-3　HARA 四步法

接下来，我们按照"HARA 四步法"来详细探讨每一步在项目实践中的具体应用。

3.3.1　步骤一：危害分析

标准原文

The hazards shall be determined systematically based on possible malfunctioning behaviour of the item.

（参考 ISO 26262-3: 2018, 6.4.2.2）

Hazards caused by malfunctioning behaviour of the item shall be defined at the vehicle level.

（参考 ISO 26262-3: 2018, 6.4.2.3）

Hazards resulting only from the item behaviour, in the absence of any item failure, are outside the scope of this document.

（参考 ISO 26262-3: 2018, 6.4.2.1 Note 2）

解读 危害是指相关项在整车层级上的功能异常表现。在这个阶段，不需要关注功能异常的原因，而是应依据在整车层级上能观察到的条件或行为来定义危害。在做危害分析和风险评估时，不应考虑将要实施或已经在之前相关项中实施的安全机制。

Q：那么，如何识别出相关项在整车层级的危害呢？

标准提到的方法：FMEA approaches and HAZOP are suitable **to support** hazard identification at the item level. These can be **supported by brainstorming, checklists, quality history, and field studies**.

（参考 ISO 26262-3: 2018, 6.4.2.2, NOTE 1）

FMEA 将在后面的安全分析章节中详述。我们先来谈谈危害及可操作性分析（Hazard and Operability，HAZOP）。

1. 什么是 HAZOP

标准原文 HAZOP is an explorative type of analysis where applicable guidewords are applied to each of the functions of an item to postulate malfunctioning behaviors. HAZOP facilitates a structured and systematic examination of the operation of the item within the vehicle. It may be used to identify and evaluate malfunctioning behaviors of an item that could lead to hazards that create the potential for harm to the occupants of the subject vehicle, to other vehicles and their occupants, or other persons at risk such as pedestrians, pedalcyclists in the vicinity of the subject vehicle or maintenance personnel.

（参考 SAE J2980, 4.1）

[解读] 简单来说，HAZOP 是一种基于关键字/引导词的系统性、结构化的分析系统功能危害的方法。

2. 如何实施 HAZOP 活动

首先至少得有相关项的基本功能列表及描述，通过对这些功能应用引导词来实施 HAZOP 活动。SAE J2980 中用以下引导词举例说明如何开展 HAZOP 活动。

1. Loss of Function-function not provided when intended ⇒ 功能丧失

2. Function provided incorrectly when intended ⇒ 功能不正确

a. Incorrect Function-More than intended ⇒ 过大/大于/多于/晚于

b. Incorrect Function-Less than intended ⇒ 过小/小于/少于/早于

c. Incorrect Function-Wrong direction ⇒ 反向

3. Unintended Activation of Function-Function provided when not intended ⇒ 功能非预期

4. Output Stuck at a Value-Failure of the function to update as intended ⇒ 输出卡滞

[解读] 上述引导词用于帮助引出功能的故障模式。引导词本身具有泛指的含义。我们需根据功能的特性来识别对应的引导词是否适用。例如，引导词"More than"对应的功能异常有时可能是输出过大，有时可能是输出过晚，有时则不适用。这需要基于具体的功能特性进行拓展，要具体情况具体分析。

基于上述方法论，表 3-1 展示了转向辅助功能和刹车控制功能的 HAZOP 示例之失效模式。

表 3-1　HAZOP 示例之失效模式

功能	功能丧失	当需要时提供不正确的功能			非预期激活（不需要时提供）	输出卡滞
		多于预期	少于预期	错误方向		
转向辅助功能	转向助力丧失	转向助力过大	转向助力过小	转向助力反向	非预期的转向	转向助力卡滞
刹车控制功能	制动功能丧失	过度制动	制动不足	不适用	非预期制动	制动力卡滞

以上转向辅助功能和刹车控制功能异常可能导致的整车层级的危害如表 3-2 所示。

关于上述提到的整车层级的危害描述，如"非预期的车辆横向运动/非预期偏航"，这涉及车辆运动控制的一些概念。从整车动力学的角度来看，汽车的运动轨迹可以被图 3-4 中的运动坐标系完全包含。

根据图 3-4 中的整车运动坐标系，表 3-3 列出了可能导致车辆沿轴线运动或绕轴线运动的相关项故障。该表可在 HARA 活动期间用于将相关项的危害与整车层级的危害事件对应起来。

表 3-2　HAZOP 示例之整车层级的危害

故障行为	整车层级的危害
非预期的转向	非预期的车辆横向运动/非预期偏航
转向助力过大	
转向助力反向	
转向助力卡滞	失去车辆横向运动控制
转向助力过小	所需手动转向力加大
转向助力丧失	
非预期制动	非预期的车辆纵向减速
过度制动	
制动力卡滞	
制动功能丧失	非预期的减速不足
制动不足	
非预期制动	非预期的车辆横向运动
过度制动	
制动力卡滞	

根据上述介绍，得出关于 VCU 挡位管理功能的 HAZOP 示例，如表 3-4 所示。

通过上述步骤分析得到相关项功能异常导致的整车层级的危害后，接下来进行场景识别。

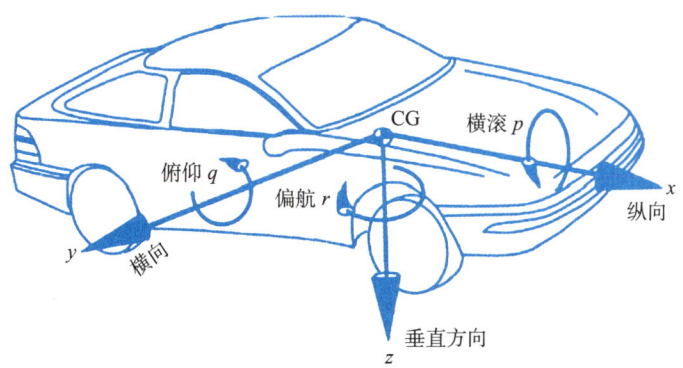

图 3-4　整车运动坐标系

表 3-3 整车对应坐标系的相关项故障模式

车辆运动	潜在的异常车辆行为
纵向运动（线性）	非预期加速
	非预期的失去加速度
	非预期减速
	非预期的失去减速度
	非预期的纵向运动
	非预期的失去纵向运动
	非预期的在不正确的方向运动
横向运动（线性）	非预期横向运动
	非预期的失去横向运动
垂直运动（线性）	非预期垂直运动
俯仰（旋转）	非预期旋转运动（横轴）
横滚（旋转）	非预期旋转运动（纵轴）
偏航（旋转）	非预期旋转运动（垂直轴向）
	非预期的失去旋转运动（垂直轴向）

表 3-4 HAZOP 示例之 VCU 挡位管理

编号	功能	引导词	检查	失效模式	故障	潜在的整车级危害	备注
HZD1_01	挡位管理功能（含挡位信号解析及显示，D/N/R 挡位切换，故障及错误提醒）	丢失/无	√	功能丢失	VCU 挡位管理功能失效	无法换挡	
HZD1_02		高于/大于/多于	N/A	N/A	N/A	N/A	
HZD1_03		低于/小于/少于	N/A	N/A	N/A	N/A	
HZD1_04		反向	√	D 挡解析为 R 挡	VCU D 挡解析为 R 挡	车辆非预期向后移动	
HZD1_05			√	R 挡解析为 D 挡	VCU R 挡解析为 D 挡	车辆非预期向前移动	
HZD1_06		非预期	√	非预期挂 R 挡	VCU 非预期挂 R 档	车辆非预期向后移动	
HZD1_07			√	非预期挂 D 挡	VCU 非预期挂 D 档	车辆非预期向前移动	
HZD1_08			√	非预期挂 D/R 挡切换为 N 挡	非预期挂 N 挡	非预期动力丢失	
HZD1_09			√	非预期 P 挡切换为 N 挡	非预期挂 N 挡	非预期溜车	
HZD1_10			√	非预期 N 挡切换为 P 挡	非预期挂 P 挡	车辆非预期减速	顿挫

(续)

编号	功能	引导词	检查	失效模式	故障	潜在的整车级危害	备注
HZD1_11	挡位管理功能（含挡位信号解析及显示，D/N/R挡切换，故障及错误提醒）	非预期	√	非预期挡位N/P切换为D	非预期挡位N/P切换为D	车辆非预期向前移动	
HZD1_12		非预期	√	非预期挡位N/P切换为R	非预期挡位N/P切换为R	车辆非预期向后移动	
HZD1_13			√	非预期D/R切换为P	非预期挂P挡	车辆非预期减速	车辆非预期顿挫，变速器打齿
HZD1_14		卡滞	√	挡位卡滞	VCU挡位信号卡滞	无法换挡	
HZD1_15		早于	N/A	N/A	N/A	N/A	
HZD1_16		晚于	N/A	N/A	N/A	N/A	
HZD1_17		……	……	……	……	……	

注：N/A 表示不适用。

3.3.2 步骤二：场景识别

场景识别是从运行模式、运行场景和环境条件3个维度综合识别可能导致危害事件的场景。

关于"运行模式"和"运行场景"，标准有以下要求。

标准原文

The **operational situations** and operating modes in which an item's malfunctioning behaviour will result in a hazardous event shall be described; both when the vehicle is correctly used and when it is incorrectly used in a reasonably foreseeable way.

Operational situations describe conditions within which the item is assumed to behave in a safe manner.

（参考 ISO 26262-3: 2018, 6.4.2.1）

解读 在识别相关项的运行模式和运行场景时，既要考虑车辆的正确使用情况，也要考虑合理且可预见的不正确使用情况。例如，踩刹车后点火是整车的启动流程；而点火之后挂到D挡但电子驻车（EPB）制动系统忘记释放，踩加速踏板试图驱动车辆，这属于比较常见的合理且可预见的不正确使用情况。此外，在场景识别这一步，所考虑的场景需具有合理性，即在你识别的场景下，假定相关项能够以安全的方式运行。例如，若你选择的场景是车水马龙的闹市区，而运行场景是车辆高速行驶并深踩油门，这种场景组合就不合理。

标准原文 It shall be ensured that the chosen level of detail of the list of operational situations does not lead to an inappropriate lowering of the ASIL.

解读 这是在开展 HARA 活动过程中实际会遇到的问题，即场景（操作、交通）及环境条件是分得越细越好，还是怎样更好。其实，这没有标准答案，但至少要覆盖所有典型场景。场景越细，可能越利于描述危害事件造成的影响，也越利于评估严重度（S）和可控性（C），但由于还要和环境条件组合以最终选择合适的综合性场景，如果场景太细，可能得不出一个合理的危害事件，因为组合后的场景暴露率（E）太低，导致对应的 ASIL 等级也被无形地降低了。

在实际场景识别过程中，大家常常思考如何建立并丰富场景库的问题。例如，自动驾驶面临的一些场景难以完全列举，需要通过仿真测试和长期的路测来累积场景数据，从而不断丰富驾驶数据库。表 3-5 列举了基于 VDA 702 的一些典型场景，读者可以在此基础上结合各地区的具体情况来扩充自己的场景库。

表 3-5 基于 VDA 702 的典型场景

基于 VDA 702 的场景目录（节选）						
场景种类				E 评分（基于持续时间）	E 评分（基于频率）	其他信息
编号	主场景	子分组	评估的场景	E	E	
基本场景 _ 驾驶					
FU#	环境影响驾驶	能见度				
FU010	环境影响驾驶	能见度	在能见度低（雾/眩光等）且能见度低于51m的情况下驾驶	E2	E2	
FU020	环境影响驾驶	能见度	在没有残留光线的黑暗中（没有路灯、没有月亮、没有其他道路使用者的灯光）驾驶 →无法识别路边	E3	—	持续时间范围： 对人口稠密地区非常保守（欧盟） 频率范围： 不适用，因为黑暗环境不能突变
FU030	环境影响驾驶	能见度	在昏暗的光线下（例如路灯、其他道路使用者的光线、黄昏）行驶	E4	E4	"黑暗"季节高峰时段交通的正常情况
FP#	车辆乘员	乘客				
FP010	车辆乘员	乘客	1位乘客	E4	E4	来自 OEM 客户数据（现场试验）

(续)

基于 VDA 702 的场景目录（节选）					
场景种类			E 评分（基于持续时间）	E 评分（基于频率）	其他信息
编号	主场景	子分组	评估的场景	E	E
基本场景_驾驶					
FP#	车辆乘员	乘客			
FP020	车辆乘员	乘客	2 位乘客	E4	E4	来自 OEM 客户数据（现场试验）
FP030	车辆乘员	乘客	> 2 位乘客	E3	E3	来自 OEM 客户数据（现场试验）
……	……	……	……	……	……	

表 3-6 展示了 VCU 在 HARA 活动过程中的场景识别示例，其形式供参考。

表 3-6　HARA 活动过程中的场景识别示例

操作模式	场景	得到的场景	是否考虑	备注
车辆静止未锁处于低压待机模式	执行脚刹	脚踏制动器启动时，车辆静止未锁定，低压待机	是	
	执行手刹	脚踏制动器启动时，车辆静止未锁定，低压待机	是	
	齿轮啮合	挂挡时，车辆静止未锁定，低压待机	否	
	挡位选择器处于 P 挡	车辆静止未锁定，低压待机处于 P 挡	是	
	挡位选择器处于 N 挡	车辆静止未锁定，低压待机处于 N 挡	是	
	维修	车辆静止维修中	是	
	在路边	车辆在路边时静止未锁定，低压待机	否	
	在车库/停车场	车辆在车库/停车场静止未锁定，低压待机	否	
	洗车，用高压清洗机清洗车辆	洗车时车辆静止未锁定，低压待机	是	
	在测功机上	在测功机上，车辆静止未锁定，低压待机	是	

3.3.3　步骤三：风险评估

在风险评估过程中，假设相关项的故障行为将导致危害事件发生。同样地，在进行风险评估前，首先要弄清楚什么是风险，标准中是如何定义风险的。

风险评估流程可以参考图 3-5。

如此，风险评估便转化为如下几个活动的组合。

确定严重度 (S) + 确定暴露率 (E) + 确定可控性 (C) → 确定汽车安全完整性等级 (ASIL)。

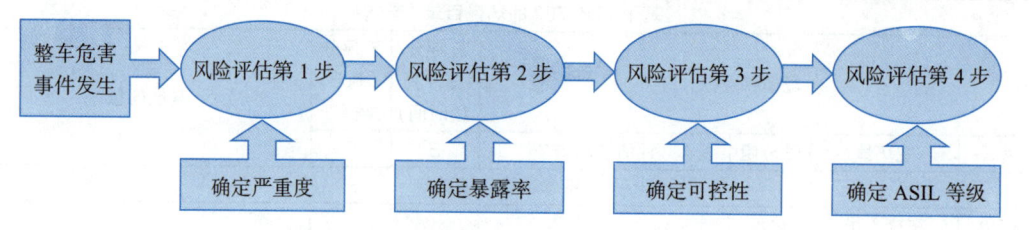

图 3-5　HARA 活动中风险评估流程

3.3.3.1　确定严重度 (S)

评估危害事件对驾驶员、乘客、车辆周围人员或周边车辆中人员可能造成的潜在伤害，从而确定相应的严重度等级。

如果经过危害事件分析，确定相关项的故障行为只会造成物质损坏而不涉及对人员的伤害，则该危害事件的严重度等级可为 S0。如果一个危害事件的严重度等级为 S0，则无须分配 ASIL 等级。（参考 GB/T 34590-3:2022, 6.4.3.4）

关于严重度等级的评估应注意以下几点。

- 严重度等级的评估可以基于对多个伤害的综合考量，但相比只考虑单一伤害的评估结果而言，这样可能会导致较高的严重度等级。
- 对被评估的场景，严重度等级评估需要考虑事件发生的合理顺序。
- 严重度等级的确定基于目标市场中具有代表性的个体样本。

Q：什么是"代表性"样本？

对于每一个危害事件，应基于确定的理由来评估潜在伤害的严重度，如表 3-7 所示。

表 3-7　严重度等级评估

等级	S0	S1	S2	S3
描述	无伤害	轻度和中度伤害	严重和危及生命的伤害（有存活的可能）	危及生命的伤害（存活不确定），致命的伤害

关于严重度等级中伤害程度的划分，标准参考的是简明损伤定级（Abbreviated Injury Scale, AIS）。AIS 等级分为 7 个级别。

- AIS 0：无伤害。
- AIS 1：轻伤，例如皮肤表面伤口、肌肉疼痛、鞭打样损伤等。

- AIS 2：中度伤害，例如深度皮肉伤、脑震荡引起的长达 15min 无意识、单纯性长骨骨折、单纯性肋骨骨折等。
- AIS 3：严重但未危及生命的伤害，例如无脑损伤的颅骨骨折、没有脊髓损伤的第四颈椎以下脊柱错位、没有呼吸异常的多根肋骨骨折等。
- AIS 4：严重伤害（危及生命，有存活的可能），例如伴随或不伴随颅骨骨折的脑震荡引起的长达 12h 昏迷、呼吸异常。
- AIS 5：危险伤害（危及生命，存活不确定），例如伴随脊髓损伤的第四颈椎以下脊柱骨折、肠道撕裂、心脏撕裂、伴随颅内出血的超过 12h 昏迷等。
- AIS 6：极度危险或致命伤害，如伴随脊髓损伤的第三颈椎以上脊柱骨折、极度危险的体腔（胸腔和腹腔）开放性伤口等。

根据上述 AIS 等级描述，表 3-8 提供了一个严重度等级划分示例。

表 3-8 严重度等级划分示例

严重度等级	S0	S1	S2	S3
描述	无伤害	轻度和中度伤害	严重和危及生命的伤害（有存活的可能）	危及生命的伤害（存活不确定），致命的伤害
对单一伤害的参考（根据 AIS 分级）	AIS 0 及 AIS 1～6 可能性小于 10%，或不能被归为安全相关的伤害	AIS 1～6 可能性大于 10%（不属于 S2 和 S3）	AIS 3～6 可能性大于 10%（不属于 S3）	AIS 5～6 可能性大于 10%
示例	• 冲撞路边设施 • 撞倒路边邮筒、围栏等 • 轻微刮痕损害 • 在进入或退出停车位置时损害 • 没有碰撞或者侧翻的情景下离开道路	• 侧面碰撞一个狭窄的静止物体，例如，乘用车以非常低的速度撞上一棵树（影响到乘员舱） • 以非常低的速度和其他乘用车后碰/正碰	• 侧面碰撞一个狭窄的静止物体，例如，乘用车以低速撞上一棵树（影响到乘员舱） • 以低速和其他乘用车后碰/正碰 • 以低速造成行人或自行车事故	• 侧面碰撞一个狭窄的静止物体，例如，乘用车以中速撞上一棵树（影响到乘员舱） • 以中速和其他车辆后碰/正碰 • 有乘员舱变形的正面碰撞，例如，追尾其他车辆

尽管有了 AIS 等级描述作为参考，但对碰撞的实际严重度等级划分通常取决于多个因素，这些因素如下。

1）碰撞类型，例如平面碰撞（如正碰、后碰、侧碰）。

2）碰撞参与者之间或单车事故发生时的相对速度。

3）相关车辆的相对尺寸、高度和结构完整性（即碰撞兼容性）。

4）碰撞事故产生的冲击力下的车辆乘员和非乘员的健康和年龄。

5）车辆乘员是否使用安全保护设备（如安全带、儿童约束装置）。

6）快速紧急援助（急救队）的可用性和响应速度。

影响严重度等级划分的因素有很多，在实际操作分析中可以保守地按照最坏情况来划分，整体分析完成后再通过多人多维度的评审来确定最终的等级。

关于碰撞类型与严重度等级划分的原则可参考表 3-9。

表 3-9　碰撞类型与严重度等级划分的原则

碰撞类型	速度范围	S0	S1	S2	S3
正碰	最小速度	—	＞4～10km/h	＞20～50km/h	＞40～65km/h
	最大速度	＜4～10km/h	＜20～50km/h	≤40～65km/h	—
后碰	最小速度	—	＞4～10km/h	＞20～50km/h	＞40～60km/h
	最大速度	＜4～10km/h	＜20～50km/h	≤40～60km/h	—
侧碰	最小速度	—	＞2～10km/h	＞8～30km/h	＞16～40km/h
	最大速度	＜2～3km/h	＜8～30km/h	≤16～40km/h	—

3.3.3.2　确定暴露率（E）

标准中对暴露的定义是：一种处于特定运行场景的状态，在该运行场景中，如果发生 HARA 中所分析的失效模式，可能会导致危害。

解读 从"暴露"的概念可知，暴露率的评估是对运行场景出现频率的评估，因此，在评估时应聚焦于运行场景。

暴露率等级评估准则参见表 3-10。

表 3-10　暴露率等级评估准则

等级	E0	E1	E2	E3	E4
描述	不可能	非常低的概率	低概率	中等概率	高概率

暴露率的确定需注意以下几点。

- 暴露率的确定基于目标市场中具有代表性的运行场景样本。
- 评估暴露率时，不应考虑装备该相关项的车辆数量。
- 暴露率的评估可以基于暴露出现的频率和持续时间两种方式展开。

Q：想想评估暴露率时为什么不应考虑车辆是否装配了要分析的相关项？

关于两种暴露率评估方式的选择，SAE J2980 中有如下描述。

标准原文 Exposure based on duration: An Exposure class is selected based on the duration of a vehicle operational situation for cases where the malfunctioning behavior directly causes the hazardous event.

Exposure based on frequency: An Exposure class is specified not only for vehicle operational situationsin which a considered malfunctioning behavior can directly cause the hazardous event (duration of the situation is relevant), but also for those situations where the situationor condition can initiate the hazardous event, as a result of a fault in the system that has already occurred at an earlier point of time and remained latent. Thus, the occurrence of such a situation will directly initiate the hazardous event because of its combination with the pre-existing fault regardless of its duration

解读 在评估暴露率时，选择基于暴露出现的频率还是基于持续时间要看导致危害的直接触发因素是功能故障还是场景。如果无论场景如何，只要功能故障发生就会直接导致危害，则应基于持续时间评估暴露率；如果功能故障已经发生，但需要结合特定场景才会导致危害，则应基于频率评估暴露率。简单来说，"先场景后故障"导致的危害基于持续时间评估，"先故障后场景"导致的危害基于频率评估。

根据以上描述，图 3-6 展示了一个选择暴露率评估方式的简化原则。

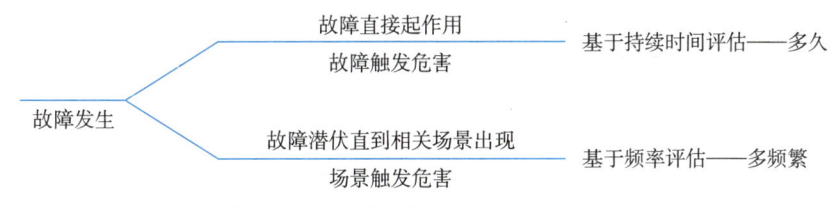

图 3-6　选择暴露率评估方式的简化原则

标准中基于持续时间的暴露率评估示例如表 3-11 所示。

标准中基于频率的暴露率评估示例如表 3-12 所示。

在进行风险评估中的场景识别时，应考虑以下因素。

1）车辆的使用场景，包括高速行驶、城市驾驶、停车场。

2）环境条件，如路面摩擦、侧风等。

3）合理预见的驾驶员使用和误用。

4）操作系统之间的相互作用。

表 3-11 基于持续时间的暴露率评估示例

运行场景暴露率等级	E1	E2	E3	E4
描述	非常低的概率	低概率	中等概率	高概率
持续时间（平均运行时间的百分比）	无定义	＜1%的平均运行时间	1%～10%的平均运行时间	＞10%的平均运行时间
道路类型示例	—	• 乡间道路交叉口 • 高速公路出口匝道	• 单行道（城市道路）	• 高速公路 • 乡间道路 • 城市道路
路面类型示例	—	• 冰雪路面 • 有很多光滑树叶的路面	• 湿滑路面	—
车辆静止状态类型示例	• 车辆在跳线跨接启动期间 • 在维修厂	• 连接挂车 • 装备车顶行李架 • 车辆在加油	• 车辆在斜坡上（停在斜坡上）	—
驾驶操控类型示例	• 下坡时关闭发动机（山路）	• 倒车 • 超车 • 停车（有挂车连接）	• 交通拥挤（频繁起停）	• 加速 • 减速 • 停在红绿灯前（城市道路） • 变道（高速公路）

表 3-12 基于频率的暴露率评估示例

运行场景暴露率等级	E1	E2	E3	E4
描述	非常低的概率	低概率	中等概率	高概率
场景发生的频率	对于大多数驾驶员而言，一年发生的频率小于一次	对于大多数驾驶员而言，每年发生几次	对于普通驾驶员而言，基本上每个月发生一次或多次	平均几乎发生在每次驾驶中
道路类型示例	—	• 山路，带有不安全的陡峭斜坡	—	—
路面类型示例	—	• 冰雪路面	• 湿滑路面	—
车辆静止状态类型示例	• 停车，需要重新启动发动机（在铁路道口） • 车辆被拖的过程中	• 装备车顶行李架	• 车辆在加油 • 车辆在斜坡上（停在斜坡上）	—
驾驶操控类型示例	—	• 避让动作，偏离预期路线	• 超车	• 换挡 • 转弯（转向） • 使用指示器 • 倒车行驶

图 3-7 提供了一些典型的整车运行场景供分析参考，可在此基础上进行扩充。

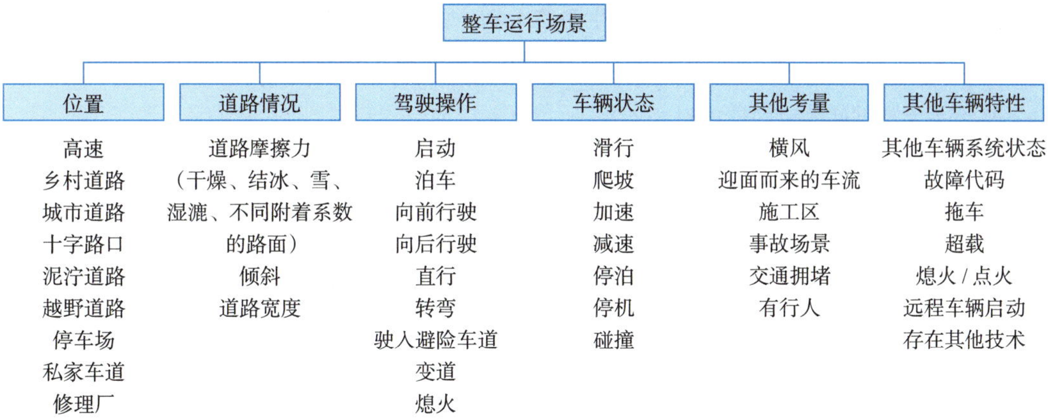

```
                        整车运行场景
   ┌──────┬──────────┬──────────┬──────────┬──────────┬──────────┐
   位置    道路情况    驾驶操作    车辆状态    其他考量    其他车辆特性
```

位置：高速、乡村道路、城市道路、十字路口、泥泞道路、越野道路、停车场、私家车道、修理厂

道路情况：道路摩擦力（干燥、结冰、雪、湿漉、不同附着系数的路面）、倾斜、道路宽度

驾驶操作：启动、泊车、向前行驶、向后行驶、直行、转弯、驶入避险车道、变道、熄火

车辆状态：滑行、爬坡、加速、减速、停泊、停机、碰撞

其他考量：横风、迎面而来的车流、施工区、事故场景、交通拥堵、有行人

其他车辆特性：其他车辆系统状态、故障代码、拖车、超载、熄火/点火、远程车辆启动、存在其他技术

图 3-7 典型的整车运行场景

3.3.3.3 确定可控性（C）

对于每一个危害事件，应基于确定的理由评估驾驶员或其他潜在处于风险的人员对该危害事件的可控性，如表 3-13 所示。

表 3-13 可控性等级评估

可控性等级	C0	C1	C2	C3
描述	可控	简单可控	一般可控	难以控制或不可控

关于可控性评估，应注意以下几点。

- 可控性评估是对驾驶员或其他可能面临风险的人员能够有效控制危害事件以避免特定伤害的概率的评估。HARA 分析过程中对于可控性的评估一般是假设驾驶员在正常条件下驾驶（例如：不疲劳），经过相关的驾驶培训（如持有驾照），并遵守所有适用的法律法规。
- 当危害事件与车辆方向、速度的控制无关时，例如肢体卡在运动部件中，可控性是对涉险人员能够自行脱离或被该危害场景中的其他人员救出的概率。当评估可控性时，要注意涉险人员可能不熟悉相关设备的运行。
- 当危害事件涉及多个交通参与者的行为时，可以基于带有故障相关项的车辆的可控性，以及其他参与者的可能行为进行可控性评估。

可控性是指评估交通参与者在面对危害事件时，控制或避免其导致伤害的可能性。这不仅涉及故障车辆及其司机，还涉及在危害事件发生时的交通参与者。

图 3-8 展示了车辆溜坡事件的可控性评估示例。由于车内没有驾驶员,因此车辆本身的可控性等级被评为 C3。当坡下方人员距离坡较近时,这些人员对危害的可控性也很低,因此综合评估该危害事件的可控性等级为 C3。

图 3-8 车辆溜坡事件的可控性评估示例

标准中可控性评估示例可参考表 3-14。

表 3-14 可控性评估示例

可控性等级	C0	C1	C2	C3
描述	可控	简单可控	一般可控	难以控制或不可控
驾驶因素和场景	常规可控	超过 99% 普通驾驶员或交通参与者能够避免伤害	90% 到 99% 普通驾驶员或交通参与者能够避免伤害	不到 90% 普通驾驶员或交通参与者能够避免伤害
分散注意力的示例,如无线电音量意外增高或燃油不足报警信息	保持既定行驶路线	—	—	—
不影响车辆安全操作的驾驶员辅助系统失效示例	保持既定行驶路线	—	—	—
开车时非预期关闭车窗的示例		从车窗处移开手臂		
从静止状态加速时转向柱锁止的示例	—	制动减速/停止车辆		—
紧急制动情况下 ABS 失效的示例	—	—	保持预期的行驶路线	—

3.3.3.4 确定 ASIL 等级

每个危害事件的 ASIL 等级应根据严重度(S)、暴露率(E)和可控性(C)这三个参数确定,如表 3-15 所示。

表 3-15　ASIL 等级确定

严重度等级	暴露率等级	可控性等级 C1	可控性等级 C2	可控性等级 C3
S1	E1	QM	QM	QM
S1	E2	QM	QM	QM
S1	E3	QM	QM	A
S1	E4	QM	A	B
S2	E1	QM	QM	QM
S2	E2	QM	QM	A
S2	E3	QM	A	B
S2	E4	A	B	C
S3	E1	QM	QM	A
S3	E2	QM	A	B
S3	E3	A	B	C
S3	E4	B	C	D

相关项的某一功能故障导致危害事件的 ASIL 等级可能会与既存系统的 ASIL 等级不一致，此时需要对比检查新旧系统的风险评估过程，如果存在不一致的地方，则需对分析进行更新迭代，这说明 HARA 也是一项动态的活动。

3.3.4　步骤四：分析整理

风险评估完成后，应整理对应的危害事件并确定其 ASIL 等级。根据危害事件整理出相应的安全目标，并将整理后的 ASIL 等级分配给对应的安全目标。

整理过程中需注意以下要求。

- 应为具有 ASIL 等级的每个危害事件确定一个安全目标，该 ASIL 等级从危害分析中得出。如果所确定的安全目标是类似的，可将其合并为一个安全目标。（参考 GB/T 34590-3: 2017, 7.4.4.3）

- 应将为危害事件所确定的 ASIL 等级分配给对应的安全目标。如果将类似的安全目标合并为一个安全目标，应根据上一条将最高的 ASIL 等级分配给合并后的安全目标。（参考 GB/T 34590-3: 2017, 7.4.4.4）

- 如果一个安全目标可以通过转移或保持一个或多个安全状态来实现，则应明确说明相应的安全状态。（参考 GB/T 34590-3: 2017, 7.4.4.5）

另外，安全目标的描述也是一项有些讲究的工作，描述方式既可以是正向的，也可以是反向的，颗粒度可以是粗略的，也可以是细致的，只要能够清楚地描述在整车层级上要实现的安全目标即可。因此，安全目标的描述往往是在整车层级上的功能性和目的性的描述。

通过"HARA 四步法"可以比较准确地分析出相关项在整车层级的安全目标，读者可以根据"HARA 四步法"结合项目实例动手试试。

最后来看一个简化的 VCU 的 HARA 示例——提供驱动扭矩功能。示例中功能定义如表 3-16 所示。

表 3-16 功能定义

功能编号	功能定义	功能描述	备注
FUNC_01	提供请求的驱动扭矩	提供车辆加速所需求的扭矩	适用于传统燃油车、电动车、混合动力车

FUNC_01（提供请求的驱动扭矩）的危害分析如表 3-17 所示。

表 3-17 FUNC_01（提供请求的驱动扭矩）危害分析

编号	功能定义	引导词	功能描述	潜在的整车级危害
FUNC_01-1a	提供请求的驱动扭矩	高于/大于/多于	提供的扭矩大于所请求的扭矩	非预期加速（未失稳）
FUNC_01-1b	提供请求的驱动扭矩	高于/大于/多于	提供的扭矩大于所请求的扭矩	非预期旋转运动（偏航）
FUNC_01-2	提供请求的驱动扭矩	低于/小于/少于	提供的扭矩小于所请求的扭矩	失去加速度（滑行）
……	……	……	……	……

以 FUNC_01-1a 非预期加速（未失稳）为例，对应的 HARA 如表 3-18 所示。

到这里，我们已经通过案例形式逐步介绍完 HARA 的步骤。相信大家对于 HARA 方法及其应用已经有了全面的认识。不过，方法是有了，但还需要加以实践才能对该方法论有深刻的理解。

3.4 HARA 方法得到的 ASIL 等级对应活动的区别

ASIL B 和 ASIL D 在功能安全架构和具体实现上会有些差异。ASIL D 的架构独立指标比 ASIL B 的高出一个数量级，对于 ASIL D 的功能安全诊断和冗余更加密集，这是因为 ASIL D 的功能安全架构需要覆盖更多的功能故障（失效模式），以达到所需的诊断覆盖率。ASIL D 的功能安全架构几乎需要使用处理器自带的安全机制，而 ASIL B 的功能安全架构可以基于系统层面的设计进行一定的裁剪。针对不同 ASIL 等级，ISO 26262 没有给出指定的架构，只要能满足标准要求即可。如果想了解不同 ASIL 等级的架构设计上的差异，可以参考 ISO 13849 里针对不同性能等级（PL）的指定架构，或 IEC 61508 中关于 *MooN* 的架构。

表 3-18 FUNC_01-1a 非预期加速（未失稳）对应的 HARA 示例

危害	功能行为	异常功能行为	整车级危害	设想	危害详细描述	潜在事故场景（考虑最坏情况下可能发生的事故）	ASIL 评估 严重度评估	ASIL 评估 暴露率评估	ASIL 评估 可控性评估	备注
HZD01-1a	提供请求的驱动扭矩	提供的扭矩大于所请求的扭矩	非预期加速（未失稳）	评估适用于具有典型驱动扭矩对于具有更大扭矩动力学的车辆。对于具有更大扭矩动力学的高性能推进系统，应重新考虑距离、碰撞速度和反应时间以及更高的ASIL评估。此外，还应评估失稳风险是否合适	在城市或乡村道路上行驶的车辆在另一辆车后面	与前方车辆发生正面碰撞	车辆以中速（例如，两辆车之间的速度差为20km/h）正面碰撞到另一辆车的后端 S2	在城市或乡村道路上，车辆跟在另一辆车后面是一种非常常见的情况。这被判断为超过操作时间的10% E4	可以通过踩下制动踏板（驾驶员反应）来控制情况，对于大多数情况，反应时间将足以避免一定的伤害 C2	
HZD01-1b	提供请求的驱动扭矩	提供的扭矩大于所请求的扭矩	非预期加速（未失稳）		车辆行人处于危险区域的位置低速行驶	以一定速度与行人正面碰撞（假设没有发生碾压）	碰撞速度相对较低，因为初始速度非常低，行人被认为离车辆很近 S2	很大一部分驾驶场景包括有行人的区域（例如十字路口、停车场）。然而，据判断，只有一定比例的驾驶时间在有这些地方，行人并不总是在危险区域 E3	一些驾驶员在意外加速时会受到惊吓，车辆和行人的距离很近，缩短了反应时间；90%无法避免伤害 C3	
HZD01-1c	提供请求的驱动扭矩	提供的扭矩大于所请求的扭矩	非预期加速（未失稳）		车辆在行人易受伤害或实行在危险区域或情况实行的地方低速行驶，这些情况取决于车辆，也取决于行人	与行人正面碰撞并发生碾压	由于情况集中在预计会发生碾压的事故场景上，因此评估的严重等级为S3 S3	很大一部分驾驶场景包括有行人的区域（例如十字路口、停车场）。然而，据判断，只有一定地方，行人并不总是暴露压的区域，由于重点是碾压的全程度上，这种可能性一定降低，没有确定的数据可用于决定任何车辆的一般结果 E2~E3	一些驾驶员在意外加速时会受到惊吓，车辆和行人的距离很近，缩短了反应时间；90%无法避免伤害 C3	

以上仅是两者差异的简化定性描述。接下来，我们看看 ISO 26262 标准对 ASIL B 和 ASIL D 等级在具体活动上的差异的描述。

1. ASIL B 和 ASIL D 等级对应第 2 部分功能安全管理活动的差异

这两者在功能安全管理活动中的差异可参考表 3-19。

表 3-19　ASIL B 与 ASIL D 等级对应第 2 部分功能安全管理活动的差异

ASIL B	ASIL D
要求不同的人对相关工作成果实施认可措施	要求来自不同的团队、部门、组织的人员对相关工作成果实施认可措施
建议对软件工具鉴定活动实施认可措施	要求对软件工具鉴定活动实施认可措施
建议实施功能安全审核	要求来自不同部门、组织的人员实施功能安全审核
建议实施功能安全评估	要求来自不同部门、组织的人员实施功能安全评估

针对相关工作成果的认可措施实施，ASIL D 的独立性要求更高。对于 ASIL B，认可措施需要由另一人实施，此人可以是工作成果所在团队的成员；而对于 ASIL D，要求由另一个团队或组织的成员执行相关认可措施。针对软件工具的鉴定、功能安全的审核和评估，ASIL B 是推荐实施，而 ASIL D 是要求实施，并且必须由另一个部门（或团队、组织）的成员完成。

2. ASIL B 和 ASIL D 等级对应第 7 部分生产、运营、服务和报废活动的差异

由于第 7 部分基本符合质量管理的要求，适用统一的标准流程要求和组织自定义的售后服务流程，如 IATF 16949、ISO 9001。因此，ASIL B 和 ASIL D 在这一部分的活动没有特别的差异。

3. ASIL B 和 ASIL D 对应第 8 部分支持过程活动的差异

两者在支持过程中的相关活动的差异见表 3-20。

表 3-20　ASIL B 与 ASIL D 对应第 8 部分支持过程活动的差异

ASIL B	ASIL D
推荐使用半形式化方法对安全需求进行编写或验证	要求使用半形式化方法对安全需求进行编写或验证
主要通过增加成熟工具开发过程的信心度来实施软件工具鉴定	主要通过对工具进行确认测试和根据安全标准开发工具来实施软件工具鉴定
复用现有要素时（在用证明），对可观测事故率（$< 10^{-8}$/h）的要求较低	复用现有要素时（在用证明），对可观测事故率（$< 10^{-9}$/h）的要求更加严苛
两者对于支持过程中的分布式开发、配置管理、变更管理、验证、文档化管理、软件和硬件组件鉴定等活动没有差异	

ASIL B 和 ASIL D 相关的活动在支持过程的差异主要体现在需求的描述方式、工具鉴定方式及系统可靠性要求上。对于通用的支持活动，如变更管理、配置管理、文档化管理等，两者不存在差异。

4. ASIL B 和 ASIL D 等级对应第 9 部分安全分析活动的差异

两者在安全分析中的相关活动的差异见表 3-21。

表 3-21　ASIL B 与 ASIL D 对应第 9 部分安全分析活动的差异

ASIL B	ASIL D
要求实施的安全分析类型为归纳分析	要求实施的安全分析类型为归纳分析 + 演绎分析
建议实施硬件失效的定性分析	要求实施硬件失效的定量分析

在安全分析活动方面，ASIL B 和 ASIL D 的差异主要体现在需要实施的安全分析类型上。ASIL B 只需进行定性和归纳分析，而 ASIL D 则要求定量和演绎分析，以使整个系统的分析更加全面。

5. ASIL B 与 ASIL D 在具体实施上的一些差异

两者相关活动在具体实施过程中的差异如表 3-22 所示。

表 3-22　ASIL B 与 ASIL D 在具体实施过程中的差异

ASIL B	ASIL D
对设计的预期相对较弱，比如：对于需求规范、架构设计、测试等活动的输出物所涉及的方法主要推荐为半形式化标记	对设计的预期要求最严苛，比如：仿真、控制流/数据流分析、调度分析、原型开发等都强烈要求实施，这些在 ASIL B 的设计中只推荐执行
限制使用编程语言的特征规则（比如 MISRA 规则，例如没有隐式类型转换）	对编程语言特征规则（指针、中断等）的使用要求非常严格
更低的硬件架构度量指标要求，这意味着硬件成本要求相对较低	最严苛的硬件架构度量指标要求，在平衡可用性且能满足安全要求的基础上成本并非第一考虑要素
对于看门狗，使用时间窗口型的看门狗即可	由于非常严苛的故障诊断和处理要求，通常要求使用问答型的看门狗
对于认可措施的要求相对较低，比如在认可措施的类型（评审、审核、评估）中，可以不实施功能安全审核和评估，且对于所实施的认可措施独立性要求相对较低	要求执行所有的认可措施（评审、审核、评估），且对每种认可措施都需要按照最严苛的独立性等级要求执行
对于测试的要求相对较低，比如故障注入测试并非强制执行、没有 MC/DC 的软件架构度量指标要求等	对于测试的要求最严苛，几乎所有的测试方法及度量指标要求都强烈推荐执行，比如故障注入测试强制执行

以上就是 ASIL B 与 ASIL D 在对应部分安全活动上的差异，这些差异实际上源自标准，标准本身对此有定义。

综上所述，ASIL D 相较于 ASIL B 在安全相关活动的流程、具体实现、定量和定性验证方面都有更为严格的要求，这是从标准角度上讲的。但这并不能代表有 ASIL D 工作经验的人员就一定比 ASIL B 项目的人员更胜一筹。正如本章开篇所述，不管是 ASIL B 还是 ASIL D，能够有效实施的都值得肯定。项目中能够完美落地的安全措施才是组织及安全负责人能力最具说服力的证明。

3.5 "万里长征"第一步：从 SG 到 FSC

前文详细介绍了"HARA 四步法"，了解了相关项定义和 HARA 之间的关系，以及 SG 的导出及安全需求追溯链。

SG 作为相关项顶层的安全需求，是相关项最终要达成的安全目标。要实现这些目标，就需要将顶层的安全需求逐级分解，直到分解出在零部件层级用于实施的需求。

了解完概念阶段的 HARA，就如同开启了功能安全"万里长征"的旅程，接下来是安全需求的"万里长征"第一步——从 SG 到 FSC。要迈出这一步，需要先了解概念阶段的另一个重要工作产出物——功能安全概念（Functional Safety Concept，FSC）。

本节将从 FSR 开始逐步了解 FSC，具体内容如下。

- 什么是 FSR。
- 如何获取 FSR。
- 什么是 FSC。

3.5.1 什么是 FSR

先从标准的术语定义及相关要求来认识 FSR。关于 FSR 的定义及要求参考如下。

标准原文 Functional Safety Requirement: specification of implementation-independent safety behaviour or implementation-independent safety measure including its safety-related attributes.

（参考 ISO 26262-1: 2018, 3.6.9）

标准原文 The functional safety requirements shall be derived from the safety goals, considering the system architectural design.

（参考 ISO 26262-3: 2018, 7.4.2.1）

标准原文 At least one functional safety requirement shall be derived from each safety goal.

（参考 ISO 26262-3: 2018, 7.4.2.1）

解读 由 FSR 的定义可知，FSR 定义了相关项在整车层级的安全行为和安全措施。根据上方标准要求，FSR 由 SG 分解而来，这个分解需要考虑系统架构中要素之间的交互关系。SG 属于相关项系统顶层的安全需求，是站在整车的角度对相关项提出"要怎样/不要怎样"的需求，非常抽象，因此需要基于 SG 进行分解细化，导出相关项层级相对具体的需求。由于 SG

层级依然要考虑整车电子电气系统架构，所以这个层级的需求仍是偏功能性的描述。

例如，VCU 的一个安全目标是"SG01_防止车辆非预期加速"。基于 VCU 的相关项定义及初始架构信息，可以分解出此目标下的功能安全需求之一："VCU 需对驱动扭矩进行监控"。这意味着需要描述实现该目标的初始功能要求。

另外，FSR 要从安全目标中导出并分配给相关项系统层面的架构要素。SG 与 FSR 的层级关系可参考图 3-9。

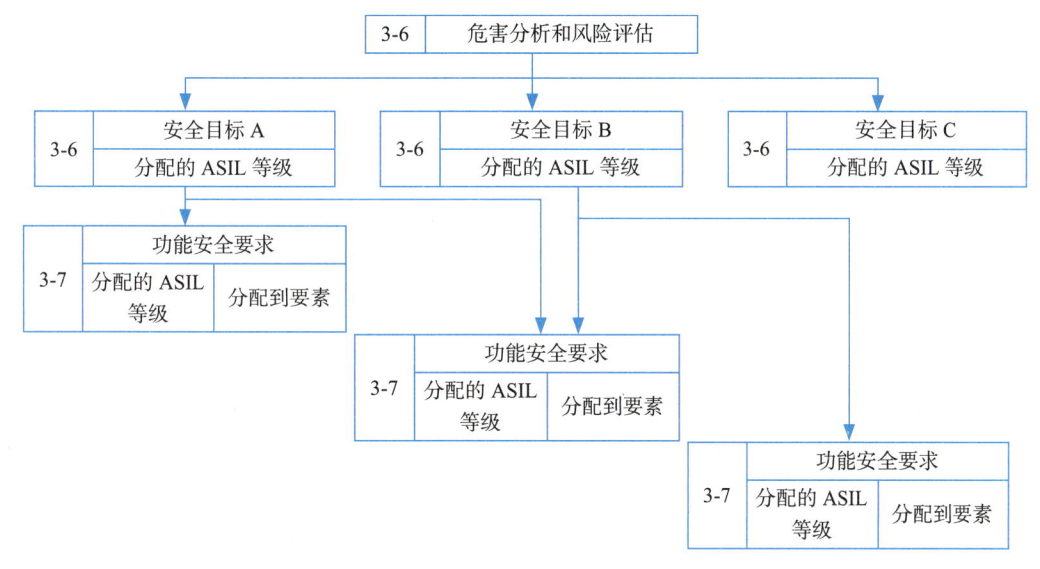

图 3-9 SG 与 FSR 的层级关系

需求分解及编写过程中，各位必然会遇到两个老生常谈的问题——颗粒度和完整性。说一千道一万，大家还是会疑惑 FSR 写到什么程度才算合适，具体可参考 2.8 节的内容。

对于那些非常成熟且量产多年的产品，专注于该产品多年的系统工程师可能确实拥有一套非常完整的产品需求规范，这是长期积累和完善的结果。但安全相关的需求不一定是完善的，安全相关的需求也不建议直接从安全目标导出，因为编写安全需求需要基于相应的分析，分析又要与架构对应，这是一个逐步细化、循序渐进的过程。如果没有"一步到位"的能力，那么还是要一步一个脚印地逐层分解。

因此，在导出安全需求时，安全分析这一过程是不可或缺的。不仅如此，我们还必须非常细致地执行这一活动，尽管烦琐，但绝不能简化任何细节。

从 SG 到直接导出详细的设计需求流程是不合规的。需求分析本身需要对设计进行验证，并产生相应的过程输出物作为证据。直接从安全目标跳到细化的可用于设计实现的安全需求，相当于省略了这些中间过程，缺乏过程证据，这将导致功能安全相关的审核难以顺利通过。

Q：那么，FSR 该从哪些方面入手？或者说，FSR 应包含哪些内容呢？

3.5.2 如何获取 FSR

关于如何从 SG 导出 FSR，先来回顾标准对 FSR 的内容框架提出了哪些要求，这可以作为 FSR 导出的一个参考。

标准对 FSR 内容框架有以下要求。

1）如适用，功能安全要求（FSR）应为以下内容定义策略。

a）故障避免。

b）故障探测和对故障导致的功能异常表现的控制。

c）如果适用，从一个安全状态转换到另一个安全状态。

d）故障容错。

e）故障情况下的功能降级及其与 f 或 g 要求的交互。

f）缩短风险暴露时间。

g）增加驾驶员可控性所需的警告（例如发动机功能异常指示灯、ABS 故障报警灯）。

h）满足整车层级的时间要求，即定义故障处理时间间隔，以满足故障容错要求。

i）避免或减轻对不同功能的多个控制请求进行不当仲裁而导致的危害事件。

2）如适用，应考虑以下内容来定义每项功能安全要求。

a）运行模式。

b）故障容错时间间隔。

c）安全状态。

d）紧急运行时间间隔。

e）功能冗余（例如故障容错）。

（参见 ISO 26262-3: 2018, 7.4.2.3）

从上述标准的要求来看，FSR 要包含的内容还不少，但所有的安全要求都可以从事前、事中、事后 3 个方面去考虑，FSR 也不例外。

概括来说，FSR 中需要定义的安全要求如下。

1）预防型要求（事前）：从预期功能的意图出发，为尽可能避免系统性和硬件相关的失效，系统中的各组成要素应该具备或实现哪些功能，例如应避免扭矩突变。

2）探测型要求（事中/事后）：如果系统发生失效，系统需及时探测、控制并提示故障，及时向驾驶员发出警示，让驾驶员进行干预，或将车辆系统控制至安全状态，以防危害事件的发生。

除了内容框架方面的要求外，标准对 FSR 还提了以下要求。

1）每个 SG 至少分配一个 FSR，同一个 FSR 可以对应多个 SG，并且继承最高的 ASIL 等级。

2）如果在这个阶段存在 ASIL 分解，则需满足 ISO 26262-9: 2018 第 5 章中关于独立性的要求。

3）对于探测型的 FSR，需要定义相应的安全状态和 FTTI。如果在可接受的时间内不能过渡到安全状态，应该定义紧急运行及紧急运行时间间隔（EOTTI）。

4）FSR 需要分配到系统架构中相应的组成要素，作为 FSC 的一部分。

解读 上面提到的 FSR 的内容框架看似复杂，其实 FSR 本质上是需求。通常由主机厂从整车角度对相关项提出安全要求，围绕安全目标探讨系统层面如何满足这些要求。这些安全要求更偏向功能性描述，此阶段不需要考虑具体实现的问题，但强调安全功能的闭环，如"VCU 应正确获取加速踏板行程"。至于如何正确获取或使用何种方式获取，可以在零部件层级进行分析导出。

Q：说了这么多，FSR 到底该如何导出？有没有什么可操作的方法？

2.8.3 节已谈到如何编写需求，安全需求的导出需要经过安全分析，就像最初通过 HARA 方法得到 SG 一样，从 SG 到 FSR 也需要经过一番安全分析。

标准关于 FSR 的导出提到以下一条备注。

NOTE This activity can be supported by safety analyses (e.g. FMEA, FTA, HAZOP) in order to develop a complete set of effective functional safety requirements.

（参考 ISO 26262-3: 2018, 7.4.2.4）

解读 FSR 的导出可以通过安全分析方法（例如 FMEA、FTA 或 HAZOP）实现。FMEA 和 FTA 是 ISO 26262 以及其他可靠性相关标准推荐的分析方法。其中，FMEA（Failure Mode and

Effects Analysis，失效模式与影响分析）和 FTA（Fault Tree Analysis，故障树分析）是功能安全开发中最常用的两种安全分析方法。

- **FMEA**：典型的归纳分析法，用于定性分析，所有 ASIL 等级的功能都推荐实施。这是一种自下而上，从原因到结果的分析方法，即从潜在的故障原因出发，分析可能的危害结果，专注于单一故障因素。
- **FTA**：典型的演绎分析方法，可用于定性和定量分析，推荐在 ASIL C 及以上的功能中实施，是一种自上而下，从结果到原因的分析方法，即从危害结果或事件，分析可能导致其产生的原因。

这两种方法具有一定的互补性，在需求分解的过程中采用哪种方法没有绝对的答案，具体取决于组织的开发流程定义及其成熟度。如果可能，建议同时实施这两种方法。

对于从 SG 到 FSR 导出，FTA 方法可能会比较合适，因为 SG 是顶层的安全要求，而 FTA 是从顶层事件出发逐层导出故障原因。流程和分析逻辑上与从 SG 到 FSR 比较契合。

这两种分析方法将在第 10 章至第 13 章系统地分享给大家。

3.5.3 什么是 FSC

2.8.5 节提到过 FSC 包含 FSR，而且还定义了不同 FSR 的交互关系、需求的一些描述性信息以及 FSR 如何分配到架构要素，即 FSC 把 FSR 和架构的关系进行了对应。

标准对于 FSC 的总体要求如下。

To comply with the safety goals, the functional safety concept contains safety measures, including the safety mechanisms, to be implemented in the item's architectural elements and specified in the functional safety requirements.

（参考 ISO 26262-3: 2018, 7.2）

解读 简单来说，FSC 包含了 FSR 及其分配到架构要素中的信息，涉及初始的安全架构设计，还包括 FSR 与 SG 的追溯信息，同时定义了从 FSR 识别出的安全措施，以及对交通参与者和与相关项目有信息交互的其他系统设计的要求。所有这些信息构成了 FSR 在相关项系统层级如何实现安全目标（SG）的解决方案。

Q：上述要求提到的安全措施，与安全机制有何区别？

根据上方的提示，FSC 内容框架可以概括性地表示如图 3-10 所示。

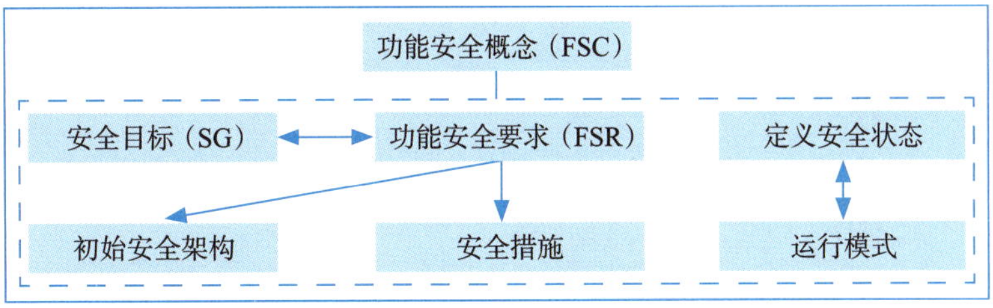

图 3-10　FSC 内容框架

关于 FTTI（故障容错时间间隔），可以通过仿真计算、实际测试等方式得到。实际操作过程中，如果计算不具备可操作性，可以先按照最坏情况预估一个值，然后对典型的危害事件模拟危害场景进行试车测试，根据测试结果与预先定义的确认准则来判断预估的 FTTI 值是否合理，最终以实测数据进行适当调整。

关于安全状态，在 1.3.2 节中提到，安全状态是一种运行模式，是在失效发生后的一种安全运行模式。对于定义安全状态，需根据相关项的具体功能特性、潜在危害及系统的运行模式来确定。安全状态可以是在发生失效时于规定时间内进入的关闭、锁定、车辆静止并保持或功能降级等运行模式。

将 FSR 分配到架构是架构设计中的一个关键步骤。需求是对功能的细化，功能需要通过架构中的各个组成要素来实现。因此，分配过程实际上是对设计本身的验证，因为你需要明确哪些模块承载哪些需求，从而实现相应的功能，这也是实现双向可追溯的过程之一。如果将需求分配给了错误或不合适的模块，最终在下游的功能实现中必然会出现问题。

至于 FSC 应该以什么文档形式呈现，标准没有特别要求。无论是用 Excel 还是 Word，只要能满足标准对输出物的要求，用什么形式输出由组织自行决定。

3.6　本章小结

本章从 HARA 方法谈起，详细描述如何通过 HARA 方法得到安全目标，然后谈到如何从 SG 得到 FSR。概念阶段是功能安全需求追溯链的起点，包括 SG 和 FSR，两者是需求上下游的关系，最终都要体现在 FSC 中。

第 4 章

功能安全之系统开发

在完成相关项的功能安全概念设计之后,接下来要进入零部件层面的系统开发,将整车层面的功能安全要求分解为零部件层面的系统安全要求 [即 TSR],以便进行系统阶段的功能安全设计。系统阶段是一个承上启下的关键阶段,既要承接上游的功能安全要求,又要传递给下游做进一步的需求分解。因此,系统阶段的功能安全设计质量将直接影响项目对于安全目标的符合性。本章将从功能安全系统阶段的开发模型开始,学习功能安全系统阶段的开发流程,在此基础上,逐步分享功能安全系统阶段的标准要求、对应输出物、相关输出物的作用及要点,希望能给各位带来一些思考和参考。

4.1 系统层面开发模型概览

收到概念阶段的 FSR 后,接下来就是开展产品系统层面的开发与设计。图 4-1 展示了 V 模型中系统层面的开发参考模型。

该开发参考模型的基本活动如下。

☐ 在系统设计过程中建立系统架构,将技术安全要求分配给硬件和软件,并且如果采用了其他技术作为安全措施,也可分配给其他技术。

- 细化技术安全要求，并补充系统架构中的相关要求，包括软硬件接口要求。
- 根据架构的复杂性，可以逐步提出子系统设计的要求。完成子系统的开发后，进行硬件和软件要素的集成和测试以形成一个相关项，然后将该相关项集成到整车中。
- 一旦在整车层面完成了系统集成，需要进行安全确认，以提供与安全目标相关的功能安全证据。

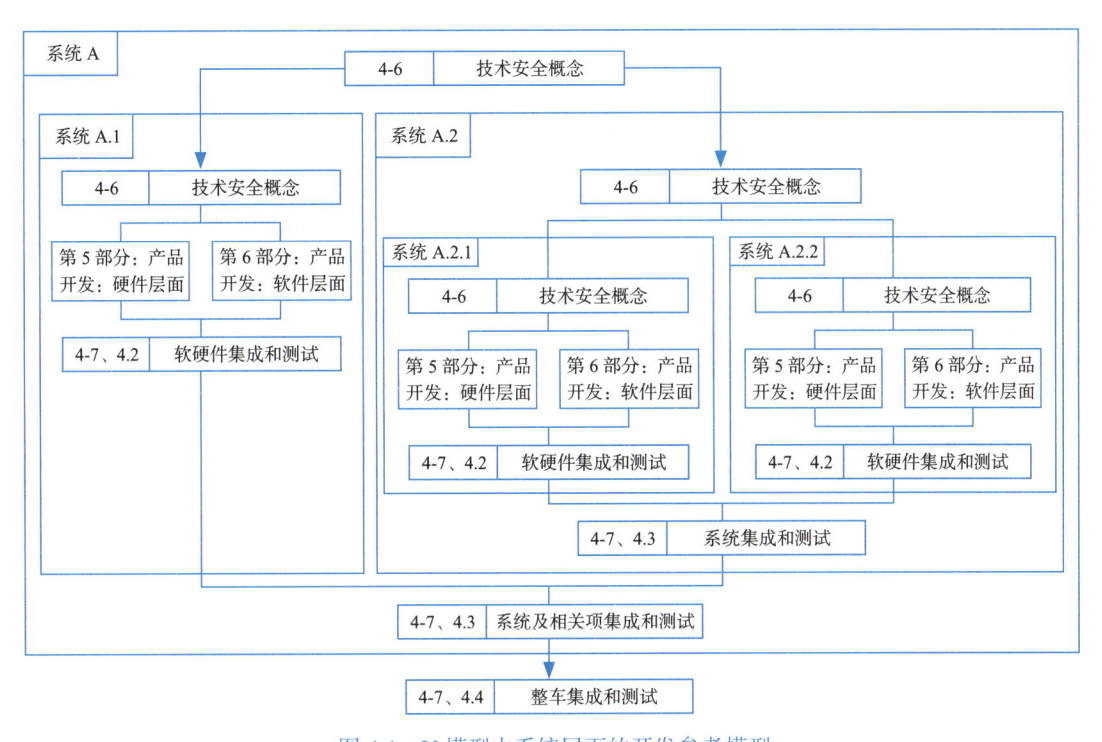

图 4-1 V模型中系统层面的开发参考模型

说到这里，再回顾一下"系统"一词的概念，对照概念检查你所在组织的产品对应的系统是怎么样的。

在1.3.2节中，我们已介绍过电子电气系统的概念，并讨论过系统构成的三要素。

系统指由至少一个传感器、一个控制器和一个执行器组成并相互关联的一组要素。

注1：相关的传感器或执行器可以存在于系统中，也可以存在于系统外。

注2：系统中的要素也可能是其他系统。

图4-2展示了相关项、系统和组件的关系。

图 4-2 相关项、系统和组件的关系

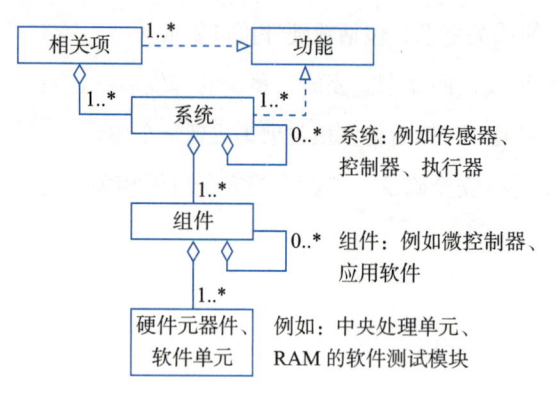

◁ 一个实例是由另一个实例实现的（例如，一个功能或功能的一部分是由一个相关项来实现的）

◇ 集合：一个实例中有一组其他实例（例如，一个系统中有一组组件）

系统：例如传感器、控制器、执行器

组件：例如微控制器、应用软件

例如：中央处理单元、RAM 的软件测试模块

由定义可知，系统的规模可大可小，这取决于所开发的产品在终端集成产品中的层级。例如，如果你是整车制造商，那么整车本身就是一个系统；如果你是零部件供应商，如发动机或电池包，那么所开发的产品本身就是一个系统，而下游零部件层级的系统可以是整车系统的子系统，也可以是其组成要素。

4.2 系统层面功能安全开发的考虑

关于常见电子电气系统的组成，标准中提供了一个包含各组成要素的系统抽象模型，如图 4-3 所示。

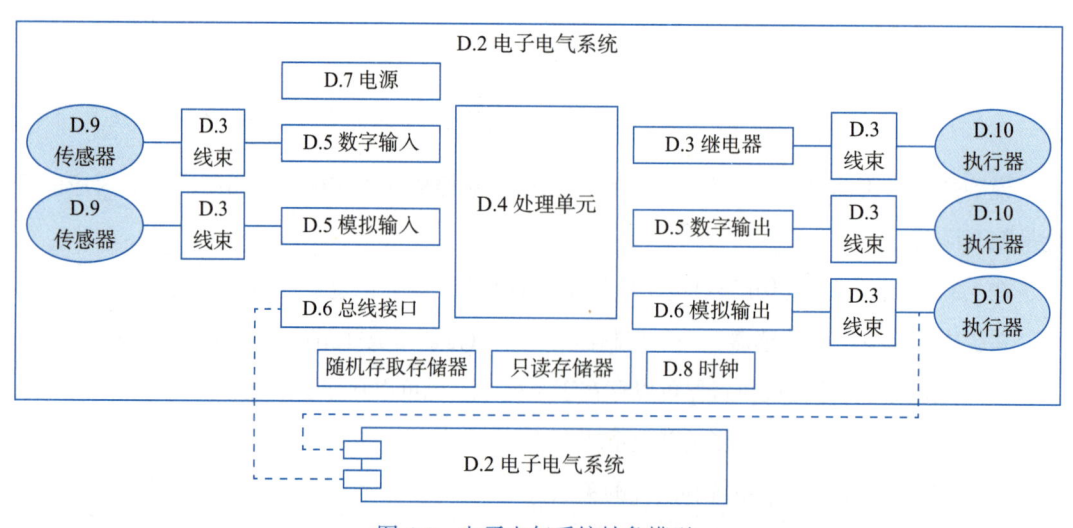

图 4-3 电子电气系统抽象模型

Q：从系统的角度来看，功能安全的开发需要考虑哪些方面？

结合图 4-3 电子电气系统抽象模型，系统的功能安全开发需要考虑以下方面。
- 如何检测传感器失效。
- 通信失效怎么检测。
- 如何检测处理器失效。
- 如何选择算法。
- 如何检测执行器失效。
- 如何提升系统的容错、纠错和错误处理能力。
- 安全的系统架构。
- 冗余设计。
- 软、硬件诊断。
- 单点和潜在故障。
- 怎样的系统设计符合功能安全要求。

可以从以下方面评估开发产品系统的功能安全要求的满足情况。
- 所在系统层面的安全要求符合 TSR、FSR 和 SG。
- 故障处理机制符合 TSC 要求。
- 系统层面的失效都有安全机制进行覆盖。
- 通信、供电、接口。
- 时间、精度。
- 硬件随机失效。

4.3 技术安全概念设计基本要点

标准对于技术安全概念（TSC）要实现的目的描述如下。

a）为实现系统要素和接口的功能、关联、约束和属性；

b）为实现系统要素和接口中即将实施的安全机制；

c）为实现系统及相关要素在生产、运营、服务和报废过程中的功能安全相关要求；

d）在系统层面验证技术安全要求是否符合并一致于功能安全要求；

e）制定满足安全要求且不与非安全相关要求冲突的系统架构设计和技术安全方案；

f）分析系统架构设计，以防故障发生，并导出针对生产和服务所需的安全相关特殊特性；

g）验证系统架构设计和 TSC 是否满足相应 ASIL 等级的安全要求。

（参考 ISO 26262-4: 2018, 6.1）

从上述描述可以概括出以下 TSC 设计的基本要点。

- 导出 TSR，这些要求可以从系统组成要素的功能、要素间的接口、功能相关性、设计约束以及 POSD（生产、运营、服务和报废）等方面分析得出。
- 识别和定义安全机制，这些机制本身将成为 TSR 的一部分。
- 系统的架构设计将考虑安全和非安全的要求。
- 针对系统设计进行分析和验证。

针对以上总结的 TSC 设计要点，下面摘录了 TSR 的相关描述，可据此了解 TSC 中的 TSR 内容。

1. TSR

标准原文 The technical safety requirements shall be specified in **accordance with the functional safety concept and the system architectural design** of the item considering the following:

a) the **safety-related dependencies and constraints** of items, systems and their elements;

b) the **external interfaces** of the system, if applicable;

c) the configurability of the system.

（参考 ISO 26262-4: 2018, 6.4.1.1）

The technical safety requirements shall specify the **stimulus response** of the system that affects the achievement of safety requirements. This includes the **combinations of relevant stimuli and failures** with each relevant operating mode and defined system state.

（参考 ISO 26262-4: 2018, 6.4.1.2）

If **other functions or requirements** are implemented by the system or its elements, in addition to those functions for which technical safety requirements are specified, then these functions or requirements **shall be specified** or their specification referenced.

（参考 ISO 26262-4: 2018, 6.4.1.3）

Technical safety and non-safety requirements **shall not contradict**.

（参考 ISO 26262-4: 2018, 6.4.1.4）

解读 以上是标准对于 TSR 提出的应考虑的方面，包括对上游的追溯性，如上面第一条提到的 TSR 应根据 FSC 和相关项的系统架构来定义并考虑系统及其组成要素间的相关项和约束、外部接口要求、系统可配置性要求；系统的应激响应，这其实就是故障诊断相关要求的一部分；其他标准或法规的要求，比如车载激光雷达的功能安全符合性除了要满足 ISO 26262 和 GB/T 34590 要求外，还应满足激光设备相关的一些标准/法规要求。除此之外，虽然功能安全的设计关注的是相关项的安全属性，但不能抛开基础设计要求而去谈安全要求的符合性，即功能安全开发要同时满足功能安全和非功能安全要求且应互不冲突。

2. 安全机制

TSR 应定义安全机制，以检测故障并防止或减轻出现在系统输出端的违反功能安全要求的失效，具体内容如下。

a）与系统故障的检测、指示和控制相关的安全机制。

b）涉及检测、指示和控制对本系统有相互影响的其他外部要素中所发生故障的安全机制。

c）使系统实现或维持在安全状态的安全机制。

d）定义并实施报警和降级策略的安全机制。

e）防止故障演变为潜在故障的安全机制。

（参见 ISO 26262-4:2018, 6.4.2.1）

解读 标准定义了安全机制应考虑的方面。概括来说，安全机制分为预防型和探测/控制型，用于探测、防止和减轻故障可能导致的危害。这些故障既涉及系统本身的，也涉及与系统相关的其他技术和外部措施对应的要素的。

这里关于安全机制的来源，大家在实践过程中会有疑惑。标准的描述是"TSR 应定义安全机制"，那么是先有 TSR 还是先有安全机制呢？

其实，没有谁先谁后的问题。安全机制本身就是安全需求，只不过在导出 TSR 后，会对安全机制进行识别。在软件和硬件层级也会有相似的过程。从这一点来看，似乎是 TSR 在前，安全机制在后。但当你进行安全分析时，识别出系统的一些措施作为安全机制，然后将这些机制导出成为 TSR，这看起来是不是正好相反了呢？

4.4 系统层面的架构设计

功能安全的系统架构设计通常是指系统的安全架构设计，这种设计是在实现基本功能的非安全架构的基础上，额外考虑安全相关要求后完成的，即在系统架构设计中同时考虑功能安全和非功能安全的要求。

架构设计是一门艺术，这里先简要梳理标准对系统架构设计的要求，后续章节将深入探讨功能安全的系统架构设计。

标准中对于系统架构设计有哪些要求？部分参考如下。

标准原文 The system architectural design in this sub-phase **and** the technical safety concept shall be based on the item definition, functional safety concept and the prior system architectural design.

（参考 ISO 26262-4: 2018, 6.4.3.1）

The consistency of the system architectural design in ISO 26262-3:2018, 7.3.1 and the system architectural design in this sub-phase shall be checked. If discrepancies are identified, an iteration of the activities described in ISO 26262-3:2018 may be necessary.

（参考 ISO 26262-4: 2018, 6.4.3.2）

The system architectural design shall implement the technical safety requirements.

（参考 ISO 26262-4: 2018, 6.4.3.3）

The internal and external interfaces of safety-related elements shall be defined such that other elements shall not have adverse safety-related effects on the safety-related elements.

（参考 ISO 26262-4: 2018, 6.4.3.5）

解读 标准中对于系统架构设计的前面两条要求体现了系统开发阶段与概念阶段相关活动的可追溯性和一致性要求，即系统开发阶段的设计要基于相关项、功能安全概念和概念阶段的系统架构来实施，这是可追溯性要求的体现，并需要检查系统开发阶段的架构设计与概念阶段的系统架构设计的一致性，这是架构设计一致性要求的体现。标准还要求系统架构设计要用于实施 TSR，且要定义好系统架构中各组成要求间的内外部接口要求。概括来讲，系统架构设计包括系统架构中组成要素的描述（静态）、要素间交互信息（内外部接口）的描述（动态），以及 TSR 到系统架构要素的分配信息。

Q：从以上标准条款描述及提示，不知道大家有没有注意到系统架构设计要实施 TSR，

但 TSC 里的安全架构也是要实施 TSR，那么系统架构设计和 TSC 是什么关系？

在系统架构设计过程中，为了降低系统性失效的可能性，标准还推荐应用值得信赖的系统设计原则，比如复用一些标准组件（硬件、软件）、复用类似已大规模量产产品的失效检测机制，以及复用经过市场检验的设计经验教训等。

系统架构设计活动结束后，我们需要通过一定的分析来验证其是否满足完整性、一致性和可追溯性的要求。

标准推荐在系统开发阶段使用两种常用的分析方法，即演绎分析和归纳分析，如表 4-1 所示。

表 4-1 系统架构设计分析方法

	方法	ASIL 等级			
		A	B	C	D
1	演绎分析	o	+	++	++
2	归纳分析	++	++	++	++

下面摘录了标准中关于系统开发阶段实施安全分析的要求及其意图的部分描述。

标准原文 Safety analyses on the system architectural design shall be performed in accordance with Table 1 and ISO 26262-9:2018, Clause 8 in order to:

— provide evidence for the suitability of the system design to provide the specified safety-related functions and properties with respect to the ASIL;

— identify the causes of failures and the effects of faults;

— identify or confirm the safety-related system elements and interfaces;

— support the design specification and verify the effectiveness of the safety mechanisms based on identified causes of faults and the effects of failures.

The purpose of these analyses is **to assist in the design**. Therefore at this stage, qualitative analysis is sufficient. Quantitative analysis can be performed if necessary.

The analysis is **conducted at the level of detail** necessary to identify causes and effects of random hardware failures and systematic failures.

（参考 ISO 26262-4: 2018, 6.4.4.1）

解读 从以上关于安全分析的描述可见，表 4-1 中的演绎分析法和归纳分析法适用于不同开发阶段（系统、硬件、软件），可以用于识别随机硬件失效和系统性失效的原因与影响。这些分析辅助支持对应层级的设计，并验证设计规范中提出的相关安全机制。此处说明了分析是验证设计的一种方式。

安全分析是功能安全的必修课，贯穿于功能安全整个生命周期的安全活动中。

4.5 软硬件接口规范

软硬件接口（Hardware Software Interface，HSI）规范是硬件与软件设计人员沟通的"桥梁"，通常由硬件设计人员编写。

但为什么标准在系统开发阶段就提出了 HSI 规范输出物？

系统开发阶段的需求需要发布给软硬件进行进一步分解，HSI 规范需要与系统开发阶段的设计保持一致，以便在下游软硬件设计阶段进行细化时确保一致性。

关于这点，请先查阅标准的相关要求，部分描述如下。

标准原文 The HSI is refined during hardware development (see ISO 26262-5:2018, Clause 6) and during software development.

（参考 ISO 26262-4: 2018, 6.4.7.4）

The specification of the HSI is **initiated** during the sub-phase "Technical safety concept". The HSI specification is **refined** as development continues through the hardware and software development.

（参考 ISO 26262-4: 2018, Annex B.1）

解读 从上述标准描述可以看出，HSI 规范在系统开发阶段就要开始创建，典型的内部的一些诊断相关信息要与 TSC 的要求保持一致，然后在硬件、软件开发阶段对 HSI 规范进行进一步的细化。这种描述理论上是非常科学的，但实际操作过程中常常是在硬件阶段一步到位，直接输出细化的 HSI 规范。

关于 HSI 规范在系统开发、硬件、软件阶段的关系可以参考图 4-4。

从图 4-4 可以看出，HSI 规范从系统开发阶段便开始构建，在硬件、软件层面进行细化。同时，它也是系统、硬件、软件阶段实施测试验证的输入之一。可以说，HSI 规范既承上启下，又连接软硬件，足见其功能性和重要性。

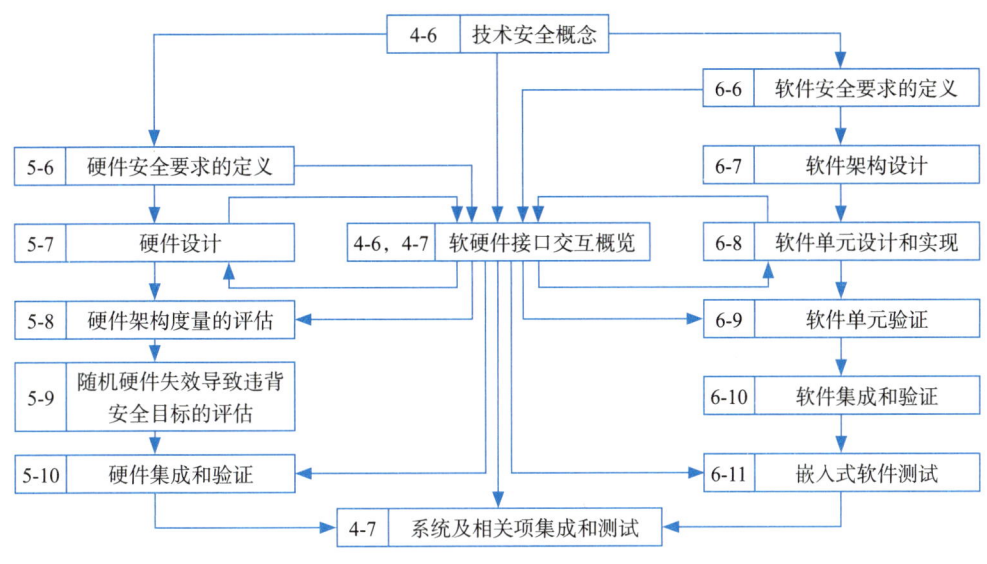

```
                    ┌─────────────────────────┐
                    │ 4-6 │  技术安全概念      │
                    └─────────────────────────┘
                                              ┌──────────────────────────┐
                                              │ 6-6 │ 软件安全要求的定义 │
                                              └──────────────────────────┘
┌──────────────────────────┐                  ┌──────────────────────────┐
│ 5-6 │ 硬件安全要求的定义 │                  │ 6-7 │ 软件架构设计        │
└──────────────────────────┘                  └──────────────────────────┘
┌──────────────────────────┐ ┌──────────────────────────┐ ┌──────────────────────────┐
│ 5-7 │ 硬件设计            │ │4-6, 4-7│软硬件接口交互概览│ │ 6-8 │ 软件单元设计和实现 │
└──────────────────────────┘ └──────────────────────────┘ └──────────────────────────┘
┌──────────────────────────┐                  ┌──────────────────────────┐
│ 5-8 │ 硬件架构度量的评估 │                  │ 6-9 │ 软件单元验证        │
└──────────────────────────┘                  └──────────────────────────┘
┌──────────────────────────┐                  ┌──────────────────────────┐
│ 5-9 │ 随机硬件失效导致违背│                 │ 6-10│ 软件集成和验证      │
│     │ 安全目标的评估     │                  └──────────────────────────┘
└──────────────────────────┘                  ┌──────────────────────────┐
┌──────────────────────────┐                  │ 6-11│ 嵌入式软件测试      │
│ 5-10│ 硬件集成和验证     │                  └──────────────────────────┘
└──────────────────────────┘
                    ┌─────────────────────────────┐
                    │ 4-7 │ 系统及相关项集成和测试│
                    └─────────────────────────────┘
```

图 4-4 HSI 规范交互概览

下面摘录了标准对于 HSI 规范相关要求的描述，可以通过此了解 HSI 规范输出物的作用。

标准原文 The HSI specification shall **specify the hardware and software interaction** and be consistent with the technical safety concept. The HSI specification shall include the component's hardware parts that are controlled by software and hardware resources that support the execution of the software.

（参考 ISO 26262-4: 2018, 6.4.7.1）

The relevant diagnostic capabilities of the hardware, and their use by the software, shall be specified in the HSI specification:

a) the **hardware diagnostic features** shall be defined;

b) the diagnostic features concerning the hardware, **to be implemented in software**, shall be defined.

（参考 ISO 26262-4: 2018, 6.4.7.3）

(解读) 从以上要求可以看出，HSI 规范需要清楚描述硬件和软件之间需要交互的信息，以及软件使用硬件的信号和硬件提供的诊断设施，这些设施诊断需要通过软件来实现其诊断功能。例如，对于某个电源模块输出的 5V 及其诊断信号 5V_DET，硬件需要清楚描述这个 5V 信号对应的硬件接口、初始状态、所在寄存器的信息、对应时序以及诊断信号 5V_DET 的相关信息，如 5V_DET 的信号接口（输出）、诊断接口（输入）、诊断逻辑（误差范围）等。这些信息即标准提到的 HSI 规范中的特性。

图 4-5 所示为 HSI 规范示例。

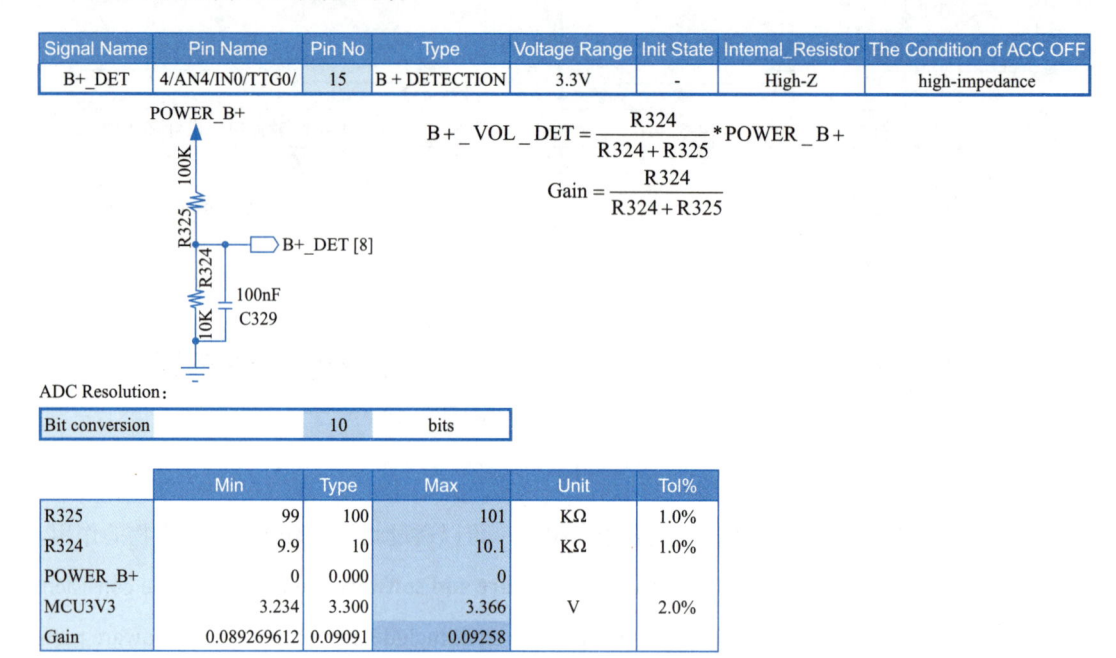

Signal Name	Pin Name	Pin No	Type	Voltage Range	Init State	Internal_Resistor	The Condition of ACC OFF
B+_DET	4/AN4/IN0/TTG0/	15	B + DETECTION	3.3V	-	High-Z	high-impedance

$$B+\_VOL\_DET = \frac{R324}{R324+R325} * POWER\_B+$$

$$Gain = \frac{R324}{R324+R325}$$

ADC Resolution：

Bit conversion	10	bits

	Min	Type	Max	Unit	Tol%
R325	99	100	101	KΩ	1.0%
R324	9.9	10	10.1	KΩ	1.0%
POWER_B+	0	0.000	0		
MCU3V3	3.234	3.300	3.366	V	2.0%
Gain	0.089269612	0.09091	0.09258		

图 4-5　HSI 规范示例

关于 HSI 规范特性要求，标准原文如下。

The HSI specification shall include the following characteristics:

a) the relevant operating modes of the hardware devices and the relevant configuration parameters;

b) the hardware features that ensure the independence between elements or that support software partitioning;

c) shared and exclusive use of hardware resources;

d) the access mechanism to hardware devices;

e) the timing constraints derived from the technical safety concept.

（参考 ISO 26262-4: 2018, 6.4.7.2）

解读 硬件设备的运行模式通常包括正常模式、初始化模式和调试模式等，这些在相关硬件的数据手册中有所说明。硬件的配置参数（如增益控制和系统时钟频率等）需要根据相关硬件的数据手册在 HSI 规范中详细记录。硬件的访问机制则包括主从模式、串行和并行传输、DMA 等。

表 4-2 是基于标准提供的一个内部输入信号相关 HSI 规范特性信息示例。

表 4-2 HSI 规范特性信息示例

描述	硬件标识符	软件标识符	通道1	通道2	多路转换器通道1	多路转换器通道2	数据类型硬件接口	地址通道1	地址通道2	单位	接口类型	注解	值域	精度（值域的百分比）
输入														
输入1	IN_1	IN_1	X		4		U16	0x8000		v	模拟-内部	模拟输入1	0～5	0.50%

HSI 规范的质量能够侧面反映组织的硬件团队对设计的硬件是否充足了解。因为 HSI 规范不仅是与软件前期开发沟通的桥梁，还为后期软硬件集成测试提供了软硬件间**技术依赖**的测试依据。

4.6 安全验证与确认

验证（Verification）和确认（Validation）两个概念想必大家经常听到，功能安全中习惯将两者简称为"V&V"，由于这两个术语在概念上有些区别，其对应的实际活动也有些差异，这里我们做简单的介绍和辨析。2.6 节介绍过验证的基本概念和实施方式，这里将结合确认再探讨一遍。

4.6.1 验证

标准原文 The objective of verification is to ensure that the work products comply with their requirements.（参考 ISO 26262-8: 2018, 9.1）

解读 验证的目的是检查并确保工作成果满足对应的需求和要求。从这一点来看，验证这项活动将贯穿于产品开发的始终。例如，原理图、PCB 的评审、设计规范的评审和检查、测试规范的评审、测试用例的评审等，产品开发过程中的所有输出物都需要有一个对应的验证过程。由于过程输出物具备不同的特征，因此对应的验证手段也是多样的，例如评审、仿真、分析、测试等都是验证手段。

标准在系统开发阶段提到的验证方法如表 4-3 所示。

表 4-3　系统开发阶段的验证方法

方法		ASIL 等级			
		A	B	C	D
1a	检查 [a]	+	++	++	++
1b	走查 [a]	++	+	o	o
2a	仿真 [b]	+	+	++	++
2b	系统原型和车辆测试 [b]	+	+	++	++
3	系统架构设计分析 [c]	见表 1			

[a] 表示方法 1a 和 1b 用于检查要求是否得到完整和正确的实施
[b] 表示 2a 和 2b 可以作为故障注入测试的有利方法，以支持系统架构设计中关于故障方面的完整性和正确性的论证
[c] 表示对于如何实施安全分析，见 GB/T 34590.9-2022 第 8 章

4.6.2　确认

标准原文 safety validation: assurance, based on examination and tests, that the safety goals are adequate and have been achieved with a sufficient level of integrity.

（参考 ISO 26262-1: 2018, 3.148）

解读 上述是标准关于安全确认的定义。由于安全是产品最终要达成的目的，因此从该定义可以看出，确认的目的是确保产品达成其功能 / 性能目标。

总结来看，验证与确认的区别如下。

1）**验证**：是否正确地设计 / 制作了产品。

验证需要检查产品开发过程中的设计是否满足规定的要求。例如，激光雷达（LiDAR）的某条设计需求为"LiDAR 应在电机转速稳定后控制启动激光发射"，那么该需求的验证需要检验电机转速和激光发射是否符合特定的关系。

2）**确认**：设计 / 制作产品是否正确。

正确的产品是相对于客户需求而言的，即确认产品最终是否满足客户的预期。例如，激光雷达的一条功能性能要求为"200m@10% 的反射率能输出稳定的点云数据"。对于这样的

需求确认，不需要关注如何设计才能使激光雷达达到 200m@10% 的性能，只需要关注雷达能否检测到 200m 处反射率为 10% 的物体。

4.6.3　系统验证和确认要求

标准中关于系统开发阶段相关验证的要求如下。

The technical safety requirements shall be verified in accordance with ISO 26262-8:2018, Clauses 6 and 9, to provide evidence for their **correctness, completeness, and consistency** with respect to the given boundary conditions of the system.

（参考 ISO 26262-4: 2018, 6.4.9.1）

The system architectural design, the hardware-software interface (HSI) specification and the specification of requirements for production, operation, service and decommissioning and the technical safety concept **shall be verified** using the verification methods listed in Table 2 to provide evidence that the following objectives are achieved:

a) they are **suitable and adequate to achieve** the required level of functional safety according to the relevant ASIL;

b) there is **consistency between** the system architectural design and the technical safety concept;

c) validity of and compliance with system architectural designs of prior development steps.

（参考 ISO 26262-4: 2018, 6.4.9.2）

解读 TSR、系统架构设计、HSI、TSC 中定义的要求，需求与架构之间的一致性，TSR 对上游需求的追溯性和满足性都需要使用表 4-3 中提到的验证方法进行验证。这些验证活动都需要形成报告（作为实施验证活动的证据），以便进行审核。

Q：标准中提到的 HSI 验证，具体要测试什么？你们组织是否对 HSI 进行过验证？

标准中关于安全确认（Safety Validation）的目的如下。

to provide evidence that the safety goals are achieved by the item when being integrated into the respective vehicle(s);

to provide evidence that the functional safety concept and the technical safety concept are appropriate for achieving functional safety for the item.

（参考 ISO 26262-4: 2018, 8.1）

The safety validation of the integrated item in representative vehicle(s) aims to provide evidence of appropriateness for the intended use and aims to confirm the adequacy of the safety measures for a class or set of vehicles. Safety validation provides assurance that the safety goals have been achieved, based on examination and test.

（参考 ISO 26262-4: 2018, 8.2）

解读 对于系统层面的安全确认，标准要求在整车层面进行验证，即在将相关项集成到目标车辆后，确认安全目标是否达成。这包括确认车辆在特定场景下的可控性、安全措施的有效性、外部措施的有效性，以及其他技术部件的有效性。例如，在碰撞测试中，确认安全气囊能否及时弹出，或在车辆以 80km/h 的速度驶向前方 60m 处障碍物的场景下，检查 AEB 是否能够按规定要求刹停车辆以免撞上障碍物。如果 AEB 启动后仍撞上障碍物，而系统需求中将车辆保险杠列为外部措施，则需确认撞击时保险杠作为相关系统外部措施的有效性。

Q：标准提到的都是将相关项集成到整车后实施安全确认，那么零部件是否可以实施安全确认，又是如何实施安全确认的？

4.7 本章小结

本章结合标准的要求系统地介绍了功能安全在系统层面的设计考量。可以说，在系统开发阶段功能安全设计活动的质量对功能安全目标达成与否起到了决定性的作用。为什么这么讲呢？

首先，系统层面的设计相当于为下游的硬件、软件规划了安全设计的方向，即为相关项的功能安全做好了顶层设计，因此其质量的好坏直接影响到下游设计对安全的符合性。其次，很多诊断在底层实现起来非常困难，或者说需要消耗大量资源，此时在系统层面覆盖相关故障不失为一种折中的办法，在一定程度上平衡了成本和效益。

第 5 章 Chapter 5

功能安全之硬件开发

第 4 章系统地介绍了 ISO 26262 对于系统开发阶段的功能安全相关要求，本章将进入功能安全硬件部分（参考 ISO 26262 或 GB/T 34590 第 5 部分）的落地经验分享，谈谈 ISO 26262 对于功能安全在硬件部分开发的流程及技术要求。

功能安全系统开发完成之后，接下来硬件和软件将对系统的安全需求做进一步分解实现。接下来将从以下几个方面讨论功能安全硬件开发的标准要求及设计要点。

1）功能安全硬件开发模型。
2）功能安全硬件开发中的常见问题。
3）如何编写硬件安全要求。
4）功能安全的硬件设计方法。
5）硬件架构度量分析。
6）硬件设计的验证。

5.1 功能安全硬件开发模型

根据产品开发 V 模型，完成系统设计的相关活动后，我们需要将系统设计的输出物（需求、架构）交付给下游的硬件和软件团队。硬件和软件团队根据系统需求和架构进一步分解出相应层级的需求,并进行相应的设计。

图 5-1 展示了满足标准要求的硬件开发参考模型。

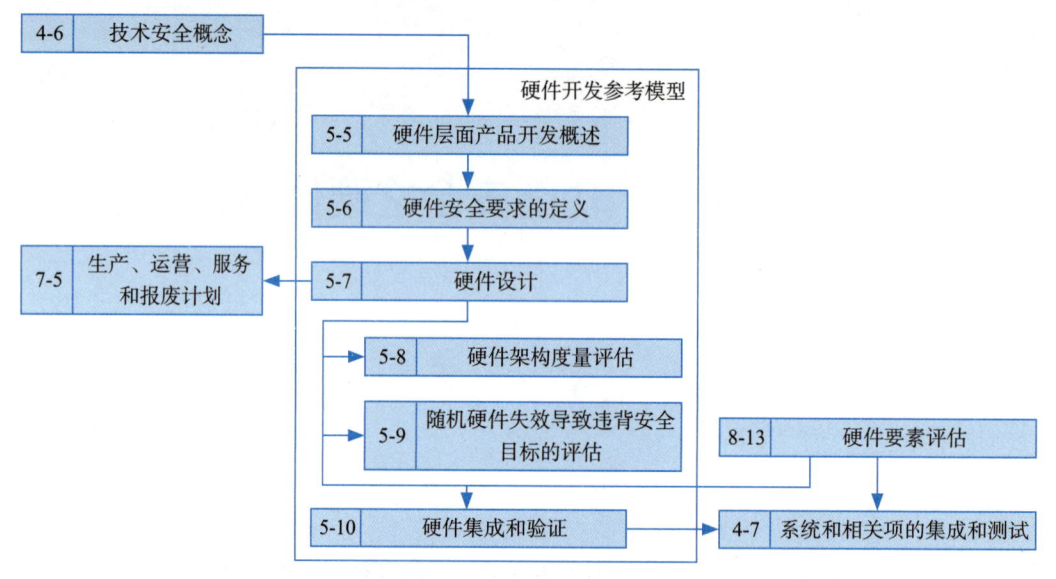

```
┌─────────────────────────┐
│ 4-6   技术安全概念        │
└─────────────────────────┘
          │
          ▼      硬件开发参考模型
      ┌───────────────────────────┐
      │ 5-5  硬件层面产品开发概述   │
      └───────────────────────────┘
          │
      ┌───────────────────────────┐
      │ 5-6  硬件安全要求的定义     │
      └───────────────────────────┘
          │
┌──────────────┐  ┌───────────────────────┐
│ 7-5 生产、运营、│  │ 5-7  硬件设计          │
│ 服务和报废计划 │  └───────────────────────┘
└──────────────┘          │
      ┌───────────────────────────┐
      │ 5-8  硬件架构度量评估       │
      └───────────────────────────┘
          │
      ┌───────────────────────────┐   ┌──────────────────────┐
      │ 5-9  随机硬件失效导致违背   │   │ 8-13  硬件要素评估    │
      │      安全目标的评估          │   └──────────────────────┘
      └───────────────────────────┘
          │
      ┌───────────────────────────┐   ┌──────────────────────────┐
      │ 5-10 硬件集成和验证         │   │ 4-7 系统和相关项的集成和测试│
      └───────────────────────────┘   └──────────────────────────┘
```

图 5-1 硬件开发参考模型

硬件开发的必要活动和流程包括技术安全概念的硬件实现、分析潜在的硬件故障及其影响,以及与软件开发的协调。

5.2 功能安全硬件开发中的常见问题

在讲解标准的相关要求前,先给大家列举一些功能安全硬件开发过程中常见的问题。各位可以带着这些问题进行思考,也可以检视自己所在的组织在硬件部分的安全设计工作是否能够覆盖这些问题。

Q1: 硬件架构设计与系统架构设计有何不同?

Q2: 常规硬件架构设计与功能安全硬件架构设计有何不同?

Q3: 硬件的需求规范和 HSR 规范是什么关系?一定要分开成两份文档吗?

Q4: 硬件安全需求应该怎么编写?需要详细到什么程度?为什么很多硬件安全需求的描

述看起来和系统安全需求相似？

Q5: 既然硬件安全需求已经分配到了硬件架构设计中，那么是否需进一步对硬件需求进行分解以分配给硬件详细设计？

Q6: HSI 规范该怎么编写？ HSI 规范该怎么验证？

Q7: 功能安全在硬件阶段进行的 FMEA 与我们常听到的 DFMEA 有什么不同？

Q8: FMEDA 和硬件 FMEA 有什么不同？ FMEDA 的作用究竟是什么？除了为了计算标准要求的几个度量指标，FMEDA 的实际意义是什么呢？

Q9: 功能安全的硬件设计与非功能安全的硬件设计到底有何不同？

Q10: 硬件组件鉴定该如何进行？

Q11: 通常，除了一些自带诊断功能的芯片（如 SoC）是带 ASIL 等级认证的，其他器件基本都是不带 ASIL 等级认证的，那硬件设计该如何满足安全的要求？

Q12: 现有硬件已经量产，如果要进行功能安全设计但现有设计又不能满足一些硬性要求，该怎么办？

虽然 ISO 26262 没有像软件阶段的开发模型那样将硬件阶段的开发模型描述为一个 V 模型的图例，但从图 5-1 中可以看出，标准中关于硬件阶段的开发流程也是基于 V 模型的，如图 5-2 所示。

概括地说，硬件开发的主要任务是思考如何实现以下几方面内容。

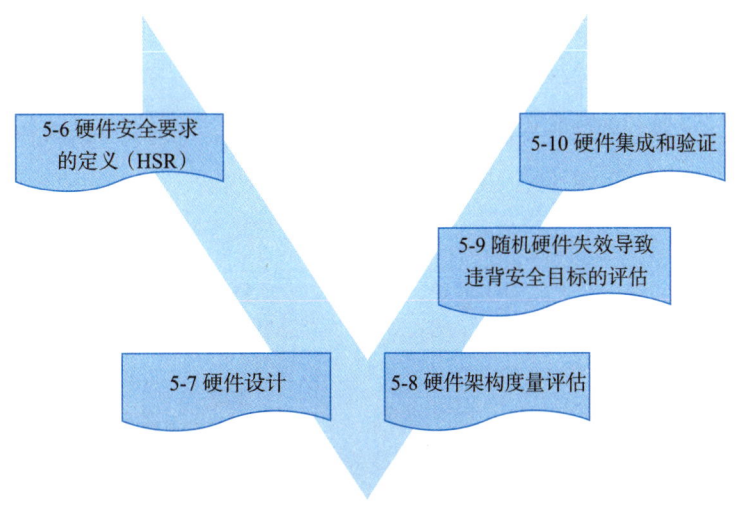

图 5-2 功能安全之硬件开发 V 模型

1）硬件如何实现 TSC 释放的安全需求，即如何确保硬件安全需求的实现。
2）定性和定量分析硬件失效及其影响，并采取措施来控制影响。
3）硬件应如何与软件进行协作。
4）如何验证硬件设计的正确性、完整性和一致性。

下面将结合标准要求，对硬件开发的主要事项逐一进行讲解。

5.3 硬件安全要求

系统设计过程中，得到的技术安全要求将分配给硬件和软件。对于既分配给硬件又分配给软件的要求，需要进一步划分出仅对硬件的安全要求并考虑设计限制及这些限制对硬件的影响，对硬件安全要求进一步细化。

5.3.1 目的

定义硬件安全要求（HSR）的目的如下。
1）细化最初在 ISO 26262-4:2018 第 6.4.7 节中定义的软硬件接口规范。
2）验证硬件安全要求及软硬件接口规范与技术安全概念及系统架构设计规范的一致性。

Q：从以上关于定义 HSR 目的的描述中，你是否看出了 HSR 的需求分解来源？

5.3.2 输入输出关系

根据硬件开发参考模型，HSR 的输入是系统的安全需求和架构设计，因此，HSR 的输入输出关系见图 5-3。

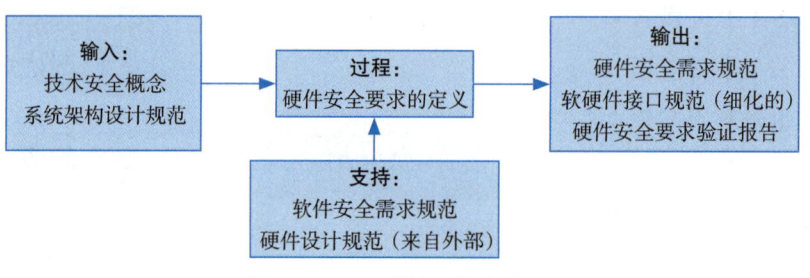

图 5-3 HSR 的输入输出关系

5.3.3 如何定义 HSR

Q：HSR 从何而来，去向哪里？

2.8 节提到 ISO 26262 的 V 模型左边有条需求追溯链，即 SG → FSR → TSR → HSR/SSR。因此从结构上可以清晰地知道 HSR 源自技术安全要求和系统设计规范，可以理解为 HSR 是系统开发阶段设计的 TSC 在硬件层面的具体实施。

既然是对硬件的安全要求，因此 HSR 主要用于实施安全机制的硬件相关部分，例如电源监控、看门狗和安全开关。

HSR 应包括哪些内容以及在流程上要满足什么要求，可以参考标准第五部分的 6.4 节内容。概括地说，HSR 在流程和技术上应包含的内容如下。

- 内部失效检测机制，例如内部过电压检测机制。
- 外部失效控制和容错机制，如外部供电短路保护机制。
- 满足其他要素安全要求的机制，例如传感器或执行器的诊断机制。
- 为探测内外部失效并发送与失效相关的硬件安全要求和安全机制，如防止故障潜伏的安全机制。
- 硬件鲁棒性设计要求，如 EMC 和降额设计等。
- 硬件架构度量指标要求。
- 每条硬件安全要求的验证准则。
- 需求可追溯性。
- 需求基本属性：唯一标识符、ASIL、状态。
- 硬件层面 HSI 的进一步细化，并形成硬件需求。

以上是标准对于 HSR 的要求。从结果上看，大家都能明白，关键是如何导出 HSR。

在实践中，HSR 可从系统设计相关的数据中导出，具体如下。

- 分配给硬件架构要素的 TSR，识别 TSR 中硬件部分的职责。
- 系统架构设计，包括 HSI 规范。HSI 规范应基于硬件设计意图进一步细化并形成需求。
- 系统级 FTA 的结果，即单点故障和双点故障的割集分析，将分析中确定的单点故障及双点故障的相关基本事件放到硬件层面，考虑如何在设计上进行避免和控制。
- 系统级 FMEA 的结果，即将分配给硬件架构要素要实施的措施用要求语言描述出来，并将其作为硬件安全要求的一部分。

除了系统层面的数据作为 HSR 提取的来源，基于硬件设计本身的验证分析（如 HW FMEA、HW FTA 等）也是 HSR 的来源之一，如图 5-4 所示。

通常，安全相关需求都需要经过一番分析后得出，硬件安全相关的需求也不例外。硬件相关的安全分析是支持和验证这一分解过程的重要活动。

下面回顾标准提到的一个示例，基于此示例来思考 HSR 应如何分解和表述。

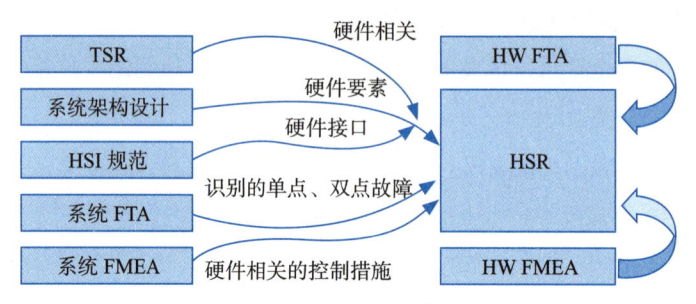

图 5-4　HSR 提取来源

5.3.4　硬件安全要求的导出示例

本示例中相关项的定义大致如下。

相关项中带有一个执行器，驾驶员通过使用仪表板上的开关来触发此执行器。执行器在车速为零时提供舒适功能，但是在车速超过 15km/h 时被激活，且可能导致危害。

该相关项的初始架构如图 5-5 所示。

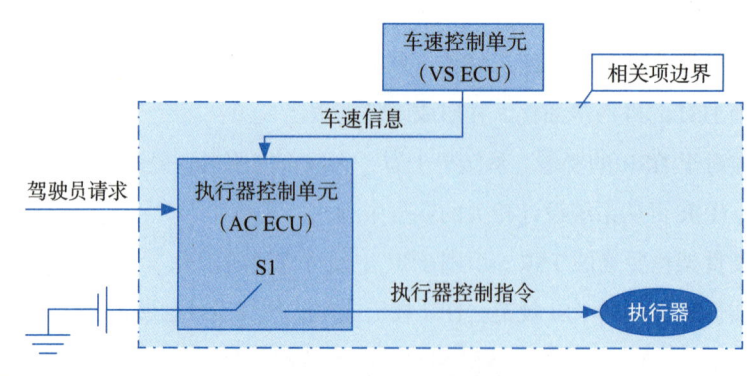

图 5-5　相关项的初始架构

❑ AC ECU（Actuator Control ECU，执行器控制 ECU）用于读取仪表板开关的输入（即驾驶员请求），该 ECU 通过一根专门的电源线为执行器供电。

- VS ECU（Vehicle Speed ECU，即车速 ECU）用于为相关项提供车速信息。假定此 ECU 能满足 ASIL C 的要求，提供车速信息。

根据相关项定义并分析后，得出安全目标 01（SG01）：避免在车速超过 15km/h 时激活执行器。[ASIL C]

结合相关项定义及初始架构，可得出以下安全要求。

SR01：当车速 ≥ 15km/h 时，不论是否存在驾驶员请求，AC ECU 都不应给执行器供电。[ASIL C]

对该需求进一步分解并分配到架构中的要素的信息如表 5-1 所示。

表 5-1 HSR 导出示例_需求分配 1

REQ ID	REQ 描述	ASIL	分配单元
SR01_01	VS ECU 应发出准确的车速信息给 AC ECU	ASIL C	VS ECU
SR01_02	当车速 ≥ 15km/h 时，AC ECU 不能给执行器供电	ASIL C	AC ECU
SR01_03	执行器只有在得到 AC ECU 的供电之后才能被激活	ASIL C	执行器

上方分解得到的需求需要分配给硬件和软件，进一步分解出在硬件层面和软件层面的需求。根据该相关项的定义，上方 SR01_01 是分配给外部 ECU 的需求，当相关项本身与该 ECU 没有更多接口交互时，不需要对该需求做进一步分解。

SR01_02 需要 AC ECU 与 VS ECU 通信获取速度信息后，在软件中进行逻辑判断并发出相关控制指令。因此，如果进一步将这条需求按照硬件和软件层面进行分解的话，基于现有信息大致可以分解到表 5-2 所示的需求。

表 5-2 HSR 导出示例_需求分解 2

REQ ID	REQ 描述	ASIL	分配单元
SR01_02	当车速 ≥ 15km/h 时，AC ECU 不能给执行器供电	ASIL C	AC ECU
SR01_02-01	AC ECU 与 VS ECU 之间应通过 CAN 总线进行车速信息传输，通信应实施 E2E 保护	ASIL C	AC ECU
SR01_02-02	当车速 ≥ 15km/h 时，AC ECU 不能发出执行器激活指令（Actuator_ON）	ASIL C	AC ECU_μC
SR01_02-03	AC ECU 的 CAN 收发模块应进行 ESD 防护和抗干扰设计	ASIL C	AC ECU_CAN
SR01_02-04	AC ECU 的 CAN 收发模块的供电电压应被监控	ASIL C	AC ECU_CAN
SR01_03	执行器只有在得到 AC ECU 的供电之后才能被激活	ASIL C	执行器
SR01_03-01	当执行器收到的输入信号电平大于一定值时，应在规定时间内激活	ASIL C	执行器

(续)

REQ ID	REQ 描述	ASIL	分配单元
SR01_03-02	执行器应具备回采电路，并将回采信号输入给 AC ECU_μC 的信号采集端口	ASIL C	执行器
SR01_03-03	AC ECU_μC 应检测执行器的回采信号，以诊断执行器控制指令与执行器动作的完整性	ASIL C	AC ECU_μC

注：以上分解仅基于示例相关项信息进行，不能代表完整的信息。

上文对 SR01_02 和 SR01_03 在相关零部件层级做了进一步分解，可以看到此时将需求进一步分解到了 AC ECU 的组成要素，如 AC ECU_μC、AC ECU_CAN。

Q：不知道大家是否注意到分解得到的 SR01_02-03、SR01_03-01、SR01_03-02 这几条需求的描述对于硬件需求语言的强化？如果要继续完善需求的"由谁实现"（Implemented by）这一属性的信息，这些需求又该由硬件（HW）、软件（SW）、硬件加软件（HW+SW）中的谁来实现呢？

从系统需求分解为硬件需求和软件需求的过程中，除了要确保需求的颗粒度、完整性、一致性外，还有一个很重要的问题——**需求的"边界感"**。

比如系统层面需求中的"Implemented by"这一属性大部分是 HW+SW，理论上由硬件同事分解出的硬件需求自然应该由 HW 来实现，但很多情况下，硬件同事编写的需求过于详细，以至于模糊了与系统需求的边界，尽管在颗粒度上看起来更细致。

比如下面这种 HSR 的写法。

HSR_001：AC ECU 的 5V 电源模块应具备输出电压检测电路，当输出电压高于 5.5V 时，报告过电压故障；低于 4.5V 时，报告欠电压故障，并使系统进入安全状态。

这条需求的前半部分对于硬件来说是中规中矩的，但后半部分如果写在硬件相关的需求中就显得有些"越界"了，后半部分写在 HSI 规范中比较合适。对这条 HSR 进行适当的修改：

HSR_001：AC ECU 的 5V 电源模块应具备输出电压检测电路，该检测电路应满足 ±10% 的设计误差。

至于何时上报故障、如何上报故障，以及如何进入安全状态等问题，如果某些部分需要硬件提供相关信息，应在 HSI 规范中详细写明；其他属于软件的职责，则应由软件从系统需求中分解出相应的需求。

解读 对硬件需求（包括安全和非安全）的描述应专注于硬件的功能，即从硬件的角度，用需求语言描述硬件的能力、任务和实现方式。硬件通常是从系统中分离出来的**基础设施**，其绝大部分需求应从硬件能够提供什么、需要提供什么、需要满足什么的角度进行组织和描述。

当然，硬件安全需求除了依据上游的 TSR 基于设计意图进行分解得到部分，大部分情况下还需要通过安全分析来导出。

上方示例对于需求分解只是示意性说明，并未包含相关安全分析的过程，更多是为了说明硬件需求应该具备哪些"特质/特征"。

其实，编写需求并不是一件容易的事。在功能安全整个生命周期中，始终都在与需求打交道。除了根据设计意图和上游需求进行需求分解外，要真正全面地提取需求而不通过一些结构化分析方法来辅助，对绝大多数人来说都是有难度的。

有需求分析和编写经验的人都知道，如果上游需求颗粒度较粗，并且组织缺乏相应的过程技术资产供参考，仅靠盯着需求来撰写，会发现即使绞尽脑汁也难以提出多少有效的需求。这时，结构化的安全分析方法可以为你的需求分解提供思路，也能缓解那种绞尽脑汁却难以提出像样需求的"无力感"。

5.4 硬件设计

硬件需求规范完成后，接下来进入硬件设计环节，将需求分配给相应的硬件设计要素。

5.4.1 目的

1）功能安全的硬件设计应考虑并满足以下几方面。

- ❑ 支持硬件阶段的安全分析。
- ❑ 考虑了硬件安全分析结果。
- ❑ 满足硬件安全要求。
- ❑ 满足 HSI 规范。
- ❑ **符合系统架构设计规范。**
- ❑ 满足要求的硬件设计特性。

2）定义在生产、运营、服务和报废期间的硬件功能安全要求，并提供相关信息。

3）验证硬件设计是否满足 HSR 和 HSI 规范要求；验证假设的有效性，此假设用于开发集成在已开发硬件中的每个 SEooC；评估安全相关特殊特性的适用性，以确保在生产和服务期间实现功能安全。

Q：以上提到的硬件安全设计中"符合系统架构设计规范"的要求该如何理解？各位在实践或审核过程中是如何体现硬件设计对系统架构设计规范的符合性的呢？

5.4.2 输入输出关系

根据硬件开发参考模型，硬件需求分析完成之后需将需求分配于硬件的设计活动中。除了硬件需求，系统架构设计也作为硬件设计的输入。关于硬件设计输入输出关系可参考图 5-6。

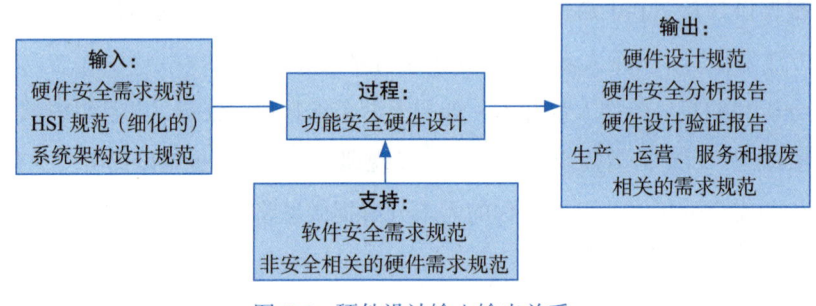

图 5-6　硬件设计输入输出关系

5.4.3 硬件设计过程

功能安全之硬件设计是在常规硬件设计的基础上考虑安全要求的设计。在功能安全的开发流程中，硬件阶段的 V 模型将功能安全和非功能安全的要求合并在一起考虑。

因此，HSR 是否要独立于常规硬件需求规范单独输出并没有强制要求，可以并行输出两份文件，也可以单独输出一份硬件需求规范，只要这份需求规范中包含了可识别的 HSR 即可。这可以根据组织定义的功能安全开发、管理流程来确定输出形式。

不论项目是否涉及功能安全，基于 V 模型的硬件设计通常都包括**硬件架构设计和硬件详细设计**。硬件架构设计展示所有硬件组件及其相互关系。硬件详细设计则在电子电气原理图层面展示构成硬件组件的元器件间的相互连接。

关于硬件架构设计和硬件详细设计的输出物是分开输出还是合并在一份硬件设计文件中，类似于硬件功能安全和非功能安全需求的处理方式。标准在内容结构上对两者有单独要求，但对于满足两者内容要求的形式，标准并不强制要求。因此，组织可以按照适合自己的方式进行硬件架构设计和硬件详细设计输出，只要能够满足标准要求即可。

5.4.3.1 硬件架构设计

1. 硬件架构设计要求

硬件架构设计是硬件层面的高层设计，先来学习标准对硬件架构设计的要求。下面摘录了标准对硬件架构设计的部分要求。(参考 ISO 26262-5: 2018, 7.4.1)

1) 硬件架构应能够实现 HSR。

2) HSR 应分配到相应的硬件架构要素中，每个硬件架构要素都应根据分配给它的所有要求中最高的 ASIL 等级进行开发。

3) 在硬件架构设计中，如果对硬件安全要求应用了 ASIL 等级分解，则分解应满足独立性的要求。

4) 如果一个硬件要素由低于所分配 ASIL 等级或没有 ASIL 等级的子要素组成，除非满足要素共存准则，否则应按照最高的 ASIL 等级处理每个子要素。

5) 应建立 HSR 和硬件架构要素之间的可追溯性，这种追溯关系应保持在硬件组件级别，即硬件功能模块级别。

6) 应建立 HSR 和硬件架构设计要素之间的可追溯性，这种追溯关系应能追溯到硬件组件的最底层。

7) 为避免系统性故障，硬件架构设计应具备以下特性。

a) 模块化，如电源滤波电路、温度探测电路等内部标准化的电路模块。

b) 适当的粒度。

c) 简单。

解读 标准对第 7 条中"适当的"一词的解释是"架构在详细程度上体现必要的信息，以展示安全机制的有效性"。标准用语往往比较抽象，具体如何理解并在硬件架构层级实现"在详细程度上体现必要的信息"没有标准答案，但可以确定的一点是，从架构层面需要能呈现出基本的诊断信息。具体要呈现哪些信息，这需要组织结合工程开发经验并通过分析得到。

具体硬件架构设计应满足的原则参见表 5-3。

硬件架构设计基于系统设计规范（需求、架构）在硬件层面进行，通常用硬件框图表示。硬件架构应显示所有硬件组件（如供电模块、处理单元、通信模块、输出级等）及其接口，硬件需求（功能安全＋非功能安全）应分配到架构设计的构成模块中。

表 5-3 硬件架构设计原则

原则		ASIL 等级			
		A	B	C	D
1	分层设计	+	+	+	+
2	安全相关硬件组件的精确定义接口	++	++	++	++
3	避免不必要的接口复杂性	+	+	+	+
4	避免不必要的硬件组件复杂性	+	+	+	+
5	可维护性（服务）	+	+	++	++
6	可测试性	+	+	++	++

可测试性包括开发、生产、服务和运营过程中的可测试性

基于以上标准对硬件架构设计的要求，接下来结合示例理解如何在架构的详细程度上体现关键信息，希望能为大家提供一些参考。

2. 硬件架构——电源监控示例

电源监控的目的是：尽快检测和控制输入电流/电压值或输出电流/电压值的异常，具体监控输入端、输出端，或是两端一起监控，可以通过分析确定。

图 5-7 是硬件架构设计过程中的电源监控示例，当检测到电流/电压值错误时，系统将关断电源输出以进入安全状态。

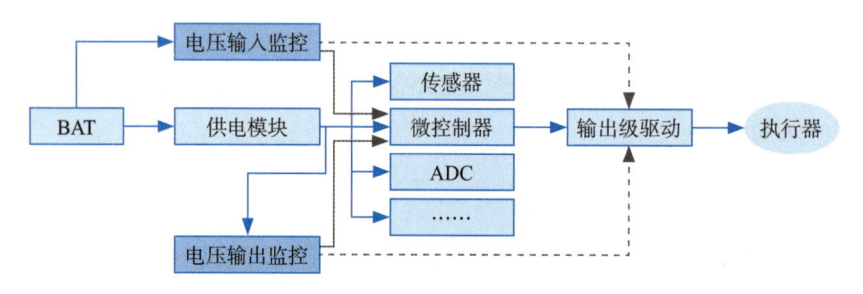

图 5-7 硬件架构设计过程中的电源监控示例

Q：电源的错误信号包括哪些？标准对于供电模块的诊断技术有何要求？

电源的错误信号对应于电源的失效模式。常见的电源失效模式包括过电压、欠电压、漂移和抖动。标准对于使用何种诊断技术没有具体要求，无论是诊断电压还是诊断电流，只要能诊断到相关的失效模式都可以。标准对于所实施的诊断措施能覆盖相关功能模块多少种失效模式有一个诊断覆盖率/范围（Diagnostic Coverage，DC）的概念。

电源失效模式及对应的诊断覆盖率的说明参见图 5-8。

要素	参考表格	分析的失效模式
电源	D.7 电源	漂移和抖动 欠电压和过电压
安全机制 / 措施	见技术概览	可实现的典型诊断覆盖率
电压或者电流控制（输入）	D.2.6.1	低
电压或者电流控制（输出）	D.2.6.2	高

图 5-8　电源失效模式及对应的诊断覆盖率

3. 硬件架构——处理器双核锁步架构示例

目前，主流通过功能安全认证的微控制器芯片都采用了双核锁步架构设计。双核锁步一般是处理器"安全岛"概念的一部分，是一种 1oo1D 架构模型，既可以用于检测处理器硬件的故障，也可以用于检测在 CPU 上运行指令的故障。

处理器的双核锁步架构示意图参考图 5-9。

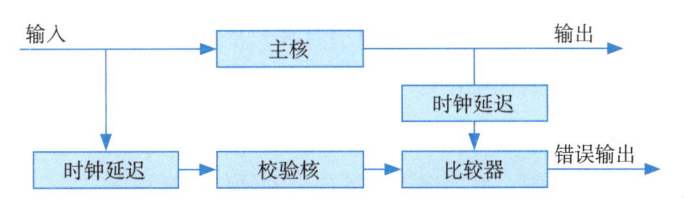

图 5-9　处理器的双核锁步架构示意图

双核锁步架构的处理器一般具有以下特征。

☐ 检测 CPU 中的硬件故障。

☐ 两个核都在同一个芯片上实现，是一种片上冗余架构。

☐ 同一软件在两个核上以同步模式运行。

由于双核锁步架构属于片上冗余架构，因此为了减少相关故障的影响，通常采取以下措施，如图 5-10 所示。

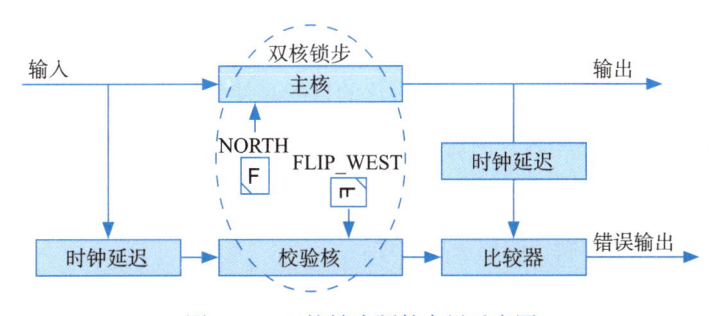

图 5-10　双核锁步硬件布局示意图

- 一个核相对于另一个核运行延迟（例如2个时钟周期，一个输入延迟，另一个输出延迟），以保证同步。
- 物理核心硬件在空间上是隔离的。
- 每个核都被一个等电位环包围。
- 一个核相对于另一个核在物理结构上翻转并旋转90°。
- 在比较单元中对两条核心输出线进行比较。
- 如果检测到差异，则发出错误警报。

5.4.3.2 硬件详细设计

Q：功能安全的硬件详细设计要关注哪些内容？硬件详细设计涉及哪些活动？是不是就是画原理图？

同样地，先来看看标准对于硬件详细设计有什么要求。（参考 ISO 26262-5: 2018, 7.4.2）

1）当硬件设计活动开展到详细设计阶段时，需将架构设计的组成要素进一步分解到硬件组件级，例如电阻、电容、运算放大器、ADC 等。详细设计最终以电路图的形式呈现。

2）应采用鲁棒性设计原则，例如保守设计规范和硬件设计指南。

3）需要考虑硬件元器件失效的**非功能性原因**，例如温度、EMI、串扰、振动、水、灰尘、噪声，以及来自其他硬件元器件或其所在环境的串扰等因素。

4）为了避免常见的设计缺陷，硬件详细设计过程中应运用相关的总结经验。

5）应考虑硬件元器件或硬件组件的任务剖面和运行条件，以确保硬件元器件或硬件组件在其规格范围内运行，避免其因预期使用而发生失效。

6）其他在硬件详细设计过程中产生的典型文件包括物料清单（BOM）、PCB 布局和组装文件、FCT 说明文件等。

其实，基于平台化设计是实施功能安全开发的优秀实践方式。对于硬件的功能安全开发，通常也是先采用大而全的平台化设计。平台化的目的是使设计模块化、规范化，以便应对客户不同变种的需求。根据不同客户的需求进行配置管理，只需针对差异项进行增量或新开发即可，从而缩短开发周期、节省成本，同时提高产品质量，如图 5-11 所示。

可以从以下几方面考虑硬件的模块化设计。

- 可重复使用的硬件电路模块应在平台级别创建，以提高客户应用程序变体的灵活性，并减少设计工作量。

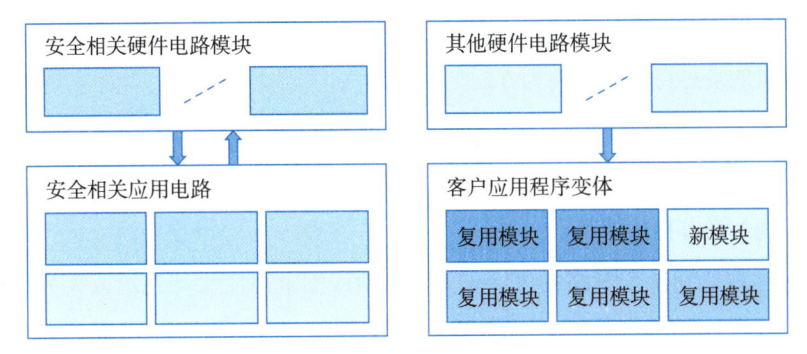

图 5-11 硬件模块化设计示意图

- 将安全要求和非安全要求一同考虑，并将硬件安全要求分配给与安全相关的组件。
- 安全相关硬件电路模块应根据 ISO 26262 在平台参考设计中进行设计、验证、集成和测试。
- 其他硬件电路模块的设计应遵循标准流程。
- 客户应用程序变体应尽可能多地重用平台构建块库中的组件。这些组件的设计和功能测试文件可以在安全情况下重复使用，但必须进行集成测试。
- 在开始设计客户应用程序变体之前，必须进行影响分析，以评估哪些组件和相关安全案例文件可以重复使用，哪些活动仍然需要进行。

Q：标准对功能安全的硬件详细设计的要求并不多，且未提及 HSR 与硬件详细设计之间的追溯关系。大家在实践过程中对此是否有疑惑？

关于此，请回到开篇预留的问题：

Q：既然硬件需求已经分配到硬件架构设计中，那么是否需进一步对硬件需求进行分解以分配给硬件详细设计？

这是一个有趣的问题。为什么这么说呢？这和需求的颗粒度话题或多或少有些关系。在实践过程中，不少开发工程师可能发现他们拿到的硬件需求并不足以指导硬件详细设计，而在内部或外部相关培训时，接收到的关于硬件需求写法的信息可能大部分是这样的：硬件需求（功能安全/非功能安全）的描述越详细越好，最好可以直接用于指导设计。

当工程师接收到这样的信息后,问题就来了。比如,出于工程师严谨的工程思维,他们拿到这样的一条硬件需求:碰撞检测电路应提供两路碰撞信号,并且碰撞信号幅度应大于1.5A,碰撞信号的最短持续时间应为 0.5～0.9ms。

从描述来看,这条需求符合前文提到的硬件需求语言的特征,提供给工程师的信息也非常明确。但工程师觉得这条需求更多地传递了对应模块硬件设计需要满足的特性及参数,但具体该如何实现并没有描述清楚。

将需求描述细化到某个电路的设计,例如碰撞检测电路应设计几级放大、准确捕获碰撞信号的电路、需要使用什么样的器件等,在硬件需求编写阶段是很难做到的。具体电路设计对应的描述更多是对已完成的硬件电路的解释,硬件需求更多是在硬件架构层面描述硬件应做什么、如何做、需要满足的特性和限制等,至于如何实现这些需求,这是开发工程师需要思考的,而且实现方式也多种多样,不能奢求功能安全工程师将需求写到器件级别,这没有意义!

回到问题,实际上标准已经给出了答案,参见下方标准的描述:

The traceability between hardware safety requirements and hardware architectural design elements shall be established down to the lowest level of hardware components.

NOTE The traceability of hardware safety requirements is **not required down to the hardware detailed design**. No hardware safety requirements are allocated to hardware parts that cannot be divided into sub-parts. For example, it is **neither meaningful nor beneficial** to try to establish hardware traceability down to each capacitor and resistor, etc.

(参考 ISO 26262-5: 2018, 7.4.1.5)

解读 如果必须在硬件详细设计中进行需求分配,可以将每个电路模块的具体设计描述及分析计算(如为什么要在此处添加一个 TVS 管、选用多大放大倍数的运算放大器、选择这两个电阻的参数有什么要求等)作为硬件详细设计需求并进行编号。但最终这些需求还是分配给硬件组件,只不过这些需求描述的颗粒度达到了硬件部件级别。这类硬件详细设计需求更多是对硬件电路的解释和分析验证论据,是一种通过"反向迭代设计"得到的需求。

5.4.4 硬件层面的 HSI 规范

4.5 节曾介绍过 HSI 规范的目的和要求。HSI 规范是硬件和软件团队之间实现设计沟通的桥梁,通常由硬件设计人员输出。标准要求在系统开发阶段开始建立 HSI 规范,并在硬件和软件层面进一步细化。本节将硬件部分关于 HSI 规范的要求单独介绍，作为 4.5 节的一个补充。

关于 HSI 在系统开发、硬件、软件阶段的交互概览可以参考图 4-4。

系统开发阶段的需求需要及时释放给软硬件进行进一步分解，HSI 规范需要与系统开发阶段的设计保持一致，以便在后续的软硬件设计阶段进行细化时保证一致。

标准中在硬件部分的 HSI 要求如下。

The HSI specification initiated in ISO 26262-4:2018, 6.4.7, shall be refined sufficiently to allow for the correct control and usage of the hardware by the software and shall describe each safety-related dependency between hardware and software.

（参考 ISO 26262-5: 2018, 6.4.10）

The persons responsible for hardware and software development shall be jointly responsible for the verification of the adequacy of the refined HSI specification.

（参考 ISO 26262-5: 2018, 6.4.11）

解读 从上述标准的描述可以看出，硬件层面的 HSI 是系统层面 HSI 的进一步细化。硬件层面的 HSI 规范需要充分描述软件将使用的硬件相关资源，以便软件能够正确控制和使用这些硬件资源。由于 HSI 规范是硬件和软件之间交互的接口文件，所以两者都需要对 HSI 进行追溯和验证。

5.5 硬件安全分析

功能安全的硬件安全分析包括定性分析和定量分析两种方式。定性分析常用的有以 FMEA 为代表的归纳分析和以 FTA 为代表的演绎分析。定量分析可以采用定量 FMEA 和 FTA 方法进行。定量 FMEA 在 ISO 26262 中有一个专有名词——FMEDA。

FMEDA 在 FMEA 的基础上加入了诊断分析，并引入诊断覆盖率的概念，用于定量分析硬件架构是否满足相应的安全完整性度量指标。

下面先介绍标准对硬件设计安全分析的要求。

1）硬件设计的安全分析应通过表 5-4 的两种硬件设计安全分析方法进行，以识别原因和故障的影响。

（参考 ISO 26262-5: 2018, 7.4.3.1）

表 5-4　硬件设计安全分析方法

方法		ASIL 等级			
		A	B	C	D
1	FTA	o	+	++	++
2	FMEA	++	++	++	++

注：分析的详细程度与设计的详细程度相对应。在某些情况下，两种方法都可在不同的细节层面上执行
示例：FMEA 是在硬件组件层面上完成的，提供了在更高抽象层面上执行的 FTA 的基本事件

FMEA 或 FTA 结果可以作为是否考虑了故障预防/探测措施的证据，这也是标准提到安全分析可以用于支持并验证硬件设计的原因。

Q：说到 FMEA，大家可能会问硬件阶段的 FMEA 和系统开发阶段的 FMEA 有什么不一样？对于功能安全来说，这两类 FMEA 一定要分开执行吗？硬件阶段的 FMEA 该分析到硬件的什么级别，功能模块还是器件级别？

2）如果适用，应对硬件设计进行相关失效分析，提供证据证明设计中的硬件要素与其独立性要求相符合。

（参考 ISO 26262-5: 2018, 7.4.3.5）

解读 关于这条要求，很多人有一个疑问：什么叫"如果适用"？如何界定适不适用？大家关心这个问题，是因为这涉及在什么情况下要做硬件的相关失效分析（DFA）。可能也是因为这个原因，很多工程师在面对客户或第三方审核时，经常听到的问题是是否做了硬件相关失效分析，而他们的回复是：硬件没有进行分解，因此 DFA 对我们不适用。对此，你怎么看？

3）如果硬件设计引入了新危害，且这些危害没有被现有的 HARA 报告覆盖，则应按照 ISO 26262-8:2018, Clause 8 中的变更管理流程对其进行引入和评估。

（参考 ISO 26262-5: 2018, 7.4.3.6）

对于定量 FMEA，标准重点介绍了 FMEDA 这种分析方法，要求通过 FMEDA 方法识别不同故障类型（如安全故障、单点故障、多点故障等），同时需通过分析检查硬件设计是否具备相关安全机制，以防止或减轻识别出的单点故障、多点故障所导致的危害。相关要求如下。

1）对于 ASIL B、ASIL C 和 ASIL D 等级的安全目标，针对每个相关的硬件组件或元器件，安全分析应识别以下故障：

a）安全故障；

b）单点故障或残余故障；

c）多点故障（可感知的、可探测的或潜在的故障）。

（参考 ISO 26262-5: 2018, 7.4.3.2）

2）对于 ASIL A、ASIL B、ASIL C 和 ASIL D 等级的安全目标，需实施安全机制，以防单点故障或减少残余故障的有效性证据。为此，应具备证据以证明安全机制能够实现和保持安全状态的能力，尤其是在容错时间间隔和最大故障处理时间间隔内具备适当的失效减轻能力；应评估残余故障的诊断覆盖率。

（参考 ISO 26262-5: 2018, 7.4.3.3）

3）对于 ASIL A、ASIL B、ASIL C 和 ASIL D 等级的安全目标。应具备证据以证明安全机制在可接受的多点故障探测时间间隔内完成潜在故障的失效探测，并实现或保持安全状态及警示驾驶员的能力，以确定哪些故障保持潜伏，哪些故障可被探测到；应评估潜在故障的诊断覆盖率。

（参考 ISO 26262-5: 2018, 7.4.3.4）

解读 从以上标准条款可以看出，FMEDA 适用于 ASIL C 等级以上的安全目标，ASIL B 等级可以理解为推荐执行，但在实践过程中基本会对 ASIL B 等级的目标实施 FMEDA 方法，大概是因为 ASIL B 处于中等安全完整性等级。相较于定性的 FMEA，FMEDA 方法的层级更深入，直接到了部件级别。随机硬件故障是由部件失效引起的，通过分析部件级别的失效及其分类，检查当前设计在架构层面是否有对应的措施应对。因此，FMEDA 本质上也是验证和支持设计。

在介绍 FMEDA 这种分析方法之前，先了解该分析方法涉及的一些术语及概念。

5.5.1 硬件故障的类型及相关定义

在讲硬件的故障类型之前，有必要先了解一下故障、失效、错误这些概念，这有助于更好地理解硬件失效模式的定义。

- **故障**：引起要素或相关项失效的异常情况。
- **失效**：故障导致要素或相关项预期行为的中止。
- **错误**：计算的、观测的、测量的值或条件与真实的、规定的、理论上正确的值或条件之间的差异。

故障在其他一些领域的功能安全标准中也翻译为"缺陷"。按照定义，故障是引起失效的异常情况，这意味着故障发生在失效之前。例如，电源输出端某一滤波电容短路（故障）导致该电源输出失效。错误有时也翻译为"差错"，表征的是实际值与预期值之间的差异，往往是经过一番处理后得到的值与期望值之间的差异。

所以，故障也可能引起错误，比如电源输出端的分压电阻阻值发生了漂移（故障）导致对应的分压值也发生了比例变化（错误）。在不同的系统层级，故障、错误、失效都有可能存在，它们之间存在一定的转换关系。在不同系统层级，故障、错误、失效之间的转换关系参见图 5-12。

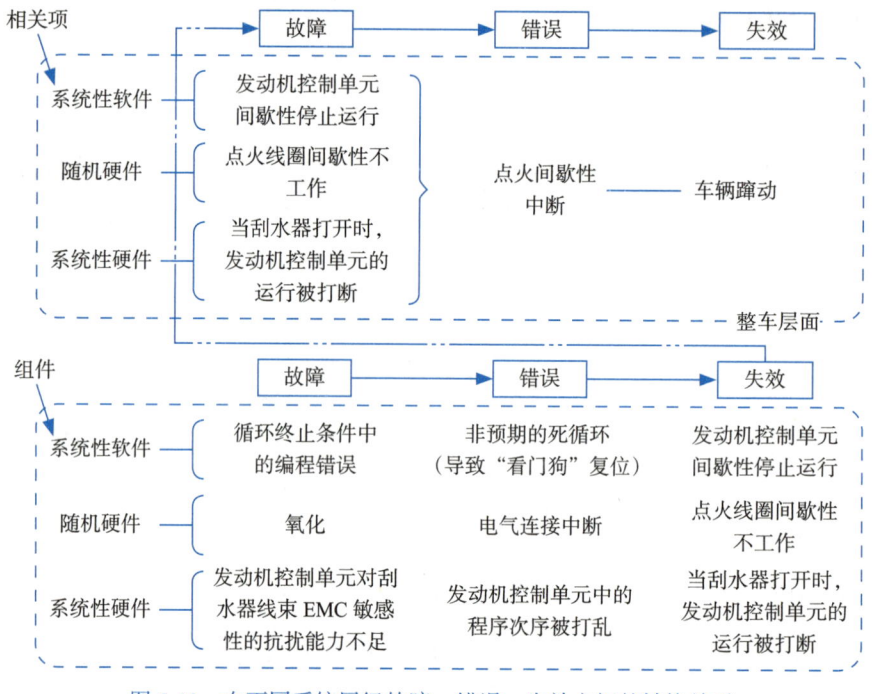

图 5-12 在不同系统层级故障、错误、失效之间的转换关系

接下来介绍标准对硬件故障的定义以及不同故障类型的划分方法。

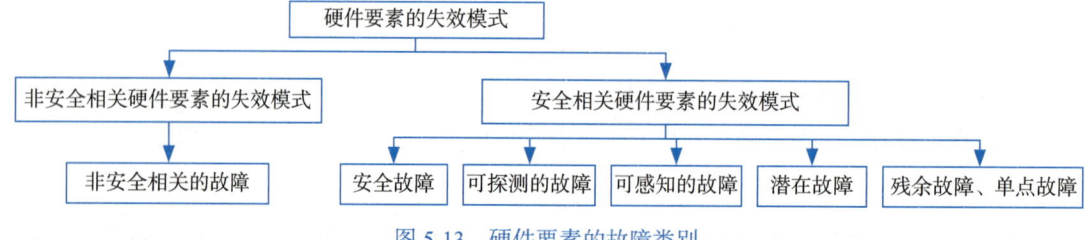

FMEDA 方法分析过程需要识别硬件要素的故障类别。硬件要素的故障类别参见图 5-13。

图 5-13 硬件要素的故障类别

下面介绍相关概念。

1）**安全故障**（Safe Fault，SF）：故障的发生不会显著增加违反安全目标的概率。可能导致违反安全目标但可由安全机制控制的故障，既不是单点故障，也不是多点故障，而是安全故障。

2）**单点故障**（Single Point Fault，SPF）：安全机制未覆盖的硬件故障，其发生将直接导致违反安全目标。

3）**残余故障**（Residual Fault，RF）：发生在硬件要素中，导致违反安全目标的硬件故障部分，但该部分故障不在安全机制控制范围内。

4）**多点故障**（Multiple Point Fault，MPF）：在未被探测且未被感知的情况下，与其他独立故障组合后，可能导致多点失效的故障。

注：只有在识别出多点失效（例如，通过故障树的割集分析）之后，才能辨认出多点故障。

5）**潜在故障**（Latent Fault, LF）：一种多点故障，在多点故障检测间隔内，安全机制未检测到其存在，驾驶员也未察觉到其存在。由潜在故障的定义可知，多点故障是否能成为潜在故障取决于故障是否在有效期内被检测或被感知到。

6）**可探测的故障**（Detected Fault，DF）：通过安全机制在规定时间内检测到的故障。

7）**可感知的故障**（Perceived Fault, PF）：驾驶员在规定的时间间隔内推断出存在的故障。

可探测的故障可以通过功能安全概念中定义的专用安全机制（例如检测错误机制），以及仪表板上的警报装置来发现。可感知的故障可以通过系统行为或性能的明显限制直接感知，比如夜间启动车辆并开启车灯时前方亮度过低。

5.5.2 硬件安全分析（定性）与设计举例

根据以上各种硬件故障类型的定义，本节将通过一个简化的安全分析例子，来帮助读者理解在安全分析过程中如何区分故障类型，以及分析是如何支持设计的。

以电机控制单元（MCU）为例，该相关项的初始架构 A0 如图 5-14 所示。

图 5-14　电机控制单元初始架构 A0

以下是关于电机控制单元相关项的基本信息。

- **预期功能**：电机的速度必须根据设定的速度参数进行控制，同时确保电机的输出不会持续关闭。
- **可预见的危害**：电机、μC、输出驱动中的故障或过高的速度可能会使电机过载，这可能导致电机过热，最终引发危及生命的火灾。
- **安全目标（SG01）**：防止电机过热起火而烧毁。
- **安全要求（SR01）**：如果电机温度超过一定值且持续时间超过规定值，则应断开电机的电源。
- **安全状态**：断开电机电源。

根据以上信息可知，需要对电机的温度进行监控，这就需要在架构中增加获取电机温度的采集电路，于是得到图 5-15 所示架构（将该架构命名为 A1）。

图 5-15 电机控制单元温度监控架构 A1

该架构加入了电机温度监控的安全机制（SM_A1），如温度传感器 1 和输入电阻 R1。监控架构 A1 的安全机制 SM_A1 具有以下特征。

- 采用温度传感器测量电机温度，并通过输入单元的电阻连接到 μC。
- μC 监控输入单元，当温度过高时断开输出驱动。

对于图 5-15 所示的安全监控架构，如果输出驱动短路，将导致电机一直处于运行状态，从而造成高温起火，导致违反安全目标。为此，对电路进行了进一步改进，得到图 5-16 所示的电路架构 A2。

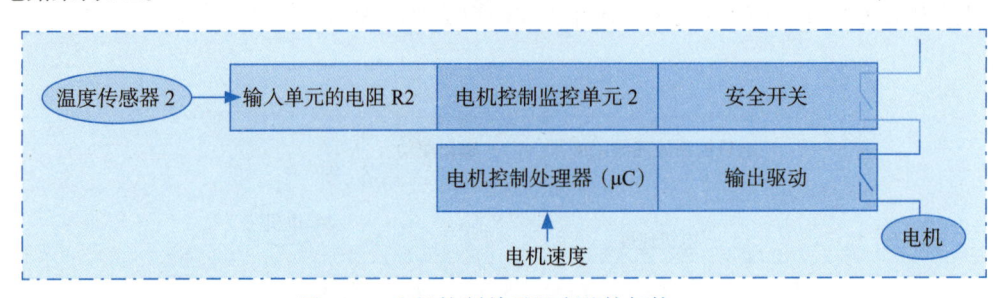

图 5-16 电机控制单元温度监控架构 A2

监控架构 A2 的安全机制 SM_A2 具备以下特征。
- 通过温度传感器测量电机温度，并通过输入单元的电阻器 R2 连接到电机控制监控单元 2。
- 在温度过高的情况下，电机控制监控单元 2 应断开安全开关。

为满足更高的安全等级应用场合的要求，对监控架构 A2 进一步改进，得到图 5-17 所示的监控架构 A3。

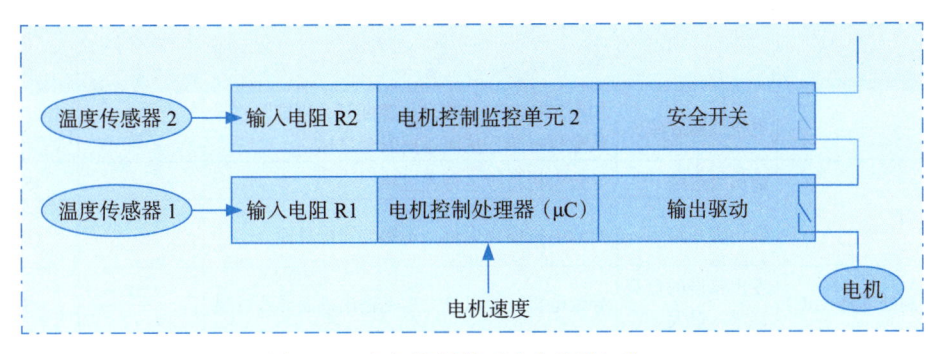

图 5-17 电机控制单元温度监控架构 A3

监控架构 A3 的安全机制 SM_A3 具备如下特征。
- 通过两个独立的通道对电机温度进行监控。
- 在任意通道检测到电机温度过高时，应断开各自的开关。

介绍完电机控制单元温度监控架构优化后，接下来针对每种监控架构（A0、A1、A2、A3）分析不同硬件要素的失效模式及所属故障类型。

该练习的具体要求如下。
- 仅考虑可能违反安全目标的失效模式，即防止电机起火相关的失效模式。
- 对每个架构（A0、A1、A2、A3）的每一种硬件要素进行故障分类。
- 识别故障类型。
- 为每个硬件要素至少确定一种故障类型。
- 识别故障防止的安全机制（如有）。
- 在多点故障的情况下，识别违反安全目标所必需的其他故障。

先以示例的初始架构 A0 做简化的 FMEDA（定性），旨在帮助大家理解硬件故障类型。
针对初始架构 A0 实施的简要硬件设计安全分析如图 5-18 所示。

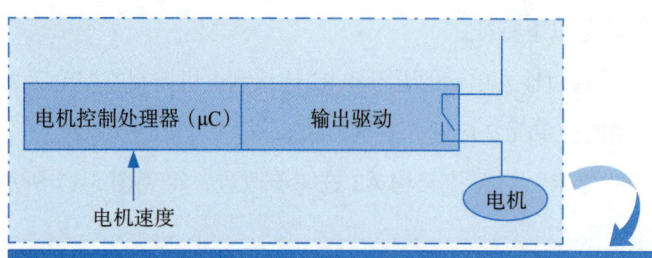

硬件元素	失效模式及影响		由哪个安全机制覆盖	故障类型(SPF. RF. MPF_L. SF)
	失效模式	影响		
电机	电机线圈故障	如果未检测到过热且电源断开,则缺陷将导致电机过热,从而违反安全目标	A1	SPF
输出驱动	输出级短路	导致电机持续运行并过热	—	SPF
	输出级开路	导致电机停止运行,不影响安全目标	—	SF
电机控制处理器(μC)	发出错误的负载请求 – 最大	导致电机持续以过大功率输出进而导致过温	—	SPF
电机速度	速度过大	导致电机持续以过大功率输出进而导致过温(该失效对于本相关项而言不是硬件要素故障导致的)	—	SPF

注:由于每个要素都有"危险"失效模式,并且没有安全机制,因此所有"危险"失效模式都是 SPF

图 5-18 电机控制单元监控架构 A0 硬件设计安全分析

对于电路中相关硬件要素的失效模式,可以应用 HAZOP 方法进行分析,这是定性分析。对于定量分析,需要确定硬件要素的失效率及失效模式分布,此时可以采用业界公认的一些失效率计算手册提供的方法。也可以使用 *Reliability Engineering Theory and Practic* 一书(当前已到第 6 版)中定义的硬件要素失效模式及其分布进行硬件架构度量的定量分析。如图 5-19 所示,该书中提到的硬件要素失效模式及其配比的数据可供参考。

如果要进一步分析导致违反安全目标的硬件要素失效模式,可以使用 FTA 方法进行分析。例如,图 5-20 中对示例中的监控架构 A0 进行了一个简要的 FTA,大家也可以尝试对示例中的其他监控架构变种(A1、A2、A3)进行 FTA。

以上由 FTA 得到的基本事件(Basic Event,BE)可作为监控架构 A0 导致违反安全目标的失效模式,这可用于接下来的 FMEA,如图 5-21 所示。

Component	Short	Opens	Drift	Functional
Digital bipolar ICs	50%* △	30%*	-	20%
Digital MOS ICs	20% △	60%*	-	20%
Linear ICs	-	25%+	-	75% ++
Bipolar transistors	85%	15%	-	-
Field Effect Trainsistors (FET)	80%	15%	5%	-
General purpose diode (Si)	80%	20%	-	-
Zener diode	70%	20%	10%	-
Thyristors	20%	20%	50%	10% ◊
Optoelectronic devices	10%	50%	40%	-
Resistors, fixed (film)	-	40%	60%	-
Resistors, variable (Cermet)	-	70%	20%	10% #
Capacitors, foil	15%	80%	5%	-
Capacitors, ceramic	70%	10%	20%	-
Capacitors, Ta (solid)	80%	15%	5%	-
Capacitors, Al (wet)	30%	30%	40%	-
Coils	20%	70%	5%	5%
Relays	20%	-	-	80% †
Quartz crystals	-	80%	20%	-

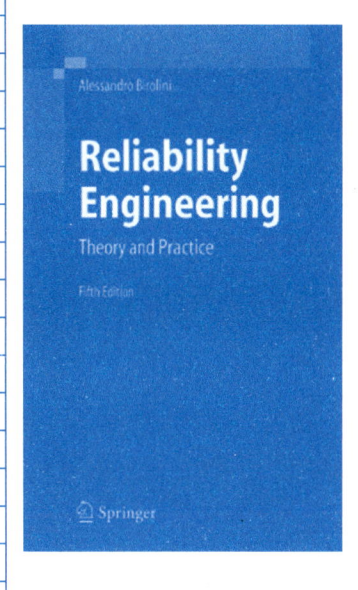

* Input and output half each; △ short to V_{cc} or to GND half each; + no output; ++ improper output, ◊ fail to off; # localized wearout; † fail to trip / spurious trip ≈ 3/2

图 5-19 硬件要素失效模式及其配比的数据参考

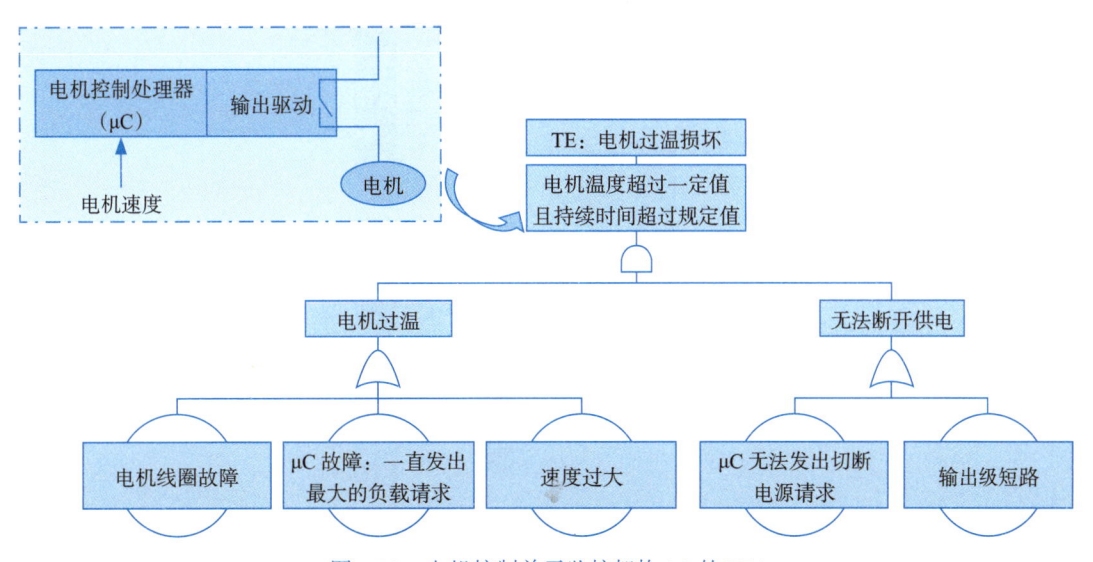

图 5-20 电机控制单元监控架构 A0 的 FTA

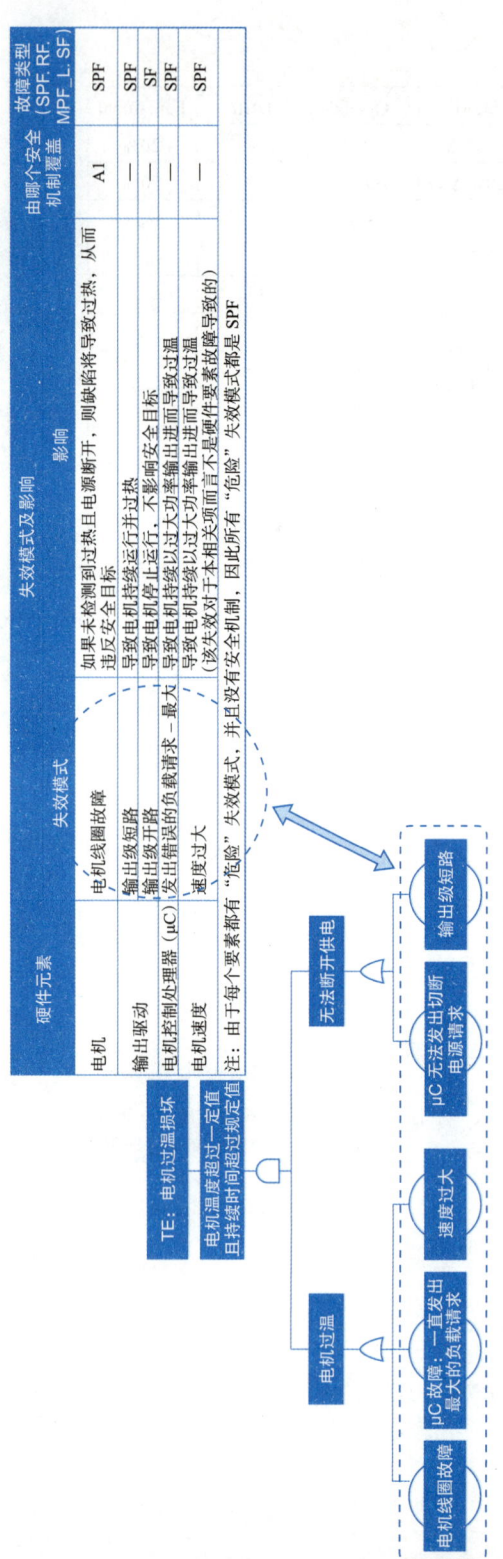

硬件元素	失效模式	失效模式及影响		由哪个安全机制覆盖	故障类型 (SPF, RF, MPF_L, SF)
			影响		
电机	电机线圈故障		如果未检测到过热且电源断开,则缺陷将导致过热,从而违反安全目标	A1	SPF
输出驱动	输出级短路		导致电机持续运行并过热	—	SF
	输出级开路		导致电机停止运行,不影响安全目标	—	SF
电机控制处理器 (μC)	发出错误的负载请求 – 最大		导致电机持续以过大功率输出进而导致过温	—	SPF
电机速度	速度过大		导致电机持续以过大功率输出而导致过温		
			(该失效对于本相关项而言不是硬件要素故障导致的)		

注: 由于每个要素都有"危险"失效模式,并且没有安全机制,因此所有"危险"失效模式都是 SPF

TE: 电机过温损坏
电机温度超过一定值且持续时间超过规定值

图 5-21 电机控制单元监控架构 A0 的 FTA 与 FMEA 的融合

5.5.3 练习时刻

请根据上述示例以及监控架构变种 A1、A2、A3，完成对监控架构 A1、A2、A3 架构中各硬件要素的失效分析，并指出各硬件要素失效模式对应的故障类型。

监控架构 A1 的硬件安全分析示例如表 5-5 所示。

表 5-5　监控架构 A1 的硬件安全分析示例

硬件元素	失效模式及影响		由哪个安全机制覆盖	故障类型（SPF, RF, MPF_L, SF）
	失效模式	影响		
电机				
输出驱动				
电机控制处理器（μC）				
电机速度				
温度传感器 1				
输入电阻 R1				

监控架构 A2 的硬件安全分析示例如表 5-6 所示。

表 5-6　监控架构 A2 的硬件安全分析示例

硬件元素	失效模式及影响		由哪个安全机制覆盖	故障类型（SPF, RF, MPF_L, SF）
	失效模式	影响		
电机				
输出驱动				
电机控制处理器（μC）				
电机速度				
温度传感器 2				
输入电阻 R2				
电机控制监控单元 2				
安全开关				

监控架构 A3 的硬件安全分析示例如表 5-7 所示。

表 5-7　监控架构 A3 的硬件安全分析示例

硬件元素	失效模式及影响		由哪个安全机制覆盖	故障类型（SPF, RF, MPF_L, SF）
	失效模式	影响		
电机				
输出驱动				
电机控制处理器（μC）				
电机速度				
温度传感器 1				
输入电阻 R1				
温度传感器 2				

(续)

硬件元素	失效模式及影响		由哪个安全机制覆盖	故障类型（SPF、RF、MPF_L、SF）
	失效模式	影响		
输入电阻 R2				
电机控制监控单元 2				
安全开关				

5.6 硬件架构度量

各位可以按照上述示例方法对其他 3 种安全机制的电路架构进行分析，看看该电路架构在安全方面是否还有进一步提升的空间。

标准介绍了两种硬件架构度量的方法，用于评估相关架构在应对随机硬件失效方面的有效性。硬件架构度量的目的是提供基于硬件架构度量的证据，以证明相关硬件架构设计在安全相关的随机硬件失效探测和控制方面的适用性。这些度量所针对的随机硬件失效仅限于某些安全相关的电子电气硬件元器件，即那些对安全目标的违背或实现有显著影响的元器件，并限于这些元器件的单点故障、残余故障和潜在故障。

本节将简单讨论一些硬件架构度量方面的基本概念及分析方法，关于硬件架构度量的更多细节将在第 14 章讲解 FMEDA 时与大家探讨。

5.6.1 基础知识

通过 5.5 节关于硬件故障类型的定义以及示例中硬件设计与安全分析的结合，相信大家已经掌握了如何区分硬件要素失效模式会导致什么样的硬件故障类型（SF、SPF、RF、MPF_L 等）。这其实就是 FMEDA 的定性分析部分。接下来将结合标准要求来介绍 FMEDA 定量分析的相关概念，作为对 FMEDA 整体概念的介绍。

Q：什么是硬件架构度量？何为度量？如何评估硬件架构度量？

在介绍硬件架构度量相关内容之前，我们可以先从字面上理解这个概念所涉及的活动。

硬件架构度量在 ISO 26262 标准原文中的全称是 Hardware Architecture Metrics，从构词来看，Hardware Architecture 是主体，即该活动要分析的对象是硬件架构。Metrics 在对应国标里翻译为"度量"，它也可以翻译为"指标"。结合这两个翻译可能更好理解该活动，"度量"有类似"量测"的动作意味,而"指标"代表的是一些参数,作为"量测"的基准。将两者结合起来理解,"硬件架构度量"这个活动是对硬件架构基于一定的基准进行量测,这里的"基准"是一些可量化的参数,所以可用于定量地评估硬件架构设计的 ASIL 等级是否达到要求。

硬件架构中所有硬件要素故障分类的图形化描述可参考图 5-22。

在图 5-22 中,n 表示在同一时刻存在的导致违背一个安全目标的独立故障的数量。$n=1$ 对应单点故障或者残余故障,$n=2$ 对应双点故障。

除非在技术安全概念中明确指出相关性,否则将 n 大于 2 的多点故障视为安全故障。

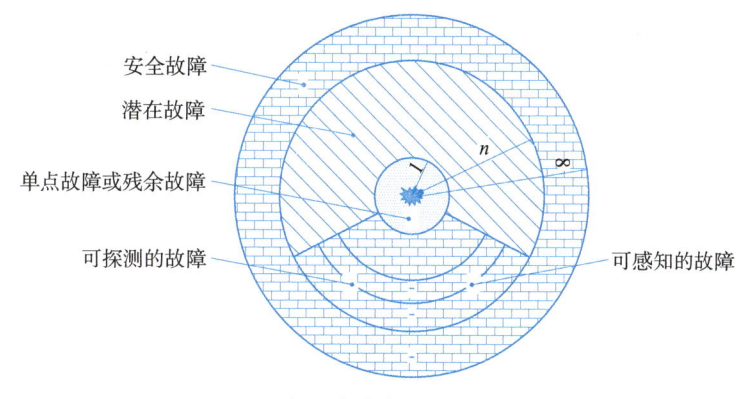

图 5-22 硬件要素故障分类的图形化描述

每个安全相关硬件要素的失效率 λ 都可按照以下公式计算(假设所有失效都是互相独立的,且遵循指数分布):

$$\lambda = \lambda_{SPF} + \lambda_{RF} + \lambda_{MPF} + \lambda_{SF}$$

其中,λ_{SPF} 表示与硬件要素单点故障相关的失效率,λ_{RF} 表示与硬件要素残余故障相关的失效率,λ_{MPF} 表示与硬件要素多点故障相关的失效率,λ_{SF} 表示与硬件要素安全故障相关的失效率。

λ_{MPF} 可以按照下式计算:

$$\lambda_{MPF} = \lambda_{MPF, DP} + \lambda_{MPF, L}$$

其中,$\lambda_{MPF, DP}$ 表示与硬件可察觉或可探测多点故障相关的失效率,$\lambda_{MPF, L}$ 表示与硬件要素潜在故障相关的失效率。

残余故障的失效率可以通过避免单点故障的硬件要素的安全机制的诊断覆盖率来确定。下式提供了残余故障失效率的保守估算。

$$\lambda_{RF} \leq \lambda_{RF, est} = \lambda (1 - KDC, RF/100\%)$$

式中，$\lambda_{RF,est}$ 是关于残余故障估算的失效率；KDC, RF（也称 DCRF）是关于残余故障的诊断覆盖率，用百分比表示。

基于以上信息，接下来分别介绍单点故障度量（SPFM）、潜在故障度量（LFM）、随机硬件失效概率度量（PMHF）这三个度量指标该如何计算。

5.6.2 单点故障度量

单点故障度量（SPFM）反映了相关项通过安全机制覆盖实现的对单点故障的鲁棒性。高的 SPFM 值意味着相关项硬件中单点故障所占的比例低。

SPFM 适用于评估等级为 ASIL B、ASIL C 和 ASIL D 的安全目标。对于硬件架构设计，SPFM 指标应满足表 5-8 所示的要求。

表 5-8 SPFM 指标要求

等级	ASIL A	ASIL B	ASIL C	ASIL D
单点故障度量（SPFM）	无要求	≥ 90%	≥ 97%	≥ 99%

SPFM 对于每一个安全目标都需要针对整个硬件进行评估，其计算方法参考图 5-23。

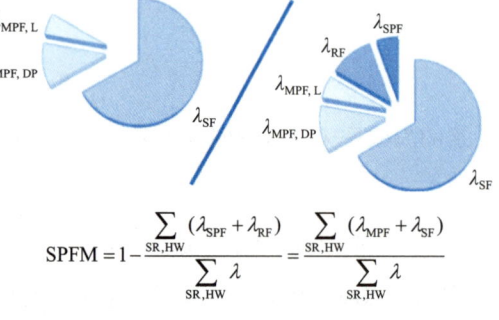

$$SPFM = 1 - \frac{\sum_{SR,HW}(\lambda_{SPF} + \lambda_{RF})}{\sum_{SR,HW} \lambda} = \frac{\sum_{SR,HW}(\lambda_{MPF} + \lambda_{SF})}{\sum_{SR,HW} \lambda}$$

图 5-23 SPFM 计算方法

注：该度量仅考虑与安全相关的硬件要素。

5.6.3 潜在故障度量

潜在故障度量（LFM）反映了相关项安全机制等手段对潜在故障的鲁棒性。高的 LFM 值意味着硬件潜在故障所占的比例低。

LFM 适用于等级为 ASIL B、ASIL C 和 ASIL D 的安全目标。对于硬件架构设计，该故障类型的度量指标应满足表 5-9 所示的定量目标值要求。

对于每一个安全目标，LFM 需要对整体硬件进行评价，计算方法参考图 5-24 所示公式。

表 5-9 潜在故障度量指标要求

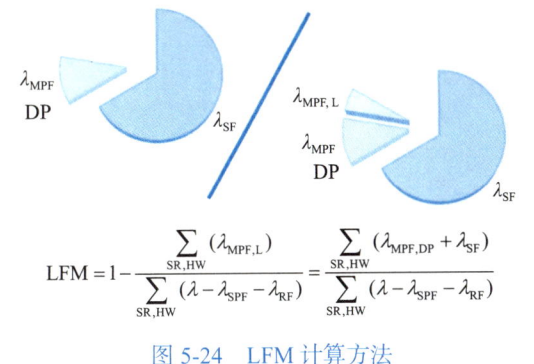

等级	ASIL A	ASIL B	ASIL C	ASIL D
潜在故障度量（LFM）	无要求	$\geqslant 60\%$	$\geqslant 80\%$	$\geqslant 90\%$

$$\text{LFM} = 1 - \frac{\sum\limits_{\text{SR,HW}}(\lambda_{\text{MPF,L}})}{\sum\limits_{\text{SR,HW}}(\lambda - \lambda_{\text{SPF}} - \lambda_{\text{RF}})} = \frac{\sum\limits_{\text{SR,HW}}(\lambda_{\text{MPF,DP}} + \lambda_{\text{SF}})}{\sum\limits_{\text{SR,HW}}(\lambda - \lambda_{\text{SPF}} - \lambda_{\text{RF}})}$$

图 5-24 LFM 计算方法

注：该度量仅考虑相关项中的安全相关硬件要素。

对于 LFM，识别出二阶以上的多点故障非常重要。

5.6.4 随机硬件失效度量

随机硬件失效度量（PMHF）是一种评估硬件要素随机失效是否违背所考虑的安全目标的定量分析方法。这种定量分析结果会与目标值进行对比。

对于安全完整性等级为 ASIL B、ASIL C 和 ASIL D 的安全目标，在没有其他定量指标来源的情况下，通常使用表 5-10 所示的目标值作为随机硬件失效在相关项层面导致违背每个安全目标的最大可能性的定量指标。

表 5-10 是标准推荐的经验定量指标，我们也可以用一些值得信赖的数据作为 PMHF 的定量指标来源，如可信赖的相似设计的现场数据；应用于可信赖的相似设计中的定量分析技术。

表 5-10 PMHF 指标要求

ASIL 等级	PMHF 目标值		
D	$< 10^{-8}/\text{h}$	< 10 FIT	要求
C	$< 10^{-7}/\text{h}$	< 100 FIT	要求
B	$< 10^{-7}/\text{h}$	< 100 FIT	推荐
A	—	—	未定义

注：如果因为随机硬件失效而进行的安全目标评估是基于统计数据的（例如来自现场数据），则可修改表 5-10 中的目标值，以免为了实现目标值而导致人为简化。不论采用何种来源的 PMHF 目标值，其意义都并非是绝对的，目的是为硬件架构设计在安全方面提供指导，并获得设计符合安全目标的可靠证据。

PMHF 可以通过以下公式进行近似估算：

$$\text{PMHF}_{est} = \lambda_{SPF} + \lambda_{RF} + \lambda_{DPF\_det} \times \lambda_{DPF\_latent} \times T_{Lifetime}$$

图 5-25 展示了 PMHF 的计算方法。

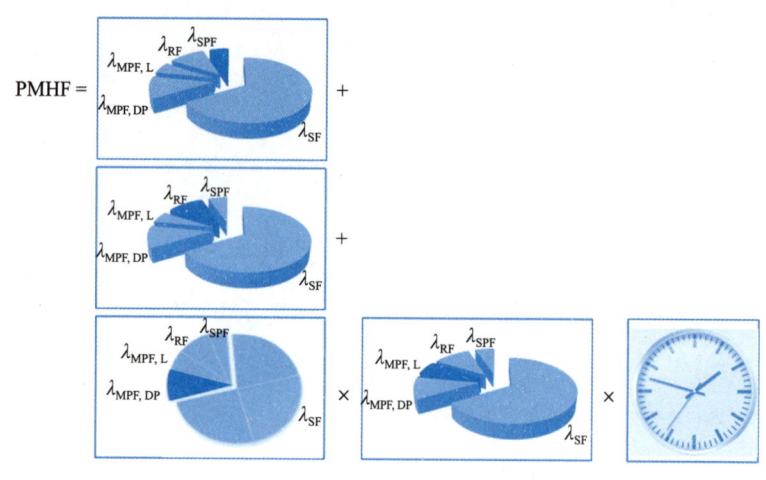

图 5-25　PMHF 计算方法示意图

PMHF 详细的估算方法可参考 ISO 26262-10:2018 第 8.3.2 节相关内容，关于 FMEDA 分析方法的详细介绍及应用案例分析可参考本书第 14 章。

5.6.5　硬件架构度量计算示例

经过前面对硬件架构度量相关概念的介绍和定性分析示例，以及 SPFM、LFM、PMHF 的计算模型说明，相信大家对如何实施 FMEDA 已经有了基本的思维框架。接下来，我们将根据这些信息进行一个简单的硬件架构度量分析计算。

在进行 FMEDA 之前，有几个前提需要说明。

1）FMEDA 基于一定的计算模型来计算硬件失效率，用于评估硬件架构设计对安全完整性等级的符合性。这里的硬件失效率指的是随机硬件失效率，即每个器件发生失效是独立事件，并且在时间上是随机的。

2）多点故障是安全的，因为如第 1 条所述，随机硬件失效被假设为时间上是随机发生的，相较于单个失效，同时发生两点以上失效的概率非常低。

3）所计算的硬件元件的失效率处于恒定区间。

4）为了避免 FMEDA 的计算结果过于乐观，影响 FMEDA 计算准确性的因素（如共因失效）要加以考虑。

关于第 4 点，后续将在第 15 章专门对相关失效分析（DFA）进行深入讲解。

回到上述关于电机控制单元温度监控硬件架构定性分析的示例，接下来对示例中的变种架构 A1 的电路进行定量分析的完善。

这里再次复述该示例的功能安全要求，以便接下来的分析。

❑ **安全目标（SG01）**：防止相关电机过温导致起火或烧毁。

❑ **安全要求（SR01）**：如果电机温度超过一定值且持续时间超过规定值，则应断开电机的电源。

❑ **安全状态**：电动机电源断开。

这里简要概括了 FMEDA 的步骤。

1）列出待分析电路的元件，并确定这些元件的失效率。

2）确定 1）中所列元件的失效模式及其分布。

3）根据所列元件的失效模式分析其影响，确认影响是否与安全相关并归类到对应故障类别（如 SPF、MPF、LF 等）。

4）针对失效影响，确定安全机制及其诊断覆盖率，并根据计算模型代入计算，得到各类故障的失效率。

5）汇总各类故障的失效率，判断是否满足对应安全完整性等级的架构度量指标要求。

接下来按照上述步骤对电机控制单元监控架构 A1 电路进行 FMEDA。

1）确定元件失效率。具体的元件失效率计算过程在此不再详细展开，假设电路元件的失效率如表 5-11 所示。

表 5-11 电机控制单元监控架构 A1 中电路元件失效率

元件名	失效率
温度传感器 1	5
输入电阻 R1	0.2
电机控制处理器（μC）	50
输出驱动	10
电机	20

假设：该电路要求的平均无故障时间（MTBF）为 60000h。

2）确定元件失效模式及其分布。元件的失效模式在一些失效率计算手册中有列出，如 IEC 61709、IEC 62380 等。根据相关手册得到示例中电路元件失效模式及其分布，如表 5-12 所示。

表 5-12 电机控制单元监控架构 A1 中电路元件失效模式及其分布

元件名	失效率	失效模式	失效模式分布
温度传感器 1	5	开路	40%
		漂移 ×0.5	30%
		漂移 ×2	30%
输入电阻 R1	0.2	开路	40%
		漂移 ×0.5	30%
		漂移 ×2	30%
电机控制处理器（μC）	50	工作正常	50%
		工作异常	50%
输出驱动	10	开路	80%
		短路	20%
电机	20	工作正常	50%
		工作异常	50%

3）确定元件的故障类别。有了前面三步的信息和数据，接下来结合硬件随机故障的分类方法，根据硬件架构度量评估流程对电路进行故障类别分析。这一步还属于定性分析，基于示例电路的分析结果如表 5-13 所示。

表 5-13 电机控制单元监控架构 A1 中电路元件故障类别分析结果

元件名	失效率	失效模式	失效模式分布	失效影响	是否与安全相关	导致的故障类型
温度传感器 1	5	开路	40%	温度检测失败→电机存在过温烧毁风险	是	MPF_L
		漂移 ×0.5	30%	温度检测过高→不影响安全		SF
		漂移 ×2	30%	温度检测过低→电机存在过温烧毁风险		MPF_L
输入电阻 R1	0.2	开路	40%	温度检测一直为高→不影响安全	是	SF
		漂移 ×0.5	30%	温度检测过低→电机存在过温烧毁风险		MPF_L
		漂移 ×2	30%	温度检测过高→不影响安全		SF
电机控制处理器（μC）	50	工作正常	50%	无影响	是	SF
		工作异常	50%	持续过高功率请求→温度及转速信息处理失败→电机过温烧毁		SPF
输出驱动	10	开路	80%	无影响	是	SF
		短路	20%	电机持续运行→过温烧毁		SPF
电机	20	工作正常	50%	无影响	是	SF
		工作异常	50%	电机线圈短路→若温度检测失败，电机存在过温烧毁风险		MPF_L

4）计算各类故障的失效率。这一步与定性的 FMEA 类似，只不过在 FMEDA 中将硬件架构度量指标分为 SPF、LF、MPF 等故障类别，需要根据失效模式及影响判断元件失效模式会导致哪种硬件故障。根据上文提到的硬件故障分类流程，得到示例电路故障分析结果，如表 5-14 所示。

表 5-14 电机控制单元监控架构 A1 中电路故障分析结果

元件名	失效率	失效模式	失效模式分布	失效影响	是否与安全相关	单点故障(SPF)	是否有安全机制	安全机制覆盖率	单点故障/残余故障失效率/FIT	多点故障(MPF)	是否有防止潜在故障的安全机制	安全机制覆盖率	潜在故障失效率 FIT	可探测的双点故障失效率 FIT
温度传感器 1	5	开路	40%	温度检测失败→电机存在过温烧毁风险	是	否	否	0%	0	是	否	0%	2	0
		漂移×0.5	30%	温度响应过低→不影响安全		否	N/A	N/A	0	N/A	N/A	N/A	0	0
		漂移×2	30%	温度检测过低→电机存在过温烧毁风险	是	否	否	0%	0	是	否	0%	1.5	0
输入电阻 R1	0.2	开路	40%	温度检测一直为高→温度响应不影响安全		否	N/A	N/A	0	N/A	N/A	N/A	0	0
		漂移×0.5	30%	温度检测过低→电机存在过温烧毁风险	是	否	否	0%	0	是	否	0%	0.06	0
		漂移×2	30%	温度检测过高→不影响安全		否	N/A	N/A	0	N/A	N/A	N/A	0	0
电机控制处理器(μC)	50	工作正常	50%	无影响		否	N/A	N/A	0	N/A	N/A	N/A	0	0
		工作异常	50%	持续过高功率请求→温度及转速信息处理失败→电机过温烧毁	是	是	否	0%	25	N/A	N/A	N/A	0	0
输出驱动	10	开路	80%	电机电源断开→不影响安全		否	N/A	N/A	0	N/A	N/A	N/A	0	0
		短路	20%	电机持续运行→过温烧毁	是	是	否	0%	2	N/A	N/A	N/A	0	0
电机	20	工作正常	50%	无影响		否	N/A	N/A	0	N/A	N/A	N/A	0	0
		工作异常	50%	电机线圈短路→若温度检测失败,电机存在过温烧毁风险	是	是	SM1	99%	0.1	是	SM1	99%	0.099	9.801
合计	85.2				85.2				27.1				3.659	9.801

注: N/A 表示不适用。

5）判断计算结果是否符合度量指标要求。有了上一步分析计算的失效率数据，接下来需要合计各类故障的总失效率，并代入各自的架构度量计算模型计算相应的度量值。将计算得到的度量值与标准中的基准指标进行比较，以判断当前架构对应的硬件电路设计是否满足安全完整性等级要求。示例电路的计算结果判断如图 5-26 所示。

总安全相关 λ_{SR}	85.2	PMHF_RF	27.100
总非安全相关 λ_{NSR}	0	PMHF_MPF, L	3.659
总失效率 λ_{total}	85.2	PMHF_DPF	0.002
运行时间	60000	PMHF	27.102

$$SPFM = 1 - \frac{\sum_{SR,HW}(\lambda_{SPF} + \lambda_{RF})}{\sum_{SR,HW}\lambda} = \frac{\sum_{SR,HW}(\lambda_{MPF} + \lambda_{SF})}{\sum_{SR,HW}\lambda} = 68\%$$

$$LFM = 1 - \frac{\sum_{SR,HW}(\lambda_{MPF,L})}{\sum_{SR,HW}(\lambda - \lambda_{SPF} - \lambda_{RF})} = \frac{\sum_{SR,HW}(\lambda_{MPF,DP} + \lambda_{SF})}{\sum_{SR,HW}(\lambda - \lambda_{SPF} - \lambda_{RF})} = 94\%$$

单点故障度量	ASIL B	ASIL C	ASIL D
SPFM	≥ 90%	≥ 97%	≥ 99%

潜在故障度量	ASIL B	ASIL C	ASIL D
LFM	≥ 60%	≥ 80%	≥ 90%

ASIL	PMHF	
B	$< 10^{-7}$/h	< 100 FIT
C	$< 10^{-7}$/h	< 100 FIT
D	$< 10^{-8}$/h	< 10 FIT

图 5-26 电机控制单元监控架构 A1 中电路失效率分析结果判断

到这里，针对示例架构对应电路的 FMEDA 已经完成。但这只是代表 FMEDA 这一主体分析活动阶段性结束。如果最终分析结果未达到度量指标的要求，意味着需要根据分析过程中发现的设计薄弱环节对电路进行改进。改进后需重新进行 FMEDA，以检验改进后的电路是否满足要求。因此，FMEDA 和 FMEA 一样，都是动态的活动，需要遵循组织的持续改进流程来实施。

根据上面对示例架构对应电路的分步分析结果，将该电路的整体 FMEDA 结果整合，如图 5-27 所示。

由最终的分析结果可知，该架构对应电路的 LFM 以及 PMHF 都满足标准要求的架构度量指标，但 SPFM 没有满足要求。这时需要检查电路中导致单点故障的元件及设计上的薄弱环节，并想办法加以改进。针对改进后的电路，重新进行 FMEDA，直到各项指标满足要求为止。

5.6.6 练习时刻

请根据上述 FMEDA 的步骤，并参考电机控制单元监控示例架构 A1 对应电路的分析，对示例变种架构 A2、A3 对应的电路实施 FMEDA，看看 A2 和 A3 架构的度量指标较 A1 架构电路有哪些改善。

A2 架构对应电路待完善的 FMEDA 如图 5-28 所示。

A3 架构对应电路待完善的 FMEDA 如图 5-29 所示。

第 5 章 功能安全之硬件开发　165

元件名	失效率	失效模式	失效模式分布	失效影响	是否与安全相关	单点故障(SPF)	是否有安全机制	安全机制覆盖率	单点/残余故障失效率/FIT	多点故障(MPF)	是否有防止潜在的安全机制	安全机制覆盖率	潜在故障失效率/FIT	可探测的双点故障失效率/FIT
温度传感器 1	5	开路	40%	温度检测失败→电机存在过温烧毁风险	是	否	否	0%	0	是	否	0%	2	0
		漂移 ×0.5	30%	温度检测过高→不影响安全		否	N/A	N/A	0	N/A	N/A	N/A	1.5	0
		漂移 ×2	30%	温度检测过低→电机存在过温烧毁风险		否	N/A	N/A	0	N/A	N/A	N/A	0	0
输入电阻 R1	0.2	开路	40%	温度检测一直为高→不影响安全	是	否	N/A	N/A	0	N/A	N/A	N/A	0.06	0
		漂移 ×0.5	30%	温度检测过低→电机存在过温烧毁风险		否	N/A	N/A	0	N/A	N/A	N/A	0	0
		漂移 ×2	30%	温度检测过高→不影响安全		否	N/A	N/A	0	N/A	N/A	N/A	0	0
电机控制处理器 (μC)	50	工作正常	50%	无影响	是	否	N/A	N/A	0	N/A	N/A	N/A	0	0
		工作异常	50%	持续过高功率请求→温度及转速信息处理失败→电机过温烧毁		是	否	0%	25	N/A	N/A	N/A	0	0
输出驱动	10	开路	80%	电机电源断开→不影响安全	是	否	N/A	N/A	0	N/A	N/A	N/A	0	0
		短路	20%	电机持续运行→过温烧毁		是	否	0%	2	N/A	N/A	N/A	0.099	0
电机	20	工作正常	50%	无影响	是	否	N/A	N/A	0	N/A	N/A	N/A	0	0
		工作异常	50%	电机线圈短路→若温度检测失败，电机存在过温烧毁风险		是	SM1	99%	0.1	是	SM1	99%	9.801	9.801
合计	85.2						—	—	27.1		—	—	3.659	9.801

总安全相关 λ_{SR}	85.2	PMHF_RF	27.100
总非安全相关 λ_{NSR}	0	PMHF_MPF,L	3.659
总失效率 λ_{total}	85.2	PMHF_DPF	0.002
运行时间	60000	PMHF	27.102

SPFM	ASIL B ≥ 90%	ASIL C ≥ 97%	ASIL D ≥ 99%
LFM	ASIL B ≥ 60%	ASIL C ≥ 80%	ASIL D ≥ 90%

SPFM = 68%
LFM = 94%

ASIL	PMHF
B	< 10^{-7}/h	< 100 FIT
C	< 10^{-7}/h	< 100 FIT
D	< 10^{-8}/h	< 10 FIT

$$SPFM = 1 - \frac{\sum_{SR,HW}(\lambda_{SPF} + \lambda_{RF})}{\sum_{SR,HW} \lambda} =$$

$$LFM = 1 - \frac{\sum_{SR,HW}(\lambda_{MPF,L})}{\sum_{SR,HW}(\lambda - \lambda_{SPF} - \lambda_{RF})} = \frac{\sum_{SR,HW}(\lambda_{MPF,DP} + \lambda_{SF})}{\sum_{SR,HW}(\lambda - \lambda_{SPF} - \lambda_{RF})} =$$

图 5-27　电机控制单元监控架构 A1 的整体 FMEDA

166　第一部分　功能安全详解

图 5-28　电机控制单元监控架构 A2 待完善的 FMEDA

元件名	失效率	失效模式分布	失效模式	失效影响	是否与安全相关（SPF）	单点故障失效率/FIT	是否有安全机制	安全机制覆盖率	单点/残余故障失效率/FIT	多点故障（MPF）	是否有防止潜在的安全机制	安全机制覆盖率	潜在故障失效率/FIT	可探测的双点故障失效率/FIT
温度传感器 2	5													
输入电阻 R2	0.1			填入待分析数据										
电机控制监控单元 2	100													
安全开关	20													
电机控制处理器（μC）	50													
输出驱动	20													
电机	20													

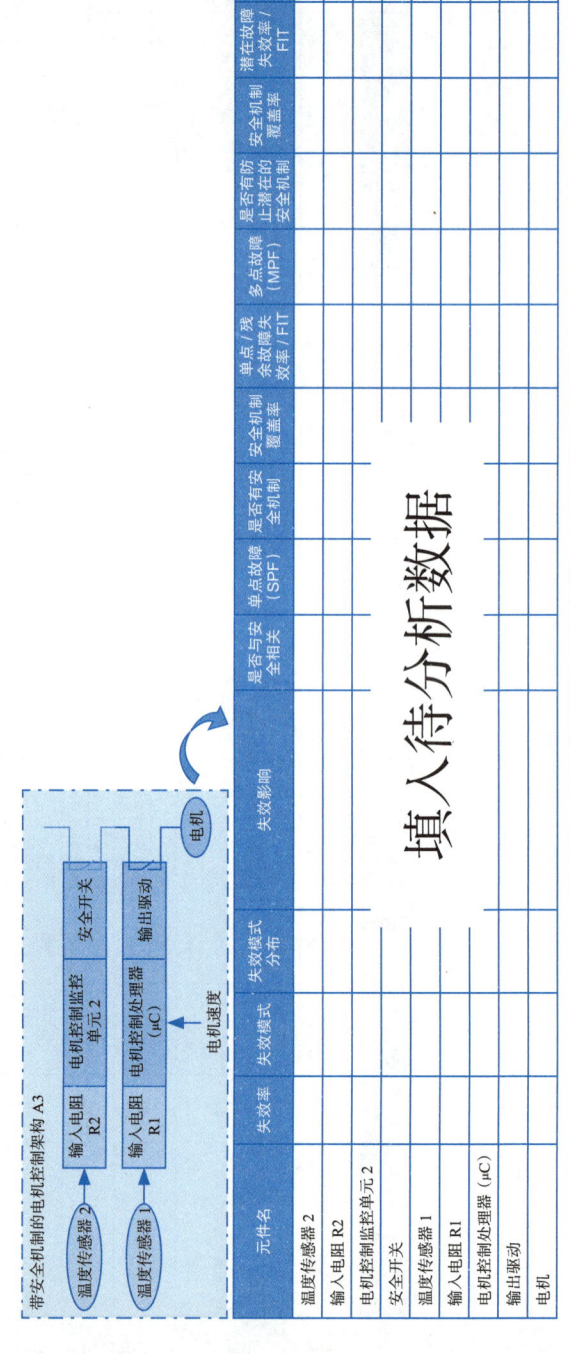

图 5-29　电机控制单元监控架构 A3 待完善的 FMEDA

元件名	失效率	失效模式分布	失效模式	失效影响	是否与安全相关（SPF）	单点故障失效率/FIT	是否有安全机制	安全机制覆盖率	单点/残余故障失效率/FIT	多点故障（MPF）	是否有防止潜在的安全机制	安全机制覆盖率	潜在故障失效率/FIT	可探测的双点故障失效率/FIT
温度传感器 2														
输入电阻 R2				填入待分析数据										
电机控制监控单元 2														
安全开关														
温度传感器 1														
输入电阻 R1														
电机控制处理器（μC）														
输出驱动														
电机														

关于硬件的安全分析我们先谈到这里，本章提到的示例及练习旨在让大家理解硬件 FMEDA 定量分析中"定量"的含义所在，该定量分析是如何用于发现硬件设计的薄弱环节的，以及 FMEA 和 FTA 作为标准推荐的安全分析方法在硬件阶段是如何为设计服务的。具体的 FMEA、FTA 和 FMEDA 方法后续将以单独章节（第 10 章～第 14 章）深入呈现。

5.7 硬件设计验证

硬件设计活动完成之后，进入相应的设计验证环节。标准对于硬件设计验证定义了硬件集成和验证这一活动。接下来，我们来谈谈该部分活动的相关要求及实施方法。

5.7.1 目的

实施硬件集成和验证活动的目的是集成硬件要素，以验证硬件设计符合相应 ASIL 等级的硬件安全要求。

硬件集成和验证属于硬件开发 V 模型右侧的活动，这里的集成和验证实际上对应硬件验证的"动态"和"静态"两个方面，即硬件集成强调的是硬件集成测试，而验证强调的是对硬件设计流程和规范的符合性检查。

5.7.2 要求及建议

硬件集成和验证活动应按照 GB/T 34590-8:2018 第 9 章执行。（参考 ISO 26262-5: 2018, 10.4.1）

关于验证这项活动，它其实是贯穿整个产品安全生命周期的，标准对于验证活动的作用及要求有如下描述。

1）在概念阶段，验证确保概念是正确的、完整的，并符合相关项的边界条件，同时确保定义的边界条件本身是正确的、完整的、一致的，从而使概念得到实现。

2）在设计阶段，验证指的是对工作产品进行评估，如需求规范、架构设计、模型或软件代码，从而确保它们符合先前建立的对正确性、完整性和一致性的要求。评估应以系统的方式进行计划、指定、执行和记录。

可以根据标准的条款对硬件设计的各项输出物进行逐项验证和确认，最终生成相应的硬件设计验证报告。

应按照表 5-15 提供的硬件设计验证方法实施硬件设计验证,并提供相关证据加以证明。(参考 ISO 26262-5: 2018, 7.4.4.1)

表 5-15 硬件设计验证方法

方法		ASIL 等级			
		A	B	C	D
1a	硬件设计走查 [a]	++	++	o	o
1b	硬件设计检查 [a]	+	+	++	++
2	安全分析	按照 7.4.3			
3a	仿真 [b]	o	+	+	+
3b	通过硬件原型的开发 [b]	o	+	+	+

注:该验证评审的范围是与硬件安全要求相关的技术正确性和完整性
a 表示方法 1a 和 1b 检查硬件设计中硬件安全要求是否得到完整和正确的执行
b 表示当认为分析方法 1a、1b 和 2 不充分时,利用方法 3a 和 3b 检查硬件设计的特定点

3)在测试阶段,对测试环境中的工作产品、项目和元素进行评估,以确保它们符合要求。这些测试以系统的方式进行计划、指定、执行、评估和记录。

4)在生产和运营阶段,验证应确保:

❑ 在生产过程中恰当地满足与安全相关的特殊特性。

❑ 在用户手册、维修和维护指导中恰当地提供了与安全相关的信息。

❑ 通过在生产流程中应用控制措施,相关项的安全特性得到了满足。

从以上描述可知,验证并非一项一蹴而就的活动。概括来说,对每项过程工作成果的验证需要有计划、有准则和有报告。关于验证的方式、方法和目的,可参考 2.7.1 节。

对于选定的硬件集成测试,应定义适当的测试用例。这些测试用例应使用表 5-16 所列方法的适当组合来导出。

表 5-16 导出硬件集成测试用例的方法

方法		ASIL 等级			
		A	B	C	D
1a	需求分析	++	++	++	++
1b	内部和外部接口分析	+	++	++	++
1c	等价类分析和生成	+	+	++	++
1d	边界值分析	+	+	++	++
1e	基于知识或经验的错误推测法	++	++	++	++
1f	功能的相关性分析	+	+	++	++

(续)

方法		ASIL 等级			
		A	B	C	D
1g	相关失效的共有限制条件、次序及来源分析	+	+	++	++
1h	环境条件和操作用例分析	+	++	++	++
1i	现存标准	+	+	+	+
1j	重要变量的分析	++	++	++	++

关于每种测试用例导出方法，可参考标准对应章节中的解释，如表 5-16 中的 "1c 等价类分析和生成"，在基于需求编写测试用例时，可以将需求中的相关参数分成不同类别的相似项（即等价类），并在不同的测试用例中进行测试。比如，有这样一条需求：BMS 应在 9～16V 的电压范围内全功能正常运行。针对该需求进行测试用例编写时，可以分析出 3 个等价类：供电在 0～9V、9～16V、＞16V。可挑选这三个等价类中的一些值设计相应的测试用例进行测试，验证该需求对应功能的满足性。

硬件集成和验证活动应当验证硬件安全要求的设计完整性和正确性。硬件集成测试应考虑表 5-17 所列方法。（参考 ISO 26262-5: 2018, 10.4.5）

表 5-17 硬件设计完整性和正确性集成测试方法

方法		ASIL 等级			
		A	B	C	D
1	功能测试	++	++	++	++
2	故障注入测试	+	+	++	++
3	电气测试	++	++	++	++

以上方法主要通过功能和性能测试来验证硬件设计的完整性与正确性，其中的性能测试当然也包括对安全机制性能的验证。

硬件集成和验证活动应验证硬件在环境和运行应力因素下的耐用性和鲁棒性。为了达到这一目的，我们可考虑表 5-18 所列方法。（参考 ISO 26262-5: 2018, 10.4.6）

表 5-18 硬件设计耐用性和鲁棒性测试方法

方法		ASIL 等级			
		A	B	C	D
1a	带基本功能验证的环境测试	++	++	++	++
1b	扩展功能测试	o	+	+	++
1c	统计测试	o	o	+	++
1d	最恶劣情况测式	o	o	o	+

(续)

方法		ASIL 等级			
		A	B	C	D
1e	超限测试	+	+	+	+
1f	机械测试	++	++	++	++
1g	加速寿命测试	+	+	++	++
1h	机械耐久测试	++	++	++	++
1i	EMC 和 ESD 测试	++	++	++	++
1j	化学测试	++	++	++	++

以上测试主要通过可靠性测试来验证硬件设计的耐用性和鲁棒性。这部分测试有一些明确的参考标准，如 ISO 16750 系列、ISO 11452 和 ISO 10605 等。

5.7.3 工作成果

以下是标准要求的硬件集成和验证阶段的工作成果。

1）硬件集成与验证规范。

2）硬件集成与验证报告。

解读 标准规定的各阶段工作成果（即输出物）并不是绝对的，组织可以根据自身情况，如自身的产品开发流程、组织架构、职能分工等，自行定义产品开发各阶段的输出物，只要这些自行定义的输出物能够覆盖标准的要求即可。

同样地，我们在上文提到的硬件集成的验证，也可以分为静态和动态两方面。因此，标准中的"硬件集成与验证规范"和"硬件集成与验证报告"可能不止仅包括这两份输出物。可能大家第一眼看到这两份输出物时，认为用"硬件集成测试规范"和"硬件集成测试报告"即可覆盖，但根据输出物对应的标准条款来看，仅这两份是不够的。集成测试在本文所讲的概念中更多是针对硬件设计"动态"方面的验证，而"静态"方面也需要有输出物，例如对这两个输出物的评审、变更的记录等，这需要根据 ISO 26262-8: 2018 第 9 章的要求执行。

5.8 本章小结

标准第 5 部分定义了功能安全硬件开发的要求及要实施的活动。本章从开发流程的角度介绍了"硬件需求规范→硬件架构设计→硬件详细设计→硬件验证"的硬件开发 V 模型。基于该硬件开发 V 模型，本章介绍了功能安全的硬件设计如何满足对应的 ASIL 等级要求，设计上如何控制随机硬件故障以及如何避免系统性故障。另外，本章通过示例系统性地介绍了功能安全硬件部分的一项独具特色的活动——FMEDA，通过 FMEDA 可以更好地检查硬件安全设计的充分性。最后，本章介绍了硬件设计验证活动，通过验证活动，保证设计活动的质量和安全符合性。

以上内容通过解读标准的要求并结合示例，较为直观地向大家展示了功能安全在硬件开发阶段的安全属性是如何体现的。当然，示例更多是引发思考，实际项目过程中该如何设计硬件以满足 ASIL 等级要求，是一件需要反复推敲、打磨并持续验证的事。

Chapter 6 第 6 章

功能安全之软件开发

在功能安全系统开发完成后，接下来需要对硬件和软件进行安全需求的进一步分解，以指导对应层级的设计。本章将重点介绍功能安全软件部分（参见 ISO 26262 或 GB/T 34590 第 6 部分）的实践经验，讨论 ISO 26262 在软件部分开发中的流程及技术要求。

结合 ASPICE 的过程设计要求，本章将从以下几个方面探讨功能安全软件开发在标准中的要求及设计要点。

1）功能安全的软件开发模型。

2）如何编写软件安全要求。

3）功能安全的软件架构设计方法。

4）功能安全的软件详细设计。

5）软件设计验证（软件安全分析和软件测试）。

6.1 软件开发概述

6.1.1 软件开发模型

功能安全的软件开发流程遵循 V 模型，如图 6-1 所示的软件开发参考模型。该参考模型与 ASPICE 中的软件过程域（SWE.1~SWE.6）对应的 V 模型相对应。

功能安全的软件开发 V 模型的目的是提高开发效率和效果、确保软件质量和可靠性、促进团队协作，并降低开发过程中的风险。实现这些目标有助于开发出更加符合用户需求、稳定可靠的功能安全软件。

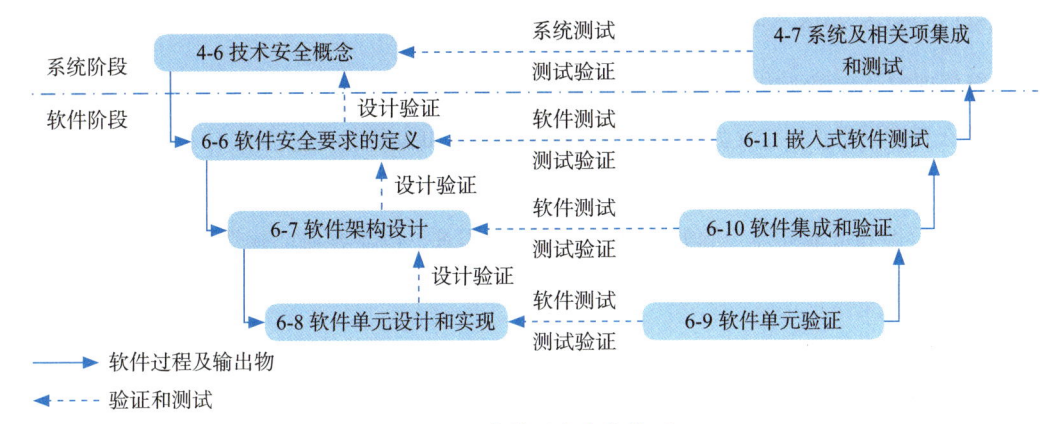

图 6-1　软件开发参考模型

图 6-1 展示的软件开发参考模型包括以下几个阶段。

1. 需求分析阶段

开发团队与利益相关者紧密合作，收集和分析项目需求，创建详细的需求文档。这一阶段是确保软件满足用户需求的基础。

2. 设计阶段

根据需求文档创建系统架构与详细设计。

3. 编码阶段

根据设计文档编写源代码，并实现系统的各个功能模块。

4. 测试阶段

测试阶段包括单元测试、集成测试、系统测试和验收测试等。单元测试关注模块内部的测试，集成测试关注模块间的集成和交互，系统测试关注整个系统的功能和性能，验收测试则是由用户或客户进行的最终测试，以确认软件是否符合需求。

6.1.2　软件开发的通用要求

在进行相关项功能安全的软件开发时，应遵循标准中提到的以下要求。

1）软件开发过程和软件开发环境应满足以下条件。

a）适用于开发安全相关的嵌入式软件，包括方法、指南、语言和工具。

b）满足软件开发生命周期中各跨子阶段和各自工作成果的一致性要求。

c）在交互和信息交换中，与系统和硬件开发阶段保持一致。

（参考 ISO 26262-6: 2018, 5.4）

解读 简单理解，该要求规定功能安全的软件开发要遵循一定的开发流程（即方法）；要规划好使用什么开发语言；要定义好需要遵循的设计指南（如编码指南）；需要什么样的开发工具，对工具有什么要求，比如工具是否经过鉴定。开发过程中要确保软件与系统、硬件之间保持交互上的一致性和可追溯性，例如需要追溯系统的需求，也需要保证软件设计和 HSI 规范中定义的诊断信息一致。

2）在选择设计语言、建模语言或编程语言时，应考虑以下准则。

a）创建明确且易于理解的定义。

b）如果建模用于需求工程和管理，则需要定义和管理安全要求的适用性。

c）支持模块化、抽象化和封装的实现。

d）支持结构化建构的使用。

对于语言本身未能充分解决的建模、编码的通则，应由相应的指南覆盖（见表 6-1）。

表 6-1 指南覆盖的建模与编码通则

通则		ASIL 等级			
		A	B	C	D
1a	强制低复杂度	++	++	++	++
1b	语言子集的使用	++	++	++	++
1c	强制强类型	++	++	++	++
1d	防御性编程技术的使用	+	+	++	++
1e	使用值得信赖的设计原则	+	+	++	++
1f	使用无歧义的图形表示	+	++	++	++
1g	风格指南的使用	+	++	++	++
1h	命名惯例的使用	++	++	++	++
1i	并发方面	+	+	+	+

这里我们挑选表 6-1 中的几个通则来谈一谈它们有什么特色，为什么安全的软件编码、建模要关注这些通则。

1. 强制低复杂度

对于 ASIL A、ASIL B、ASIL C、ASIL D，高度推荐在软件设计过程中遵守"朝着低软件复杂度方向靠拢"的准则。

Q：什么是软件复杂度？为什么要强调低软件复杂度？如何保证软件低复杂度或如何降低软件复杂度？

软件复杂度是指软件系统中包含的不确定性、不可预测性和不可控性的程度。它反映了软件本身的复杂度，涉及软件系统的结构、功能、行为，以及行为与环境的关系等多个方面。

软件复杂度表现如下。

- **软件的规模**：如代码的行数，据说现在 L2+ 自动驾驶汽车的代码量高达亿行甚至数亿行，其复杂性可想而知。
- **控制流复杂度**：反映程序逻辑结构的复杂度，如环路复杂度、循环复杂度等。
- **数据结构复杂度**：涉及数据元素之间关联和组织方式的复杂度。
- **功能复杂度**：随着软件功能多样化和复杂度的增加，功能安全相关项的软件功能复杂度相比非功能安全项要更高一些。毕竟有许多冗余和诊断工作需要完成，要形成安全闭环是一件非常不容易的事。
- **模块间的耦合度**：反映模块之间交互和依赖的程度。耦合度越高越容易发生"牵一发而动全身"的问题。

表 6-2 列出了 HIS 规范提供的一些用于评价软件复杂度的基础度量指标。

表 6-2 软件复杂度基础度量指标

基础度量指标	描述	备注	范围
注释率（COMF）	注释数量（函数内外部）与语句的关系	代码中表示可理解性。根据违规文件记录决定接受或拒绝该代码。根据其定义，该值不能大于 1 例如，Logiscope 中的计算方法：COMF= (BCOM+ BCOB)/STMT	> 0.2
分支数	非循环注释路径数 PATH（即测试所需用例的最小数量）	PATH 减少的测量：分配到子功能中，在子功能中显示 例如，Logiscope 中的测量指标：ct_path、path 例如，QA-C 中的则量指标：STPH	1～80
go to 语句数	go to 语句数量	该类语句大大增加了路径的数量，从而降低了可测试性 例如，Logiscope 中的测量指标：ct_goto、goto 例如，QA-C 中的测量指标：STGTO	0
圈复杂度 v（G）	函数的圈数	v（G）减少的测量：在多个函数间分配，包括子函数的分页进入和退出 例如，Logiscope 中的测量指标：ct_vg；VG；ct_cyclo 例如，CodeSurfer 中的测量指标：vG 例如，QA-C 中的测量指标：STCYC	1～10

逻辑结构的复杂度可能是最直观影响软件复杂度的指标。例如，控制逻辑环环相扣，又夹杂循环和交叉引用，这样的程序不仅运行质量会大打折扣，还会消耗大量CPU资源。而且在测试阶段，我们会发现这是一个令人头疼的问题，仅仅理清语句分支和条件分支，并编写相应的测试用例就非常耗时。

因此，高软件复杂度不仅影响软件质量，不利于维护，还妨碍测试和验证。降低软件复杂度是高质量软件的基本要求，这对工程师能力和组织成熟度提出了挑战。

为降低软件复杂度，可采用以下方法。

- **模块化设计**：将软件系统划分为独立的模块或组件，以降低系统的整体复杂度，提高可维护性和可扩展性。
- **降低耦合度**：减少模块间依赖和交互，以提升模块的独立性和可重用性。
- **简化数据结构**：采用合适的数据结构来组织数据，简化数据元素之间的关系，降低数据结构的复杂性。
- **优化算法和逻辑**：采用更高效、更简单的算法和逻辑来替代复杂的算法和逻辑，以降低程序的复杂度。
- **采用设计模式**：采用常见的设计模式来指导软件设计，解决常见的软件设计问题，提高代码的可维护性和可重用性。

2. 防御性编程技术的使用

防御性编程技术是大家经常听到的，该技术在信息安全领域有较多的应用。根据表6-1中1d准则可知，对于ASIL A、ASIL B等级，推荐该准则，而对于ASIL C、ASIL D等级，则高度推荐在软件设计过程中遵守该准则。因此，ASIL B等级及以下的功能安全开发也可以适当使用防御性编程技术。

墨菲定律告诉我们：会出错的事总会出错；如果你担心某种情况发生，那么它就更有可能发生。

硬件会发生随机失效，软件会发生系统性失效，失效伴随着风险，风险无法根除但可以控制。在软件设计过程中，工程师们总会"用魔法打败魔法"来解决Bug，但新的"魔法"在不知不觉中催生了新的Bug。

软件发生系统性失效的风险会随着其复杂程度增加呈指数级增加。在设计过程中，我们无法完全预料或发现所有潜在的风险，因为这些风险可能需要特定条件才会触发。然而，我们可以基于规则去"感知"这些风险,在设计过程中识别并解决它们,尽量避免风险发生或控制其影响,这就是防御性编程的意义。

防御性编程这一概念源于防御性驾驶。在防御性驾驶中,需保持这样一种思维:你永远不知道其他驾驶员会做出什么不利于你的举动,所以要保持警惕,这样才能确保在他人做出危险行为时,你不会受到伤害。你需要承担保护自己的责任,即使错误在于其他驾驶员。

防御性编程是一种编程方法,核心在于"防御",既强调对错误的"预防",也强调对错误的"抵御"。

防御性编程技术旨在提高软件对于潜在风险的鲁棒性,降低软件缺陷的风险,使软件在面对异常或错误时更加健壮。防御性编程的具体要求包括以下几点。

(1) 输入验证与清理

对所有外部输入进行严格验证和清理,确保数据合法且在允许范围内,防止恶意输入或错误数据导致程序异常或崩溃,例如,在进行除法运算之前,应验证除数是否为非零或在特定范围内。

(2) 断言

断言是在软件开发期间使用,用于使程序在运行时进行自检的代码(通常是一个子程序或宏)。断言为真,表示程序运行正常;断言为假,则表示程序中已发现意料之外的错误。

使用断言的建议如下。

1)用错误处理代码来处理预期会发生的状况,用断言来处理绝不应该发生的状况。错误处理代码主要用来处理有害的数据输入;断言主要是用来检查代码本身的问题。

2)避免将需要执行的代码放到断言中。

3)使用断言来注解并验证前置条件和后置条件。

4)对于高鲁棒性的代码,应该先使用断言再处理错误(这一条使用得很少)。

(3) 代码审计与安全审查

防御性编程要求定期进行代码审计和安全审查,以发现潜在的安全漏洞和代码缺陷。这些审计和审查应重点关注代码的安全性和可靠性,并检查潜在的注入攻击、跨站脚本攻击、跨站请求伪造等安全威胁。

(4) 限制权限和访问控制

防御性编程要求限制程序对系统资源的访问和操作权限,并实施严格的访问控制机制,以防未经授权的访问和操作。例如，程序应只具有必要的文件读写权限，并且应实施基于角色的访问控制（RBAC）等安全策略，确保只有授权用户才能执行敏感操作。

（5）最小权限原则

每个程序或系统账户只应拥有完成任务所需的最低权限。这可以减少潜在的安全风险和漏洞，因为即使程序被攻陷，攻击者也只能获得有限的权限。

（6）加密与安全通信协议

使用加密和安全通信协议来保护数据的机密性和完整性。例如，在处理敏感数据时，应采用加密算法对数据进行加密，并对传输过程实施 E2E 保护，以确保数据的机密性和完整性。

6.2 软件安全要求

软件安全要求（SSR）应源自 TSC，并成为软件安全要求规范的一部分。软件安全要求描述了通过软件层面架构元素实现的软件安全机制（SW_SM）。这些安全机制被定义为技术解决方案的附加安全要求，以满足 TSC 中提到的功能安全要求。

SSR 最终整理形成一份完整的软件需求文档——软件安全需求规范（SSRS）。按照 ISO 26262 及 ASPICE 提到的 V 模型流程要求，SSRS 被定义为启动安全相关软件开发的输入文档。

6.2.1 目的

定义 SSR 的目的是。

1）定义或细化由 TSC 和系统架构设计规范派生的 SSR。

2）定义软件实现所需的安全相关功能和特性。

3）细化在 ISO 26262-4:2018 第 6 章中最初定义的 HSI 规范。

4）验证 SSR 和 HSI 规范是否适用于软件开发，并检查它们与 TSC 和系统架构设计规范的一致性。

6.2.2 要求与建议

根据软件 V 模型开发流程，定义 SSR 这一活动在流程上与 ASPICE SWE.1：**软件需求分析**这一过程的要求相对应。接下来先了解标准对于 SSR 这一活动的具体要求。

1）在得到 SSR 时，应考虑所需的**安全相关软件功能和特性**，其失效可能会违背分配给软件的 TSR。

2）从 TSR 和系统设计规范（SysDS）中提炼出 SSR。

3）解决可能导致违反 TSR 的每个基于软件的功能故障，例如：

- ❏ 检测和控制硬件功能故障。
- ❏ 诊断运行时车载或非车载服务功能故障。
- ❏ 在生产和服务过程中对软件功能进行修改的故障。

（参考 ISO 26262-6: 2018, 6.4）

解读 这部分 SSR 往往是软件安全机制的由来，应该与软件要求一起分配到架构要素中。软件安全机制应被分配和/或指定为软件层面现有架构要素的附加要求。它们应由 TSR 衍生的 SSR 来规定。

4）详细说明 HSI 规范，并应描述硬件和软件间与安全相关的依赖关系，以便软件正确使用硬件。

4.5 节谈到 HSI 规范这个输出物及其要求。作为硬件和软件之间设计沟通的"桥梁"，HSI 规范需要在硬件和软件开发阶段进一步细化。关于 HSI 规范在流程和内容上的要求参考如下。

- ❏ 描述每个电子电气系统中硬件与软件之间的安全相关接口。
- ❏ 作为硬件级和软件级产品开发的输入。
- ❏ 描述硬件元件的诊断能力及软件使用情况。相关诊断能力包括硬件诊断功能和与硬件有关的诊断特征，这些将在软件中实现。
- ❏ 在系统设计阶段进行定义，并在硬件和软件开发过程中进行细化。
- ❏ 与 TSC 保持一致，并应规定硬件元件和软件之间的相互作用。
- ❏ 应包含硬件元件的相关运行模式及配置参数。
- ❏ 应包含确保元素独立性和支持软件分区的硬件功能描述。
- ❏ 应包含硬件资源共享和独占使用相关信息的描述。
- ❏ 应包含对硬件设备的访问机制。
- ❏ 应包含 TSC 中涉及的每项服务定义的时间限制。
- ❏ 应由系统、硬件与软件开发人员共同验证。
- ❏ 应包含反应时间、外部接口（如用户接口）和运行模式的描述。

这是 HSI 在流程上的要求：应按照 ISO 26262-8: 2018 第 6 章和第 9 章的要求，对软件安全要求和细化后的 HSI 进行验证，以提供证据证明软件开发的适用性、与技术安全要求的符合性和一致性、与系统设计的符合性以及与软硬件接口的一致性。

通常，对于 ASIL A 等级的安全要求通过走查进行验证，而对于 ASIL B 等级以上的安全要求通过检查的方式进行验证。标准对于安全要求的验证方法参考表 6-3。

表 6-3 验证安全要求的方法

方法		ASIL 等级			
		A	B	C	D
1a	通过走查验证	++	+	o	o
1b	通过检查验证	+	++	++	++
1c	半形式化验证 [a]	+	+	++	++
1d	形式化验证 [a]	o	+	+	+

[a] 表示可执行模型可以支持验证

6.3 软件架构设计

软件架构设计不仅满足 SSR，还能满足其他软件要求。因此，在此阶段，功能安全相关和非功能安全相关的软件要求在同一个开发过程中处理。

6.3.1 目的

实施软件架构设计的主要目的如下。

1）验证软件架构设计是否满足所要求的 ASIL 等级的软件安全要求。

2）支持软件的实现与验证。

6.3.2 什么是架构

"架构"作为名词使用时代表的是事物的"框架"或"构造"，它描述的是人们对一个结构内的元素及元素间关系的主观映射的产物。这个概念可以应用于不同的领域，包括汽车、信息系统、飞机、建筑等。

"架构"作为名词解释时，概括起来与结构有关，可解释为"产品构成的一系列组件、模块和交互"。这需要考虑整个产品的各种方面，包括供电、供水、空调等基础设施服务，或者软件的安全、配置、错误处理等横切关注点。

"架构"作为动词使用时，包括理解需要构建的内容、设计愿景以支持构建过程，以及做出适当的设计决策。

所有这些都要以需求为基础，因为需求驱动架构。关键在于，架构是关于交流愿景以及引入技术领导力的，这样参与产品构建的每个人都能理解愿景，并为产品的成功做出积极贡献。

6.3.3　什么是软件架构

在软件领域中，架构是指软件系统的组织结构及组件之间的关系。

软件架构设计旨在实现一些特定的目标，包括可靠性、安全性、可扩展性等。软件架构设计的目标是确保软件系统能够满足业务需求，并能够在未来的变化和扩展中保持稳定。

软件架构设计以层次结构的形式表示软件架构要素及它们之间的交互方式，是软件开发过程中的高层设计。它描述了静态方面（如软件组件之间的接口）以及动态方面（如进程序列和时序行为）。

软件架构设计提供了实现软件需求和 ASIL 等级所需的软件安全要求的方法，也提供了管理软件详细设计的方法。

6.3.4　软件架构与系统的交互

架构设计是一门艺术，一个好的软件架构设计犹如一件精美实用的艺术品，不仅能给人带来阅读的舒适感和认同感，还能用于指导设计出性能出色的软件，这是软件架构师追求的目标。

由 V 模型可知，软件层面的设计需要与系统层面具有一致性和可追溯性。具体的系统层面和软件层面的交互关系可参考图 6-2。

图 6-2 展示了系统架构和软件架构的层级关系，即软件系统是系统要素的一部分，软件系统中的功能来源于系统功能，架构要素是对系统要素的进一步细化，这就是标准要求软件层级的设计要与系统层级的设计保持一致的原因。

软件架构设计需要实现以下成果。

1）定义了识别软件要素的软件架构设计。

2）将软件需求分配给软件架构中的要素。

3）定义了每个软件要素的接口。

4）定义了软件要素的动态行为和资源使用的目标值。

5）确保了软件需求与软件架构设计之间的一致性及双向可追溯性。

6）软件架构设计已确定，并与所有相关方进行了沟通。

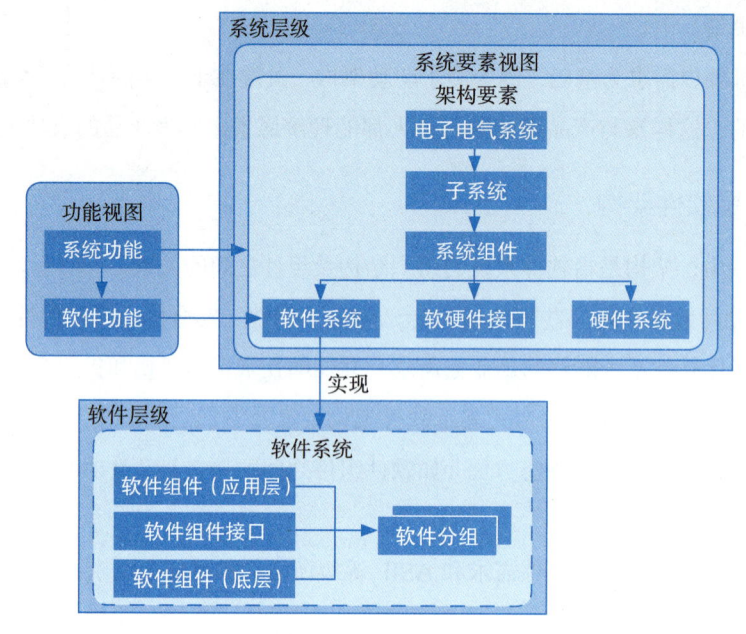

图 6-2　系统层面与软件层面的交互关系

6.3.5　软件系统简介

根据 ISO 26262 第 6 章中的要求，安全软件架构设计示意图如图 6-3 所示。

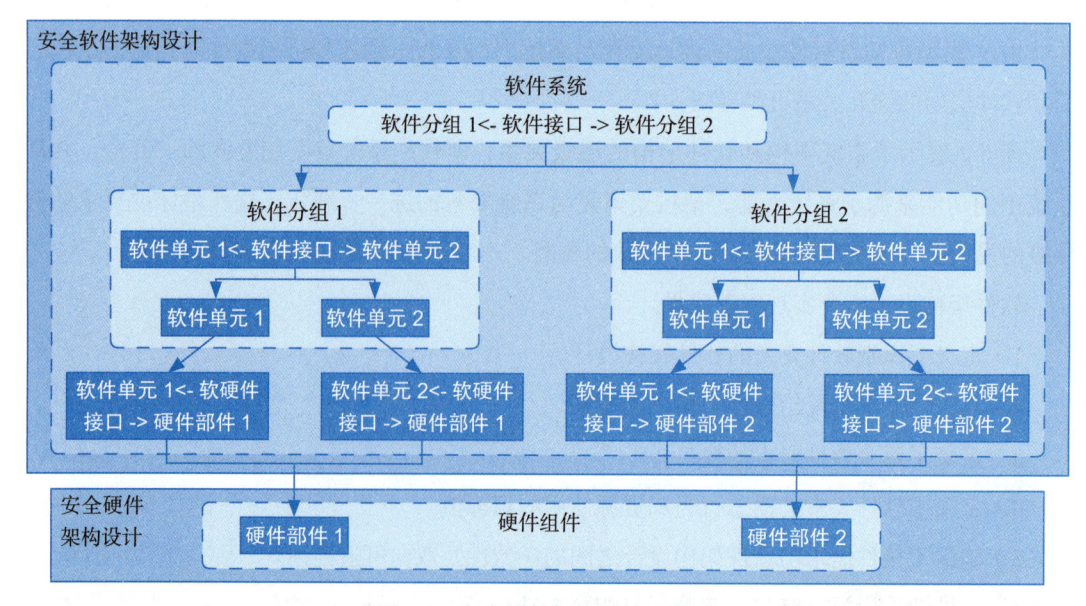

图 6-3　安全软件架构设计示意图

通常，安全相关软件架构应至少包含软件分组/区、软件组件和软件单元。

从图 6-3 可以看出，软件架构设计应明确：

❑ 将每个软件系统的架构划分为软件组件和软件单元。

❑ 描述软件单元之间的接口。

❑ 由软件要素实现的安全需求和安全机制。

通过在软件安全活动中实施的安全措施，处理开发团队成员导致的系统性失效。图 6-4 所示为软件层级开发视图。

软件开发视图要与系统架构保持一致，即软件要素要涵盖系统架构要素，且这些软件要素承载的功能要能够充分实现系统架构要素的功能。此外，软件开发过程中的系统性失效也应在软件架构中设计相应的功能模块（如故障处理模块）进行处理。

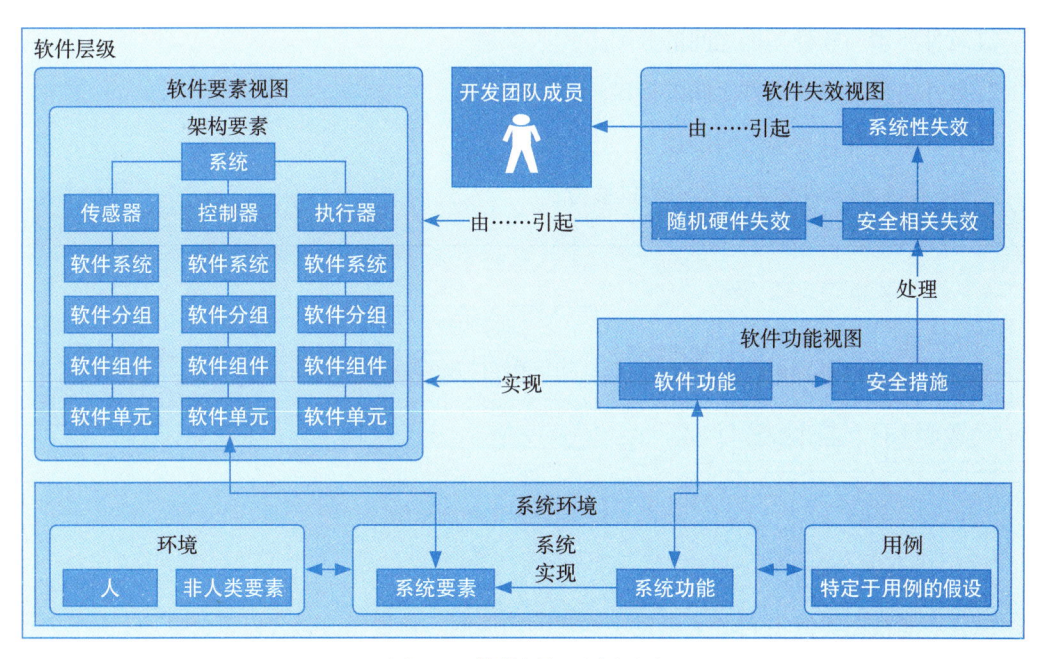

图 6-4　软件层级开发视图

6.3.6　软件层面的开发视图

按照结构化的开发方法，将软件层面的开发通过不同的视图来呈现。一般而言，软件层面的开发视图有两种常见的划分方式。

方式一包括软件要素视图、软件功能视图、软件失效视图。

方式二包括功能视图、物理系统视图、逻辑视图。

方式一更加聚焦于软件层面的结构化开发视图，体现了安全元素，可以与 FMEA 的分析视图相对应。方式二是通用型的架构视图，可用于不同层面的开发视图描述。接下来以方式一来谈谈软件架构中不同的开发视图。

1. 软件要素视图

软件要素视图类似于建模语言中的构件图/部署图，对应软件架构的静态方面，类似于 FMEA 活动中构建的结构网。

软件要素视图应包含用于实现已识别的安全相关软件功能的所有架构要素。该视图应包含以下信息。

- ❑ 软件要素之间的接口。
- ❑ 软件要素与软件功能之间的分配。
- ❑ 软件组件与硬件组件之间的接口。
- ❑ 软件组件与其环境之间的接口。

图 6-5 所示的软件要素视图示例供参考。

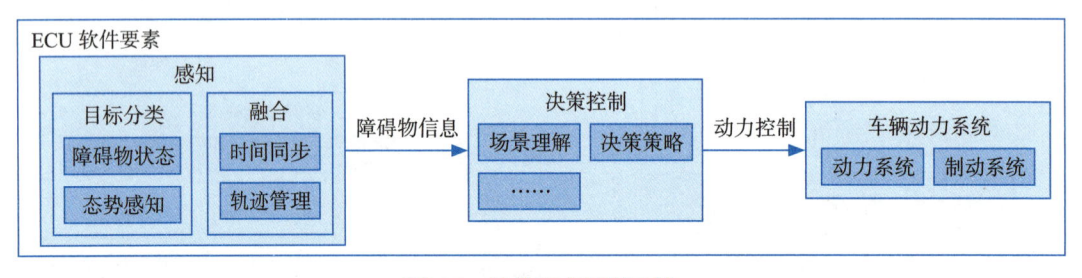

图 6-5　软件要素视图示例

2. 软件功能视图

软件功能视图类似于 FMEA 活动中构建的功能网。该视图应包含以下信息。

- ❑ 软件中所有已识别的与安全相关的功能。
- ❑ 软件安全相关功能之间的接口。
- ❑ 与安全相关的软件功能和实现这些功能的架构要素之间的分配。
- ❑ 安全相关系统功能和相关功能项之间的接口。

图 6-6 所示的软件功能视图示例供参考。

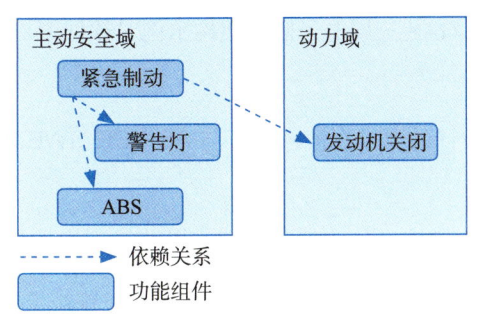

图 6-6　软件功能视图示例

3. 软件失效视图

软件失效视图应包含所有已识别的安全相关故障，这是在架构中体现安全要素的关键，类似于 FMEA 活动中的故障网。这些故障源自软件架构要素、开发团队成员。

每个与安全相关的软件失效视图应包括对导致安全相关故障的架构要素的分配。在软件层面的安全分析过程中，应识别与安全相关的故障。

目前，汽车软件工程中使用的上述 3 个视图演变自 Kruchten 于 1995 年提出的广为人知的"4+1 视图架构模型"。"4+1 视图架构模型"假设从以下角度描述软件架构。

- 逻辑视图——描述系统的设计模型，包括组件和连接件等实体。
- 过程视图——描述体系结构的执行过程，使我们了解构建中软件的非功能特性。
- 物理视图——描述系统的硬件架构以及硬件平台上软件组件的映射（部署）。
- 开发视图——描述软件组件中软件模块的组织结构。
- 场景视图——描述系统与外部参与者的交互及组件之间的交互。

图 6-7 所示为"4+1 架构视图模型"。

"4+1 架构视图模型"已被用于电信、航空等领域。它与早期的 UML 1.1 至 1.4 版本及 20 世纪 90 年代的其他软件开发标记法有着密切的关系。

图 6-7　4+1 架构视图模型

然而，在汽车领域，UML 的使用非常局限于类图和对象图，因此这种视图不像在电信通信领域那样常见。

6.3.7　软件架构设计要求及方法

本节将从标准对软件架构设计的要求、软件架构设计方法、软件架构故障处理机制这几个方面进行介绍，并结合 E-GAS 三层电子监控架构示例对软件架构设计的具体实践进行讲解。

1. 软件架构设计要求

标准中关于软件架构设计的要求在流程上可与 ASPICE SWE.2：**软件架构设计**这一过程的要求相对应。

下面摘录了标准对软件架构设计的相关条款，以此梳理出软件架构设计应满足哪些安全设计要求，具体内容可参考 ISO 26262-6:2018 第 7.4 节。

1）软件架构设计标记法如表 6-4 所示。

表 6-4　软件架构设计标记法

方法		ASIL 等级			
		A	B	C	D
1a	自然语言	++	++	++	++
1b	非形式记法	++	++	+	+
1c	半形式化标记法	+	+	++	++
1d	形式化标记法	+	+	+	+

Q：用于软件架构设计描述的自然语言、半形式化标记法和形式化标记法有什么区别？

2）在软件架构设计开发中，应考虑以下几方面。

a）软件架构设计的可验证性。

b）可配置软件的适用性。

c）软件单元设计与实现的可行性。

d）软件集成测试中软件架构的可测试性。

e）软件架构设计的可维护性。

这些描述都比较抽象，不妨换个方式来思考上述要求。首先，软件要素需要承载的是软件需求，所以软件架构设计的可验证性和可测试性都可以理解为验证软件需求与要素间的一致性、可追溯性和正确性。可配置软件的适用性需要考虑一些配置既有软件组件对于所分配需求的满足性。软件架构设计可维护是一个经常被提及的软件质量目标，这涉及比较多的方面，比如软件架构设计风格、复杂度、简洁性、模块化和可配置性等。如果软件要素间的耦合性高，这种架构设计的可维护性自然不会好。

该要求可与 ASPICE 中的 SWE.2.BP7　建立双向可追溯性、SWE.2.BP8　确保一致性的基本实践要求相对应。

3）为了避免系统性故障，应遵循表 6-5 列出的原则，使软件架构设计具有以下特征。

a）可理解性。

b）一致性。

c）简单性。

d）可验证性。

e）模块化。

f）封装性。

g）可维护性。

表 6-5 软件架构设计原则

原则		ASIL 等级			
		A	B	C	D
1a	软件组件的适当分层	++	++	++	++
1b	限制软件组件的规模和复杂度	++	++	++	++
1c	限制接口规模	+	+	+	++
1d	每个组件内强内聚	+	++	++	++
1e	软件组件间松耦合	+	++	++	++
1f	恰当调度	++	++	++	++
1g	限制中断的使用	+	+	+	++
1h	软件组件的适当空间隔离	+	+	+	++
1i	共享资源的适当管理	++	++	++	++

表 6-5 列出的软件架构设计原则与上文提到的防御性编程原则有些是一致的，比如限制中断的使用、软件组件的适当分层等。

该要求可与 ASPICE 中的 SWE.2.BP7 建立双向可追溯性、SWE.2.BP8 确保一致性的基本实践要求相对应。

设计**高复杂度**的原因如下。

❏ 高度分支的控制流或数据流。

❏ 分配给单个设计要素的要求过多。

❏ 某个设计要素的接口过多或设计要素之间的交互过多。

❏ 参数类型复杂或数量过多。

❏ 全局变量过多。

❏ 难以为错误检测和处理的适当性和完整性提供证据。

❏ 难以达到测试覆盖率要求。

❑ 只有少数专家或项目参与者能够理解。

4）软件架构应被设计到能够识别出软件单元的层面。

这条要求实际上也是双向可追溯性的要求。由于软件架构设计用于指导接下来的软件详细设计，详细设计环节需要进一步对架构中识别到的软件单元进行详细定义和设计。因此，要求软件架构设计与软件详细设计之间保持一致性和双向可追溯性，同时软件详细设计与软件单元之间也必须保持一致性和双向可追溯性。

该要求可与ASPICE中的**SWE.2.BP7　建立双向可追溯性**、**SWE.2.BP8　确保一致性**的基本实践要求相对应。

5）应对嵌入式软件所需资源进行上限预估，包括执行时间、存储空间、通信资源。（参见ISO 26262-6: 2018, 7.4.13）

该要求可与ASPICE中的**SWE.2.BP5　定义资源消耗目标**的基本实践要求相对应。

6）软件架构设计按照ISO 26262-8: 2018第9章进行验证，并使用表6-6中所列的软件架构设计验证方法，应满足以下要求。

a）软件架构设计应满足相应ASIL等级的软件安全要求。

b）软件架构设计的评审或审核应能够为设计满足对应ASIL等级的软件安全要求提供证据。

c）软件架构设计应与目标环境相兼容性。

d）软件架构设计应与设计指南保持一致。

（参考ISO 26262-6: 2018, 7.4.14）

表6-6　软件架构设计验证方法

	方法	ASIL等级 A	ASIL等级 B	ASIL等级 C	ASIL等级 D
1a	设计走查[a]	++	+	o	o
1b	设计检查[a]	+	++	++	++
1c	对设计中的动态行为进行仿真	+	+	+	++
1d	生成原型	o	o	+	++
1e	形式验证	o	o	+	+
1f	控制流分析[b]	+	+	++	++
1g	数据流分析[b]	+	+	++	++
1h	调度分析	+	+	++	++

[a] 表示在基于模型开发的情况下，这些方法可以在模型中应用。
[b] 表示控制流和数据流分析可以限制在安全相关组件和它们的接口上。

2. 软件架构设计参考

1) 软件架构设计包括静态设计和动态设计两方面，标准要求的软件架构设计描述如下。

a) **软件架构静态设计**包括分层次的软件结构、数据类型及特征参数、软件组件的外部接口、嵌入式软件的外部接口、全局变量，以及架构范围和外部依赖的约束。

b) **软件架构动态设计**包括事件和行为的功能链、数据处理的逻辑顺序、控制流和并发进程、通过接口和全局变量传递的数据流，以及时间的限制。

（参考 ISO 26262-6: 2018, 7.4.5）

解读 软件架构静态设计涉及软件架构构成要素、要素之间的接口（内部接口）、要素与外部交互的接口（外部接口），以及要素之间及与外部交互数据的类型及特征参数。软件架构动态设计需要考虑不同的运行状态（如开机、关机、正常运行、标定和诊断）下的动态行为，并且需要定义通信资源及其在系统硬件（如 CPU）上的分配。

以上要求可与 ASPICE 的 SWE.2.BP1　**开发软件架构设计**、SWE.2.BP3　**定义软件要素的接口**、SWE.2.BP4　**描述动态行为**的基本实践要求相对应。

2) SSR 应按层次分配给软件组件，直至软件单元。因此，每个软件组件应按照分配给它的任何需求的最高 ASIL 等级进行开发。

（参考 ISO 26262-6: 2018, 7.4.6）

该要求可与 ASPICE 中的 **SWE.2.BP2　分配软件需求**的基本实践要求相对应。

3) 如果复用一个没有按照标准要求进行开发的未修改的现有软件架构要素，为满足分配的安全要求，则应按照 ISO 26262-8: 2018 第 12 章的要求进行鉴定。

（参考 ISO 26262-6: 2018, 7.4.7）

4) 如果嵌入式软件必须实现不同 ASIL 等级的软件组件，或实现功能安全相关及非功能安全相关的软件组件，除非软件组件符合 ISO 26262-9: 2018 第 6 章定义的共存准则，否则所有嵌入式软件必须按照最高 ASIL 等级来处理。

（参考 ISO 26262-6: 2018, 7.4.8）

5) 如果通过软件分区实现软件组件之间免于干扰，那么应确保：

a) 软件分区使用共享资源时不受干扰。

b) 可使用专用的硬件或等效方法支持软件分区（适用于 ASIL D 等级）。

c）实现软件分区的软件要素应按照软件分区中需求的最高 ASIL 等级进行开发。

d）在软件集成和验证阶段生成软件分区有效性的证据。

（参考 ISO 26262-6: 2018, 7.4.9）

与安全相关的软件架构设计应包含计划实现 SSR 的软件分区的概述。如果使用了一个以上的软件分区，这些软件分区应充分独立，以确保一个软件分区中实现的软件功能不会违反分配给任何其他软件分区的软件安全要求，如图 6-8 所示。

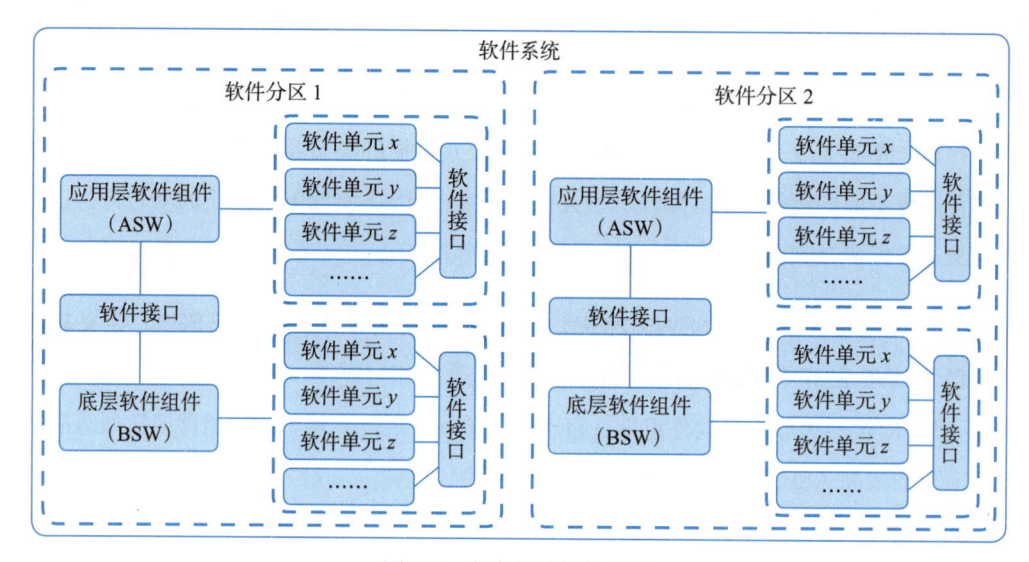

图 6-8 安全相关软件分区

6）应按照 ISO 26262-9: 2018 第 8 章在软件架构层级执行安全导向分析，目的是：

- 提供软件适用性证据，证明其具备满足相应 ASIL 等级的特定安全相关功能和特性要求。
- 识别或确认与安全相关的软件部分。
- 支持定义安全措施并验证其有效性。

（参考 ISO 26262-6: 2018, 7.4.10）

7）如果 SSR 的实现依赖软件组件间免于干扰或足够的独立性，则应按照 ISO 26262-9:2018 第 7 章进行相关的失效及影响分析。

（参考 ISO 26262-6: 2018, 7.4.11）

解读 上述两条要求实际上指明，在软件架构设计过程中需实施相应的安全分析，以验证和支持当前软件架构设计对标准要求的符合性。同时，为保障 SSR 的有效性，应在软件架构层面实施相关失效分析（DFA），以证明软件组件间能相互独立地实现分配给的需求。

3. 软件架构故障处理机制

基于软件架构实施分析后，常采用错误检测和错误处理机制进行软件架构设计的故障处理。

错误检测安全机制介绍如下。

- 输入输出数据范围检查。
- 合理性检查（例如，使用期望行为的参考模型、断言检查或不同来源信号的比较）。
- 数据错误检查（例如，检错码和多重数据存储）。
- 外部要素监控程序执行，例如，通过专用集成电路（ASIC）或者其他软件要素来执行看门狗功能。监控可以是逻辑监控、时间监控，或者两者的结合。
- 程序执行时间监控。
- 采用异构冗余。
- 在软件或硬件中实施的访问冲突控制机制，与授权访问或拒绝访问安全相关的共享资源有关。

错误处理安全机制介绍如下。

1）为了达到和维持安全状态而进行功能关闭。

2）采用静态恢复机制（例如：后向恢复、前向恢复，以及基于重复的恢复）。

3）通过划分功能的优先级进行平稳降级，从而最小化潜在失效对功能安全的不利影响。

4）采用同构冗余，侧重于控制运行相似软件的硬件中的瞬态故障或随机故障的影响（例如，软件在时间上的冗余执行）。

5）采用异构冗余意味着在每个并行路径中使用不同的软件，侧重于预防或控制软件中的系统性故障。

对于采用冗余设计的错误处理机制，提出以下建议。

- 功能最好由不同的团队使用不同的方法（如算法）和工具来实现。
- 功能并行执行。
- 如果冗余通道之间的结果不同，则必须决定哪个结果是正确的。这对于 1oo2 的决策来说是困难的，但对于 2oo3 的决策来说是可行的。

6）采用数据纠错码。

7）在软件或硬件中实施的访问许可管理，与授权访问或拒绝访问安全相关的共享资源有关。

这里讲讲静态恢复机制和平稳降级机制，它们在功能安全软件架构设计中是比较常用的机制。

（1）静态恢复机制

静态恢复机制的介绍如下。

❏ 基于功能块冗余的恢复机制。

❏ 如果发生错误，系统将使用另一种实现重新尝试执行当前步骤。

❏ 如果每个作为冗余部分的块中都发生错误，则恢复失败。

解读 静态恢复机制通常通过冗余的软件功能块来实现功能的恢复，原理是：一旦发生错误，系统会利用另一个冗余块重新尝试执行当前步骤。如果错误发生在所有冗余块中，则恢复失败。

静态恢复机制的原理示意图参见图 6-9。

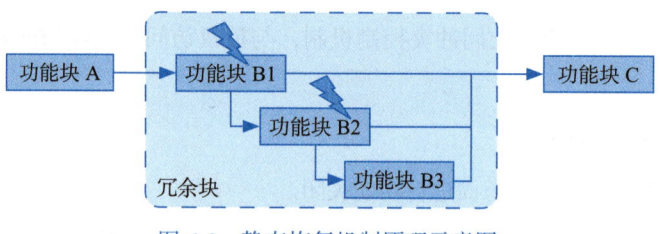

图 6-9　静态恢复机制原理示意图

按恢复的作用方式，静态恢复机制一般可以分为前向恢复、基于重复的恢复和后向恢复几种，如图 6-10 所示。

图 6-10　静态恢复机制分类

1）前向恢复。顾名思义，前向恢复机制是在检测到错误时，软件继续运行，寻找能覆盖该错误的功能块。该机制的原理如下。

❏ 如果检测到错误，系统将继续检查下一个功能块。

❏ 下一个功能块必须处理输入错误。

例如：读取功能块 B 过程中的错误通过功能块 C 来处理，如图 6-11 所示。

图 6-11　前向恢复机制原理示意图

2）**基于重复的恢复**。这有点类似于应对通信故障的消息重复机制，即当检测到某功能块错误时，重复执行或发送，以尝试使该功能块恢复正常。该机制介绍如下。

❑ 再次执行时检测到错误的功能块。

❑ 引入重复计数器，以免在出现持续错误时死锁。

当传输信息出现校验和错误时，重复次数将被限制。

基于重复的恢复机制原理示意图参见图 6-12。

图 6-12　基于重复的恢复机制原理示意图

3）**后向恢复**。后向恢复与前向恢复相对应，是指当检测到错误时，使用以前的某个值来替代当前错误值，以使系统功能恢复正常，这有点类似于将系统恢复到某个以前的版本或状态。该机制介绍如下。

❑ 保持某个一致的系统状态。

❑ 如果发生错误，系统将回退到上一个一致的状态。

❑ 通常在实时系统中，后向恢复很困难。

❑ 真实世界中系统中的数据本身无法回滚，例如车速、发动机转速和所选挡位，但可以基于逻辑合理性，用之前的值代替当前错误值，以使功能恢复正常。

❑ 在短时间内（毫秒级）实现后向恢复是可能的。

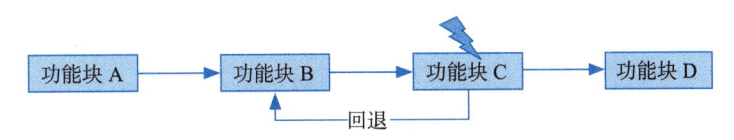

后向恢复机制原理示意图参见图 6-13。

图 6-13　后向恢复机制原理示意图

（2）平稳降级机制

平稳降级是指当检测到故障时，为维持系统的基本运行，将系统从有故障的通道切换到能够继续维持系统基本功能运行的通道。因此，要实现平稳降级，一般在系统架构设计时就需要考虑如何实现功能的平稳过渡，通常需要在架构上进行冗余设计，即如果检测到错误，系统不会就此"关闭"，而是使用一组减少的功能来继续维持运行，这一组功能往往在原系统预期功能的基础上有所降级。

例如：在传感器出错的情况下，ECU 将使发动机以降低的功率运行；在主动前转向系统出现错误时，应采用固定传动比而非可变传动比；在主动前转向系统出现错误时，降低可变传动比。

图 6-14 所示为功能平稳降级示意图。

图 6-14　功能平稳降级示意图

可以在系统层面对软件安全机制（包括一般的鲁棒性机制）进行评审，以分析其对系统行为的潜在影响以及与 TSR 的一致性。

根据上述关于安全软件架构设计要求，可以参考 E-GAS 三层电子监控架构的设计概念进行设计。

4. 软件安全架构设计方法

E-GAS 三层电子监控架构设计概念不仅可用于系统层面的架构设计，还可以很好地用于软件架构设计，实现软件的安全架构设计理念。本小节将简要介绍如何运用 E-GAS 三层电子监控架构设计概念实现软件的安全架构设计。

以下是 E-GAS 三层电子监控架构的设计概念。

（1）第一层（Level 1）：功能层

- 实现 ECU 功能的应用软件（例如发动机控制或 BMS）。
- 实施特定于应用程序的断言编程，以防操作过程中出现失效。
- 比较系统的预期状态与测量状态（例如转速、压力）的功能设计。

（2）第二层（Level 2）：功能监控层

❑ 监测第一层的功能。

❑ 传感器的测试与监控。

（3）第三层（Level 3）：控制器监控层

❑ 监测故障并触发安全状态（例如关闭）。

E-GAS 三层电子监控架构示意图可参见图 6-15。

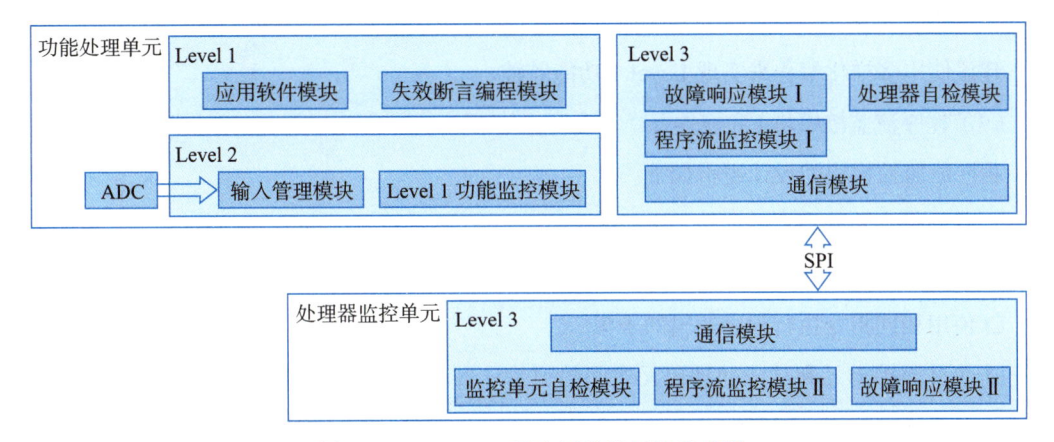

图 6-15　E-GAS 三层电子监控架构示意图

对于参考图 6-15 所示的 E-GAS 三层电子监控架构进行软件架构设计，其中相关模块用到的技术简要说明如下。

（1）失效断言编程模块

断言编程即在 6.1.2 节提到的防御性编程技术，失效断言编程模块具有以下特征。

❑ 判断系统是否正常运行。

❑ 对系统的仿真，包括输出级、执行器、传感器，以及带控制值的输入管理的仿真，将测量得到的输入值与模拟结果（预期值）进行比较。

例如，在电磁阀控制功能中使用断言编程，其断言程序的输入管理参考如下。

1）电磁阀（执行机构）的开启（或关闭）会增加（或降低）液压系统中的压力。

2）使用模型模拟压力随时间推移的变化。

3）假设压力传感器在控制指令发出后能够提供有效的压力值。

断言编程逻辑检验如下。

1）每次控制指令打开或关闭后，将测量的液压系统的压力值与预期的压力值进行比较。

2）如果系统的行为与预期不同，则判定元件链中的某个位置出现故障。

（2）Level 1 功能监控模块

在架构设计过程中，该模块具有以下特征。

☐ 检测应用程序是否正常工作。

☐ 通过比较自行计算的控制值与应用程序计算的控制值，判断应用程序的计算值是否合理。如果不合理，通过故障响应模块Ⅰ将系统切换到安全状态。

建议使用多样化编程来实现 Level 1 功能监控。

（3）程序流监控模块Ⅰ和模块Ⅱ

程序流监控模块的设计逻辑如下。

☐ 目的是判断处理器的计算是否正确。

☐ 在 Level 1 和 Level 2 中设置的程序检查点是否按预期的时间顺序到达。

☐ 使用相同指令执行程序逻辑的子集。

☐ 通过监控单元和功能处理单元之间的通信，并在预期时间范围内比较两个程序流监控程序计算的值，判定处理器的计算是否正确。

如果不正确，请使用故障响应模块Ⅰ和模块Ⅱ将系统切换到安全状态。

基于上述程序流监控模块的设计逻辑，程序流监控测试检验流程参见图 6-16。

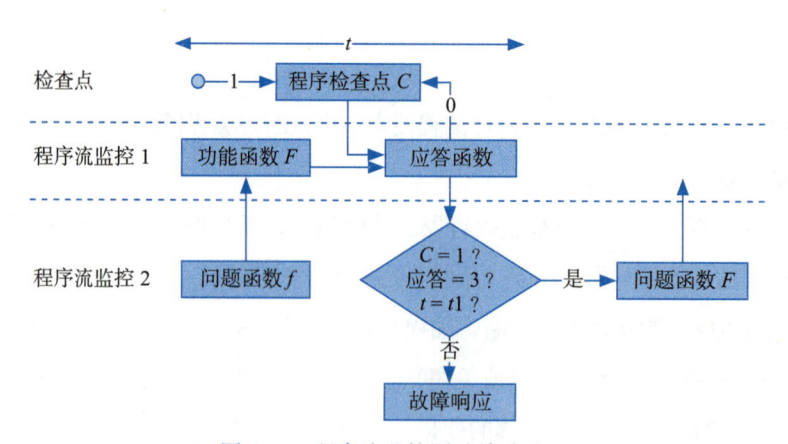

图 6-16 程序流监控测试检验流程

图 6-16 的测试判断逻辑如下。

- 测试是否在预期时间 $t1$ 之后收到预期答案。
- 功能函数 F 的行为是否符合预期。

（4）处理器自检模块和监控单元自检模块

在软件架构设计过程中，这两个模块具有以下特征。

- 使用处理器内部自带的检测模块对电源、ROM、RAM、时钟等进行可用性诊断测试。
- 测试处理器是否正常工作。
- 检测到故障时，故障响应模块 I 和模块 II 将系统切换到安全状态。

（5）输入管理模块

在软件架构设计过程中，输入管理模块具有以下特征。

- 测试传感器是否正常运行。
- 通过比较同一测量中的两个独立传感器的测量值来验证输入是否存在故障。
- 当检测到故障时，使用故障响应模块 I 将系统切换到安全状态。

（6）故障响应模块

在软件架构设计过程中，故障响应模块具有以下特征。

- 发生故障时，故障响应模块将触发输出级，将系统切换到安全状态。
- 将故障记录至存储单元。

（7）通信模块

在软件架构设计过程中，通信模块具有以下特征。

- 控制和监控通信。
- 实现功能处理单元中第三层软件与监控单元之间的数据和信息交换。

结合上面介绍的软件架构设计的视图、模型及标准的要求，软件架构除了要遵循相关设计原则，还要实现软件质量相关属性的满足，两者是相辅相成的。

软件架构的主要设计原则如下。

1）**分层**：将系统划分为不同的层，每层专注于自身功能，降低系统复杂性。

2）**高内聚低耦合**：将功能相关的模块聚合在一起，降低模块之间的耦合度，提高系统的可维护性。

3）**抽象**：通过抽象隐藏系统的复杂性，仅暴露必要的接口，从而简化系统的使用。

4）**开放封闭**：对扩展开放，对修改封闭，即系统的新功能应该通过扩展实现，而不是修改现有代码。

5）**依赖倒置**：高层模块不应依赖低层模块，它们都应依赖抽象。抽象不应依赖细节，细节应依赖抽象。

6）**单一职责**：一个类应该只有一个引起变化的原因，即它只应承担一项主要功能。

7）**接口隔离**：使用多个专门的接口，而不是使用单一的总接口，客户端不应该依赖它不需要的接口。

这些原则在软件架构设计中起到指导作用，帮助开发人员设计出稳定、可扩展且可维护的软件系统。

软件架构需要满足的质量相关属性如下。

1）**功能性**：软件架构需要满足系统的功能需求，包括系统的输入、处理、输出等流程。

2）**性能**：软件架构需要考虑系统的性能，包括响应时间、吞吐量和并发用户数等。

3）**可用性**：软件架构需要确保系统的可用性，即在发生故障时能够迅速恢复，确保用户正常使用。

4）**可靠性**：软件架构在特定环境下执行任务的正确性和稳定性，包括故障率和容错能力等。

5）**易用性**：软件架构是否易于使用和理解，包括用户界面的友好性和操作的简便性等。

6）**安全性**：软件架构需要考虑系统的安全性，包括数据的保密性、完整性和可用性等。

7）**可维护性**：软件架构应易于维护和升级，以便开发人员方便地对系统进行修改和扩展。

8）**可移植性**：软件架构在不同的硬件、操作系统或网络环境中正常运行。

9）**可测试性**：软件架构易于进行测试和验证，包括测试用例的设计、测试数据的准备、测试执行和测试结果分析等。

6.4 软件详细设计

按照软件开发 V 模型，在完成软件架构设计活动后，接下来要基于软件架构定义的软件要素及其交互关系进行详细的设计，即软件的单元设计与实现。

在软件架构设计阶段，功能安全和非功能安全的软件需求都需要加以考虑。同样地，在开发软件单元阶段，软件功能安全需求和非功能安全需求都需要实现。因此，在软件详细设计阶段,功能安全和非功能安全相关的需求都按照相同的开发流程来处理。

6.4.1 目的

软件详细设计阶段的主要目的是将软件架构设计阶段形成的系统架构和高层设计细化成具体的、可实现的软件结构。

实施软件详细设计的具体目的如下。

1)根据软件架构设计、设计准则以及所分配的软件单元要求,进行软件单元设计的开发与验证。

2)实现已定义的软件单元。

3)为软件单元测试提供依据。

总之,软件详细设计的目的是确保软件按照预期的方式实现,同时提高软件的可维护性、可扩展性和性能。通过详细设计,开发人员可以更加清晰地理解软件的结构和功能,为后续的编码和测试工作提供有力支持。

6.4.2 输入输出关系

软件详细设计输入输出关系如图 6-17 所示。

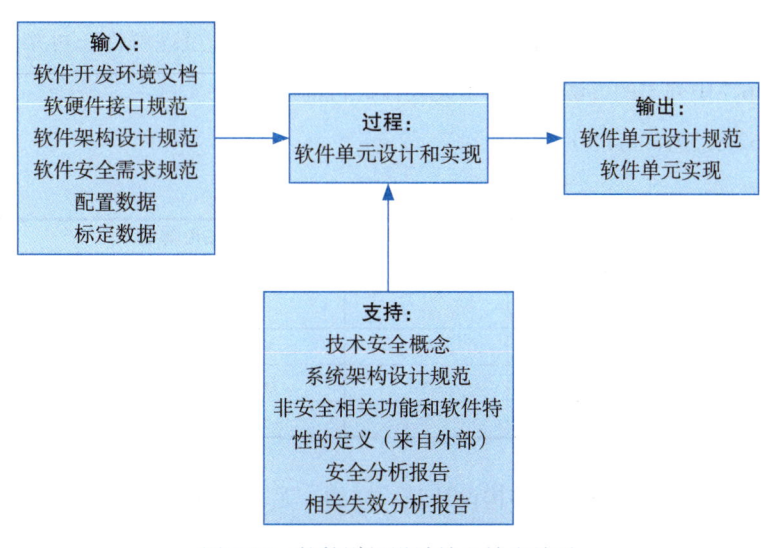

图 6-17 软件详细设计输入输出关系

6.4.3 软件详细设计要求

接下来，我们将看看 ISO 26262 和 ASPICE 对软件详细设计有哪些要求（参考 ISO 26262-6:2018, 8.4 及 ASPICE SWE.3）。

软件详细设计是对软件架构设计的进一步细化，详细定义每一个软件单元，基于此进行软件代码的实现。软件详细设计包括以下过程及技术要求。

1）软件详细设计过程包括开发详细设计描述软件单元；定义各软件单元的接口；定义软件单元的动态行为；建立软件需求与软件单元之间的一致性和双向可追溯性；建立软件架构设计与软件详细设计之间的一致性和双向可追溯性；建立软件详细设计与软件单元之间的一致性和双向可追溯性；约定软件详细设计及其与软件架构设计的关系，并与所有受影响方进行沟通；生成软件详细设计中定义的软件单元。

解读 这条要求其实是针对软件单元与所分配的软件要求、软件单元与架构、软件单元与软硬件接口规范之间的一致性和可追溯性的要求。软件单元与需求、架构之间的追溯比较容易理解，这里需要注意软件单元与软硬件接口规范之间的追溯，它们之间的追溯可以通过需求连接起来。

该要求可与 ASPICE 中的 SWE.3.BP5 **建立双向可追溯性**、SWE.3.BP6 **确保一致性**、SWE.3.BP8 **开发软件单元**的基本实践要求相对应。

2）为避免系统性故障并确保软件单元设计具有一致性、可理解性、可维护性、可验证性，应使用表 6-7 中列出的方法对软件单元设计进行描述。（参考 ISO 26262-6: 2018, 8.4.3）

表 6-7 软件单元设计的标记法

方法		ASIL 等级			
		A	B	C	D
1a	自然语言	++	++	++	++
1b	非形式标记法	++	++	+	+
1c	半形式标记法	+	+	++	++
1d	形式标记法	+	+	+	+

解读 软件单元设计的描述方法和架构设计是一样的，无非也是表 6-7 列出的几种方式。一般来说，各种描述方法通常是混合使用的，比如有些地方需要文字描述（自然语言），有些地方需要在文字的基础上辅以流程图（半形式标记法）进行解释，以达到图文并茂的效果。这样做

的目的是确保软件单元设计能具有上述要求的特性。

3）软件单元的定义应将功能表现和内部设计描述到必要的详细层级，以支持其实现。
（参考 ISO 26262-6: 2018, 8.4.4）

解读 这条要求"既抽象又具体"，它要求对软件单元的功能表现和内部设计描述要细到"必要的详细层级"。什么是"功能表现和内部设计"？具体怎样才算"必要的详细层级"呢？该要求后面又补充到"以支持其实现"。简单理解，由于软件单元与最终的软件实现直接相关，比如，内部设计可包含对寄存器使用和数据存储的限制。所以，在进行软件单元设计时，颗粒度要详细到开发人员拿到对应规范时能根据描述直接进行相关软件单元的代码实现。

4）应运用表 6-8 列出的源代码层面软件单元设计和实现原则，使其具有如下特性：

a）基于软件架构设计，确保软件单元内的子程序和函数按正确次序执行。

b）软件单元之间接口的一致性。

c）软件单元内部和软件单元之间的数据流和控制流的正确性。

d）简单性。

e）可读性和可理解性。

f）鲁棒性。

g）软件修改的适用性。

h）可验证性。

（参考 ISO 26262-6: 2018, 8.4.5）

该要求是对软件功能表现和质量特性提出的符合性要求，可与 ASPICE 中的 SWE.3.BP1 开发软件详细设计、SWE.3.BP2 定义软件单元的接口、SWE.3.BP3 描述动态行为、SWE.3.BP4 评估软件详细设计的基本实践要求相对应。

表 6-8 软件单元设计和实现原则

	原则	ASIL 等级			
		A	B	C	D
1a	子程序和函数采用一个入口和一个出口	++	++	++	++
1b	无动态对象或动态变量，否则需要在其构建过程中进行在线测试	+	++	++	++
1c	变量初始化	++	++	++	++
1d	不能重复使用变量名称	++	++	++	++

(续)

	原则	ASIL 等级			
		A	B	C	D
1e	避免全局变量，否则需证明对全局变量的使用是合理的	+	+	++	++
1f	限制使用指针	+	++	++	++
1g	无隐式类型转换	+	++	++	++
1h	无隐藏数据流或控制流	+	++	++	++
1i	没有无条件跳转	++	++	++	++
1j	无递归	+	+	++	++

解读 表 6-8 列出的原则可以由组织的编码规范/指南覆盖。对于 C 语言来说，表 6-8 列出的原则基本可以在 MISRA C 中找到对应的条款。

6.5 软件设计验证

软件需求分析、软件架构设计和软件详细设计完成后，根据软件开发 V 模型，接下来需要对 V 模型左侧的设计活动进行验证。本节主要通过分析类活动和测试类活动来阐述软件设计验证，以对应软件开发 V 模型右侧的过程要求。由于第 7 章将对功能安全 V 模型右侧各阶段的验证活动进行汇总和解读，因此关于软件测试与验证的具体方法解释和要求可参考 7.3.1 节。

6.5.1 软件安全分析

Q：在软件架构设计阶段是否有必要进行软件安全分析？实施软件安全分析的目的是什么？

关于这个问题，可以从以下标准中的相关描述中找到答案。

按照 ISO 26262-9: 2018 第 8 章介绍的在软件架构层级执行安全导向分析，软件安全分析的目的如下。

- 提供软件适用性证据，以证明其具备相应 ASIL 等级要求的特定安全功能和特性。
- 识别或确认软件的安全相关部分。
- 定义和验证支持安全措施的有效性。

（参考 ISO 26262-6: 2018, 7.4.10）

嵌入式软件按照所分配的 ASIL 等级的完整性安全要求提供指定的功能和特性，并通过以下方式进行检查。

❑ 识别可引发因果链并导致违反安全要求的设计缺陷、条件、故障或失效。

❑ 分析可能出现的故障、失效或因果链对软件架构要素所需功能和特性的影响。

（参考 ISO 26262-6: 2018, E2.1）

软件安全分析的结果是以下活动的基础。

❑ 产品中有效安全机制的定义与实施。

❑ 开发期间应适当确定安全措施，以预防、探测并控制在分析过程中识别出的相关故障或失效。

（参考 ISO 26262-6: 2018 第 2.1 节）

解读 从以上要求可以看出，功能安全对实施软件安全分析有明确要求，并且是基于架构层级进行软件分析。分析的目的如上述要求所示，其中很重要的一点是，通过安全分析来支持安全措施的定义。安全措施包括从安全导向分析中得出的安全机制，可涵盖与随机硬件失效和软件故障有关的问题。

软件安全分析的作用是支持设计规范和设计验证活动，**揭示给定安全要求的不完整性或不一致性**。软件安全分析在软件开发过程中的作用可从图 6-18 中窥见一斑。

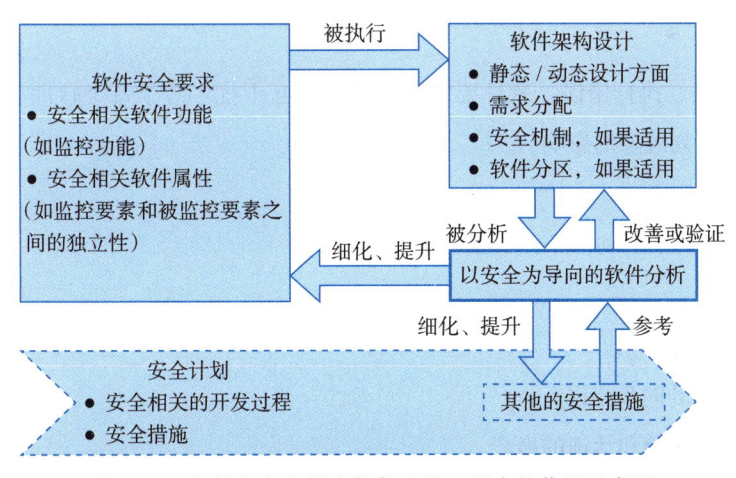

图 6-18 软件安全分析在软件开发过程中的作用示意图

6.5.2 软件要素间的免于干扰

如果 SSR 的实现依赖软件组件间的相互不干扰，则应按照 ISO 26262-9: 2018 第 7 章进行相关失效及其影响分析。

（参考 ISO 26262-6: 2018, 7.4.11）

解读 这说明，如果某个要求分配给了不同的软件组件，需要在软件层面实施相关失效分析（DFA）来证明不同软件组件间不存在相关干扰（即免于干扰），以免影响该安全要求的正确实现。

由于以下原因，我们可能需要实现软件架构要素之间的独立性或避免干扰，即需要在软件层面进行相关失效分析。

- 在软件层面实施 ASIL 等级分解。
- 证明软件安全机制的有效性，例如确保被监控要素与监控器之间的独立性。
- 不同软件架构要素之间共存的必要性。

软件要素之间的独立性或免受干扰的程度，可以通过分析相关失效进行检查。这些相关失效包括可能导致多个且相互独立的软件要素功能异常表现的单一事件、故障或失效（例如，级联失效和/或共因失效，包括共模失效）；可能从一个软件要素传播到另一个软件要素，引发因果链而导致单一事件、故障或失效（例如，级联失效）。

为了评估软件要素间免于干扰的实现，可考虑典型故障的影响及其可能导致的失效传播，可从软件要素在**时间、空间和通信** 3 个方面存在的故障来考虑免于干扰措施。

1. 时间方面

由于时序错误、执行错误，软件要素间可能会相互干扰。对于每个软件分区中执行的软件要素，可考虑下列故障的影响。

- 执行受阻。
- 死锁。
- 活锁。
- 执行时间分配不当。
- 软件组件间的同步错误。

这里概述一下死锁和活锁的概念。

- **死锁**：是指两个或两个以上的任务在执行过程中，因争夺资源而造成的一种互相等待的现象，若无外力作用，它们都将无法推进下去。如果发生了死锁，相关任务自然会执行受阻。

❑ **活锁**：是指任务 A 和任务 B 都有权使用某个资源，但任务 A 想让其他任务先使用该资源。同样地，任务 B 也想让其他任务先使用该资源。最后，两个任务都没用上资源。某个任务进入无限循环状态也是一种活锁现象。

针对上述软件要素的时序错误、执行错误模式，可以考虑处理机制：循环执行调度、固定优先级调度、时间触发调度、处理器执行时间监控、程序顺序监控和到达率监控。

需要强调的是，尽管每种安全机制在诊断覆盖率上有所不同，但并无优劣之分。例如，"固定优先级调度"并不一定是最优解。在软件架构设计过程中，某些任务可能是固定优先级，而其他任务则具有不同的优先级，这需要系统性地考虑合适的机制。

图 6-19 展示了时序错误、执行错误导致软件要素间相互干扰的情况，并通过"程序顺序监控和到达率监控"机制来应对这种干扰的示例。

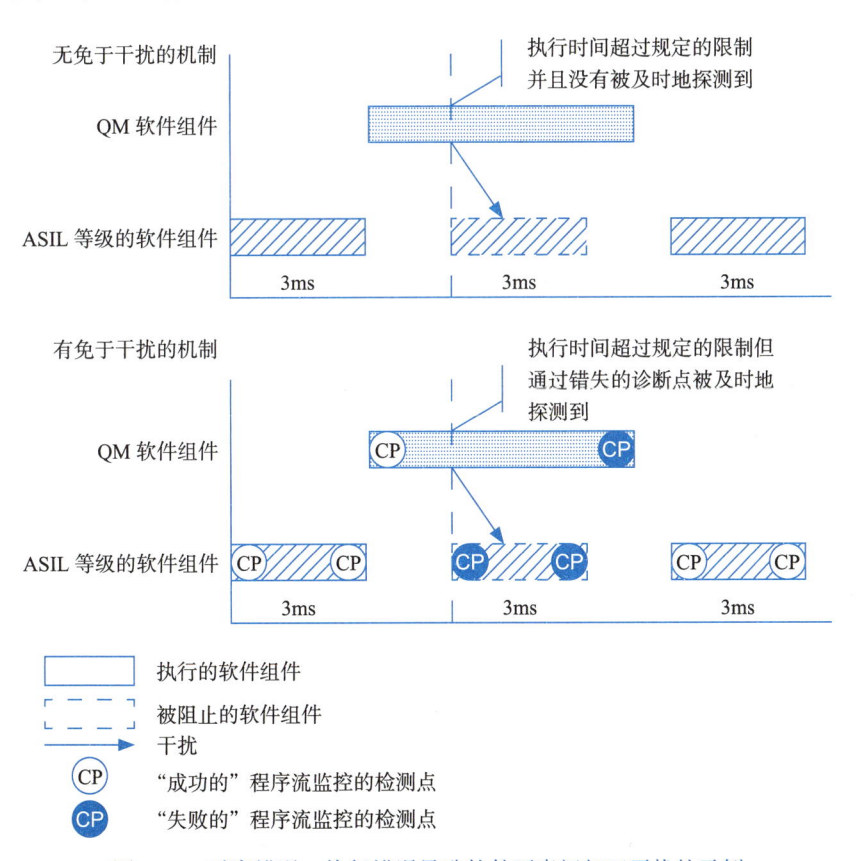

图 6-19 时序错误、执行错误导致软件要素间相互干扰的示例

示例说明：一个 QM 软件组件干扰并阻止了 ASIL 等级的软件组件的及时执行。这样的干扰也可能发生在不同 ASIL 等级的软件组件之间。此图说明了有无免于干扰机制对软件执行的影响。通过在软件中引入检查点并对检测点检查进行超时监控，可探测到时序错误干扰并触发合适的响应。

2. 空间方面

存放在不同区域或同一区域的数据时，存储单元故障可能导致数据错误，从而引发相关软件组件间的干扰。关于存储，可以考虑各个软件分区中执行的软件组件可能受到以下故障的影响，例如：

- 内容损坏。
- 数据不一致（例如，在数据获取期间发生更新导致数据不一致）。
- 堆栈上溢或下溢。
- 对已分配给其他软件组件的内存进行读写访问。

针对上述软件组件存储方面的故障模式，可参考以下处理机制：

- 内存保护。
- 奇偶校验位。
- 纠错码（ECC）。
- 循环冗余校验（CRC）。
- 冗余存储。
- 内存访问限制。
- 内存访问静态分析。
- 内存静态分配。

内存保护措施可以由处理器芯片内部的专用硬件模块支持，例如使用内存管理单元（MMU）或内存保护单元（MPU）实现数据存储的分区和数据访问控制。这些分区也可用于实现冗余存储机制。这些机制不仅保护软件组件各自的数据，还能防止组件之间的干扰。

奇偶校验位、ECC 和 CRC 都是校验数据完整性的方法。其中，ECC 能够实现单比特的自动纠正和双比特错误的探测；奇偶校验位是一种简单的错误检测方法。它通过计算数据中"1"的数量，并添加一个额外的校验位来确保数据传输的正确性。如果数据单元中"1"的数量为奇数（奇校验），则校验位设置为 0；如果为偶数（偶校验），则校验位设置为 1。接收方在接收数据后重新计算"1"的个数，并与校验位比较，以判断数据在传输过程中是否发生错误。CRC 是指发送方在数据后拼接一个基于一定格式的多项式生成的校验码，并将其随数据发给接收方，接收方在接收到数据后，用同样的多项式计算校验码，并与接收到的校验码进行比较。如果两者相同，则数据传输正确；否则，存在错误。

内存访问静态分析可以借助工具进行，类似于静态代码分析，基于一定规则检查代码中的内存访问操作是否符合规范（如是否越界、是否未初始化等）。

内存静态分配是指在程序编译或初始化时就已经确定了内存的分配情况。与动态分配（如使用 malloc 或 new 等函数）不同，静态分配的内存大小、位置和生命周期在程序运行前就已确定。这种机制可以减少内存碎片和内存泄露的风险，因为静态分配的内存会在程序结束时自动释放。

关于存储器（ROM、RAM）类故障的安全措施可同步参考标准第 11 部分，表 6-9 列举了可应用于存储器类故障的安全措施及其可实现的诊断覆盖率。

表 6-9　存储器类故障的安全措施及其可实现的诊断覆盖率

安全措施	参见技术概述	可实现的诊断覆盖率	备注
随机访问存储器模式测试	5.1.13.5	中	对卡滞失效具有高覆盖率，对链接失效、无覆盖，适合在中断保护下运行
随机访问存储器跨步测试	5.1.13.7	高	对链接单元的覆盖率取决于写和读的次序。通常，该测试不适合在运行时执行
奇偶校验位	5.1.13.6	低	—
使用错误探测纠错码（ECC）监控存储器	5.1.13.1	高	有效性取决于冗余位数，可用于修正错误
改进的校验和	5.1.13.2	低	取决于在测试区域内的错误位的数量和位置
存储器签名	5.1.13.3	高	—
存储块复制	5.1.13.4	高	共因失效模式可以降低诊断覆盖率
运行校验和	5.1.13.8	高	签名的有效性取决于与要保护的信息块长度相关的多项式。在校验和计算过程中，需要注意用于确定校验和的值不会改变。如果返回的是随机数据模式，那么可能性就是校验和最大值的倒数

3. 通信方面

整车通过各类通信总线将各个电子器件连接在一起，形成整车通信网络。整车的许多系统功能取决于这些数据通信通道提供的数据。如图 6-20 所示，通信总线连接起了整车电子器件。

数据通信故障可能由系统外部控制单元的故障、系统接收部分的故障或传输过程中的故障

(如 EMC 影响）引起。如果由数据通信引起的故障与安全相关，则应实施相关措施加以处理。

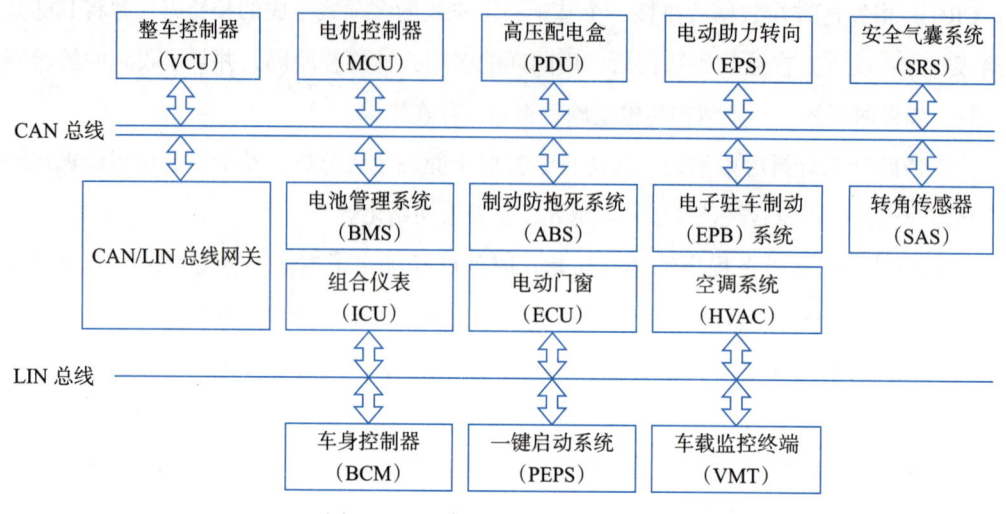

图 6-20 整车电子电气架构示意图

（1）常见通信故障模式

软件组件通过内部接口进行组件内或通过外部接口与外部组件进行消息交换。关于消息交换，针对每个发送方或接收方，可考虑如下所列通信故障模式及故障影响。

- 消息重复。
- 消息丢失。
- 消息延迟。
- 消息插入。
- 消息伪装或消息错误寻址。
- 消息次序不正确。
- 消息损坏。
- 从发送方传送到多个接收方的消息存在不对称现象。
- 发送方发送的消息只能被一部分接收方接收。
- 通信信道阻塞。

图 6-21 展示了部分上文描述对应的常见通信总线故障。

其中，消息伪装在信息安全领域是一种常见的通信故障。伪装可以理解为一种攻击，类似于对消息进行假冒。攻击者假装是系统的授权用户以便访问系统，如果不对消息真伪进行核验，伪装的消息将被直接接收，可能导致系统消息被窃取或系统功能异常。

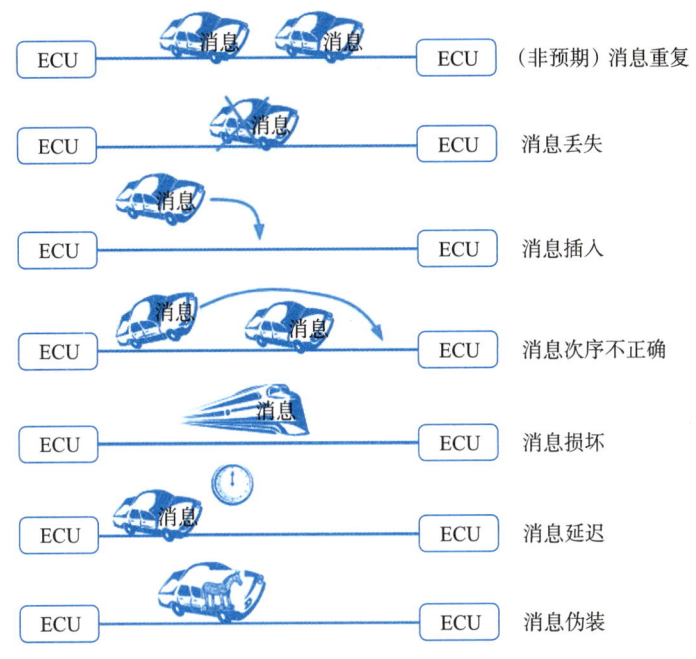

图 6-21　通信总线故障模式示意图

（2）应对通信故障常用的安全措施

针对上述信息通信方面的故障模式，可考虑的处理机制如下。

1）**通信协议**：通信协议可以包含诸如通信对象的标识符、保持活动的消息、活动的计数器、序列号、错误检测码（EDC）和纠错码（ECC），可以基于通信协议中包含的数据实施 E2E 的保护机制。

2）**冗余发送**：该机制类似消息冗余。

3）**消息回送**：该机制可回读已发送的消息。

4）**消息确认**：可通过回读已发送的消息进行消息确认，也可以基于消息自带的特征进行消息确认，比如确认消息的标识符、消息的签名等。

5）**I/O 引脚的适当配置**：该机制属于预防性措施。

6）**分离的点对点单向通信对象**：该机制可用于预防或探测消息插入、消息延迟和抖动、重复攻击。

7）**明确的双向通信对象**：该机制属于预防性措施，明确定义收发方。

8）**异步数据通信**：异步数据通信方式在一定程度上可以防止共因失效，异步可以通过时间上的差异来实现，也可以在数据传输过程中通过加载不同数据长度来实现。

9）**同步数据通信**：在对数据同步要求较高的场合，需要采取相应的措施。例如，对于多传感器数据融合，需要对各传感器的数据进行同步，此时可以采用时间戳的方式进行数据同步。

10）**事件触发数据总线**：事件总线是一种数据通信方式，它基于事件触发机制进行数据传输。在这种机制中，数据的传输由特定事件触发，当某个特定事件发生时，数据会在总线中传输，比如基于CAN总线唤醒的机制。事件触发数据总线通常用于实时系统，因为它可以根据事件的发生进行快速响应。汽车电子软件大多采用该机制。

11）**带有时间触发访问的事件触发数据总线**：这种机制不仅由事件触发数据传输，还引入了时间触发机制，以保证数据的同步和有序传输。

例如，在EPB功能中，按下或拨起EPB按键是失能或使能驻车功能的触发事件。在行车过程中，如果长时间拨起EPB按键，可能引发时间触发的驻车功能状态跳转。带有时间触发访问的事件总线可以确保数据的准确传输和同步处理。

12）**时间触发的数据总线**：时间触发的数据总线是一种严格基于时间触发的数据传输方式。在这种机制中，数据传输是按照预定的时间表进行的，而不是由事件触发。这种类型的数据总线主要用于需要高可靠性和确定性的系统。

例如，车辆不同ECU之间通过SPI收发心跳包数据，心跳包数据收发是典型的基于时间触发的数据传输方式。

13）**最小时间片和基于优先级的总线仲裁**：最小时间片是一种时分复用技术，用于分割总线的传输时间，为每个设备分配一个最小时间片，以便在特定时间段内进行数据传输。每个设备的时间片是固定的，并且通过时间片轮转的方式进行数据传输。在每个设备的时间片内，该设备可以独占总线进行数据传输，其他设备必须等待下一个时间片才能访问总线。

例如，在一个计算机系统中，总线的传输时间被划分为多个时间片，每个设备（如CPU、内存、硬盘等）被分配一个时间片。在CPU的时间片内，CPU可以独占总线进行数据传输，其他设备必须等待它们自己的时间片才能访问总线。

基于优先级的总线仲裁是一种总线访问控制策略，其中设备根据优先级的高低获取访问总线的机会。优先级高的设备可以优先访问总线，而优先级低的设备则需要等待优先级更高的设备完成数据传输后才能访问总线。

例如，在基于 CAN 总线的汽车前照灯控制和车内氛围灯的控制中，汽车前照灯的控制对于 CAN 总线的访问优先级显然要高于车内氛围灯的控制。

以上关于通信总线类故障模式的安全措施主要涉及软件层面的考虑，硬件层面的措施可同时参考标准第 5 部分的表 D.6。

表 6-10 列举了在硬件层面可应用于通信总线的安全措施。

表 6-10 通信总线的安全措施

安全措施	见标准技术概览	可实现的典型诊断覆盖率	备注
一位硬件冗余	D.2.5.1	低	—
多位硬件冗余	D.2.5.2	中	—
回读已发送的消息	D.2.5.9	中	—
完全硬件冗余	D.2.5.3	高	共模失效模式会降低诊断覆盖率
使用测试模式检验	D.2.5.4	高	—
发送冗余	D.2.5.5	中	取决于冗余类型，只对瞬态故障有效
信息冗余	D.2.5.6	中	取决于冗余类型
帧计数器	D.2.5.7	中	—
超时监控	D.2.5.8	中	—
信息冗余、帧计数器和超时监控的组合	D.2.5.6、D.2.5.7 和 D.2.5.8	高	对于没有硬件冗余和测试模式的系统，这些安全机制的组合可以达到高覆盖率

6.5.3 简述软件单元验证

软件单元设计和已实现的软件单元可以通过评审、分析、测试相结合的方法进行验证。为了验证单个软件单元的设计，需同时考虑软件安全要求和所有非安全相关要求。在此子阶段中，这些要求在同一个开发流程中进行处理。本节摘选标准中有关软件单元验证的相关要求进行介绍，以期从 V 模型角度了解功能安全的软件单元验证活动应如何实施。

下面摘录了标准对软件单元验证这一活动的一些要求，详细内容可参考 ISO 26262-6: 2018 第 9 章中的描述。根据 V 模型开发流程，该活动可与 ASPICE 中的 SWE.4 **软件单元验证**过程的活动相对应。

1）应按照 ISO 26262-8: 2018 第 9 章的规定，通过采用表 6-11 所示方法的适当组合，对软件单元设计和已实现的软件单元进行验证，进而提供证据证明：

a）符合 ISO 26262-6: 2018 第 8 章中关于软件单元设计和实现的要求。

b）源代码及其设计规范的一致性。

c) 符合软硬件接口规范,如适用。

d) 无非预期功能和特性。

e) 资源充足,以支持其功能和特性。

f) 由安全导向分析得出的安全措施的有效性。

解读 上方 b) 和 c) 的要求是验证代码实现与设计规范之间一致性的要求。验证过程中,需要同步建立软件单元与静态验证结果、软件详细设计与单元测试规范、软件单元测试规范与单元测试结果之间的双向可追溯性。该要求可与 ASPICE 中 SWE.4.BP5 **建立双向可追溯性**和 SWE.4.BP6 **确保一致性** 基本实践的要求相对应。

表 6-11 软件单元验证方法

	方法	ASIL 等级 A	B	C	D
1a	走查	++	++	o	o
1b	结对编程	+	+	+	+
1c	检查	+	++	++	++
1d	半形式化验证	+	+	++	++
1e	形式化验证	o	o	+	+
1f	控制流分析	+	+	++	++
1g	数据流分析	+	+	++	++
1h	静态代码分析	++	++	++	++
1i	基于抽象解释的静态分析	+	+	+	+
1j	基于需求的测试	++	++	++	++
1k	接口测试	++	++	++	++
1l	故障注入测试	+	+	+	++
1m	资源使用评估	+	+	+	++
1n	如果适用,在模型和代码之间背靠背对比测试	+	+	++	++

2) 应使用表 6-12 列出的方法,恰当地定义符合上述要求的软件单元验证的用例。

表 6-12 软件单元验证用例的定义方法

	方法	ASIL 等级 A	B	C	D
1a	需求分析	++	++	++	++
1b	等价类的生成和分析	+	++	++	++
1c	边界值分析	+	++	++	++
1d	基于知识或经验的错误推测	+	+	+	+

3）为了评估验证的完整性并提供证据证明已充分实现单元测试目标，应确定软件单元层面要求的结构覆盖率，并按照表 6-13 中的度量对结构覆盖率进行测定。如果认为已实现的结构覆盖率不充分，应定义额外的测试用例或提供基于其他方法测试的理由。

表 6-13 软件单元层面的结构覆盖率度量方法

方法	ASIL 等级			
	A	B	C	D
语句覆盖率	++	++	+	+
分支覆盖率	+	++	++	++
MC/DC（修改条件/判定覆盖率）	+	+	+	++

解读 结构覆盖率的要求默认为 100%，但标准并未要求必须达到 100%，能够达到"名义上"的 100% 即可。100% 结构覆盖率意味着每条要求被对应用例覆盖、每条代码都被执行、代码执行结果符合所分配要求的预期。对于未执行的代码，可以使用评审的方法来验证其不影响结构覆盖率的要求。这样通过测试得到的结果即便不是 100%，也可以通过其他验证方法证明这种情况是满足要求的，因此名义上也可以认为是 100% 的结构覆盖率。

4）对于软件单元验证的测试环境，应考虑目标环境以确保实现单元测试的目标。如果软件单元验证不是在目标环境下执行的，应分析源代码和目标代码之间的差异以及测试环境和目标环境之间的差异，以便在后续测试阶段的目标环境中定义额外的测试用例。

软件单元验证可以在不同的环境中执行，可进行模型在环测试（MIL）、软件在环测试（SIL）、处理器在环测试（PIL）、硬件在环测试（HIL）。

关于这几种验证方法将在 7.3.4 节中详细讨论。

6.5.4 简述软件集成和验证

软件单元验证完成后，需要对验证通过的软件单元进行进一步的集成与验证，以确保这些单元之间的功能交互符合设计规范的要求。在这个子阶段，要按照软件架构设计，对软件要素之间特有的集成层次和接口进行验证。软件要素的集成和验证步骤对应于软件的分层架构。

嵌入式软件中可能包含安全相关和安全无关的要素，因此在这一阶段，需要同时验证软件架构中的安全和非安全相关接口。

下面摘录了标准对于软件集成与验证这一活动的部分要求。根据 V 模型开发流程，该活动可与 **ASPICE 中的 SWE.5 软件集成和集成测试** 过程的活动相对应。

关于软件集成与验证活动的详细要求，可参考 ISO 26262-6: 2018 第 10 章。

1）软件集成方法应定义和描述将各个软件单元分层集成到软件组件中的步骤，直至整个嵌入式软件全部被集成，并应考虑与软件集成验证目标实现的相关性、与软件集成相关的功能依赖性、软件集成与软硬件集成之间的相关性。

2）应按照 ISO 26262-8: 2018 第 9 章的要求，通过表 6-14 提供方法的适当组合，验证软件集成，以证明分层集成的软件单元、软件组件和嵌入式软件可以实现以下功能：

a）与软件架构设计的一致性。

b）符合软硬件接口规范。

c）已定义的功能。

d）已定义的特性。

e）提供充足的支持资源。

f）由安全导向分析得出的安全措施的有效性（如果适用）。

表 6-14 软件集成与验证方法

	方法	ASIL 等级			
		A	B	C	D
1a	基于需求的测试	++	++	++	++
1b	接口测试	++	++	++	++
1c	故障注入测试	+	+	++	++
1d	资源使用评估	++	++	++	++
1e	模型和代码之间的背靠背比较测试	+	+	++	++
1f	控制流和数据流的验证	+	+	++	++
1g	静态代码分析	++	++	++	++
1h	基于抽象解释的静态分析	+	+	+	+

3）为了能够为软件集成测试定义恰当的测试用例，应使用表 6-15 所列的方法来设计软件集成测试用例。

表 6-15 软件集成测试用例的定义方法

	方法	ASIL 等级			
		A	B	C	D
1a	需求分析	++	++	++	++
1b	等价类生成与分析	+	++	++	++
1c	边界值分析	+	++	++	++
1d	基于知识或经验的错误推测	+	+	+	+

4）本要求适用于 ASIL A、ASIL B、ASIL C 和 ASIL D 等级。为了评估测试用例的完整性，并提供证据证明已充分实现集成测试的测试目标，应按照表 6-16 列出的方法来度量结构覆盖率。如果实现的结构覆盖率被认为是不充分的，应定义额外的测试用例或提供基于其他方法的测试。

表 6-16　软件架构层面的结构覆盖率度量方法

方法		ASIL 等级			
		A	B	C	D
1a	函数覆盖率	+	+	++	++
1b	调用覆盖率	+	+	++	++

注：证据可以通过实施适当的软件集成和测试策略来提供

解读 函数覆盖率和调用覆盖率是软件测试中的两种结构覆盖率度量方法，主要用于评估测试用例对代码的执行覆盖情况。函数覆盖率指测试用例执行期间被覆盖的函数占函数总数的百分比。换句话说，它衡量的是有多少函数在测试中被调用至少一次。例如，如果在代码中有 10 个函数，而测试用例只覆盖了其中的 8 个，那么函数覆盖率就是 80%。调用覆盖率更关注函数被调用的次数。它衡量每个函数实际调用次数与预期最大调用次数的比例。例如，如果一个函数预期会被调用 10 次，但在测试中只被调用了 5 次，那么该函数的调用覆盖率就是 50%。如果所有函数都按照预期被调用，那么调用覆盖率就是 100%。

5）应验证作为生产发布（参见 ISO 26262-2: 2018 第 6.4.13 节）的一部分，嵌入式软件包含了所有已定义的功能和特性，并且仅包含不影响软件安全要求符合性的未定义功能。

解读 这条要求实际上隐含了对于配置管理的必要性，即必须确保用于生产的软件已获得正确配置，这样这条要求才有意义。在此基础上，还需对配置后的生产软件进行全面验证。要求中提到的未定义功能包括用于调试或测试的代码。如果能够确保未定义功能不被执行，这是一种符合该要求的可接受方法；否则，就需要进行变更以移除这些代码。

6）对于软件集成测试的测试环境，应考虑目标环境，从而达到集成测试的目的。如果集成测试未在目标环境中执行，需分析源代码和目标代码之间的差异以及测试环境和目标环境之间的差异，以定义后续测试阶段在目标环境中的附加测试。

6.5.5　简述嵌入式软件测试

软件集成与验证完成后，需要进行软件系统层面的测试验证，即嵌入式软件测试。嵌入式软件测试是一种黑盒测试,目的是提供证据,证明嵌入式软件在目标环境中能够满足要求。这些证据可以是其他验证活动的适当成果。

下面摘录了标准对于嵌入式软件测试这一活动的部分要求。根据 V 模型开发流程,该活动可与 **ASPICE 中的 SWE.6 软件合格性测试**过程的活动相对应。

更多关于嵌入式软件测试的详细要求,请参考 ISO 26262-6:2018 第 11 章的描述。

1)为验证嵌入式软件在目标环境中是否满足软件安全要求,应在表 6-17 所列的适当测试环境中进行测试,并按照 ISO 26262-8:2018 第 9 章的要求实施验证活动。

表 6-17 用于进行软件测试的测试环境

	环境	ASIL 等级			
		A	B	C	D
1a	硬件在环	++	++	++	++
1b	电子控制单元网络环境	++	++	++	++
1c	整车环境	+	+	++	++

2)嵌入式软件的测试应采用表 6-18 所列的方法,以证明嵌入式软件满足各 ASIL 等级要求。

表 6-18 嵌入式软件的测试方法

	方法	ASIL 等级			
		A	B	C	D
1a	基于需求的测试	++	++	++	++
1b	故障注入测试[a]	+	+	+	++

[a] 表示在软件测试时,通过破坏标定参数等方式将故障引入软件中

3)为按照上述要求执行软件测试,建议使用表 6-19 中列出的方法来设计测试用例。

表 6-19 嵌入式软件测试用例的设计方法

	方法	ASIL 等级			
		A	B	C	D
1a	需求分析	++	++	++	++
1b	等价类的生成与分析	+	++	++	++
1c	边界值分析	+	+	++	++
1d	基于知识或验验的错误猜测	+	+	++	++
1e	功能相关性分析	+	+	++	++
1f	操作用例分析	+	++	++	++

4)嵌入式软件的测试结果应根据是否符合预期结果、软件安全需求覆盖率进行评估。

该要求可与 ASPICE 中的 SWE.6.BP5　建立双向可追溯性、SWE.6.BP6　确保一致性的基本实践要求相对应。

(解读) 从上述标准对软件单元测试、软件集成与测试和嵌入式软件测试的要求可以看出，整个软件开发 V 模型右侧的验证活动都与一个"角色"相关，那就是需求。需求实际上贯穿了整个 V 模型，标准要求的双向可追溯性、一致性和正确性等都与需求这条主线相关。

6.6　本章小结

到这里，关于功能安全的软件开发过程及要求的解读就要告一段落了。本章结合了 ASPICE 软件开发流程（SWE.1 ~ SWE.6）的要求，对标准在流程层面的要求进行了讲解。ASPICE 作为质量管理的一部分，可以与功能安全进行融合管理。如果在项目中能遵守 ASPICE 的要求进行软件开发，将为功能安全的软件开发打下坚实的基础，实现多标准融合开发与管理。

第 7 章

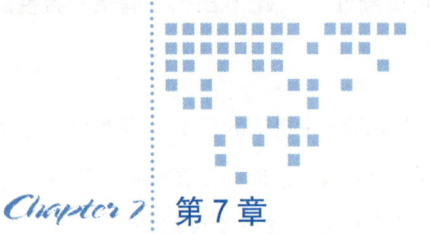

功能安全之测试与验证

根据 ISO 26262 关于产品功能安全开发 V 模型的描述，V 模型的右侧涉及产品在各层级的测试和验证活动。概括来说，ISO 26262 涉及的测试和验证活动包括硬件测试和验证、软件测试和验证、系统测试和验证 3 部分。这三类测试和验证可统一归为验证和确认（Verification and Validation, V&V）活动。

本章将从以下几个方面介绍标准要求的测试和验证活动。

1）硬件测试与验证；

2）软件测试与验证；

3）系统测试与验证；

4）安全确认。

7.1 关于验证与确认

由于大家对 V 模型右侧的第一印象是对 V 模型左侧的设计活动进行测试和验证，这些活动概括来说都属于验证和确认（Verification and Validation, V&V）范畴，因此首先介绍这两个术语。

7.1.1 验证

Q：功能安全中实施验证的目的是什么？功能安全的验证该如何实施？

验证的目的是确保工作成果符合相应的要求。（参考 ISO 26262-8: 2018, 9.1）

从这一点来看，验证活动将贯穿产品开发的始终，因为在 V 模型中，各个阶段都有相应的工作成果，例如原理图评审、PCB 评审、设计规范的评审与检查、测试规范的评审、测试用例的评审等。产品开发过程中的输出物都需要进行相应的验证，也就是说，验证是对过程正确性的确认。由于过程输出物具有不同特征，因此相应的验证手段也是多样的，如评审、仿真、分析、测试等。

标准针对系统开发阶段提到的验证方法如表 7-1 所示。

表 7-1 标准针对系统开发阶段的验证方法

	方法	ASIL 等级			
		A	B	C	D
1a	检查	+	++	++	++
1b	走查	++	+	o	o
2a	仿真	+	+	++	++
2b	系统原型和车辆测试	+	+	++	++
3	系统架构设计分析	见标准第 8 部分表 1			

7.1.2 确认

Q：确认的目的是什么？它与验证有什么不同？

安全确认的目的是：

a）提供证据，证明集成到目标车辆的相关项实现了其安全目标，并满足安全接受准则。

b）提供证据，证明功能安全概念和技术安全概念对于实现相关项的功能安全是合适的。

（参考 ISO 26262-4: 2018, 8.1）

解读 上面是标准关于安全确认目的的描述。由于安全是产品最终要达成的目的，因此，从此定义也可以看出确认的目的是确保产品的结果达到其功能/性能目标，即确认结果正确性。

总结来看，两者的区别如下。

验证（Verification）针对是否正确地设计了产品。验证需要检查产品开发过程中设计是否满足规定的要求。

确认（Validation）针对是否设计出正确的产品。正确的产品是相对于用户需求而言的，即确认产品最终是否达到用户预期的性能。

回顾完"验证和确认"（V&V）这一术语相关的定义及其对应的活动，接下来基于标准条款梳理标准硬件、软件、系统层面的测试与验证要求。

7.2 硬件测试与验证

该活动的目标是集成硬件要素（即各硬件模块），以验证硬件设计是否符合适用的 ASIL 等级的硬件安全要求，这在标准中定义为硬件集成与验证。硬件集成与验证在硬件开发 V 模型中的流程节点如图 7-1 所示。

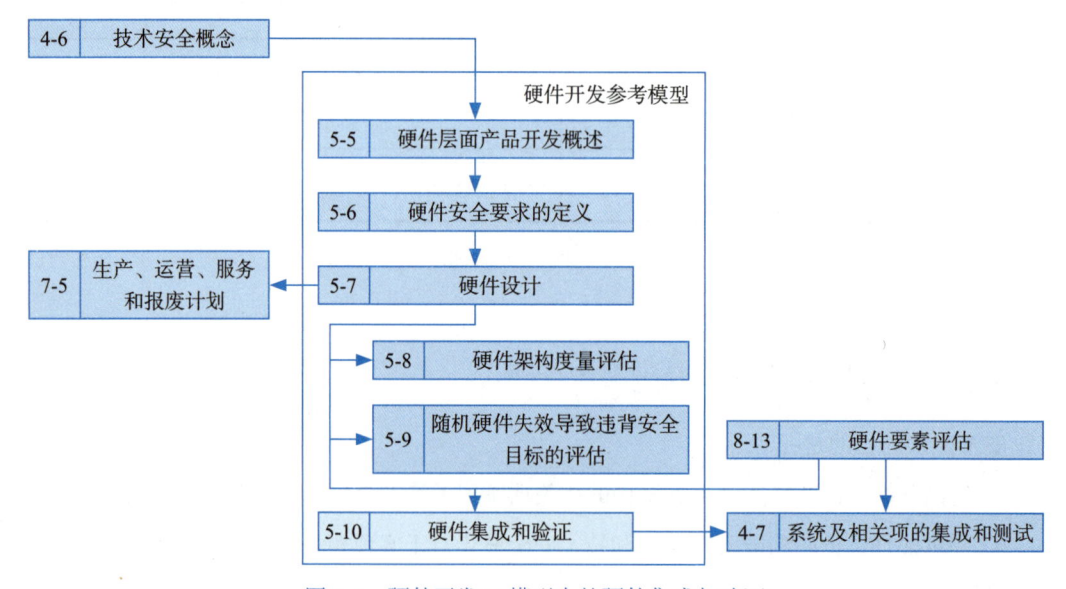

图 7-1 硬件开发 V 模型中的硬件集成与验证

7.2.1 目的

实施硬件测试与验证的目的是确保所开发的硬件符合所分配的硬件安全要求，以证明硬件阶段功能安全设计的符合性。

验证硬件设计是否满足所分配的硬件需求（安全需求和非安全需求）是硬件集成与验证活动的最终目的，因为所有的活动都可以围绕需求展开。在这个过程中，验证硬件设计时需要考虑硬件元件的性能和鲁棒性、是否识别和修复问题、是否符合特定标准和规范、是否提升产品质量和用户体验。

7.2.2 输入输出关系

根据硬件开发参考模型，硬件设计完成后，需要进行硬件集成，并对集成后的硬件进行测试与验证。该活动的输入输出关系如图 7-2 所示。

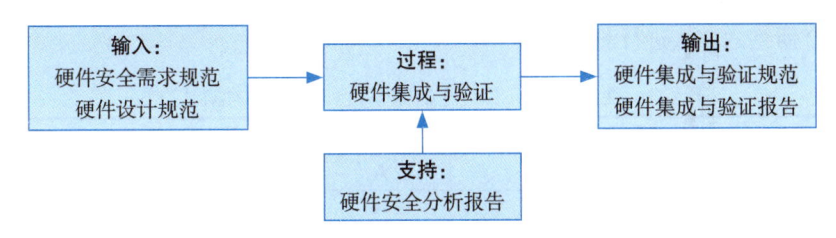

图 7-2 硬件集成与验证输入输出关系

7.2.3 硬件测试与验证的相关要求

标准对硬件阶段的测试与验证活动的相关要求（参考 ISO 26262-5: 2018 第 10.4 节）如下。
- 需根据安全计划和验证要求按计划进行。
- 应根据产品 / 项目集成和测试计划进行。
- 针对变更，需要按照标准规定的变更管理对测试策略进行影响分析。
- 安全相关硬件元器件应按照国际质量标准或公司同等标准所建立的完善流程进行鉴定。
- 测试的设备可以按照国际标准（例如 ISO 17025）或公司标准进行校准。
- 提供证据证明针对选定的硬件的集成测试，已定义适当的测试用例。测试用例可以是表 7-2 中所列方法的适当组合。

表 7-2 硬件集成测试用例的设计方法

方法		ASIL 等级			
		A	B	C	D
1a	需求分析	++	++	++	++
1b	内部和外部接口分析	+	++	++	++
1c	等价类分析和生成	+	+	++	++
1d	边界值分析	+	+	++	++

(续)

方法		ASIL 等级			
		A	B	C	D
1e	基于知识或经验的错误推测法	++	++	++	++
1f	功能的相关性分析	+	+	++	++
1g	相关失效的共有限制条件、次序及来源分析	+	+	++	++
1h	环境条件和操作用例分析	+	++	++	++
1i	现存标准	+	+	+	+
1j	重要变量的分析	++	++	++	++

针对硬件安全需求，硬件集成测试需要验证硬件安全机制实施的完整性和正确性。可考虑使用表 7-3 所列的方法进行测试。

表 7-3　硬件安全机制实施的完整性和正确性的测试方法

	方法	ASIL 等级			
		A	B	C	D
1	功能测试	++	++	++	++
2	故障注入测试	+	+	++	++
3	电气测试	++	++	++	++

关于表 7-3 中的一些方法解释如下。

- **功能测试**：这是基本测试方法，相当于正向验证的方法。目的是验证硬件设计规范中定义的功能特性是否已全部实现，通常是将设计的常规值作为输入，检查输出端的值是否符合设计预期。

- **故障注入测试**：这是一种验证安全机制有效性常用的方法，类似于反向求证的方法。通常，这种方法"不按常规出牌"，将超出预期或错误的值作为输入，检查最终系统的响应是否符合设计规范。

- **电气测试**：电子类产品通常有相应的行业电气测试标准，电气测试通常是产品安规测试的一部分。电气测试的目的是验证在规定的电压范围内（静态和动态）符合硬件安全要求。我们常说的 DV 测试中就包含电气测试，EMC 测试也是重要的电气测试。

硬件测试与验证活动应按表 7-4 所列的方法验证硬件在环境和运行应力因素下的耐用性和鲁棒性。

表 7-4 中的部分方法解释参考如下。

- **扩展功能测试**：检查相关项在极端（例如极端性能值）或硬件规范之外（例如错误命令）

的输入条件下的功能表现。在这些情况下，把观测到的硬件要素性能与特定要求性能进行比较。例如，车辆启动时会有瞬态大电流，此时需要通过模拟这种瞬态大电流注入来验证硬件是否能承受。

- **最恶劣情况测试**：在该测试中，调整环境条件至硬件设计规范定义的最高允许余量值，检验硬件的相关反应并与特定要求进行比较。
- **超限测试**：该测试是将硬件元器件置于环境或功能约束下，逐步增加并超过特定条件，直到硬件元器件停止工作或损坏为止。该测试的目的是确定元器件在测试无故障时间要求下，其鲁棒性的余量。例如，若 ECU 的输入电压额定为 12V，最高能支持到 36V，此时将电压持续调高超过 36V 以观察硬件对输入电压是否还有容忍余量，从而设定更合理的安全限值。
- **加速寿命测试**：旨在通过将产品置于超出预期正常操作条件的应力环境中，预测其在使用寿命内正常条件下的行为变化。加速测试基于失效模式的加速分析模型，通常采用 Arrhenius 模型。
- **机械耐久测试**：目的是研究零部件能经受住的平均故障间隔时间或者最大循环数。测试可以进行到硬件失效发生或者损毁为止。

表 7-4 在环境和运行应力因素下硬件的耐用性、鲁棒性验证

	方法	ASIL 等级			
		A	B	C	D
1a	带基本功能验证的环境测试	++	++	++	++
1b	扩展功能测试	o	+	+	++
1c	统计测试	o	o	+	++
1d	最恶劣情况测试	o	o	o	+
1e	超限测试	+	+	+	+
1f	机械测试	++	++	++	++
1g	加速寿命测试	+	+	++	++
1h	机械耐久测试	++	++	++	++
1i	EMC 和 ESD 测试	++	++	++	++
1j	化学测试	++	++	++	++

解读 这部分测试可以理解为硬件的可靠性测试，用以检验硬件在各种极端应力条件下（如电气、机械、环境温度和化学环境）是否能"扛住压力"后正常运行。这部分测试也就是项目中常说的 DV 测试中的可靠性测试部分，通常需要具备相关资质的实验室出具相关测试报告。

> Q：对于硬件的测试与验证，标准只提到了硬件集成测试，为什么没有硬件单元测试？或者说可不可以有硬件单元测试？

7.3 软件测试与验证

根据软件开发的 V 模型，软件的测试与验证包括 3 个子活动，即软件单元验证、软件集成和验证、嵌入式软件测试。这三个子活动对应不同的软件设计对象，可以统称为软件测试与验证，目的是提供证据证明软件的实现符合对应设计规范（架构设计和详细设计）及软件需求规范的要求。

7.3.1 详解软件单元验证

软件单元测试是在软件开发过程中进行的最低级别的测试活动，也是软件单元验证最典型的活动。软件的独立单元在与其他部分相隔离的情况下进行测试。软件单元设计和已实现的软件单元可以通过评审、分析和测试等组合的方式进行验证。

为了验证单个软件单元设计，需要同时考虑软件的安全要求和所有非安全相关要求。因此，在此子阶段，安全和非安全相关的要求在同一个开发流程中处理。图 7-3 展示了软件单元验证在软件开发 V 模型中所处的流程节点。

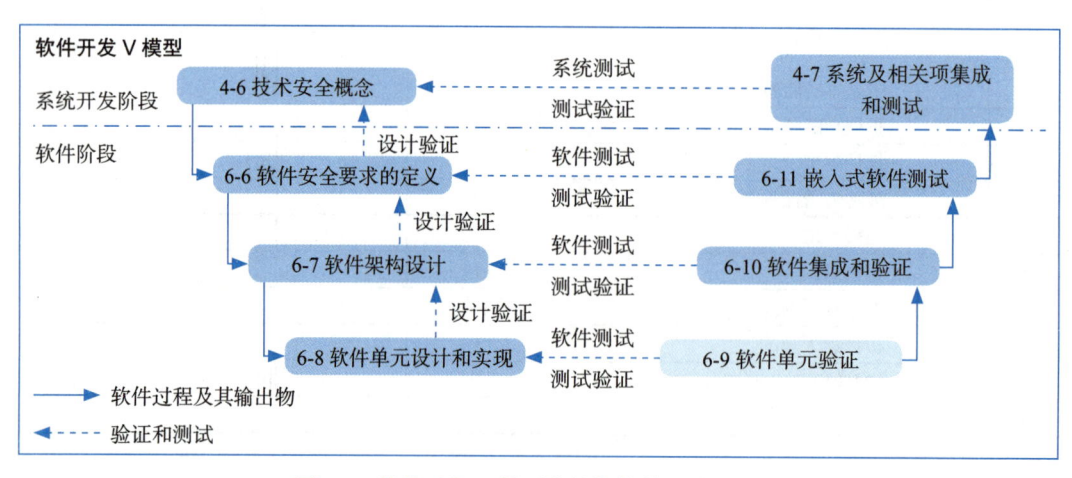

图 7-3 软件开发 V 模型中的软件单元验证节点

1. 目的

实施软件单元验证的目的如下。

a）提供证据证明软件单元设计满足分配的软件要求并适合实施。

b）验证安全分析得出的安全措施已得到适当实施。

c）提供证据证明所实现的软件单元符合设计要求，并满足根据所需 ASIL 等级分配的软件要求。

d）提供充分证据证明软件单元不包含与功能安全相关的未预期功能和特性。

2. 输入输出关系

根据软件开发 V 模型，软件单元验证属于 V 模型右侧的第一项活动。在完成 V 模型左侧的所有活动后，即进入右侧的验证环节。验证过程是由下而上进行的。软件单元验证活动的输入输出关系如图 7-4 所示。

输入：
软硬件接口规范（细化的）
软件需求规范
软件单元设计规范
软件单元实现
配置数据
标定数据
安全分析报告
软件开发环境文档

过程：
软件单元验证

输出：
软件单元验证规范
软件单元验证报告

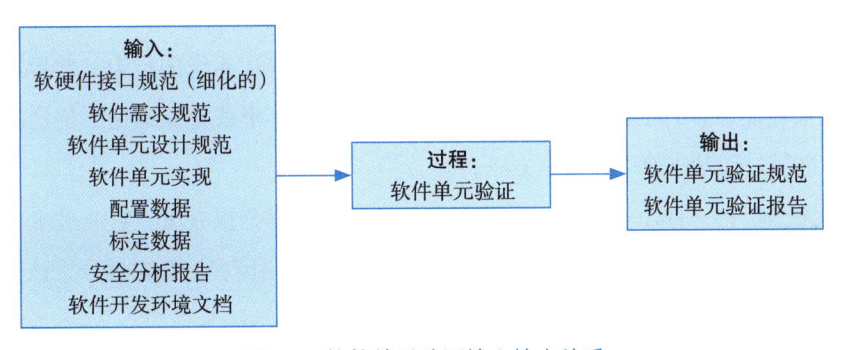

图 7-4　软件单元验证输入输出关系

3. 软件单元验证方法

下面摘录了一些标准对软件单元验证活动的要求。根据软件开发 V 模型，该活动可对应 **ASPICE 中的 SWE.4　软件单元验证** 过程的活动。

1）应根据 ISO 26262-8: 2018 第 9 章的规定，通过采用表 6-11 所示方法适当组合的方式，对软件单元设计和已实现的软件单元进行验证。

表 6-11 中的部分方法解释如下。

- **走查**：一种常见的验证方法，在实践过程中通常由软件设计者进行讲解/演示，团队成员对设计者的讲解/演示内容提出疑问、指出错误或提出改进建议。
- **结对编程**：一种软件敏捷开发方法，所谓结对，是指两名程序员在同一台计算机上共同工作，一名程序员（通常称为"驾驶员"）负责编写代码，另一名程序员（通常称为"观察员"或"导航员"）则负责审查代码、提出改进意见。两名程序员会定期互换角色，以确保双方都能从对方身上学到东西并共同提高。
- **检查**：确保系统、产品或服务在设计、开发、生产及运营等各个阶段符合功能安全要求的验证活动。该活动通常包括对系统、代码、文档、流程等的详细审查，并且形式较为正式，例如由专门人员使用特定工具对工作成果进行全面、细致的验证，以识别潜在的安全问题并纠正。
- **半形式化验证**：介于形式化验证和仿真验证之间的一种验证方法。它结合了形式化验证的精确性和仿真验证的灵活性，通过部分使用形式化技术和部分使用仿真技术来验证系统设计的正确性。这种方法主要依赖于人的知识和经验，以及对系统的理解来建立数学模型，然后通过符号计算或模拟来验证系统的正确性。
- **形式化验证**：运用严格的数学方法，对系统的功能或行为进行验证。这种方法依赖形式化语言和形式化推理规则，通过建立数学模型来描述系统的行为，然后通过形式化推理来验证系统的正确性。形式化验证可以提供比半形式化验证更严格的结果，因为它的推导过程基于严格的数学方法。
- **控制流分析**：一种用于确认程序控制流程的静态代码分析方法。它通过生成程序的控制流图（Control Flow Graph, CFG）来展示程序的控制流程，并通过分析该图来确定是否满足设计要求。
- **数据流分析**：一种编译时使用的方法，能够从代码中收集程序的语义信息，并通过代数的方法在编译时确定变量的定义和使用。通过数据流分析，可以不必在实际运行时才发现程序运行时的行为，有助于理解程序。
- **静态代码分析**：一种在不运行代码的情况下，通过词法分析、语法分析、控制流分析、数据流分析等技术，基于一定语法规则对程序代码进行扫描，以验证代码是否满足规范性、安全性、可靠性、可维护性等指标的分析方法。

2）应使用表 6-12 列出的方法，以定义软件单元验证的测试用例。

表 6-12 中的部分方法解释如下。

- **需求分析**：标准要求 V 模型的左右两侧活动必须能够双向追溯。在进行用例设计时，自然要对需求进行追溯，因为需求是测试用例设计的输入。因此，不论哪个层级的测试活动，需求分析都是基本要求。
- **等价类的生成和分析**：顾名思义，等价类是用某一类别的少数来代表该类别的所有该方法是将测试数据分成若干子集，每个子集中的数据用作输入时对于测试结果来说都是一致的，也就是等价的，即如果某个输入子集中的某个数据能够导致程序出错，那么该子集中的其他数据也很可能导致相同的错误。

- **边界值分析**：这是一种基于输入或输出边界情况的测试用例定义方法。由于大量错误往往发生在边界条件下，因此，通过测试边界值，可以更有效地发现潜在错误。边界值分析通常与等价类的生成和分析方法结合使用，以补充对边界情况的测试。
- **基于知识或经验的错误推测**：一种基于测试人员的经验和直觉来预测程序中可能存在的错误，并据此设计测试用例的方法。这种方法依赖测试人员的专业知识和对程序逻辑的理解，能够针对程序中容易出现错误的特定情况进行测试。

3）为了评估验证的完整性并提供证据证明已充分实现单元测试目标，应确定在软件单元层面的需求覆盖率，同时应按照表 6-13 列出的度量方法对结构覆盖率进行测定。如果认为已实现的结构覆盖率不足，应定义额外的测试用例或提供基于其他方法的测试。

表 6-13 中结构覆盖率指标的解释如下。

- **语句覆盖率**：用于统计代码语句被测试用例执行的比例。
- **分支覆盖率**：用于统计判定分支（如 if…else 等）被测试用例执行的比例。
- **MC/DC**：MC/DC 是分支测试的补充，适用于判定类代码覆盖检测。它是条件覆盖和决策覆盖的联合运算，具有比多重条件覆盖简单的优势，同时又没有条件覆盖和决策覆盖的缺点。

接下来将结合示例详细说明这三种覆盖率的度量方法。

（1）语句覆盖率

语句覆盖率计算公式如下：

$$语句覆盖率 = (至少被执行一次的语句数量) / (可执行的语句总数)$$

语句覆盖率是最常用的一种代码覆盖率指标，也非常简单。然而，对于一些控制结构的代码而言，它不能真正表示是否完全覆盖，示例如下。

例 1

```
int* p=NULL;
if(condition)
p=&variable;
*p=123;
```

在以上代码中,如果 condition 为 true,此时语句覆盖率为 100%。但实际上,condition 为 false 时,会导致出现空指针被赋值的运行时错误。

例 2

```
1 #include <stdio.h>
2 void printResult(int a, int b)
3 {
4    int result = a + b;
5    if (result > 0)
6      {
7         printf( "positive: %d\n" , result);
8      }
9    else
10     {
11        printf( "negative: %d\n" , result);
12     }
13 }
```

该示例中,测试时得到的 result 值会有以下情况。

1)如果 a = 2,b = 4,下方斜体加粗部分是根据业务情景执行的语句。

```
1 #include <stdio.h>
2 void printResult(int a, int b)
3 {
4    int result = a + b;
5    if (result > 0)
6      {
7         printf("positive: %d\n", result);
8      }
9    else
10     {
11        printf( "negative: %d\n" , result);
12     }
13 }
```

此时,已执行的语句数为 9,语句总数为 13,语句覆盖率为 $9/13 \approx 69\%$。

2)如果 a = 2,b = -4,下方加粗字体是根据业务情景执行的语句。

```
1 #include <stdio.h>
2 void printResult(int a, int b)
3 {
4    int result = a + b;
5    if (result > 0)
6      {
7         printf ("positive: %d\n", result);
```

```
8        }
9        else
10       {
11           printf ("negative: %d\n", result);
12       }
13   }
```

这时，已执行的语句数为 12，语句总数为 13，语句覆盖率为 12/13 ≈ 92%。

这两种情况下的覆盖率都未达到 100%，但是总体来说，情况 1 中所有未覆盖的语句都被情况 2 覆盖。因此，可以得出结论，该函数的语句覆盖率为 100%。

（2）分支覆盖率

分支覆盖是一种白盒测试方法，对代码模块（如语句或循环）中的每个结果进行测试。分支覆盖的目的是确保每个分支条件的每个决策至少执行一次。它适用于测试独立代码段，并找出没有覆盖的部分。

例如，如果结果是布尔类型，则需要同时测试 True 和 False 结果。分支覆盖率的计算公式如下：

分支覆盖率 = 被执行的分支数量 / 总分支数量

接下来，我们结合示例来理解分支覆盖率的计算。

例

```
#include <stdio.h>
void Demo(int a)
{
if (a > 5)
{
a = a * 3;
}
printf("%d\n", a);
}
```

该示例涉及的函数分支情况如图 7-5 所示。

如上基于条件 if (a > 5) 得到两个条件分支，即 a > 5 和 a ≤ 5；加上无条件分支，即 printf("%d\n", a)。该示例函数总共有 3 个分支。

根据图 7-5 识别的函数分支，设计相应的测试用

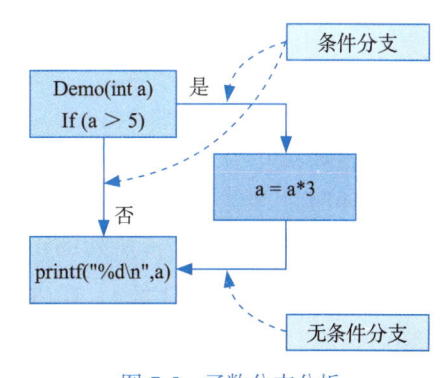

图 7-5　函数分支分析

例进行测试，得到该函数的分支覆盖率，如表 7-5 所示。

表 7-5 分支覆盖率示例

测试用例编号	a	输出	分支覆盖率
TC01	3	3	33.3%
TC02	5	5	33.3%
TC03	7	21	66.7%

上述每个分支都被至少一个测试用例覆盖，因此分支覆盖率达到 100%。这意味着，表 7-5 中列出的测试用例足以覆盖函数的所有可能执行路径。

分支覆盖率具有以下优点。

❑ 能验证代码中的所有分支。

❑ 帮助你确保没有分支导致程序操作出现任何异常。

❑ 可消除语句覆盖测试所产生的问题。

❑ 能够发现其他测试方法未覆盖的区域。

❑ 忽略布尔表达式内部的分支。

（3）MC/DC

MC/DC 要求较为复杂，具体如下。

❑ 在一个程序中，每一种可能的输入和输出至少出现一次。

❑ 每个判定中的每个条件必须能够独立影响判定的输出结果，即在其他条件不变的前提下，仅改变单个条件的值，就能导致判定结果的改变。

同样地，我们结合示例来看一下针对 MC/DC，该如何设计测试用例进行测试。

例

```
If A and (B or C), then...
else...
end;
```

理论上，对于 3 个输入判定条件（A, B, C），一共存在 8 种测试组合。为实现 MC/DC 测试，其实只需要表 7-6 所列的 4 个测试用例就能使得 A、B、C 输入和判定结果输出真和假都出现一次，且只要 A、B、C 中的一个条件值发生改变，就会使最终判定结果发生变化。

表 7-6　MC/DC 示例

条件	用例 1	用例 2	用例 3	用例 4
A	真	假	真	真
B	真	假	假	假
C	假	真	假	真
判定结果	真	假	假	真

7.3.2　详解软件集成和验证

图 7-6 展示了软件集成和验证在软件开发 V 模型中所处的流程节点。

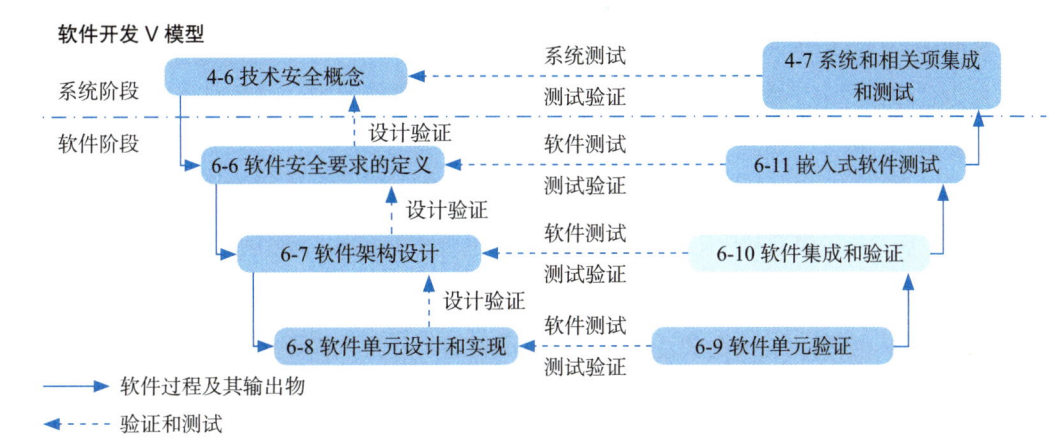

图 7-6　软件开发 V 模型中的软件集成和验证节点

综上所述，MC/DC 虽然较为复杂，但其错误检出率较高，适用于那些大型且要求非常精确的软件测试。

1. 目的

实施软件集成和验证的目的如下。

a）验证软件架构层面安全分析所定义的安全措施是否得到适当实施。

b）提供证据证明集成后的软件单元和软件组件符合软件架构设计的要求。

c）提供充分证据证明集成的软件不包含与功能安全相关的非预期功能和特性。

2. 输入输出关系

根据软件开发 V 模型，软件集成与验证属于 V 模型右侧的第二项活动。软件集成与验证是对软件架构设计的要求进行验证，该活动的输入输出关系如图 7-7 所示。

3. 软件集成和验证方法

表 6-14 中的部分集成验证方法说明如下。

- **基于需求的测试**：这是一个基本的测试方法，不同层级、不同 ASIL 等级都需要进行该项测试。因为测试的输入是需求，基于需求的测试是满足双向可追溯性的基础。
- **接口测试**：该方法主要关注软件系统中不同组件之间的交互，而这些交互是通过软件接口来实现的。因此，对于软件集成测试，应检查接口之间的数据传递、调用顺序、异常处理等，以确保它们能够正确、稳定地工作。
- **资源使用评估**：该方法主要关注软件在运行过程中对系统资源（如 CPU、内存、磁盘空间等）的占用情况。通过运行测试用例并监控资源使用情况，评估软件的资源消耗是否合理，目的是确保软件在运行时不会过度消耗系统资源，避免对系统性能产生负面影响。
- **模型和代码之间的背靠背比较测试**：该方法通常用于验证算法模型与实现代码之间的一致性。通过比较模型和代码的行为，验证代码是否准确实现了模型所描述的功能和特性。
- **控制流和数据流的验证**：控制流验证关注程序中指令的执行顺序，确保程序按照预定路径执行。数据流验证则关注程序中数据的传递和变换，确保数据在程序中正确流动和处理。通过验证控制流和数据流，确保程序的逻辑正确性和数据处理的准确性。
- **基于抽象解释的静态分析**：一种高级的静态代码分析方法，它使用抽象解释器来模拟程序的执行，从而在源代码级别发现潜在的运行时错误。通过模拟程序的执行过程，能发现更复杂的错误和逻辑问题，提高软件的鲁棒性和可靠性。

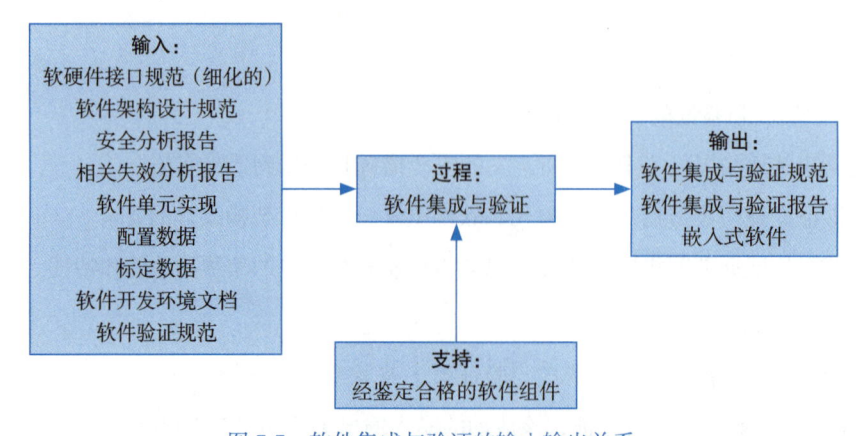

输入：
软硬件接口规范（细化的）
软件架构设计规范
安全分析报告
相关失效分析报告
软件单元实现
配置数据
标定数据
软件开发环境文档
软件验证规范

过程：
软件集成与验证

输出：
软件集成与验证规范
软件集成与验证报告
嵌入式软件

支持：
经鉴定合格的软件组件

图 7-7 软件集成与验证的输入输出关系

7.3.3 详解嵌入式软件测试

嵌入式软件测试活动在软件开发 V 模型中所处的流程节点如图 7-8 所示。

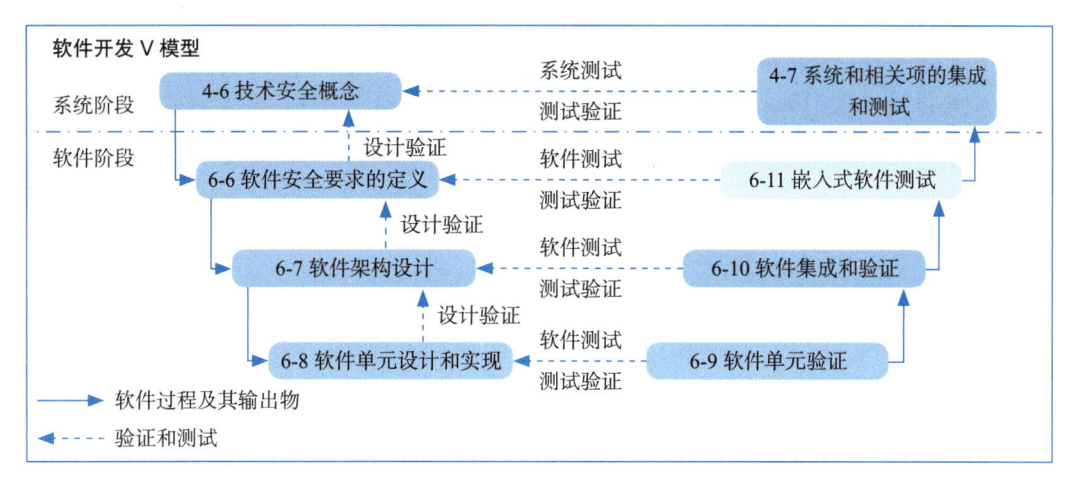

图 7-8 软件开发 V 模型中的嵌入式软件测试节点

1. 目的

实施嵌入式软件测试的目的是提供证据，证明该嵌入式软件在目标环境中执行时满足安全相关要求，不包括与功能安全相关的非预期功能和特性。

2. 输入输出关系

根据软件开发 V 模型，嵌入式软件测试属于 V 模型右侧的最后一项测试验证活动，其输入输出关系如图 7-9 所示。

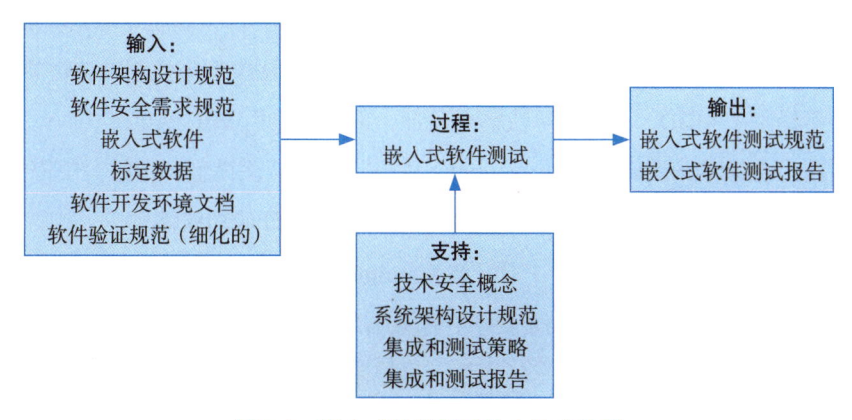

图 7-9 嵌入式软件测试输入输出关系

3. 嵌入式软件测试用例定义方法

表 6-19 中 1a、1b、1c、1d 对应的方法已在前文有详细说明，这里介绍 1e 和 1f 对应的测试用例定义方法。

- **功能相关性分析**：这种方法是通过分析软件系统中各个功能之间的依赖关系和相互影响来设计测试用例的。通常在软件架构中，各功能模块之间存在紧密的关联和依赖，一个功能的改变可能会影响其他功能的正常运行。通过功能相关性分析，测试人员可以识别这些依赖关系，并设计相应的测试用例来验证在功能变更或异常情况下，系统是否仍然能够保持正确的行为。
- **操作用例分析**：一种从用户角度考虑系统如何与用户交互的测试用例设计方法。它通过分析用户在软件系统中的具体操作行为来设计测试用例，关注用户如何与软件进行交互，并设计测试用例来验证这些交互行为的正确性和有效性。操作用例分析方法通常基于用户场景和业务流程，通过模拟用户在实际使用过程中的各种操作来发现潜在的问题。

7.3.4　软件测试方法

软件单元验证、集成与验证可以在 MIL、SIL、PIL、HIL 这几种测试环境中执行。这几种在环测试方法虽然在基于模型的开发（MBD）环境下有特定的应用，但它们的使用并不限于此。接下来，我们将讨论这几种常见的在环测试方法。

1. 模型在环测试

模型在环（Model in the Loop，MIL）测试用于验证控制算法模型是否满足功能需求。

特点：MIL 测试通常在验证算法阶段执行，使用控制算法模型来控制被控对象模型。

范围：不局限于 MBD，只要有算法需要验证，都可以应用 MIL 测试。

测试方法：在模型开发环境（如 Simulink）中，将控制算法模型和被控对象模型连接起来形成闭环，通过输入一系列测试用例，验证模型是否满足设计的功能需求。

示例：假设已经在支持 MBD 的工具（如 Simulink）中，使用图形化的方法开发出了 AEB 的算法，现在想要验证该算法是否满足要求，那么需要开发一个被控对象模型（或是使用现成的其他工具），在这个例子里是一个车辆模型。将控制算法和车辆模型连接起来形成闭环，并变换输入和车辆模型状态来对控制算法的功能进行测试。MIL 测试示意图如图 7-10 所示。

图 7-10　MIL 测试示意图

2. 软件在环测试

软件在环（Software in the Loop，SIL）**测试**用于验证生成的代码与模型在功能上是否一致。

特点：SIL 测试是将控制策略模型转换成的 C 代码编译成可执行软件，并在 Windows 平台上运行，这并不能保证代码在目标处理器上的运行结果与模型运算结果一致，因此需要验证代码和模型在功能上的等效性。

范围：适用于所有需要将软件代码与某种模型进行比较的情况，不仅限于 MBD。

测试方法：将控制策略模型转换成的 C 代码编译成可执行软件，并在计算机上运行。使用与 MIL 相同的测试用例，并将 MIL 测试输出与 SIL 测试输出进行对比，考察二者的偏差是否在可接受范围内。

为了提升测试效率，有时甚至不接入被控对象模型，而是对算法模型和生成代码进行相同的输入，查看输出是否一致。SIL 测试示意图如图 7-11 所示。

图 7-11　SIL 测试示意图

3. 处理器在环测试

处理器在环（Processor in the Loop，PIL）**测试**用于验证代码在目标处理器上的运行是否与模型一致，防止在编译过程中引入新的错误。

特点：PIL 测试将自动生成的代码编译成目标处理器所需的形式，并下载到目标处理器上运行。

范围：适用于所有需要在目标处理器上验证编译后代码的情况。

测试方法：将编译后的代码运行在目标处理器上，使用与 SIL 测试相同的测试用例进行测试，比较 PIL 测试和 SIL 测试的输出，如果两者的差异在允许范围内，则测试通过。

PIL 测试也是等效性测试，与 SIL 测试类似，不同之处在于编译后的算法运行在目标处理器上，而 SIL 测试是在算法开发环境中进行（如 Windows）。PIL 测试示意图如图 7-12 所示。

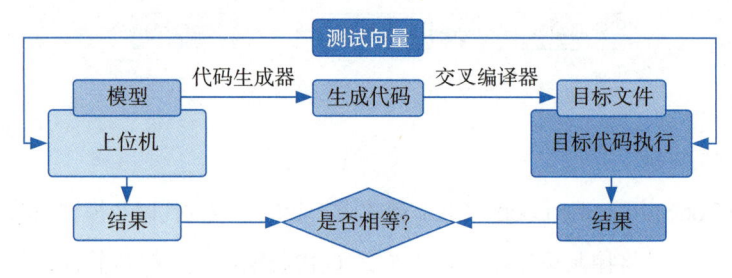

图 7-12　PIL 测试示意图

4. 硬件在环测试

硬件在环（Hardware in the Loop，HIL）**测试**用于验证代码在真实硬件环境中的行为是否与预期一致。

HIL 测试可用于测试控制器系统（包括硬件、底层软件和应用层软件）功能。HIL 测试可以理解为一种系统层级的软硬件集成测试。

特点：HIL 测试是在真实或模拟的硬件环境中对嵌入式系统或控制算法进行测试的方法。

范围：主要用于测试与硬件交互的软件系统。但在某些情况下，即使没有使用 MBD，也可能需要进行 HIL 测试，例如在控制器软硬件不成熟的情况下，运行出错可能导致人身伤害或重大财产损失。

测试方法：通过实时处理器运行仿真模型来模拟被控对象的运行状态，并通过 I/O 接口与被测的 ECU 连接，对被测 ECU 进行全方位的、系统的测试，验证代码在实际硬件环境中的表现是否满足功能需求。

在开发出完整的控制器后，有时被控对象（整车）尚未完成开发，有时使用真实被控对象进行测试过于危险或成本过高。基于这些原因，使用真实控制器和虚拟被控对象进行 HIL 测试是常见的。HIL 测试示意图如图 7-13 所示。

图 7-13　HIL 测试示意图

根据上述对 MIL、SIL、PIL 和 HIL 测试的描述，它们的区别总结如下（见表 7-7）。

侧重点：MIL 测试关注模型的功能正确性；SIL 测试关注代码与模型的等效性；PIL 测试关注代码在目标处理器上的运行等效性；HIL 测试关注代码在真实硬件环境中的行为。

表 7-7 MIL、SIL、PIL、HIL 测试的区别

测试手段	被测对象	目的	方法	是否带被控模型	执行平台	是否实时
MIL	算法模型	验证算法模型本身的功能正确性	在模型的开发环境（如 Simulink）中，将控制算法模型和被控对象模型连接起来进行闭环测试	带	设计主机	否
SIL	自动生成代码	验证生成的代码（使用设计主机编译器）与模型在功能上是否一致	使用与 MIL 测试相同的测试用例，对比 SIL 测试输出与 MIL 测试输出是否一致	有时不带	设计主机	否
PIL	编译后的代码	验证代码在目标处理器上的运行是否与模型一致	使用与 SIL 测试相同的测试用例，比较 PIL 测试和 SIL 测试输出是否一致	有时不带	目标处理器	是
HIL	控制器	验证目标硬件在完整系统中是否满足设计要求	将被控系统建模并在仿真设备上运行，将目标硬件与之连接并形成闭环控制，检查测试结果是否满足设计要求	带	目标处理器	是

测试环境：MIL 测试在模型开发环境中执行；SIL 测试在计算机上执行；PIL 测试在目标处理器上执行；HIL 测试在实际硬件环境中执行。

测试阶段：MIL、SIL 和 PIL 测试通常在开发阶段执行，用于确保算法的正确性和代码的可靠性；HIL 测试通常在开发后期或验证阶段执行，用于确保算法在实际硬件环境中的表现。

关于标准对软件测试和验证的相关要求已经全部解读完毕。总体来说，软件测试和验证的相关活动层次十分清晰，与 ASPICE 中的相关过程域相对应，文中也对两者相似的过程活动进行了说明。将两者融合在一起进行开发和管理，相信是未来的趋势。

7.4 系统测试与验证

根据产品开发 V 模型，完成硬件和软件的测试与验证后，接下来要开展系统测试与验证。系统测试与验证活动是在系统层面对产品的功能和性能进行验证。

相关项的集成需按照系统化的方法进行，首先进行软硬件集成与验证，接着是系统集成与验证，最后到整车集成与验证。在每个集成阶段都要进行特定的集成与验证，以提供证据证明所集成的要素之间正确交互。

7.4.1 目的

实施系统测试与验证的目的如下。

a）定义集成步骤并集成系统要素，直到系统完全集成。

b）验证系统架构层级安全分析中定义的安全措施是否得到正确实施。

c）提供证据表明集成的系统要素满足系统架构设计的安全要求。

7.4.2 输入输出关系

系统测试与验证是指在系统层面对相关项目的功能和性能进行验证，确保满足系统设计规范要求，其输入输出关系如图 7-14 所示。

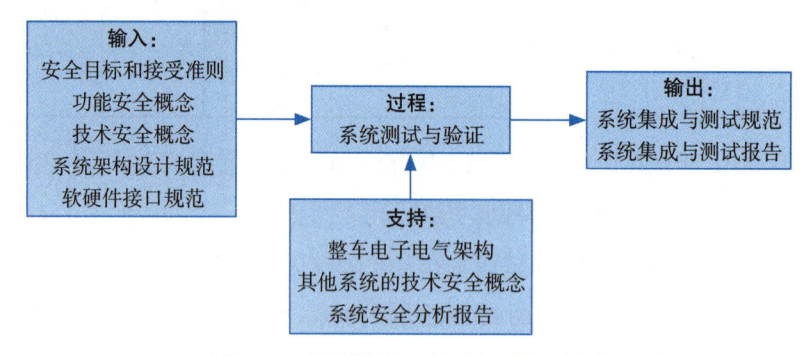

图 7-14 系统测试与验证输入输出关系

标准对于系统测试与验证进一步细化为 3 个部分的集成和测试，分别是软硬件集成与验证、系统集成与验证、整车集成与验证。

Q：究竟什么是软硬件集成？嵌入式软件测试算不算是软硬件集成测试？软硬件集成测试和系统集成测试有什么区别？

7.4.3 软硬件集成与验证

软硬件集成与验证关注软件和硬件之间的集成情况。测试人员会将软件和硬件进行组合，并检查它们是否能够正常、稳定地协同工作。这种测试主要关注软件和硬件接口之间的数据传输和交互，以确保它们之间的通信和交互正常。

在软硬件集成时，应采用合适的方法检测系统架构设计中是否存在不可接受的系统性故障，相关测试对象及验证方法见下方对应表格中的描述。

1）应使用表 7-8 中列出的测试方法来验证技术安全要求在软硬件层面的安全相关功能和行为的正确执行。

表 7-8　技术安全要求在软硬件层面的测试方法

	方法	ASIL A	ASIL B	ASIL C	ASIL D
1a	基于需求的测试	++	++	++	++
1b	故障注入测试	+	++	++	++
1c	背靠背测试	+	+	++	++

关于表 7-8 所列测试方法的解释参考如下。

- **基于需求的测试**：用于验证功能安全需求和非功能安全需求。
- **故障注入测试**：利用特殊方法在软硬件运行时将故障注入被测对象。这可以通过软件专用测试接口或特定硬件来完成。这种方法常用于提高安全需求的测试覆盖率，因为在整车环境下，安全机制通常不会被触发。
- **背靠背测试**：指在相同外部激励下，比较真实被测对象和仿真模型的执行情况，以检查模型与其代码实现之间的不一致性。

2）应使用表 7-9 中列出的测试方法来验证安全机制在软硬件层面的正确功能、性能、准确性和时序。

表 7-9　安全机制在软硬件层面的测试方法

	方法	ASIL A	ASIL B	ASIL C	ASIL D
1a	背靠背测试	+	+	++	++
1b	性能测试	+	++	++	++

性能测试方法的解释参考如下。

- **性能测试**：可以测试整个测试目标的性能（如任务计划、时序、功率输出），还可以验证软件对硬件的驱动能力。

比如，BMS 检测到单体过电压后，需要在 50ms 内断开继电器。50ms 这个 FTTI 涉及软件和硬件相关模块的执行时间，对于过电压检测机制涉及的模块，必须通过性能测试方法来验证其是否能在规定时间内完成对应的控制动作。

- 应使用表 7-10 中列出的测试方法来验证外部和内部接口在软硬件层面执行的一致性和正确性。

表 7-10　内外部接口在软硬件层面的测试方法

方法		ASIL			
		A	B	C	D
1a	外部接口测试	+	++	++	++
1b	内部接口测试	+	++	++	++
1c	接口一致性检查	+	++	++	++

表 7-9 所列的测试方法解释如下：

- **外部接口测试**：主要针对系统与系统之间的交互通道进行测试，以验证系统之间能否正确地进行数据交换和协同。测试内容包括接口的功能、性能、安全性以及兼容性等方面。

- **内部接口测试**：是对软件系统内部各个模块之间的交互通道进行测试，以确保模块之间的数据传递和功能调用是正确的。这种测试通常关注模块之间的接口定义、参数传递、数据处理、异常处理等方面。

- **接口一致性检查**：验证不同系统或模块之间的接口是否具有一致性和兼容性的方法。这种测试主要关注接口定义、参数传递、返回值以及异常处理等方面的一致性。

3）应使用表 7-11 中列出的测试方法，验证硬件故障检测机制在软硬件层面对故障模型的探测有效性。

表 7-11　硬件故障检测机制在软硬件层面有效性的测试方法

方法		ASIL			
		A	B	C	D
1a	故障注入测试	+	+	++	++
1b	错误猜测法测试	+	+	++	++

错误猜测法的解释如下。

- **错误猜测法**：也称为"错误推测法"，是一种基于测试人员的经验、直觉和对业务规则的了解来预测程序中可能存在的错误，并有针对性地设计测试用例的测试方法。这种方法尤其适用于那些没有详细规格说明或文档不足的情况。如果测试者具有与测试对象相似的经验，错误猜测法是一种有效的方法。

4）应使用表 7-12 中列出的测试方法来验证系统各组成要素在软硬件层面的鲁棒性。

表 7-12 所列的测试方法的解释如下。

- **资源使用测试**：该测试可以静态完成（例如，通过检查编码量或分析有关中断使用的代码，验证在恶劣情况下不会耗尽资源），或通过运行监控动态完成。
- ❏ **压力测试**：该测试用于验证在高负荷运行或严苛环境条件下，软硬件测试对象能否正确运行。测试可以通过施加高负荷、异常接口负荷或某些特定值（如总线负载、电击等）来完成，也可以进行极限温度、湿度或机械冲击测试。

表 7-12　软硬件层面鲁棒性测试方法

方法		ASIL			
		A	B	C	D
1a	资源使用测试	+	+	+	++
1b	压力测试	+	+	+	++

7.4.4　系统集成与验证

系统的各要素应根据系统架构设计进行集成，并依照系统集成测试规范进行测试，以验证整个系统是否满足需求和规格。系统集成与验证是软硬件集成与验证的进一步升级，旨在测试整个系统的功能、性能和可靠性。

标准关于系统集成与验证的要求及方法如下。（参考 ISO 26262-4:2018, 7.4.3）

1）应使用表 7-13 中列出的测试方法来验证 FSR 和 TSR 在系统层面的正确实现。

表 7-13　FSR 与 TSR 在系统层面正确实现的测试方法

方法		ASIL			
		A	B	C	D
1a	基于需求的测试	++	++	++	++
1b	故障注入测试	+	+	++	++
1c	背靠背测试	o	+	+	++

2）应使用表 7-14 中列出的测试方法来验证安全机制在系统层面的正确功能性能、准确性、系统层面失效模式的覆盖率和时序。

表 7-14　安全机制在系统层面的正确功能性能、准确性、系统层面失效模式的覆盖率和时序的测试方法

方法		ASIL			
		A	B	C	D
1a	背靠背测试	o	+	+	++
1b	故障注入测试	+	+	++	++
1c	性能测试	o	+	+	++
1d	错误猜测法测试	+	+	++	++
1e	来自现场经验的测试	o	+	++	++

性能测试和来自现场经验的测试方法的解释参考如下。

- **性能测试**：该测试方法用于验证系统安全机制的性能，如执行器速度或强度、整个系统的响应时间。
- **来自现场经验的测试**：以从现场总结的经验和数据为参考标准，验证安全机制在系统层面执行的正确性。

3）应使用表 7-15 中列出的测试方法来验证内外部接口在系统层面的一致性和正确性。

表 7-15　内外部接口在系统层面的一致性和正确性的测试方法

	方法	ASIL A	ASIL B	ASIL C	ASIL D
1a	外部接口测试	+	++	++	++
1b	内部接口测试	+	++	++	++
1c	接口一致性检查	+	+	++	++
1d	通信与交互测试	++	++	++	++

通信和交互测试方法的解释如下。

- **通信和交互测试**：该测试针对功能安全需求和非功能安全需求，测试系统组成部分之间的交互、通信，以及被测系统与其他车辆系统之间的交互、通信。

4）应使用表 7-16 中列出的测试方法来验证系统层面的鲁棒性。

表 7-16　系统层面的鲁棒性的测试方法

	方法	ASIL A	ASIL B	ASIL C	ASIL D
1a	资源使用测试	o	+	++	++
1b	压力测试	o	+	++	++
1c	特定环境条件下的抗干扰性和鲁棒性测试	++	++	++	++

表 7-16 中所列测试方法的解释如下。

- **资源使用测试**：该测试通常在动态环境中进行。测试的问题包括功耗和总线负荷。
- **压力测试**：该测试用于验证系统在高负荷运行或苛刻环境条件下能否正常运行。测试方法包括在系统上施加高负荷、极限的用户输入、来自其他系统的极限要求，或进行极限的温度、湿度或机械冲击测试。
- **特定环境条件下的抗干扰性和鲁棒性测试**：该测试是一种特殊的压力测试，包括电磁兼容性（EMC）和静电释放（ESD）测试。

7.4.5 整车集成与验证

完成系统集成与验证（相关项系统层级）后，应将相关项集成到整车上，进行整车集成与验证。

整车集成与验证提供证据证明相关项与整车其他子系统间正确交互、符合功能安全要求，并对没有可能导致违背安全目标的非预期行为提供足够的置信度水平。

标准关于整车集成与验证的要求及方法请参考表 7-17 至表 7-20。（参考 ISO 26262-4: 2018, 7.4.5）

1）应使用表 7-17 中列出的测试方法来验证功能安全要求在整车层面的有效执行。

表 7-17 功能安全要求在整车层面有效执行的测试方法

	方法	ASIL A	ASIL B	ASIL C	ASIL D
1a	基于需求的测试	++	++	++	++
1b	故障注入测试	++	++	++	++
1c	长期测试	++	++	++	++
1d	实际使用条件下的用户测试	++	++	++	++

长期测试、**实际使用条件下的用户测试**方法的解释参考如下。

- **长期测试**：也就是常说的耐久性测试。
- **实际使用条件下的用户测试**：也就是我们常说的路测。这两种测试可以结合在一起进行，类似于来自现场经验的测试，但使用更大的样本量，将普通用户作为测试者，不局限于之前规定的测试场景，而是在日常生活的现实条件下执行。为确保测试人员的安全，如果有必要，这类测试会有所限制，例如采取额外的安全措施或停用执行器。

2）应使用表 7-18 中列出的测试方法来验证安全机制在整车层面的性能、准确性和时序。

表 7-18 安全机制在整车层面的性能、准确性和时序的测试方法

	方法	ASIL A	ASIL B	ASIL C	ASIL D
1a	性能测试	+	+	++	++
1b	长期测试	+	+	++	++
1c	实际使用条件下的用户测试	+	+	++	++
1d	故障注入测试	o	+	++	++
1e	错误猜测法测试	o	+	++	++
1f	来自现场经验的测试	o	+	++	++

3）应使用表 7-19 中列出的测试方法验证整车层面内外部接口实现的一致性和正确性。

表 7-19　内外部接口在整车层面实现的一致性和正确性的测试方法

方法		ASIL			
		A	B	C	D
1a	外部接口测试	+	+	++	++
1b	内部接口测试	+	+	++	++
1c	通信与交互测试	+	+	++	++

- **外部接口测试和内部接口测试**：这是整车层面的接口测试，旨在检验整车系统接口的兼容性。测试既可以通过验证值域、额定值或几何尺寸以静态方式完成，也可以在整车运行过程中以动态方式完成。
- **通信与交互测试**：包括车辆系统在运行期间对功能性和非功能性要求的通信测试。

4）应使用表 7-20 中的测试方法来验证整车层面的鲁棒性。

表 7-20　整车层面的鲁棒性测试方法

方法		ASIL			
		A	B	C	D
1a	资源使用测试	+	+	++	++
1b	压力测试	+	+	++	++
1c	特定环境条件下的抗干扰性和鲁棒性测试	+	+	++	++
1d	长期测试	+	+	++	++

整车层面的资源使用测试通常在动态环境下进行。测试内容包括相关项内部资源、功率消耗等。

相较于系统层面的鲁棒性测试，整车层面增加了一项长期测试，通过在各种环境下的长期路测来验证整车系统的鲁棒性。

7.5　安全确认

前文提到的各个层级的测试与验证的目的是提供证据，证明每项特定活动的结果符合规定要求。这些活动完成后，需要对集成到整车的相关项进行安全确认。

7.5.1　目的

安全确认的目的是证明相关项符合预期要求，并确保所实施的安全措施有效。安全确认基于检查和测试，为实现安全目标提供了保证。

7.5.2 输入输出关系

安全确认是对相关项功能安全符合性的确认，其输入输出关系如图 7-15 所示。

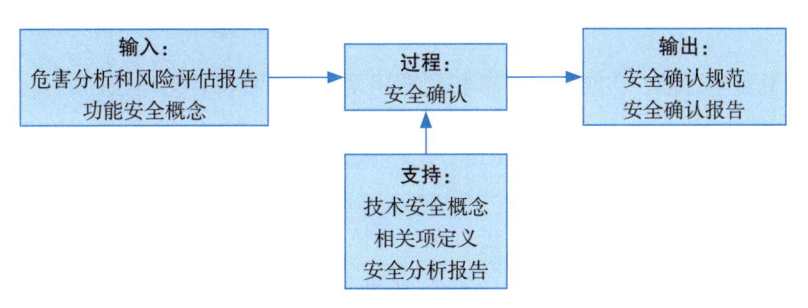

图 7-15 安全确认输入输出关系

7.5.3 安全确认的相关要求

关于安全确认的相关要求参考标准 ISO 26262-4:2018 第 8 章的内容。下面摘录了部分关于安全确认的要求来对该项活动进行讲解。

1）应确认在整车层面典型环境下所集成的相关项的安全目标。

解读 这条要求的描述及上文关于安全确认目的的描述，都明确指出安全确认的环境是在整车层面。即在相关项集成到整车后，从整车的表现来判断相关项的功能和性能是否满足客户的要求。

2）确认安全目标时应考虑运行过程中变化对技术特性的影响，这一因素已经在危害分析和风险评估中加以考虑。

解读 这条要求实际上是提示，在实施安全确认时，要考虑整车在不同运行模式及运行场景下，相关项的输出特性可能会有差异的情形。例如，在运行过程中进行挡位切换时，VCU 的输出会随之发生变化。因此，安全确认过程中需要考虑每一种情形并逐一进行确认。

3）当相关项集成到整车时，应通过评估以下方面对相关项的功能安全实现进行确认，包括：
a）可控性；
b）外部措施的有效性；
c）其他技术的有效性；
d）影响危害分析与风险评估中的 ASIL 等级假设只能在最终车辆上进行检查。

> **解读** 整车层面的安全确认过程中涉及多系统间的交互，例如对外部措施和其他技术的有效性进行确认。这就需要负责这些技术实现的团队进行沟通和确认。这也是安全确认必须在整车层面进行的原因之一，因为有些确认项只有在整车环境下才能得到正确的验证。

4）应基于安全目标、功能安全要求和预期用途，按计划执行整车层面的安全确认。使用针对每个安全目标的安全确认流程和测试用例，包括详细的通过/未通过标准；应用范围可包括配置、环境条件、驾驶场景和操作用例等。

5）应采用以下方法的适当组合来进行安全确认：

a）已定义了测试流程、测试用例、通过/未通过准则的重复性测试；

b）分析；

c）长期测试；

d）实际使用条件下的操作用例、抽测、专家判断；

e）评审。

> **解读** 安全确认的方法在大方向上其实与验证的方法是一样的，只不过由于针对整车层面，安全确认相关的测试有些必须通过整车进行，比如长期的路测。

6）应对安全确认的结果进行评估，以提供证据证明已实施的安全措施实现了相应项的功能安全。

> **解读** 这条要求实际上是针对安全确认的认可评审，即评估和认可安全确认结果是否达到预期效果。

7.6 本章小结

本章首先介绍了验证和确认的概念，然后从硬件、软件、系统及整车层面逐一对标准的相关要求进行了梳理和讲解，最后将标准对安全确认的要求进行了说明，这样整个 V 模型右侧的各层级的验证和确认活动就全部串了起来。当然，文中提到的每一种测试方法具体该如何实现、如何设计测试用例，以及测试用例该如何与需求、标准的方法关联，这些要基于实际情况进行分析。

第 8 章　硬件要素评估与软件组件、工具鉴定

本章讲解功能安全支持过程中的几项典型活动——硬件要素评估、软件组件鉴定和软件工具鉴定。

这几项活动虽然面对的对象不同，但都有一个共同的特征，即无论是硬件、软件，还是开发工具链，功能安全项目人员都需要对其可信性进行评估和鉴定，以证明功能安全开发所采用的硬件要素、软件组件和工具符合标准要求及所分配的安全要求。

8.1　硬件要素评估

硬件要素评估活动评估的是硬件要素在相关项开发中的功能安全适用性。它可以支持硬件开发阶段的裁剪活动和证明所采用硬件要素的功能安全能力。本节将从以下方面探讨硬件要素评估的要求及方法。

1）硬件要素评估的目的。

2）硬件要素的分类。

3）硬件要素评估方法。

硬件要素评估属于支持过程的活动，标准第 5 部分对该活动提出了要求，具体的评估方法在第 8 部分进行了描述。该活动在硬件开发 V 模型中所处的流程节点如图 8-1 所示。

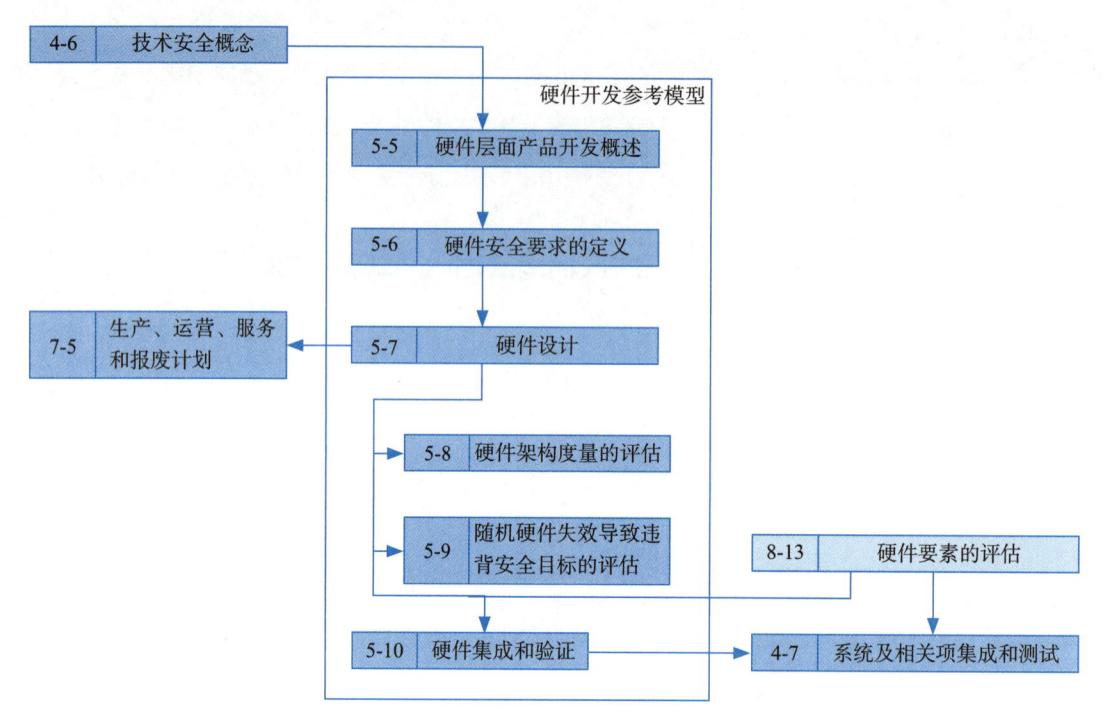

图 8-1 硬件开发 V 模型中的硬件要素评估节点

8.1.1 硬件要素评估的目的

通过评估硬件要素，可实现以下目标。

a）提供证据证明硬件具有足够的功能、性能；

b）通过使用适当的测试（如超限测试、加速测试等）方法或分析方法来识别新的或确认已知的故障模式；

c）识别新的或确认硬件要素的已知使用限制。

d）应提出一个论点，即系统故障而导致违反安全目标或违反安全要求的风险足够低。

（参考 ISO 26262-8: 2018, 13.2）

解读 根据上述标准关于硬件要素评估目的的描述，对硬件要素进行评估是为了确认硬件组件能否满足设计意图，并提供证据证明在硬件设计环节，所有可能因素导致违反安全目标的风险足够低。

8.1.2 硬件要素的分类

既然要对外来的、既有的硬件要素评估功能安全设计的适用性，就需要对这些硬件要素进行分类。这样可以对不同类别的硬件要素采取不同的评估方法，例如，对电阻、电容等被动器件和处理器等复杂器件的评估严苛度应该有所区别。

在硬件要素的评估中，所考虑的硬件要素根据其特性分为 I 类要素、II 类要素或 III 类要素。这些类别反映了安全相关功能验证的难度。这三类硬件要素的分类方法可参考 ISO 26262-8: 2018 第 13.4.1 节。

1. 对于 I 类要素

该类要素最多有几种状态，这几种状态可以从安全的视角被充分地表征、测试和分析。对于该类要素，可以在不了解其实现细节和生产过程的情况下，识别并评估其安全相关的失效模式。该类要素（例如电阻、电容、晶体管、二极管、晶振、谐振器）没有与安全概念相关的控制或检测内部故障的安全机制。

2. 对于 II 类要素

该类要素具有较少的运行模式、较小的取值范围和较少的参数等特点，我们可以在不了解其实现细节的情况下从安全角度进行分析。

该类要素（例如燃油压力传感器、温度传感器）没有与安全概念相关的控制或检测内部失效的安全机制。

3. 对于 III 类要素

该类要素具有多种运行模式、广泛的取值范围或众多的参数等特点。我们在不了解实现细节的情况下，无法对其进行分析。

该类要素（例如微处理器、微控制器、数字信号处理器）具有与安全概念相关的控制内部失效或探测内部失效的内部安全机制。

以上标准关于硬件要素的分类已经非常具体。在进行硬件要素的评估之前，硬件工程师需要根据硬件 BOM 按照标准的分类要求进行分类。

由上文关于硬件要素的分类可知，I 类、II 类、III 类硬件要素的内部构成复杂度逐渐增加。复杂度越高，意味着该类硬件要素需要承载更多的功能，与其交互的信息也更多，这势必对评估方法提出更高的要求。

8.1.3 硬件要素评估方法

根据硬件要素的分类准则对所开发硬件的 BOM 进行分类后，接下来根据以下方法评估每类硬件要素的安全设计**适用性和合格性**。

这里需要说明的是，硬件要素的评估都是在特定应用环境下进行的，而这个环境就是该要素被集成进的系统所在的应用环境。

1. Ⅰ类硬件要素的评估方法

由于Ⅰ类要素是一些简单的被动器件，功能较为简单，因此不需要对其本身进行评估。集成了Ⅰ类硬件要素的硬件设计按照标准的要求进行设计和验证即可。

(解读) 不论是哪类硬件要素，对于车载领域的产品，要求默认所有器件都是车规级的，而这个要求可以作为Ⅰ类要素的评估方法。

Q: 想想除了使用"车规级"这一标准对Ⅰ类硬件要素进行评估，还有没有其他方法？

2. Ⅱ类硬件要素的评估方法

Ⅱ类硬件要素的评估应选择适当的分析和测试方法，评估前需先制订评估计划，然后基于计划实施评估。

（1）评估计划

评估计划应描述：

a) 硬件要素的**唯一识别码及版本**。

b) 硬件要素预期**使用环境的定义**。

c) 评估的策略和依据，策略包括**分析、必要的测试**和操作描述。

d) 策略实施所需的工具和设备。

e) 实施该评估的责任主体。

f) 硬件要素评估**通过与否的准则**。

（2）评估论证

1）应根据硬件设计，全面论证硬件要素的**功能和性能是否符合规范，并确保用途足以满足预期**。

全面论证应基于以下类型信息的组合。

a）所使用的分析方法和假设。

b）运营经验数据。

c）现有测试结果。

2）应阐明每一个假设（包括推断）的理由。

（3）分析评估

1）分析结果应全面，并可由具有相关学科或资质的人员加以验证。

可用的分析方法包括设计验证方法（例如外推法、数学模型、损伤分析，以及过程差距分析），以提供可以避免系统性失效的充分证据。

2）分析应考虑硬件要素所暴露的全部环境条件，包括这些条件的限制及其他额外的运行压力（例如预期的开关周期、充电和放电、长时间关闭等）。

（4）测试评估

1）应制订测试计划，且测试计划应包含以下信息。

a）硬件要素的功能描述。

b）分配的安全要求。

c）需要进行的测试规范和顺序。

d）测试与安全要求之间的可追溯性。

e）组装和连接要求。

f）需要模拟的运行条件和环境条件。

g）被测元素的数量。

h）测试通过/未通过的准则。

i）需要测量的环境参数。

j）对测试设备的要求，包括精度标准。

2）应按照 ISO 26262-5: 2018 第 10.4.6 节完成被评估硬件要素**对外部压力的鲁棒性测试**。

3）应按计划进行测试，并提供测试结果数据。

4）集成符合功能安全的要素时，应确保符合 ISO 26262-5: 2018 第 10 章或 ISO 26262-4: 2018 第 7 章相关内容的要求。

（5）评估报告

评估报告应说明，针对所执行的分析和测试，硬件要素的安全要求（包括其工作范围和条件），硬件要素是否通过了评估。

以上对Ⅱ类硬件要素的评估方法及要求参考 ISO 26262-8: 2018 第 13.4.3 节的内容。事实上，这些方法同样适用于Ⅲ类要素。

解读 对Ⅱ类硬件要素的评估需要有计划地进行，这里的计划类似于大家平时编写的测试计划内容，即明确评估对象，评估对象的功能描述（包含参数）、运行环境、条件、人员、工具的要求等。然后根据计划对器件的合格性进行评估。评估的方法可以是分析、仿真、测试，最好是组合使用，总之就是通过各种方式测试待评估的器件，目的是全方位证明该硬件要素符合硬件安全设计的要求。当按照计划使用多种方法实施完评估后，出具对应的评估报告说明该硬件要素是否可用于硬件的安全设计。

3. Ⅲ类硬件要素的评估方法

Q：上文提到的Ⅱ类硬件要素一开始就需要使用全方位的方法进行评估，那么Ⅲ类硬件要素是否有额外的要求呢？

标准对于Ⅲ类硬件要素的评估要求如下。
- Ⅲ类硬件要素宜按照 ISO 26262 或 GB/T 34590 进行开发。
- 对Ⅲ类硬件要素的评估，应在流程上满足上方对Ⅱ类硬件要素评估中规定的要求。
- 应提供额外措施，证明系统性故障导致违背安全目标或安全要求的风险足够低。

额外措施包括但不限于：

a）进行安全相关功能的可验证性评估；

b）依据现场经验或可信组件；

c）由具备安全相关失效模式检测能力的独立**硬件要素进行监控**；

d）采用符合不同安全标准但**具有相同 ASIL 等级的**开发方法。

解读 对于Ⅲ类硬件要素的评估，除了要满足Ⅱ类硬件要素评估的要求，更重要的是另外两点：一是Ⅲ类硬件要素本身（比如市面上那些通过功能安全产品级认证的处理器芯片）宜按照功能安全的要求进行开发；二是Ⅲ类硬件要素虽然是按照标准的要求进行开发的，但可能没有通过相应的安全认证，所以有必要提供额外的措施来证明将Ⅲ类硬件要素用于硬件功能安全开发时，导致违反安全目标的风险足够低。Ⅲ类硬件要素通过各种安全功能的验证、有该器件经过市场检验的使用证据、该器件按照其他功能安全标准（如 IEC 61508、ISO 13849、IEC 62061 等）实施开发并取得认证，这些都可以作为Ⅲ类硬件要素符合当前硬件功能安全开发要求的有效评估证据。

关于硬件要素评估的具体实施方法，这里用一个简化的评估示例作为本节内容的总结，如表 8-1 所示。

表 8-1 硬件要素评估示例

位号	物料名称	规格型号	分类	评估证据
C1	贴片电容	10UF/10V/±20%/X5R/0402	Ⅰ类	产品规格书 硬件白盒测试报告 硬件集成测试报告
AMP1	4通道运放	LMV324B-TR,14-Pin TSSOP，−40℃～125℃，4-Channels 轨到轨运放	Ⅱ类	产品规格书 硬件集成测试报告
μC1	微控制器	Infineon-SAK-TC397QP-256F300SBD	Ⅲ类	功能安全产品认证证书 产品规格书 硬件集成测试报告

8.2 软件组件鉴定

软件组件鉴定是指对已经开发的软件组件进行一系列测试、验证和评估活动，以确保其满足特定的功能、性能和安全要求。本节将从以下几方面探讨软件组件鉴定的要求和方法。

1）软件组件相关概念。

2）软件组件鉴定的目的。

3）软件组件鉴定的适用范围。

4）软件组件鉴定的相关要求。

5）如何进行软件组件鉴定。

8.2.1 软件组件相关概念

在讲解软件组件鉴定的相关要求和方法之前，先来了解软件组件相关的概念。

Q：什么是组件？

组件（Component）：由一个或多个硬件元器件（或一个或多个软件单元）组成的逻辑上或技术上可分的非系统层面的要素。

（参考 ISO 26262-1: 2018, 3.21）

解读 结合开发实践来理解，组件是由一个或多个硬件器件（或一个或多个软件单元）组成的，能够执行独立功能，例如车大灯总成和车灯智能会车控制软件。

Q：什么是软件组件？

软件组件（Software Component, SWC）：由一个或多个软件单元组成。
（参考 ISO 26262-1: 2018, 3.157）

解读 软件组件具有较高的抽象层次，可以包含多个软件单元或子组件。软件组件通过接口与其他组件进行交互，实现特定的功能或服务。软件单元的定义如下。

软件单元（Software Unit, SWU）：软件架构中的最低层级，且可被独立测试。
（参考 ISO 26262-1: 2018, 3.159）

解读 软件单元是软件架构中不可细分的组件，通常指可以进行独立测试的最小实体。它是软件开发中的基本构建块，通常由单个函数、过程或子程序组成。

结合 AUTOSAR 架构来看，软件组件是指由多个可运行实体构成的用于实现某个功能的软件模块。例如，一个 ABS 控制模块或诊断服务模块都可以被视为 AUTOSAR 架构中的软件组件。而可运行实体可视为软件单元，它是构成软件组件的单个函数、方法或过程，负责执行具体的代码逻辑。例如，一个 ABS 控制模块中可能包含多个具有计算车轮滑移率、控制制动压力等功能的软件单元。这些单元通过组合和配置，共同实现 ABS 控制模块的功能。

8.2.2 软件组件鉴定的目的

根据软件组件的相关定义，软件组件是能够实现特定功能的软件模块，这意味着从功能的角度来看，软件组件可以"拿来就用"，即具有可重用性。

鉴于此，如果功能安全项目开发过程中直接引用了某些软件组件进行软件集成，此时就需要对这些软件组件进行鉴定，目的是提供证据证明将它们复用于当前项目能满足所分配的安全要求。

这意味着使用已鉴定的组件可以避免对具有相同功能或特性的现有软件组件的重复开发，

或者允许使用商业现成软件。

但实践过程中我们不能惯性地认为某些已量产或已批量应用的现成商业软件经过市场的检验就是安全可靠的，从而认为在有类似或相同功能需求的项目上可以不做任何更改地使用这些现有软件组件。

这种惯性思维有些唯心主义，显然是不可取的。从唯物主义的观念出发，安全可靠性应基于实际项目需求及应用环境来检验，没有"放之四海而皆准"的安全可靠。

8.2.3 软件组件鉴定的适用范围

Q：什么样的软件组件需要实施鉴定程序？

通常，对于采用以下类型的软件组件需要实施鉴定程序。
- 来自第三方供应商的软件组件；
- 现有的未按照 GB/T 34590 要求开发的软件组件；
- 已经用于电子控制单元（ECU）的内部开发组件。

Q：在什么情况下需要实施软件组件鉴定？

根据软件组件鉴定的目的，实施软件组件鉴定的对象是直接引用的软件组件，即在复用现有软件组件而未对其进行修改的情况下，需要对该软件组件进行鉴定。

标准对于软件组件鉴定的适用范围描述如下。

标准原文 The verification in accordance with 12.4.2.2, shall only be valid for an unchanged implementation of the software component.

（参考 ISO 26262-8: 2018, 12.4.2.4）

解读 如果对集成到软件架构中的引用软件组件进行修改，即使是商业现成软件，也不能直接通过鉴定流程证明其在当前应用环境下满足预期用途的要求。这相当于二次开发，需要按照功能安全标准的流程和技术要求评估相关软件设计是否满足要求。

8.2.4 软件组件鉴定的相关要求

下面摘录了标准对于软件组件鉴定的相关要求，详情可参考 ISO 26262-8:2018 第 12.4 节。

标准原文 To be able to **consider a software component as qualified**, the following shall be available:

a) the specification of the software component in accordance with 12.4.2.1;

b) evidence that the software component complies with its requirements in accordance with 12.4.2.2, 12.4.2.3, and 12.4.2.4;

c) evidence that the software component is suitable for its intended use in accordance with 12.4.3;

d) evidence that the software development process for the component is based on an appropriate national or international standard (e.g. ISO/IEC/IEEE 12207);

e) a plan for the qualification of the software component.

（参考 ISO 26262-8: 2018, 12.4.2.1）

解读 要声称某个软件组件鉴定合格（即满足既定功能要求），靠口头承诺是不行的，必须提供相应的过程文件作为证据。这些文件包括软件组件的设计规范、证明软件组件满足其设计需求的证据、达到预期用途要求的证据、软件开发过程规范性证据，以及软件组件的鉴定计划。显然，鉴定过程并不简单，相当于按照软件开发 V 模型的要求逐一核对输出物。

　　由此可见，通过对复用软件组件进行鉴定来减少开发成本并非那么简单。从安全的角度来看，若要软件组件的鉴定适用于相关项目的安全开发，这个鉴定过程也是一个"必不敢省人工"的工作。

标准原文 To provide evidence that a software component complies with its requirements the **verification of this software component** shall:

a) show a requirement coverage in accordance with ISO 26262-6:2018, Clause 9;

b) cover both normal operating conditions and behaviour in the case of failure;

c) display no known errors that may lead to a violation of safety requirements allocated to this software component.

（参考 ISO 26262-8: 2018, 12.4.2.2）

解读 这是对软件组件是否满足设计要求的验证。一项典型评估指标是需求覆盖率，而且需要从正、反两方面验证软件组件的实现是否能满足设计规范的要求。

标准原文 The qualification of a software component shall be documented including the following

a) the unique identification of the software component;

b) the unique configuration of the software component;

c) the person or organization who carried out the qualification;

d) the results of the verification measures applied to qualify the software component;

e) the maximum ASIL of the safety requirements allocated to the software component .

（参考 ISO 26262-8: 2018, 12.4.2.5）

解读 软件组件鉴定需要对被鉴定软件组件的信息进行详细记录，例如软件组件的 ID、配置信息、执行鉴定的人员 / 组织、分配给被鉴定软件组件的 ASIL 等级以及鉴定结果。这些可以以软件组件鉴定清单的形式进行记录，目的是实现过程可追溯。

如表 8-2 所示，软件组件鉴定清单的格式可供参考。

表 8-2 软件组件鉴定清单的格式

组件编号	软件组件名称	组件版本	来源	发布方	业务用途	相关的接口	分配的需求	ASIL等级	组件验证报告	负责人	备注
SWC01											
SWC02											
SWC03											
……											

标准原文 The **results of qualification** of a software component **together with the validity of these results** regarding the intended use of the software component **shall be verified** in accordance with Clause 9.

（参考 ISO 26262-8: 2018, 12.4.3）

解读 这条要求是一条流程要求，需要对软件组件鉴定结果的有效性进行验证。要判断鉴定过程及结果是否合规、真实且有效，通常可以通过审核鉴定过程文件以及实施相应的确认测试进行验证。

8.2.5 如何进行软件组件鉴定

8.2.4 节中关于软件组件鉴定相关要求的描述其实已经给出了软件组件鉴定的方法，简言之，就是要对复用的软件组件进行所分配需求符合性的验证，而验证方法包括分析和测试。

当然，类似应用的软件组件在用证明也可以作为复用软件组件满足功能安全标准要求的证据。这在一定程度上减轻了软件鉴定的工作负担，至少不需要纠结复用软件组件是否是按照功能安全标准流程开发，只需要验证组件的功能和性能是否满足所分配的安全要求。

提供在用证明的实际操作具有一定挑战，因为这需要通过候选项相关的文件、配置管理和变更管理的记录以及安全相关事故的现场数据来证实。其中，最具挑战性的是安全相关事故的现场数据。要实现产品质量数据的全生命周期监控，组织必须依赖强大的产品运维数据跟踪系统。

总结来说，软件组件鉴定内容包括以下几方面。

a）软件组件的唯一标识符。

b）分配给软件组件的最高 ASIL 等级的安全要求。

c）鉴定软件组件应执行的活动。

d）软件组件的要求，包括功能安全要求和非功能安全要求。

e）软件组件预期用途。

f）配置描述。

g）软件组件的接口描述、共享资源的描述。

h）软件组件应用手册。

i）正确集成和使用软件组件所需的工具。

j）异常运行条件下执行功能的响应。

k）已知异常及相应应急措施描述。

（参考 ISO 26262-8: 2018, 12.4.2.1）

根据上述软件组件鉴定的内容要求，依据分配的要求对软件组件进行测试验证，证明其适用于当前的功能安全设计。

最后，根据软件组件应用场景，对需要进行的鉴定活动进行分类，如表 8-3 所示。

从对软件组件鉴定的要求来看，如果鉴定工作由集成方负责，集成方的主要工作是对软件组件供应方进行审核，并实施软件集成和测试。如果鉴定工作由软件组件供应方负责，软件组件供应方则须提供对应的功能安全认证报告给集成方作为鉴定证据，但集成方依然需要对集成后的软件进行集成测试。总体来说，软件组件的鉴定虽然是为了减少相同或相似软件的重复开发，进而提高开发效率、降低开发成本，但要做好该项工作还是需要花费心思，严谨对待。

表 8-3 软件组件鉴定活动分类

序号	软件组件应用情形	需执行的鉴定活动	备注
1	软件组件符合 ISO 26262 的要求，ASIL 等级和当前应用等级相同，应用过程中组件未修改	• 按照 ISO 26262-8:2108 第 12.4 节的鉴定要求执行 • 软件集成测试 • 嵌入式软件测试	在用证明不适用
2	软件组件符合 ISO 26262 的要求，ASIL 等级和当前应用等级相同，应用过程中组件未修改	• 影响分析 • 根据影响分析结果对变更部分提供符合 ISO 26262 要求的证据 • 软件集成测试 • 嵌入式软件测试	• 软件组件鉴定不适用 • 在用证明不适用
3	软件组件符合 ISO 26262 的要求，ASIL 等级低于当前应用等级	• 影响分析 • 根据影响分析结果对需进行变更的部分提供符合 ISO 26262 要求的证据 • 软件集成测试 • 嵌入式软件测试	• 软件组件鉴定不适用 • 在用证明不适用
4	软件组件是在 ISO 26262 发布之前开发的	• 软件组件鉴定不适用 • 在用证明不适用	参考 ISO/PAS 8926 的要求
5	软件组件是现成的商业软件	• 按照 ISO 26262-8:2108 第 14 章的要求提供在用证明 • 软件集成测试 • 嵌入式软件测试	—

8.3 软件工具鉴定

对于相关项的功能安全符合性，ISO 26262 的要求不仅体现在产品开发 V 模型中各个阶段的过程活动上，还体现在各阶段活动过程中用到的工具链上。本节将从以下几个方面来谈谈软件工具鉴定。

1）软件工具鉴定的概念。

2）软件工具置信度评估相关要求。

3）软件工具鉴定的方法。

8.3.1 软件工具鉴定的概念

关于软件工具鉴定，标准第 6 部分中提到的一些信息如下。

qualified software tools available (see ISO 26262-8: 2018, Clause 11).

（参考 ISO 26262-8: 2018, 5.3.2）

The software tool criteria evaluation report (see ISO 26262-8: 2018, 11.5.1) or the **software tool qualification report** (see ISO 26262-8: 2018, 11.5.2) can provide input to the tool usage.
（参考 ISO 26262-8: 2018, 5.4.1 NOTE 2）

required versus available **confidence in software tools** (see ISO 26262-8: 2018, Clause 11).
（参考 ISO 26262-8: 2018, B.2.2）

以上信息指向了"software tool qualification/confidence"（软件工具鉴定/置信度）这样的字眼。

按照字面意思理解，软件工具鉴定是指对软件工具的质量和性能进行评估和确认的过程。这通常包括对软件工具的功能、性能、安全性、易用性、可维护性等方面进行评估，以确保软件工具能够满足用户的需求和期望。

8.3.2 软件工具置信度评估相关要求

软件工具置信度评估是指衡量其在特定任务或应用中预测、分析或处理能力的可靠性和准确性。

在系统或其软件要素、硬件要素开发中使用的软件工具，可以支持 ISO 26262 要求的活动实现或任务达成。在这些情况下，软件工具需要符合以下置信度要求。

1）在产品开发过程中，尽可能降低软件工具功能异常导致错误输出的系统性故障风险。

2）如果 ISO 26262 要求的活动或任务依赖所使用软件工具的功能，则软件工具的开发流程应充分符合 ISO 26262 要求。

Q：具体如何评估软件工具置信度？

可以从以下方面来评估软件工具置信度。

- 基于软件工具功能和特性进行软件工具使用评估。相应工具置信度水平（TCL）的确定包括工具影响（TI）和工具错误探测度（TD）。TI 和 TD 的确定取决于使用该工具进行要素开发和验证的过程。
- 验证该工具在用户环境下是否正常工作。
- 在用户环境中，鉴定操作工具是否按照定义的程序自动执行开发或验证任务。
- 基于给定或假设的信息（例如使用案例、用户要求、TCL、ASIL 等级）对工具进行鉴定。

软件工具置信度评估相关活动如图 8-2 所示。

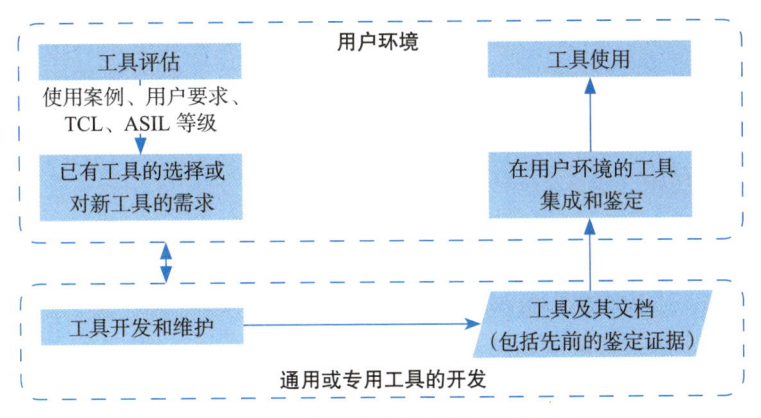

图 8-2　软件工具置信度评估相关活动

8.3.3　如何进行软件工具鉴定

在讲解软件工具鉴定方法之前，首先需要弄清楚哪些软件工具需要进行鉴定，以及标准对软件工具鉴定有哪些要求。

同样地，基于标准梳理出软件工具鉴定的要求，具体可参考 ISO 26262-8: 2018 第 11.4 节的描述。

标准原文 If the safety lifecycle incorporates the use of a software tool for the development of a system, or its hardware or software elements, such that activities or tasks required by the ISO 26262 series of standards **rely on the correct functioning of a software tool,** and where the **relevant outputs of that tool are not examined or verified for the applicable process step(s)**, such software tools shall comply with the requirements of this clause.

（参考 ISO 26262-8: 2018, 11.4.1）

解读 这条要求说明，对于功能安全的项目，所有用于功能安全开发活动且这些活动的正常执行依赖的软件工具都需要进行鉴定。

标准原文 If the confidence level evaluation or qualification of a software tool is performed **independently from** the development of a particular safety-related item or element, the validity of this predetermined Tool Confidence Level or qualification **shall be verified prior to** the software tool being used for the development of a particular safety-related item or element.

（参考 ISO 26262-8: 2018, 11.4.2）

When using a software tool, it shall be ensured that its usage, its determined environmental and functional constraints and its general operating conditions comply with its evaluation criteria or its qualification.

（参考 ISO 26262-8: 2018, 11.4.3）

> **解读** 这两条规定用于确认预先确定的工具置信度的有效性，以及工具与其评估准则或鉴定的一致性。简单来说，当你拿到一款声称经过鉴定的工具时，需要确认该工具是否如其所声称的那样有效，并确保鉴定报告中的信息与工具本身保持一致。例如，一款软件测试工具声称可以用于形式化验证，但相关报告中并未提及相应的形式化验证评估准则。

关于标准对于软件工具鉴定的要求，这里节选几条作为说明，更多详情可查阅标准相关章节。

Q：既然标准对于软件工具鉴定有明确要求，那么该如何实施鉴定呢？

接下来从实践的角度讲解软件工具鉴定的流程，如图 8-3 所示。

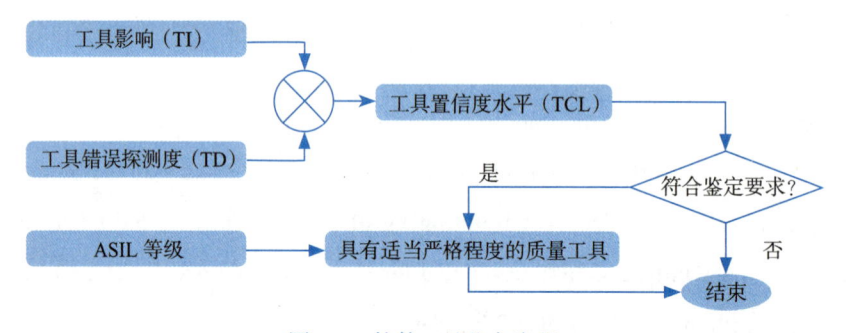

图 8-3　软件工具鉴定流程

概括而言，软件工具鉴定分以下几个步骤实施。

1）制订工具鉴定计划。

2）工具置信度评估。

3）实施工具鉴定。

4）工具鉴定验证。

1. 制订工具鉴定计划

这一步首先是收集软件工具的信息，包括软件工具的版本号、配置、使用案例、执行环境，以及由于工具错误输出可能会违反相关安全要求的最高 ASIL 等级。

除此之外，为确保软件工具得到恰当的评估或使用，应收集以下信息。

1）软件工具的特征、功能和技术属性。

2）用户手册或其他使用指南（如适用）。

3）软件工具运行环境。

4）软件工具在异常运行条件下的期望表现。

5）已知软件工具功能异常，以及适当的安全保护、规避或应急措施。

根据上述信息列出软件工具的验证计划。

2. 工具置信度评估

基于第一步的信息，通过分析确定软件工具置信度水平（Tool Confidence Level，TCL）。根据软件工具预期使用的相关描述，通过以下两个维度来评估软件工具的置信水平。

1）特定软件工具功能异常可能引入错误或无法检测开发中安全相关项或要素中的错误，这种可能性用 TI 等级表示。TI 等级的评价准则参考如下。

- 当有论据表明不存在这种可能性时，应选择 TI1。
- 在其他情况下，应选择 TI2。

2）对于预防（或探测）软件工具功能异常并产生相应错误输出的措施的置信度，以 TD 等级表示。TD 等级的评价准则如下。

- 当预防或探测功能异常并产生相应错误输出的措施具有高置信度时，应选择 TD1。
- 当预防或探测功能异常并产生相应错误输出的措施具有中等置信度时，应选择 TD2。
- 在其他情况下，应选择 TD3。

综合 TI 和 TD 等级，通过表 8-4 来确定 TCL 等级。

表 8-4　TCL 等级的确定

TI（工具影响）	TD（工具错误探测度）		
	TD1（高）	TD2（中）	TD3（低）
TI1（无）	TCL1	TCL1	TCL1
TI2（有）	TCL1	TCL2	TCL3

如果对 TI 或 TD 选择的正确性不确定，建议对 TI 和 TD 进行保守评估。

解读　TD 等级可以通过对软件工具本身进行验证。例如，如果软件工具可以进行一些基础配置，可以通过应用不同的工具配置完成相关开发任务，比较工具配置下的输出结果来确认 TD 等级；通过对软件工具下游结果的验证来侧面验证工具 TD，例如，在按照 ISO 26262 对生成的源代码进行验证的情况下，如果代码生成器的置信度较高，可以选择 TD1，否则，选择 TD3；在系统层面对工具的 TD 进行验证，例如，通过不同工具对同一代码进行测试，比较它们的测试结果，也可以对工具的 TD 进行验证。

项目开发过程中常用工具的 TCL 参见表 8-5。

表 8-5 常用工具的 TCL

类型	常见工具	置信度水平
Office 工具、支持工具	Word、Excel、Visio、PLM、Doors 等	TCL1
设计工具、验证工具、安全分析工具	PADS、Simlink、QAC、Medini 等	TCL1～TCL2
编译器	Tasking、HighTec、Green Hills 等	TCL3

3. 实施工具鉴定

完成对软件工具的置信度评估后，需要根据 TCL 对软件工具进行鉴定。其中，TCL 等级被评估为 TCL2 和 TCL3 的软件工具需要进行鉴定，TCL1 的软件工具不需要进行鉴定。软件工具的鉴定方法参考表 8-6。

表 8-6 软件工具的鉴定方法

方法		TCL2 ASIL 等级 A	B	C	D	TCL3 ASIL 等级 A	B	C	D
1a	使用过程中累积置信度的论证	++	++	++	+	++	++	+	+
1b	工具开发流程评估	++	++	++	+	++	++	+	+
1c	软件工具确认	+	+	+	++	+	+	++	++
1d	按照安全标准开发	+	+	+	+	+	+	++	++

- ❑ **使用过程中累积置信度的论证方法**应仅对所评估的软件工具版本有效。这种方法类似于功能安全中的"在用证明"。该方法强调收集对应软件工具的历史版本、不同配置下的使用记录、使用时长/频率、勘误表等信息，作为该工具累积置信度的证据。
- ❑ **工具开发流程评估方法**强调基于适当的标准对软件工具开发流程进行评估，同时提供软件开发流程有效应用的证据。因此，软件工具开发的过程文档非常重要，它们是证明流程符合性的证据。
- ❑ **软件工具确认方法**可以认为是对软件工具的确认测试。个人认为在无法从供应商处获取鉴定证据的情况下，这是最靠谱的方法。确认可通过使用用户开发的自定义测试套件或工具供应商开发的测试套件（如果供应商的测试套件包括用户的工具使用案例）来完成。

进行软件工具确认测试时，应分析确认过程中软件工具功能异常及相应错误输出，评估可能的后果，并研究避免或检测这些异常的措施；应检查软件工具对异常的响应能力。

- **按照安全标准开发方法**要求软件工具按照相关安全标准流程进行开发，如果能执行到位，那么工具开发完成之后，相关的鉴定证据也就基本具备。对于专门用于安全关键领域的软件工具供应商来说，强烈推荐采用这种方法。

4. 工具鉴定验证

实施完以上三个步骤后，软件工具鉴定的主体工作就已完成。根据各个过程的结果，整理输出软件工具鉴定报告。

从流程角度看，需要对软件工具鉴定这一活动的过程进行验证，类似变更管理中的变更验证，需要对变更过程进行验证以证明变更分析的有效性。

工具鉴定验证可以通过认可评审的方式进行，也可以通过测试手段对工具鉴定的结果进行验证。无论采用哪种方式，工具鉴定验证的目的是确认组织已经实施了相关验证活动，并且对应活动的过程证据充分，且输出相应的认可评审报告作为验证结果。当然，确认活动在流程上的符合性，仅对 ASIL C 等级及以上的目标才有要求。

8.4　本章小结

本章首先介绍了硬件要素的分类，并针对每一类硬件要素介绍了评估方法。硬件要素的复杂度越高，所要求的评估方法也越严苛。总体来说，硬件要素评估是对硬件要素适用性的评估。实施评估前，首先需要对待评估的硬件要素进行分类，然后为每一类硬件要素分配需求并列出验证计划。验证包括分析、仿真、测试等方法，最后输出各类验证报告（安全分析报告、仿真报告、测试报告）作为评估所用器件是否能用于安全设计证据。紧接着介绍了软件组件鉴定的要求及方法。软件组件不像硬件要素那样有分类，鉴定时更加关注复用组件在开发中的适用性，包括安全和非安全方面。软件组件的鉴定倾向于基于 V 模型的流程要求对复用组件进行审核和验证，以确定其在实际应用中的合格性。最后介绍了软件工具鉴定，流程具体包括制订工具鉴定计划、评估工具置信度、实施工具鉴定以及工具鉴定验证。

第 9 章 功能安全架构设计

本章融合了除 ISO 26262 标准以外其他领域的功能安全标准的架构设计要求，例如通用工业功能安全标准 IEC 61508、机械安全领域的标准 ISO 13849 和 IEC 62061 等。我们将从架构模型的基本概念出发，系统地介绍各类安全架构模型及设计范式，例如 *MooN* 架构、机械安全系统的指定架构、子系统安全架构，以及经典的三层电子监控架构。

基于这些架构范式，本章将探讨这些架构范式在芯片设计领域的安全架构设计，比如芯片的双核锁步架构设计、硬件安全模块等，以及如何应用这些架构范式实现智能驾驶领域的失效可运行（Fail-operational）架构。芯片属于安全系统架构设计的上游，而智能驾驶属于下游的系统集成应用，本章结合芯片内部安全设计的一些微观设计以及智能驾驶系统层面的宏观应用，力求为读者呈现一个全面且具备参考价值的功能安全架构设计思路。

期望通过本章的探讨，激发更多关于功能安全架构设计的思考与讨论，探索出更多能满足当下汽车工业发展需求的可落地功能安全架构设计模型。

9.1 *MooN* 架构模型探讨

常见的 Fail-safe、Fail-operational、Fail-silent、E-GAS 等架构可分为两类架构：Fail-safe、Fail-operational。这两类架构又可以通过 *MooN* 架构形式来体现。

接下来介绍常见的架构模型，探讨这些架构模型如何通过 MooN 架构形式体现。

9.1.1 Fail-safe 架构

Fail-safe 通常翻译为失效安全，也称为"故障保险"，指的是一个设备即使在发生特定失效时，也不会给人员或其他设备带来伤害（或能将伤害最小化）。失效安全是安全系统的一部分。

失效安全对应架构设计的基本原则是系统及其主要组成部分（如传感器、电子控制单元和执行器）由各种诊断机制监控。如果发生故障，故障组件将关闭以使系统进入安全状态，这意味着系统要在发生危害事件前进入安全状态，所以 Fail-safe 架构的 FTTI 指标应被合理地定义。

低级别（L2 级）自动驾驶车辆相关的安全 ECU 大多采用 Fail-safe 架构设计。失效安全系统并不表示系统不会失效或不可能失效，而是指系统在失效时可以避免或减轻不安全后果。例如，针对防止单体过充这个安全目标，当 BMS 检测到单体过电压时，断开高压回路，使电池包系统进入安全状态；或者当激光雷达（LiDAR）控制单元检测到激光发射模块温度超过预设的安全限值时，停止激光发射并使电机停转，使雷达进入安全状态。

在机械安全领域，Fail-safe 架构的设计尤为常见。例如，电梯的制动系统通常连接到电梯钢缆的张力检测器，如果钢缆断裂，导致张力消失，制动系统会启动，使电梯停止运行。这是一种典型的 Fail-safe 架构设计。再比如，在智慧工厂里的机器人作业区，防护门上安装了联锁装置。当有人开门进入作业区时，联锁信号被触发，机器人控制器接收到信号后，会控制机器停止作业。这也是一种典型的 Fail-safe 架构设计。

防爆轮胎在车辆上的应用是 Fail-safe 架构设计的典型例子。与普通轮胎相比，防爆轮胎在漏气时能保持良好的性能，不会因突然漏气而导致车辆失稳。如果与胎压监测系统（TPMS）结合使用，能进一步提升行车安全。

Q：你所了解或设计过的产品中有哪些 Fail-safe 架构设计，或者你在生活中见过哪些 Fail-safe 架构设计？

提到 Fail-safe，这里简单介绍 Fail-secure 和 Fail-silent 的概念，了解这些概念之间的异同。

1. Fail-secure

Fail-secure 在概念上不同于 Fail-safe，强调的是信息系统的安全状态，即信息系统失效时资料或存取权不会落入不法分子之手。有时 Fail-secure 和 Fail-safe 架构导致的结果会完全不同。例如，大楼失火时，Fail-safe 架构系统会自动开锁，让人员可以快速逃出，消防人员可以尽快进入；而 Fail-secure 架构系统会自动上锁，避免未授权的人员进入建筑大楼。

2. Fail-silent

Fail-silent 概念类似于机械安全领域的 Muting（抑制/静默）机制，传统 IT 服务器操作系统的容错架构设计也使用过这个概念设计，即当调用服务失败后，默认该服务在一定时间内无法再对外提供服务，不再向其分配请求流量，从而将错误隔离开来，避免对其他服务产生影响。

Fail-silent 架构的机制参见图 9-1。

图 9-1　Fail-silent 架构的机制

经常超时的服务可以使用 Fail-silent 容错机制，防止请求堆积而消耗大量线程、内存、网络等资源，从而影响整个系统的稳定性。根据这个解释，如果将该机制应用于汽车电子控制器或系统上，Fail-silent 就类似于 Fail-safe。例如，在使用多传感器融合的自动驾驶系统中，当自驾控制器（Autonomous Driving Unit，ADU）无法接收到激光雷达传感器的点云数据或标记为错误的点云数据时，应停止激光雷达的点云数据收发请求，并标记激光雷达为故障状态。此时，ADU 应动态调整，将其他传感器数据进行融合并将其作为感知层的数据。在激光雷达传感器的故障清除之前，控制器本身及 ADU 的收发路径（例如，Ethernet、CAN 总线）应处于 Fail-silent 状态。

简单理解，当智能驾驶域控中的某个冗余通道故障时，出于 Fail-operational 的目的，应将该故障通道功能关闭/静默，此时该故障通道就处于 Fail-silent 状态。

Fail-safe 架构模型参考图 9-2。

图 9-2 所示的 Fail-safe 架构的机制如下：系统主功能路径（传感器 + 处理器 + 执行器）上的功能单元及共用基础

图 9-2　Fail-safe 架构模型

单元（如电源、时钟、复位）的运行状态由监控单元1、监控单元2、执行器进行监控，当检测到违反安全属性的故障时，系统将被关闭以进入安全状态。

简言之，该架构在功能逻辑上处理相对简单，即只要处理器或监控单元检测到不符合安全目标的故障，就发出控制指令给执行器，使系统进入安全状态，从而使系统实现从失效到安全的过渡。

9.1.2　Fail-operational 架构

Fail-operational 通常翻译为"失效可运行"，是指在系统出现故障的情况下，如果系统无法通过功能关闭来达到安全状态，则有必要使系统继续维持在可控的活动状态。例如，线控制动系统是一种需要保证高可用性的安全系统，其故障和关闭制动功能导致的结果相同。因此，系统不能通过功能关闭来达到安全状态，而是要保证在制动功能故障后依然可运行。

如图9-3所示，在SAE的自动驾驶分级中，对于SAE Level 3，尤其是SAE Level 4及以上，确保功能安全、系统可用性和失效可运行相关的系统冗余是必要的。根据SAE Level 3，驾驶员不能立即接管车辆的控制，并且在SAE Level 4中，驾驶员不能被视为系统备用。

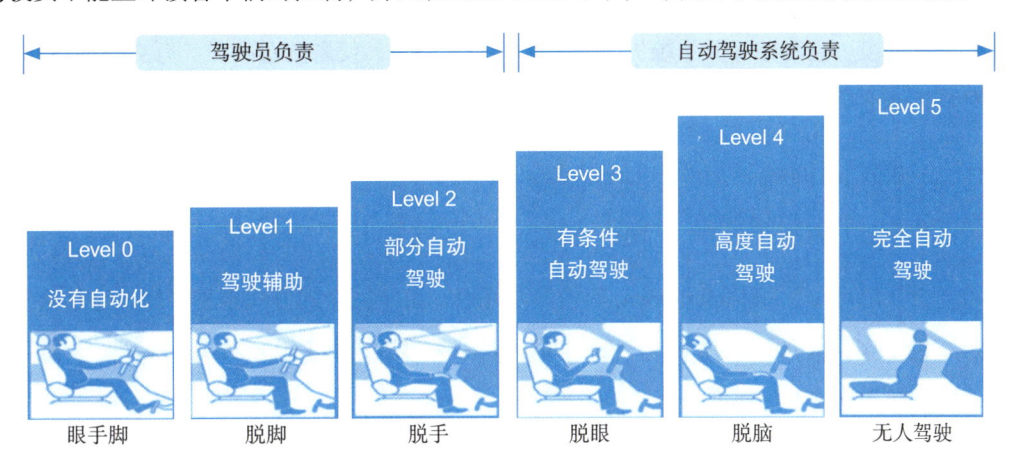

图 9-3　SAE 的自动驾驶分级

因此，在SAE Level 3、SAE Level 4和SAE Level 5的情况下，系统必须安全。这使得Fail-operational 架构系统对于自动驾驶至关重要。

Q: 想一想你接触的产品设计中是否有应用 Fail-operational 设计概念？

如上文所述，在发生故障的情况下，并不总是能够通过关闭系统来达到安全状态。Fail-operational 安全架构可以实现多样性冗余架构或同质冗余架构。多样性冗余架构是通过两个或多个不同的硬件和软件应用程序实现的，这些应用程序由不同的公司或团队开发，或者基于不同的规范来体现。在同质冗余架构中，硬件（如处理器）由同一家公司和同一开发团队开发，软件由两个或多个相同的设计实例生成。

自动驾驶系统的 Fail-operational 装置通常是一种降级运行状态，所以 Fail-operational 状态从系统层面来讲其实也是一种紧急运行状态，只不过这种紧急运行的过渡相对平滑。

另外，通过多协同冗余实现的 Fail-operational 架构其实在某种意义上也具有 Fail-safe 架构的特点。比如，冗余通道中的某一路通道因故障而关闭，系统切换到其他通道以继续运行。

自动驾驶 Fail-operational 设计兼顾了安全性和可用性的要求，当系统进入 Fail-operational 状态时，实际上是依托可用性来满足安全性要求。可用性设计往往与可靠性设计存在交叉关系，虽然从概念上两者有所不同，但在实际设计过程中，它们的许多方法是相通的。比如冗余在可用性和可靠性设计中都是常用的方法。车辆上有许多冗余设计的例子，比如车大灯和尾灯的冗余设计、货车的双轮胎设计等。除了冗余，可靠性设计中的降额设计也是一种非常有效的设计手段。它能够降低系统失效率，延长系统寿命，使系统对故障具有更高的容忍度，进而对系统的可靠性、可用性和安全性产生积极影响。

Q：不知道上面的描述是否让大家对冗余、Fail-safe、降额、Fail-operational 和故障容忍这些概念有了一个基本的理解？

由上文介绍可知，Fail-operational 架构涉及冗余。由于冗余的方式多种多样，这种架构的表现形式也是多样化的。应用 MooN 架构可以实现不同形式的 Fail-operational 架构，所以这里就谈谈不同 MooN 架构模型。

在讲解这些架构模型之前，先了解一下可靠性逻辑框图中的运行模式概念。

1）串联模型：系统 S 由 n 个单元组成，其中任一单元失效都会引起系统失效，则称系统 S 为"串联模型"。该模型的可靠性逻辑框图如图 9-4 所示。

串联模型

1 — 2 — …… — n

图 9-4 串联模型可靠性逻辑框图

2）**并联模型**：系统 S 由 n 个单元组成，若系统中某个单元出现故障，其备用单元能够维持系统正常工作。只有当所有单元都失效时，系统 S 才失效，这种情况下称系统 S 为"并联模型"，也称"备份系统"。该模型的可靠性逻辑框图如图 9-5 所示。

3）**混联模型**：系统由串联和并联单元结合而成。

该模型的可靠性逻辑框图如图 9-6 所示。

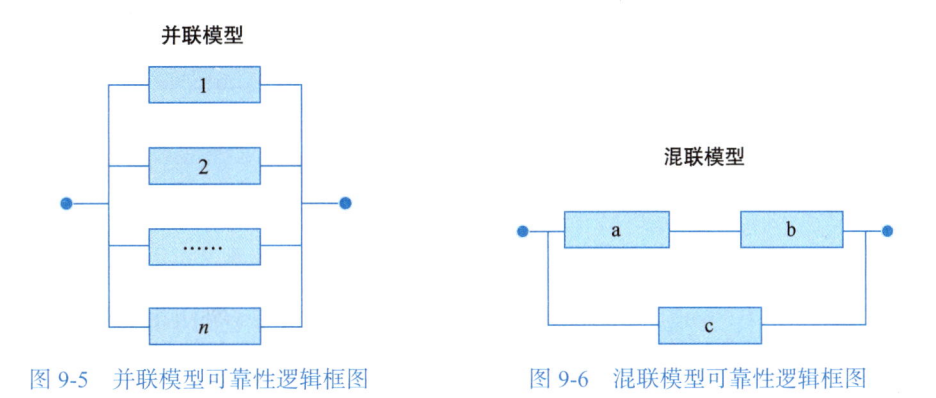

图 9-5 并联模型可靠性逻辑框图　　　图 9-6 混联模型可靠性逻辑框图

9.1.3　MooN 架构及 MooN(D) 架构

MooN 是 *M* out of *N* 的简写，表示 *N* 通道冗余中取 *M* 个通道数据进行逻辑处理，其中 *M* 表示需要执行安全功能的通道数，而 *N* 代表整个可用的通道数。当 *N* 大于或等于 2 时，对应架构是一种冗余架构。例如，装有 3 台发动机的喷气式飞机，只要有两台发动机工作正常即可保证安全飞行和降落，这是一种 2oo3 架构设计概念的应用。

不同的 *MooN* 架构会带来不同的安全性能，*MooN* 架构还可以扩展为带诊断的 *MooN* 形式，用 *MooN*(D) 表示。常见的 *MooN* 架构及 *MooN*(D) 架构有 1oo1、1oo2、1oo2D、2oo2、2oo2D、2oo3 等。

基于 9.1.2 节中提到的可靠性逻辑框图中的运行模式概念，接下来我们将探讨不同类型的 *MooN* 架构及 *MooN*(D) 架构表现形式，以及这些架构与 Fail-safe 和 Fail-operational 架构之间的关系。

1. 1oo1——一选一架构

1oo1 是 1 out of 1 的缩写，这是一种单通道串联运行模式架构。这种架构系统中各组件之间呈串联关系，系统没有冗余和保护模式，对各组件的失效没有保护能力。系统中任何单个要素的失效既可能导致安全失效（例如，输出断电导致回路开路），也可能导致危险失效（例如，输出触点粘连导致外部回路不能断开）。一旦出现危险失效，就会导致功能安全失效。

因此，该架构的安全性较低，只能用于实现系统的基本功能，无法满足 Fail-safe 或 Fail-operational 架构设计的要求。

1oo1 架构模型参考图 9-7。

图 9-7　1oo1 架构模型

2. 1oo1D——一选一诊断架构

1oo1D 是 1 out of 1 with Diagnostic 的缩写，这种架构系统是一种功能链路与诊断链路形成的双通道系统。该架构采用一个具备诊断能力的单一控制器通道，并与诊断链路形成的第二通道串联构成输出回路。1oo1D 中的"D"表示诊断（Diagnostic），因此该架构被称为"一选一诊断架构"。由于这种架构系统的成本较低，因此在安全应用中发挥了重要作用。

这种 1oo1D 架构由一个逻辑处理单元和一个外部监控单元构成，定时器的输出与逻辑解算器的输出形成串联运行模式。根据其结构特点，这种架构满足 Fail-safe 架构设计的要求。

1oo1D 架构模型参考图 9-8。

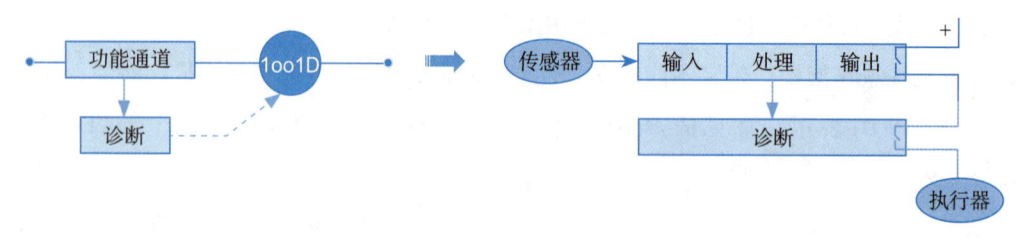

图 9-8　1oo1D 架构模型

3. 2oo2——二选二架构

2oo2 是 2 out of 2 的缩写，这是一种并行双通道串联运行模式架构。此架构在物理结构上为并列双通道，但在系统逻辑结构上为串联的架构模型（针对功能安全来说）。它可以实现单一通道的安全失效不导致系统整体的安全失效。例如，当一个通道的输出因通道安全失效而开路时，另一个通道仍可以保持输出功能。然而，该架构对危险失效非常敏感，只要任何一个通道发生危险失效，系统将会发生危险失效，这里假设输出端开路为安全状态。因此，这种架构系统在实现功能安全时，要求两个通道都具有功能安全。

2oo2 架构模型参考图 9-9。

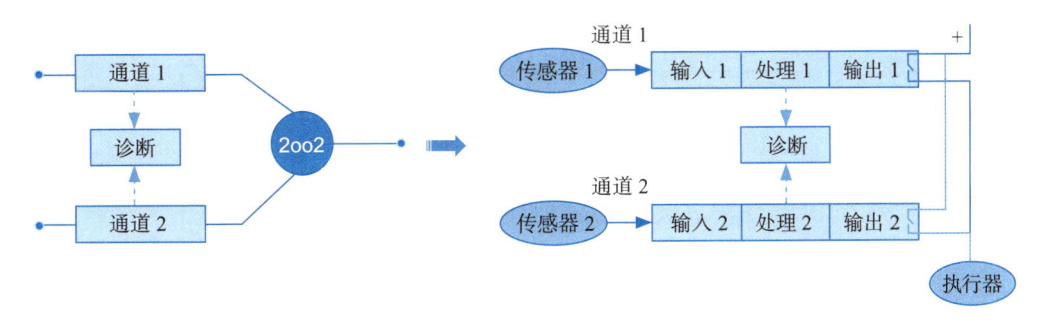

图 9-9　2oo2 架构模型

由图 9-9 所示 2oo2 架构模型可知，在此架构中，任何一个通道发生开路失效时，系统仍能通过另一个通道维持运行。

但当任一通道发生短路故障时，系统处于常闭（Normally Close，NC）状态。如果系统的安全状态是断开输出回路，例如电池包中继电器发生粘连故障时，BMS 无法控制断开高压回路，那此时系统将发生危险失效。由此看来，2oo2 架构无法满足 Fail-operational 架构设计的要求。

4. 2oo2D——二选二诊断架构

2oo2D 是 2 out of 2 with Diagnostic 的缩写，这是一种双通道并联系统架构。此架构由并联的两个通道构成，两个通道都要求满足功能安全设计。在此架构中，两个通道的结果进行比较，以确定是否相等，如果结果不相等，则可以检测到故障路径。在这种情况下，系统通过使用正确的路径保持失效运行。如果结果不相等且无法确定故障路径，系统将停止失效运行，必须关闭安全路径以达到安全状态。

2oo2D 架构模型参见图 9-10。

相较于 2oo2 架构，2oo2D 架构增加了通道诊断，使功能安全的运行模式从串联运行模式更新到了并联运行模式。在 2oo2 架构中，任一通道发生短路失效时，系统无法安全断开。在 2oo2D 架构中，任一通道发生短路失效时，由于诊断链路的存在，系统依然可以安全关断。因此，2oo2D 架构可以满足 Fail-operational 架构设计的要求，前提是没有同时发生两个失效。

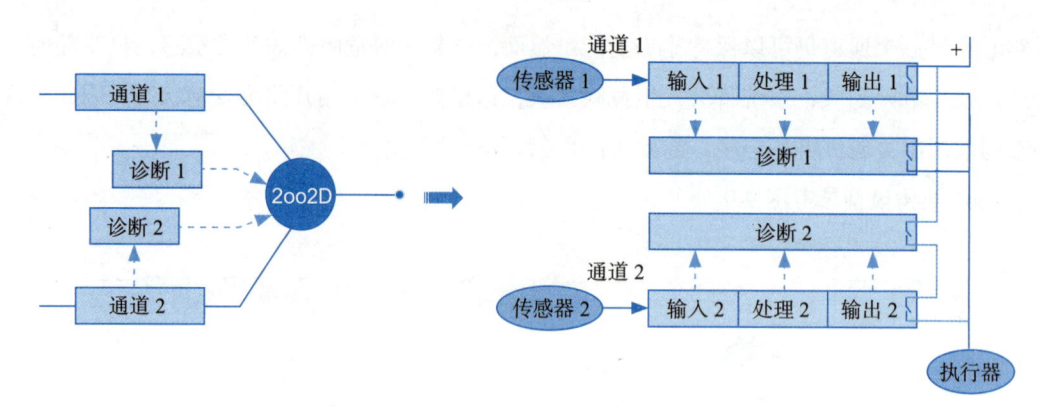

图 9-10　2oo2D 架构模型

5. 1oo2——二选一架构

1oo2 是 1 out of 2 的缩写,这是一种双通道并联运行模式架构。此架构由两个并联通道构成,只要任一通道功能正常,系统就能维持安全状态。只有在两个通道同时发生危险失效时,才可能导致某个安全功能失效。此外,两个通道还可能因为共同原因而同时失效。

1oo2 架构模型参见图 9-11。

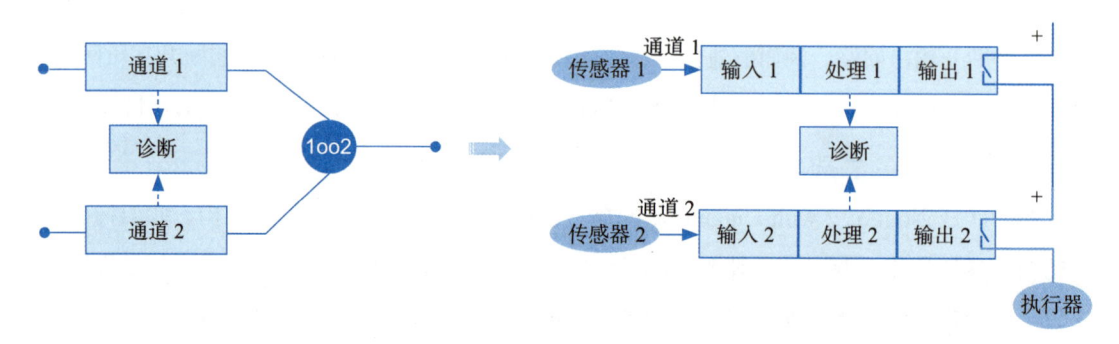

图 9-11　1oo2 架构模型

由图 9-11 所示的 1oo2 架构模型可知,在该架构中任一通道发生开路失效时,系统处于常开(Normally Open,NO)状态。如果系统的安全状态为断开输出回路,则系统进入安全失效状态,由于系统处于断开状态导致系统不可用,因此这种架构模型也不能满足 Fail-operational 架构设计的要求。

由上述描述可知,1oo2 架构能够降低系统发生危险失效的概率,2oo2 架构能够降低系统发生安全失效的概率(即降低误停率)。简单讲,1oo2 架构让危险失效发生的难度加大,2oo2

架构让安全失效发生的难度加大，它们都只能对单一的可靠性指标进行改进。

6. 1oo2D——二选一诊断架构

1oo2D 是 1 out of 2 with Diagnostic 的缩写，这是一种双通道并联表决运行模式架构。此架构由并联的两个通道构成，两个通道都要求满足功能安全设计。如果任一通道中检测到故障，将进行输出表决，整个系统输出状态将按照另一通道给出的输出状态。如果检测到两个通道都故障，检测到不在任一通道的故障范围时，系统将转入安全状态。

1oo2D 架构模型参见图 9-12。

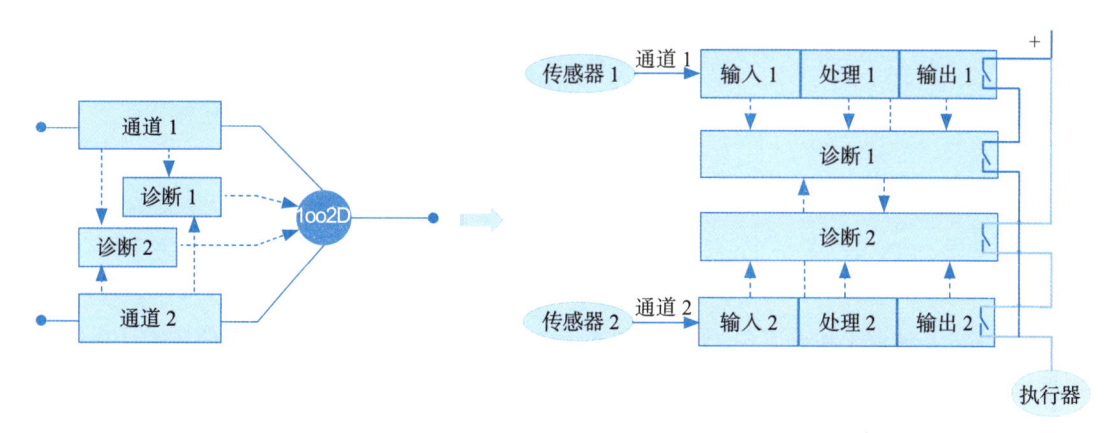

图 9-12　1oo2D 架构模型

由图 9-12 所示的 1oo2D 等效架构模型可知，此架构中任一通道都与各自的诊断路径形成并联运行模式，相当于系统有两路并联运行模式。此架构中任意通道的基本功能路径开路（如通道 1），系统依然可以通过通道 2 维持正常运行。如果架构中任意通道的基本功能路径短路（如通道 1），此时通道 1 的诊断路径检测到故障后，可以将整个通道 1 回路断开，以免发生危险失效，同时系统仍然可以通过通道 2 继续维持运行。如此看来，1oo2D 架构将 1oo2 架构和 2oo2 架构的优势整合在一起，可以满足 Fail-operational 系统设计的要求，前提是不同时发生两个失效。

7. 2oo3——三选二架构

2oo3 是 2 out of 3 的缩写，这是一种三通道并联表决运行模式架构。顾名思义，三选二架构采用三重冗余设计，可以同时防止危险失效和安全失效。在芯片领域，该架构简称为"**三模块冗余**"（TMR）。该架构不仅降低了系统发生危险失效的概率，还提高了系统的可用性，提供了安全和可用性的双重保障。

在2oo3架构中，如果其中一个通道的输出状态与其他两个通道的输出状态不同时，输出状态不会因此而改变，即只要系统中还有两个通道运行正常，系统就能维持正常运行。

2oo3架构模型参见图9-13。

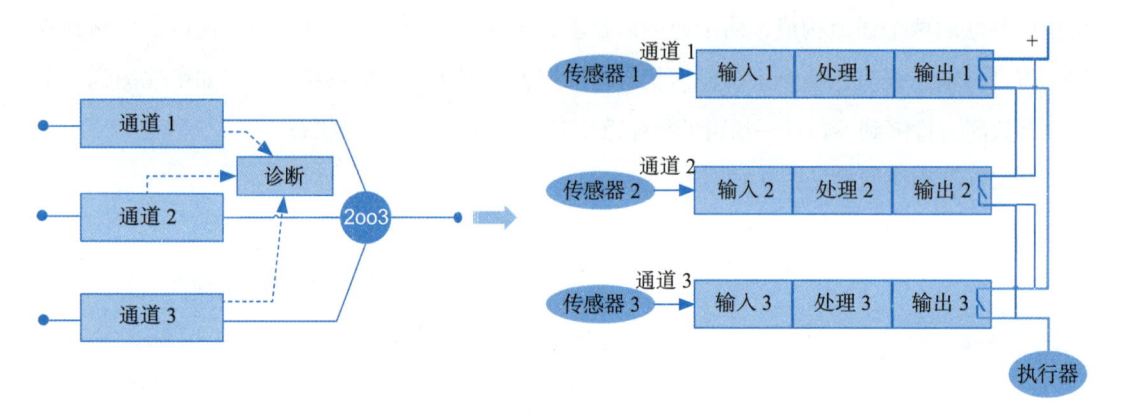

图9-13　2oo3架构模型

由图9-13所示2oo3架构模型可知，此架构相当于由三路串联、并联运行模式结构（通道1和通道2、通道1和通道3、通道2和通道3）及对应的表决逻辑组成。架构中任意通道开路（如通道1），系统还可以通过其他通道（如通道2和通道3）维持运行，此时系统架构由2oo3变成了1oo2。如果架构中任意通道短路（如通道1），此时系统从2oo3架构变为2oo2架构，但仍然可以通过其他通道（如通道2和通道3）维持运行。

如此看来，2oo3架构结合了1oo2架构和2oo2架构，满足Fail-operational架构设计的要求，但前提是只发生一路故障。

8. 2oo4D——四选二诊断架构

2oo4D是2 out of 4 with Diagnostic的缩写，这是一种双通道四模块并联表决运行模式架构。2oo4D相当于1oo2D的冗余，为了在系统出现问题后能够降级到1oo2D系统继续运行，每个通道配置了两个处理器（CPU A、CPU B），两通道总共配置了4个处理器。这种架构被称为四重化架构，有时被称为QMR（四重模块冗余）。

四重化架构由双重化输入和输出结构变化而来，2oo4D架构模型如图9-14所示。这种架构确保任一通道故障，系统仍可继续运行，并保持安全。相比1oo2D和2oo3架构，2oo4D架构更安全、更可靠，可满足Fail-operational架构设计的要求。

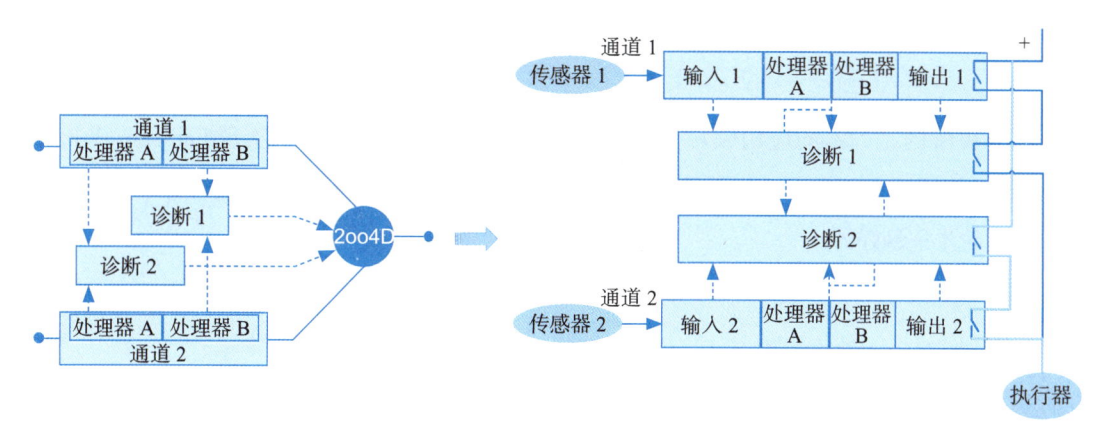

图 9-14　2oo4D 架构模型

除了具有内部自测试和自诊断能力外，QMR 系统还有测试和诊断现场回路的能力。对于输入和输出，系统有回路监视功能，一旦发现回路中出现短路和开路情况，就会发出报警。这种自动检测和诊断方法减少了整个系统的维护和测试费用。

QMR 系统具有处理多重故障的能力，因为它能够发现并隔离系统中任何部位的故障。只要故障不是来自系统的同一个部分，它就能保持所有安全功能不受影响。

由于 QMR 系统是四模块冗余，替换失效模块对于系统运行来说是"无感的"，可以在线进行，不需要热备或者中间模块，不会影响安全装置的流程。

基于上述的架构介绍，表 9-1 描述了系统架构中某个 CPU 或 μC 一旦失效所带来的影响。表中的每种架构对应的降级模式所达到的 ASIL 等级和容错性，仅代表冗余对安全性和可用性的影响。

表 9-1　MooN 架构对比

架构模型	一次降级	二次降级	ASIL 等级	容错性
1oo1	停机	—	低	低
1oo2	停机	—	高	低
1oo1D	停机	—	高	低
2oo2	1oo1	停机	低	高
2oo3	1oo2	停机	高	高
1oo2D	1oo1D	停机	高	高
2oo4D（仅 CPU）	1oo2D（仅 CPU）	停机	高	高

Q：基于以上介绍，Fail-safe 和 Fail-operational 架构除了物理结构上的区别，逻辑结构上有什么区别？

到此为止，常见的 Fail-safe、Fail-operational、*MooN* 架构、*MooN*(D) 架构的讲解就要告一段落了。

需要提醒的是，不同应用领域会使用不同的 *MooN*(D) 架构形式来实现 Fail-safe 或 Fail-operational 架构设计的要求，各位可以根据自身产品的特点及应用环境选择适合的架构设计形式，合适的才是最好的。

9.2 机械安全系统的指定架构

指定架构（Designated Architecture）这个概念在标准 ISO 13849 中提到过，"Designated"按照字面理解是"指定的"的意思，这里的"指定"是为机械系统不同性能等级（Performance Level，PL）的系统指定对应的架构范式。

PL 可以简单理解为车载领域的 ASIL 等级或工业领域的 SIL 等级。机械应用领域有自身的特点，例如场景、机械设备安装位置、基本功能和基本运行模式等都已固定。针对设备在运行过程中保证机械安全的性能等级，标准指定了对应的机械系统安全设计架构。

ISO 13849 给出了 5 类（Category B、Category 1、Category 2、Category 3、Category 4）指定架构模型，分别用于满足不同 PL 的要求。不同的指定架构模型与 PL 之间的关系如图 9-15 所示。

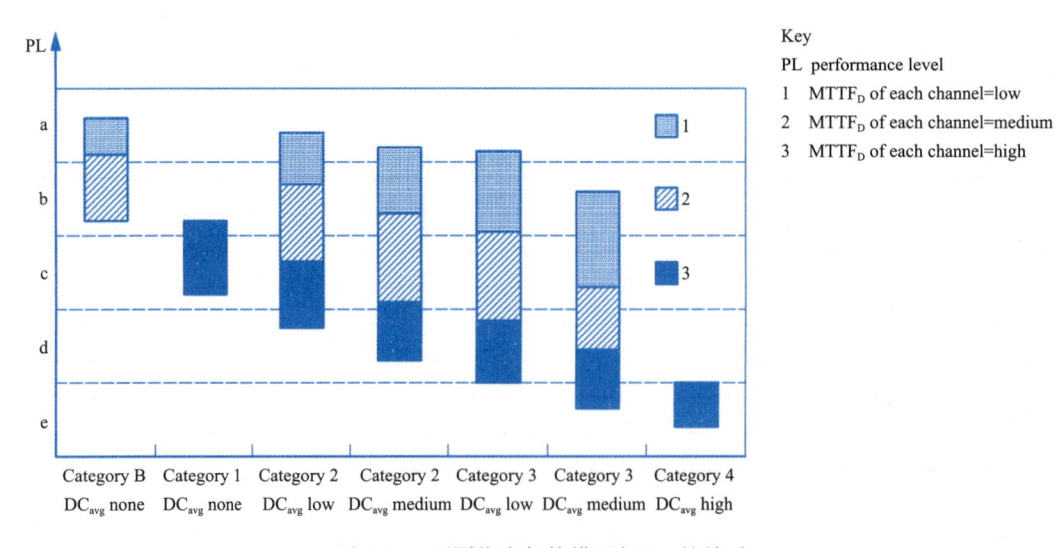

图 9-15 不同指定架构模型与 PL 的关系

9.2.1 Category B 指定架构

Category B 指定架构系统没有诊断覆盖率的要求（即 DC=0），其结构通常是单通道。Category B 指定架构系统可以达到的最高性能等级为 PLb。单通道设计意味着单个故障即可导致功能安全的丧失，该类架构是机械系统指定架构中的基础架构。Category B 指定架构模型见图 9-16。

图 9-16 Category B 指定架构模型

架构特点：单通道设计。

其中，I 表示输入设备，如传感器（例如，行程开关）；

L 表示逻辑单元，如安全继电器；

O 表示输出设备，如执行器。

其实，这就是一种基础的系统设计架构，对架构要素没有特别的选型要求，架构本身也没有诊断或冗余路径，其他指定架构都可以在此基础上进行扩展。

9.2.2 Category 1 指定架构

采用 Category 1 指定架构的控制系统的安全相关部件必须采用"**经过验证的组件**"（Well-tried Component），此外还必须严格遵守经过验证的安全原则（见 ISO 13849-2）。图 9-17 所示为 Category 1 指定架构模型。

图 9-17 Category 1 指定架构模型

架构特点：单通道设计，采用经过验证的组件。

"经过验证的组件"满足条件 a) 过去广泛使用，并在类似应用中取得成功；b) 使用安全相关应用中被证明的适用性和可靠性的原理进行制造和验证。

Category 1 指定架构和 Category B 指定架构一样，都是单通道系统架构，对单点故障非常敏感。两者的区别在于，Category 1 指定架构强调在系统中使用"经过验证的组件"，即 Category 1 指定架构系统对组件的可靠性指标（例如失效率）的要求更为严苛。

9.2.3　Category 2 指定架构

Category 2 指定架构系统的安全相关部件，必须通过控制器在适当间隔时间的测试。在出现危险性故障的情况下，只有在下一个功能安全要求出现之前进行故障检测测试，才能获得有效的（或者说有意义的）故障检测结果。因此，要求的测试速度必须比功能安全的要求速度快 100 倍。

在进行功能安全测试时，控制器必须在以下条件下完成测试。

❑ 机器起动期间。

❑ 在各种危险出现之前，例如新的机器循环开始或其他动作开始时。

测试结果如下：

1）在检测到某个故障时，必须进行合适的故障响应。

2）检测到故障时，必须禁止运行。

无论在什么情况下，故障响应都必须使机器进入某种安全状态。故障排除之后，机器才能继续正常运行。若无法进入安全状态（例如继电器触头粘接），则必须给出危险警告信息。

Category 2 指定架构系统可以实现的最高性能等级为 PLd，其模型如图 9-18 所示。

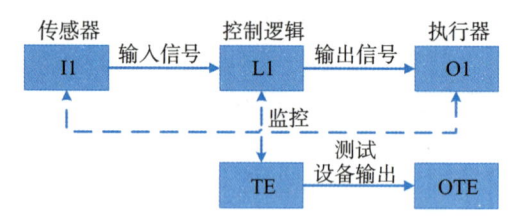

图 9-18　Category 2 指定架构模型

其中，TE（Test Equipment）表示测试设备；OTE（Output of TE）表示测试设备的输出；虚线表示合理可行的故障检测。

架构特点：单通道设计，采用测试设备进行监控。

Category 2 指定架构依然采用单通道架构，但从这一类别开始，明确要求系统中必须加入**检查装置**，以检测功能安全的各种故障并控制系统进入安全状态。另外，相较于 Category 1，功能通道 / 处理单元的 MTTFd 值相比 Category 1 小一个量级。同时，Category 2 对检查装置的检测频率要求必须大于处理单元 MTTFd 值的一半，测试频率要超过需求频率的 100 倍，诊断覆盖率至少为 60%，并且需要考虑共因失效，这些要求在 Category 1 中都没有明确提出。

9.2.4　Category 3 指定架构

Category 3 指定架构系统必须确保单一故障不会导致功能安全的丧失。无论在何种情况下，必须在下一次功能安全执行时（或之前）检测到单一故障。如果无法检测某种故障，则这种故障的累积可能会导致功能安全的丧失。

Category 3 指定架构系统可以实现的最高性能等级为 PLe，其模型如图 9-19 所示。

其中，I1 和 I2 表示传感器 1 和 2（例如两个带有强制断开触头的行程开关）；L1 和 L2 表示逻辑单元 1 和 2（例如已经集成了两个微处理器的某种型号的安全继电器）；O1 和 O2 表示执行器 1 和 2（例如两个带有强制断开触头的接触器）。

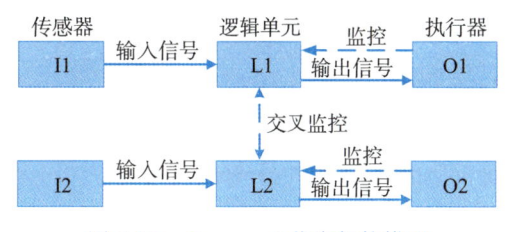

图 9-19　Category 3 指定架构模型

架构特点：采用冗余架构设计，传感器监控（同步输入监控），使能回路（即安全输出回路）监控（监控和反馈回路的比较）。

由图 9-19 可知，从 Category 3 指定架构开始，系统采用冗余架构设计，这是一种双通道设计，且此类架构系统对输入到输出路径上的主要构成要素（传感器、逻辑处理单元、执行器）都要实施对应的监控。

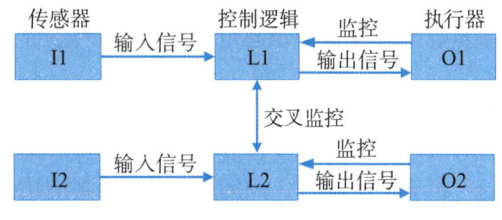

9.2.5　Category 4 指定架构

Category 4 指定架构系统所采用的设计必须确保单一故障不会导致功能安全的丧失，必须在下一个功能安全要求执行时（或之前）完成单一故障的检测。如果无法检测某种故障，则这类故障的累积不得导致功能安全的丧失。

Category 4 指定架构系统可以实现的最高性能等级为 PLe，其模型如图 9-20 所示。

由图 9-20 可见，Category 4 指定架构的构成与 Category 3 指定架构的构成相同，两者的关系类似于 Category 1 和 Category B 架构之间的关系。

图 9-20　Category 4 指定架构模型

架构特点：采用冗余架构设计，传感器监控（同步输入监控），使能回路（即安全输出回路）监控，所有子系统都具备高诊断覆盖率。

Category 4 指定架构中的诊断覆盖率高于 Category 3 指定架构中的诊断覆盖率。

Category 4 指定架构在 Category 3 的基础上，对单个故障的监测要全覆盖，也要考虑"累计故障"，但只考虑两个单独故障累积导致功能安全丧失的组合。另外，Category 4 指定架构总的诊断覆盖率 DCavg 为高，每一通道的 MTTFd 要求也为高，最高能够满足 PLe 的系统设计要求。

系统的 PL 与系统的指定架构类别、平均诊断覆盖率（DCavg）和每个通道的平均危险失效间隔时间（MTTFd）等属性相关，它们之间的关系可以参考图 9-21。

指定架构类别	B	1	2	2	3	3	4
平均诊断覆盖率	无	无	低	中	低	中	高
每个通道的平均危险失效间隔时间							
低	a	未覆盖	a	b	b	c	未覆盖
中	b	未覆盖	b	c	c	d	未覆盖
高	未覆盖	c	c	d	d	d	e

图 9-21 PL 与 DCavg、MTTFd、指定架构类别的关系

以上关于机械安全系统的指定架构的概念及其表现形式就介绍到这里了，详细内容可参考 ISO 13849 标准原文。

9.3　关于 IEC 62061 中的安全控制系统架构

在 9.2 节中，我们介绍了机械安全领域的代表性标准 ISO 13849 中提到的指定架构的概念。谈到机械安全的架构设计，不得不提该领域的另一重要标准——IEC 62061。IEC 62061 标准更多关注机械设备的安全控制系统部分，即机械系统的电子、电气部分，而 ISO 13849 关注的范围更宽泛，除了控制系统的电子电气系统部分，气动、液压以及纯机械部分的功能安全它都适用，但它们都旨在降低机械系统实现的风险。

本节将讨论 IEC 62061 标准中提到的机械安全控制系统（SCS）的 4 类体系架构，算是对机械安全领域架构设计的一个补充。IEC 62061 中定义了 4 类机械安全控制系统基本架构模型，这些架构模型分别为 A 类系统架构、B 类系统架构、C 类系统架构和 D 类系统架构。

9.3.1　A 类系统架构

这是无诊断功能的单通道架构。由于该类系统架构是单通道架构，系统中任何元素的危险

故障都会导致系统功能安全失效，即不具备故障容忍能力，或者说故障容忍度为 0（HFT=0）。

另外，该类架构不带额外的诊断通道，即对任何危险故障没有故障处理能力，因此需要在系统设计过程中充分考虑预防性措施，以保证系统的功能执行能力或性能等级（PL）。

A 类系统架构的模型参见图 9-22。

由上面的描述可知，A 类系统架构不适合独立承担安全相关的功能。

图 9-22　A 类系统架构的模型

Q：这里的 SCS 架构 A 和 ISO 13849 里的哪类指定架构是类似的？它又是对应哪种 MooN 架构呢？

9.3.2　B 类系统架构

这是没有诊断功能的双通道架构。由于该类系统架构是双通道冗余架构，任何系统组成要素的单一故障都不会导致系统功能安全的失效。该类架构中任一通道都能独立完成系统的功能，因此，系统功能安全失效前，必须不止一个要素发生失效。该类系统架构具备单一容错能力，或者说故障容忍度为 1（HFT=1）。

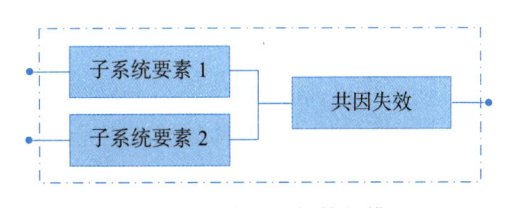

图 9-23　B 类系统架构的模型

B 类系统架构的模型参见图 9-23。

由图 9-23 可知，该架构需要具备两路功能链路进行冗余，每一路都能独立执行系统相关的功能，因此该架构属于并联运行模式，具备一路故障容错能力，但需要考虑共因失效的影响。

Q：这里的 SCS 架构 B 与 ISO 13849 中的哪类指定架构相似？它又对应哪种 MooN 架构呢？

9.3.3　C 类系统架构

这是具有诊断功能的单通道架构。由于该类系统架构是单通道架构，任何未诊断出的危险故障都会导致系统功能安全的失效。因此，该架构不具备故障容错能力，或者说故障容忍度为 0（HFT=0）。但是，相较于系统架构 A，由于该类系统架构增加了诊断功能，有助于提升系统的安全完整性或性能等级（PL）。

C 类系统架构的模型参见图 9-24。

C 类系统架构中的诊断功能检测到系统中的某个故障后将触发系统的故障响应机制，所以实际 C 类系统架构中的诊断链路包含两部分，即系统故障诊断和系统故障响应，统称为故障处理，如图 9-25 所示。

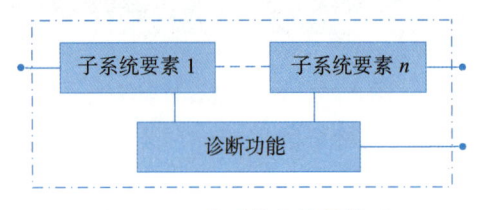

图 9-24　C 类系统架构的模型

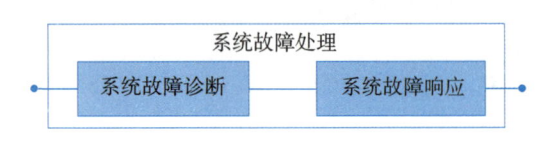

图 9-25　系统故障处理模型

系统的故障处理功能实现方式可以分为以下 3 种：由独立的外部系统要素实现、部分由 C 类系统架构要素实现，以及完全由 C 类系统架构要素实现。C 类系统架构的模型有不同的变种形式。

1. 带外部故障处理的 C 类系统架构

该系统架构中的故障处理功能完全由独立于 C 类系统架构本身的其他系统要素完成，也就是说，该架构中的故障诊断和故障响应都是由 C 类系统架构外部的系统要素来实施。两系统之间通过预先定义的接口进行通信，实现 C 类系统架构的故障处理。

该架构模型参见图 9-26。

当故障诊断和故障响应功能部分或全部由安全控制系统本身完成时，可以形成以下 C 类系统架构。

图 9-26　带外部故障处理的 C 类系统架构模型

2. 带外部故障诊断的 C 类系统架构

该架构中的故障处理功能的诊断部分由系统外部的要素完成，而故障响应部分由系统内部的独立要素完成，两部分通过预先定义好的接口进行通信，实现 C 类系统的故障处理。

该架构模型参见图 9-27。

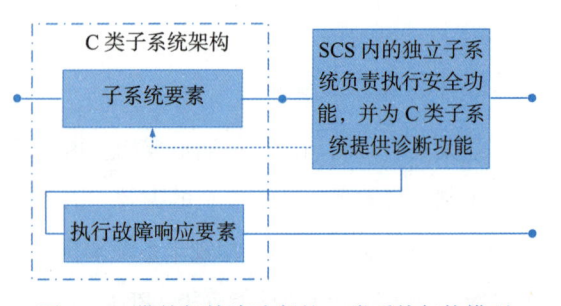

图 9-27　带外部故障诊断的 C 类系统架构模型

3. 带外部故障响应的 C 类系统架构

该架构中的故障处理功能的诊断部分由系统内部独立要素完成，而故障响应部分由系统外部要素完成，两个系统通过预先定义好的接口进行通信，实现 C 类系统的故障处理。

该架构模型如图 9-28 所示。

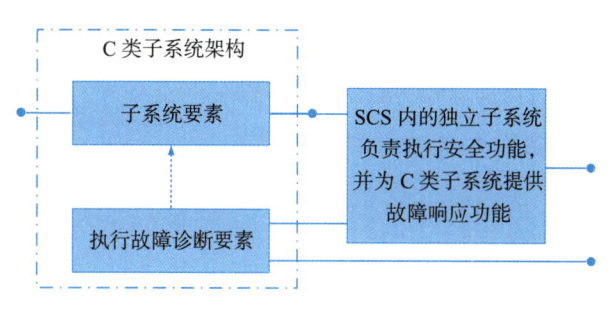

图 9-28　带外部故障响应的 C 类系统架构模型

4. 带内部故障处理的 C 类系统架构

该架构中的故障处理功能由系统内部独立要素完成，系统故障诊断和故障响应分别由系统内部独立的要素完成，系统内部不同要素之间通过预先定义的接口进行通信以实现 C 类系统的故障处理。

该架构模型参见图 9-29。

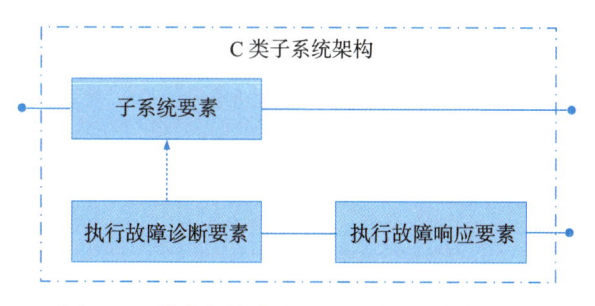

图 9-29　带内部故障处理的 C 类系统架构模型

Q：这里的 C 类系统架构和 ISO 13849 里的哪类指定架构是类似的？它又是对应哪种 MooN 架构呢？

以上就是基于故障诊断和故障响应不同分配方式的 C 类子系统架构模型介绍，实际系统设计过程中可根据具体应用场景和需求进行考虑。

9.3.4　D类系统架构

这是具备诊断功能的双通道架构。和B类系统架构类似，由于该类架构是双通道架构，任何系统组成要素的单一故障都不会导致系统功能安全的失效，即该类系统具备单一容错能力，或者说该故障容忍度为1（HFT=1）。

除了具备单一故障容错能力外，相较于B类系统架构，D类系统架构通过增加诊断功能，有助于提升系统的安全完整性或性能等级，增强了整个系统的安全性和可靠性。

D类系统架构模型参见图9-30。

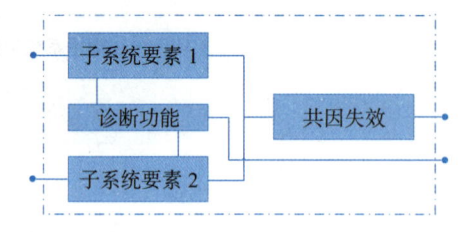

图9-30　D类系统架构模型

Q：这里的D类系统架构与ISO 13849中的哪类指定架构类似？它又对应哪种*MooN*架构呢？

9.4　E-GAS 三层电子监控架构

所谓"三层"，是指这种架构包括功能层、功能监控层和控制器监控层，是一种安全架构设计的良好实践，在汽车电子领域，尤其是动力域相关的系统中具有非常好的参考意义。图9-31展示了三层架构模型。

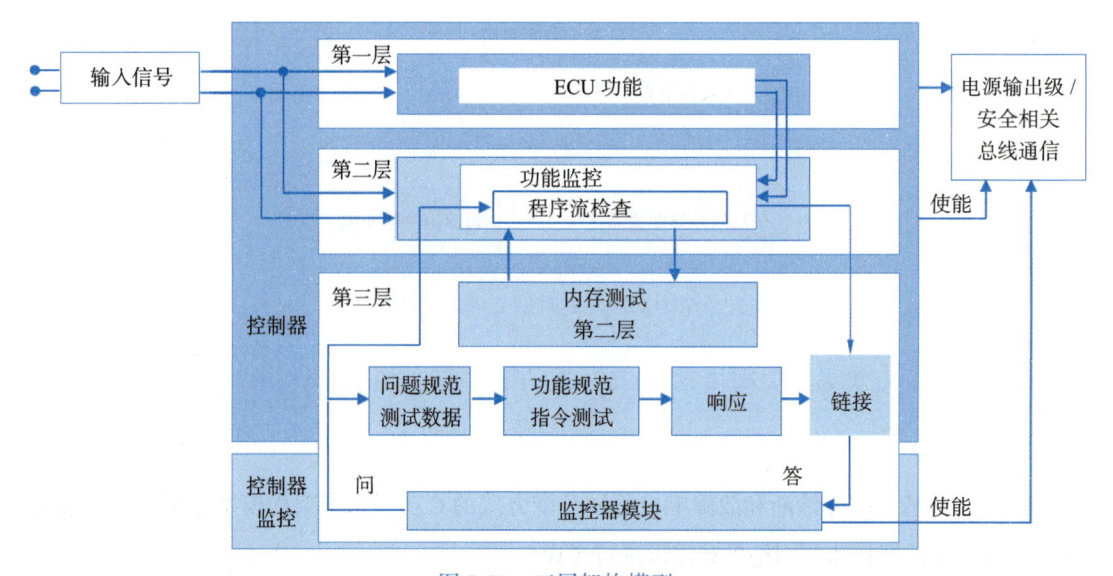

图9-31　三层架构模型

9.4.1 设计概念

三层架构的设计概念如下。

1. 第一层：功能层

第一层用于实现控制器的基本功能。针对发动机控制器，该层包含执行发动机控制功能，即执行要求的发动机扭矩、部件监控、输入/输出变量诊断，以及在检测到故障时控制系统的反应。

2. 第二层：功能监控层

第二层用于监控第一层功能实现的正确性，即监测第一层功能实现过程中是否存在缺陷。例如，通过监测第一层中计算的扭矩值或车辆加速度来判断扭矩是否符合预期。如果超出预期，系统将触发故障响应机制。

3. 第三层：控制器监控层

第三层用于监控系统中控制器是否正确运行。监控控制器运行状态的监控模块应独立于控制器本身，通过某种机制（例如问答机制）检验控制器运行过程的正确性。

Q：根据上面三层架构的设计概念，思考一下第二层和第三层在你所涉及的产品中是如何实现的？

9.4.2 应用示例：整车控制器

根据以上概念及对应架构模式，下面简要介绍三层架构在 E-GAS 系统中的应用示例，并将这种应用映射到整车控制器（VCU）的系统设计中。

图 9-32 展示了 E-GAS 系统架构的示意图。

该架构示意图对应于 VCU 的系统架构框图如图 9-33 所示。

经过分析，该控制器的最高 ASIL 等级的安全目标如下。

SG01：避免非预期加速。

根据上述系统架构及基本功能定义，对安全目标进行快速分析，以识别出架构中与该目标相关的要素，如图 9-34 所示。

从上方简易分析可以看出，以下事件将导致非预期加速。

1）加速踏板输入过大 -> 加速踏板传感器。

2）外部请求扭矩过大 -> 外部 ECU（例如 EPS）。

3）目标扭矩计算过大 -> E-GAS 处理器（例如 EMS）。

4）执行扭矩过大 -> 扭矩执行单元（例如 MCU）。

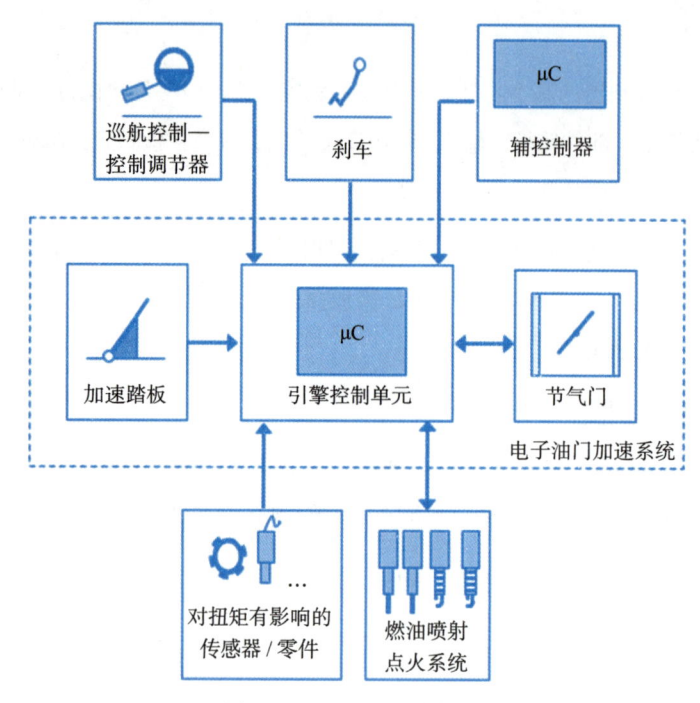

图 9-32　E-GAS 系统架构

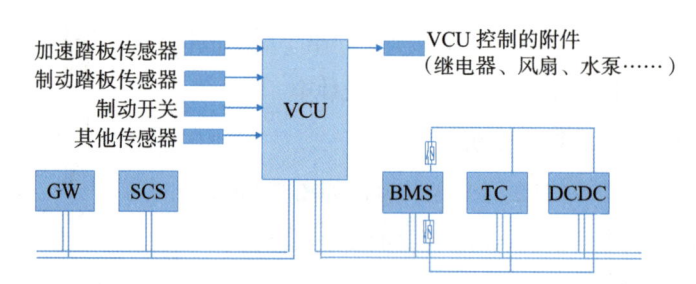

图 9-33　VCU 系统架构框图

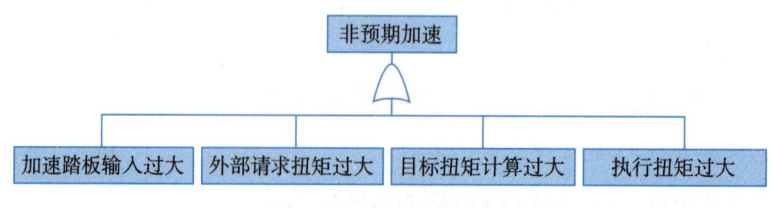

图 9-34　安全目标分析

加速踏板传感器采集的踏板信号反映了驾驶员的意图。针对驾驶员意图，图 9-35 展示了驾驶员意图监控架构。

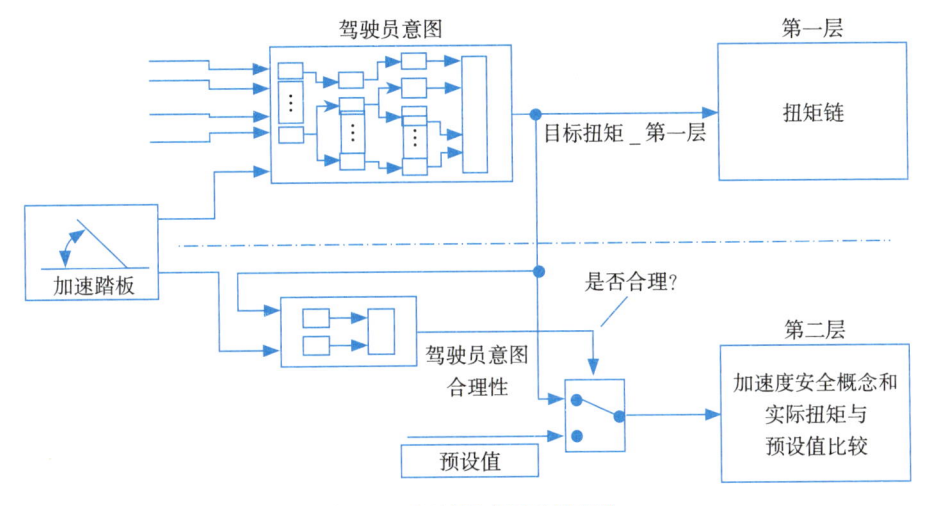

图 9-35 驾驶员意图监控架构

驾驶员的意图最终以扭矩形式表达，但在转化为扭矩之前，必须确保加速踏板信号采集的正确性。这意味着加速踏板传感器采用冗余设计，以便处理器进行踏板信号的合理性校验。

关于实施功能监控的原则，E-GAS 监控概念中有这样一段话可供参考：
Only components shall be considered now, which are relevant for monitoring and inherently present in the system. Implying that if a value cannot be directly monitored (according to the state-of-the-art), monitoring another physically correlated values may be also acceptable.

（参考 E-GAS_V6.0, 10.1.2）

解读 在实施某个功能的监测时，如果一个值不能直接监测（根据现有技术），监测另一个物理相关的值也是可以接受的。比如，单体电压和模组电压存在直接的换算关系，因此可以监测其中一个。这个思想非常重要，不仅可用于设计诊断策略，还可以为 ASIL 分解提供思路。

E-GAS 架构对于扭矩管理提供了两种监控架构：**一种是基于扭矩的监控架构，另一种是基于加速度的监控架构**。

驾驶员的意图通过踏板传感器采集后，用扭矩来表征。由于扭矩和加速度之间存在换算关系，因此在实施扭矩监控时，结合了这两者的监控逻辑。这里不管是基于哪个信号的监控逻辑，都遵循一个监控原则，即扭矩连续性。这里的扭矩连续性原则主要是出于加速踏板动态特性的考虑，它包含了两层含义：扭矩连续但不可突然改变；如果踏板行程保持在一个恒定状态，允许有较小的跳变。

基于此原则，实施扭矩管理时不允许出现不可控的加速度，如图 9-36 所示。

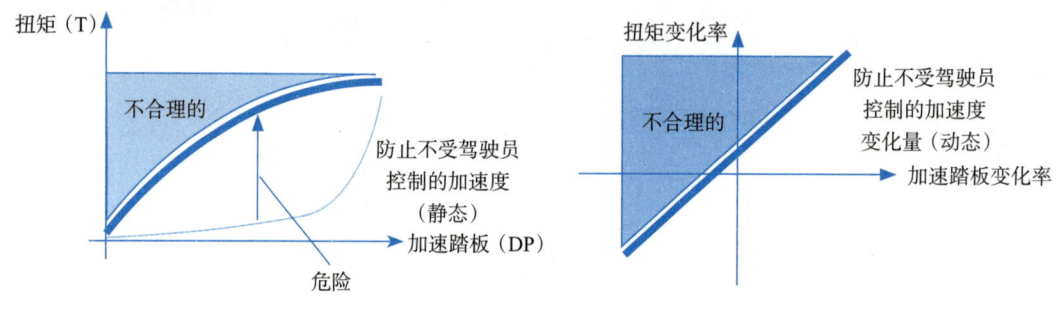

图 9-36 不可控加速度

关于扭矩监控，请参考下方 E-GAS 中提到的基于扭矩的监控架构和基于加速度的监控架构。

基于加速度/驱动扭矩监控的实施原则：应根据来自加速度传感器的车辆加速度信息和动力传动系统的速度的评估来确定实际加速度/驱动扭矩，然后将实际加速度/驱动扭矩与允许的加速度/驱动扭矩进行比较。

1. 基于扭矩的监控架构

该架构的模型如图 9-37 所示。

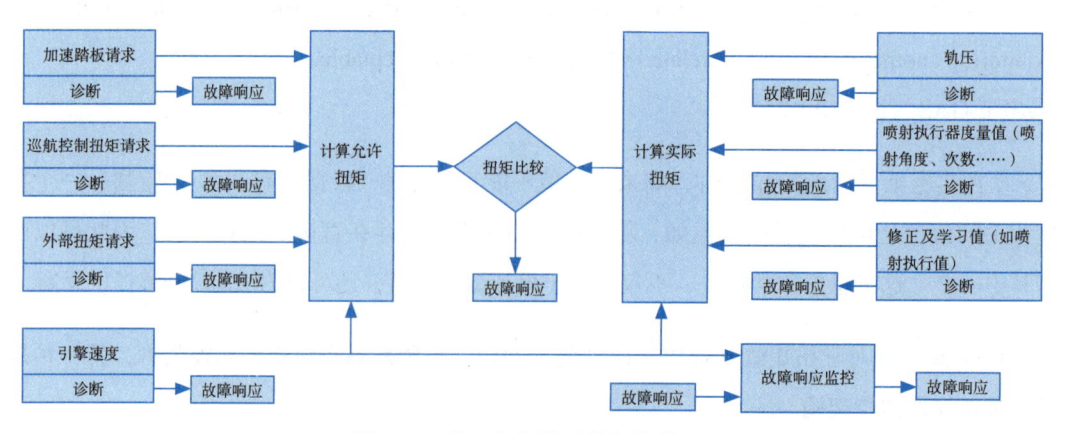

图 9-37 基于扭矩的监控架构模型

此架构的监控逻辑是比较独立计算得到的"允许扭矩"与"实际扭矩"之间的差值是否

超过限值。

2. 基于加速度的监控架构

该架构的模型如图 9-38 所示。

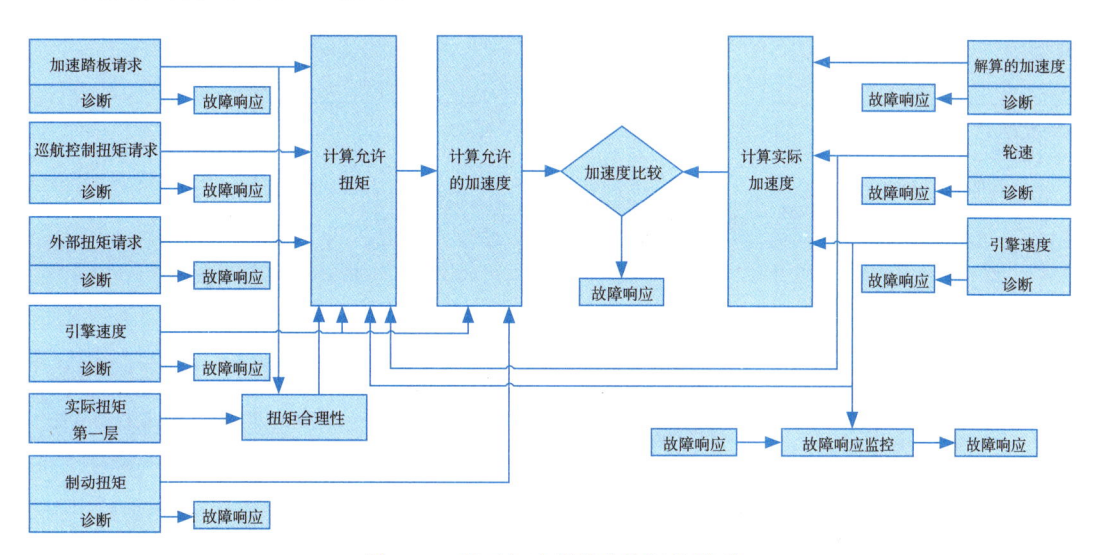

图 9-38 基于加速度的监控架构模型

此架构的监控逻辑是比较"允许的加速度"与"实际加速度"之间的差值是否超过限值。车辆实际加速度和发动机转速应通过第二层中的冗余采集输入数据模块进行监测。如果当前车辆的加速度高于目标车辆的加速度,则第二层应在适当的时间内限制节气门角度。

Q:上述监控架构体现了架构设计上的哪些特性?除此之外,还有其他监控方法吗?

接下来再看看 E-GAS 的第三层在架构设计上的表现形式。该层负责监控系统中控制器的正确运行。相应的监控模块应独立于控制器,因此该层的监控模块可以独立控制执行器。

解读 控制器监控功能的实现包括实施控制器处理器本身自带的内部控制器诊断机制,即芯片自带的安全机制。这部分机制可以是通过硬件(如 ECC、BIST)实现,也可以通过软件功能实现,或者两者的结合,具体可通过查看芯片的安全手册来获取。除了芯片自带的安全机制,还需要结合外部独立的监控器来监控整个控制器的运行状态是否正常。芯片自带的机制用于检测芯片是否具备执行相关功能的能力,而外部独立的监控器用于对处理器运行过程中状态进行在线监控,检测的是处理器的正确运行能力。

Q：基于以上关于第三层控制器监控的描述，你认为应对控制器的哪些功能模块进行监控？

再看看图 9-31 所示的三层监控架构概念框图，对其稍加加工后得到图 9-39 所示的架构模型。

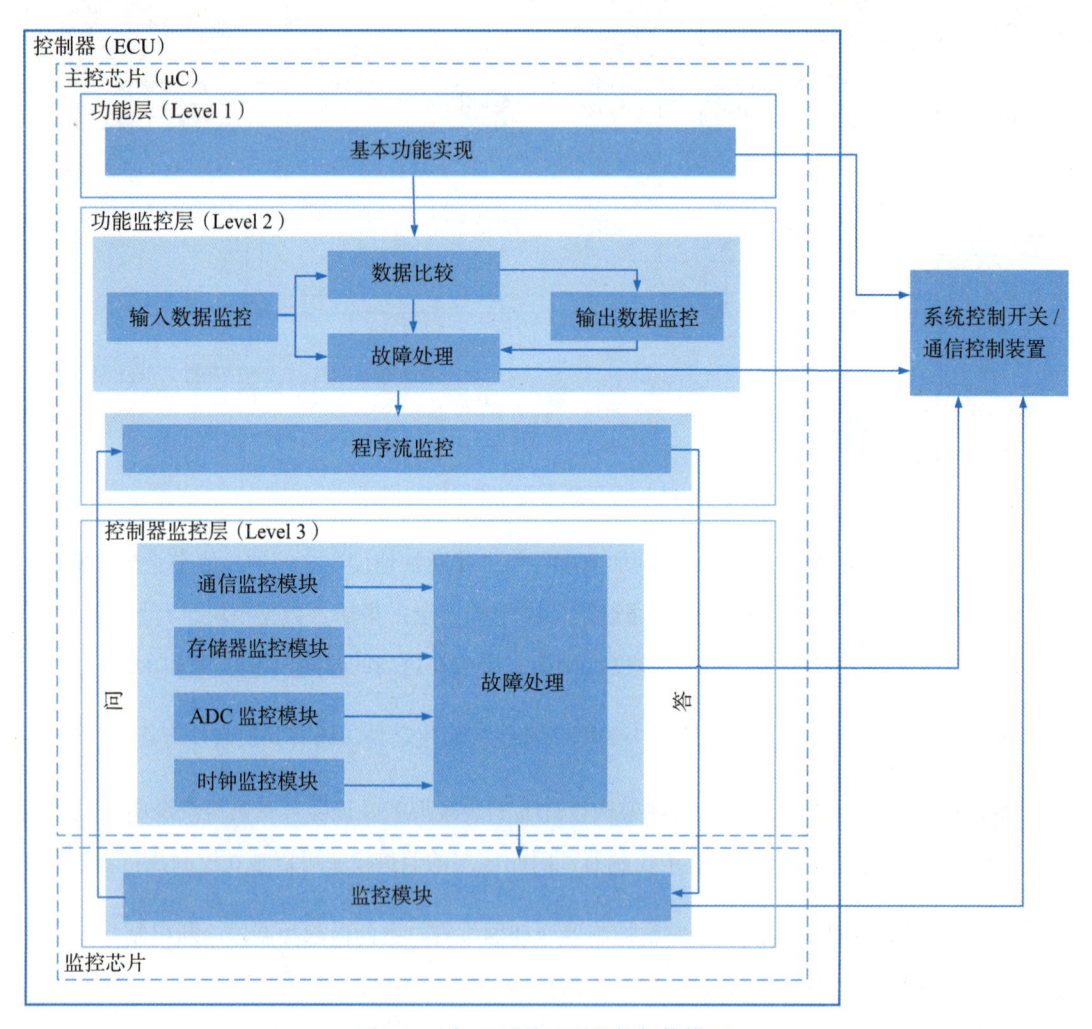

图 9-39　加工后的三层监控架构模型

第三层的监控功能主要由两部分实现：一部分是独立的监控模块（Monitor Module，MM），另一部分是处理器内部自带的检测电路及对应的检测软件模块（L3_SW）。这两部分相互结合，实现对处理器功能和运行能力的监控。

一般来说，控制器最小系统的外设都需要被监控以保证功能的正常实现，整个处理器的运行逻辑也需要被监控以保证运行的能力。

接下来介绍控制器系统在第三层监控概念下的几种能力。

（1）内存检查

当第三层监控模块 L3_MM 中使用 ROM/RAM 部件时，这些部件应在每个驾驶循环中至少被测试一次。可通过配置处理器内部自带的测试硬件（MBIST）对 ROM/RAM 进行上电自测，启用 ECC 机制对 ROM/RAM 进行周期性的测试。

E-GAS 中提供的第三层的存储器测试架构如图 9-40 所示。

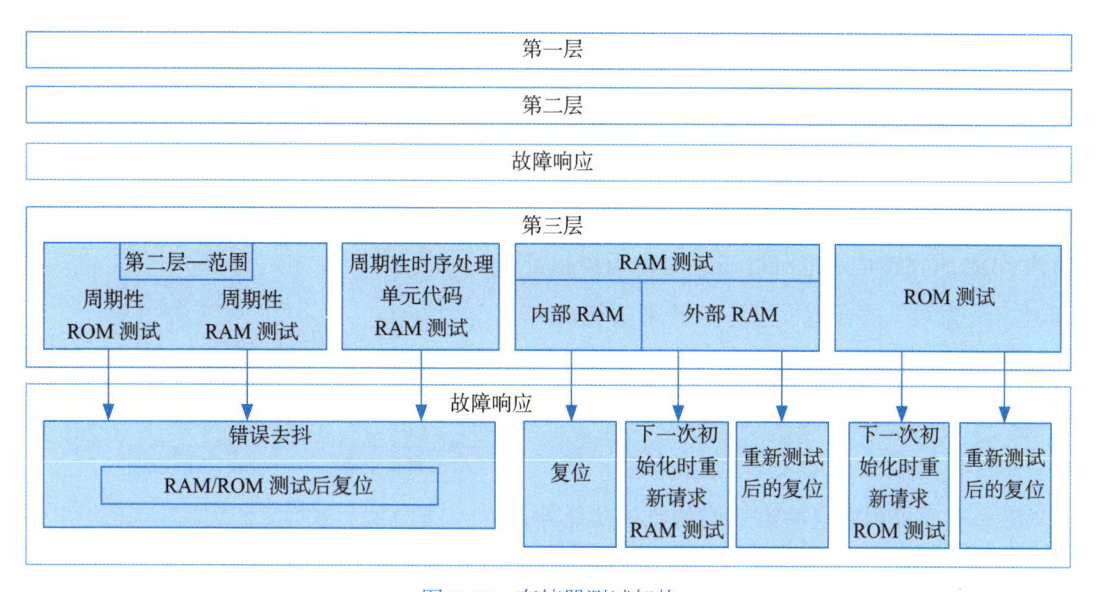

图 9-40　存储器测试架构

（2）时钟故障检测

安全处理器内部配备了时钟监控器（clock monitor_CLKMON），以监控时钟是否在指定的频率范围内运行，还结合外部监控模块（L3_MM）在系统层面对时钟进行逻辑监控。

外部监控模块（见图 9-41）与处理器内部监控软件通过问答机制实现对处理器运行状态的监控。结合外部监控模块的时钟，可以实现对处理器执行程序流以及时钟频率正确性的系统层面的监控。

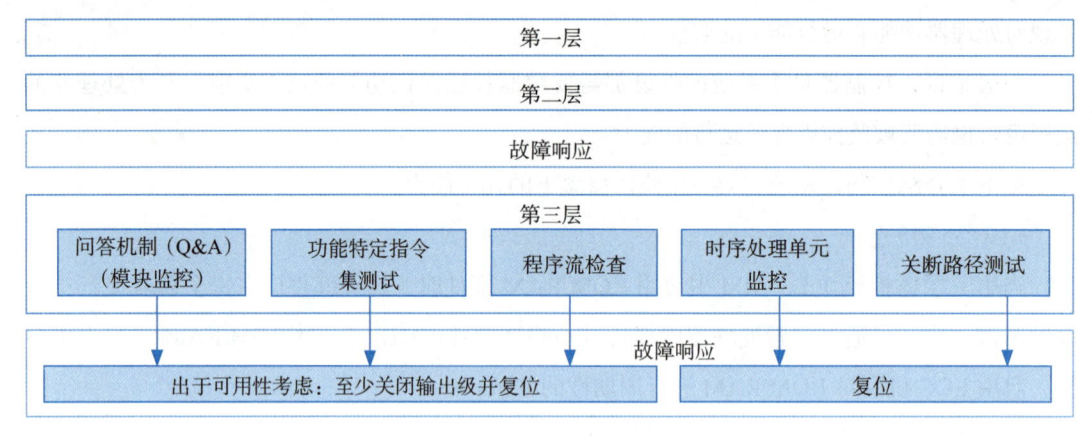

图 9-41 外部监控模块架构

(3) ADC 完整性检测

在初始化阶段，ADC 的完整性也需要被检测。可以处理器内部自带的参考电压或外部独立的高精度电压源作为参考，并结合一定的检测逻辑来确认 ADC 的完整性。也可以通过对常用模拟量（如电压、温度）的合理性进行检验来实现 ADC 的完整性检测，在此情况下，电压 V 或温度 T 的初始值经过标定后作为参考值使用。

图 9-42 展示了 ADC 完整性检测流程示例。

除了上面提到的这些第三层的监控功能外，配置寄存器集的正确性检测、安全关断路径完整性检测等也需要在第三层中实施，具体可参考 E-GAS 监控概念以及对应产品的芯片应用手册。

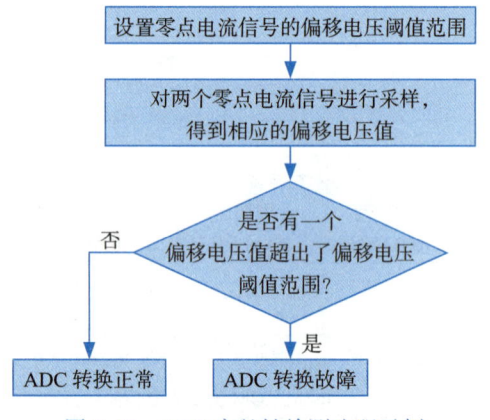

图 9-42 ADC 完整性检测流程示例

到这里，E-GAS 三层电子监控架构概念就介绍完了。你觉得 E-GAS 三层电子监控架构是 Fail-safe 还是 Fail-operational 架构？它算是一种指定架构吗？

9.5　硬件层面的芯片功能安全架构设计

不管是芯片的安全架构设计，还是下游相关系统的安全架构设计，在安全方面无非都是要应对产品开发过程中的两类失效，即随机硬件失效和系统性失效。

接下来谈一谈芯片功能安全架构设计在硬件层面的一些考量。

注：下文提到的芯片泛指处理器级的Ⅲ类硬件器件。

9.5.1　芯片的硬件安全设计要求参考

微控制器的硬件安全设计通常通过"安全岛"（Safety Island）来实现。安全岛是一个被广泛使用的概念，类似于我们日常在十字路口等红绿灯时所在的专门为行人建设的等候区。它能隔离人流和车流，避免车辆失控撞向行人。芯片中的安全岛也是专门设计的独立片区，用于实现安全相关功能。如今，许多用于安全关键领域的芯片通常会标明其具备安全岛机制。

一般地，芯片上专门用于某个具有特定属性（如安全属性）的子系统或内核，都可以用"Island"的概念来命名，主要强调局部设计的"独立性"和"特殊性"。而用于配套实现芯片专有功能安全的专属存储单元、供电模块、外设、通信总线等一系列IP的集合可以统称为"安全岛"。在"岛上"可以相对独立地执行安全相关的任务，安全岛就是这样一个为软件提供安全任务执行的物理环境。

安全岛通常独立于芯片的其他系统和内核，需要配备独立的电源域、单独的计算单元，内部模块和内存必须具备物理隔离机制、高优先级的中断机制，甚至配有专门的安全诊断单元，以便实时诊断"岛上"出现的问题，并进入相应的安全状态。

接下来从最小系统出发，谈一谈芯片安全岛的实现方式。

双核锁步（DCLS）架构是一种片上冗余集成电路架构。ISO 26262并未针对片上冗余集成电路架构单独提出要求，但IEC 61508-2对带片上冗余的集成电路特定架构提出了相关要求。

为了在同一个半导体衬底上使用片上冗余，IEC 61508-2提出了一系列要求。使用单个半导体衬底可以实现具有硬件故障裕度大于零的子系统（片上冗余）。在这种情况下，应满足所有下方的要求，并且E/E/PE系统和集成电路的设计应满足这些要求。

1）本系列条款描述的集成电路功能安全可声明的最高安全完整性等级限制为SIL3。

2）不能通过组件的组合来增强系统能力。

3）为了避免共因失效，需要考虑温度升高（例如，由随机硬件故障引起）的影响。

4）应该为集成电路衬底的每个通道和每个监视组件（如看门狗）建立独立的物理块。这些物理块应该包括键合线和引脚。每个通道也应该有独立的输入和输出，而不应该经过另一个通道。

5）应采取适当措施，避免电源故障引起的危险失效，包括共因失效。电源故障包括但不限于：

- 噪声。
- 通过供电线路传播的扰动。
- 非同步电源接通，可能引起诸如闩锁效应或高冲击电流等问题。
- 短路导致的过多电流消耗。

6）独立物理块之间的最小距离应足够，以免造成块之间的短路和串扰。

7）独立物理块相邻线之间的短路和串扰不应导致功能安全的失效。

8）无论使用何种集成电路设计工艺，衬底都应接地。

9）带有片上冗余的集成电路对于共因失效的敏感性应该通过确定 B.3 中定义的 β 因子进行评估，该 β 因子被称为 β_{IC}。在集成电路中要使用因子 β_{IC} 来替代根据 GB/T 20438 第 6 部分附录 D 中的实例确定的 β 因子，并评估 E/E/PE 系统的安全完整性。

10）在检测到带有片上冗余的集成电路故障时（通过诊断测试、检验测试或其他方法），应该采取特定的行动来保持安全状态。

11）每个通道的最小诊断覆盖率应大于 60%。在监视组件仅执行一次的情况下，该组件的最小诊断覆盖率也应大于 60%。

12）如果看门狗是必要的（例如，通过程序序列监视和确保必要的诊断覆盖率或安全失效分数）一个通道不应该被用作另一个通道的看门狗，除非使用功能多样化的通道。

13）在没有额外安全裕度的情况下测试电磁兼容性时，集成电路执行的功能不应该被干扰。

14）在有额外安全裕度的情况下测试电磁兼容性时，功能安全（包括集成电路）应符合 IEC 61326-3-1 中定义的 FS 准则。

15）对于与外部异步数字信号连接的数字输入端口，应当采取适当的措施来避免振荡引起的危险失效，例如，可以采用多级时钟同步来分别引入信号。

16）应该分析共用资源的潜在共同原因，如边界扫描电路和特殊功能寄存器组等。

17）以上要求 1～15 列出的共因引发源主要用于带有片上冗余的集成电路，也应考虑 GB/T 20438 指定的其他相关共因引发源。

（参见 IEC 61508-2，附录 E）

目前，通过功能安全认证的微控制器芯片一般都采用了双核锁步架构设计。双核锁步作为处理器"安全岛"概念的一部分，是一种1oo1D架构模型，不仅可以用于检测处理器硬件的故障，还可以用于检测CPU上运行指令的故障。

由于双核锁步架构属于片上冗余架构，为了降低相关失效的影响，一般需要采取以下措施。

（1）物理多样性

- 核心硬件在空间上是分开的，至少相隔100μm，形成物理上的"隔离带"，在有些芯片中称为"Safety Lake"。
- 一个核相对于另一个在物理结构上进行翻转并旋转90°。

图9-43展示了双核锁步物理多样性结构。

图9-43 双核锁步物理多样性结构

（2）电源多样性

- 每个核都有一个专用电源环。

（3）时间多样性

- 一个核相对于另一个核运行有延迟（例如2个时钟周期），包括一个输入延迟和一个输出延迟，以确保同步。
- CPU时钟域被分成两个时钟树，这样时钟通过两条独立的路径被传递到两个CPU。

9.5.2 芯片的供电安全

供电模块是一个典型的相关失效引发源（DFI）。在芯片设计过程中出于安全考虑，需要为内核逻辑电路和I/O逻辑电路提供独立的电源轨（包括模数转换器（ADC）、闪存泵和振荡器）；同时配备相应的电压监控模块来监控各电源轨的功能异常。

安全芯片内部通常设计有嵌入式电压监控器，该监控器能够检测电源电压的超出范围（OV/UV）情况。当电源电压远高于或低于额定值时，电压监控器将内部驱动上电复位引脚，确保处理器保持在安全运行状态。当电源电压在正常范围内时，电压监控器不会触发处理器复位。

1. 芯片供电安全设计的原因

供电模块在芯片内部属于通用基础设施且具有共用性，一般芯片中所有功能模块都需要供电才能运行，而不同模块需要的工作电压各不相同。如何避免不同模块间用电串扰的影响是芯片设计过程中的安全考量之一。通常，为了消除或减轻其引发共因失效的影响，通常为芯片冗余内核和I/O逻辑电路提供独立的供电模块。

提到相关失效，这里先介绍一下该术语的基本概念。

❑ **相关失效（Dependent Failure）**：不具有统计独立性的失效，即失效组合发生的概率不等于所有考虑的独立失效发生概率的乘积。

简单理解，相关失效是指两个或多个独立事件的失效起因存在一定关联性，且导致这种关联的原因可能多种多样。比如，小王和老李在同一办公室工作，某天小王开始咳嗽、流鼻涕，出现感冒症状。隔天，老李也出现了感冒症状。这种情况下，小王和老李都出现感冒症状的事件具有一定的关联性。

导致失效的相关性或关联方式不同，相关失效包括共因失效和级联失效。

❑ **共因失效（Common Cause Failure，CCF）**：由于共同原因，两个或多个部件在同时或短时间内进入故障状态。

共因失效可以由单一事件或根本原因（如偶然原因、不可分配原因、噪声、自然模式等）引起，如图 9-44 所示。

同样拿上面小王和老李的故事来举例说明。小王和老李在同一间办公室办公，小王感冒后没多久老李也出现了感冒症状，小王和老李都出现了感冒症状这事都要归因于流感病毒，所以是流感病毒导致小王和老李发生的"共因失效"。

共模失效（Common Mode Failure，CMF）是共因失效的一个子集。冗余通道中两个或多个（不一定相同）元件中随机故障的重合导致功能安全方面相同的错误行为。

图 9-45 展示了两个不同但冗余的通道内的两个元件，其中一个根本原因导致两个不同的故障（故障 1、故障 2），导致两个元件和两个通道发生相同失效（失效 C）。由于两个通道中都发生了相同的失效，功能安全比较器机制无法检测到失效。

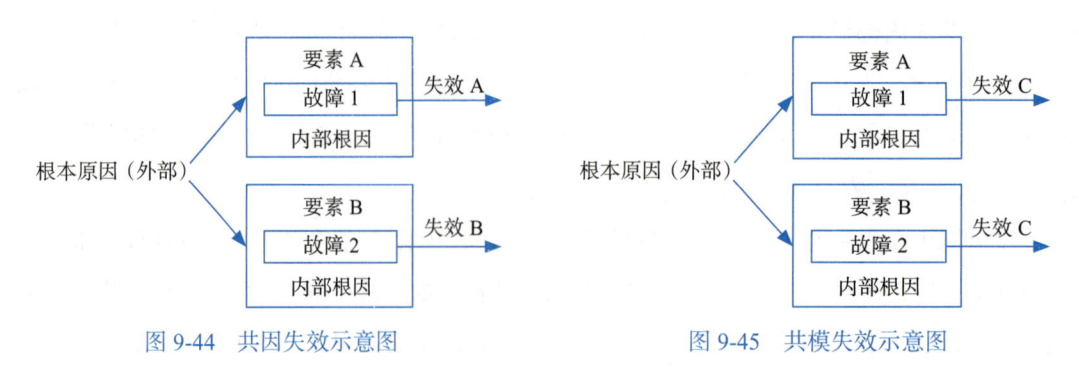

图 9-44　共因失效示意图

图 9-45　共模失效示意图

继续拿上面小王和老李的故事来举例说明。小王和老李在同一间办公室办公，受流感病毒的影响，两人都出现了发烧、咳嗽及鼻塞流鼻涕的症状，导致两人无法集中注意力办公，于是中断当前工作，都请假去了医院。这种情况下，流感病毒导致小王和老李发生了"共模失效"。

- **级联失效**（Cascading Failure，CF）：当系统中某个元件的局部故障波及互连元件，导致同一系统和同一通道内的另一个或多个元件发生故障时，就会发生级联失效。级联失效是非共因失效的相关失效。图 9-46 展示了一个通道内的两个元件，单一的根本原因导致一个元件中的故障（故障 1），从而导致某个失效（失效 A）。然后，该失效级联到第二个元件，导致第二个故障（故障 2），进而导致另一个失效（失效 B）。

图 9-46 级联失效示意图

级联失效强调的是在同一系统、同一通道内的失效级联。接着上述小王和老李的故事来举例说明。小王和老李在同一间办公室工作，受流感病毒的影响，老李先是喉咙干痒导致咳嗽，接着出现严重鼻塞导致嗅觉失灵，还伴随间歇性的耳鸣导致听力下降，随着咳嗽不停病情加剧，出现了呼吸道感染导致咽喉肿痛，声带受损无法正常发声。在这种情况下，流感病毒导致老李身体中的耳、鼻、喉发生了"级联失效"。

2. 芯片供电安全设计示例

介绍完失效的相关概念后，接下来我们将结合示例说明在芯片设计过程中，针对供电模块可能导致的失效通常会采取哪些措施。

图 9-47 所示为处理器芯片内部组件示意图，加粗框部分是芯片内部的电压调节组件。

图 9-47 中的电压调节器（Embedded Voltage Regulator，EVR）被识别为芯片内部的共享资源，由该调节器通过内部其他供电网络向芯片内部其他组件供电。示意图中还显示了一个电压监控模块（即调节器监控模块），以监控 EVR 的电压。

EVR 可以为处理器芯片内的每个硬件要素供电。

假设在按照功能安全标准要求开发过程中，有如下要求分配给了处理器芯片。

- **MCU-REQ-2**：导致中央处理单元（CPU）输出错误的随机硬件故障，应在 20ms 内被检测到。

- **MCU-REQ-2.1**：CPU 应由冗余 CPU 监控。CPU 和冗余 CPU 的输出通过硬件比较器在每个时钟周期进行比较。

☐ **MCU-REQ-2.2**：当 CPU 和冗余 CPU 的输出不匹配时，应生成错误事件。

基于上述处理器内部组件模块对安全要求 MCU-REQ-2 实施 FTA，得到图 9-48 所示故障树。

根据上述 FTA 识别出的共享资源和冗余要素，得出该处理器中关于供电模块的相关失效分析，如图 9-49 所示。

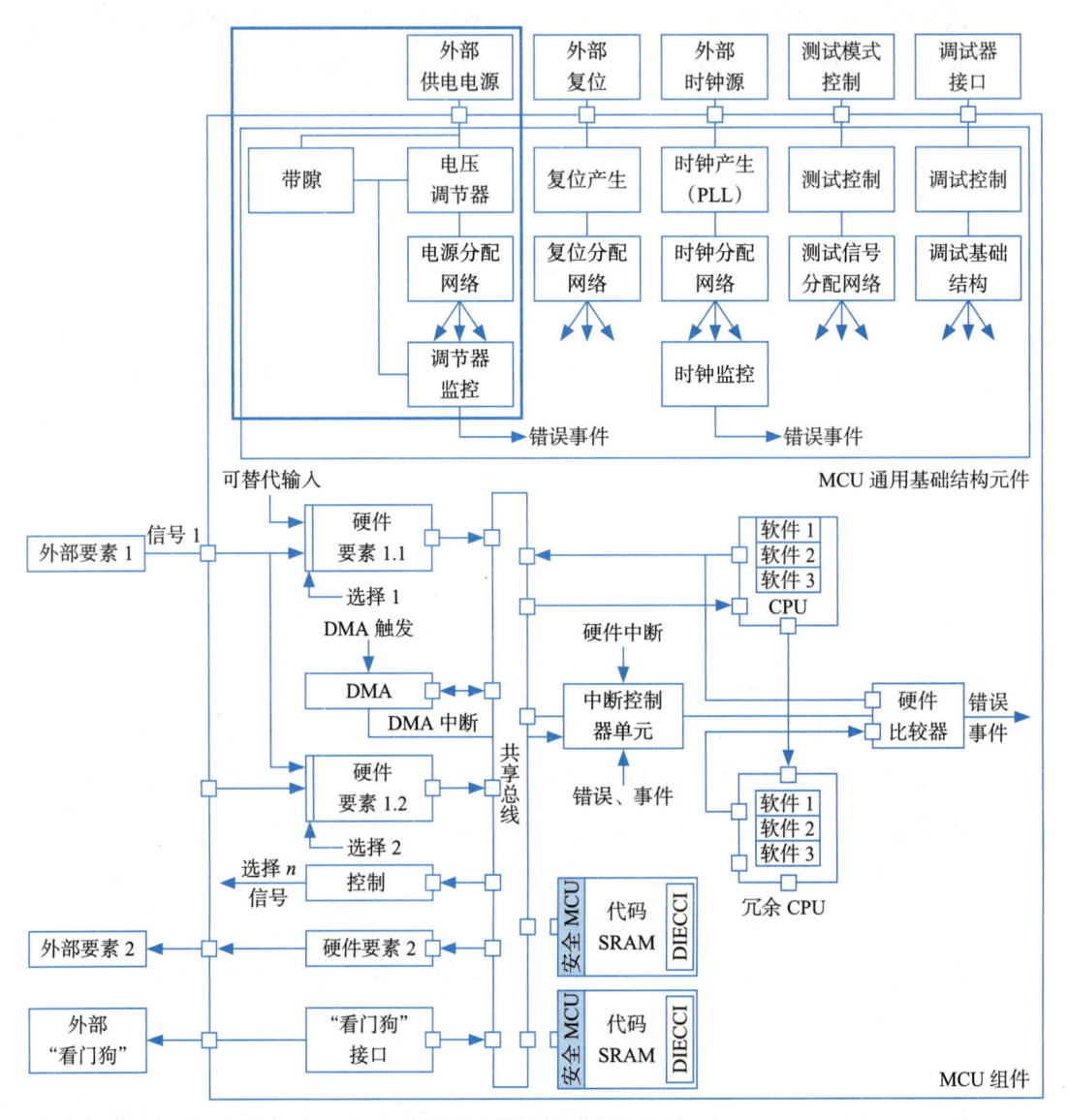

图 9-47 处理器芯片内部组件示意图

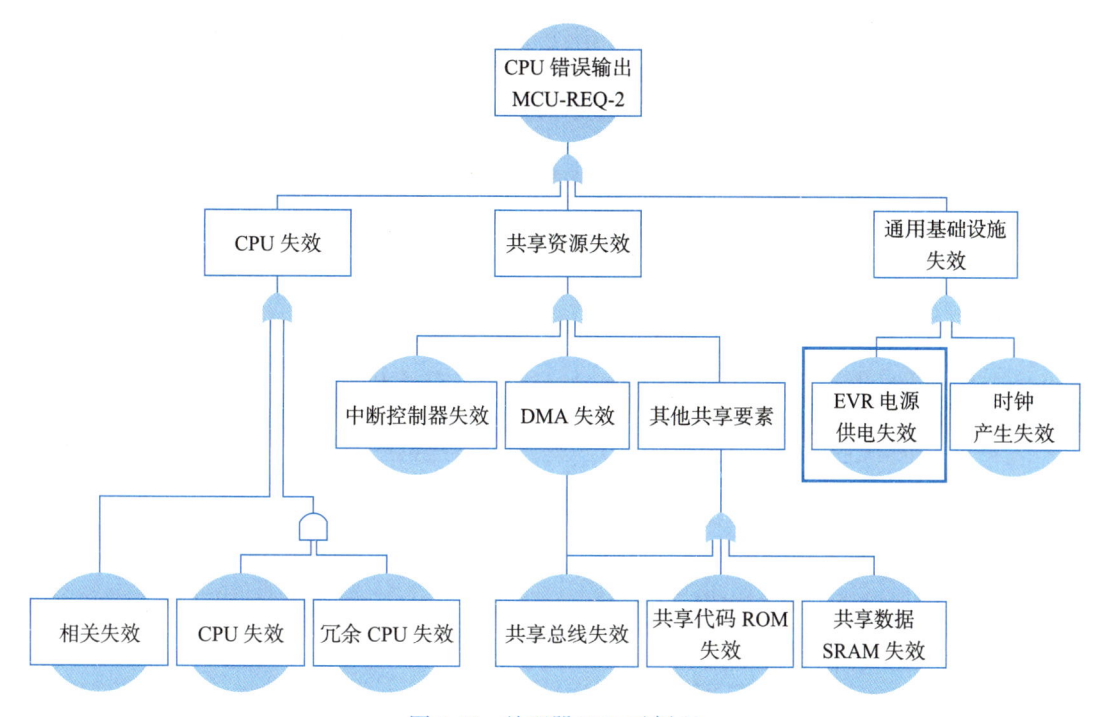

图 9-48　处理器 FTA 示例 01

序号	要素	冗余要素	相关失效引发源		相关失效分析	
	简称和描述	简称和描述	共享资源	单个物理性根本原因	避免或控制故障的措施	验证方法
通用基础设施要素						
PS1	电源	电源监控：在电源运行条件下，测量电压电平	共用的带隙有可能导致无法探测到过压	—	(C) 增加一个带隙监控	芯片级鲁棒性测试

图 9-49　处理器供电模块 DFA 示例 01

根据上述 DFA 结果，在原有芯片架构的基础上增加了新的带隙监控元件，以降低与带隙漂移失效模式相关的失效风险。在考虑供电模块的安全因素后，架构上新增了相关安全模块（见图 9-50 中浅灰色填充模块）。增强处理器芯片的内部架构如图 9-50 所示。

以上示例只是为了说明在芯片设计过程中如何考虑安全属性。通过示例可以看出，为了实现功能安全，芯片架构设计在哪些地方需要增加什么电路都要经过安全分析。从设计到实施，再到验证，都需要遵循标准流程，以确保安全完整性、一致性和可追溯性。

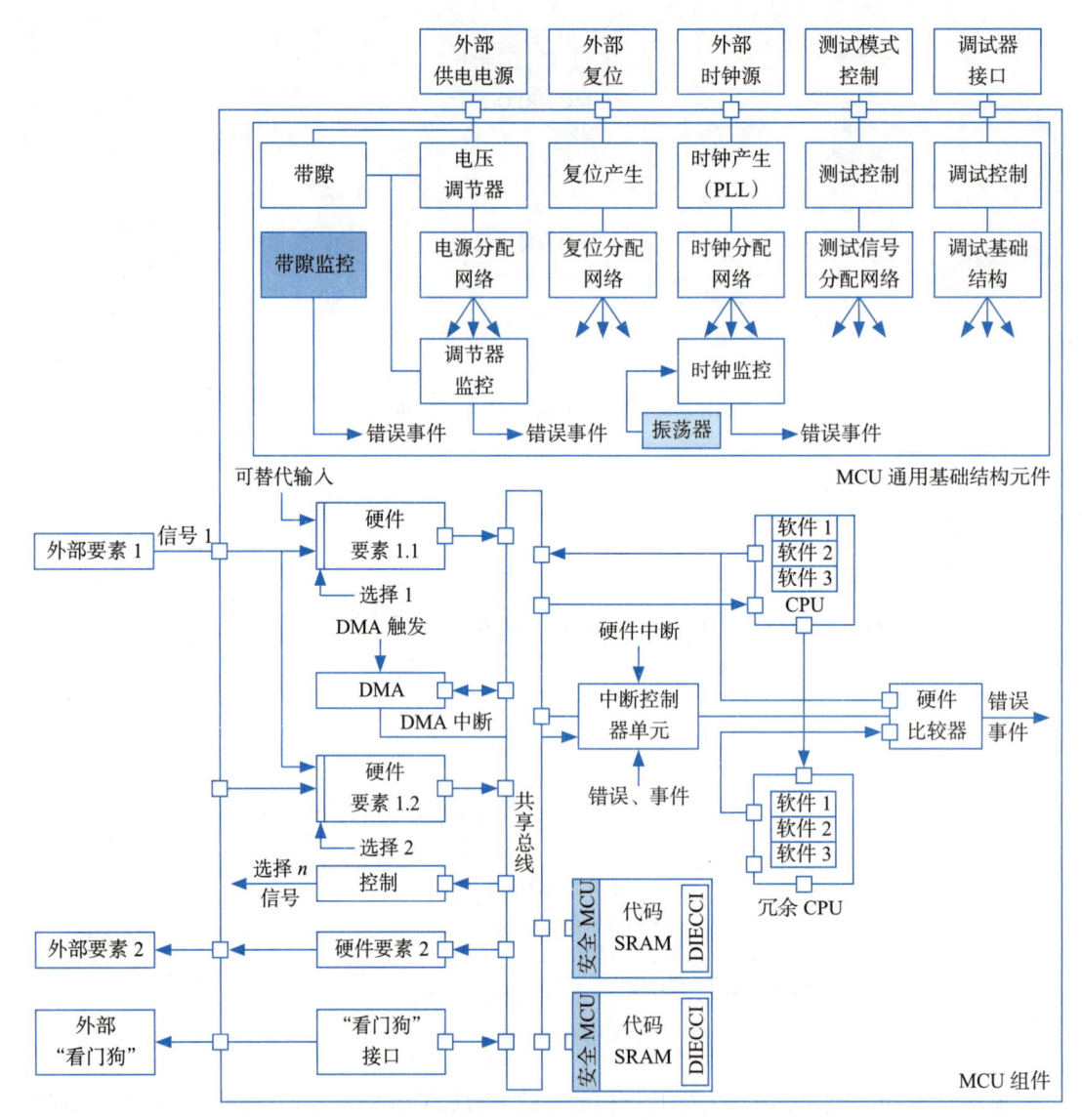

图 9-50 增强处理器芯片内部架构 01

9.5.3 芯片的时钟安全

  芯片内部的时钟管理逻辑电路通常包括时钟源和时钟生成逻辑电路，其中时钟生成逻辑电路包含锁相环（PLL）的时钟倍乘、时钟分配器和时钟分配逻辑电路。

  针对时钟管理逻辑电路的组成模块，以某一安全微控制器为例，在芯片设计过程中通常会考虑以下检测电路，以应对时钟管理逻辑电路的各种可能失效模式。

（1）低功耗振荡器时钟检测器

低功耗振荡器时钟检测器（LPOCLKDET）是用于检测主时钟振荡器故障的安全诊断工具。LPOCLKDET 采用嵌入式高频、低功耗振荡器（HF LPO）。时钟检测电路的工作方式是检验某一个时钟（振荡器或者 HF LPO）在其余时钟上升沿之间的上升沿。结果表明，除了标记不正确、频率重复，电路也会由于瞬态情况发生故障。

（2）PLL 差异检测

PLL 逻辑电路具有检测 PLL 输出时钟差异的嵌入式诊断功能。该差异由基准时钟和反馈时钟之间的相位锁定损失引起。错误响应和指示取决于系统模块内 PLL 控制寄存器的设计。

（3）双时钟比较器

一个或多个双时钟比较器（Dual Clock Comparator，DCC）被用于多用途安全诊断。DCC 可以用于检测不正确频率和时钟源之间的漂移。DCC 由两个计数器块组成，一个计数器块用作基准时基，另一个用作测试时钟。基准时钟和测试时钟均可由软件选择。基准时钟和测试时钟之间的时钟频率理论设计比例作为时钟频率的预期比率，两者实际测试值的比率与预期比率的偏差会生成一个错误信号。

（4）外部时钟输出监控

某些处理器芯片提供了将选定的内部时钟信号输出以进行外部监控的功能。通过编辑系统模块内的寄存器，软件可以对该特性进行配置。

处理器时钟电路模块是一个典型的通用基础设施模块，其随机硬件失效导致的相关失效也需要在芯片设计过程中加以考虑，如图 9-51 所示。继续以上述处理器内部组件示例为例，先通过实施 FTA 识别出相关失效引发源（DFI），然后基于识别的 DFI 开展相关失效分析。

根据图 9-51 的 FTA 识别出的时钟作为相关失效引发源，得到该处理器中关于时钟电路的相关失效分析，如图 9-52 中圈所示内容。

根据上述 DFA 结果，在原芯片架构的基础上增加新的振荡器元件，以降低与时钟漂移失效模式相关的失效风险。针对时钟模块考虑安全因素后，在架构上增设了相关安全模块（见图 9-53 中的浅灰色填充模块）。增强处理器芯片的内部架构如图 9-53 所示。

第一部分　功能安全详解

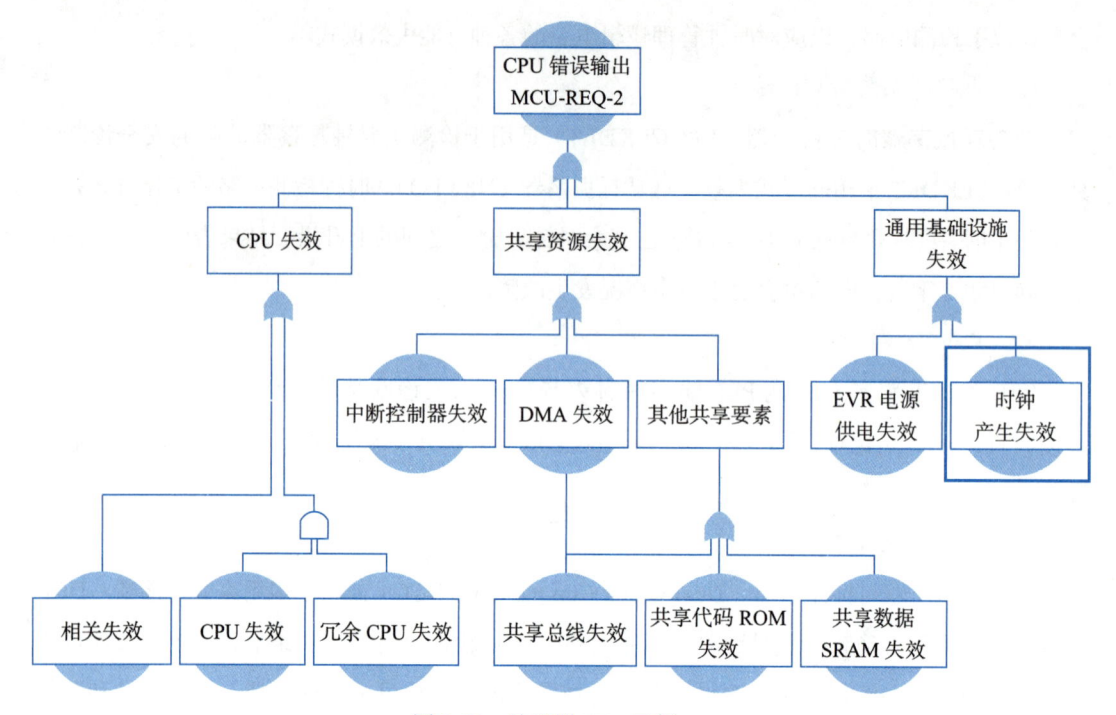

图 9-51　处理器 FTA 示例 02

序号	要素	冗余要素	相关失效引发源		相关失效分析		
	简称和描述	简称和描述	共享资源	单个物理性根本原因	避免（A）或控制（C）故障的措施	验证方法	
通用基础设施要素							
PLL1	时钟	时钟监控频率测量	共享输入频率有可能阻碍准确的频率测量		（C）增加一个独立的时钟源（振荡器）来测量 PLL 频率 （A）差异化设计：由于采用不同的实现，锁相环与时钟监视器所用的参考振荡器的漂移行为之间会有差异	设计检查 芯片级鲁棒性测试	
PLL2	时钟	时钟监控频率测量	时钟丢失，导致监控电路无法报告失效情况		（C）通过外部"看门狗"功能对半导体进行监控		

图 9-52　处理器时钟模块 DFA 示例 02

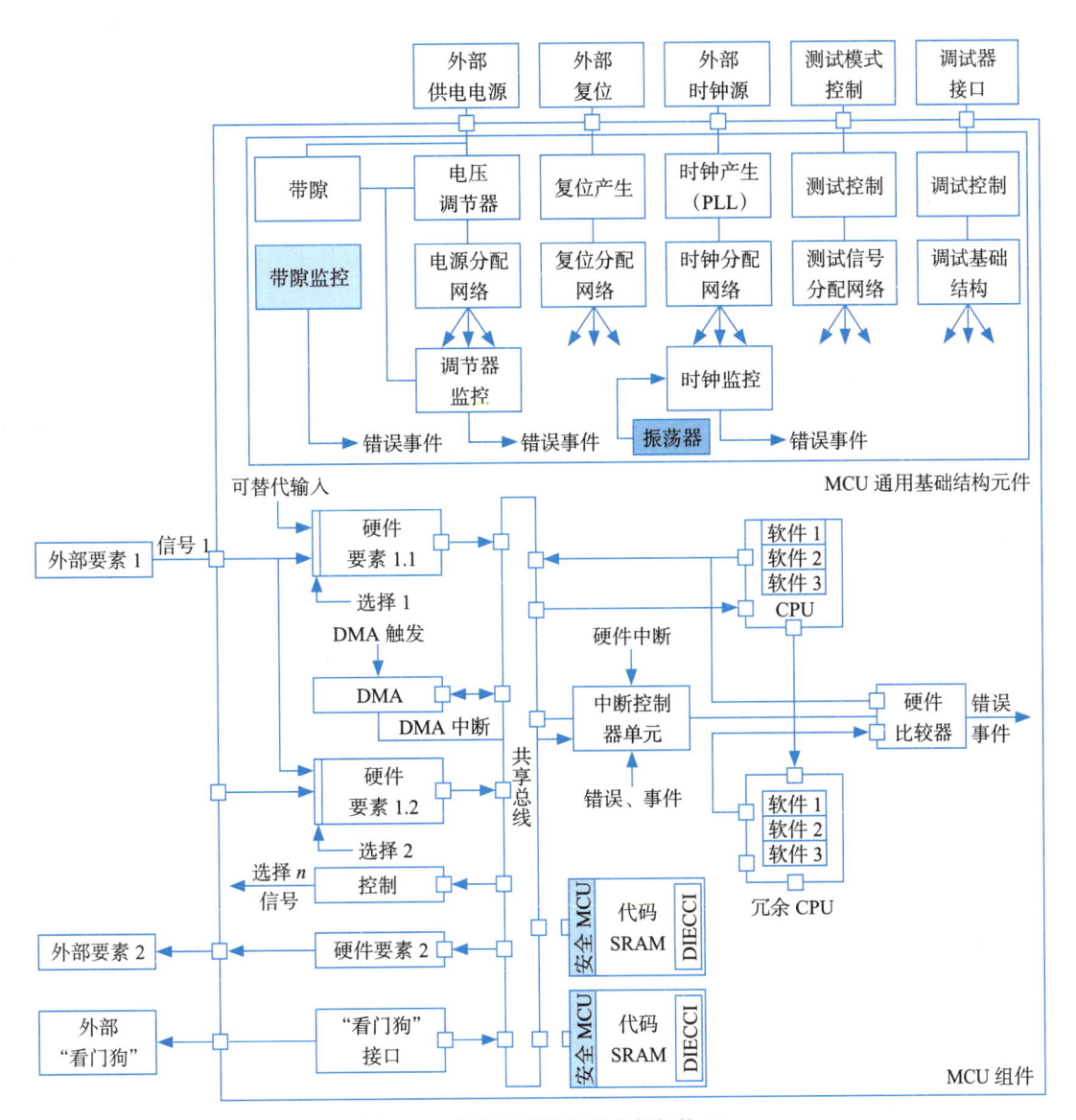

图 9-53　增强处理器芯片内部架构 02

9.5.4　芯片的存储安全

在数据寻址、写入、存储和读取过程中会用到芯片的数字电路组件和存储器，以下将从这两方面来谈一谈芯片的存储安全。

1. 故障

(1) 数字电路组件故障

芯片中的数字电路组件包括微控制器、片上系统(SoC)器件、专用集成电路(ASIC),以及现场可编程门阵列(FPGA)等。

芯片的数字电路组件故障通常包括以下几种。

1) 永久性故障又称"硬错误/硬故障",详细描述如下。

- **卡滞故障**:电路中的故障特征是不管输入激励如何变化,节点保持在逻辑高(1)或逻辑低(0)的状态。
- **开路故障**:将一个节点破坏成两个或多个节点,从而改变节点数量的电路故障。
- **桥接故障**:指两个信号之间的意外连接。根据所使用的逻辑电路,可能产生"线或"或"线与"的逻辑功能。该故障通常仅发生在物理上相邻的信号之间。
- **单粒子硬错误(Single Hard Error,SHE)**:由单次辐射事件引起的不可逆变化,通常涉及器件中一个或多个要素的永久性损坏。

2) 瞬态故障(transient fault)也称"软错误/软故障",详细描述如下。

- **单粒子瞬态脉冲(Single Event Transient,SET)**:单个高能粒子穿过引起集成电路某节点瞬时电压漂移(例如,电压尖峰)。
- **单粒子翻转(Single Event Upset,SEU)**:高能粒子穿过引发的信号翻转造成的软错误。
- **单比特位翻转(Single Bit Upset,SBU)**:由单粒子引起的单个存储单元翻转。
- **多单元翻转(Multiple Cell Upset,MCU)**:单粒子引起集成电路中的多个比特位同时失效。错误位通常(但不总是)在物理上相邻。
- **多比特位翻转(Multiple Bit Upset,MBU)**:由单粒子引起的同一个半字节、字节或字中的两个或多个比特位错误。多比特位翻转不能通过简单的纠错码(ECC)进行校正(例如,单比特位错误校正)。

单粒子瞬态脉冲(SET)、单粒子翻转(SEU)、单比特位翻转(SBU)、多单元翻转(MCU)和多比特位翻转(MBU)通常被称为"软错误"。之所以被称为"软错误",是因为电路本身并未受到辐射的永久损坏。

(2) 存储器故障

存储器故障可能因存储架构和存储技术而有所差异。存储器典型故障如表9-2所示。

表 9-2 存储器典型故障

要素	故障
闪存（NAND、嵌入式）	卡滞、软错误、其他故障模型
只读存储器、一次性可编程存储器、电编程熔丝	卡滞、其他故障模型
电可擦可编程只读存储器	卡滞、其他故障模型
嵌入式随机存储器	卡滞、软错误、其他故障模型
动态随机存储器	卡滞、软错误、其他故障模型

当辐射事件引起足够的电荷干扰，导致低能量的半导体存储单元、寄存器、锁存器或触发器的数据状态发生扭转或翻转时，软错误就会发生。

软错误可能与各类可变内存相关，比如动态内存、静态内存、微控制器中的寄存器组、缓存、流水线、设备（如 ADC、DMA、MMU）配置寄存器、中断控制器、复杂定时器等。对 α 粒子和中子的敏感度由核心电压和物理结构决定。

2. 故障防护措施

针对数字电路组件和存储器的故障，标准给出了故障安全措施及可实现的典型诊断覆盖率，如表 6-9 所示。

现代安全微控制器芯片中通常会部署相关电路，以检测并纠正存储器中的位错误。内存保护单元（MPU）是现代安全微控制器芯片中专门用于实施内存分区和隔离的安全电路模块，防止不同数据存储区域的未授权访问。

9.5.5 芯片的温度监控

应用半导体技术的芯片在适宜温度下功能和性能表现最佳。通常，高温会导致芯片不可逆损坏，而低温引起的功能异常往往是可恢复的。异常温度（尤其是高温）不仅会导致芯片工作异常，还会加速老化，影响芯片寿命，同时增加系统功耗，降低整个系统的可靠性。因此，在芯片设计过程中通常会考虑温度的影响。对于功能安全来说，温度作为一种环境应力，是典型的失效引发源，所以实施安全设计芯片时基本会在芯片内部部署温度传感器来监控芯片的内部温度。通常情况下，微控制器中的每个核都会部署一个专有的温度传感器来监控核温。当检测到温度超出预设的范围值（如 −40℃～150℃）时，温度传感器会输出一个温度状态信号，芯片会进入 Fail-safe 状态并输出一个故障信号给上层系统。

在芯片内部部署温度传感器以监控核温属于探测措施。在实际的芯片设计过程中，除了探测类的安全措施外，我们还会同步考虑预防措施，比如芯片的散热设计。类似于白色家电的综合能效指标，功耗也是衡量芯片性能的重要参数。芯片内部的散热设计不仅能降低功耗、提升性能，还有助于满足芯片的安全和完整性要求。以下是一些常见的芯片散热技术，仅供参考。

- **增加散热层**：在芯片封装中增加散热层，将芯片产生的热量传递至封装表面，再通过散热器将热量散发出去。散热层可以采用金属、陶瓷等导热材料。
- **热管技术**：热管是一种高效的传热元件，可以在较小的空间内传递大量热量。在芯片内部，可以将热管与芯片的散热区域连接，将热量快速传递到热管的另一端，再通过散热器散发出去。
- **热设计优化**：通过优化芯片的热设计，减少热阻和集中规划散热路径，提高散热效率。例如，合理布局芯片内部的发热元件、优化芯片的散热通道、提高封装材料的导热性能等。

微控制器架构内部还部署了许多其他硬件安全措施。想要深入了解，建议结合芯片安全手册进行学习，并将其映射到标准的相关要求中，这可能是实现芯片功能安全设计的最便捷方式。

9.6 软件层面的芯片功能安全架构设计

尽管芯片尺寸较小，但其设计是一项复杂的系统性工程。芯片的功能安全设计也需要遵循 V 模型流程。因此，安全方面仅仅考虑硬件显然是不够的。本节讨论芯片设计中的软件安全、通信安全、信息安全设计考量。

9.6.1 芯片的软件安全

芯片通常是基于 SEooC 方式进行开发和设计的，因此，一款通过功能安全认证的芯片需要对其应用的上下文环境做一些假设，而这些假设往往涉及系统层面的安全考量。

所以，在芯片内部部署相关的硬件安全设施还不够。这些基础设施需要软件进行合理的配置，才能正确地实现安全功能。

本节将选取几个基于芯片硬件的软件监控芯片，讨论在功能安全设计过程中，软件层面的一些安全设计。

其实，前文提到的芯片内部的电源、时钟、存储器、温度传感器等都有对应的寄存器需要软件进行配置。软件将故障报告出去，芯片内部的故障收集器收集后，根据系统层面的策略做出对应的故障响应。

1. 温度传感器

在芯片内部署了两个温度传感器来检测芯片的工作结温，软件的工作是根据传感器采集到的温度来判断当前芯片结温是否超过预设范围（例如 -40℃～150℃），并将计算得到的状态写入对应寄存器以表征芯片的温度状态。应用层软件根据该信号状态做出处理策略，比如进入复位状态、发出加大风扇转速指令进入强制冷却模式等。图 9-54 所示为芯片内部温度检测示意图。

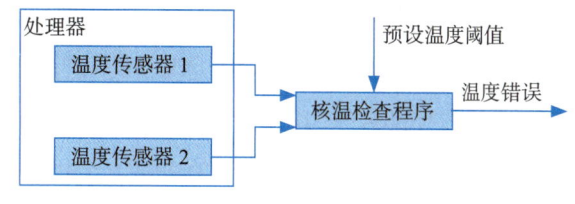

图 9-54　芯片内部温度检测示意图

另外，温度传感器作为芯片用于应对共因失效的一种安全机制，其本身的失效在设计过程中需要进行考虑，即需要考虑防止温度传感器成为潜在故障的机制。这可以在硬件上实现，如果是在芯片内部实现，可以进一步增加硬件，但这会增加芯片设计成本，还会改变现有的芯片架构，似乎不怎么合适。如果通过软件来实现呢？

对于潜在故障，常用的措施是在上电/下电过程中检测安全相关的硬件组件，以确认其是否具备正常功能。此措施同样适用于作为安全机制的温度传感器，不会增加软件开销，也不会影响软件后续的正常运行。

可供参考的实施方式：系统上电过程中，软件读取两个温度传感器的信号，判断两个信号的值是否在量程范围内且两个值的差是否在一定误差范围内，不满足任何一个条件都认为当前传感器不可信。

Q：对于温度传感器转换后的信号表征状态的读取，软件在设计过程中应该考虑哪些因素来提高读取的准确性？

2. "看门狗"

"看门狗"全称为"看门狗定时器"（Watchdog Timer，WDT），是一种定时器电路，通常有一个输入信号（称为喂狗信号），还有一个输出连接到 MCU 的复位（RST）端。MCU 正常工作时，定期发出喂狗信号以将定时器清零。如果在规定时间内没有喂狗，定时器将向微控制器发送复位信号，尝试让系统重新恢复正常。

随着看门狗技术的发展，"看门狗"分为硬件"看门狗"和软件"看门狗"。根据相对于微控制器的物理位置，硬件"看门狗"又可分为内部"看门狗"和外部"看门狗"。图 9-55

总结了常见的"看门狗"类型。

不管是哪种类型的"看门狗",其基本原理都是相同的,只是方式有所不同。软件"看门狗"包括一个喂狗进程。喂狗进程按一定周期执行喂狗操作,该周期小于或等于定时器的周期。

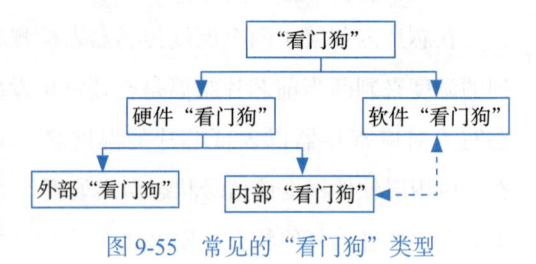

芯片内部部署专门的定时器和相应的寄存器来实现软件"看门狗"机制。在功能安全相关设计中,"看门狗"可用于对软件实施程序流进行分析,检查软件程序的运行行为是否符合既定流程。

图 9-55 常见的"看门狗"类型

此外,功能安全要求所有软件组件在同一微控制器上运行时必须实现免于干扰(Freedom from Interference, FFI)。因此,如何实现免于干扰的软件设计,不仅是芯片厂商需要考虑的问题,也是系统应用方需要关注的问题。

图 9-56 展示了软件设计过程中免于干扰机制实现的示意图。

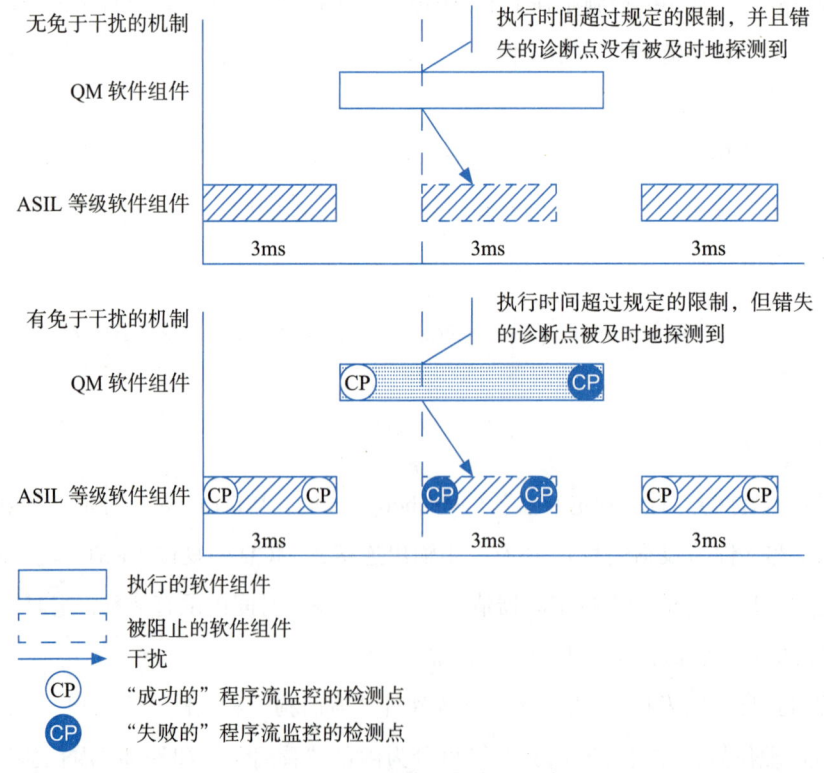

图 9-56 免于干扰机制实现示意图

芯片内部部署的"看门狗"需要通过软件配置相应的寄存器才能起作用。当程序中的各个模块以错误的顺序或过长的时间段运行时，可以使用"看门狗"来检测有缺陷的程序序列。一旦启用"看门狗"，需要定期且及时地执行"看门狗"服务程序。在服务超时之前在配置的时间窗口内完成服务。

可供参考的实施方式：假设使用两个定时器 T0 和 T1 对主程序的运行进行监控。对 T0 设定特定的定时时间，当定时中断发生时，对一个变量进行赋值。这个变量在主程序运行开始时已经有一个初始值。设定的定时值需要小于主程序的运行时间，这样可以在主程序的末尾对变量的值进行判断。如果该值发生了预期的变化，就表明 T0 中断正常；如果没有发生变化，则使程序复位。

T1 用于监控主程序的运行。对 T1 设定一定的定时时间，在主程序中对其进行复位。如果不能在规定时间内对其进行复位，T1 的定时中断就会使单片机复位。在这里，T1 的定时时间要设定得大于主程序的运行时间，给主程序留有一定的裕量。

T1 的中断正常与否由 T0 定时中断子程序来监控。这样就构成了一个循环，T0 监控 T1，T1 监控主程序，主程序又监控 T0，从而保证系统的稳定运行。

图 9-57 展示了软件"看门狗"机制示意图。

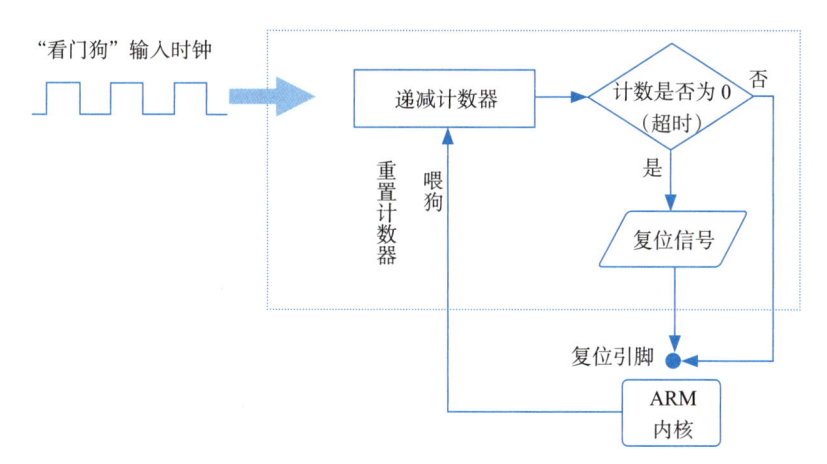

图 9-57　软件"看门狗"机制示意图

3. ADC 故障检测

ADC 在芯片内部也属于共享资源的范畴，这意味着 ADC 的故障会引发相关失效。芯片的功能安全设计过程中需要考虑该失效所引发的风险。

BIST 模块可用于 ADC 的自测，以验证 ADC 硬件功能的完整性。除了 BIST 模块，我们还可以使用软件 ADC 预采样功能来检测 ADC 故障。软件可以通过配置 ADC 相关寄存器来启用对每一通道转换电路的预采样。预采样允许在 ADC 内部电容器从芯片 I/O 引脚接收模拟输入的采样和转换之前对其进行预充电或放电。

在预采样阶段，ADC 对内部产生的电压进行采样。在采样阶段，ADC 对来自 I/O 引脚的模拟输入进行采样。在转换阶段，最后一个采样值被转换为数字值。图 9-58 展示了两个通道的 ADC"预采样 – 采样 – 转换"操作顺序。

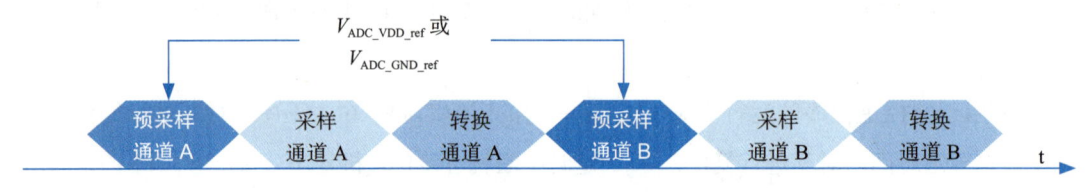

图 9-58 ADC"预采样 – 采样 – 转换"操作顺序

图中的 $V_{ADC\_VDD\_ref}$ 或 $V_{ADC\_GND\_ref}$ 假设是可用于预采样的参考电压。

如果 ADC 中的模拟多路复用电路存在开路故障，ADC 转换的信号将不是来自 I/O 引脚的模拟输入，而是预采样参考电压。图 9-59 展示了多路复用电路中预采样阶段和转换阶段的信号路径。

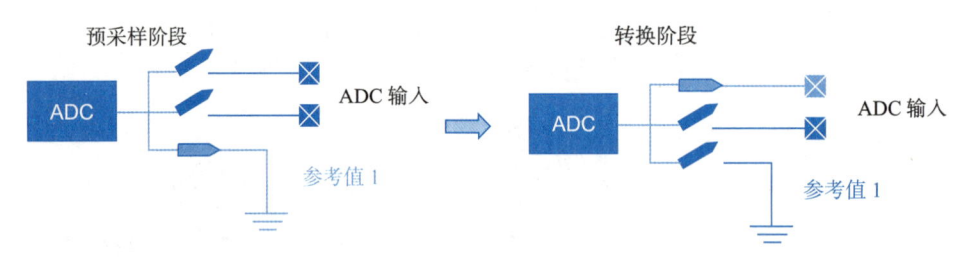

图 9-59 多路复用电路中预采样阶段和转换阶段的信号路径示意图

除了检测开路故障，预采样功能还可用于检测 ADC 内部的短路故障。为了检测短路故障，ADC 通过获取两个不同的电压，比较这两者与预期值的一致性。如果这两者与预期值不符，则认为 ADC 中多路复用电路存在短路故障，如图 9-60 所示。

为了实现该检测，可以对 ADC 预采样操作顺序进行配置。软件通过配置相关寄存器，将 ADC 预采样配置为通道的采样被旁路（通过 I/O 关键的输入采样被旁路），并且预采样参考电源电压被转换，如图 9-61 所示。

图 9-60　多路复用电路短路故障检测示意图

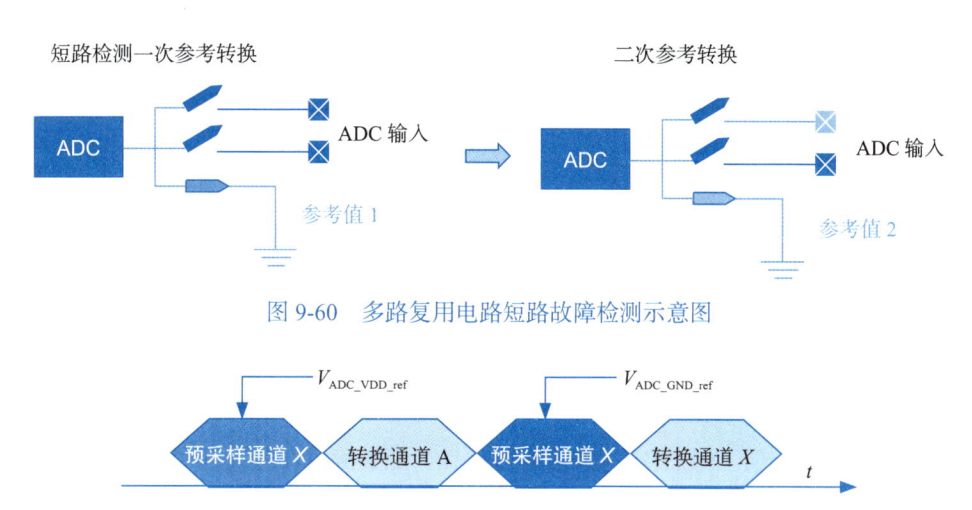

图 9-61　ADC 预采样短路故障检测操作顺序

9.6.2　芯片的通信安全

芯片内部集成了各种通信模块，如 CAN、ETH、LIN、SPI、I2C 等，以与外部进行数据传输。对于确保各类总线的通信安全，除了在芯片设计中考虑基本的防护措施外，还需要在软件应用层或系统层保障通信安全。

通信总线失效模式如表 9-3 所示。

表 9-3　通信总线失效模式

序号	技术参考	失效模式
数据传输 （按照 GB/T 34590-6：2022 中的 D.2.4 进行分析）	D.6 通信总线（串行、并行）	通信节点丢失 消息损坏 消息不可接受的延时 消息丢失 非预期的消息重复 消息顺序错误 消息插入 消息伪装 消息寻址错误

像 CAN、ETH、LIN、SPI、I2C 等总线，除了其协议规范中包含的功能安全机制之外，并没有其他特殊的功能安全机制。仅依靠这些协议难以应对通信总线失效。因此，我们需要在系统层面考虑在通信模块接口上提供功能安全机制，以满足功能安全要求。

可以通过在软件应用层扩充用于通信安全的总线协议，使其具备一定的通信故障容忍和检测能力，形成额外的一层通信故障容错协议，这就是我们常说的 E2E 保护机制。

应用软件、中间件软件或操作系统需要在相关通信模块的接口上提供以下功能安全机制，以满足功能安全要求。

- 端到端 CRC 用于检测数据损坏；
- 序列编号用于检测消息重复、删除、插入和错误排序；
- 用于检测消息延迟的确认机制或超时检测。
- 用于检测伪装的发件人身份标识。

关于 E2E 保护机制，可以参考 AUTOSAR 中关于 E2E 库的软件需求规范，其中描述了数据通信的各种失效模式，并且有相关需求进行覆盖，能够满足功能安全对通信安全完整性的要求。图 9-62 展示了 AUTOSAR 中 E2E 通信保护架构。

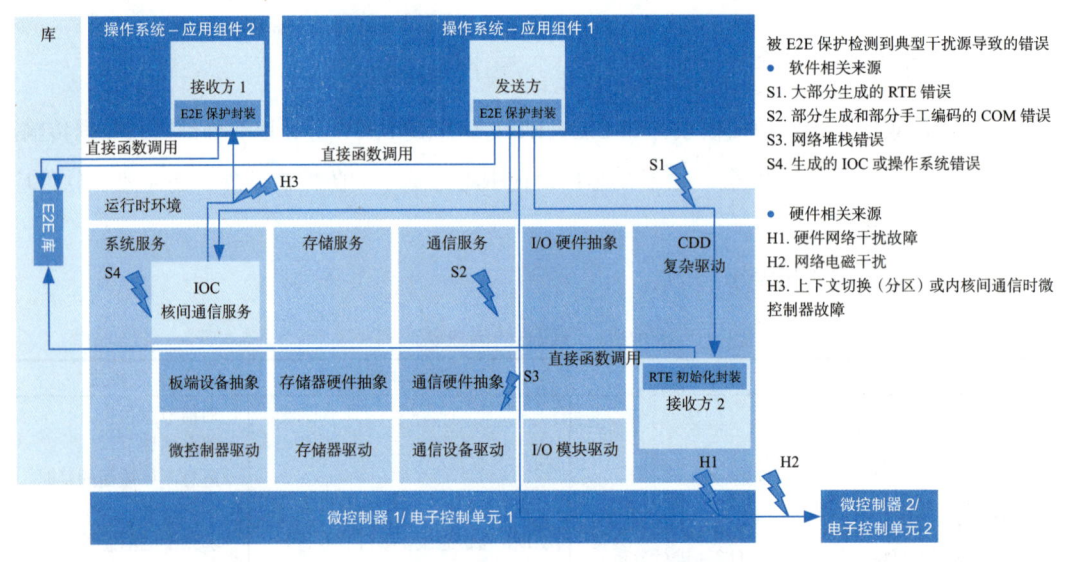

图 9-62　AUTOSAR 端到端（E2E）通信保护架构示例

来源：AUTOSAR_SWS_E2ELibrary

关于芯片功能安全软件设计的内容就讲到这里。当然，软件层面的芯片安全设计工作远不止这些，比如寄存器的保护、中断控制、堆栈溢出检测、系统故障管理等。

9.6.3　芯片的信息安全

随着汽车智能化、网联化程度的提高，各种车用控制器的功能越来越丰富和复杂，其中自动驾驶对车载电子控制单元（ECU）功能的复杂度和集成度要求最高。自动驾驶可谓汽车技术的"集大成者"，涉及整车及电子电气控制技术的各个方面。自动驾驶的发展还催生了对汽车其他安全相关的要求，如预期功能安全（SOTIF）、网络安全（CS），并且相关标准也陆续发布。

为此，自动驾驶功能相关的电子电气系统不仅要满足汽车功能安全标准 ISO 26262 的要求，还要满足预期功能安全标准 ISO 21448 的要求和网络安全 ISO/SAE 21434 的要求，实现整车电子电气系统的安全，笔者习惯称之为"大安全"。

图 9-63 展示了预期功能安全、功能安全和网络安全三者在整车系统安全中各自扮演的"角色"与关系。

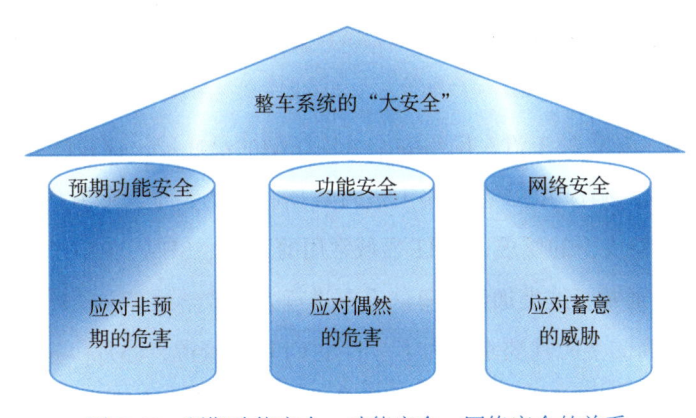

图 9-63　预期功能安全、功能安全、网络安全的关系

接下来，我们讨论一下为满足汽车发展要求所采用的信息安全技术。

（1）硬件安全模块

随着汽车电子电气架构的日益复杂，车辆与外部设备、云端设备的交互场景也越来越多，汽车成为一个自主移动的终端系统。在这种情况下，整车的信息安全就成为一个不可回避的话题。信息安全的核心是密码学。它是一门对信息进行加解密的学科，涉及多种加密算法，如 AES、DES、SHA、RSA 等。通过应用这些算法，可实现信息的加解密，以保证信息的安全。

网络安全是系统信息安全的重要组成部分。通常，我们根据系统架构及其通信网络来构建分层的网络安全架构，进而构建系统的网络安全纵深防御体系。在汽车电子电气架构中，不同控制单元的功能由内而外基于整车通信网络划分为不同层次，从而形成整车电子电气网络的纵深防御体系。图 9-64 展示了汽车电子网络安全参考架构。

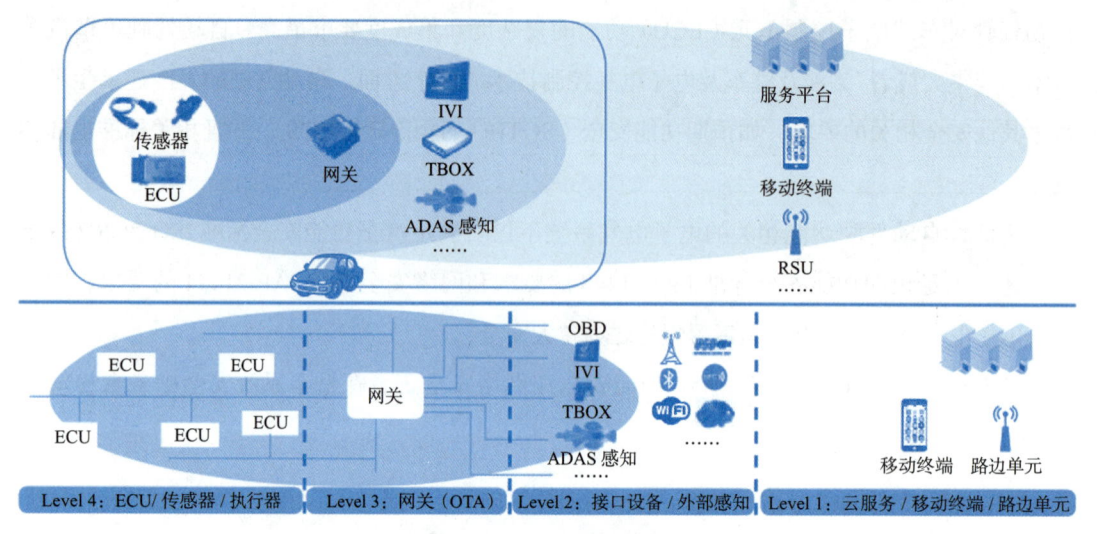

图 9-64 汽车电子网络安全参考架构

从图 9-64 可知，ECU 处于汽车网络安全纵深防御的最底层，这意味着 ECU 的设计必须满足信息安全的要求，确保 ECU 在网络上进行数据收发的安全，而其中的关键便是加密算法。由于整车系统信息安全的要求，在 IT 领域常用的 AES、SHA、RSA 等加密算法被越来越多地应用到汽车上。通常，这类加解密算法需要进行大量数学运算，消耗大量 CPU 资源。汽车上的 ECU 具有较高的实时性要求，为了节省主 CPU 的资源，芯片厂家在微控制器内部专门开辟了一个模块——HSM（Hardware Security Module，硬件安全模块），以提供 ECU 通信数据的加解密功能，并满足 ECU 信息安全开发的要求。

硬件安全模块（HSM）是专用于实现加解密算法的微控制器上的独立模块，可以理解为一个"信息安全岛"。HSM 通常配备独立的 CPU，专门用于加解密运算，并且包含一些针对特定算法（如 AES-128、SHA-256 等）的硬件加速器，相当于为 ECU 提供了一个可信计算平台。

有了 HSM，微控制器就可以将加解密运算交给 HSM 来执行，主 CPU 可以去做其他工作。一段时间后查询结果，或等待 HSM 计算完成后通过中断等方式通知主 CPU 计算结果即可。

HSM 通常还拥有单独的存储区，包括 RAM 和 NVM。HSM 的存储区在正常运行状态下应只允许 HSM 核读写，主功能核不能读写。这样就可以将算法密钥等重要数据存储在 HSM 存储区，与主核进行隔离，进一步加强安全性。

根据 EVITA（E-safety Vehicle Intrusion Protected Application）项目给出的 HSM 基本结构，可以将 HSM 分为安全存储、硬件密码加速和应用核心 3 部分，如图 9-65 所示。

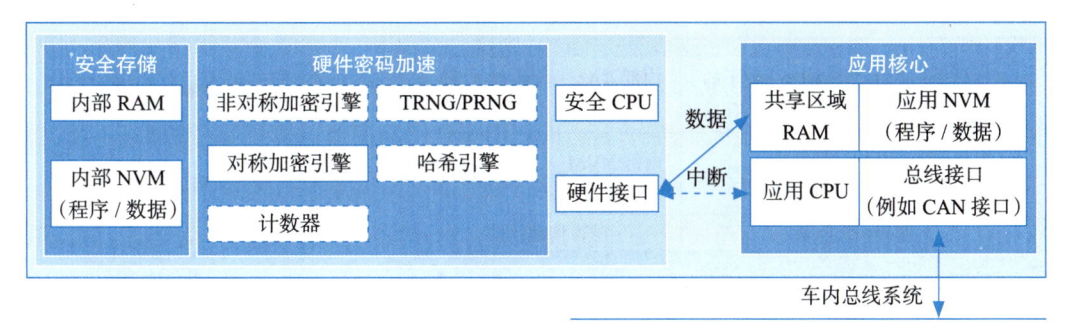

图 9-65　HSM 基本结构

根据 HSM 在汽车电子不同网络层次的应用，EVITA 将 HSM 划分为 3 个等级：Full HSM、Medium HSM 和 Light HSM。其中，Full HSM 主要用于 V2X 的通信单元和中央网关；Medium HSM 用于板间通信的 ECU；Light HSM 则用于传感器和执行器。

1）Full HSM 结构如图 9-66 所示。

图 9-66　Full HSM 结构

Full HSM 不仅支持安全存储（RAM、NVM）、对称算法（如 AES）的硬件加速引擎、随机数生成器、安全 CPU 等基本功能，还进一步支持非对称算法（如 RSA、ECC）的硬件加速引擎和哈希硬件引擎。这些功能使得 Full HSM 能够提供最高级别的安全保护。

2）Medium HSM 结构如图 9-67 所示。

与 Full HSM 相比，Medium HSM 没有包括 ECC-256 和 WHIRLPOOL 密码模块（NIST 提出的基于 AES 的哈希函数），并且 Medium HSM 所要求的 CPU 性能要低一些。因此，Medium HSM 没有基于硬件加速的非对称密码和哈希算法。

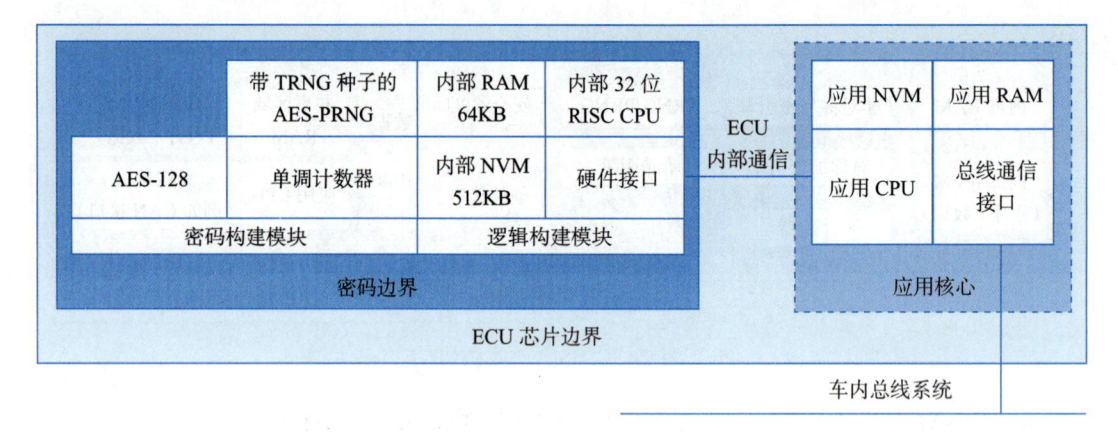

图 9-67　Medium HSM 结构

3）Light HSM 结构如图 9-68 所示。

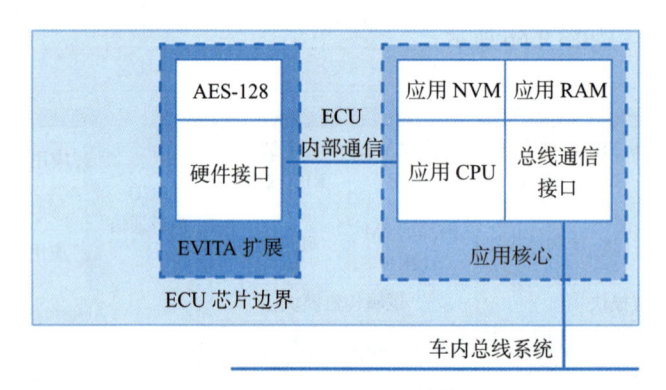

图 9-68　Light HSM 结构

Light HSM 仅包含基于 AES-128 的对称加解密模块，以满足传感器和执行器在成本和效率方面的高需求。基于 Light HSM，传感器和执行器能够确保通信数据的真实性、完整性和机密性。此外，与 Full HSM 和 Medium HSM 相比，Light HSM 未提供独立的处理和存储单元，应用处理器和软件可以完整访问所有的密码数据。因此，可以考虑对 Light HSM 进行安全增强，提供内部非易失性存储器和 RAM，以及基于 AES 的伪随机数生成器。这样，Light HSM 可以更加安全地生成、处理和存储密钥。

目前看到的带 HSM 的功能安全微控制器的结构大部分是 Medium、Full HSM 类型的。图 9-69 所示的是 Infineon AURIX TC39X 系列微控制器中的 HSM 结构。

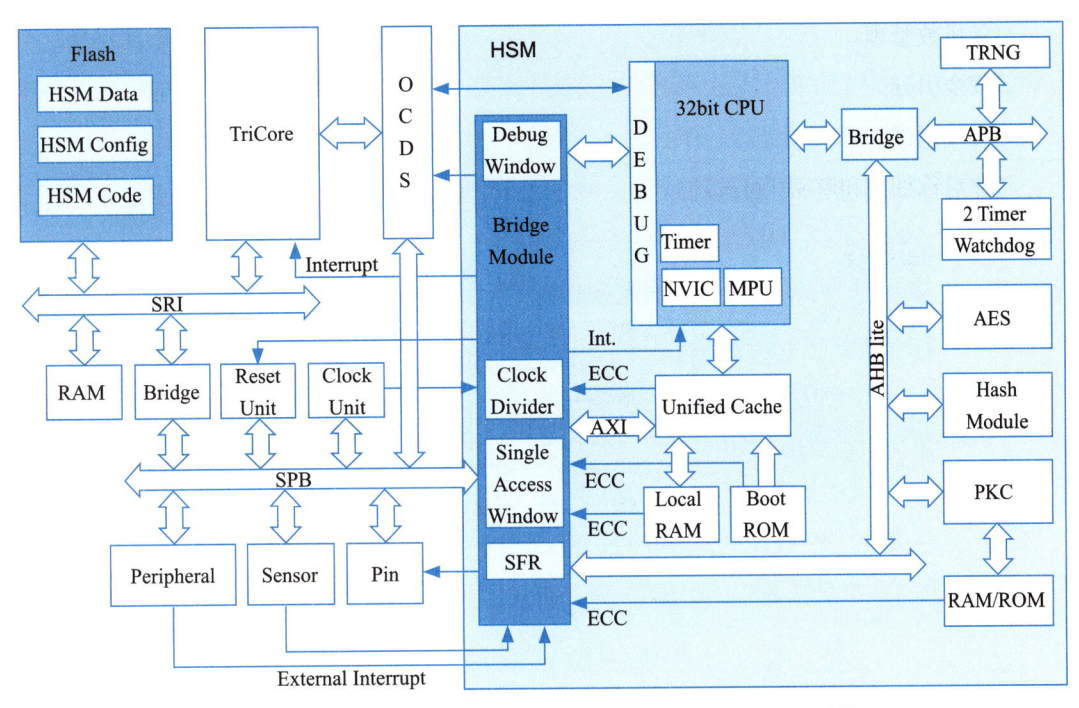

图 9-69　Infineon AURIX TC39X 系列微控制器中的 HSM 结构

来源：2nd Generation AURIX™ TC3xx Hardware Security Module, Figure 1-1

AURIX TC39X 系列微控制器的 HSM 具有以下特征。

❑ 满足 Full HSM 结构要求。

❑ 包含 ARM Cortex-M3 的处理器、AES 加速引擎、PKC 模块和 Hash 模块。

❑ AES 加速引擎支持 AES-128 算法（对称加密算法），PKC 支持 ECC256（非对称加密算法）、SHA256 等。

（2）安全硬件扩展

除了 HSM，一些微控制器内部还部署了安全硬件扩展（SHE）固件，以扩展硬件安全策略。SHE 的基本结构如图 9-70 所示。

SHE 可以提供以下功能。

❑ 对称数据加密和解密。

❑ MAC 生成 / 验证。

❑ 安全 MAC 验证。

- 随机数管理。
- 安全引导。
- 开发调试。
- 非对称加密和解密（可选项）。

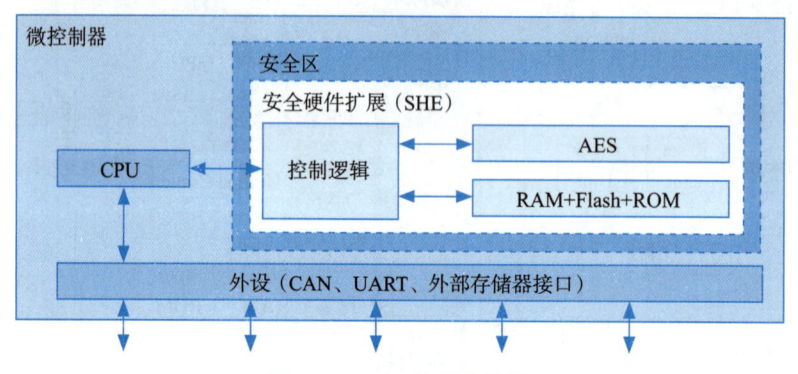

图 9-70　SHE 的基本结构

（3）示例：安全板载通信

接下来以 AUTOSAR 中的安全板载通信（Secure On-board Communication，SecOC）功能为例，介绍芯片中集成的 HSM 在车载领域的实际应用。

SecOC 模块的作用是确保通过汽车通信网络交换信息的两个或多个 ECU 之间的安全数据传输。如图 9-71 展示了 AUTOSAR SecOC 示意图。

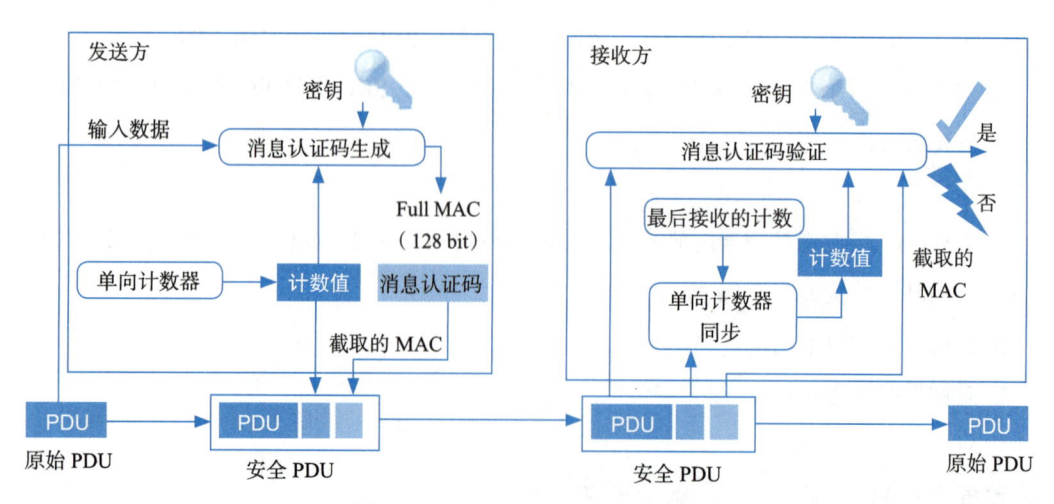

图 9-71　AUTOSAR SecOC 示意图

基于非对称密码算法和消息摘要算法的数字签名技术可以用于实现高安全等级的板间通信。数字签名的实现方式参见图 9-72。

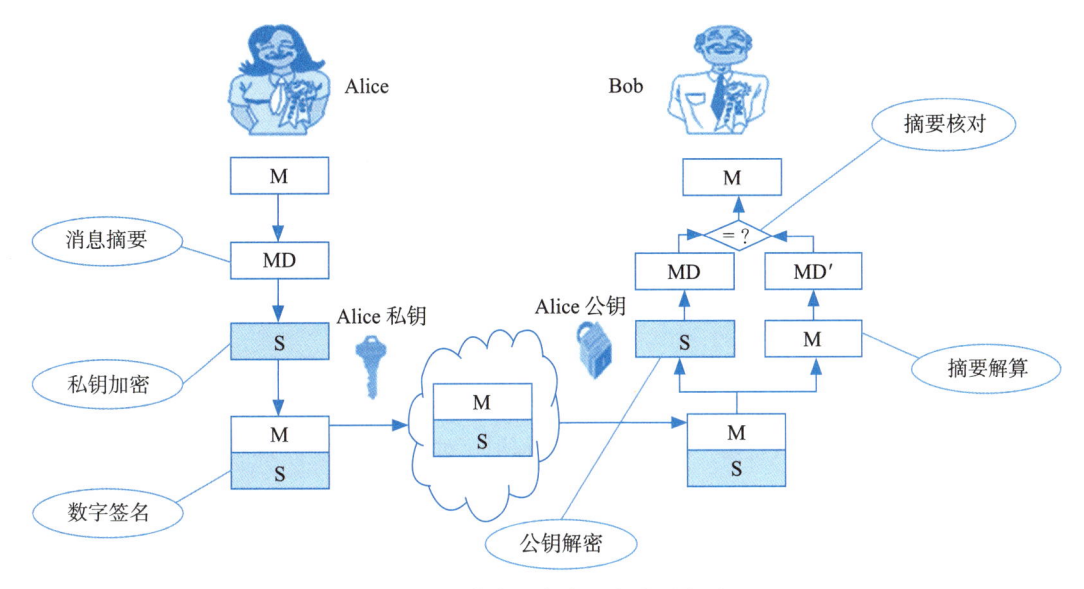

图 9-72　数字签名实现方式示意图

由于板间通信对实时性有一定要求，基于效率和成本的考虑，ECU 之间通信的保护采用对称密码算法是合理的。因此，针对 ECU 板间通信，一般使用 HSM 中的"AES-128+CMAC"算法对通信数据进行加密，以保证消息来源的真实性和完整性。这是一种"对称加密＋消息认证码"技术，实施步骤如下。

1）在发送端，通过消息摘要算法对数据 ID 和 PDU 计算对应的消息摘要（MD，即 MAC），然后用加密算法（AES-128）和私钥对 MAC 进行加密以获得密文 S。接着，将密文 S 与数据一同发送。

2）在接收端，先用私钥将签名后的数据进行解密得到 MAC，再用同样的摘要算法对签名后的数据计算得到新的消息认证码 MAC'，将 MAC' 和接收到的摘要 MAC 比较。

3）结果确认，如果比较结果一致，数据就是合法且完整、真实的；否则，数据是不可信的，不予采用。

关于芯片架构设计过程中需要考虑的信息安全措施，我们就讨论到这里。除了软硬结合的固件加密技术，当然还有其他措施来保证信息安全，例如单次可编程（OTP）、遵守信息安全的流程等。此外，在应用层面，可以将功能安全中提到的 MPU（内存保护单元）和加密技术相结合，从各个环节来保证信任链的完整性。所有这些措施都是为了建立一个可信的安全系统。

9.7 不可小瞧的"隐匿杀手"——单粒子翻转

9.5.4 节介绍芯片的存储安全时提到了"软错误"以及该错误对应的各种故障，如单粒子翻转（SEU）、单粒子瞬态脉冲（SET）等，本节谈谈在功能安全领域经常提及的 SEU。

9.7.1 无处不在的电离辐射

我们所处的环境中存在着各种各样的电离辐射，我们无时无刻不受到来自自然界和宇宙的电离辐射的照射，宇宙射线就是一种典型的电离辐射。对于电离辐射，只要不超过人类的有害承受范围，人类的机体能自我修复这些辐射带来的危害，即人类已经适应了这种微量辐射环境。

凡事过犹不及，电离辐射对人类是这样，对于半导体器件也是这样，超过承受范围必然会造成损害。

1. 宇宙射线的来源

宇宙射线是来自外太空的高能粒子，其来源可以分为几个主要类别。

首先，宇宙射线的主要来源是宇宙射线束流，这包括太阳和其他恒星通过核反应和核衰变等过程释放的高能粒子流。这些天体富含氢、氦、碳、氧等元素。它们的核反应和核衰变产生了大量高能粒子，这些粒子在宇宙空间中以束流方式向各个方向传播，成为宇宙射线的重要组成部分。

其次，宇宙射线还受到银河系和其他星系中超新星爆发的影响。当质量较大的恒星耗尽燃料时，核聚变反应停止，引起恒星内部坍缩，最终导致超新星爆发。超新星爆发释放出大量能量，将元素和高能粒子喷射到周围的空间中。这些元素和高能粒子会成为宇宙射线的一部分，并通过银河系磁场的作用，以螺旋状轨道在银河系中传播。

此外，宇宙射线还可能来自强磁场区域和黑洞事件视界等其他现象。

2. 宇宙射线的分类

宇宙射线大致可以分成两类：原生宇宙射线和次生宇宙射线。来自太阳系外的天体产生的宇宙射线是原生宇宙射线，这些原生宇宙射线会与星际物质作用产生次生宇宙射线。

图 9-73 展示了宇宙射线穿过大气层进入地面的示意图。

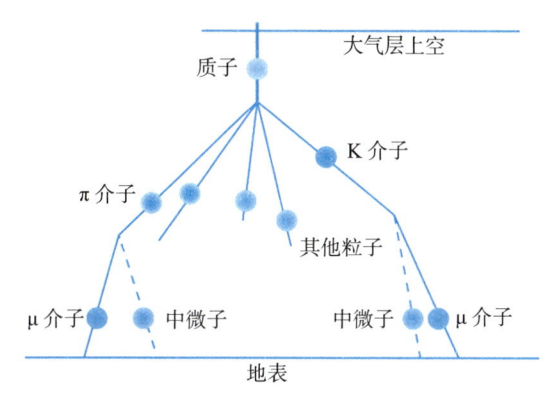

图 9-73　宇宙射线穿过大气层进入地面示意图

9.7.2　单粒子翻转

提到软错误，就不得不提"单粒子翻转"（Single Event Upset，SEU），这一现象在航空航天和核电领域也经常被提及，尤其是在航空航天领域。单粒子翻转会导致电路出现逻辑或存储错误，但这种错误通常可以通过电路的刷新得以恢复，这种现象被称为软错误。在单位时间内产生的软错误数量被称为软错误率（SER）。

而这种软错误的随机性会造成器件功能错误，传递给整个电子系统，进而可能引发电子系统故障，甚至直接威胁到电子系统的安全运行。

SEU 是宇宙中单个高能粒子射入半导体器件灵敏区，使器件逻辑状态翻转的现象。图 9-74 展示了半导体器件发生 SEU 的示意图。

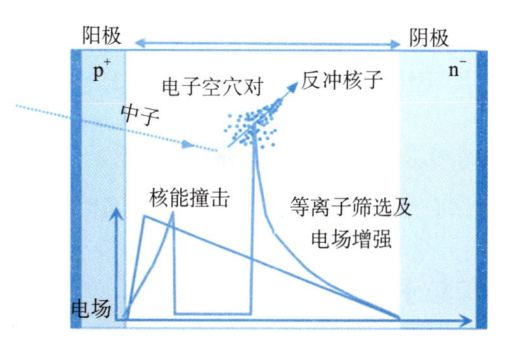

图 9-74　半导体器件发生 SEU 的示意图

在地表模拟电路中，瞬态故障是由 α 粒子或中子撞击或电磁干扰引起的，例如功率瞬变和串扰。它们可能导致 SEU 甚至 SET（也叫模拟单粒子瞬变，ASET）。

由于模拟电路的固有特性（在设计中考虑了瞬态及噪音影响），它对瞬态故障的敏感性比数字电路低几个数量级，因此，可以仅针对模拟电路数字元器件进行影响分析（参考 ISO 26262-11: 2018, 5.2.2.2）。最容易发生 SEU 的是像 RAM 这种利用双稳态进行存储的器件，其次是 CPU，最后是其他的接口电路。随着芯片集成度的增加，SEU 的可能性也随之增大。

在一些电磁辐射环境较为恶劣的情况下，大规模集成电路（IC）常常会受到干扰。例如，宇宙中的单个高能粒子射入半导体器件的灵敏区，使器件逻辑状态翻转：原来存储的 "0" 变为 "1"，或者 "1" 变为 "0"（见图 9-75）。这将导致系统功能紊乱，严重时甚至会发生灾难性事故。

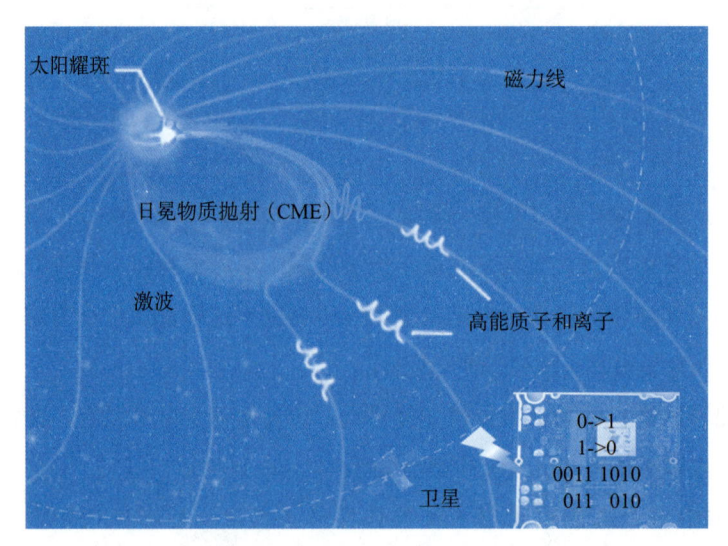

图 9-75　宇宙射线干扰：单粒子翻转

虽然 SEU 造成的逻辑错误不是永久性的，但如果在不该发生的时刻发生，同样会影响系统的安全性。因此，在特定的应用中，SEU 已经成为一个不能忽视的问题。

Q：既然芯片发生 SEU 这种软错误会给系统的正常运行造成严重影响，那么在芯片设计过程中该如何控制或减少这类错误的发生及降低其影响？

9.7.3　单粒子翻转的缓解措施

现代芯片针对存储器可能出现的各种故障设计了多种控制和缓解措施。这些措施包括底层的硬件错误纠正码（如 ECC），以及应用层面的检测和控制措施，如 BIST（MBIST、LBIST）、MPU。通过在芯片设计过程中构建不同层次的安全措施，可以全面覆盖单点故障和潜在故障，满足芯片架构设计的度量指标要求。

下面谈谈针对存储器软错误的一些控制和缓解措施。

1. 错误纠正码（ECC）

ECC 是一种常见的缓解 SEU 方法。它通过使用特定的编码和解码规则，检测并纠正存储器中的故障，包括永久性故障和瞬态故障。

作用原理：在存储器的每个字节扩展若干冗余位，产生汉明距离至少为 4 的改进汉明码。每次读取字时，检查冗余位可以确定存储器是否发生了损坏，如果发现差异，则会生成失效消息。

通过计算数据字及其地址关联的冗余位，该过程还可以检测寻址失效。对于寻址失效，探测的概率取决于返回的随机数据的 ECC 位数。

最常见的 ECC 方案有 SECDED（Single Error Correct Double Error Detection，又称 Hsiao Code），相当于汉明距离为 4 的改进汉明码，可以检测 1 位和 2 位错误并纠正 1 位错误。目前，芯片基本上采用这种编码。一些微控制器还提供 DEC/TED（Double-Error Correction / Triple-error Detection，双（位）错误校正和三（位）错误检测）功能。

Q：ECC 虽然能够纠正存储器中的某个错误，但如何检测 ECC 本身的故障呢？

2. 改进的校验和

改进的校验和可以用于检测存储器中所有单比特错误。

作用原理：校验和由合适的算法产生，该算法在计算时使用内存块中的每个字。校验和可以作为附加字段存储在 ROM 中，或者作为附加字段加入存储块中，确保校验和算法产生预定值。在稍后的存储器测试中，使用相同的算法再次产生校验和，并将结果与存储的值或预定值进行比较，如果发现差异，将生成失效消息，如果返回随机结果，漏探测的概率为 $1/2^{校验和的长度}$。如果某些数据干扰的可能性更高，则校验和可以达到比随机结果更好的探测效果。

3. 存储器签名

存储器签名可以用来检测存储器中的每个一位失效和大部分的多位失效。

作用原理：使用循环冗余校验（CRC）算法，将存储块的内容通过硬件或软件压缩成一个或多个字节。典型的 CRC 算法将块的全部内容视为字节串行或位串行数据流，并在该数据流上使用多项式生成器执行连续的多项式除法。除法的余数代表压缩的存储内容，即存储器的签名，并予以存储。接收端将再次计算签名，并与已存储的签名进行比较。如果存在差异，将生成失效消息。CRC 算法在检测突发错误方面非常有效。签名的有效性取决于与被保护信息块长度相关的多项式。如果返回随机结果，漏检测的概率为 $1/(2^{校验和的长度})$。

4. 存储块复制

存储块复制也称"双重 RAM"（Double RAM），利用硬件或软件进行比较的冗余存储器，可以用于检测所有的位失效。

作用原理：在两个存储块中复制地址空间。第一个存储器以正常方式工作，第二个存储器包含相同的信息，并与第一个存储器并行存取。比较它们的输出，当探测到有差异时生成失效信息。根据存储器子系统的设计，两个存储器中的冗余一正一反的存储可以提高诊断覆盖率。如果两个存储块中存在共同的失效模式（如共同的地址线、共同的写入许可）或存储单元的物理位置使逻辑上远离的单元物理上紧邻，那么诊断覆盖率会降低。

这里的存储块复制技术可以在芯片内部设计和部署，也可以在芯片外部的更高层级进行设计和部署。冗余设计可以根据安全完整性等级选择。冗余程度越高，故障容忍能力越强。我们还可以通过表决逻辑实现故障数据纠错，但随之而来的硬件成本和软件开销也会增加。

5. RAM 模式测试

RAM 模式测试用于检测存储器主要的静态位失效。

作用原理：将位模式及其补码写入存储器单元。RAM 位置通常被单独测试。存储单元内容被保存后，将全 0 写入单元，然后通过读回 0 值来验证单元内容。接着，写入全 1 并读回 1 值来验证单元内容，重复该过程。如果关注的是从 1 到 0 的转换失效，可以执行附加的全 0 数据的写和读。最后，恢复单元的原始内容。该测试在检测卡滞和转换失效方面有效，但不能检测大部分软错误、寻址故障和链接单元故障。

6. 奇偶校验位

奇偶校验位也叫一位冗余，可用于检测字中（典型的有 8 位、16 位、32 位、64 位或 128 位）单个位或奇数个位失效。

作用原理：将存储器的每个字扩展 1 位（奇偶校验位），这一位用于使每个字中的"1"的数量成为偶数或奇数。每次读取数据字时，都会检查其奇偶性。如果发现"1"的数量不正确，则生成失效信息。选定偶校验或奇校验，使得在失效事件中不期望发生的情境（"全 0"或"全 1"）不被选中。当计算数据字及其地址的奇偶性时，奇偶校验也可用于检测寻址失效。

7. RAM 跨步测试

RAM 跨步测试可用于检测存储器的主要持续位失效、位转换失效、寻址失效和链接单元失效。

作用原理：将 0 和 1 序列以特定模式写入存储单元，并以特定顺序加以验证。当跨步要素是在处理另一个单元之前应用于存储阵列中每一个单元的有限操作序列时，跨步测试由跨步要素的有限操作序列构成。例如，一个操作可能是写一个 0 到一个单元中，写一个 1 到一个单元中，从单元中读取预期的 0，从单元中读取预期的 1。如果预期的 1 没有被读出，故障就会被检测出来。对链接单元的覆盖程度取决于写 / 读的顺序。

RAM 跨步测试有点类似于 RAM 棋盘格测试。

8. 擦洗

对存储器实行擦洗机制可以降低 SEU 的概率，即在一定程度上降低软错误率（SER）。

作用原理：定期清除存储器中的数据，并将其备份到其他存储介质，以防单粒子翻转导致的数据丢失或损坏。在擦洗过程中，存储器中的数据会被复制到另一个存储介质中，然后擦除原始数据。这样做可以确保即使发生 SEU 等错误，数据也不会受到损坏。当数据被复制回存储器时，将执行校验和等其他错误检测机制，以确保数据的完整性和准确性。擦洗机制还可以定期进行，以提高数据的可靠性和稳定性。

需要注意的是，擦洗机制并不能完全消除 SEU 的影响，但它可以显著降低 SEU 造成的数据损坏和丢失的风险。

9. 内存保护单元

由于功能安全要求安全和非安全数据互不干扰，对于用于安全应用的多核架构微控制器，芯片内部通常会配置内存保护单元（MPU）。MPU 是一种专门的硬件组件，提供不同功能组件专属的数据存取区域，根据任务优先级的不同，可以同步配置存储区域访问的优先级，限制不同任务或进程对特定内存区域的访问权限，以防对敏感数据的未授权访问。虽然 MPU 通常由硬件实现，但在实际应用过程中，需要通过软件进行配置和控制，利用 MPU 提供的接口和功能来实施内存保护策略，以确保不同任务之间的内存隔离和安全性。

关于 SEU 的讨论就到这里。对 SEU 应有硬件层面的措施，比如在芯片设计过程中对内存模块部署 ECC 电路，也应有软件层面的措施，如冗余存储、CRC 等。尽管 SEU 是软错误，但其对系统的危害不容忽视。当我们认为其发生概率很低、不足为惧时，它却可能成为系统危害的"搅局者"。这也是在芯片设计过程中要认真对待 SEU 的原因。

9.8　自动驾驶系统的 Fail-operational 架构

9.1.2 节介绍 Fail-operational 概念时，特别提到了自动驾驶。系统的安全性和可用性对于高级自动驾驶是无法回避的话题，因此 Fail-operational 架构成为高级自动驾驶系统设计的必选项。本节将探讨自动驾驶系统的 Fail-operational 架构设计。

9.8.1　Fail-operational 架构设计考量

图 9-76 所示为自动驾驶分级定义。根据 SAE L3 可知，驾驶员不能立即接管车辆的控制，并且根据 SAE L4 可知，驾驶员不能被视为系统后备。

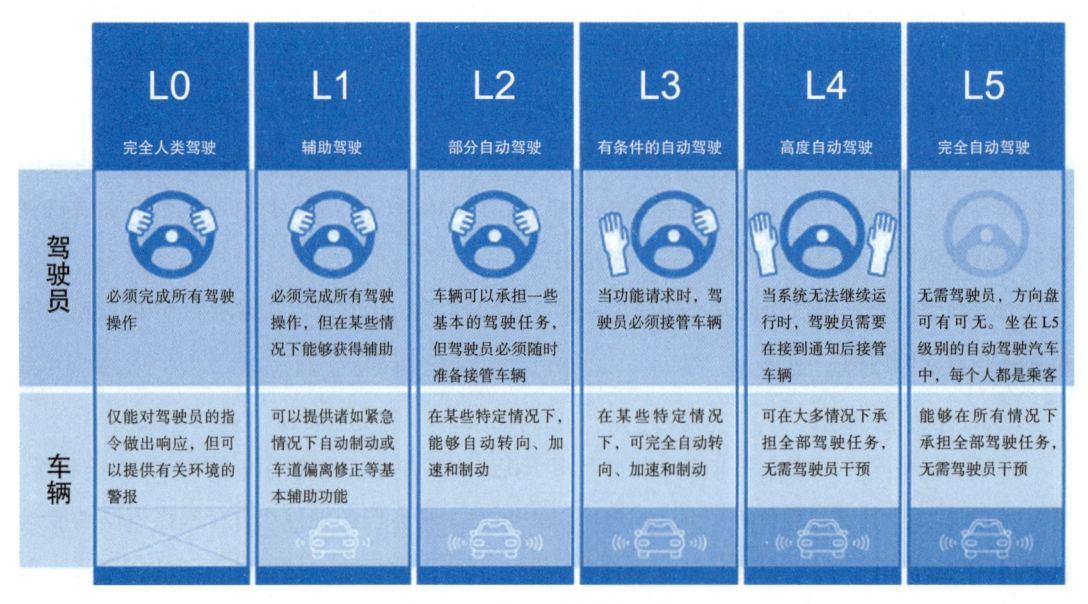

	L0	L1	L2	L3	L4	L5
	完全人类驾驶	辅助驾驶	部分自动驾驶	有条件的自动驾驶	高度自动驾驶	完全自动驾驶
驾驶员	必须完成所有驾驶操作	必须完成所有驾驶操作，但在某些情况下能够获得辅助	车辆可以承担一些基本的驾驶任务，但驾驶员必须随时准备接管车辆	当功能请求时，驾驶员必须接管车辆	当系统无法继续运行时，驾驶员需要在接到通知后接管车辆	无需驾驶员，方向盘可有可无。坐在 L5 级别的自动驾驶汽车中，每个人都是乘客
车辆	仅能对驾驶员的指令做出响应，但可以提供有关环境的警报	可以提供诸如紧急情况下自动制动或车道偏离修正等基本辅助功能	在某些特定情况下，能够自动转向、加速和制动	在某些特定情况下，可完全自动转向、加速和制动	可在大多情况下承担全部驾驶任务，无需驾驶员干预	能够在所有情况下承担全部驾驶任务，无需驾驶员干预

图 9-76　自动驾驶分级定义

如上所述，Fail-operational 系统对自动驾驶汽车至关重要。SAE L3 级自动驾驶车辆只能在短时间内故障运行，需要驾驶员对接管车辆控制的请求做出反应。SAE L4 级和 L5 级的车辆在整个驾驶过程中必须是安全且失效可运行的，才能被客户接受。如果车辆系统因故障而停用，车辆仍应能在单车道施工区或隧道内以有限的速度安全行驶。

但是，由于可用性是客户接受全自动驾驶汽车的一个重要因素，因此自动驾驶汽车必须设计为故障容忍型，即从传感器到执行器具有不同的冗余度。

图 9-77 展示了自动驾驶系统的一般功能处理链。自动驾驶系统可以类比人类：眼睛是传感器，大脑和神经元是高性能 ECU，执行器是手和脚。目前，用于自动驾驶汽车的传感器包括摄像头、毫米波雷达、激光雷达、超声波雷达和 DGPS。

传感	感知	预测/路径规划	决策/驾驶策略	执行器控制
传感器： • 摄像头 • 毫米波雷达 • 激光雷达 • 超声波雷达 • ……	高性能 ECU： • ADAS 域 ECU • 带 GPU 的高性能芯片 • 安全 μC（多核处理器）			执行器： • 动力总成 • 转向系统 • 制动 • ……

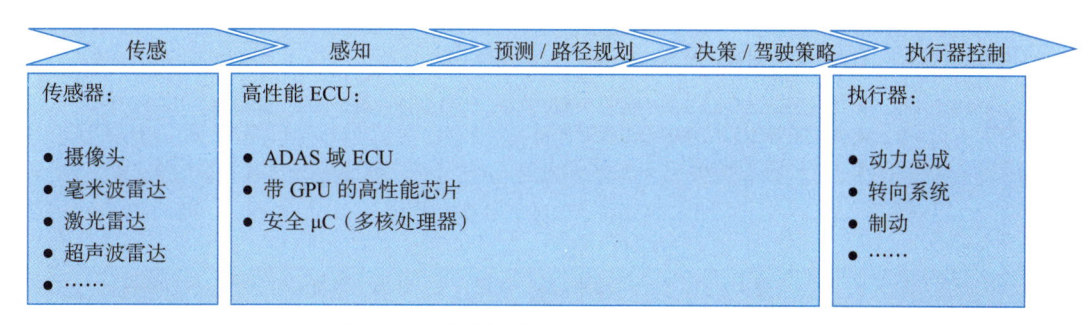

图 9-77 自动驾驶系统的一般功能处理链

首先，车辆需要 360° 收集对安全自动驾驶至关重要的数据。然后，将摄像头环视数据用于结合适当滤波器（例如卡尔曼滤波器或贝叶斯滤波器）的其他传感器融合，以检测和分类对象和环境，并预测随后的场景。接着，将执行路径规划。在对情况进行分析后，决定紧急制动、紧急转向或正常驾驶。根据这些决定及车辆型号，域 ECU 或带有安全微控制器的附加 ECU 控制执行器。

为了确保系统发生故障时保持安全运行，重要的是检测功能链中所有可能的故障原因。ISO 26262 第 5 部分对传统硬件失效模式进行了定义，如图 9-78 所示。这些传统故障的安全机制已经在自动驾驶系统中实现，但对于确保车辆安全来说，这些机制还不够。

除了现有的功能安全措施（比如遵循 ISO 26262 标准）外，我们还应根据 ISO/PAS 21448 制定 SOTIF 措施，以弥补技术缺陷，提高标称性能。

图 9-79 展示了 Fail-operational 系统设计的可能方法，仅仅有传感器冗余是不够的，整个系统，从传感器到执行器，都必须以失效可运行的方式进行设计。

传感	感知	预测/路径规划	决策/驾驶策略	执行器控制
传感器： • 摄像头 • 毫米波雷达 • 激光雷达 • 超声波雷达 • ……	硬件： ADAS 域 ECU • 带 GPU 的高性能芯片（电源芯片） • 安全 μC（多核/多核处理器）			执行器： • 动力总成 • 转向系统 • 制动 • ……
失效模式参考： ISO 26262-5:2018，附录 D ISO 26262-11:2018，第 5.5.2 节	失效模式参考： ISO 26262-5:2018，附录 D			失效模式参考： ISO 26262-5:2018，附录 D
SOTIF 触发事件参考： ISO/PAS 21448:2019，第 7.2 节	SOTIF 触发事件：参考 ISO/PAS 21448:2019，第 7.2 节 • 由传感器融合滤波器（即卡尔曼滤波器、贝叶斯滤波器）引起 • 由具有神经元网络的人工智能引起 • 由 ADAS 功能软件引起			SOTIF 触发事件参考： ISO/PAS 21448:2019，第 7.2 节

图 9-78　自动驾驶失效模式考量

传感	感知	预测/路径规划	决策/驾驶策略	执行器控制
传感器： • 摄像头 • 毫米波雷达 • 激光雷达 • 超声波雷达 • ……	硬件： ADAS 域 ECU • 带 GPU 的高性能芯片（电源芯片） • 安全 μC（多核/多核处理器）			执行器： • 动力总成 • 转向系统 • 制动 • ……
失效模式参考： ISO 26262-5: 2018，附录 D ISO 26262-11: 2018，第 5.5.2 节	失效模式参考： ISO 26262-5: 2018，附录 D			失效模式参考： ISO 26262-5: 2018，附录 D
SOTIF 触发事件参考： ISO/PAS 21448:2019，第 7.2 节	SOTIF 触发事件：参考 ISO/PAS 21448:2019，第 7.2 节 • 由传感器融合滤波器（即卡尔曼滤波器、贝叶斯滤波器）引起 • 由具有神经元网络的人工智能引起 • 由 ADAS 功能软件引起			SOTIF 触发事件参考： ISO/PAS 21448:2019，第 7.2 节
失效可运行设计： 异构/多样化冗余	失效可运行设计： • 硬件/ECU 冗余 • 传感器融合的多样化滤波 • 多种算法			失效可运行设计： 执行器冗余

图 9-79　Fail-operational 系统设计

为了在各种驾驶情况和天气条件下保持系统的失效可运行，有必要彻底调查传感器的特性和局限性。仅仅考虑传感器和自动驾驶功能之间映射的视场特性是不够的，因为还有其他外部因素，如天气条件和基础设施，会对传感器性能产生负面影响。在这种情况下，若系统不发生故障，除非系统设计已经考虑了这些外部因素，并且系统在这些情况下具有冗余。SOTIF 的目标是最大限度地减少此类未知情况，并将任何负面影响降低到可接受的水平。

表 9-4 展示了传感器与 ADAS 功能间可能的多样性冗余映射建议。该映射的方式并不唯一，只是展示了一种有效的系统失效可运行设计方法。这些映射关系可能因产品使用条件的不同而有所不同。

表 9-4 传感器与 ADAS 功能映射 01

ADAS 功能	毫米波雷达 长距	毫米波雷达 中距	毫米波雷达 短距	激光雷达	摄像头 60°FOV	摄像头 120°FOV	超声波雷达	DGPS	IMU
自适应巡航控制（ACC）	×		×	×					
自动紧急制动（AEB）	×		×		×				
车道保持辅助系统（LKA）				×	×				
车道居中（LC）				×	×				
车道偏离警告（LDW）					×	×			
交通堵塞援助（TJA）	×		×	×	×	×			
防撞	×			×					
交通标志识别					×				
泊车辅助							×		
代客泊车			×	×	×	×			
超车/车道超车	×		×	×	×				
公路辅助	×	×	×	×	×	×			
路口交通警报		×	×						
全景图					×				
盲点检测		×	×						
后部碰撞警告		×	×						
定位								×	×

此外，表 9-5 展示了从 SAE L3 级到 L5 级的自动驾驶系统的传感器到 ADAS 功能实现的多样性冗余映射建议。

收集传感器数据后，应在高性能域 ECU 内对数据进行计算和分析。由于各种复杂传感器的大量数据以及机器学习算法，传统 ECU 的多核处理器在处理能力和内存上不足以支持 SAE L3 级及以上的 ADAS 功能计算。为了实现完全自动驾驶汽车的计算，高性能芯片是必要的。

通常，自动驾驶域控制器由一个高性能芯片和一个常规安全多核处理器组成。

表 9-5 传感器与 ADAS 功能映射 02

ADAS 功能	毫米波雷达 长距	毫米波雷达 中距	毫米波雷达 短距	激光雷达	摄像头 60°FOV	摄像头 120°FOV	超声波雷达	DGPS
纵向控制功能		×		×	×		—	—
横向控制功能		×		×	×		—	—
防撞功能		×		×	×		—	—
代客泊车功能		×		×	×		×	—
定位	—	—	—	—	—	—	—	×

如前文所述，在 SAE L3 级，如果系统提示驾驶员，他应该能够控制车辆。对于 SAE L4 级和 L5 级，如果发生系统故障，完全自动驾驶汽车必须能够达到安全状态。因此，SAE L0～L3 级车辆的系统后备概念与 SAE L4 级和 L5 级车辆的回退概念不同。SAE L4 级和 L5 级车辆必须配备 Fail-operational 系统，该系统可用作后备系统。对于这些系统，由于可靠性和可用性的要求，它们至少应设计 2oo2D 硬件安全架构，或者 2oo3 硬件安全架构（即三通道冗余）。

9.8.2 Fail-operational 架构参考模型

下面展示了 3 种 Fail-operational 架构，这些架构都需要基于以下要求进行设计。
- 独立处理来自各类传感器的信息。
- 高性能芯片（如 GPU、CPU、SoC）具备冗余计算功能，并向多核微控制器或安全芯片（如带功能安全认证的 MCU）提供两个独立的信号。
- 安全芯片的信息必须通过冗余安全通道传输，不得有任何损失。
- 冗余通道的信息大多数选择在两个不同的核上并行进行处理的。
- 高性能芯片、安全芯片的单个核和不同通道必须提供冗余电源电压。
- "看门狗"必须监控各个芯片，检测它们是否正常运行。

图 9-80 展示了与自动驾驶域控制器（ADU）相关的可能 Fail-operational 安全架构。当前的自动驾驶域控制器通常由一个功率芯片（如 GPU 或 CPU）以及一个传统的安全多核微控制器组成。

该架构根据 ISO 26262-5 对传感器故障模式（如超出范围、偏移、振荡等）进行独立监测，还根据 ISO/PAS 21448 第 7 条（SOTIF）对传感器信号的电磁兼容性、精度等特性进行监测，然后使用正确的传感器数据在不同的 GPU 内冗余地实现传感器融合，以便检测和分类对象。

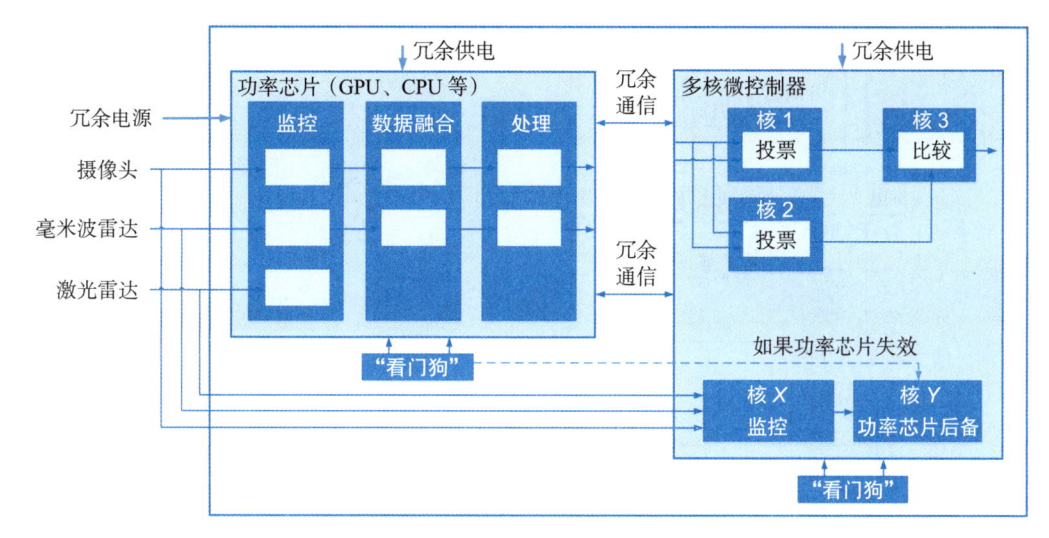

图 9-80　自动驾驶域控架构（SAE L3）

接下来，利用不同的信息独立地进行路径规划。决策在高性能芯片（图 9-80 所示为功率芯片）或安全处理器中执行。由于冗余有限，该架构仅适用于 SAE L3。

如果功率芯片发生故障，多核微控制器仅被用作功率芯片重要的安全关键功能的后备方案。新的多核处理器也有雷达接口，因此这些功能可以用于冗余设计，在功率芯片故障的情况下使车辆处于安全状态。

图 9-81 展示了自动驾驶域控制器的一种 2oo2D 架构。与之前的安全架构相比，第二个功率芯片（Power-Chip2）执行具有不同冗余度的功能和算法，将结果与安全芯片的结果进行比较，以确定它们是否相等。

每个功率芯片都具有自诊断能力，因此如果结果不相等，可以检测故障路径。在结果不相等的情况下，如果无法确定错误路径，系统将不再故障运行，必须关闭以达到安全状态。

图 9-82 展示了 ECU 级别的三通道冗余概念。与 2oo2D 安全架构相比，该架构提供了更高的可用性。投票器会对这三条独立的路径进行比较，以检测故障路径。在 3 个 ECU 中有 2 个发生故障之前，系统一直处于失效可运行状态。

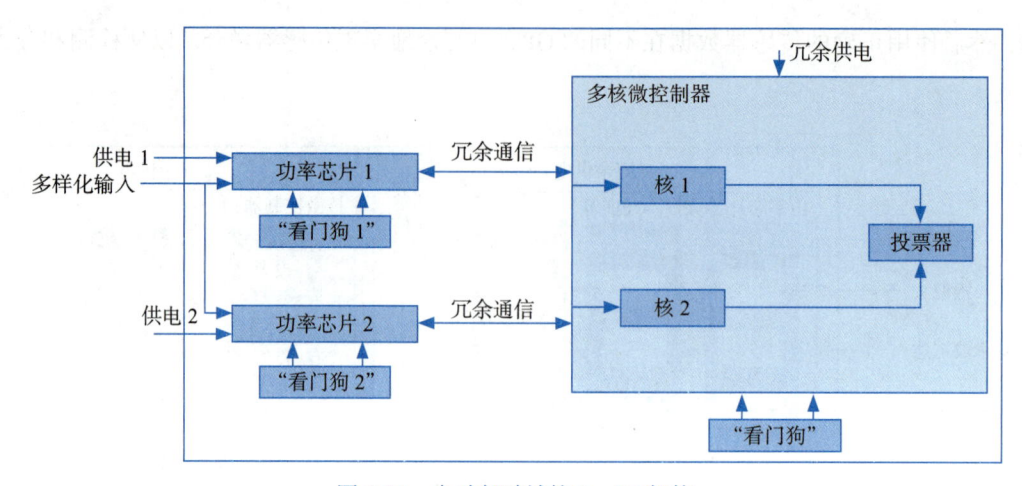

图 9-81 自动驾驶域控 2oo2D 架构

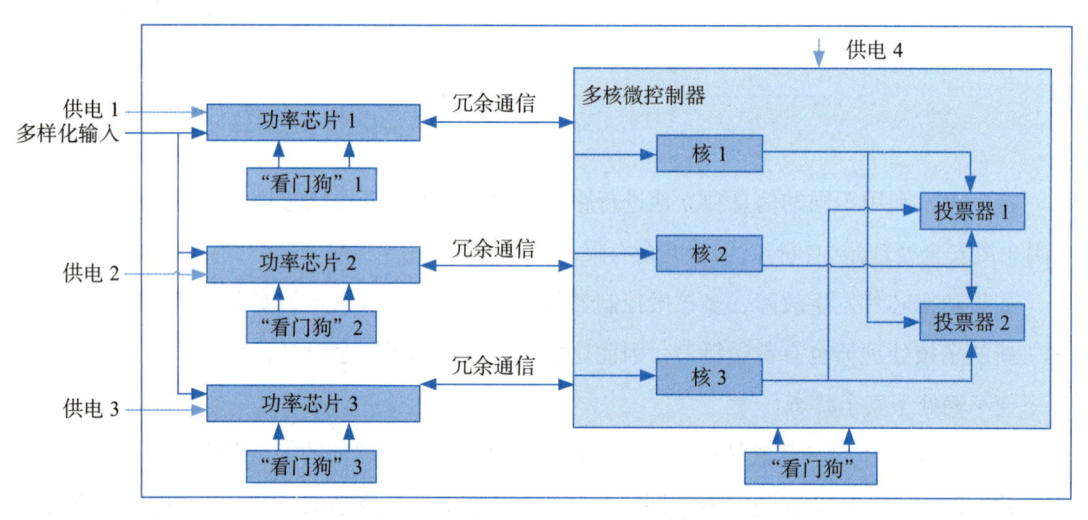

图 9-82 自动驾驶域控 2oo3 架构

图 9-83 展示了高性能芯片中 ADAS 功能和算法的数据处理链。市场上的高性能芯片由高性能 GPU 和 CPU 组成，因此它们适合设计 Fail-operational 架构。

如果传感器或电子控制单元不再冗余，或者通常情况下，从传感器到执行器的处理链路径不再冗余，则必须将车辆置于安全状态。或者，可以通过仅使用一条路径的持续处理来评估和检查冗余故障的原因，以在某些条件下（如速度限制、受限环境等）进一步提高驾驶可用性。

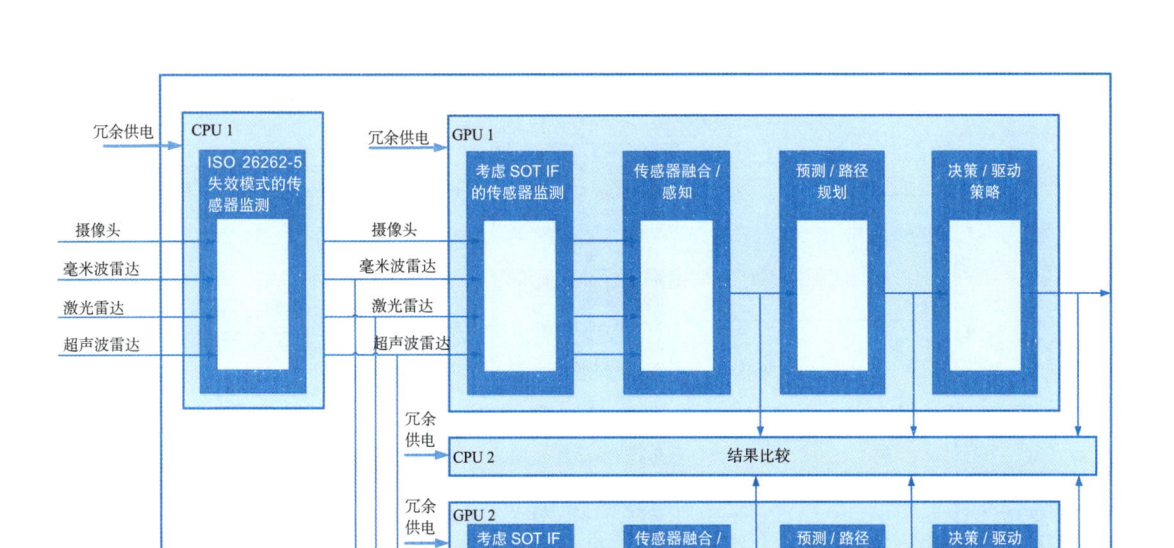

图 9-83　自动驾驶域控架构数据处理链

图 9-80 展示的架构适用于 SAE L3 级以下的车辆，因为 SAE L3 级以下对可用性要求较低，并且驾驶员可以被视为系统后备方案。图 9-81 和图 9-82 展示的架构适用于 SAE L4 级和 L5 级的全自动驾驶车辆，因为安全性和可用性对于此类系统非常重要。如果对可用性要求较低，例如车辆仅在机场等限制区域使用，则可以选择图 9-81 中的安全架构。

在选择合适的安全架构时，有许多其他因素需要考虑，包括用例、成本等。决策在很大程度上体现了如何定义车辆的相关项定义和用例，即 ODD。

如果不考虑成本要求，那么，图 9-82 中的安全架构将是理想的选择。到目前为止，汽车行业一直受到成本的驱动。然而，受成本驱动的态度应该有所改变，尤其是对于全自动驾驶车辆，安全才是全自动驾驶汽车的首要考量因素，且必须要遵守的"红线"。只有这样，自动驾驶汽车才可以以更安全的方式进行设计，以在每种驾驶情况下实现最低风险条件（MRC），提高可用性，并获得客户对全自动驾驶车辆的认可。

在选择硬件安全架构时，也可以考虑采用图 9-84 所示的 Fail-operational 架构开发方法。

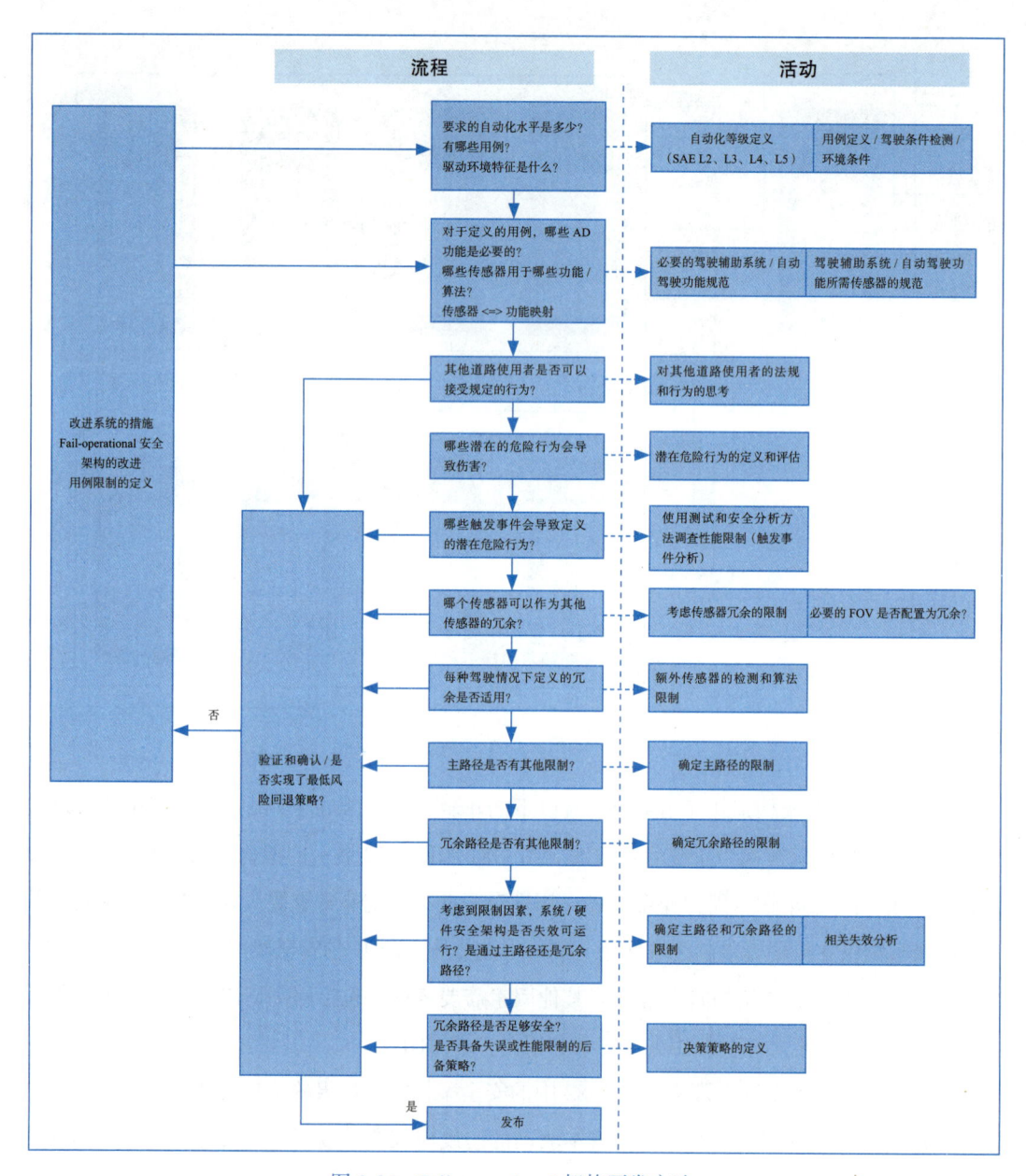

图 9-84 Fail-operational 架构开发方法

接下来介绍一种智能失效可运行回退策略，以了解失效可运行回退策略是如何提高系统可用性并实现最低风险条件的。

9.8.3 实现最低风险条件的智能失效可运行的回退策略

在系统故障或系统受限的情况下，制定合适的回退策略以达到最低风险条件是非常重要的。在制定这种策略时，需要考虑两个重要方面，即安全性和可用性。安全对自动驾驶系统至关重要，但可用性在满足客户期望方面发挥着重要作用。

因此，下面的通用智能回退策略中考虑了这两个方面。这种回退策略运用于三模块化系统，同样适用于 Xoo2 系统。

如图 9-85 所示，该系统由 3 个计算路径组成。冗余路径独立设计，以提高可用性。第一路径和第二路径包含两种运行模式，以提高系统的可用性。路径 1 是正常运行路径，并且在发生错误之前一直处于活动状态。

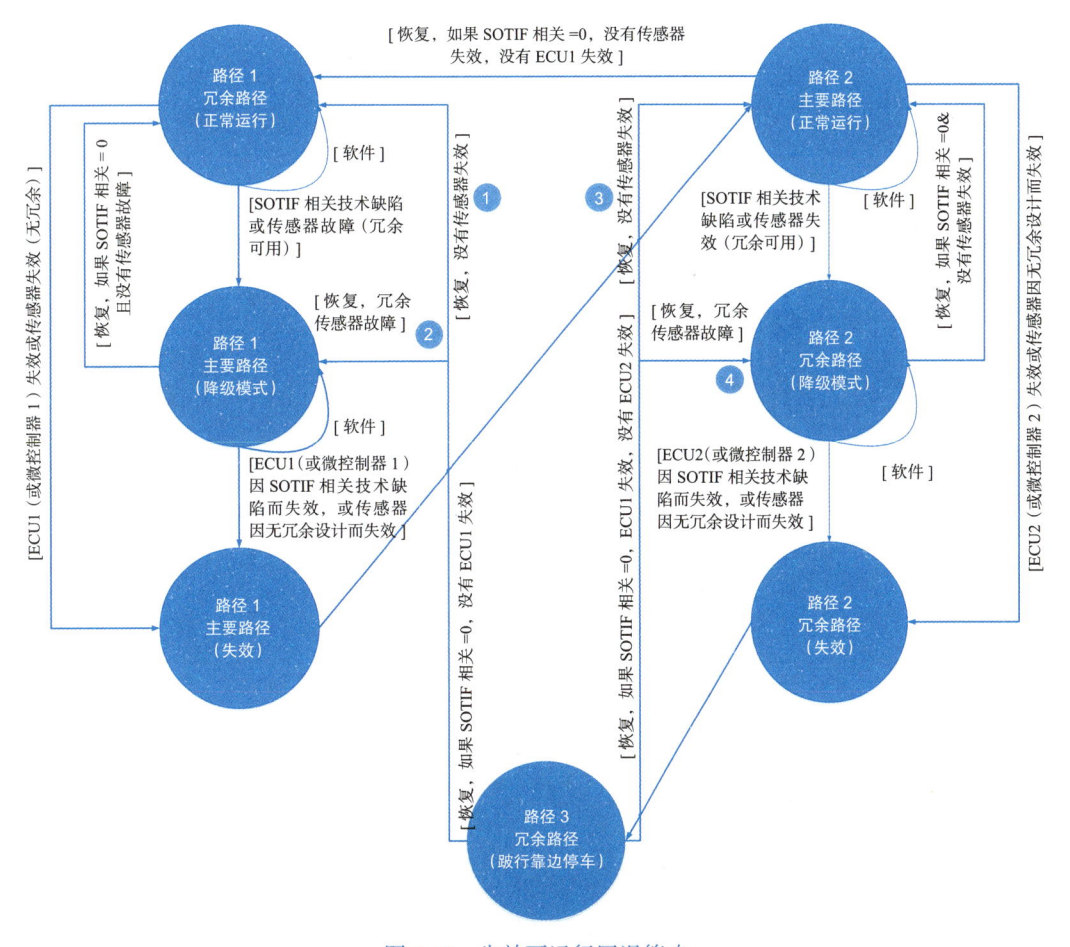

图 9-85 失效可运行回退策略

发生硬件故障（如 ECU）或传感器故障时，由于没有传感器冗余，Fail-operational 系统将直接切换到第二路径。在 SOTIF 相关技术缺陷的情况下，例如天气条件导致的传感器限制，或有冗余传感器故障，系统将首先进入降级模式重新计算，例如，在大雨中，车辆会继续以较低的速度行驶。如果这些技术缺陷不再影响系统运行，那么系统将恢复正常运行模式。如果在降级模式下发生额外的硬件故障，或没有冗余传感器故障，或影响剩余传感器和算法的任何额外的 SOTIF 相关技术限制，则系统切换到第二路径。第二路径以相同的方式执行流程，直到切换到第三路径为止。第三路径旨在通过跛行模式实现最低风险条件。在最低风险条件下的失效可运行回退可参见图 9-85。

基于系统中不同要素的故障模式，图 9-86 展示了 ECU 故障和传感器故障的失效可运行回退流程，其中不存在冗余传感器的信息。

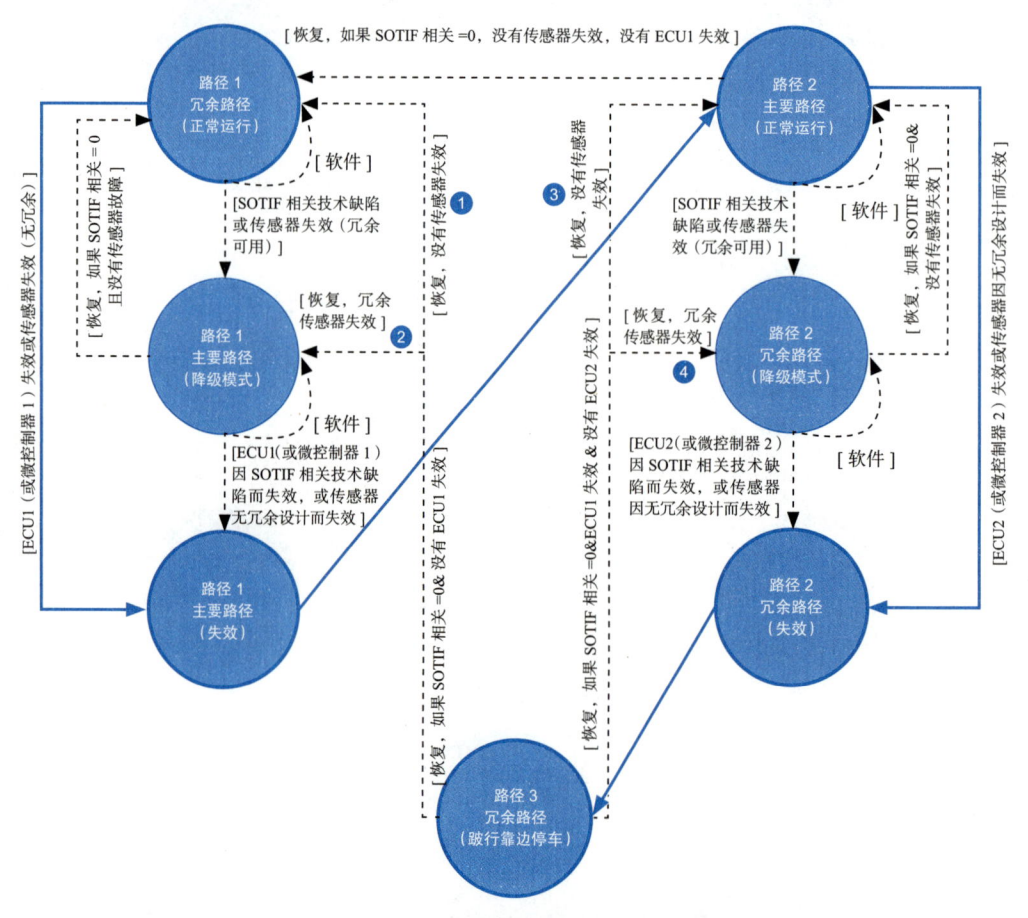

图 9-86　针对 ECU 和传感器故障的失效可运行回退策略

如图 9-86 所示，在硬件故障的情况下，不可能恢复系统，因此，设计独立且多样化的冗余计算路径是绝对必要的，以防 ECU（或微控制器）和传感器因电源电压、高温或系统故障等共因失效而同时发生故障。

考虑到 SOTIF 的影响，图 9-87 展示了 SOTIF 相关技术缺陷以及传感器故障的失效可运行回退流程，其中包含传感器的额外冗余信息。

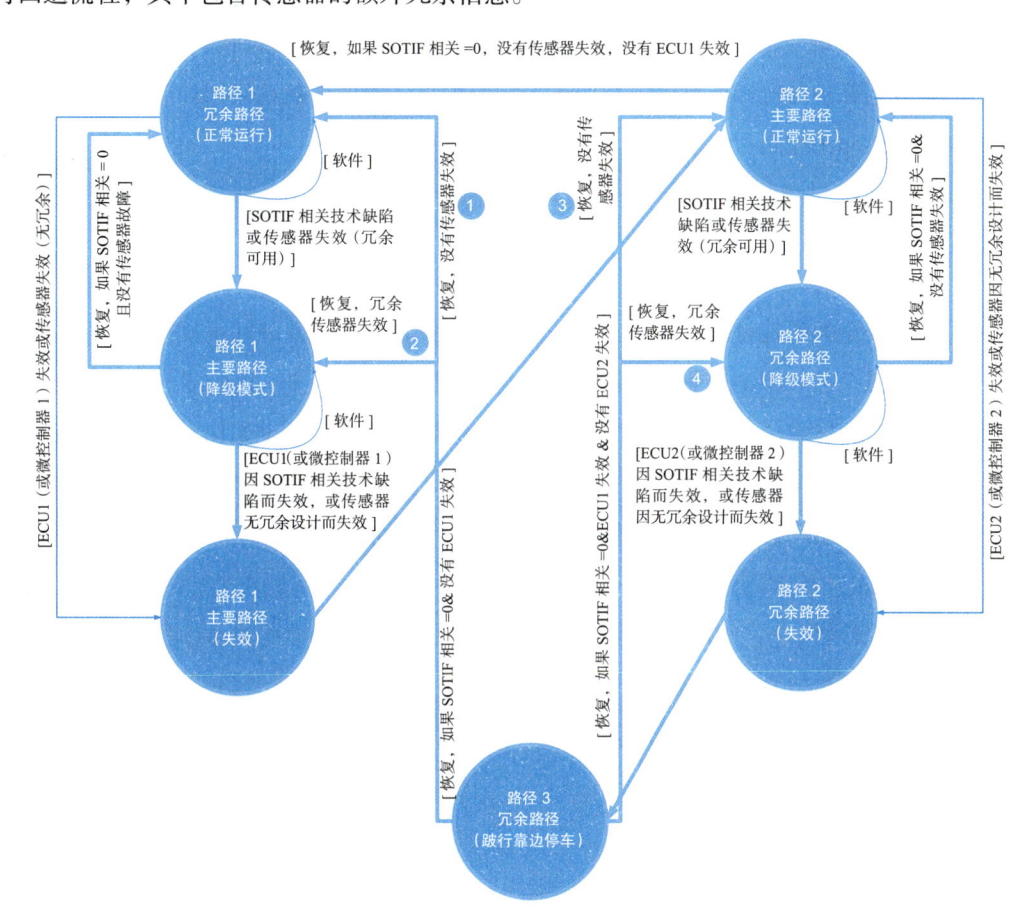

图 9-87 针对 SOTIF 相关限制和传感器故障的失效可运行回退策略

第一和第二路径可能在这种故障组合中受到影响，在这种情况下，第三路径使车辆进入安全状态。

在这种情况下，系统会检查故障是否仍然存在。如果与 SOTIF 相关的技术缺陷不再存在，则系统切换到以下运行模式。

1）第一路径正常工作模式（前提是没有 ECU 故障和传感器故障）。

2）第一路径降级模式（在没有 ECU 故障且冗余传感器故障的情况下）。

3）第二路径正常工作模式（ECU1 故障，但 ECU2 和传感器均无故障）。

4）第二路径降级模式中（ECU1 发生故障，但 ECU2 和冗余传感器未出现故障）。

以上是关于自动驾驶 Fail-operational 架构设计示例、流程以及失效可运行回退策略的讨论，主要介绍了一些系统层面的架构设计思路，可作为大家在设计自动驾驶系统 Fail-operational 架构时的参考框架。在实际项目中，我们还需精心构思，通过不断迭代和优化，最终设计出符合要求的 Fail-operational 架构。

9.9　本章小结

关于功能安全的架构设计，我们已经进行了深入探讨。本章系统性地呈现了各类功能安全架构设计的概念和模型，涵盖多个领域，包括但不限于汽车安全、机械安全、工业控制安全以及半导体的功能安全。从高层系统安全架构设计到底层芯片安全架构设计，本章都进行了深度分享。从 Fail-safe、Fail-operational、Fail-secure、*MooN*(D) 到指定架构、E-GAS 三层电子监控架构，详细讲解了每种架构模型，并探讨了各架构模型之间的关系，例如，Fail-safe 或 Fail-operational 架构实际上是 *MooN*(D) 中的一种。机械安全领域的 5 类指定架构（Category B/1/2/3/4）以及 4 种安全控制系统架构也可以在 *MooN*(D) 的各种架构模型中找到对应。本章还介绍了芯片领域的功能安全架构设计考量，以及自动驾驶域控制器的一些 Fail-operational 架构设计参考。希望本章内容能为大家的产品功能安全架构设计提供有价值的参考。

第二部分 Part 2

功能安全分析

- 第10章　FMEA和FMEA-MSR方法及应用
- 第11章　FTA方法
- 第12章　故障树构建与分析
- 第13章　FMEA与FTA融合分析
- 第14章　FMEDA方法
- 第15章　DFA方法
- 第16章　ASIL等级分解

第 10 章

FMEA 和 FMEA-MSR 方法及应用

第 4 章中提到过功能安全中两种常用的安全分析方法,即归纳分析和演绎分析,这两种分析方法的典型代表是 FMEA 和 FTA。FMEA 和 FTA 在可靠性工程和安全领域常常被用于验证设计。安全分析是功能安全从业人员能力的必修课。在笔者看来,是否懂得并能够进行安全分析是衡量安全从业人员能力的重要指标之一,因为功能安全工程师的许多工作都涉及安全分析。

本章将介绍 FMEA 七步法和 FMEA-MSR 分析方法,以及 FMEA 方法在项目中的落地应用。

注:本章提到的 FMEA 若未明确指明,一律指 DFMEA。

10.1　FMEA 的定义及发展历程

10.1.1　FMEA 简介

FMEA(Failure Mode and Effect Analysis,失效模式及影响分析)俗称"飞马",是一种定性分析方法,通过分析和判断可能发生的(或已发生的)失效模式及其可能造成的(或已产生的)后果,从而量化风险程度。根据风险大小,采取有针对性的改进措施。

FMEA 是一种分析技术,主要由设计责任工程师或团队使用,可确保在可能的范围内解决潜在故障,可对项目的每个相关系统、子部件、零部件以及项目本身进行分析和评价。

FMEA 方法对工程师在设计过程中的**思想准则**进行了类比、形式化记录,形成促进各职能小组思想交流的催化剂，从而促进团队协作。

FMEA 的作用如下。

- 识别并充分了解给定产品或过程的故障模式及其出现的原因，以及故障对系统或最终用户的影响。
- 评估已识别的故障模式、影响和原因，并确定问题处理的优先级。

10.1.2 FMEA 的发展历程

1944 年，洛克希德公司一位名叫 Kelly Johnson 的工程师首次将 FMEA 思想用于格鲁门飞机公司 P80 战斗机操作系统的设计分析，以确保其可靠性，最终缩短了战机研发周期。

1949 年 11 月 9 日，美国国防部制定了军事程序文件 MIL-P-1629，正式确定执行"故障模式影响和关键性分析"（FMECA）的程序，目的是根据故障对功能、人员/设备安全的影响进行分类。在汽车行业，FMEA 相当于 FMECA。

1960 年代中期，美国国家航空航天局（NASA）正式将 FMEA 技术应用于航天工业，特别是在阿波罗计划中，用于减轻样本量小带来的风险。

1970 年代中期，FMEA 开始被应用于汽车工业和医疗设备工业。

1976 年，美国国防部颁布了 FMEA 的军用标准，但应用范围仅限于设计领域。

1970 年代末期，平托事件发生后，出于安全和监管的考虑，福特汽车公司将 FMEA 引入汽车行业，并用它来改进生产和设计。

1980 年代初，FMEA 进入德国，并开始应用于德国的汽车工业。

……

FMEA 的发展历程可简要概括为图 10-1 所示。

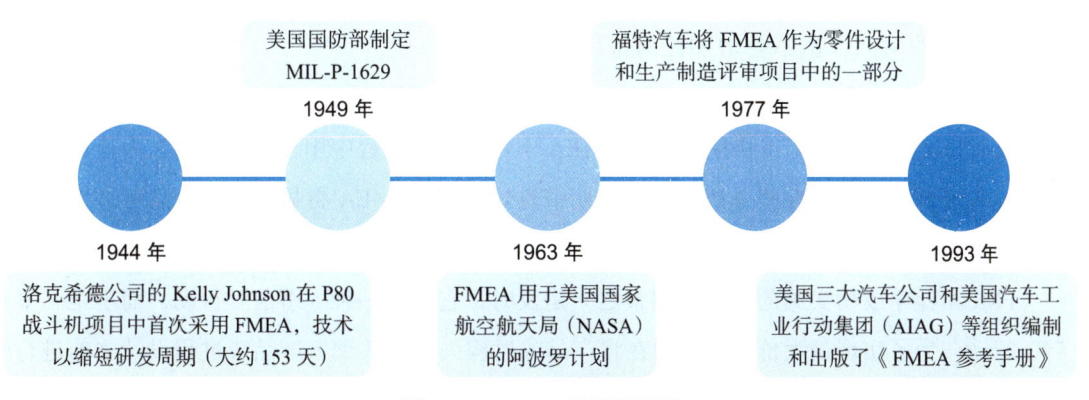

图 10-1 FMEA 的发展历程

10.2　FMEA 的目的和应用时机

FMEA 的主要目的是改进设计：对于系统 FMEA，它的目的是改进系统的设计；对于设计 FMEA，它的目的是改进子系统或组件的设计；对于过程/工艺 FMEA，它的目的是改进制造过程/工艺的设计。

FMEA 还有许多其他目标，例如：

- 识别和预防安全隐患。
- 最大限度地降低产品性能的损失。
- 改进测试和验证计划（适用于系统或设计 FMEA 的情况）。
- 改进过程控制计划（基于过程 FMEA）。
- 改进产品设计或制造流程。
- 识别重要的产品或过程特征。
- 为现役机械和设备制订预防性维护计划。
- 开发在线诊断技术。

图 10-2 展示了 FMEA 的实施目的。

FMEA 是一份"活文件"，应始终反映最新水平和相关行动，包括生产开始后采取的行动。FMEA 应作为制定完整行动指南的基础，这些行动旨在将与系统、子系统、部件或制造/组装过程相关的风险降低到可接受的水平。

如果执行 FMEA 只是为了应付客户审核，这大概率会是浪费时间，也不会增加任何价值，反而让组织长期处于"麻痹"的状态。长此以往，组织会认为与其花大力气研究如何有效地执行它，不如临时拼凑一份文档来得快捷。如果 FMEA 不是在开发过程中用作指导，那么为什么要浪费时间和资源呢？如果在整个产品生命周期中有效使用，FMEA 将显著提高产品可靠性、安全性、质量。

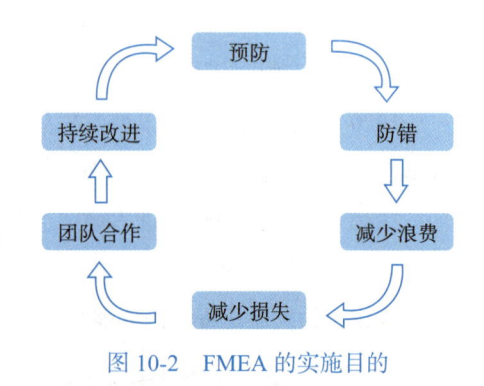

图 10-2　FMEA 的实施目的

FMEA 程序成功实施的最重要因素之一是及时，它应是一种"事前"行动，而不是"事后"行动。为了实现最大价值，必须在将产品或过程失效模式纳入产品或过程设计之前进行 FMEA。

FMEA 实施时机如下。
- 在设计概念定型之前或定型时启动。
- 在产品开发的整个过程中，随着发生变化或获得附加信息，不断更新。
- 在生产图纸发布之前基本完成。

10.3　FMEA 的类型

总体来说，FMEA 分为两类：一类是设计 FMEA（DFMEA），另一类是过程 FMEA（PFMEA），如图 10-3 所示。不管哪种 FMEA，基本的方法论是一样的。

图 10-3　FMEA 的类型

10.3.1　DFMEA

DFMEA 关注设计失效的影响，希望在设计阶段识别和解决高风险设计问题，从而创建更稳健的产品设计。这些设计能够提升产品质量，并进一步降低意外失误的概率。DFMEA 可防止在制造阶段因修复错误而产生不必要的成本，并致力于制订确保产品合格的计划。

DFMEA 通过以下方式支持设计过程、降低失效风险（包括意外失误）。
- 协助团队对设计进行客观评估，包括对功能需求和设计备选方案的评估。
- 评估制造、装配、服务和回收要求的初步设计。
- 增加在设计和开发过程中对潜在故障模式及其对系统和车辆运行影响的可能性分析。
- 提供额外信息，以帮助规划全面有效的设计、开发和验证流程。
- 根据潜在故障模式对客户的影响，制定一份潜在故障模式的排序列表，从而建立设计改进、开发和验证测试的优先级系统。
- 提供经验教训，以帮助分析现场问题、评估设计变更。

10.3.2　PFMEA

PFMEA 关注的是产品生产过程的失效影响。PFMEA 一般由质量工程师或工艺工程师基于生产工艺流程识别并分解过程项、过程步骤和作业要素，分析装配、制造、物流过程中的失效模式，以确保生产的产品满足质量要求。图 10-4 展示了 PFMEA 方法分析示例。

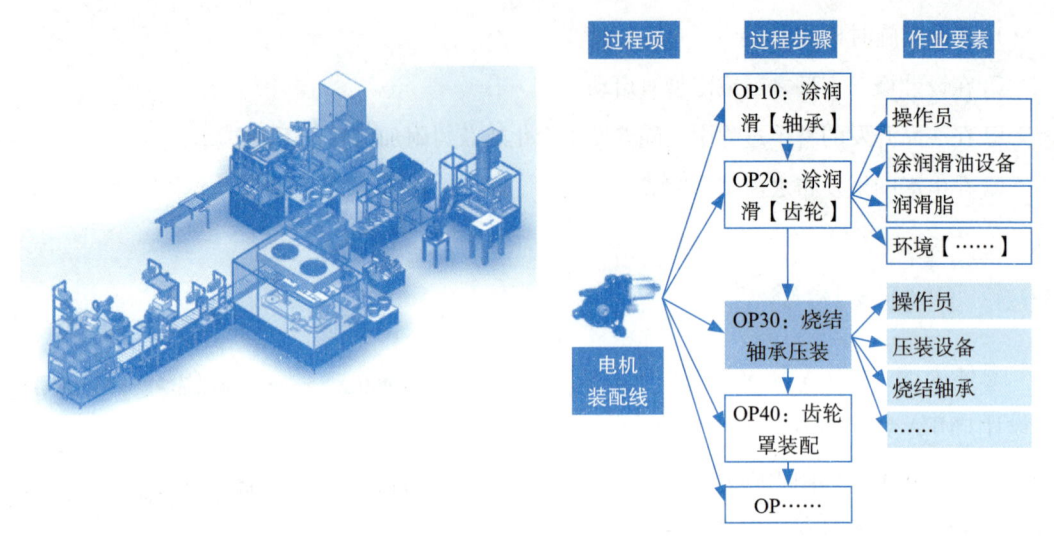

图 10-4　PFMEA 方法分析示例

PFMEA 用于识别和解决可能导致质量和安全问题的高风险制造工艺问题。它确保制造过程没有与预期不符，并且没有未知的危害。生产阶段的利益相关者会评估制造过程的能力，识别过程中固有的故障，并制定避免这些故障的措施。这对于安全相关产品至关重要，因为在制造过程中若存在未被发现的缺陷或新增缺陷可能导致召回和安全问题。

随着 FMEA 方法论在各行各业及各种系统中的应用，行业中又衍生出各种 FMEA。例如在功能安全流程中，根据开发阶段可以定义不同的 FMEA，从概念阶段到系统、硬件、软件阶段，分别需要执行各自阶段的 FMEA。我将其定义为概念 FMEA（CFMEA）、系统 FMEA（SFMEA）、硬件 FMEA（HW FMEA）和软件 FMEA（SW FMEA）。

除了这些根据功能小组的责任划分，实际项目开发过程中还有结构/机械 FMEA（MFMEA）。由于这些都是与设计相关，所有都可以归到 DFMEA。

针对功能安全，新版 FMEA 还新增了 FMEA-MSR（FMEA for Monitoring and System Response，监控和系统响应）机制。它通过分析诊断监控和系统响应（MSR）来维护功能安全。

10.4　FMEA 方法

新版《FMEA 手册》(第五版) 将 FMEA 的使用总结为"七步法"，如图 10-5 所示。

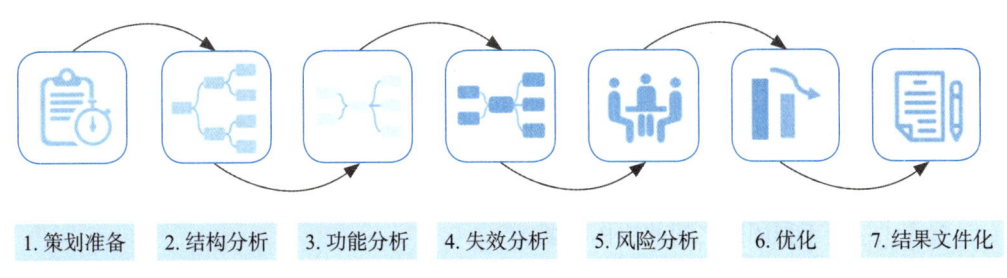

第 10 章　FMEA 和 FMEA-MSR 方法及应用　　347

1. 策划准备　2. 结构分析　3. 功能分析　4. 失效分析　5. 风险分析　6. 优化　7. 结果文件化

图 10-5　FMEA 步骤

10.4.1　第一步：策划准备

FMEA 方法第一步涉及的基本事项如图 10-6 所示。

实际操作过程中，可以将第一步的工作作为项目计划中的一项三级计划来策划，列出一个 FMEA 的工作分解结构（WBS）。实际 FMEA 模板中，第一步的内容简化如图 10-7 所示。

1 确定项目　2 细化计划　3 确定团队　4 收集资料

图 10-6　FMEA 第一步涉及的事项

公司名称	×××	零件名称	×××	FMEA 编号	×××
工程地点	×××	FMEA 开始日期	×××	设计责任人	WF.WANG
顾客名称	×××	FMEA 修订日期	×××	保密级别	Confidential
项目名称	×××	跨职能小组	×××	版本	×××
存储路径	×××				

图 10-7　FMEA 第一步的内容简化

在策划准备阶段，除了确定分析目的、识别干系人和制订分析计划外，还有一个非常重要的任务——准备好分析所需的输入信息，例如产品功能定义文件、设计方案、产品框图等。该过程首先需要列出设计应该做什么和不应该做什么，即确定设计意图。

客户的需求可以通过车辆需求文件、已知产品要求，以及制造、组装、服务或回收要求等确定，并应将确定客户需求纳入考量。系统所需特征定义得越清晰，就越容易识别潜在故障模式，这对后续实施更加高效准确的分析非常有帮助。

10.4.2　第二步：结构分析

结构分析这一步的工作是将系统拆分至子系统、产品以及零部件，并使用可视化的方法来表达系统、子系统、产品和零部件。

结构分析的主要目标如下。
- 使分析范围可视化。
- 获取结构树或模块框图、架构图、爆炸图等。
- 识别设计接口、模块间相互作用。
- 提高供应商工程团队之间的协作程度。

系统结构可视化有助于 FMEA 团队进行结构分析。团队可以利用各种工具来实现这一点。常用的结构分析方法包括**方块图/边界图、结构树**。方块图/边界图即我们常说的模块框图/架构图。框图可表明分析中所涵盖的项目之间的主要关系，并为分析建立逻辑顺序。对于按设计层次划分的系统、硬件和软件架构，我们在进行 FMEA 方法分析时需按对应层级的架构实施结构分析。

下面以 E-GAS 架构为例简要说明。E-GAS 架构如图 10-8 所示。

系统结构由系统要素组成。根据分析的范围，系统要素可以包括系统、子系统、装配件和组件。系统具有一个边界，以将自身与其他系统和环境区分开来。系统与环境的关系由输入和输出来决定。

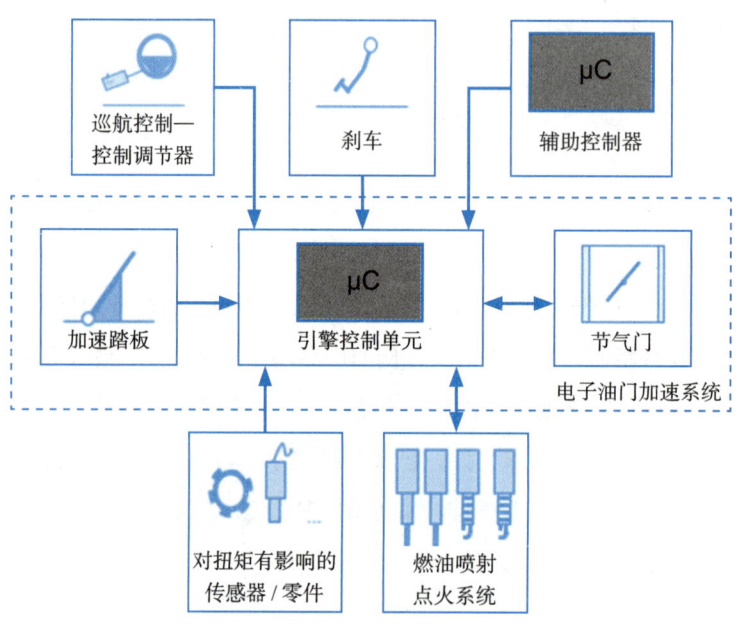

图 10-8 E-GAS 架构示意图

E-GAS 架构框图对应的结构树如图 10-9 所示。

结构树按层次排列系统要素，并通过结构化连接来展示系统要素的依赖关系。为防止冗余，每个系统要素只出现一次，这保证了整个系统结构清晰明了。

架构框图与对应结构树之间的关系示例参见图 10-10。

可以看出，架构框图既展示了系统的组成要素，又展示了要素间的接口信息，即既有物理组成模块也有对应的交互逻辑要素。而结构树更多的是架构框图层次化的物理模块表示，有点类似系统的"爆炸图"，非常清晰地展示了系统的组成要素及其物理关系。如果没有使用专用 FMEA 工具，实际操作过程中可以不用画结构树，用对应分析层级的架构框图进行结构分析即可。

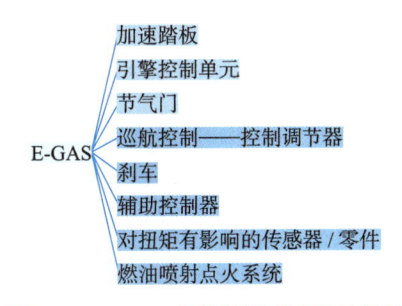

图 10-9　E-GAS 架构框图对应的结构树

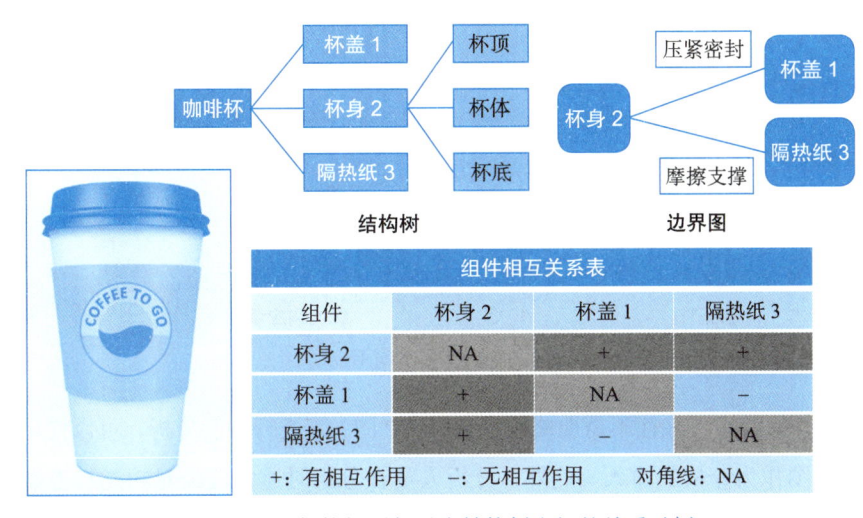

图 10-10　架构框图与对应结构树之间的关系示例

10.4.3　第三步：功能分析

功能分析应基于第二步的结构分析，描述系统中各组成要素的功能。这些功能代表了系统要素的预期用途。功能分析的目的是确保要求或规范中规定的功能被适当地分配给系统要素。无论使用何种工具进行 DFMEA，分析内容必须用功能术语编写，这一点至关重要。

图 10-11 展示了 FMEA 功能分析的目的。

图 10-11　FMEA 功能分析的目的

功能分析表中的参数指的是功能行为的属性。参数图（P 图）是展示项目所在环境的图表。参数图用于描述单个功能语境下系统或组件的行为特征。并非所有功能都需要参数图。团队应关注受新条件影响的几个关键功能，以及那些在过去应用中有稳健性历史问题的功能。参数图专注于功能实现。它可以清楚识别功能的所有影响因素，包括可以控制的因素（控制因素）和无法合理控制的因素（噪声因素）。参数图由动态输入（包括信号）、可能影响系统性能的因素（控制和噪声因素）、变差源和输出（预期输出和非预期/偏离输出）组成。图 10-12 为 FMEA 参数图示例。

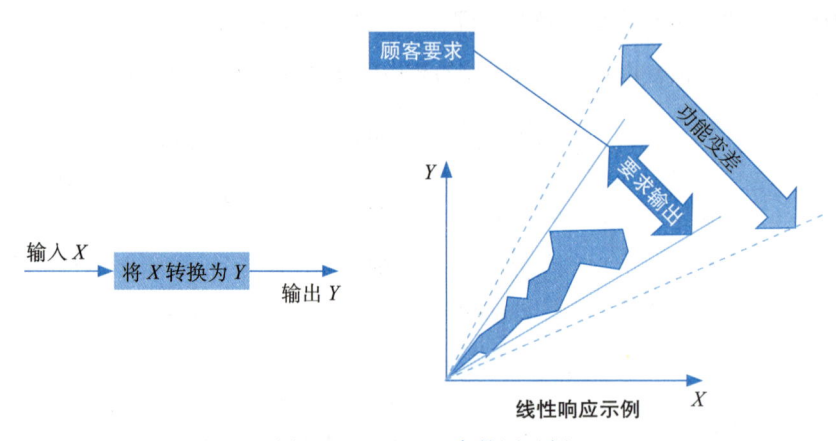

图 10-12　FMEA 参数图示例

在实际操作过程中，往往不需要使用参数图（P 图）来进行功能分析，可以使用其他输出物来代替参数图作为分析的输入。此外，分析人员在分析时通常已经对功能与参数的对应关系有基本的了解，因此实操过程中更多依赖对功能的定性分析。这里提到的参数图的职责实际上可以在其他分析或输出物中得到体现，例如软硬件接口（HSI）规范、可靠性分析（如降额分析、WCCA）、软件架构设计过程中对接口信号参数的定义以及软件的程序流分析，这些都会对功能相关参数进行详细描述。

基于图 10-9 所示的 E-GAS 结构树进行功能分析后，形成的部分功能网如图 10-13 所示。

创建结构树、功能网或功能矩阵的目的是整合功能之间的技术依赖关系。这样在后期更容易实现失效依赖关系的可视化。当按层次连接的功能之间存在关联关系时，失效之间也可能存在潜在关系。

如果是基于 Excel 格式，功能分析的格式可参考表 10-1。

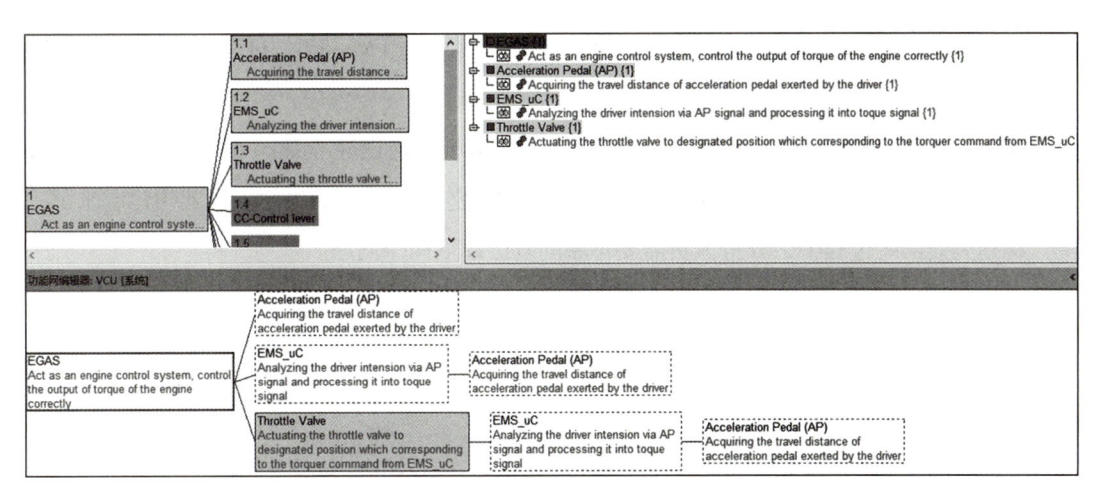

图 10-13　E-GAS 功能网

表 10-1　基于 Excel 格式的 FMEA 功能分析示例

模块名称	功能编号	功能名称	功能描述
MCU	FUNC-01	提供加速扭矩	提供车辆加速所需的扭矩
MCU	FUNC-02	提供刹车扭矩	提供车辆制动或停止所需的扭矩，包括再生制动力和机械制动力
VCU	FUNC-03	乘员舱热管理	空调压缩机和 PTC 继电器控制
VCU	FUNC-04	动力系统热管理	驱动电机系统冷却、高压附件冷却
VCU	FUNC-05	高压电池热管理	电池冷却和电池加热

10.4.4　第四步：失效分析

失效分析基于第三步的功能分析进行。失效是指功能的失效。失效分析的目的是识别失效起因（Failure Cause，FC）、失效模式（Failure Mode，FM）和失效影响（Failure Effect，FE），并分析它们之间的关系，以便进行风险评估。

失效模式（FM）、失效影响（FE）和失效起因（FC）三者构成了对应功能的失效链，它们之间的关系如图 10-14 所示。

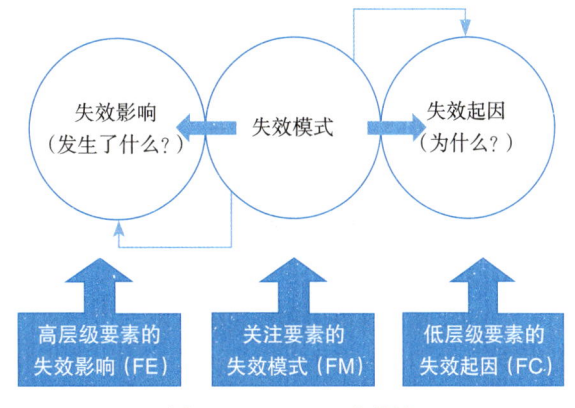

图 10-14　FMEA 失效链

由图 10-14 可以看出，失效模式（FM）也可能是较高级别子系统或系统中失效起因（FC），或者是较低级别组件中失效影响（FE），所以在不同层级下，FM、FE、FC 三者的关系也会发生变化。

失效分析最终要构建产品的失效网，失效网是基于功能网建立的。在功能网的基础上，识别功能的 FM、FE 和 FC 后，将三者的因果关系进行连接，对应的失效网也就构建起来了。

构建失效网的过程中，分析人员需要不断问自己以下两个问题。

Q1: 为什么会出现失效模式？

Q2: 失效模式出现时，会发生什么情况？

对第三步给出的功能网进行失效分析后，得到的失效网如图 10-15 所示。

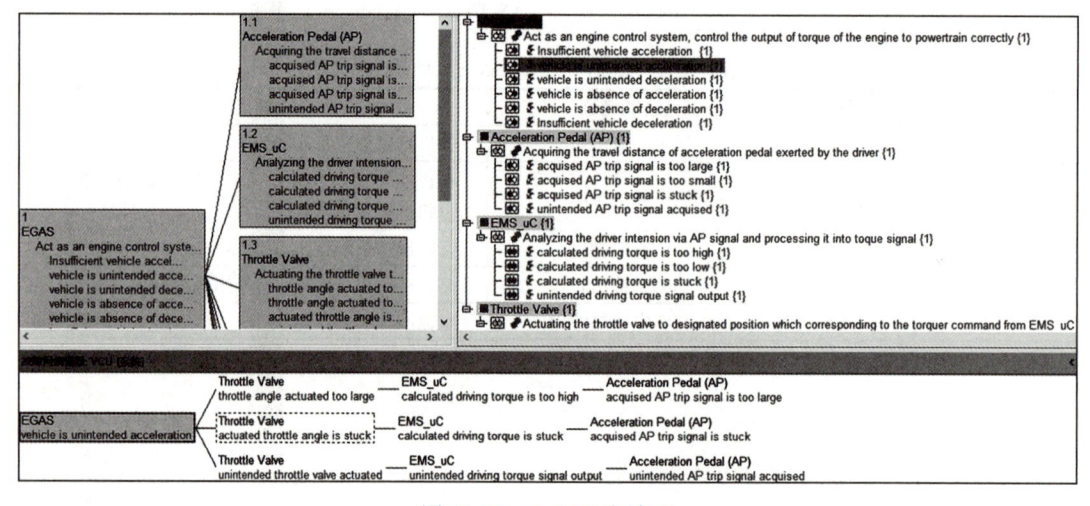

图 10-15　E-GAS 失效网

失效分析的主要目的如下。

❑ 确定功能的失效因素。

❑ 建立失效链——影响、模式和起因。

❑ 失效关系可视化——失效网。

❑ 促进顾客和供应商之间的协作。

1. 失效分析——失效模式

功能的最终表现与预期之间可能存在差异，这些差异可能导致功能超出预期的行为，这可用失效模式来表征。

失效模式是指组件、子系统或系统可能无法满足交付项目/功能栏中描述的预期功能（即预期功能失败）的方式。

失效模式可以基于HAZOP方法中的关键字引导出来。

常见的失效模式的图形化解释如图10-16所示。

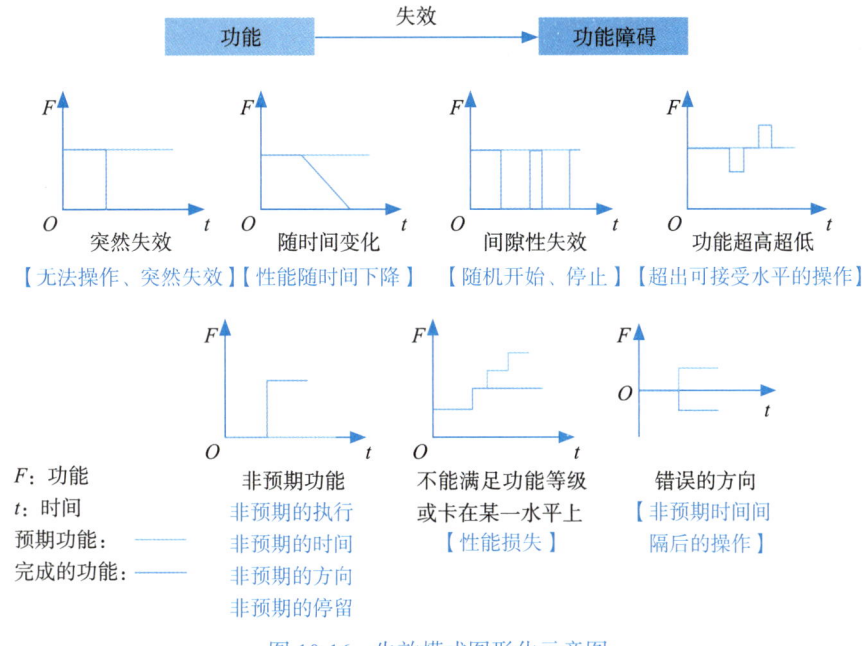

图 10-16　失效模式图形化示意图

以上只是一些常见的失效模式，并非完全适用于待分析的功能。具体的功能失效模式要根据特性进行描述，这样会使分析更加有逻辑性。

Q: 除了应用HAZOP方法中的关键字来引导出失效模式，还有哪些方式可以导出功能的失效模式？

一般来说，根据功能对应组成要素在架构中层级的不同，对应失效模式的描述也会有所差异，具体可参考以下原则。

❑ 失效模式描述应使用技术术语，而不是客户可能注意到的症状。

❑ 系统和子系统失效模式描述包括对功能损失或退化的描述。例如，"当向左打方向盘时，车辆向右转"，这就是一个非预期功能描述。必要时，应包括对整车的运行状况的描述，例如"在车辆启动或熄火时失去转向助力"。
- 组件/零件失效模式描述由组件/零件描述和失效症状组成，例如密封件扭曲。

之所以关于失效模式的描述应该使用技术术语，是因为针对失效模式的描述精准度要够高。失效模式的描述应聚焦在模块对应的功能上，不要扩散到最终客户能察觉到的异常层面（这是失效影响应该描述的内容），否则写出的失效模式会千篇一律，分析的层次感和逻辑性无法保证。

基于上文提到的原则，失效模式描述举例如下。
- 机液完全滤失。
- 脱离得太快。
- 不脱离。
- 不传递扭矩。
- 结构支撑不足。
- 结构支撑损失。
- 无信号/间歇信号。
- 提供过多的压力/信号/电压。
- 提供的压力/信号/电压不足。
- 不能承受负载、温度过高、振动。

2. 失效分析——失效影响

失效影响是失效模式产生的后果，可以定义为客户感知到的失效模式对功能的影响，因此，失效影响需要从客户的角度进行分析。根据客户可能注意到或经历的情况描述失效影响，这里的**客户可以是内部客户，也可以是最终用户**。描述失效影响时，应明确说明该功能失效是否会影响安全或导致不遵守法规。

描述失效影响时，应注意组件、子系统和系统级别之间的层次关系，这会导致失效模式、失效影响和失效起因三者之间发生"角色互换"。例如，零件可能会断裂，导致组件振动，进而引发系统间歇性运行。系统间歇性运行可能导致性能下降，并最终引起客户不满。

失效影响描述举例如下。
- 无可察觉的影响。
- 外观不良，包括外观难看、褪色、表面腐蚀。

- 噪音。
- 异味、手感粗糙，操作费劲。
- 操作失效、间歇性、无法运行、电磁不稳定。
- 外部泄漏导致性能下降、运行不稳定。
- 无法驾驶整车，跛行。
- 不符合法规。
- 转向或刹车功能失效。
- 车辆失去控制。

3. 失效分析——失效起因

失效起因被定义为设计缺陷或薄弱点的表征，其后果是失效模式。失效起因可能源自下一级低级别的功能失效模式、要求和潜在噪音。应尽可能列出每种失效模式的失效起因和机理，以便针对性地采取控制措施。

常见失效起因描述举例如下。

- 功能设计不充分，如材料选择不当、几何形状不合理、零件选择不当、表面处理不当、流程规范不充分、摩擦材料定义不当、润滑能力不足、设计寿命假设不当、计算程序不正确、维护指南不当等。
- 系统交互作用，如机械接口、流体流动、热源、控制器反馈等。
- 对于应对外部环境（如高温、低温、潮湿、路面碎片等）的设计不足。
- 最终用户的错误操作或行为，如错误使用踏板、超速、拖曳、使用错误燃料型号等。
- 制造设计不可靠，如零件几何形状导致的零件安装反向或颠倒，零件缺乏明显的设计特性，运输容器设计导致的零件摩擦或黏在一起等。
- 软件问题，例如未定义的状态、损坏的代码或数据。

综上，失效分析的核心是识别功能的失效模式、失效影响和失效起因，并将其连接起来构建成失效网或失效链，这是进行后续风险分析的基础。

10.4.5 第五步：风险分析

风险分析是基于失效分析的结果，考虑如何实施控制措施，并对失效影响的严重度 S、控制措施的效果（频度 O、探测度 D）进行评分。最终，根据 S、O、D 三个参数来判断进一步实施措施的优先级（Action Priority，AP），直到优先级显示不需要额外的控制措施为止。

风险评估的 3 个指标如下。

- **严重度（S）**：表示失效影响的严重程度。
- **频度（O）**：表示失效起因的发生频率。
- **探测度（D）**：表示失效起因和/或失效模式被检测到的可能性。

S、O 和 D 的评估均采用 1 ～ 10 分制，其中 10 是指标要求最严的值。

清晰理解 S、O、D 及其对应的评价对象非常重要，这是风险评估的关键。如果对象错误，最终分析结果可能不准确。

风险分析的主要目的如下。

- 对现有和计划的控制措施进行分配，并对其失效进行评级。
- 针对失效起因，分配预防型控制（PC）措施。
- 针对失效起因和失效模式，分配探测型控制（DC）措施。
- 针对每个失效链进行严重度（S）、频度（O）和探测度（D）评级。
- 促进顾客和供应商之间的协作。

1. 当前控制措施

当前控制措施（Current Control，CC）是基于以往经验设计的，其效果已经得到验证。这些已被证实的控制措施可以作为经验教训库的一部分。图 10-17 展示了利用 FMEA 方法设计控制措施的流程。

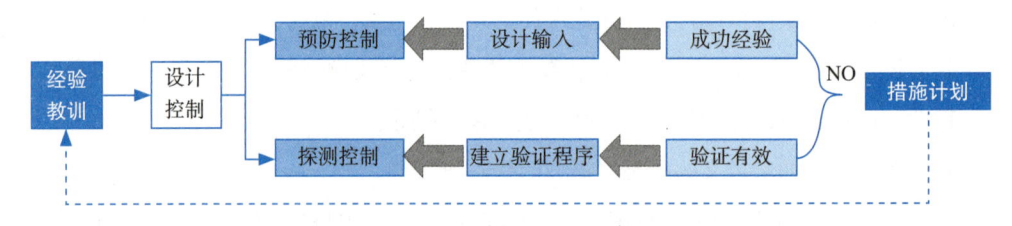

图 10-17　利用 FMEA 方法设计控制措施的流程

控制措施分两类，一类是**预防型控制（Preventive Control，PC）措施**，一类是**探测型控制（Detective Control，DC）措施**，如图 10-18 所示。从产品质量的角度来看，由于 FMEA 是一种"事前行为"，所以这两类措施其实都可以说是具有预防性质的，都是为了预防失效起因或失效模式的出现。

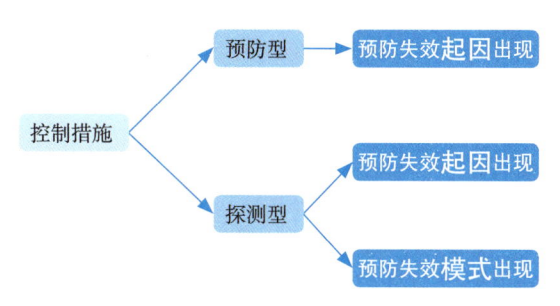

图 10-18 控制措施类型

预防型控制和探测型控制是现有的验证和确认方法库的一部分。预防型控制提供信息或指导，作为设计输入使用。探测型控制则描述了已建立的验证和确认程序，这些程序已被证明在出现失效时，能够探测到失效。对于那些经过分析后认为必要但不属于当前已确定方法库的预防和/或探测型方法，应作为控制措施加入 FMEA 中。

实际分析过程中，现行控制措施通过图 10-19 所示分析流程得到，并填入相应 FMEA 表格。

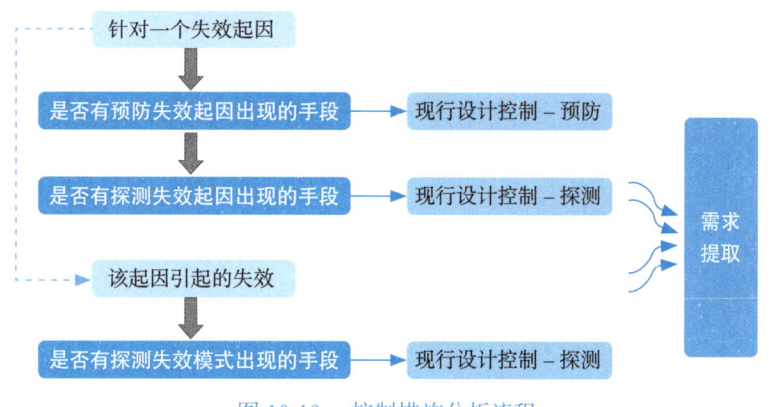

图 10-19 控制措施分析流程

（1）预防型控制措施

预防型控制措施描述了如何通过现有的和计划中的行为来避免出现导致失效模式的潜在起因，为确定频度评级提供基础。预防型控制措施与性能要求相关。FMEA 团队还应将安全边际纳入预防型控制考虑范围。

当前预防型控制措施示例如下。

❏ 仿真设计。

❏ 降额设计。

- 编码规范。
- LAYOUT 规范。
- 冗余设计。
- 经验教训横展。
- 防呆设计。
- EMC 设计。
- 传感器性能规范。
- 屏蔽或防护可以减轻潜在的机械磨损、热暴露或 EMC。
- 与最佳实践一致。

注：预防型控制措施通常通过静态手段来控制失效起因的发生。例如，为了预防流感，相关部门出台防治政策文件，指导大家规范、有序地进行科学防疫。这些政策文件本身就属于预防型控制措施。典型的预防型控制措施还包括"勤洗手、多通风、戴口罩、接种疫苗"等。预防型控制措施完成后，通过探测型控制措施来确认其效果。

图 10-20 展示了探测型控制措施对预防型控制措施的验证。

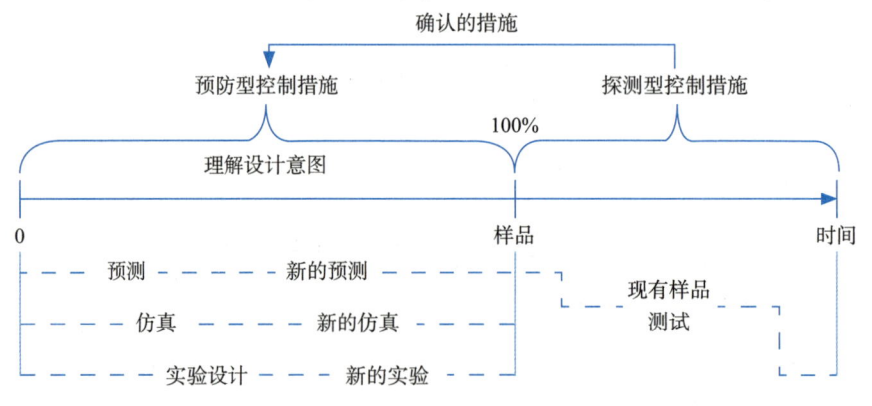

图 10-20 探测型控制措施对预防型控制措施的验证

（2）探测型控制措施

探测型控制措施在项目交付生产前用于探测是否存在失效起因或失效模式。

探测型控制措施的示例如下。

- 功能测试。
- 性能测试。

- 环境测试。
- 驾驶测试。
- 耐久性测试。
- 实验设计（DoE）。
- 故障在线检测。

探测型控制措施往往是通过动态手段来控制失效起因或失效模式的发生的，即需要借助一定的测试手段来实现对故障的探测。比如，通过核酸检测来确定是否感染新冠病毒，这个探测必须通过咽拭子采集样本后送到实验室实现，以确定该控制措施在失效模式或起因发生前探测出它们。由于探测型控制措施往往是基于实物进行的，因此可以理解为是对预防型控制措施的确认。

预防型控制措施和探测型控制措施的实施方式、实施节点以及两者的关系如图10-21所示。

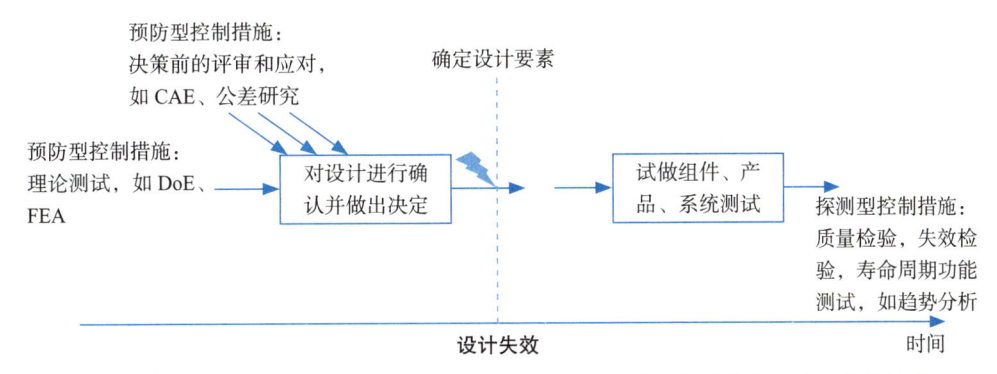

图10-21 预防型控制措施和探测型控制措施的实施方式、实施节点以及两者的关系

2. 评价严重度、频度、探测度

（1）评价严重度

严重度的评分是对失效影响的一种度量，它关系到被评估功能的既定失效模式的最严重影响程度。严重度应使用表10-2中的标准进行估计。该表可以扩充，以评估特定产品失效的严重度。FMEA项目团队应就评估标准和评分体系达成一致，即使根据单个设计分析进行了修改，该标准和体系也是一致的。

表10-2所示是一个通用的FMEA严重度评价准则，不知道大家在看到这个评分的排序以及在实践过程中有没有思考过以下问题。

表 10-2　FMEA 严重度评价准则

严重度	影响	严重度标准
10	非常高	影响使用车辆和其他车辆的操作安全,以及驾驶员、乘客、道路使用者或行人的安全
9		不符合法规
8	高	在预期使用寿命内,失去正常驾驶所必需的车辆主要功能
7		在预期使用寿命内,降低正常驾驶所必需的车辆主要功能
6	中	失去车辆次要功能
5		降低车辆次要功能
4		外观、声音、振动、粗糙度或触感令人非常不舒服
3	低	外观、声音、振动、粗糙度或触感令人中度不舒服
2		外观、声音振动、粗糙度或触感令人略微不舒服
1	非常低	没有可识别的影响

Q：表中列出的严重度等级对应的评分值是以什么为参考的？或者说，这个评分是与什么比较的？为什么某个电源模块的某个失效影响的严重度为 5，而 ADC 的某个失效影响的严重度为 9？

根据上述严重度的评级准则可知，安全相关的失效影响的严重度评分至少为 9，因此在审核安全相关 FMEA 时，可以重点关注严重度为 9 以上的失效事项，审核其控制措施的有效性、完整性和可追溯性。还可以将严重度的评价准则划分为以下 5 个类别，这样便于在实施 FMEA 时基于类别快速识别严重度评分区间。这五个类别由下往上对应严重度等级越来越高，如图 10-22 所示。

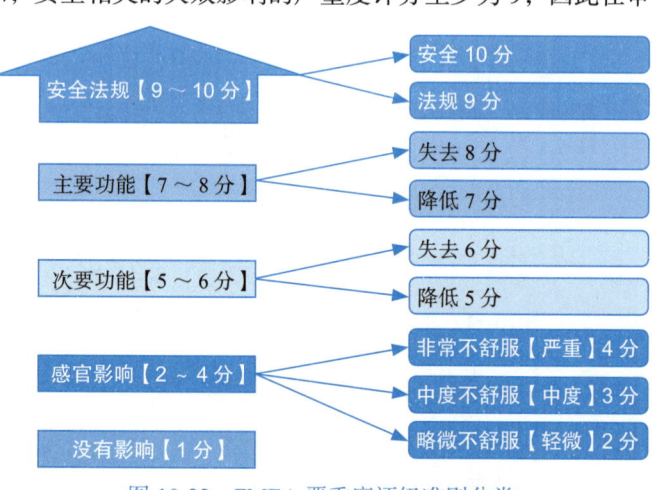

图 10-22　FMEA 严重度评级准则分类

鉴于安全法规的硬性要求，不建议修改严重度为 9 和 10 的评价准则及评分体系。对严重度为 1 的失效模式无须进行进一步分析。高严重度等级有时可以通过设计变更来降低，以减轻由此产生的失效影响严重度。例如，"防爆轮胎"可以减轻突然爆胎的严重度，"安全带"可以减轻车辆碰撞的严重度。关于设计变更和更新是如何降低严重度的，这涉及 FMEA 新增的另一个话题——FMEA-MSR，将在 10.6 节介绍。

注：一般情况下，当严重度为 9 或 10 时，必须特别注意通过现行预防型控制措施来应对风险。在任何情况下，如果已识别的潜在故障可能对制造、装配人员造成危害，则应采取预防措施，通过消除或控制起因来避免故障发生，或者制定适当的操作人员保护措施。

（2）评价频度

频度评价的是在考虑预防型控制措施后失效起因发生的可能性，即频度是基于预防型控制措施有效性来评价失效起因发生的可能性。因此，在新版的《FMEA 手册》中，频度的评分紧接在现行预防型控制 (PC) 措施之后，分析结构示例如表 10-3 所示。

表 10-3 分析结构示例

风险评估（第 5 步）						改进措施（第 6 步）										
现行预防型控制（PC）	频度(O)	现行探测型控制（DC）	探测度(D)	AP	筛选器代码（选填）	预防型控制	探测型措施	负责人姓名	目标完成时间	状态	采取基于证据的措施	实际完成时间	S	O	D	AP	筛选器代码（可选）	备注

频度评分是一个相对级别，可能无法反映实际发生的情况。频度评分描述了用户操作中可能发生的失效起因，并考虑了已经完成的检测控制的结果。当针对频度评定失效起因时，应考虑当前预防型控制措施的有效性。

团队可以试问以下问题来确定适当的频度等级。

❑ 类似组件、子系统或系统的过往使用情况和现场使用经验是怎样的？
❑ 该项目类似于先前做过的项目吗？
❑ 与之前的项目相比，该项目的变化有多大？
❑ 应用是什么？有哪些环境变化？
❑ 是否使用工程分析方法来估计应用的预期相似频度等级？
❑ 预防控制是否到位？
❑ 在产品开发过程中，稳健性是否得到验证？

总结来说，频度的评价可以从**设计经验、最佳实践、验证确认经验和预防控制**几个维度进行。组织可以根据这些维度，结合自身产品的数据，自行定义内部 FMEA 规范中关于频度的评价标准。这几个维度的频度评价如表 10-4 所示。

表 10-4 频度评价

频度	设计经验	最佳实践	验证确认经验	预防控制
10	没有	没有	没有	没有
9	首次应用	没有	没有	不能预测

(续)

频度	设计经验	最佳实践	验证确认经验	预防控制
8	首次使用	极少，不能用	没有	不能可靠
7	相似设计	有，不适用	没有	有限预防
6	相似设计、相似应用	有，不可靠	有	部分预防
5	成熟设计	有，待评估	有	部分有效预防
4	短期相同设计	有效	有	绝大部分有效
3	已知设计	很有效	有	预测一致
2	长期相同设计	充分有效	有	充分一致
1	通过预防消除失效			

（3）探测度评价

探测度评价的是失效模式或失效起因被探测型控制措施探测出来的可能性，即对探测控制有效性的估计。评价探测度需要在设计冻结前完成，即交付生产前完成对失效模式或失效起因的可靠性检测。

在 FMEA 实际执行过程中，对于某个失效模式或失效起因，往往有多个探测型控制措施。在对探测度进行评分时，应取最有效的探测型控制措施作为当前失效模式或失效起因的探测有效性估计手段。

FMEA 项目团队应该就评估标准和评级体系达成一致，即使针对个别产品分析做了修改，该标准和体系也是一致的。FMEA 探测度评价准则如表 10-5 所示。

表 10-5 FMEA 探测度评价准则

\multicolumn{4}{l}{根据探测方法成熟度和探测机会对探测控制进行评级}	空白，由使用人员填写
D	探测能力	探测度标准	探测机会	公司或产品系列示例
10	非常低	尚未制定测试过程	尚未确定测试方法	设计冻结后
9	非常低	没有为探测失效模式或失效起因而特别地设计测试方法	通过/不通过测试、失效测试、老化测试	
8	低	新测试方法，尚未经过验证	通过/不通过测试、失效测试、老化测试	
7	中	已经验证的测试方法。该方法用于功能性能验证或性能、质量、可靠性、耐久性确认；测试计划时间在产品开发周期内较晚，如果测试失败将导致重新设计、重新开模具，进而导致生产延迟	通过/不通过测试	探测方式
6	中		失效测试	
5	中		老化测试	
4	高	已经验证的测试方法。该方法用于功能性能验证或性能、质量、可靠性、耐久性确认；测试计划时间充分，可以在开始生产之前修改生产工装	通过/不通过测试	
3	高		失效测试	
2	高		老化测试	
1	非常高	之前测试证明不会出现失效模式或失效起因，或者探测方法经过实践验证总是能够探测到失效模式或失效起因		设计冻结前

探测度最初是对任何尚未被证实的控制措施的有效性进行预测，在探测控制完成后，可以对其有效性进行验证和重新评估。然而，探测控制的完成或取消也会影响对频度的估计。

可以从测量方法、探测时机和探测方式3个维度来对探测度进行评分，如图10-23所示。组织可以围绕图10-23，自行定义符合自身产品特性的探测度评价准则。

Q：关于S、O、D这三个指标，在实际进行风险分析过程中是否在施加控制措施时有优先考量？即首先应关注哪一个指标？如何控制？

3. 确定措施优先级

评价完S、O、D三个指标后，要对风险的优先级进行评估，从而得到对应的措施优先级（Action Priority，AP）。

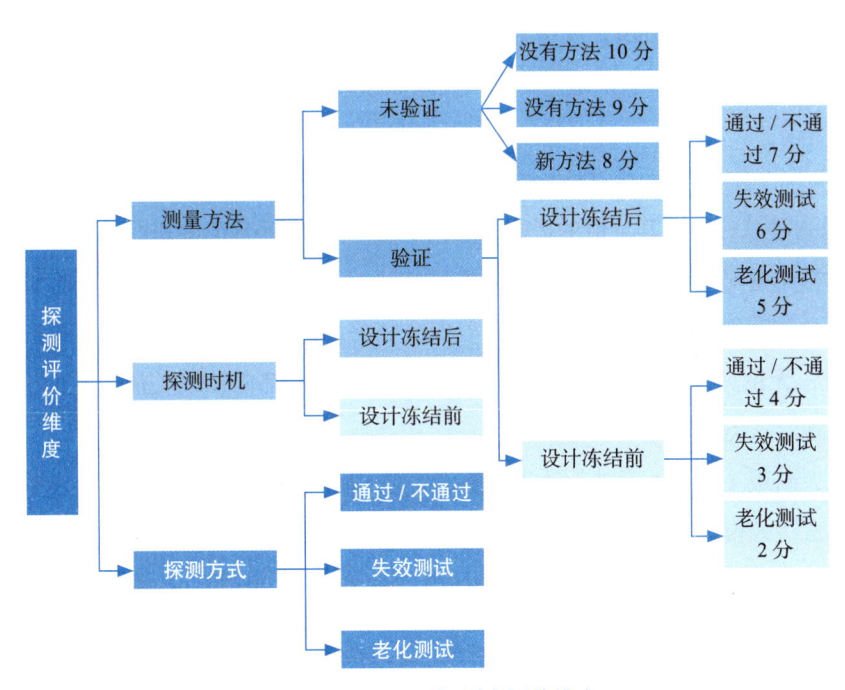

图 10-23　FMEA 探测度评价维度

旧版《FMEA 手册》使用 RPN（风险优先数）来表征某个失效模式的风险高低，计算方式为

$$RPN = S \times O \times D。$$

RPN 值越高，意味着需要采取控制措施来预防或控制失效模式的紧迫性越高。首先需要定义 RPN 阈值，组织可以根据自己的经验进行定义，比如 RPN ≥ 100 的失效模式都需要采取措施。这样的准则本身没有问题，但 100 是如何得出的，组织是否能够澄清，却是一个问题。

另外，基于 RPN 值来判断是否采取措施以及措施优先级，可能会有"漏网之鱼"。举个例子，某个失效模式经风险评估的结果为 S=7，O=4，D=4，得到 RPN=7×4×4=112；另一个失效模式经风险评估的结果为 S=9，O=2，D=5，得到 RPN=9×2×5=90。按照 RPN ≥ 100 的阈值规则，RPN=112 对应的失效模式应采取措施来控制影响，RPN=90 的失效模式因小于阈值可以不予考虑。

在例子中，第二个失效模式的 S=9，这意味着该失效模式违反了安全法规。尽管频度 O=2 非常低（1PPM），但探测度 D=5 表示中等的探测可能性，说明仍有 50% 的失效可能未被发现。关键在于这是一个安全相关的失效，组织能否接受这个风险？

通过上面的例子可以看出，使用 RPN 值可能会使组织误判，遗漏对高严重度的风险项采取措施，或耗费时间和精力去改进一个低频度或低探测度的风险项，造成浪费。

Q: 想想采用 RPN 值还有其他可取之处吗？

RPN 是一种总分制，其分值的提高，反映了 S、O、D 评分值乘积的提高。然而，S、O、D 这三个指标本身对于风险的评价具有独立的意义，采用总分制有时不能反映其中某个指标的独特性。比如，严重度为 9 时通常意味着安全相关，这时只要另外两个指标中的一个达到中等评分值，无论另一个指标评分值如何，对应失效模式都应加以关注。但采用总分制时，往往会"忽视"这类风险。

鉴于此，新版《FMEA 手册》改用措施优先级（AP）来评估措施的必要性和紧迫性。

团队完成失效模式、失效影响、失效起因和控制的初始确认（包括 S、O 和 D 的评级）后，必须决定是否需要采取进一步措施来降低风险。由于资源、时间、技术和其他因素的限制，团队必须对这些工作进行优先级排序。

AP 提供了 S、O、D 的所有可能组合。该方法首先着重于 S，其次是 O，最后是 D，遵循了 FMEA 的失效预防目的。AP 建议措施分为高（H）、中（M）、低（L）优先级别。

关于由 S、O、D 组合得到的 AP 见表 10-6。

AP 是需要降低风险的措施优先级，并非风险的排序。同一等级的风险会有多个，这些风险中需采取的措施的优先次序是通过 AP 来表征的。

表 10-6　FMEA 风险矩阵

S	10～9								8～7								6～4								3～2								1
O→ D↓	10～8	7～6	5～4	3～2	1	10～8	7～6	5～4	3～2	1	10～8	7～6	5～4	3～2	1	10～8	7～6	5～4	3～2	1	10～1
10～7	H	H	H	H	L	H	H	H	M	L	H	H	M	M	L	M	L	L	L	L	L
6～5	H	H	H	M	L	H	H	H	M	L	H	H	M	L	L	M	L	L	L	L	L
4～2	H	H	H	L	L	H	H	H	L	L	H	M	M	L	L	L	L	L	L	L	L
1	H	H	M	L	L	H	H	M	L	L	H	M	L	L	L	L	L	L	L	L	L

AP 的 3 个等级如下所示。

- **优先级高**：评审和措施的最高优先级。团队需要确定适当的措施来改进预防和探测型控制措施，或证明并记录当前的控制为何足够有效。
- **优先级中**：评审和措施的中等优先级。团队应确定适当的措施来改进预防和探测型控制措施，或由公司自行决定，证明并记录当前的控制足够有效。
- **优先级低**：评审和措施的低优先级。团队可以确定措施来改进预防和探测型控制措施。

对于 S 为 9～10 且措施优先级为高或中的失效影响，建议至少由管理层评审，包括所采取的任何建议措施。

10.4.6　第六步：优化

风险分析的目的是识别在产品开发和生产过程中存在的风险，并根据识别出的风险采取相应措施进行设计优化，以确保产品最终满足预期用途。

设计优化工作如下。

- 确认降低风险的必要措施。
- 为措施的实施确定责任人及其职责和实施期限。
- 实施措施形成文件，包括确认所采取措施的有效性以及采取措施后的风险评估。
- 促成 FMEA 团队、管理层、顾客和供应商在潜在失效方面的协作。

设计优化示例如表 10-7 所示。

表 10-7　设计优化示例

风险分析							设计优化								
对失效起因的当前预防控制【PC】	失效起因的频度【O】	对失效起因或失效模式的当前探测控制【DC】	失效起因/失效模式的探测度【D】	AP	筛选器代码【可选】	DFMEA 预防措施	DFMEA 探测措施	负责人姓名	目标完成日期	状态	采取基于证据的措施	完成日期	严重度【S】	频度【O】	探测度【D】	AP
根据 FEM6370 进行的电刷盒动态受力模拟	2	抽样测试：依据测试规范 MRJ82/60 测量电刷盒的弹性和塑性变形影响	2	L		无	MRJ1140 最终产品测试：根据测试规范 MRJ1140 在最苛刻条件下测量电流	××	×年 ×月 ×日	已计划						

设计优化的主要目的是通过改进设计来制定降低风险和增加顾客满意度。在这个步骤中，团队要评审风险分析的结果，并分配措施，以降低失效起因发生的可能性，或者提高探测控制的有效性，以便探测出失效起因或失效模式。

对于那些能改进设计但不一定降低风险评估等级的措施，也可以分配。这些措施指的是具体、可衡量、可实现的措施，而不是可能永远不会实施的潜在措施。这些措施不用于已经计划的活动，因为它们已经在预防或探测控制中记录下来，并且已经在初始风险分析中考虑过了。

设计优化可以从 S、O、D 三个维度进行考虑，即考虑如何降低或消除失效影响，降低失效起因发生的频度，提高失效起因和失效模式的探测度。优化顺序可参考图 10-24。

如果优化措施是通过设计修改实现的，则所有受影响的设计要素都需依据变更影响分析进行重新评估。在设计概念变更的情况下，所有 FMEA 步骤都需针对受影响部分进行评审。这是必要的，因为初始分析基于的设计概念已不再有效。

修改设计以降低或消除失效影响 → 修改设计以降低失效起因发生的频度 → 提高失效起因和失效模式的探测度

图 10-24　FMEA 失效优化顺序

优化措施的职责分配如下。

- 每个措施都应该有负责人及相关的目标完成日期。
- 负责人应确保措施的状态的持续更新。如果措施被确认，那么负责人应对措施的实施情况负责。
- 负责人应记录预防和探测措施的实际完成日期，包括措施实施的日期；目标完成日期应切合实际（例如，按照产品开发计划、在过程验证之前或在生产开始之前）。

优化措施的状态如下。

- **尚未确定**：尚未有明确的措施。
- **尚未决策（可选）**：措施已经确定，但还没有决定，目前正在创建决策文件。
- **尚未执行（可选）**：已对措施做出决定，但尚未执行。
- **已完成**：已完成状态是指措施已经被执行，其有效性已经被证明和记录，并且进行了最终评估。
- **不执行**：当决定不执行某项措施时，即会分配不执行的状态。如果实践和技术水平超出当前实施能力，就会发生这种情况。

只有当 FMEA 团队评估了每个项目的措施优先级，并接受风险水平或记录措施结束时，FMEA 工作才算完成。

当措施完成后，重新评估频度和探测度，可能需要确定一个新的措施优先级。新的措施将获得初步优先级评估，作为有效性的预测。该措施将保持"尚未执行"状态，直到其有效性得到验证。验证完成后，初步优先级评估必须得到确认或在必要时进行调整。然后，该措施的状态从"尚未执行"改为"已完成"。

重新评估应基于所采取的预防和探测型措施的有效性，并且新的评分应依据 FMEA 频度和探测度评级标准。

10.4.7 第七步：结果文件化

对分析结果进行文件化的目的是形成规范的报告文件，以便交流。结果文件化的工作如下。
- 针对结果和分析结论进行沟通。
- 确定文件内容。
- 记录所采取的措施，包括对实施措施效果的确认和采取措施后的风险评估。
- 在组织内部，必要时与客户和供应商就降低风险的措施进行沟通。
- 记录风险分析结果，将风险降低到可接受水平。

结果文件化需要保存的资料如下。
- 封面。
- 变更记录。
- 结构图。
- FMEA 内容表。
- 风险清单。
- 新措施时间表。
- S、O、D 评分表。
- 小组会议记录和签到表。

以上是《FMEA 手册》对结果文件化的内容要求，简单来说，就是 FMEA 分析过程中所有的活动都要有文档记录，例如评审记录、变更记录等。其实，对于功能安全分析来说，FMEA 方法分析结果文件化还有一个更为重要的目的——需求导出。这里重点分享一下笔者在实施安全相关的 FMEA 方法时对于结果文件化的经验和要求。

笔者认为使用 FMEA 方法进行安全分析最重要的目的是设计验证、导出安全需求，并将这些需求反馈到设计中。

1. 设计验证

结果文件化是对 FMEA 方法的分析成果进行收集、整理并形成对应的文件，用于接下来的其他活动。图 10-25 展示了将 FMEA 成果应用于哪些活动。

图 10-25　FMEA 成果的应用

在图 10-25 中，FMEA 成果用于产品设计非常好理解，其实就是要为设计服务。FMEA 分析过程就是对产品设计的验证过程，而这个过程将"反哺"产品设计，提高产品质量。关于 FMEA 是如何"反哺"产品设计的，将在下文进行介绍。

FMEA 方法分析得到的"现行设计探测型控制措施"和"采取的措施"将成为设计验证计划（DVP）的输入。将"现行设计探测型控制措施"和"采取的措施"整理后传递到 DVP 中，作为 DVP 项目的一部分，对这些控制措施进行验证，即质量管理中的 DoE（Design of Experience，试验设计），这是 FMEA 成果在产品设计中进行动态验证的重要应用。

表 10-8 展示了 FMEA 成果应用于试验设计的示例。

表 10-8　FMEA 成果应用于试验设计

序号	试验项目	试验程序或标准	试验描述	目标要求	样件数量	计划日期 开始	计划日期 完成	实施日期 开始	实施日期 完成	测试报告 编号	测试报告 结果	结果判定
1	输入输出特性试验	×××	在标准要求的条件下，测量工作电压范围、转矩转速特性、效率、关键特征参数		3							

(续)

序号	试验项目	试验程序或标准	试验描述	目标要求	样件数量	计划日期 开始	计划日期 完成	实施日期 开始	实施日期 完成	测试报告 编号	测试报告 结果	结果判定
2	控制器工作电流	×××	在标准要求的条件下，测量电机控制器最大工作电流		3							
3	温度交变试验	×××	能承受 –40°～+80°，8个循环的温度交变试验，电动机扭矩、转速、电流满足技术要求		3							
4	绝缘性能	×××	在 500v 电压条件下，电动机或防夹电动机的外壳与带电体之间的绝缘电阻大于 0.3MΩ		3							
……	……											

2. 需求整理

FMEA 方法分析过程中识别出的设计薄弱点、不足和缺陷等最终要采取措施进行控制。这些措施包括预防、探测和减轻性质的。最终，需要对这些措施进行收集和整理，形成需求，并将这些需求增加到需求规范或对应的设计文档中，或形成一份新的需求规范并做好追溯管理。这些需求将会被测试验证，形成设计、分析、测试的双向可追溯。这就是 FMEA 对产品设计的一个"反哺"过程。

对于安全的分析，可将 FMEA 方法第七步中的需求整理细化为以下步骤。

1）将失效影响事件列表进行 ID 化，对每条安全相关的 FE 进行编号并附上对应描述。

2）收集并整理每项 FE 对应的控制措施，并以可追溯的方式进行描述。

3）对每条控制措施进行需求语言的转化，形成由分析导出的需求，并对每条导出的需求进行编号（需求 ID 化）。

4）将分析得出的需求分配给对应架构中的要素，并关联相关的安全目标。

第七步的两个子步骤是结果文件化落地的重要体现，也是满足功能安全中可追溯性要求的关键。

10.5　FMEA 的特殊特性

FMEA 方法分析过程中有一个重要的任务通常被分析人员忽略，那就是识别特殊特性。至少在很多组织中，FMEA 方法分析过程中特殊特性的识别和整理是缺失的。本节将从以下几方面介绍特殊特性的概念及应用。

1）特殊特性的定义及分类

2）特殊特性的传递。

10.5.1 特殊特性的定义及分类

Q: 什么是特殊特性？为什么要识别特殊特性？如何识别特殊特性？

特殊特性是可能影响安全性、产品法规符合性、可装配性、功能、性能、要求或产品后续处理的产品特性或制造过程参数。它表征的是使产品功能和性能产生严重影响的参数、指标或工艺。它的特殊之处在于它能对产品造成大的不良影响。因此，在产品设计和生产过程中，要对其涉及的产品特性和过程特性进行重点关注，并采取措施加以控制，以确保这些特性得到满足。

概括性地讲，产品的特性按类别可分为产品特性和过程特性，按重要度可分为一般特性和特殊特性，而特殊特性按与内外部客户的关系可进一步细分为不同的特殊特性，详见图10-26。

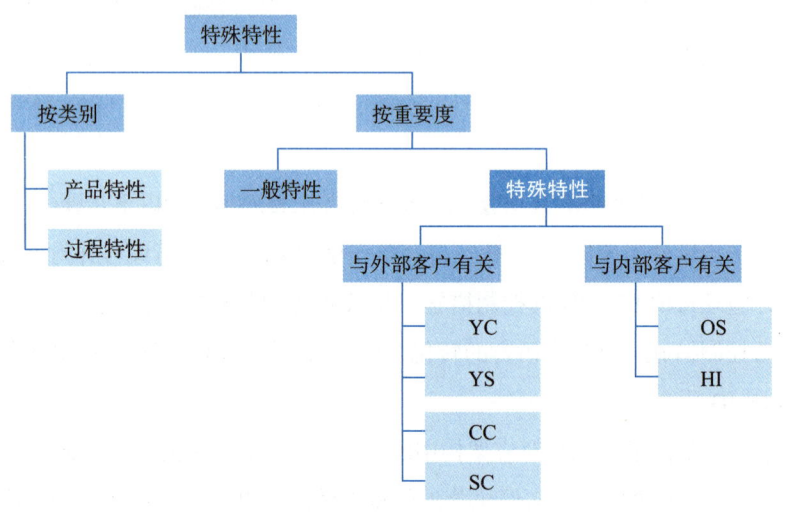

图 10-26　FMEA 特殊特性分类

1. 产品特性

产品特性是产品的物理和化学属性，是可以测量的技术指标，例如尺寸、大小、形状、位置、方向、质地、纹理、硬度、抗拉强度、外观、涂层或反光率等。这些特性需要得到严格控制，从而保证达到预期的产品功能和性能。产品特性来源于产品的各个设计规范，如结构图纸、技术规范等，以及新版《FMEA 手册》的要求。每个产品特性必须在一定的公差范围内定义，才能确保产品的预期功能。

2. 过程特性

过程特性是过程控制的变差来源，会影响过程输出结果的可度量的过程输入特性以及它们之间的关系，例如速度、温度、压力以及电压等。

过程特性包括方法和流程，这些方法和流程能够确保生产操作的顺利进行，从而满足零部件的质量要求和其他要求，如产能要求等。过程特性还包括操作条件和过程参数，比如生产节拍和电批扭矩。过程特性来源于 FMEA 过程工作要素的功能/过程特性，也是 FMEA 中的失效起因。

3. 关键特性

关键特性（Critical Characteristic，CC），用倒置的三角形（▽）表示，指的是那些可能影响安全法规（如尾气排放、材料阻燃性、汽车碰撞强度等方面法规）、整车安全或产品功能（如制动功能、绝缘防护功能、照明功能）要求或者工艺参数（如比率、温度、压强）的特性。关键特性需要包含在控制计划中，并制定相应的生产、装配、运输和监控的具体措施。

4. 潜在关键特性

在 DFMEA 中被划分为潜在关键特性的产品特性，用 YC 表示。这些特性与严重度等级为 9 或 10 的失效模式有直接的因果关系。产品特性或过程参数不符合规范或变差较大，并最终导致某个失效模式的发生，则可以说该特性与该失效模式存在因果关系。

表 10-9 展示了 YC 的定义及识别依据。

表 10-9　FMEA 中的 YC

特殊特性类别	名称	判别准则	措施
YC	潜在关键特性	特性与影响严重度为 9～10 的失效模式具有因果关系	设计工程师、制造工程师和供应商合作制定最佳应对措施

5. 重要特性

重要特性（Significant Characteristic，SC）是指可能发生变差而大幅影响最终客户对产品满意度的特性，包括产品、工艺和试验要求，如外观、噪音、舒适性等。

对重要特性的识别及控制需注意以下事项。

❑ 重要特性是那些对客户满意度至关重要的产品、工艺和测试要求。

❏ 重要特性必须在控制计划中予以考虑。

6. 潜在重要特性

当某个产品特性满足以下条件时，应将其划分为重要特性，用 YS 表示。

1）该特性与严重度为 5～8 的失效模式有因果关系。当严重度小于 5 时，该特性经各部门一致同意也可归为 YS。

2）该特性可能会受到制造工艺的影响，需要特殊控制措施。

对潜在重要特性的识别及控制需注意以下事项。

❏ DFMEA 指出潜在重要特性，PFMEA 则确认这些潜在特性是否重要，以及是否需要实施特殊控制措施。PFMEA 还确定了有效传递产品特性所需的过程特性和参数。

❏ 潜在重要特性必须包含在控制计划中进行管理。

按照福特的《FMEA 手册》定义，DFMEA 中识别的 YC 和 YS 对应的是 PFMEA 中的 CC 和 SC。由于在 DFMEA 中识别的特殊特性需要传递到 PFMEA 进行进一步确认，并最终在控制计划中采取措施进行控制，所以在《FMEA 手册》中，YC 和 YS 中都带有"潜在"这个字眼，这隐含了这些特性将被"传递"到其他过程做进一步确认。

在 DFMEA 中，特殊特性 YC 和 YS 可通过图 10-27 中的提示进行识别。

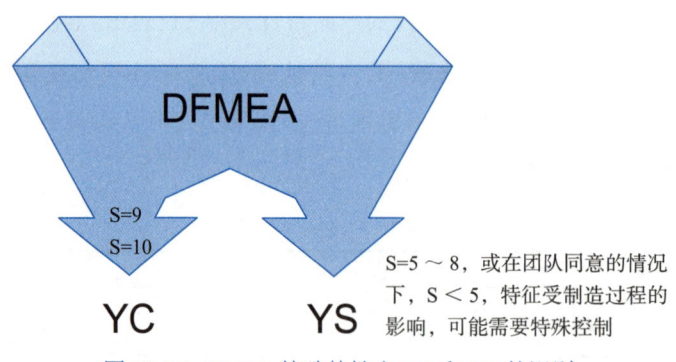

图 10-27　FMEA 特殊特性之 YC 和 YS 的识别

7. 操作员安全特性

操作员安全（Operator Safety，OS）特性与工艺参数或产品特性有关，这些工艺参数或产品特性可能会对操作员的安全产生不利影响。这类特性必须经过安全签核。由于工艺对操作员安全的影响，这些失效模式的严重度为 9 或 10。

8. 高影响特性

高影响（High Impact，HI）特性与工艺参数或产品特性有关，这些工艺参数或产品特性可能对工艺操作或后续操作产生不利影响，但不会对客户满意度产生不利影响。高影响特性也需要在控制计划中予以考虑。

在 FMEA 方法中，高影响特性可能会被评估为具有较高的严重度（如 7 或 8），表明其失效对产品的影响是显著的，但发生频率可能相对较低，因此，需要采取适当的控制措施（如定期检查、使用高精度测量工具等）来确保其质量。高影响特性是过程中需要特别关注和控制的一类特性，对过程运作或后续作业具有显著的影响。通过 FMEA 方法和适当的控制措施，可以有效降低高影响特性失效的风险，提高产品质量和生产效率。

10.5.2 特殊特性的传递

1. 特殊特性的传递：外部影响

外部影响（External Effect）是指特殊特性的不满足对客户满意度的影响。根据上述特殊特性定义，影响客户满意度的特殊特性包括 YC、YS、CC、SC。

要将 DFMEA 中识别出的潜在特殊特性 YC、YS 进行收集整理，并进一步传递到 PFMEA 中以确认最终的 CC、SC。传递过程中要注意 YC → CC、YS → SC 的完整性和一致性，确保所有识别到的 CC、SC 都有相应的措施进行控制，以满足客户要求。

（1）YC → CC

在 DFMEA 中识别的 YC 应进一步传递到 PFMEA 中进行确认，从而识别出最终的 CC，并确保对所有识别出的 CC 采取相应的控制措施。DFMEA 中的 YC 向 PFMEA 中的 CC 传递过程如图 10-28 所示。

YC 到 CC 传递的执行要点如下。

❑ 所有的 CC 都必须对应到 DFMEA 中的 YC。

❑ 所有的 YC 必须与过程中至少一个 CC 对应，并且该 CC 最好定义在过程中能够对特性进行最有效控制的一点。

（2）YS → SC

DFMEA 中识别的 YS 需要进一步传递到 PFMEA 中进行确认，以识别出最终的 SC，确保所有识别到的 SC 都有相应的措施进行控制。DFMEA 中的 YS 向 PFMEA 中的 SC 传递过程如图 10-29 所示。

DFMEA			
分类	说明	定义原则	要求措施
YC	潜在关键特性	与严重度为 9 或 10 的失效模式有直接因果关系的特性	设计工程师、制造工程师和供应商共同制定最优的应对措施

PFMEA			
分类	说明	定义原则	要求措施
CC	关键特性	与严重度为 9 或 10 的失效模式相关的特性	在控制计划中得到识别并进行特殊控制

图 10-28　FMEA 特殊特性传递之 YC → CC

DFMEA			
分类	说明	定义原则	要求措施
YS	潜在重要特性	同时满足以下两个要求。 1. 与严重度为 5～8 的失效模式有直接因果关系的特性；或经团队一致同意，与严重度等级小于 5 的失效模式有直接因果关系的特性 2. 该特性可能被生产过程影响并且可能需要特殊控制	设计工程师、制造工程师和供应商共同制定最优的应对措施

PFMEA			
分类	说明	定义原则	要求措施
SC	重要特性	满足以下要求。 1. 与严重度等级为 5～8 的失效模式有关系的特性，且发生频度大于 3 2. 经团队一致同意，与严重度等级小于 5 的失效模式有关系的特性，且发生频度大于 3	在控制计划中得到识别并进行特殊控制

图 10-29　FMEA 特殊特性传递之 YS → SC

YS 到 SC 传递需要注意的执行要点如下。

❑ YS 是否转化为 SC，取决于现有过程能力数据对发生频度的估计。

- SC 不一定会对应 DFMEA 中的一个 YS，只要满足 PFMEA 中关于 SC 的标准要求即可。

2. 特殊特性的传递：内部影响

内部影响（Internal Effect）是指特殊特性的不满足对内部客户要求（例如生产质量要求）的影响。根据上述特殊特性的定义，会对内部造成影响的特殊特性包括 OS、HI。

DFMEA 中未识别 OS 和 HI 特性。这两个特性应在 PFMEA 中识别，并将识别出的 OS 和 HI 整理后传递给控制计划，确保所有识别到的 OS、HI 均有相应措施进行控制，以满足生产质量要求。图 10-30 展示了 OS 到 HI 的传递过程。

DFMEA

分类	说明	标准	要求措施
空白	DFMEA 不识别潜在的操作者安全或重大影响特性		

PFMEA

分类	说明	标准	要求措施
OS	操作者安全特性	与严重度等级为 9 或 10 的失效模式相关的特性	安全签发
HI	高影响特性	与严重度等级为 5~8 的失效模式有关系的特性，且发生频度大于 3	包含在控制计划中并加以特殊控制
空白	非特殊特性		

图 10-30 FMEA 特殊特性传递之 OS → HI

OS 到 HI 传递需要注意的执行要点如下。

- 外部客户不会受到 OS 和 HI 的影响。如果外部客户受到影响，则不能将其定义为 OS 和 HI。
- OS 和 HI 一定不能与 DFMEA 中的 YC 或 YS 对应。

通过本节对特殊特性的介绍，大家应该已经注意到，特殊特性是根据 FMEA 中的严重度（S）和频度（O）两个指标，依据一定的规则进行识别的。目的是识别出对产品功能、性能、合规性造成严重影响的项目，并将其传递到生产环节，然后根据生产工艺流程进一步分析这些特殊特性，以便采取相应的控制措施，确保产品最终能够满足客户要求。

因此，从研发到生产阶段，必须对特殊特性进行识别并传递，最终实施控制措施，形成一个完整的闭环。这样，FMEA 方法执行才算完整，才能发挥应有的作用。

10.6 FMEA-MSR 方法

FMEA-MSR 即 FMEA for Monitoring and System Response，翻译为"失效模式及影响分析：监控及系统响应"。从"监控和响应"这两个词猜想，FMEA-MSR 与功能安全有一定联系，是一种为适应功能安全标准的 FMEA。

本节将从以下几方面探讨 FMEA-MSR 方法，希望为大家在应用此分析方法时提供一些参考。

1）传统 FMEA 在 ISO 26262 中的局限。

2）FMEA-MSR 方法论。

3）如何避免监控响应的缺陷。

注意：本节提到的 FMEA 若未明确指出，均指 DFMEA。

10.6.1 FMEA 在 ISO 26262 中的局限

前文详细介绍了 FMEA 七步法，文中提到 FMEA 应是一种"事前"行为而不是"事后"活动，即 FMEA 是一种预防型工具，主要用于产品设计阶段。它的主要目的是在产品投放市场之前，通过识别和评估可能的产品失效模式及其对产品性能、安全性和可靠性的影响，从而优化产品设计，提高产品质量。

对于 ISO 26262 而言，单靠产品投放市场前的预防型控制措施并不足以保障功能安全。虽然这些措施能为功能安全奠定良好基础，但在产品运行中，仍难免会出现一些底层故障，这些故障常常对安全产生影响。在这种情况下，监控产品运行中的故障并做出适当响应以使系统进入安全状态显得尤为重要，经典的 FMEA 难以完全应对。

比如汽车轮胎的设计，为满足不同使用环境下的耐磨性、防滑性能、胎压稳定性要求，通过经典 FMEA 方法的分析能够得到一系列的控制措施，如选用耐磨、耐老化的材料，合理的胎面花纹和深度设计，合理的胎内结构设计。这些措施能够提高轮胎的可靠性，让客户"用得省心"。

但即使在出厂前都已实施相关措施，也不能完全保证消除轮胎故障导致的安全问题。比如，运行过程中轮胎被砸导致胎压过低进而爆胎，引发车辆失稳造成事故。对于经典 FMEA 来说，这并不是它能应对的，因为所有的改进措施都已提出并实施了。经典 FMEA 方法只能保证轮胎在量产前符合质量要求。

这也是为什么在经典 FMEA 方法分析过程中，严重度（S）不会改变的原因。因为严重度评价的是失效模式对最终系统层面（如整车）的影响。只要所识别的失效模式客观存在，那么采取控制措施前后造成的影响仍然相同，变化的只是频度和探测度，除非更改现有设计。这时，如果能够监控轮胎胎压，当胎压异常时，及时发出警告提示驾驶员谨慎驾驶并及时维修，那么胎压异常导致的危害就可以避免，该失效模式造成的影响严重度就可以降低了。这正是 FMEA-MSR 方法中监控与响应概念的核心所在，也体现了与功能安全的目的。

根据上述示例分析和描述可以感受到经典 FMEA 在 ISO 26262 中存在以下局限。

1）**局限 1**：经典 FMEA 关注的是产品投入市场前的故障预防控制，投入市场后在运行过程中的故障并不在考虑范围内。

2）**局限 2**：在经典 FMEA 方法分析过程中，严重度（S）在实施措施前后都不会改变，除非通过变更设计解决潜在风险才能降低。如果在产品运行过程中采取一定的安全措施，故障引起的危害严重度仍然无法降低，那么所谓的安全措施就没有意义了，这与功能安全的目的相矛盾，又谈何实现功能安全？

ISO 26262 将经典 FMEA 作为安全分析的重要工具。为满足功能安全的要求，在经典 FMEA 的基础上，衍生出关注监控和系统响应的 FMEA-MSR 方法，这也是 FMEA 与时俱进的表现。

10.6.2 具体实施

对于系统、车辆、人员和法规遵从性的影响，FMEA-MSR 进行了补充分析，着重关注顾客操作条件下可能出现的失效起因。该方法考虑到失效起因或失效模式是否由系统探测到，或失效影响是否由驾驶员探测到。顾客操作被理解为最终用户操作或运行操作以及维护操作，涵盖了以下风险要素。

1）**严重度**：伤害的严重程度、不符合法规、功能丧失或退化，以及不可接受的质量，用 S 表示。

2）**频率**：在运行情况下估计的失效起因频率，用 F 表示。

3）**监控有效性**：通过诊断检测和自动响应降低失效影响的技术可能性，以及通过感知和物理响应降低失效影响的人为可能性，用 M 表示。

FMEA-MSR 可以在 DFMEA 的基础上进行分析。如图 10-31 所示，在 FMEA 构建的失效网基础上进一步分析：在用户使用过程中失效是否能够被检测到？

通过与可接受的剩余风险条件进行比较并评估当前的失效风险状态，得出是否有必要进行额外监控。

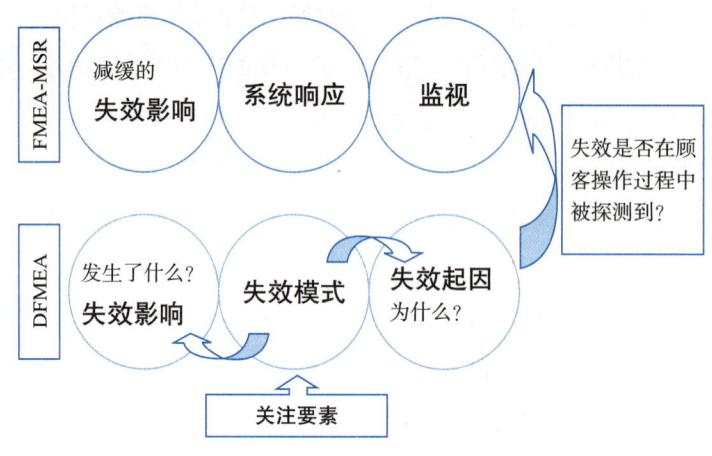

图 10-31 DFMEA 与 FMEA-MSR 的关系

DFMEA 的探测与 FMEA-MSR 的监控不同。在 DFMEA 中，探测控制记录了可证明满足开发和确认要求的试验能力。对于已成为系统设计一部分的监控功能，确认旨在证明诊断监视和系统响应按预期运作。

相反，假设满足相应规范的情况下，FMEA-MSR 中的监控评估了用户操作中故障探测性能的效果。监控评级也可理解为安全性能以及系统对监控故障的响应的可靠性。它有助于评估是否实现安全目标，并可用于获得安全概念。

1. 严重度 (S)

严重度表示失效影响的严重性。严重度评级是一种衡量功能在特定失效模式下最严重影响的指标。对于严重度的评估，经典 FMEA 和 FMEA-MSR 使用相同的评估准则，即可以使用相同的严重度评价表。

不同的是，经典 FMEA 没有运行时监控的概念，评价严重度无须考虑监控能力的影响，而 FMEA-MSR 在评价严重度时要考虑监控能力的影响，具体表现如下：

❑ 如果 M = 1，则 S 应使用施加监控后严重度的值。

❑ 如果 M ≠ 1，则 S 只能使用最初评估的值。

FMEA-MSR 的严重度评价准则见表 10-10。

表 10-10　FMEA-MSR 中严重度（S）评价准则

严重度（S）	影响	严重度标准	公司或产品系列示例
10	非常高	影响到使用车辆和其他车辆的操作安全，驾驶员、乘客、交通参与者和行人的安全	
9		不符合法规	
8	高	在预期使用寿命内，失去正常驾驶所必需的车辆主要功能	
7		在预期使用寿命内，降低正常驾驶所必需的车辆主要功能	
6	中	失去车辆次要功能	
5		降低车辆次要功能	
4		外观、声音、振动、粗糙度或触感令人非常不舒服	
3	低	外观、声音、振动、粗糙度或触感令人一般性的不舒服	
2		外观、声音、振动、粗糙度或触感令人略微感觉不舒服	
1	非常低	没有可觉察到的影响	

2. 频率（F）

在 FMEA-MSR 中，在使用寿命期间，在顾客操作条件下，频率评级的理由是与现场发生失效的可能性相关。频率的评价准则见表 10-11。

表 10-11　FMEA-MSR 中频率评价准则

频率（F）	频率	频率标准	公司或产品系列示例
10	极高或不能确定	在车辆预期使用寿命周期内，失效起因的发生频率未知，或已知很高而无法接受	
9	高	失效起因在车辆预期使用寿命周期内可能会出现	
8		在车辆预期使用寿命周期内，失效起因可能在车辆使用中经常出现	
7	中	在车辆预期使用寿命周期内，失效起因可能在车辆使用中频繁出现	
6		在车辆预期使用寿命周期内，失效起因可能在车辆使用中略微出现	
5		在车辆预期使用寿命周期内，失效起因可能在车辆使用中偶尔出现	
4	低	在车辆预期使用寿命周期内，预计失效起因在车辆使用中极少出现。预计在使用中至少发生 10 次	
3	非常低	在车辆预期使用寿命周期内，预计失效起因在孤立事例的车辆使用中会出现。预计在使用中至少发生一次	
2	极低	在车辆预期使用寿命周期内，在应用预防及探测控制措施以及相似零件现场使用经验的基础上，预计失效起因在车辆使用中不会出现，但不能排除孤立事例，因为没有证据表明这种现象不会发生	
1	不会出现	失效起因在车辆预期使用寿命周期内不会出现，或几乎排除这种可能。证据表明失效起因不会出现，且起因已被记录	

最终用户操作的分析需要假设制造过程得到充分控制。分析可基于 DFMEA 的评估结果、PFMEA 的评估结果、售后数据、顾客投诉、保修数据库、数据手册。如果失效起因并不总是导致相关联的失效影响，可以考虑暴露于相关运行条件的可能性，从而调整频率的评级。例如一些失效起因只有在车辆运行于特定场景时才会产生失效影响，在这种情况下，可以考虑场景的暴露率来适当降低 F 值。具体地，可以根据失效发生的相关运行条件下的累计时间占总运行时间的比例来适当调整 F 值，相关规则可参考表 10-12。

表 10-12　FMEA-MSR 中频率的调整规则

相关运行条件下的累计时间占总运行时间的比例	F 可以随之降低的值
< 10%	1
< 1%	2

例如，从使用现场数据中得知，某个控制单元故障率为 1000 ppm/ 年，某个失效起因发生的频率 F 为 3，考虑到该失效起因只有当车辆处于驻车模式下才会引起风险，而与整个运行时间相比，驻车场景下使用的时间较短，因此可以考虑将 F 降为 2。

3. 监控有效性

监控有效性（M）的评级是对用户在操作期间探测故障失效并应用故障响应以维持安全或合规运行状态能力的度量。监控有效性的评级涉及传感器、逻辑和人类感知的综合能力，旨在探测故障失效，并通过机械驱动改变车辆行为的方式做出响应。为保持安全或合规运行状态，我们需要在发生危险或不合规影响之前进行故障探测和响应的排序。监控有效性最终评级说明了维持安全或合规运行状态的能力。

在 FMEA-MSR 中，监控有效性的评价准则可以参考表 10-13。

在评估监控有效性时，需要假设通过 FMEA-MSR 方法得出的监控措施能够按预期运行，尽管监控措施本身可能会失效。监控措施失效的原因可以在 DFMEA 中进行分析，其有效性的验证应作为开发过程的一部分，因此可以在产品的相应 DFMEA 中进行分析。

根据监控有效性的情况，可将监控响应分为以下 3 种类型。不同类型对严重度评级会产生影响，分析过程中应加以区分。

（1）无效的故障 / 失效监控

如果不存在监控措施或在故障处理时间内故障未得到及时处理或响应，则监控措施应评为无效（M=10）。该类监控响应架构示意图如图 10-32 所示。

表 10-13　FMEA-MSR 中监控有效性评价准则

监控有效性（M）	监控及系统响应的有效性	诊断监控/感知标准	系统响应/人体反应标准	公司或产品系列示例
10	无效	在容错时段内，系统、驾驶员、乘客或维修技术人员根本**无法探测或未探测到**故障/失效	在容错时段内没有反应	
9	非常低	在相关运行条件下几乎从未探测到故障/失效，监控非常低效，具有很高的变化性和不确定性。**诊断覆盖率低**	在容错时段内，系统或驾驶员不能以可靠的方式对故障/失效进行反应	
8	低	在极少数的相关运行条件下故障/失效能够被探测到，监控非常低效，具有很高的变化性和不确定性。诊断覆盖率预计**低于 64%**	在容错时段内，系统或驾驶员不能总是对故障/失效进行反应	
7	较低	在容错时段内，系统或驾驶员探测到故障/失效的机率低。监控非常低效，具有很高的变化性和不确定性。诊断覆盖率预计**高于 60%**	在容错时段内，系统或驾驶员对故障/失效进行反应的机率低	
6	中	只有在打开电源状态下，系统或驾驶员才能自动探测到故障/失效，探测时间的变化为中等程度。诊断覆盖率预计**高于 90%**	在多种运行条件下，系统或驾驶员能够对探测到的故障/失效进行反应	
5	中	在容错时段内，系统能够自动探测到故障/失效，探测时间的变化为中等程度或驾驶员可在多种运行条件下探测到故障/失效。诊断覆盖率预计在 **90% 到 97%** 之间	在很多种运行条件下，系统或驾驶员能够对探测到的故障/失效进行反应	
4	较高	在容错时段内，系统能够自动探测到故障/失效，探测时间的变化一般，或者驾驶员在大多运行条件下可以探测到故障/失效。诊断覆盖率预计**高于 97%**	在容错时段内，系统或驾驶员在大多运行条件下能够对探测到的故障/失效进行反应	
3	高	在容错时段内，系统能够自动探测到故障/失效，探测时间的变化很小。诊断覆盖率预计**高于 99%**	在容错时段内，系统在大多运行条件下能自动探测到故障/失效，系统反应的时间变化很小，并且诊断覆盖率高	
2	非常高	在容错时段内，系统能够自动探测到故障/失效，探测时间变化很小。诊断覆盖率预计**高于 99.9%**	在容错时段内，系统能够自动探测到故障/失效，系统反应的时间变化很小，并且诊断覆盖率很高	
1	在消除原有的失效影响方面可靠并可接受	系统总是可以自动探测到故障/失效。诊断覆盖率预计**大大高于 99.9%**	在容错时段内，系统总是能够对故障/失效进行自动反应	

图 10-32 无效的故障/失效监控情形

（2）可靠的故障/失效监控响应

在这种情况下，监控响应消除了初始失效的影响，使失效影响的严重度评级得到降低。该类监控响应架构示意图如图 10-33 所示。

图 10-33 可靠的故障/失效监控情形

（3）不可靠的故障/失效监控

在这种情况下，初始失效模式发生的次数较少（如 10%），大多数失效模式均被探测到（如 90%），并且系统响应使失效影响降低，这有点像第（1）和第（2）种情况的组合。降低的风险按监控评级表示，但最严重的失效影响严重度仍为 10。该类监控响应架构示意图如图 10-34 所示。

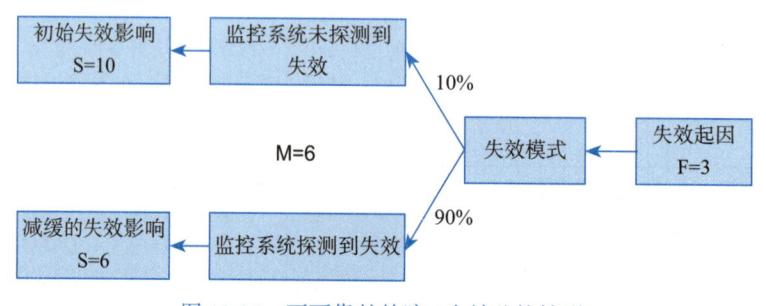

图 10-34 不可靠的故障/失效监控情形

4. 优化准则

FMEA-MSR 中关于风险应对措施的优化准则也应遵循措施优先级的评价准则。措施优先级是指在考虑严重度、频率和监控有效性的情况下，确定采取措施优先顺序的一种方法。这是通过分配评级来完成的，这些评级为风险评估提供了依据。措施优先级的等级定义如下。

☐ **高**：评审和措施的高优先级。团队需要确定适当的措施来降低频率、改进控制措施，证明并记录为何当前的控制措施足够有效。
- **中**：评审和措施的中等优先级。团队应该确定适当的措施来降低频率、改进控制措施，由公司自行证明并记录为何当前的控制措施足够有效。
- **低**：评审和措施的低优先级。团队可以确定措施以降低频率、改进控制措施。

可以根据表10-14所列规则确定失效模式相应的措施优先级。

表10-14 失效模式相应的措施优先级评价规则

严重度	S	频率	F	监控有效性	M	措施优先级（AP）	备注
对产品的影响度非常高	10	低	4	可靠~无效	5~10	H	
				较高~无效	4~10	H	
				很高~高	2~3	H	
				可靠	1	M	
		非常低	3	较高~无效	4~10	H	
				很高~高	2~3	M	
				可靠	1	L	
		极低	2	较高~无效	4~10	M	
				可靠~高	1~3	L	
		不会出现	1	可靠~不会出现	1~10	L	
对产品的影响度高	9	低~极高	4~10	可靠~无效	1~10	H	
		极低~非常低	2~3	很高~无效	2~10	H	
				可靠~高	1	L	
		不会出现	1	可靠~无效	1~10	L	
对产品的影响度较高	7~8	中~极高	6~10	可靠~无效	1~10	H	
		中	5	较高~无效	5~10	M	
				可靠~高	1~4	M	
		低	4	较低~无效	7~10	H	
				较高~中	4~6	M	
				可靠~高	1~3	L	
		非常低	3	很低~无效	9~10	H	
				较低~低	7~8	M	
				可靠~中	1~6	L	
		极低	2	较低~无效	7~10	M	
				可靠~中	1~6	L	
		非常低	1	可靠~无效	1~10	L	

(续)

严重度	S	频率	F	监控有效性	M	措施优先级（AP）	备注
对产品的影响度较低	4~6	高~极高	7~10	可靠~无效	1~10	H	
		中	5~6	中~无效	6~10	H	
				可靠~较高	1~5	M	
		低		很低~无效	9~10	M	
		极低	2~4	较高~中	7~8	M	
				可靠~中	1~6	L	
		不会出现	1	1~10	1~10	L	
对产品的影响度低	2~3	高~极高	7~10	可靠~无效	1~10	H	
		中	5~6	较低~无效	7~10	M	
				可靠~中	1~6	L	
		极低~低	2~4	可靠~无效	1~10	L	
		不会出现	1	可靠~无效	1~10	L	
对产品的影响很低	1	不会出现~极高	1~10	可靠~无效	1~10	L	

注：如果 M=1，在确定措施优先级时，应使用监控响应系统后的失效影响严重度评级。如果 M 不等于 1，在确定措施优先级时，应使用最初的失效影响严重度评级。

通常，组织需要定义内部实施 FMEA 方法后是否需要采取风险降低措施的准则（即优化准则）。旧版《FMEA 手册》是基于 RPN 值来定义的，前文介绍 FMEA 七步法时提到，采用 RPN 值来定义是否需要采取风险降低措施在某些情况下是不合理的。那么，基于 AP 值又该如何定义呢？

一般来说，对于潜在严重度为 9 或 10 且措施优先级为高或中的失效影响，组织需关注该类失效影响对应的失效模式或起因是否已采取了足够的控制措施，建议至少由管理层进行评审。

Q：优化准则已经有了，具体该如何基于 FMEA 对设计进行优化呢？

措施优先级是通过严重度、频率、监控有效性这三个指标综合评定的结果，因此，只要降低其中任何一个指标，AP 就会相应降低。

根据上文对严重度、频率、监控有效性三个指标的定义可知，FMEA-MSR 中的严重度可以通过实施有效的监控和系统响应来降低，因此可以得到以下两个优化方向。

1）降低频率，例如通过优化零部件设计或使用失效率更低的零部件。

2）提高监控有效性，例如提高监控模块的覆盖率。

10.6.3 如何避免监控设计的缺陷

在上文介绍监控有效性这个指标时，提到过对监控有效性评价时假设监控功能能按预期运行。但监控功能本身也可能会失效或不及预期，而且这部分失效在 FMEA-MSR 中无法覆盖。如果加入的监控功能达不到预期，FMEA-MSR 的分析结果也就无法成立。

从本质上讲，监控也是产品的一个功能，因此监控功能本身的失效可以通过经典 FMEA 进行分析。

对于监控功能来说，它的失效模式可以概括为未探测到故障、检测到故障（危害）、故障响应不可靠（响应能力下降）。

根据上述失效模式对监控功能进行失效分析及风险评估后，定义相应的控制措施以保证监控功能的有效性，具体可以参考以下方法。

1）**预防控制**：用于定义监控机制的措施，以及时探测失效起因的可靠性。

2）**探测控制**：用于定义验证监控机制有效性的措施，以确认监控机制是否准确实现。

根据分析得到的预防控制和探测控制措施，分别评估对应的 O 值和 D 值；如果需要优化，则对监控功能的设计进行改进，以保证监控的有效性。

由此可见，经典 FMEA 和 FMEA-MSR 二者之间相互依赖，具体表现为：

1）使用 FMEA-MSR 引入监控概念可以降低经典 FMEA 中的 S 值。

2）通过经典 FMEA 对监控功能进行分析可以提高 FMEA-MSR 中监控功能的可靠性。

经过以上介绍可知，FMEA-MSR 的基础实际上仍是经典 FMEA。它们的主要区别体现在第五步风险评估环节，具体 FMEA-MSR 风险评估样式可参考表 10-15。

表 10-15 FMEA-MSR 风险评估样式

失效起因的频率（F）	频率评级的理由	当前诊断监控	当前的系统响应	有效性（M）	系统响应后的失效影响严重度	在失效分析中初始的严重度	措施优先级

10.7 本章小结

关于 FMEA 和 FMEA-MSR 方法的落地实践就介绍到这里。FMEA 本身是一种结构化的分析方法，按照该方法论一步步进行严谨的分析，毫无疑问能够对设计起到很好的验证作用。在此基础上，组织可以将分析步骤进一步结构化，比如上面提到的对第七步中的需求导出过程进行结构化处理，这样不仅能使分析思路非常清晰，而且便于将分析结果文件化，即对分析结果进行结构化整理。

随着汽车行业的发展及技术变革，相关标准也随着技术的发展不断推陈出新，不少标准间还存在一些交叉融合的地方。类似 FMEA 和 FMEA-MSR，FMEA-MSR 虽然在手册里面定义为一种新的分析方法，但从本质上来讲 FMEA-MSR 是 FMEA 的延伸。为了满足功能安全标准 ISO 26262 要求，FMEA-MSR 在 FMEA 基础上进行了改进。虽然业内目前还没有大面积将 FMEA-MSR 用于实际项目开发中，但相信不久的将来会看到越来越多的落地应用。

最后需要提醒的是，针对复杂系统的 FMEA 是一项庞大的任务，涉及各功能小组间分析任务的协调，但更为复杂的是将 FMEA 落到实处，发挥其应有的作用，而不是为了完成任务而按照分析表格填上信息就草草了事。切莫用"敷衍心"对待安全相关的活动，这样再好的方法论也无济于事。

第 11 章

FTA 方法

对于功能安全的分析方法来说，不得不提另一种分析方法——故障树分析（FTA）。

FTA 和 FMEA 相反，是一种典型的演绎分析法。两者就像太极的阴阳，相辅相成，互为补充，才能对设计进行更全面的分析验证。FTA 是一种自上而下的演绎分析法，通过逻辑分析构建的每一棵故障树都展现了逻辑美学。本章将结合示例系统地介绍 FTA 及其应用，希望大家在实际应用中能感受到 FTA 之美。

11.1 FTA 的发展历程

图 11-1 展示了故障树分析的发展历程和主要时间轴事件。

FTA 是一种风险管理和决策工具，由美国贝尔电话研究所的沃森（Watson）和默恩斯（Mearns）于 1961 年首次提出，并应用于分析民兵导弹发射控制系统。从此，FTA 方法在许多领域得到广泛应用。

在航天领域，美国波音公司研制第二代战略导弹——民兵一号洲际弹道导弹。1962 年，民兵一号洲际弹道导弹服役，FTA 方法也开始被应用于该系统的安全研究中，此后被广泛应用于宇航、导弹、火箭等领域。

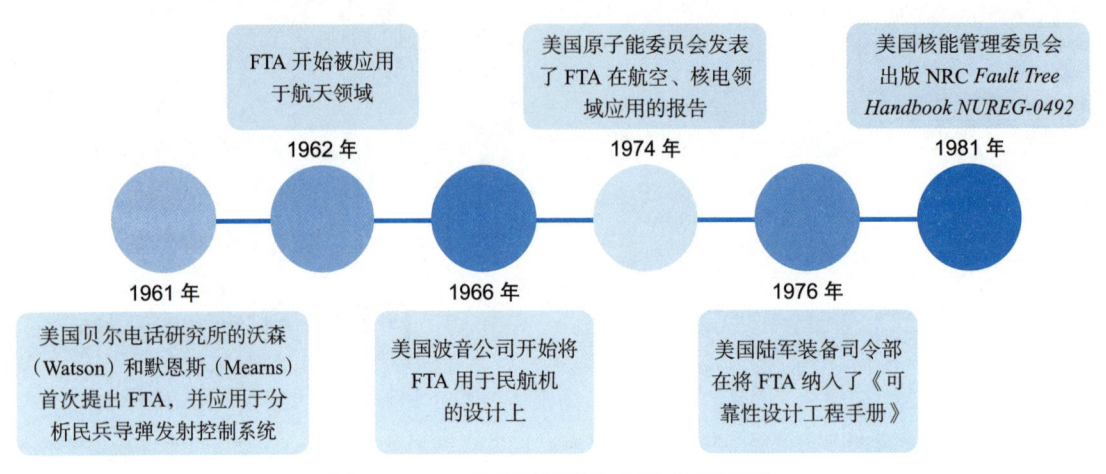

图 11-1　FTA 的发展历程和主要时间轴事件

美国阿波罗计划初期就已经针对将人送到月球，并且平安返回地球的可能性进行分析。根据一些风险（或可靠性）计算的结果，任务成功的概率低到让人无法接受。因此，NASA 不进行后续的定量分析或可靠性分析，只依靠失效模式与影响分析及其他定性的系统安全评估工具，一直到挑战者号事件发生为止。之后，NASA 体会到 FTA 及概率风险评估（PRA）在系统安全及可靠性分析上的重要性，开始广为使用。后来，FTA 变成最重要的系统可靠性及安全分析技术之一。

在 1965 年，由美国波音公司和华盛顿大学赞助的系统安全研讨会在西雅图召开，广泛报道了 FTA 相关技术。波音公司从 1966 年开始将 FTA 应用于民航机的设计。

1974 年，美国原子能委员会发表了一份报告。报告中提到了如何通过 FTA 方法评估核电站事故的危险性，引起了广泛关注。

之后，FTA 方法被广泛用于分析高可靠性系统。例如，美国一家大型石油公司埃克森美孚就利用 FTA 方法分析其炼油系统的可靠性。

20 世纪 60 和 70 年代，FTA 方法被美国军方广泛用于武器系统的设计和改进。美国军方在皮卡汀尼兵工厂将 FTA 方法应用于引信系统的设计和改进。此外，美国陆军装备司令部在 1976 年还将 FTA 纳入了《可靠性设计工程手册》。

在核能产业中，美国核能管理委员会自 1975 年起开始使用包括 FTA 在内的概率风险评估（PRA）。在 1979 年的三里岛核泄漏事故后，美国核能管理委员会大幅扩展了概率风险评估的相关研究。最终，美国核能管理委员会于 1981 年出版了 NRC *Fault Tree Handbook*（NUREG-0492），并在其管辖范围内强制使用概率风险评估技术。

总体来说，FTA 方法自 20 世纪 60 年代以来一直在可靠性工程领域发挥着重要作用。

11.2 FTA 相关内容简介

本节将从 FTA 的基本概念入手，介绍什么是故障树、FTA 的定义及 FTA 的目的，使大家对 FTA 有一个基本的认知。

11.2.1 故障树介绍

故障树（Fault Tree）是表示产品组成部分的故障、外界事件或它们的组合导致产品发生特定故障的逻辑图。故障树又称问题树、演绎树或分解树等。故障树是将问题的所有子问题分层罗列，从最高层开始逐步向下扩展。它可以帮助理清思路，避免重复和无关的思考。

故障树是一种逻辑因果关系图，其构图的元素包括事件和逻辑门，其中，事件用于描述系统及其元件或部件的故障状态；逻辑门将事件联系起来，表示事件之间的逻辑关系。

故障树是一种模型，它以图形的方式表示系统中发生顶事件的各种可能事件的组合，包括故障和正常事件。事件表示系统元素中状态的动态变化。故障事件是一种异常的系统状态。正常事件是指预期会发生的事件。系统元素包括硬件、软件、人为和环境因素。

11.2.2 FTA 的定义

FTA（Fault Tree Analysis，故障树分析）是进行系统可靠性分析最常用的方法之一。FTA 方法是指在系统设计或改进过程中，通过分析可能导致系统故障的各种因素（包括硬件、软件、环境和人为因素等），绘制逻辑框图（即故障树），从而确定系统故障原因及发生概率，并据此计算系统故障概率，采取相应措施，以提高系统可靠性的一种设计分析和评估方法。

FTA 是一种系统地以树状图形分析存在的问题及其关系的方法，其中，树根表示中心问题及子问题的原因。树干表示具有研究价值的核心问题。枝叶：与核心问题相关的次要问题。果实：解决问题的策略。

可将一个已知问题视为树干，然后思考与该问题相关的其他问题或子任务。每想到一点，就为这个问题（树干）增加一个"树枝"，并标明该"树枝"所代表的问题。在大的"树枝"上，还可以有更小的"树枝"，逐层识别出与问题相关的所有相关项。

许多可靠性技术主要关注确保硬件实现预期功能。FTA 是一种详细的演绎分析方法，通常需要大量的系统信息。为了确保系统的所有关键方面都得到识别和控制，它利用布尔逻辑图形表示形成特定系统故障（后果）相关的原因。该系统故障通常被称为"顶事件"，将其分解得到的基本故障（原因），称为主要事件。这些顶部事件可以是广泛的、包罗万象的事件，如核电站释放放射性物质或洲际弹道导弹的非预期发射，也可能是特定事件，如未能插入控制棒。

FTA 解决了系统设计方面的潜在故障，以图形方式描述系统功能和行为，一次只关注一个错误，并提供定性和定量的可靠性分析。故障树的目的是将导致系统中顶事件发生的事件集展示出来，特别是主要故障。

11.2.3 FTA 的目的

FTA 以一个不希望的系统故障事件（或灾难性的系统危险，即顶事件）作为分析的目标，通过自上而下分层次地进行故障因果逻辑分析，逐层找出故障事件发生的必要且充分的直接原因，最终找出导致顶事件发生的所有原因及原因组合。在具备基础数据时，可计算出顶事件发生的概率和底事件重要度等定量指标。FTA 具体可实现以下目的。

1）帮助确定可能发生的故障模式和原因。
2）发现可靠性和安全性薄弱环节，采取改进措施，以提高产品的可靠性和安全性。
3）计算故障发生概率。
4）指导故障诊断、改进使用和维修方案制定。

11.3 ISO 26262 中关于 FTA 的说明及要求

关于两种分析方法的关系及执行形式的区别，标准 ISO 26262 说明如下。

Another way to classify the safety analyses is by the way they are conducted:
— inductive analysis methods are bottom-up methods that start from known causes and identify possible effects;
— deductive analysis methods are top-down methods that start from known effects and seek possible causes.
Inductive analyses and deductive analyses complement each other and therefore increase the coverage

of their result.

（参考 ISO 26262-9: 2018, 8.2）

解读 由以上描述可知，归纳分析是一种自下而上从原因到影响的分析，而演绎分析是一种自上而下从影响到原因的分析，两者相辅相成可以提高各自分析结果的可信度。

除了分析方法执行形式上的区别，标准要求实施 FTA 的门槛似乎更高，ASIL C 以上才强烈推荐执行。

关于演绎分析和归纳分析方法在执行严格度上的要求可参见表 11-1。

表 11-1 标准对于演绎分析和归纳分析方法的 ASIL 适用等级要求

	方法	ASIL 等级			
		A	B	C	D
1	演绎分析	o	+	++	++
2	归纳分析	++	++	++	++

表 11-1 并未直接说明两种分析方法在执行严格度上的区别。标准本身是为了提出要求，这些要求来源于经过市场检验的优秀经验，按照要求执行可以保证设计验证的严谨性。不过，从下面一段关于标准对 FMEA 和 FTA 所考虑的故障类型的描述可以窥见标准对不同 ASIL 等级应用演绎分析还是归纳分析方法的考量。

标准原文 FTA includes coverage for combinations of multiple faults and events or situations which may lead to a hazard, while FMEA considers the effects of individual faults.

（参考 ISO 26262-10: 2018, Annex A）

解读 FMEA 方法分析过程是针对单一故障，每种功能的故障都被详细地分析到，但没有考虑故障之间的关联影响。而 FTA 方法分析过程考虑多种故障因素的影响，复杂一些的系统需要通过 FTA 来分析危害事件的多因素故障影响。

当然，FMEA 和 FTA 是两种通用的分析方法，只要条件（资源、时间、成本）允许，即使是质量管理系统安全可靠性分析也推荐使用。标准的要求是综合考量的结果，只要以不低于标准要求的准则来实施安全的相关活动，都可以认为是满足标准要求的。

由于 FTA 是一种关于安全和可靠性的分析方法，ISO 26262 仅对其使用的具体方面以及实施时间提出了一些要求，因此标准中关于 FTA 的内容并不多。至于 FTA 具体应如何实施，并非 ISO 26262 的范畴，其具体分析方法可参考相关标准、手册或应用指南。

11.4　FTA 中的事件及其符号

在 FTA 中，各种故障状态或不正常情况被称为"故障事件"，各种完好状态或正常情况被称为"成功事件"。两者均可简称为"事件"。

11.4.1　底事件

底事件是故障树中仅导致其他事件的原因事件。它位于故障树的底端，总是某个逻辑门的输入事件而不是输出事件。底事件分为基本事件与未探明事件。

1. 基本事件

基本事件是指在特定的 FTA 中无须探明其发生原因的底事件。它们是导致顶事件（即不希望发生的最终事件，如系统故障或失效）发生的直接、具体的原因或故障模式。基本事件的图形符号如图 11-2 所示。

图 11-2　基本事件的图形符号

2. 未探明事件

未探明事件是指原则上应进一步探明其原因但暂时不必或无法探明其原因的底事件，即某些事件或原因虽然被识别为可能顶事件（即不希望发生的最终事件）发生的原因，但由于当前信息不足、技术限制或其他原因，暂时无法或不必进一步探明其具体细节的事件。未探明事件的图形符号如图 11-3 所示。

图 11-3　未探明事件的图形符号

11.4.2　结果事件

结果事件是指在 FTA 中由其他事件或事件组合所导致的事件。它位于某个逻辑门的输出端。结果事件分为顶事件与中间事件。结果事件的图形符号如图 11-4 所示。

图 11-4　结果事件的图形符号

1. 顶事件

顶事件是指在 FTA 中关注的最终结果事件，即故障事件或不期望的事件。它位于故障树的顶端，在所讨论的故障树中作为逻辑门的输出事件，而非输入事件。顶事件的图形符号如图 11-5 所示。

图 11-5　顶事件的图形符号

2. 中间事件

中间事件是指位于底事件和顶事件之间的结果事件。自顶事件出发，直接导致顶事件发生的事件被视为"一级中间事件"。随着分析的深入，这些中间事件又可能由更下一级的中间事件或底事件所引发。因此，中间事件在故障树中起到了桥梁作用，连接了顶事件和底事件，构成了故障传播的路径。它既是某个逻辑门的输出事件，又是别的逻辑门的输入事件。中间事件的图形符号和结果事件的图形符号类似。

11.4.3　特殊事件

特殊事件是指在 FTA 中需用特殊符号表明其特殊性或引起注意的事件，例如开关事件、条件事件。

1. 开关事件

开关事件也称"房型事件"，表示已经发生或者必将发生的特殊事件，其图形符号如图 11-6 所示。房型事件是一种可以被设定为发生或不发生的事件，通常具有固定的 0 或 1 概率。该事件常用于开启或关闭路径，或决定路径在树中的作用。

图 11-6　开关事件的图形符号

2. 条件事件

条件事件是描述逻辑门起作用的具体限制的特殊事件，属于一种特殊的中间事件，其图形符号如图 11-7 所示。

图 11-7　条件事件的图形符号

11.4.4　FTA 中的逻辑门及其符号定义

在 FTA 中，逻辑门只描述事件间的因果关系。与门、或门和非门是 3 个基本门，其他逻辑门为特殊门。

1. 与门

与门表示仅当所有输入事件发生时，输出事件才发生。换句话说，只有当与门连接的所有输入事件同时满足时，与门的输出事件才会发生。这种逻辑关系体现了系统失效的综合性，即多个原因或故障模式必须同时满足才能导致顶事件的发生。与门的图形符号如图 11-8 所示。

图 11-8　与门的图形符号

2. 或门

或门表示至少一个输入事件发生时，输出事件就会发生，即只要有一个输入事件满足，或门的输出事件就会发生。这种逻辑关系体现了系统失效的多样性，即多种不同的原因或故障模式都可能导致同一个顶事件的发生。或门的图形符号如图 11-9 所示。

图 11-9　或门的图形符号

3. 非门

非门表示输出事件是输入事件的逆事件，即经过非门的事件，其结果变成了输入事件的反面。非门表示事件的否定条件，用于表示某个事件不发生的情况，即如果输入事件发生，则非门的输出事件不发生；如果输入事件不发生，则非门的输出事件发生。非门的图形符号如图 11-10 所示。

图 11-10　非门的图形符号

4. 顺序与门

顺序与门表示仅当输入事件按规定顺序发生时，输出事件才会发生，因此顺序与门也是一种条件与门。顺序与门的图形符号如图 11-11 所示。

图 11-11　顺序与门的图形符号

顺序与门示例：有主发电机和副发电机（带开关控制器）的系统停电故障分析，如图 11-12 所示。

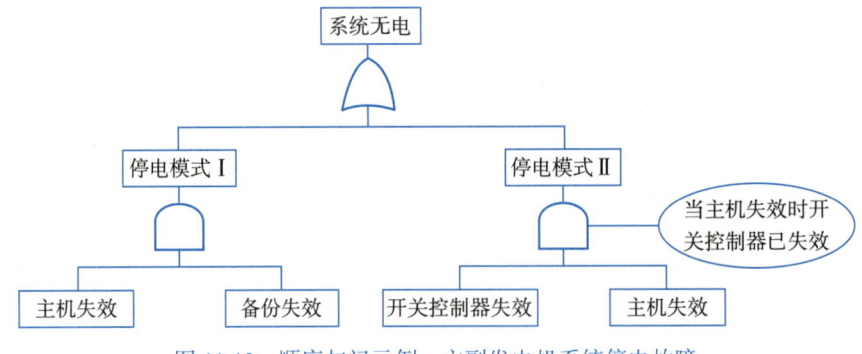

图 11-12　顺序与门示例：主副发电机系统停电故障

5. 表决门

表决门表示仅当 n 个输入事件中有 m 个或 m 个以上的事件发生时，输出事件才发生（$1 \leqslant m \leqslant n$）。表决门的图形符号如图 11-13 所示。

图 11-13　表决门的图形符号

6. 异或门

异或门表示只有当单个输入事件发生时，输出事件才会发生。异或门的图形符号如图 11-14 所示。

异或门示例：双发电机电站丧失部分电力故障分析，如图 11-15 所示。

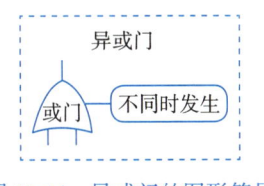

图 11-14　异或门的图形符号

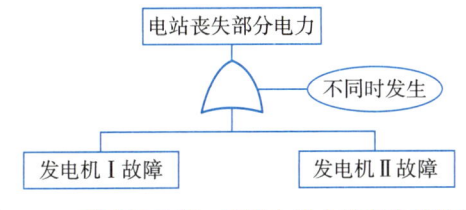

图 11-15　异或门示例：双发电机电站丧失部分电力

7. 禁门

禁门表示仅当禁门打开条件事件发生时，输入事件的发生才会导致输出事件的发生。禁门的图形符号如图 11-16 所示。

禁门示例：汽车刹车失灵故障分析（部分），如图 11-17 所示。

图 11-16　禁门的图形符号

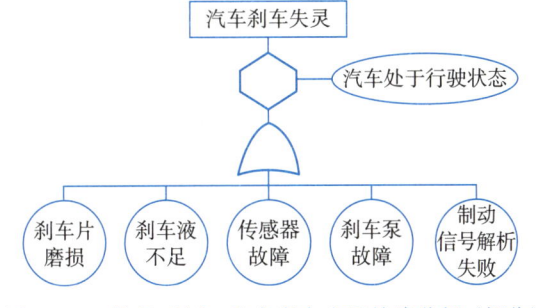

图 11-17　禁门示例：汽车刹车失灵故障分析（部分）

11.4.5　FTA 中的转移符号

转移符号是为了避免画图时的重复，并使图形简明而设置的符号。转移符号分为相同转移符号和相似转移符号。

1. 相同转移符号

如图 11-18 所示为一对相同的转移符号，用于指明子树的位置。图 11-18 a 中的符号表示

"从下面转到以字母/数字为代号所指的子树"。图 11-18 b 中的符号表示"从具有相同字母/数字的符号处转到这里"。

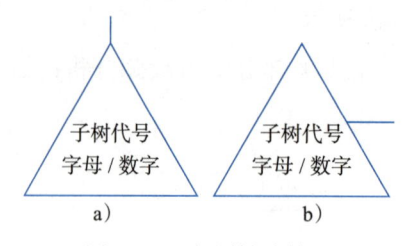

图 11-18　相同转移符号

相同转移符号示例：造船工人高空作业坠落事故分析，如图 11-19 所示。

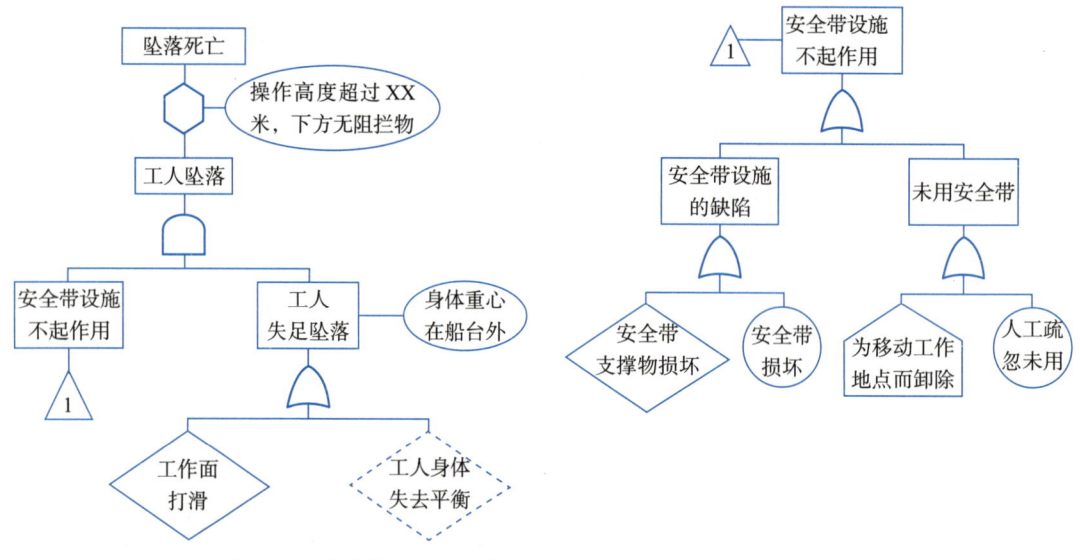

图 11-19　相同转移符号示例：造船工人高空作业坠落事故分析

2. 相似转移符号

图 11-20 所示是一对相似转移符号，用以指明相似子树的位置。图 11-20 a 中的符号表示"下面转到以字母/数字为代号所指示的结构相似但事件标识符不同的子树"，不同的事件标识符在三角形旁注明。图 11-20 b 中的符号表示"相似转移符号所指的子树与此处子树相似但事件标识符不同"。

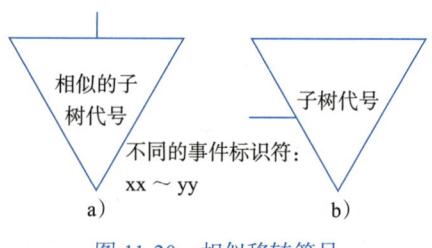

图 11-20　相似移转符号

相似转移符号示例：某飞机不能正常飞行故障分析，如图 11-21 所示。

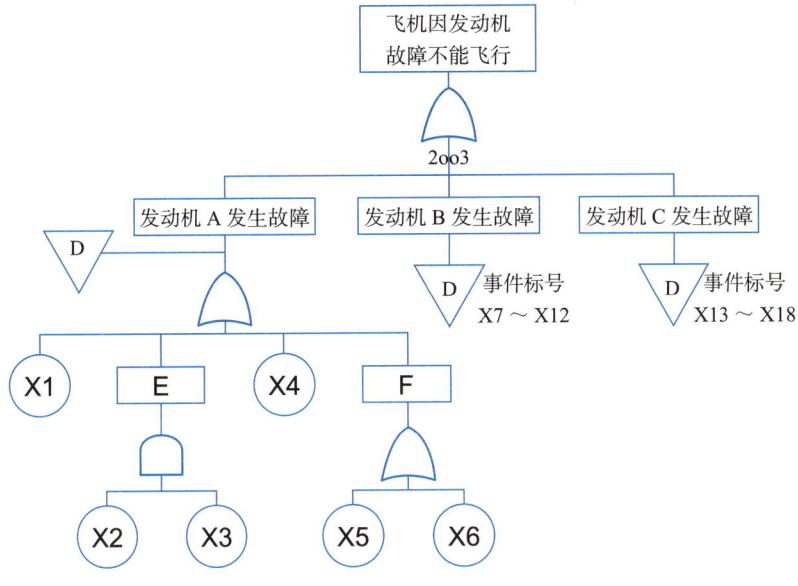

图 11-21　相似转移符号示例：飞机不能正常飞行故障分析

以上就是 FTA 中常用事件、逻辑门及其符号的定义，这些是 FTA 的一些基础概念，必须掌握才能开始 FTA。与 FMEA 有些不同，FTA 是一种图形化的演绎分析法，分析过程中使用不同逻辑门、各类事件及其符号，最终才能形成一棵具备 **"逻辑生命力"** 的故障树。

11.5　FTA 中的术语

除了各类事件及其符号，FTA 的定性或定量分析过程中还会涉及一些其他的专业术语，比如割集、最小割集、底事件结构重要度等概念。本节将介绍这些术语及定义。

11.5.1　模块与最大模块

FTA 中的模块概念其实可以对应架构中的各个子系统架构、功能模块。不同的是，FTA 基于一棵棵故障树，这些模块化的故障树代表某个事件发生原因的"集合"。依据这些模块对应故障树顶事件的颗粒度，对应原因的集合可大可小，类似于 FMEA 分析中的失效模式、失效影响和失效起因的关系。FTA 中的模块根据其在故障树中所处的层级，其角色也可以因模块间的因果关系而互换。因此，FTA 中的模块可以理解为整体 FTA 中的一棵棵子树或中间构件。

1. 模块

对于已经规范化和简化的两状态故障树，模块至少由两个底事件组成，但不是所有底事件的集合。集合中的这些底事件通过一个共同的逻辑门，并且必须通过此门才能到达顶事件。故障树的所有其他底事件均不能通过该逻辑门。

2. 最大模块

故障树的最大模块首先必须是该故障树的一个模块，即至少包含两个底事件。这些底事件通过逻辑门可以到达同一个逻辑门，并且这个逻辑门是它们到达顶事件的唯一途径。同时，该模块中的底事件不会出现在该模块之外的其他部分。此外，最大模块的关键特性在于，它不被任何其他模块包含，即它是故障树中相对独立且最大的一个模块单元。规范化和简化后的故障树的最大模块是该故障树的一个独立模块，不包含于其他模块中。

11.5.2 割集与最小割集

割集和最小割集是 FTA 中的重要工具，它们通过识别导致系统失效的基本事件组合，为系统设计和维护提供了有力的支持。通过分析和利用割集和最小割集，可以深入了解系统的失效机制，制定有效的预防措施，提高系统的可靠性和安全性。下面介绍这两个术语的具体定义、作用及应用。

1. 割集

割集也叫"截集"或"截止集"，是指能够导致顶事件发生的基本事件的集合。在 FTA 中，一组基本事件的发生能够引发顶事件的发生，这组基本事件就被称为"割集"。割集描述了导致系统失效的一种或多种可能事件的组合。

割集的作用如下。

❑ 割集有助于识别导致系统失效的潜在事件组合，为系统设计和维护提供重要参考。

❑ 通过分析割集，可以了解系统失效的多种可能路径，从而制定更加全面的预防措施。

2. 最小割集

最小割集（Minimum Cut Set，MCS）是指引起顶事件发生的最小基本事件集合。也就是说，在最小割集中，如果移除任何一个基本事件，该割集将不再能引起顶事件的发生。最小割集是割集的一个子集，有最少的元素。一个最小割集代表引起故障树顶事件发生的一种故障模式。

最小割集的作用如下。

- **表示系统的危险性**。最小割集的数量越多，说明系统存在多种可能导致失效的路径，系统的危险性也就越大。通过计算和分析最小割集，可以评估系统的整体风险水平。
- **揭示顶事件发生的原因**。掌握最小割集有助于了解哪些基本事件的组合能够导致系统失效，这对于事故调查和原因分析至关重要。
- **帮助制定预防措施**。每个最小割集代表了一种可能的失效模式。通过分析这些模式，可以制定针对性的预防措施，以降低系统失效的风险。
- **判定基本事件的结构重要度和计算顶事件发生的概率**。在 FTA 中，最小割集可以用于判定基本事件的结构重要度，即每个基本事件对系统失效的贡献程度。此外，最小割集还可用于计算顶事件发生的概率，为系统可靠性和安全性的评估提供依据。

11.5.3 径集与最小径集

在 FTA 中，径集和最小径集是描述系统安全性的重要概念。它们虽然与割集和最小割集相对应，但关注的角度有所不同。

1. 径集

径集也称"通集"或"导通集"，是割集的对称。在 FTA 中，径集是指顶事件（即危险事故）不发生的基本事件的集合。如果故障树中的某些基本事件不发生，则顶事件就不会发生，这些基本事件的集合被称为"径集"。也就是说，径集的作用在于表示系统的安全性，即说明了避免系统事故发生的途径。

具体来说，径集揭示了哪些基本事件的不发生是防止顶事件发生的关键。通过识别这些基本事件，可以制定有效的预防措施，从而提高系统的整体安全性。

2. 最小径集

最小径集是指顶事件不发生的最低限度的基本事件集合。在最小径集中，任意去掉一个基本事件后，它就不再是一个径集。因此，最小径集是径集中最为精简和关键的部分。

最小径集的作用在于提供系统安全性的最小保障集合。通过掌握最小径集，可以明确哪些基本事件的不发生是防止顶事件发生的必要条件。这有助于在资源有限的情况下，优先关注和控制这些关键的基本事件，从而以最小的代价实现最大的安全保障。

Q: 如何识别出最小径集?

3. 最小割集和最小径集在 FTA 中的应用

经过以上对最小割集和最小径集概念的讲解，最小割集和最小径集在 FTA 中的应用概括如下。

（1）最小割集表示系统的危险性

求出最小割集可以掌握事故发生的各种可能性，了解系统的危险性。每个最小割集都是顶事件发生的一种可能。有几个最小割集，顶事件的发生就有几种可能。最小割集越多，系统就越危险。从最小割集可以直观、概略地看出哪些事件最危险，哪些次之，哪些可以忽略，以及如何采取措施降低事故发生的概率。

示例：经分析，某个系统共有 3 个最小割集：{X1}、{X2, X3}、{X4, X5, X6, X7, X8}。如果各基本事件的发生概率都近似相等的话，一般来说，一个事件的割集比两个事件的割集更容易发生，而 5 个事件的割集发生的概率更小，完全可以忽略。

因此，为了提高系统的安全性，可采取技术和管理措施，以便增加最小割集中的基本事件。以上述三个最小割集的故障树为例，可以在事件割集 {X1} 中增加一个基本事件 X9，例如：安装防护装置或采取隔离措施等，使新的割集为 {X1、X9}。这样能够使整个系统的安全性提高若干倍，甚至几百倍。如果不从最小割集入手，采取的措施将难以取得显著效果。

（2）最小径集表示系统的安全性

求出最小径集可以了解到，要使顶事件不发生有几种可能的方案，从而为控制事故提供依据。一个最小径集中的基本事件都不发生，就可使顶事件不发生。故障树中最小径集越多，系统就越安全。

从用最小径集表示的故障树等效图可以看出，只要控制一个最小径集不发生，顶事件就不会发生。一般来说，对少事件的最小径集加以控制较为有利。

如果系统某一故障模式发生，则一定是该系统中与其对应的某一个最小割集中的全部底事件都发生了。进行维修时，如果只修复某个部件故障，虽然能够使系统恢复功能，但其可靠性水平尚未恢复。根据最小割集的概念，只有修复同一最小割集中的所有部件故障，才能恢复系统的可靠性和安全性设计水平。

11.5.4 单调故障树与非单调故障树

在 FTA 中，通常提到的"单调故障树"与"非单调故障树"的概念主要是从故障树逻辑特性的角度进行区分的。单调故障树通常指底事件导致顶事件发生为正逻辑的故障树，而非单调故障树中底事件与顶事件并不呈正相关关系。

1. 单调故障树

单调故障树具有以下特点。
- 结构函数具有单调性。
- 仅包含故障事件以及与门、或门的故障树。
- 在单调故障树中，所有底事件（基本故障或原因）的失效会导致顶事件（系统失效或事故）发生概率的增加，即底事件的失效与顶事件的发生之间呈正相关关系。

单调故障树的示例：某工厂金属屑伤眼事故分析，如图 11-22 所示。

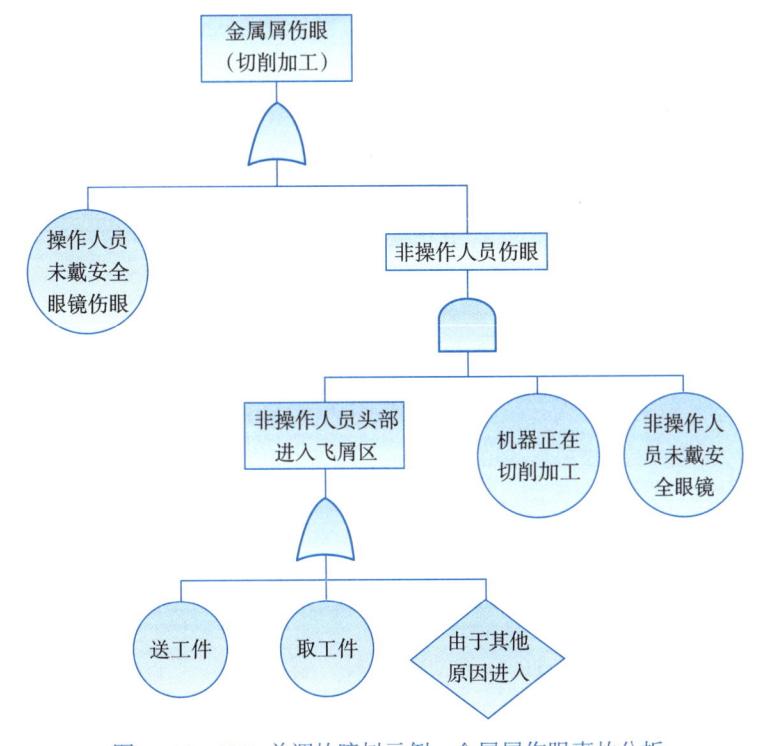

图 11-22 FTA 单调故障树示例：金属屑伤眼事故分析

2. 非单调故障树

非单调故障树具有以下特点。

- 结构函数不具有单调性。
- 在非单调故障树中，某些情况下底事件的正常状态（非失效）反而增加了顶事件发生的概率。这通常是系统中存在冗余设计、负反馈机制或其他复杂的相互作用所导致的。

非单调故障树示例：化工厂传输液溢出贮液箱事故分析，如图 11-23 所示。

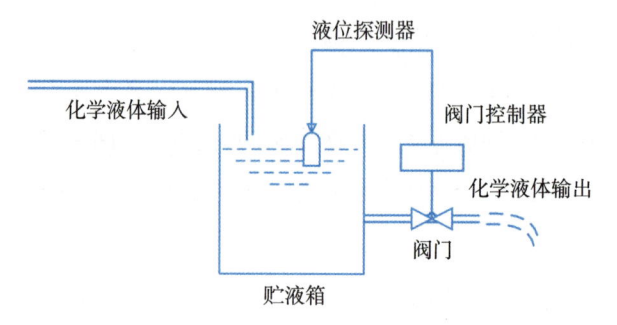

图 11-23　非单调故障树示例：化工厂传输液溢出贮液箱事故分析

若假定输入只有正常、过量两种状态，阀门不会失效，探测器的故障只有一种——检测过低，控制器的故障只有一种——没有反应，经分析得出图 11-24 所示的两状态非单调故障树。

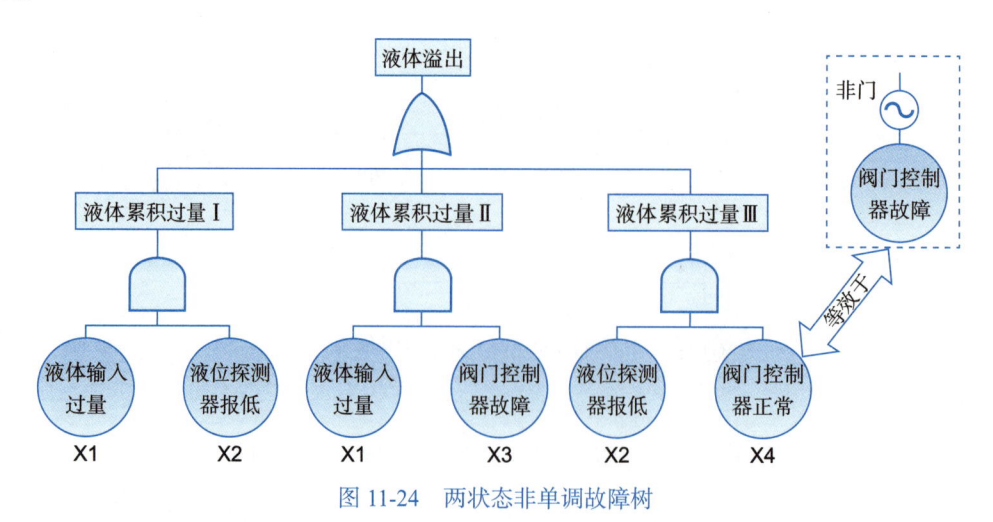

图 11-24　两状态非单调故障树

在图 11-24 所示的故障树中,"液位探测器报低"这一故障事件(X2)出现时,如果"阀门控制器故障"这一事件(X3)不出现(即 X4 出现),则"液体累积过量Ⅲ"这一中间事件出现,导致液体溢出,顶事件发生。

而如果 X2 出现时 X3 也出现(X4 不出现),即液位探测器报低时阀门控制器也发生故障,则顶事件反而不发生。此时,结构函数是非单调的,所以这是一棵非单调故障树。

3. 故障概率函数

在 FTA 中,故障概率函数表示系统或组件在特定条件下,随着时间变化的故障或失效概率的数学表达。

在故障树中的所有底事件互相独立的条件下,顶事件发生的概率 Q 是底事件发生概率 q_1, $q_2, \cdots, q_n$ 的一个函数,记为:

$$Q = Q(q_1, q_2, \cdots, q_n)。$$

11.5.5 重要度

故障树中的底事件并非同等重要。如果能对故障树中每个底事件的重要程度进行定量描述,将对系统设计和故障分析非常有价值。常用的几个底事件的重要度定义见下方描述。

1. 底事件结构重要度

第 i 个基本事件的结构重要度表示为

$$l_\Phi(i) = \frac{1}{2^{n-1}} \sum_{(x_1,\cdots,x_{i-1},\cdots,x_{i+1},\cdots,x_n)} [\Phi(x_1,\cdots,x_{i-1},1,x_{i+1},\cdots,x_n) - \Phi(x_1,\cdots,x_{i-1},0,x_{i+1},\cdots,x_n)], i=1,2,\cdots,n。$$

其中,$\Phi(\cdot)$ 是故障树的结构函数,是对 $x_1, \cdots, x_{i-1}, 0, x_{i+1}, \cdots, x_n$ 分别取 0 或 1 的所有可能求和。

底事件结构重要度从故障树的结构角度反映了各底事件在故障树中的重要程度。

2. 底事件概率重要度

在故障树中所有底事件互相独立的条件下,第 i 个底事件的概率重要度表示为

$$l_p(i) = \frac{\delta}{\delta_{q_i}} Q(q_1, q_2, \cdots, q_n), \quad i = 1, 2, \cdots, n。$$

其中,$Q(q_1, q_2, \cdots, q_n)$ 为故障树的故障概率函数。

第 i 个底事件的概率重要度表示第 i 个底事件发生概率的微小变化导致顶事件发生概率的变化率。

11.6 FTA 实施原则

通过透彻了解系统的故障逻辑关系，找出导致顶事件发生的所有基本事件或故障原因组合，从而辨识出系统在安全性或可靠性设计上的薄弱环节，以便改善设计。构建故障树是进行故障树定性和定量分析的前提条件。

建树的依据是系统图、本次分析的目的及顶事件定义。如果需要考虑的顶事件的不同故障模式，例如转速控制系统失控导致超速、转速控制系统故障造成失速；或需要考虑部件的不同故障模式，例如"电阻器开路、短路、阻值漂移"，那么相当于对系统级的故障树按故障模式进行了拆分，对应分析得到的故障树可能是整体故障树的一部分。

11.6.1 划定边界和合理简化架构图

故障树的边界应与系统的边界一致，以免遗漏或出现不必要的重复。系统中不同构成要素之间存在很多连接，功能交互非常多，但其中有些对给定的顶事件并不重要。为了减小故障树的规模并突出重点，应在 FMEA 的基础上舍弃那些不重要的部分，从系统架构图的主要逻辑关系得到等效的简化系统架构图，然后基于该简化架构图进行故障树构建。

划定边界和合理简化是必要的，且要非常慎重，避免主观地将看似"不重要"的底事件过滤掉，却漏掉真正的隐患。做到合理划定边界和简化的关键在于集思广益、反复的评审验证，以做出正确的工程判断。

11.6.2 故障事件严格定义

所有故障事件，尤其是顶事件，必须严格定义，否则构建的故障树将不正确。例如，原意希望分析"电路开关合上后电机不转"，但由于省略，将事件表达为"电机不转"，如此得到不同的两棵故障树，如图 11-25 所示。

由图 11-25 可以看出，顶事件为"电路开关合上后电机不转"的故障树是顶事件为"电机不转"的故障树的一部分，原因在于"电路开关合上后电机不转"的事件描述其实是"电机不转"事件的一种失效模式，所以其对应故障树也就只是"电机不转"故障树中的一部分。

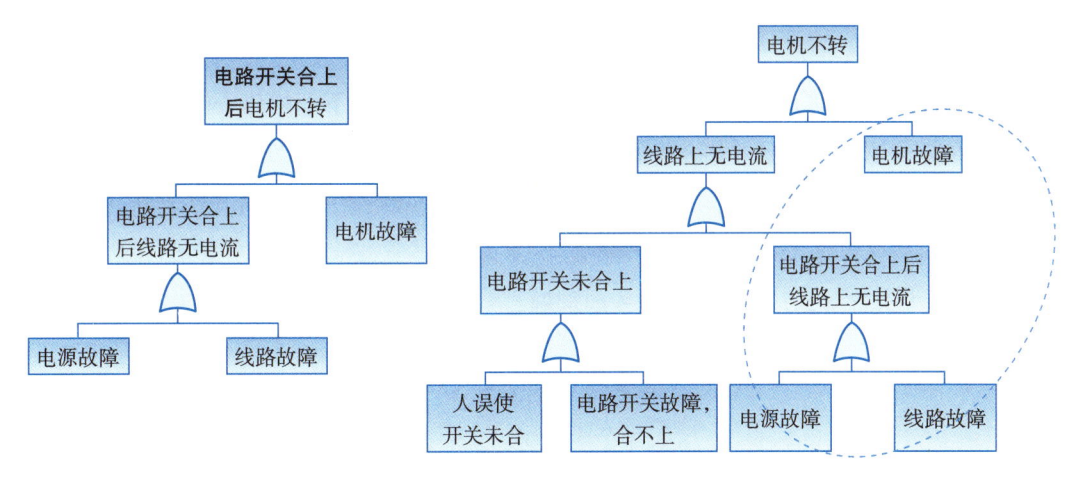

图 11-25 电机不转故障树

11.6.3 故障树应逐层推演

在故障树演绎过程中，首先寻找的是直接原因事件，而不是基本原因事件，应利用"直接原因事件"作为过渡，逐步且无遗漏地将顶事件演绎为基本原因事件。

在进行 FTA 逐层演绎过程中始终遵循"下一层事件是上一层事件的直接原因"的原则，避免跨层演绎。在故障树往下演绎过程中，还常常用等价的、更为具体的或更为直接的事件取代比较抽象的、间接的事件，这时就会出现不经过任何逻辑门的事件串联，示例如图 11-26 所示。

图 11-26 用事件串联定义 FTA 顶事件示例

11.6.4 从上而下逐级建树

这条原则的主要目的是避免在事件原因的演绎分析中出现遗漏。例如一棵庞大的故障树，一级输入事件数可能超过 10，每一个输入都可能是一个庞大的子树。若在未列出全部 10 个输入的中间事件之前，就急于去分析其中某一个中间事件，这可能导致分析持续几天也难以完成，且当全部分析完后，可能会遗忘第 10 个输入。

这条原则在使用图形编辑的 FTA 软件（如 Visio）时尤其要注意遵守。大型工程系统在构建故障树时，应首先确定系统级顶事件，进而确定各分系统级顶事件；应重视总体与分系统之间以及分系统相互之间的接口，分层次、有计划、协调配合地进行故障树的构建；同时注意从上到下进行故障演绎的逻辑一致。

11.6.5 建树时不允许逻辑门直接相连

这条原则是为了防止建树者在未明确定义中间事件的情况下即构建子树。11.6.2 节强调故障事件的定义必须明确且严格，否则将导致建树错误。若建树时出现逻辑门与逻辑门相连且未严格定义，则建树更易出错。逻辑门与逻辑门相连的故障树使评审者无法判断其正确性，因此不允许逻辑门直接相连。

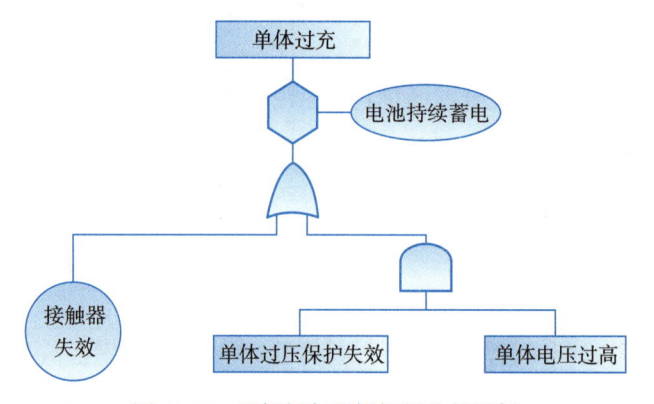

图 11-27 展示了逻辑门与逻辑门相连的示例。

Q：如何构建上方示例故障树才能使故障演绎逻辑更清晰易懂？

在故障树已经建成且确认无误的情况下进行定性、定量分析时，这种逻辑门与逻辑门相连的故障树可以使用，但需谨慎。

图 11-27　逻辑门与逻辑门相连的示例

11.6.6 妥善处理共因事件

来自同一故障源的共同故障原因会引起不同部件故障甚至不同系统故障。共同故障原因事件简称共因事件。鉴于共因事件对系统故障发生概率影响很大，建树时必须妥善处理共因事件。若某个故障事件是共因事件，则在故障树的不同分支中出现的该事件必须使用相同的事件标识符。若该共因事件不是底事件，必须使用相同转移符号进行简化表示。一般来说，一个共因事件在同一系统故障树的不同子树中出现，这条规则往往能够得到遵守。图 11-28 所示为传输液溢出事故故障树中的 X1 和 X2 事件。

但有时不同系统是相关的，比如共用同一个电力或水支持设施，甚至共用同一个阀门或管路，而这两个系统由不同人建设。这条规则往往得不到遵守，从而导致错误。

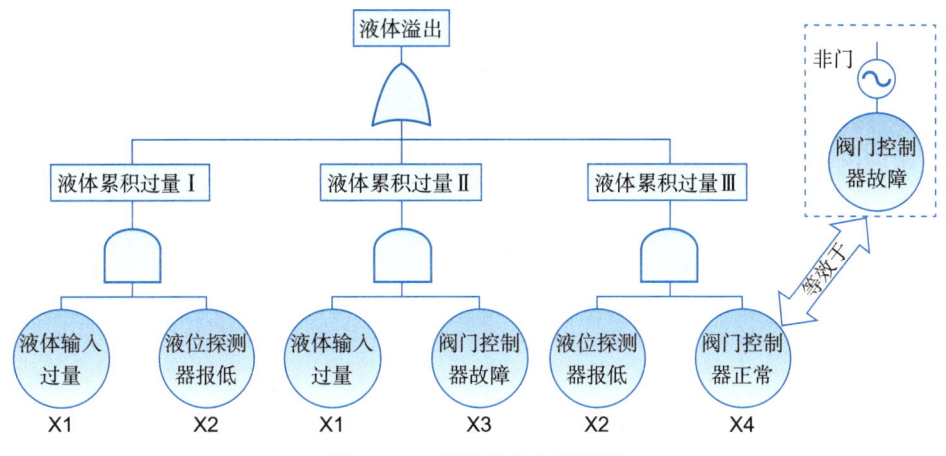

图 11-28 共因事件分析示例

因此在实施一些大项目的 FTA 时，技术负责人一定要采取妥当的措施以确保规则得到遵守，例如让同一个人负责相同共因事件的不同系统故障树的构建工作。

11.7 FTA 实施步骤

FTA 实施步骤如图 11-29 所示。

1）确定一个合理的顶事件。明确分析研究对象，提出亟待解决的问题，定义故障事件，从而找出最关键的顶事件。顶事件是系统最不希望发生的事件，一个故障树只能分析一个不希望发生的事件。

2）建立故障树时，从顶事件开始，分析导致顶事件发生的所有直接原因事件。然后将这些直接原因事件作为新的顶事件，进一步分析它们的直接原因，直至找出所有的

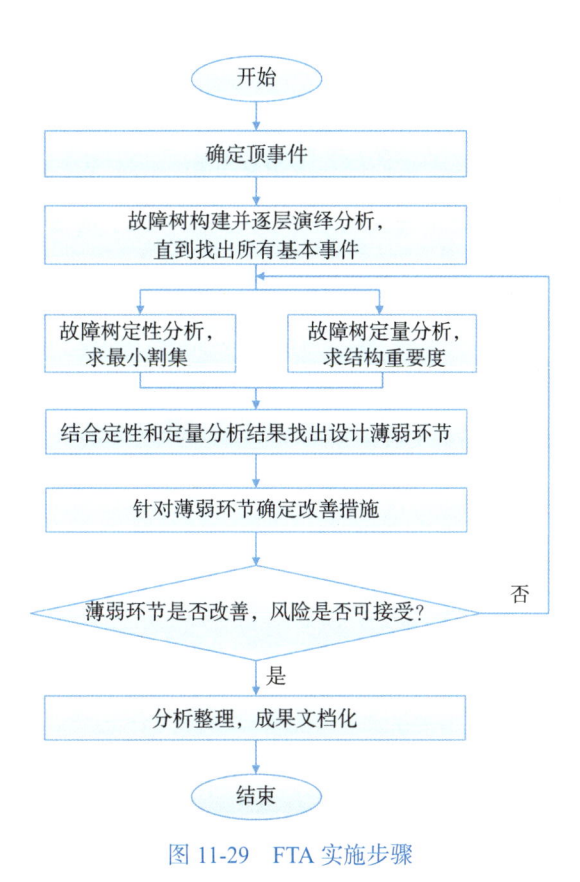

图 11-29 FTA 实施步骤

基本事件为止。基本事件是不需要再进一步分析的事件，通常是硬件故障、人为错误或环境因素等。

3）故障树定性分析主要是找出导致顶事件发生的所有可能路径，即确定所有可能导致系统失效的故障模式。

4）故障树定量分析主要是计算各种故障模式的发生概率，以及它们对顶事件发生的贡献度。定量分析需借助工具。标准对于 FTA 并无强制要求定量分析，组织可根据自身能力及工具配置情况实施故障树定量分析。

5）根据定性、定量分析结果找出系统的薄弱环节。

6）确定改进措施。

7）分析整理，成果文档化。

11.8　本章小结

本章从 FTA 的发展历史讲起，介绍了 FTA 的定义、分析步骤、事件及符号、术语及定义、相关实施原则。由定义可知，FTA 是一种演绎分析法，它是基于具备一定逻辑意义的逻辑符号将事件发生的因果关系自上而下地连接起来。在这个过程中，应遵守 FTA 实施原则，否则将导致故障树出现错误或遗漏。一旦发生错误或遗漏，不仅难以发现，即使发现了也很难全部改正，因为这涉及不同组织中的不同团队，甚至是不同的人、多张图纸和计算机的输入等。

构建完成的故障树也应请有实际工程经验并且懂得可靠性知识但未参与故障树构建的人员进行审查。经审查并改正后的故障树才能进行 FTA，此时构建工作才算完成。

第 12 章　故障树构建与分析

经过第 11 章对 FTA 涉及的事件、符号、术语以及实施原则等概念的讲解，接下来我们将结合实例进行故障树构建，以加深对 FTA 方法论的理解。人工建树依赖分析人员对系统和 FTA 方法的理解，通过分析顶事件是如何发生的，导致顶事件的直接原因事件有哪些，它们又是如何发生的，这样的方式一直分析到底事件为止，并用相关的故障树符号将分析结果记录下来，从而形成故障树。

关于人工进行故障树演绎分析构建的方法，举例如下。

如图 12-1 所示，有一个输变电系统，其中 A、B、C 为三级变电站，B、C 均由 A 供电。输电线 1、2 是站 A 向站 B 的输电线，输电线 3 是站 A 向站 C 的输电线，输电线 4、5 是站 B 和站 C 之间的联络线（也是输电线）。

输变电系统故障断电的判据是：站 B 输入线路上无电；站 C 输入线路上无电；站 B 或站 C 的负荷仅由同一条输出线路承担。

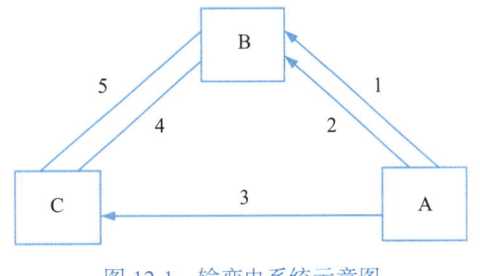

图 12-1　输变电系统示意图

12.1 确定顶事件

图 12-1 所示系统的不期望事件为系统故障停电,即顶事件。本次故障分析的目的是研究输电线路故障的影响。

建立边界条件为:变电站本身的故障在 FTA 中可不予考虑,这样故障树所涉及的基本事件数、逻辑门数均相应减少。其次,顶事件应严格定义或用一事件串对事件进一步解释,这成为本例建树的第一步。

针对该示例系统,顶事件定义如图 12-2 所示。

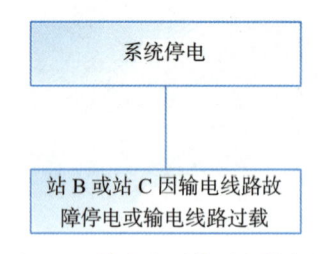

图 12-2 输变电系统顶事件定义

12.2 确定子树

接下来继续对定义的顶事件进行演绎。根据系统的定义,"站 B 或站 C 因输电线路故障停电或输电线路过载"的直接原因事件是上文已给出的 3 个故障判定事件,于是得到故障树的第二层,如图 12-3 所示。

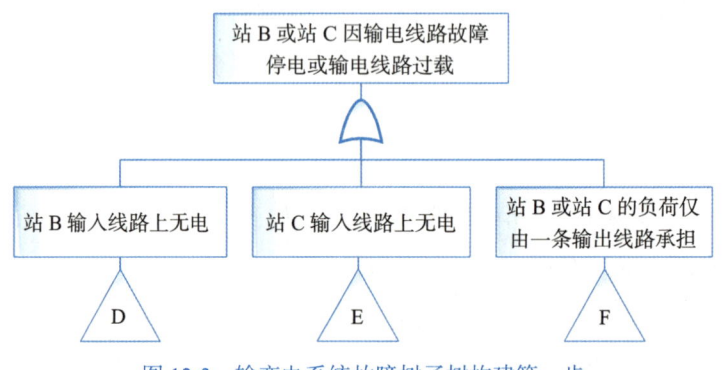

图 12-3 输变电系统故障树子树构建第一步

在第一步中得到了 3 个子树代号——D、E、F。接下来需要分别对 D、E、F 三个子树进一步演绎分析,以完善整个系统的故障树。

12.3 子树演绎

先对子树 D 进行演绎分析。从系统定义可见,事件"站 B 输入线路上无电"的直接原因事件为来自站 A 及站 C 的输电线路上均无电，显然逻辑门应为"与门"，而该与门的输入事件为"站 A 向站 B 的输电线路上无电"及"站 C 输电线路上无电"。因此，子树 D 的演绎分析如图 12-4 所示。

接下来，基于系统框图，进一步分析中间结果事件"站 A 向站 B 的输电线路上无电"以及"站 C 输电线路上无电"是否可以继续向下演绎，发展为底事件。

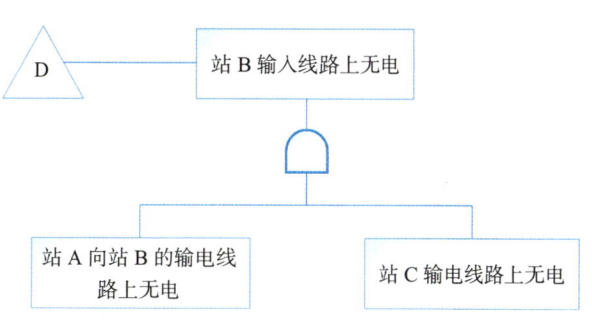

图 12-4 输变电系统故障树子树构建第二步

由系统框图可以看出，从站 A 到站 B 的输电线路有两条，即线路 1 和线路 2。只有当两条线路同时发生故障时，才会导致站 A 到站 B 的输电故障，因此逻辑门应为"与门"。与门下的输入事件为 X1"线路 1 故障断电"和 X2"线路 2 故障断电"，这两个事件为底事件。

此外，在中间结果事件"站 C 输电线路上无电"下创建一个子树，命名为 G。这一步的系统故障树构建如图 12-5 所示。

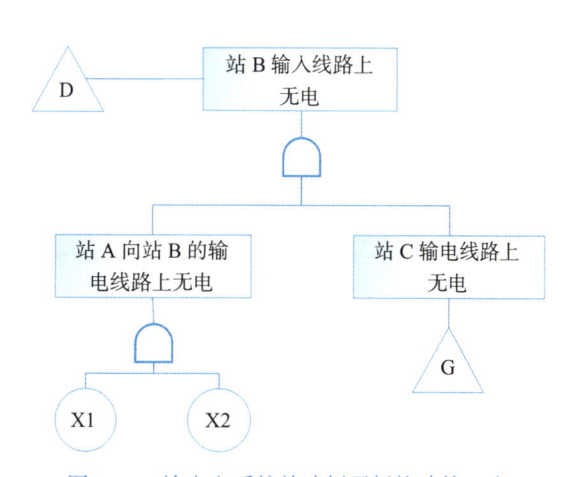

图 12-5 输变电系统故障树子树构建第三步

根据第三步构建的故障树，继续对新建的子树 G 进行演绎分析。由系统框图可知，导致中间结果事件"站 C 输电线路上无电"的直接原因事件为："站 C 向站 B 的输电线路上故障"或者"站 A 向站 C 的输电线路上无电"，因此逻辑门为"或门"。该或门的输入事件为上述两个事件。由此得到子树 G 的演绎分析，如图 12-6 所示。

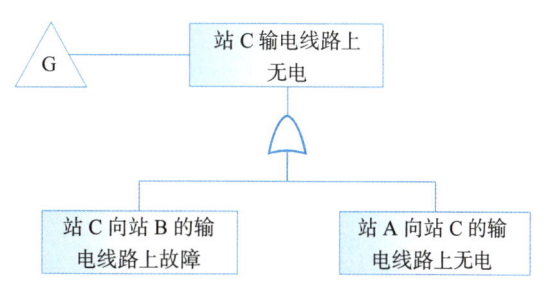

图 12-6 输变电系统故障树子树构建第四步

对图 12-6 分析得到的原因事件进行检查，看是否已经是底事件，如果不是，则需进一步进行演绎，将上述子树 G 构建到底事件。由系统框图可以看出，站 A 向站 C 的输电线路只有一条（线路 3），故事件"站 A 向站 C 的输电线路上无电"即底事件 X3"线路 3 故障断电"；站 C 向站 B 的输电线路有两条——线路 4 和线路 5，故事件"站 C 向站 B 的输电线路故障"下的逻辑门为"与门"。该与门下的输入事件为 X4"线路 4 故障断电"及 X5"线路 5 故障断电"。由此得到子树 D 的演绎分析，如图 12-7 所示。

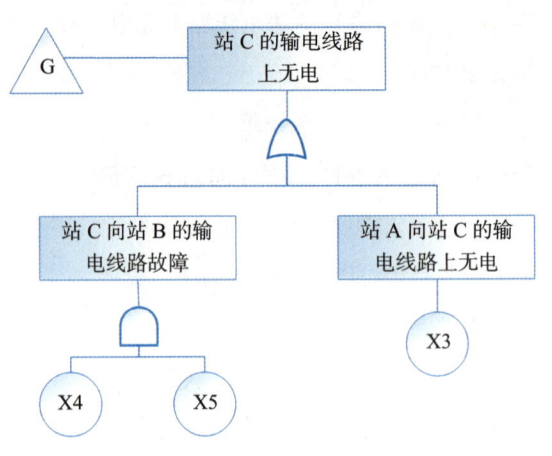

图 12-7 输变电系统故障树子树构建第五步

到此，子树 D 已全部构建完毕，演绎分析出的底事件构成了故障树的"树叶"。综上所述，子树 D 如图 12-8 所示。

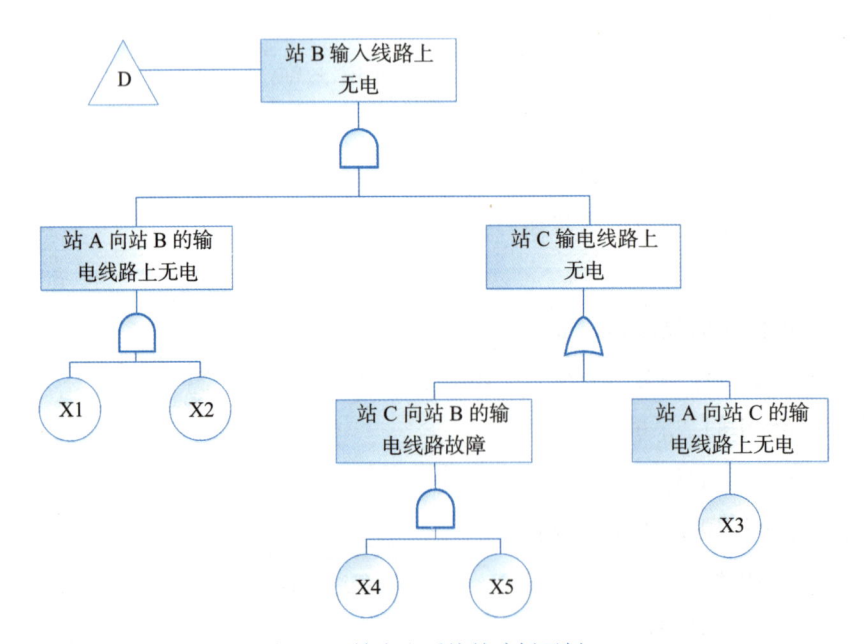

图 12-8 输变电系统故障树子树 D

其中，X1 表示线路 1 故障断电。X2 表示线路 2 故障断电。X3 表示线路 3 故障断电。X4 表示线路 4 故障断电。X5 表示线路 5 故障断电。

接下来，我们使用类似于对子树 D 演绎分析的方法，对子树 E 进行逐层构建。该子树的结果事件是"站 C 输入线路上无电"。从系统框图中可以看出，此事件的直接原因是"线路 3 故障断电"（在分析子树 D 时已知这个事件为 X3），以及"站 B 输电线路上无电"。对应的下层"树枝"如图 12-9 所示。

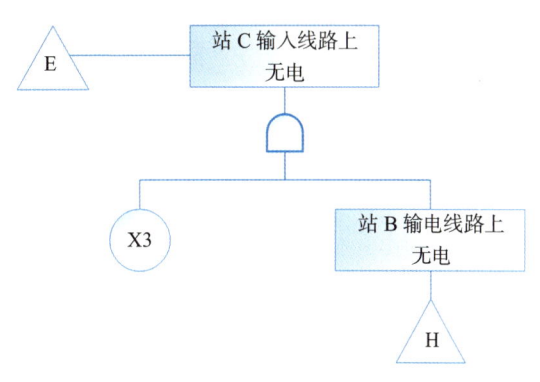

图 12-9　输变电系统故障树子树构建第六步

结合系统定义及系统框图进行检查，事件"站 B 输电线路上无电"还可以进一步细化，并赋予其子树编号 H。接下来需将子树 H 细化到基本事件。由系统框图可以看出，该子树的结果事件的输入为由或门连接的两个事件："线路 4 和线路 5 均故障断电"或者"线路 1 和线路 2 均故障断电"。

事件"线路 4 和线路 5 均故障断电"为"与门"结构，其输入事件为底事件 X4 和 X5；同样，事件"线路 1 和线路 2 均故障断电"也是"与门"结构，其输入事件为底事件 X1 和 X2。

图 12-10 展示了子树 H 的构建。

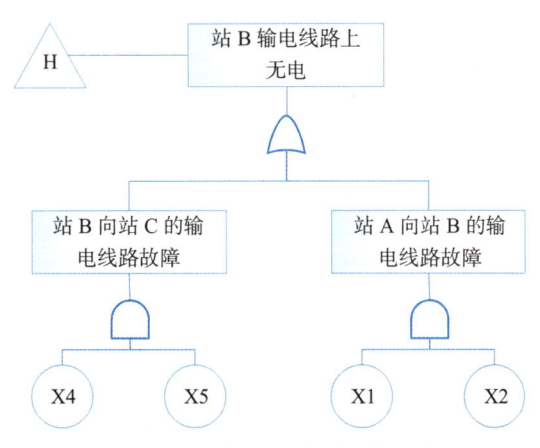

图 12-10　子树 H 的构建（第七步）

结合上文的演绎，完整的子树 E 如图 12-11 所示。

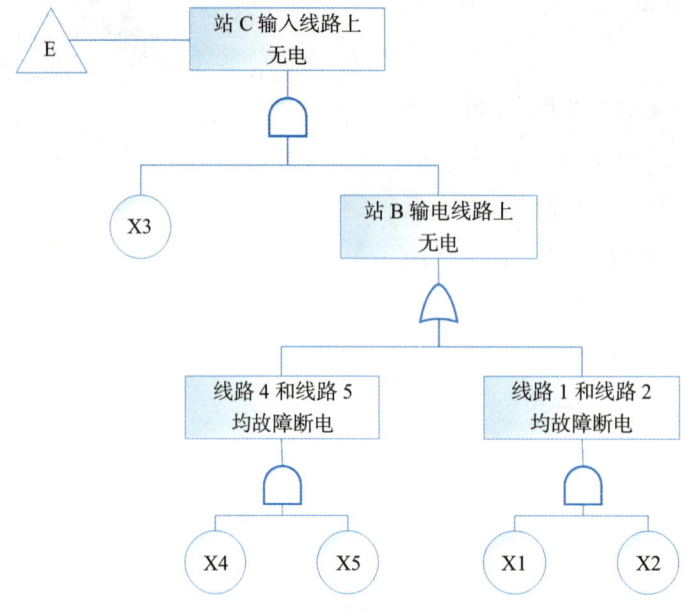

图 12-11　完整的子树 E

检查上述已完成的故障树，子树 F 还需要进一步展开分析。子树 F 的顶部事件为："站 B 或站 C 的负荷仅由同一条输电线路承担"。由系统框图可以看出，系统中 3 条供电线（线路 1、2、3）中的任意两根若同时故障，则该顶部事件发生，而不必考虑站 B、站 C 间线路 4、5 的状况，因此该顶事件下面的逻辑门为 2/3 表决门，其输入事件为 X1、X2 和 X3，由此得到子树 F 的构建如图 12-12 所示。

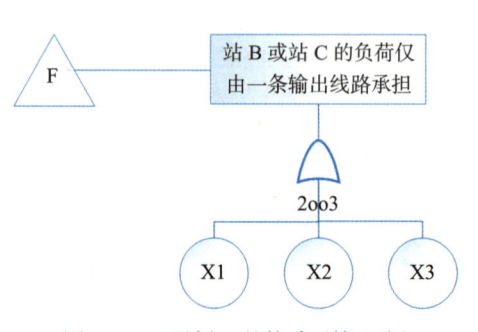

图 12-12　子树 F 的构建（第八步）

12.4　子树集成

当所有故障子树都构建完成并经过检查后，需要将所有子树集成，形成整个系统的完整故障树。根据以上子树演绎过程，至此输变电系统停电故障的故障树已构建完毕，将上面各个子树（D、E、F）进行集成即可得到整个系统的故障树，如图 12-13 所示。

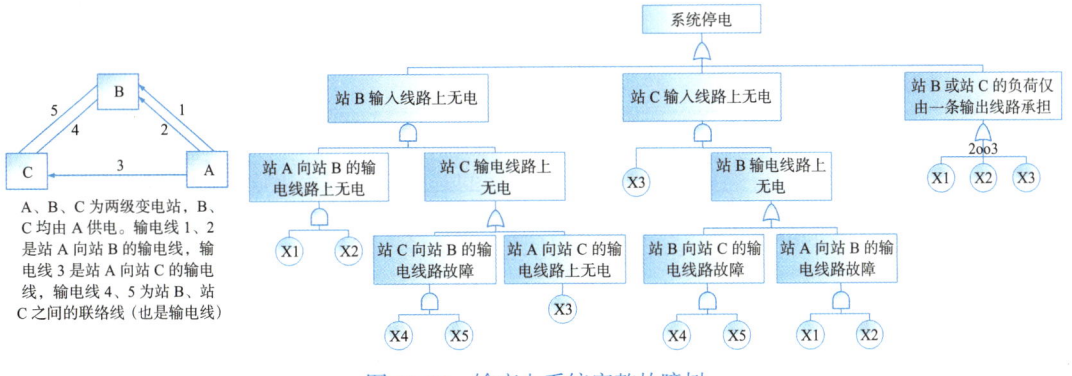

图 12-13　输变电系统完整故障树

以上就是输变电系统故障的故障树构建的完整过程。构建故障树是一个"总分总"的过程，第一个"总"是定义顶事件，这是故障树的"根"。接着，从这个"根"生出"枝叶"，基于顶事件演绎出不同的子树。这个过程需要非常细心、谨慎，以免遗漏。最后，将演绎出的各子树集成为整个系统故障的总故障树。

12.5　故障树整理

故障树的整理包括规范化、简化和模块分解，是 FTA 中的关键步骤，旨在提高故障树模型的分析效率和准确性。其中，故障树的规范化是确保故障树模型符合一定标准和规则的过程；故障树的简化是通过去除冗余和不必要的部分来降低故障树复杂性的过程；模块分解是将较大规模的故障树分解成较小规模的模块化子树的过程，在一定意义上也可以看成故障树"简化"的过程。

12.5.1　目的

由于现实系统的错综复杂，按上述方法构建出来的故障树也会有所不同，因人而异。为了使用标准程序对各种不同的故障树进行统一描述和分析，必须将构建好的故障树转化为规范化故障树，并尽可能地对故障树进行简化和模块化，以减少分析的工作量。

12.5.2　故障树规范化的基本规则

要将建好的故障树变为规范化故障树，必须确定对特殊事件的处理规则和对特殊逻辑门进行逻辑等效转换的规则，确保故障树模型在逻辑结构、事件定义和符号使用上符合一定的标准和规范，以便后续分析。

1. 特殊事件处理规则

FTA 中的特殊事件包括未探明事件、开关事件和条件事件。对这些事件的处理需要根据其具体性质和特点制定相应的处理规则。通过合理的处理方式，可以确保故障树模型的准确性和可靠性，为后续的故障分析和预防提供有力支持。接下来谈一谈对这些事件的具体处理规则。

（1）未探明事件的处理规则

未探明事件的处理规则如下。
- 将重要且数据完整的未探明事件视为基本事件处理。
- 不重要且数据不完备的未探明事件应删去。
- 其他情况下，分析者需要根据自己的专业知识和经验，对未探明事件进行酌情判断和处理。

（2）开关事件的处理规则

开关事件在故障树中通常表示某种状态的变化，如电路的通断、阀门的开关等。这类事件的处理相对直接，因为它们往往具有明确的"开"或"关"两种状态。开关事件处理规则如下。
- 在故障树中，开关事件通常被视为基本事件，因为它们代表导致系统故障的直接原因或条件。因此，开关事件可作为基本事件处理。
- 根据开关事件与其他事件之间的逻辑关系，使用适当的逻辑门（如与门、或门）将其连接起来，构建完整的故障树模型。

（3）条件事件的处理规则

条件事件是指在特定条件下才会发生的事件，这类事件总是与特殊门联系在一起。条件事件的处理需要考虑其触发条件及与其他事件之间的逻辑关系，其处理规则如下。
- 条件事件通常与特殊门（如优先与门、功能相关门等）密切相关。在构建故障树时，需要根据条件事件的触发条件选择合适的特殊门来表示其与其他事件之间的逻辑关系。
- 在 FTA 中，需要进行条件事件的判定。这通常涉及考虑系统状态、环境条件或人为操作等因素。通过条件判定，可以确定条件事件是否发生，并进一步分析其对系统故障的影响。

2. 特殊门的等效转换规则

由于特殊门都是一些复合逻辑的门，比如表决门、异或门等，这意味着这些特殊门下面的输入事件包含复合逻辑关系。在进行分析或检查时，我们需要经过一番推理，才能厘清这些事件之间的逻辑关系。

将特殊门进行等效转换的目的是将其复合逻辑进行原子化演绎，即将特殊门转换为仅包含简单逻辑的"与门""或门""非门"。尽管转换后对应的故障树变得庞大，但实际上树的每一层逻辑关系变得更简单了，这既有利于分析者逐层演绎，也有利于检查者对分析进行验证。

（1）顺序与门的转换规则

由顺序与门的定义可知，顺序与门属于条件与门的一种，即条件事件需参与与门逻辑。故顺序与门的转换规则为：输出不变，顺序与门转换为与门，其余输入不变，顺序条件事件作为一个新的输入事件。

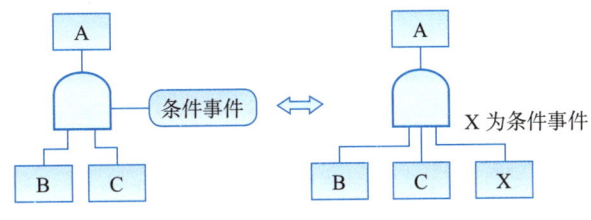

该转换示例如图 12-14 所示。

图 12-14 顺序与门转换示例

（2）表决门的转换规则

根据表决门的定义，$moon$ 表决门的输出事件既可以是或门也可以是与门，只要最终的逻辑运算能产生 m 个事件输出即可。因此，$moon$ 表决门有以下两种或门与与门的组合等效转换。

1）原输出事件下接一个或门，或门之下有 $C_{n,m}=(n\times(n-1)\cdots(n-m+1))/(m\times(m-1)\cdots2\times1)$ 个输入事件，每个输入事件下再接一个与门，每个与门之下有 m 个原输入事件。

假设表决门为 2oo3，则转换为或门下有 $(3\times2\times1)/(2\times1)=3$ 个输入事件，每个输入事件下有 2 个原输入事件。因此，2oo3 表决门转换为或门与门的示例如图 12-15 所示。

2）原输出事件下连接一个与门，与门之下有 $C_{n,n-m}+1=(n\times(n-1)\cdots(m-1))/((n-m+1)\times(n-m)\cdots2\times1)$ 个输入事件，每个输入事件之下再连接一个或门，每个或门之下有 $n-m+1$ 个原输入事件。

假设表决门为2oo3，则转换为与门下有 (3×2×1)/(2×1)=3 个输入事件，每个输入事件下有 3−2+1=2 个原输入事件。因此，2oo3 表决门转换为与门或门的示例如图 12-16 所示。

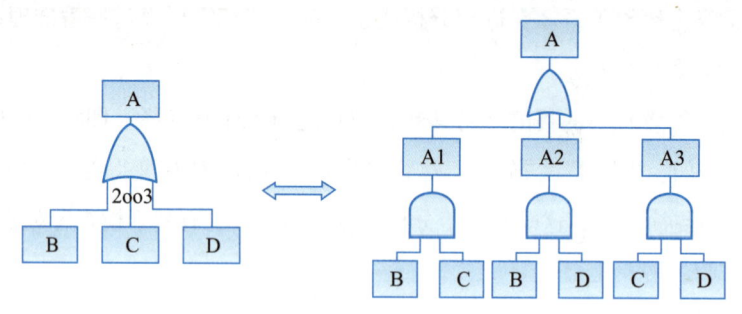

图 12-15　2oo3 表决门转换为或门与门

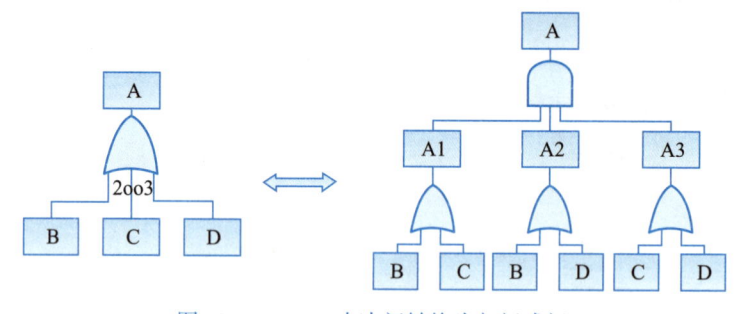

图 12-16　2oo3 表决门转换为与门或门

上方示例展示的是对 2oo3 表决门的转换，由图示可见转换后的两种方式正好是或门和与门的对调，这其实有点巧合，千万不能认为其他表决门也是这种简单的对调关系。如果是 2oo4 表决门，对应故障树的转换又会是怎样的呢？不妨按照上方的转换规则动手试试。

（3）异或门的转换规则

由异或门的定义可知，异或门的逻辑是：当两输入事件不同时，输出有效；相同时，输出无效。逻辑表达式为：$F = A \oplus B = A \cdot B' + A' \cdot B$（$\oplus$ 为"异或"运算符）。

基于此，异或门的转换规则为：原输出事件不变，将异或门替换为一个或门，该或门下连接两个与门。每个与门之下分别连接一个原输入事件和一个非门，非门之下再接一个原输入事件。

异或门转换示例如图 12-17 所示。

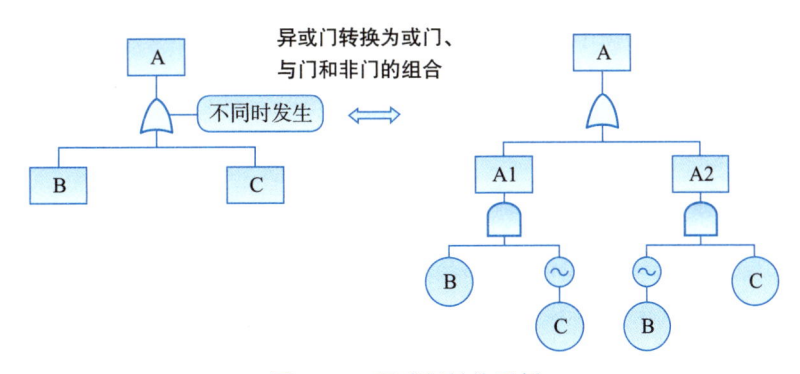

图 12-17 异或门转换示例

（4）禁门的转换规则

由禁门的定义可知，禁门类似于一种条件与门，只有当条件事件满足时，禁门才有输出。

因此，禁门的转换规则为：原输出事件不变，禁门转换为与门，与门之下有两个输入，一个为原输入事件，另一个为禁门打开条件事件。

禁门转换示例如图 12-18 所示。

图 12-18 禁门转换示例

12.5.3 故障树的简化与模块分解

故障树的简化和模块分解并不是 FTA 的必要步骤。对故障树不做简化和模块分解，或简化和模块分解不完全，并不会影响后续定性分析和定量分析的结果。然而，尽可能地对故障树进行简化和模块分解是减小故障树规模，从而减少分析工作量的有效措施。

1. 故障树的简化

故障树的简化可从故障树的事件和逻辑门的处理规则入手，通过对特殊事件的处理、逻辑门的转换，使故障树的规模更小、层次感更强，也更加具备逻辑性。

（1）使用转移符号对故障树进行简化

使用相同转移符号表示相同的子树，使用相似转移符号表示相似的子树。图 12-19 展示了使用相同转移符号对故障树中的 E1 和 E3 事件进行简化的示例。

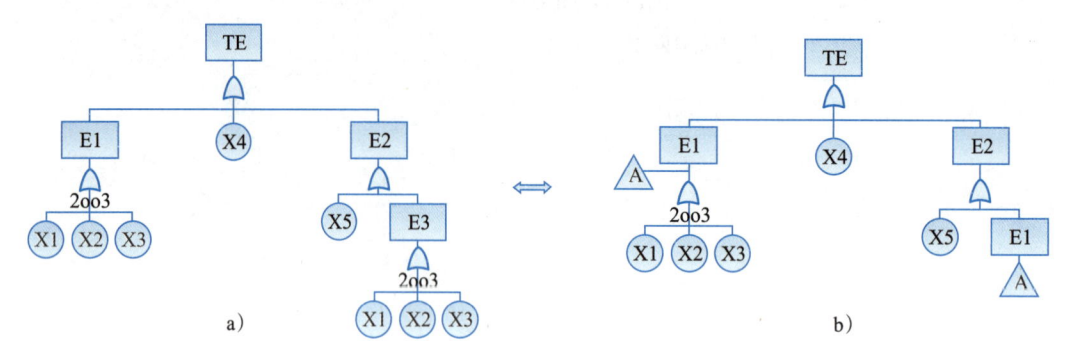

图 12-19 使用相同转移符号进行故障树简化的示例

图 12-20 展示了使用相似转移符号对故障树中的 E1 和 E3 事件进行简化的示例。

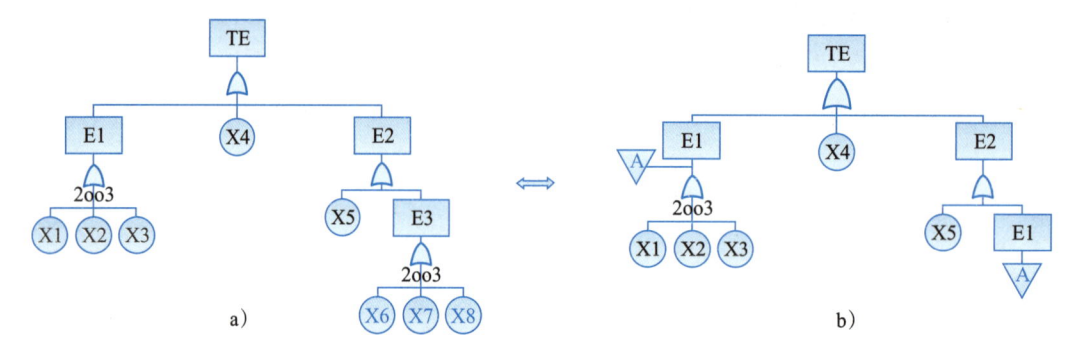

图 12-20 使用相似转移符号进行故障树简化的示例

（2）使用布尔代数运算法则简化故障树

使用布尔代数运算法则简化故障树的目的是去除故障树中明显的逻辑多余事件和逻辑多余门。根据布尔代数运算法则，可得出以下简化故障树的规则。

1）结合律 1 的表达式为 (A+B)+C＝A+B+C。使用该规则简化的示例如图 12-21 所示。

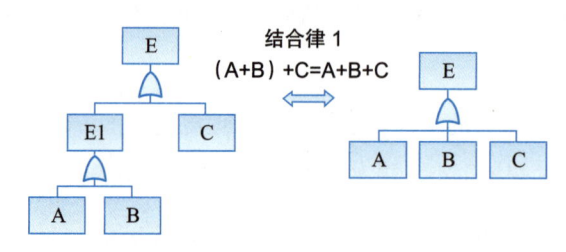

图 12-21 使用结合律 1 简化的示例

2）结合律 2 的表达式为 (AB)C=ABC。使用该规则简化的示例如图 12-22 所示。

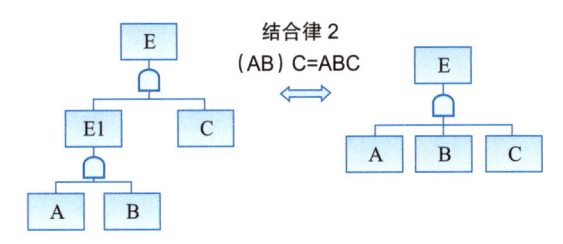

图 12-22　使用结合律 2 简化的示例

3）分配律 1 的表达式为 AB+AC=A(B+C)。使用该规则简化的示例如图 12-23 所示。

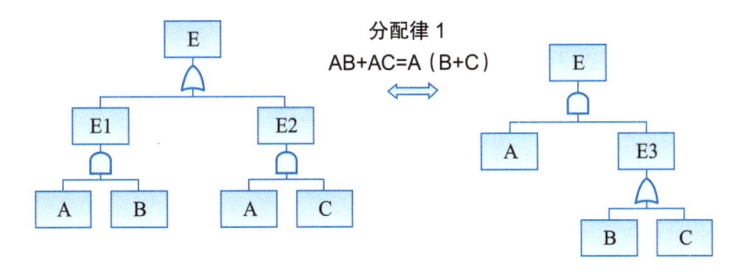

图 12-23　使用分配律 1 简化的示例

4）分配律 2 的表达式为 (A+B)(A+C)=A+BC。使用该规则简化的示例如图 12-24 所示。

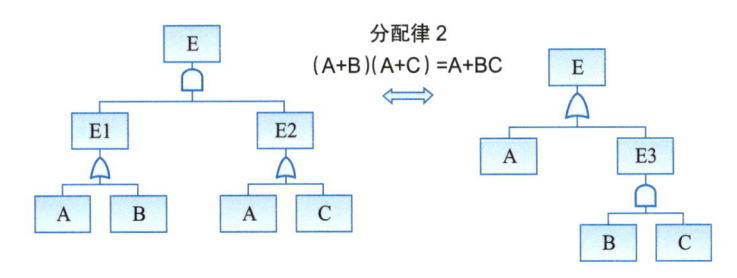

图 12-24　使用分配律 2 简化的示例

5）吸收律 1 的表达式为 A(A+B)=A。使用该规则简化的示例如图 12-25 所示。

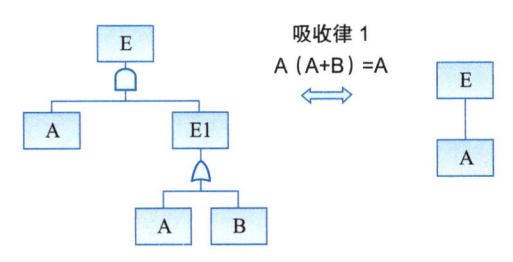

图 12-25　使用吸收律 1 简化的示例

6）吸收律 2 的表达式为 A + AB = A。使用该规则简化的示例如图 12-26 所示。

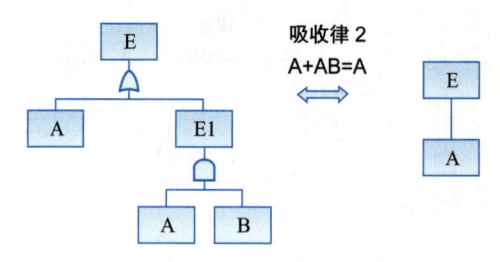

图 12-26　使用吸收律 2 简化的示例

7）幂等律 1 的表达式为 A+A=A。使用该规则简化的示例如图 12-27 所示。

图 12-27　使用幂等律 1 简化的示例

8）幂等律 2 表达式为 AA=A。使用该规则简化的示例如图 12-28 所示。

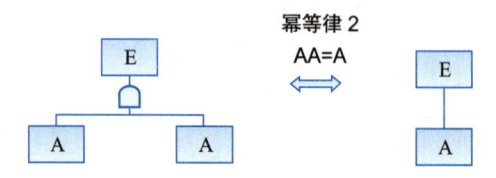

图 12-28　使用幂等律 2 简化的示例

9）互补律表达式为 AA' = Φ。其中，Φ 为空集。图 12-29 中事件 E 不可能发生，因此事件 E 以下的部分可以全部删去。

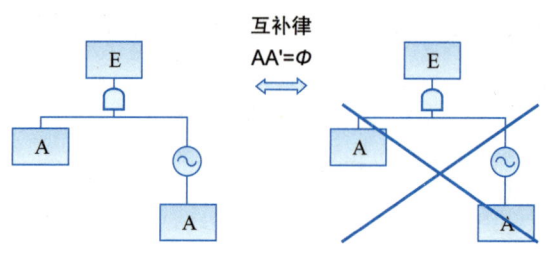

图 12-29　使用互补律简化的示例

例如，下方给出了一个包含多余逻辑的故障树，如图 12-30 所示。根据以上故障树的简化规则，对该故障树进行简化。

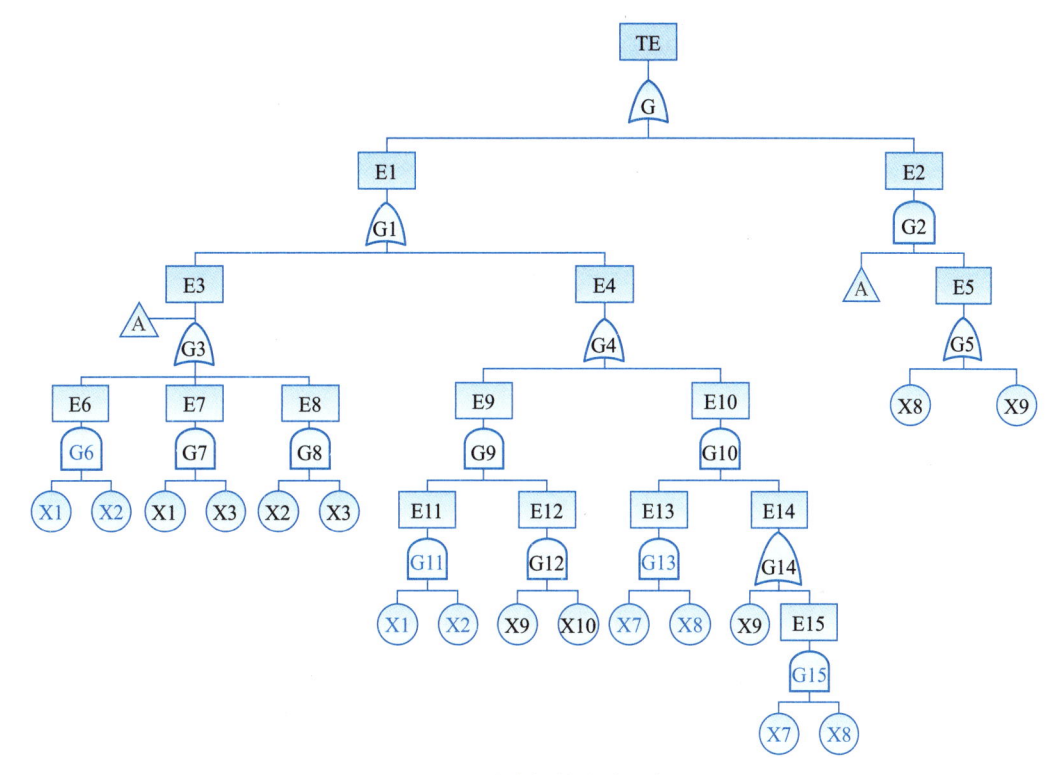

图 12-30　故障树简化前示意图

运用布尔运算法则对图 12-30 进行简化分析如下。

1）E6、E7、E8、E9、E10 通过 G3、G4 向上到达或门 G1。

2）按照结合律 (A+B)+C=A+B+C，E6、E7、E8、E9、E10 可以简化成 G1 的直接输入。

3）从故障树中可以看出，E6 和 E11 是相同事件，而 G1 是或门，G9 是与门。因此，根据吸收律 2，E9 以下的部分可以全部删去。

4）同样地，按照结合律，E2、E3、E4 可简化为或门 G 的直接输入，注意到 E2、E3 下面有相同转移符号 A，而 G2 是与门，故按照吸收律 2，E2 以下可以全部删去。

5）再往下检查，注意到 E13 和 E15 是相同事件，根据吸收律 1，因此 E14 以下的内容可以全部删去，最后得到简化后的故障树，如图 12-31 所示。

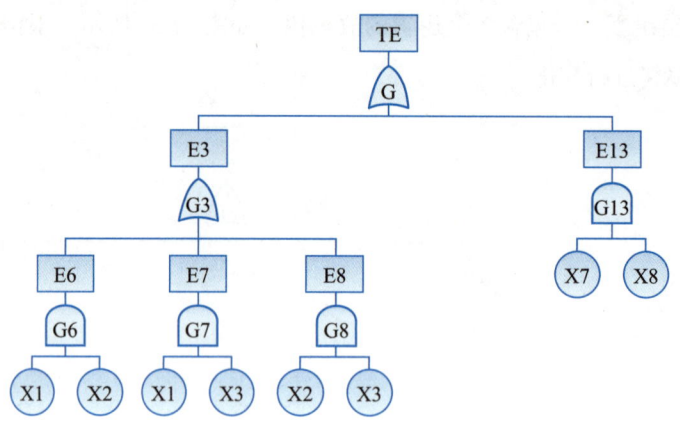

图 12-31　故障树简化后示意图

2. 故障树的模块分解

故障树的模块分解按以下步骤进行。

1）根据模块和最大模块的定义，找出故障树中尽可能大的模块。每个模块构成一个子树，可单独进行定性和定量分析。

2）将每个模块替换为一个等效的虚设底事件，以此减小原故障树的规模。

3）在故障树定性分析和定量分析之后，可根据实际需要，将顶事件与各模块之间的关系，转化为顶事件与底事件之间的关系。

图 12-32 展示了一个故障树模块分解的示例。对图 12-32a 中的故障树使用相同转移符号进行简化后，可得图 12-32b 中的故障树。

根据故障树模块和最大模块的定义，在图 12-32b 中，底事件 X1、X2、X3 需要同时通过逻辑门 G1 才能到达顶事件。故障树中的其他底事件向上无法到达 G1。因此，底事件集合 {X1, X2, X3} 构成故障树的一个模块。

同样，底事件集合 {X6,X7,X8,X9} 也为故障树的一个模块。底事件 {X1,X2} 和 {X8,X9} 也是故障树的模块，但它们不是最大模块。进一步根据定义可验证，{X1,X2,X3} 和 {X6,X7,X8,X9} 为故障树的最大模块。因此，E1 以下构成一个子树，E2 以下也构成一个子树。

如图 12-33 所示，用相同转移符号表示事件 E1 和事件 E2，可以单独对它们进行定性分析和定量分析。将这两个子树 E1 和 E2 视为两个虚设底事件，可以减小原故障树的规模，从而减少分析工作量。

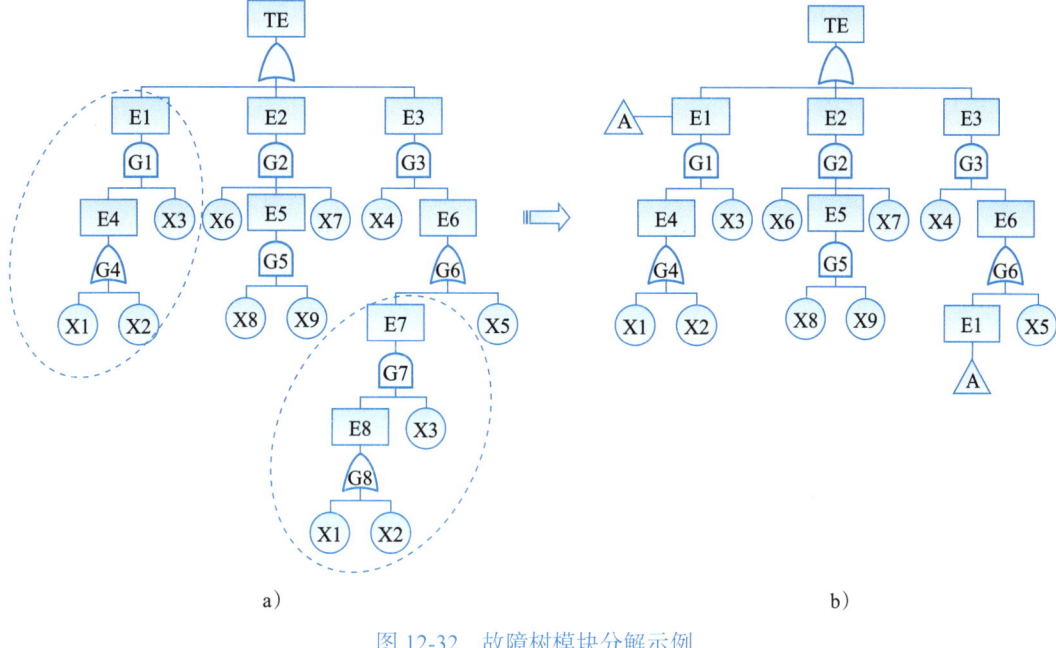

图 12-32　故障树模块分解示例

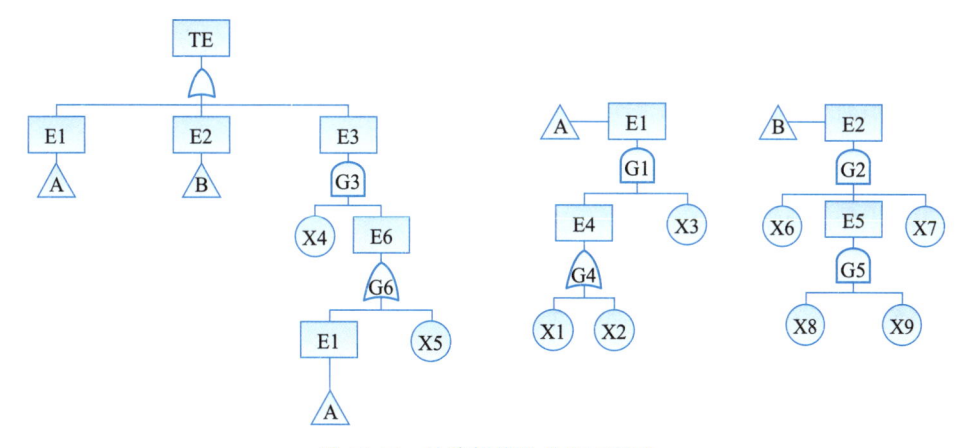

图 12-33　故障树模块分解后简化

通过上面的介绍，可以发现故障树的规范化、简化和模块分解有助于提高分析的效率、准确性和实用性。规范化确保了 FTA 过程中使用的术语、符号和逻辑结构的一致性，使得不同分析人员或团队之间的分析结果具有可比性。简化故障树可以减少分析过程中的冗余信息，使分析人员能够更快地识别关键故障路径和原因。模块分解有助于更准确地描述各模块之间的接口关系和相互作用，从而提高分析的精度和准确性。同时，这个过程其实也可以看成对 FTA 的一个验证过程，是 FTA 过程中不可或缺的重要步骤。

12.6 故障树定性分析

本节根据 12.5 节介绍的 FTA 方法和规则，结合示例来讲解故障树的定性分析及实际应用。

12.6.1 目的

故障树定性分析的目的如下。
- 识别所有可能导致顶事件发生的故障模式。
- 发现潜在的故障。
- 发现设计中的薄弱环节，以便改进设计。
- 指导故障诊断、改进使用和维修方案。

12.6.2 求最小割集

单调故障树的系统故障模式通过最小割集表示。单调故障树定性分析的基本任务在于找出故障树的所有最小割集。对于给定的单调故障树，由所有最小割集组成的最小割集族是唯一确定的。

求解最小割集的意义如下。

1）**为降低复杂系统潜在事故风险提供了方向**。如果能保证每个最小割集中至少有一个底事件恒不发生（或发生概率极低），则顶事件就恒不发生（或发生概率极低），从而将系统潜在事故的发生概率降至最低。

2）**消除安全关键系统中的一阶最小割集，可消除单点故障**。安全关键系统不允许有单点故障，方法之一就是设计时进行 FTA，找出一阶最小割集，在其所在的层次或更高的层次增加"与门"，并使"与门"尽可能接近顶事件。

3）**指导系统的故障诊断和维修**。如果系统发生故障，则一定是该系统中与其对应的某一个最小割集中的底事件全部发生了。进行维修时，如果仅修复某个部件故障，虽然能够使系统恢复功能，但其可靠性水平还远未恢复。根据最小割集的概念，只有修复同一最小割集中的所有部件故障，才能恢复系统的可靠性和安全性设计水平。

根据故障树结构，可采用下行法或上行法求解故障树的所有最小割集。

1. 下行法

下行法（也称 Fussell-Vesely 算法）的特点是根据故障树的实际结构，从顶事件开始，逐级向下寻找，直到所有逻辑门都被置换为底事件为止，然后通过集合运算规则简化得到割集，以找出最小割集。

下行法的具体求解规则如下。

- 依次将逻辑门的输出事件替换为输入事件。
- 遇到与门时，将其输入事件排在同一行（取输入事件的交（布尔积））；遇到或门时，将其输入事件各自排成一行（取输入事件的并（布尔和））。
- 直到全部换成底事件，再将得到的割集通过两两比较，划去那些非最小割集，剩下的即为故障树的全部最小割集。

图 12-34 展示了采用下行法求解故障树最小割集的示例。

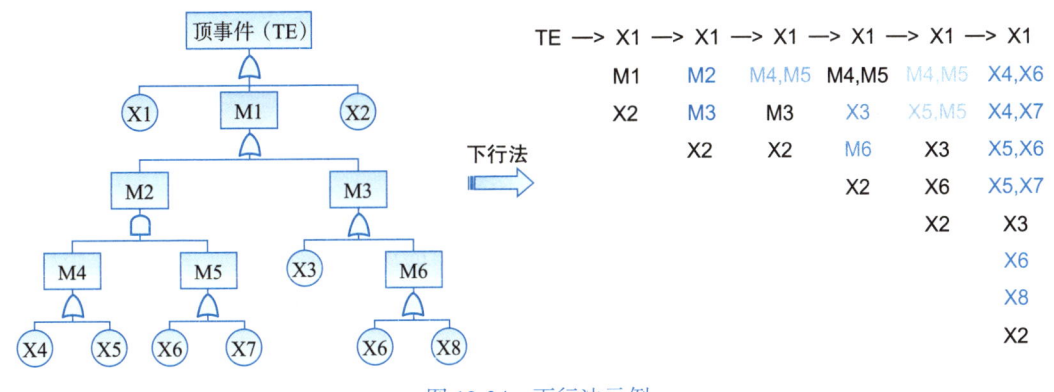

图 12-34　下行法示例

请根据上方关于下行法的求解规则，自行按步骤分析图 12-34 左侧，看看能否得到图右侧的分析结果。

2. 上行法

上行法（也称 Semanderes 算法）的特点是从底事件开始，逐级向上分析，自下而上地逐步进行事件集合运算。或门输出事件用输入事件的并（布尔和）表示，与门输出事件用输入事件的交（布尔积）表示，最终得到顶事件的表示形式，并提取出最小割集。

这样向上层层代入，在逐步代入过程中（或者在最后）按照布尔代数的吸收律和等幂律来简化，将顶事件表示成底事件积之和的最简式。其中，每一个积项对应于故障树的一个最小割集，全部积项为故障树的所有最小割集。

基于下行法同一故障树，采用上行法求解得到其底下两层中间事件的割集，如图 12-35 所示。

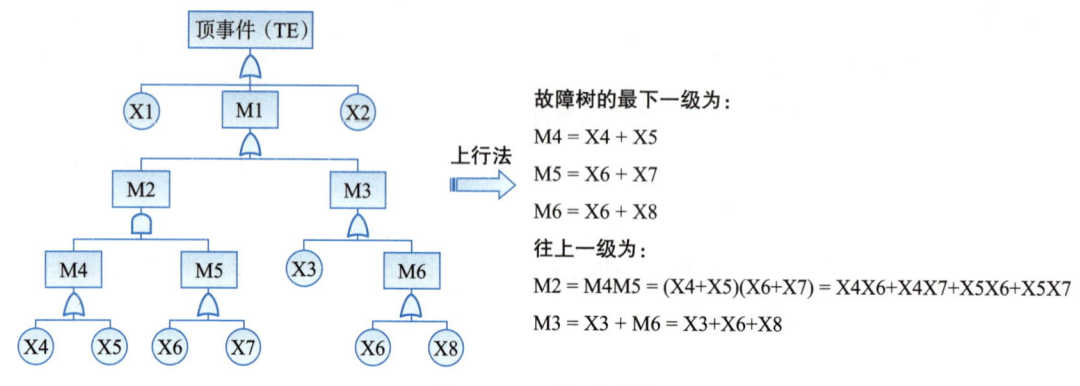

故障树的最下一级为：

M4 = X4 + X5

M5 = X6 + X7

M6 = X6 + X8

往上一级为：

M2 = M4M5 = (X4+X5)(X6+X7) = X4X6+X4X7+X5X6+X5X7

M3 = X3 + M6 = X3+X6+X8

图 12-35　上行法示例

各位可以按照图 12-35 的自下而上的方式继续对上一层事件进行集合运算，比较得到的顶事件的表达式是否与图 12-34 中使用下行法得到的结果一致。

12.6.3　故障树定性分析示例

继续以图 12-1 所示的输变电系统为例，根据故障树的规范和简化规则，经规范化整理后的故障树如图 12-36 所示。图 12-13 中的 2oo3 表决门已经变换为图 12-36 中的 E4 以下子树。

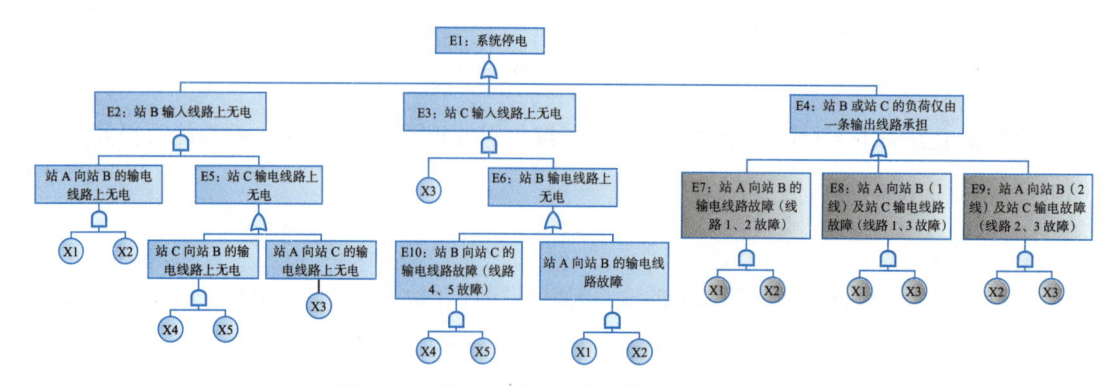

图 12-36　输变电系统规范和简化后的故障树

图 12-36 中各事件符号的意义如下。

E1——电网失效（系统停电），在该示例故障树中为顶事件（TE）。

E2——B 站无输入。

E3——C 站无输入。

E4——站 B 和站 C 仅由同一条单线供电。

E5——站 C 输电线路上无电。

E6——站 B 输电线路上无电。

E7——输电线 1、2 同时发生故障。

E8——输电线 1、3 同时发生故障。

E9——输电线 2、3 同时发生故障。

E10——输电线 4、5 同时发生故障。

1. 使用下行法求解所有最小割集

接下来对图 12-36 所示故障树从顶事件开始，自上而下逐步地进行事件分解运算，最后结合布尔运算法则求出最小割集。

第一步：顶事件 E1 下是或门，将其输入事件 E2、E3、E4 各自排成一行，如下所示。

$$E1 \longrightarrow \begin{matrix} E2 \\ E3 \\ E4 \end{matrix}$$

第二步：事件 E2 下是与门，将其输入 X1、X2、E5 排在同一行；事件 E3 下是与门，将其输入 X3、E6 排在另一行；事件 E4 下是或门，将其输入 E7、E8、E9 各自排成一行，如下所示。

$$\begin{matrix} E2 \\ E3 \\ E4 \end{matrix} \longrightarrow \begin{matrix} X1, X2, E5 \\ X3, E6 \\ E7 \\ E8 \\ E9 \end{matrix}$$

第三步：事件 E5 下是或门，将其输入 X3、E10 各自排成一行并分别与 X1、X2 组合成 X1、X2、X3 和 X1、X2、E10；事件 E6 下是或门，将其输入 E10、E7 各自排一行，并分别与 X3 组合成为 X3、E10 和 X3、E7；事件 E7 下是一个与门，将其输入 X1、X2 排在同一行；事件 E8 下是与门，将其输入 X1 和 X3 排在同一行；事件 E9 下是与门，将其输入 X2、X3 排在同一行，如下所示。

```
X1, X2, E5   —>   X1, X2, X3
X3, E6             X1, X2, E10
E7                 X3, E10
E8                 X3, E7
E9                 X1, X2
                   X1, X3
                   X2, X3
```

第四步：将事件 E10 下的与门输入 X4、X5 排在同一行，并与 X1、X2 组合成 X1、X2、X4、X5；

将 E10 下的与门输入 X4、X5 和 X3 重新排列为 X3、X4、X5；

将 E7 下与门输入 X1、X2 和 X3 组合成 X3、X1、X2，如下所示。

```
X1, X2, X3    —>   X1, X2, X3
X1, X2, E10        X1, X2, X4, X5
X3, E10            X3, X4, X5
X3, E7             X3, X1, X2
X1, X2             X1, X2
X1, X3             X1, X3
X2, X3             X2, X3
```

至此，所有故障树逻辑门的输出事件处理完毕，步骤 4 得到的每一行都是一个割集，总共有 7 个割集。

这七个割集为 {X1、X2、X3}，{X1、X2、X4、X5}，{X3、X4、X5}，{X3、X1、X2}，{X1、X2}，{X1、X3}，{X2、X3}。

第五步：对求解得到的割集进行两两比较，整理出最小割集。

因为 {X1、X2} 是割集，所以 {X1、X2、X3}，{X1、X2、X4、X5} 和 {X3、X1、X2} 都不是最小割集，应当删去，所以最后求得全部最小割集 4 个：{X3、X4、X5}、{X2、X3}、{X1、X3}、{X1、X2}。

将上述步骤集成在一起，其分析过程可表示为：

第一步	第二步	第三步	第四步	第五步
E1 →	E2 →	X1, X2, E5 →	X1, X2, X3 →	X3, X4, X5
	E3	X3, E6	X1, X2, E10	X1, X2, X4, X5	X1, X2
	E4	E7	X3, E10	X3, X4, X5	X1, X3
		E8	X3, E7	X3, X1. X2	X2, X3
		E9	X1, X2	X1, X2	
			X1, X3	X1, X3	
			X2, X3	X2, X3	

根据上述求解过程，示例故障树顶事件可表示为 TE = E1 = X3X4X5 + X1X2 + X1X3 + X2X3。其中，{X3, X4, X5}、{X1, X2}、{X1, X3}、{X2, X3} 便是该故障树的 4 个最小割集。

2. 使用上行法求解最小割集

上行法是从底事件开始，自下而上逐步地进行事件集合运算，最后根据布尔运算法则整理求出最小割集。对示例故障树进行自下而上的集合运算如下。

E10 = X4X5

E9 = X2X3

E8 = X1X3

E7 = X1X2

E6 = E10 + E7 = X4X5 + X1X2

E5 = X3 + E10 = X3 + X4X5

E4 = E7 + E8 + E7 = X1X2 + X1X3 + X2X3

E3 = X3E6 = X3(X4X5+X1X2) = X3X4X5 + X3X1X2

E2 = X1X2E5 = X1X2(X3+X4X5) = X1X2X3 + X1X2X4X5

TE = E1 = E2 + E3 + E4

= X1X2X3 + X1X2X4X5 + X3X4X5 + X3X1X2 + X1X2 + X1X3 + X2X3

= X3X4X5 + X1X2 + X1X3 + X2X3

可以发现，通过上行法求解后得到的故障树顶事件表示式，与下行法得到的 4 个最小割集是一致的。

无论是下行法还是上行法，其核心都是通过分析故障树中的逻辑门关系，将顶事件表示为底事件的组合，并从中提取出导致顶事件发生的最小底事件集。在实际应用中，可以根据故障树的复杂程度和具体需求选择合适的方法。

3. 定性分析结果比较

以上分析求解得出故障树的 4 个最小割集代表系统的 4 种故障模式，其中有 3 个最小割集的阶数为 2，一个最小割集的阶数为 3。由于现有数据不足以推断各条线路的故障概率值，无法进行进一步的定量分析，此时应做以下定性分析。

- 3 个 2 阶最小割集的重要性较高，一个 3 阶最小割集的重要性较低。
- 从单元重要性来看，线路 3 最重要，因为 X3 在 3 个最小割集中出现；线路 1、2 的重要性次之，因为 X1、X2 在两个最小割集中出现；线路 4、5 的重要性最小，因为 X4、X5 只在一个 3 阶最小割集中出现。

根据这些定性分析结果，可以得出以下处理意见。

1）如果仅知输变电系统出现了故障，原因待查，那么首先应检查线路 3，再检查线路 1 和 2，最后检查线路 4 和 5。

2）如果已知网络状态是 B 站不能向负荷供电，而 C 站仍能供电，那么根据上方规范化后的故障树，不经检查可以判定线路 1、2、4、5 都出了故障。修理次序应先修线路 1 或 2，后修其他。

3）如果 C 站不能供电，而 B 站仍能供电，则从故障树可以判定线路 3、4、5 出现了故障。此时，修理的顺序应当先修线路 3，再修线路 4 和 5。

为了改进系统，根据以上定性分析结果并结合最小割集的含义可以得出：提高该输变电系统可靠性的关键在于增加 3 个 2 阶最小割集的阶数，并加强对线路 3 的备份。因此，A 站和 C 站之间可增设备用线路 6，如图 12-37 所示。这将提高系统中 2 阶最小割集的阶数，从而提升系统的可靠性。

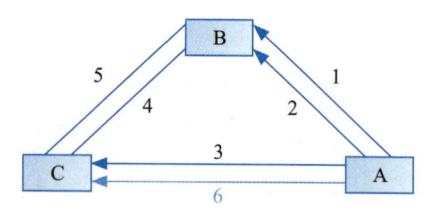

图 12-37 改进后的输变电系统结构

以上方法通过故障树定性分析来判断系统的薄弱环节，从而指导故障诊断，有助于制定维修方案和确定维修次序。

Q：根据以上分析方法，求解改进后系统的最小割集有哪些？如果该改进方案投入超出预算太多，应如何进一步优化以使成本和可靠性达到平衡？

关于 FTA 的基本概念、方法及实践应用就介绍到这里。方法重在实践，通过实践才能加深理解并获得更深的感悟。

12.7 本章小结

FTA 是一种系统可靠性分析方法，通过构建逻辑树状图识别和分析导致系统或设备故障的各种可能原因。通过介绍 FTA 概念、方法及示例可以看出，FTA 可以帮助我们理解系统中可能发生的故障以及故障之间的逻辑关系，并预测潜在问题，制定相应的解决策略。在实际应用中，需要根据具体情况灵活运用 FTA 方法，以充分发挥其作用。

Chapter 13　第 13 章

FMEA 与 FTA 融合分析

通过第 10 章至第 12 章系统地介绍了 FMEA 和 FTA 安全分析方法，大家应该都了解这两种方法在分析形式上的差异，即 FMEA 是自下而上的归纳分析——因果分析，而 FTA 是自上而下的演绎分析——果因分析。

究竟这两种形式分析的核心区别是什么？包括 ISO 26262 在内的其他安全或可靠性标准为什么推荐这两种分析方法？它们可以融合在一起进行分析吗？如何实现二者的融合分析？本章将探讨 FMEA 和 FTA 的融合分析，旨在帮助大家进一步理解二者之间的关系，并希望在项目实践中有效应用，以便真正发挥作用。

13.1　FMEA 与 FTA 的区别与联系

在功能安全中，这两者是标准推荐的两种典型安全分析方法。FMEA 是归纳分析的典型代表，FTA 是演绎分析的典型代表。从分析类别上看，归纳分析和演绎分析相辅相成，是互补的分析方法。

FMEA 是先归纳失效模式并分析其影响，是一种自下而上的分析过程。图 13-1 所示为 FMEA 方法分析过程。

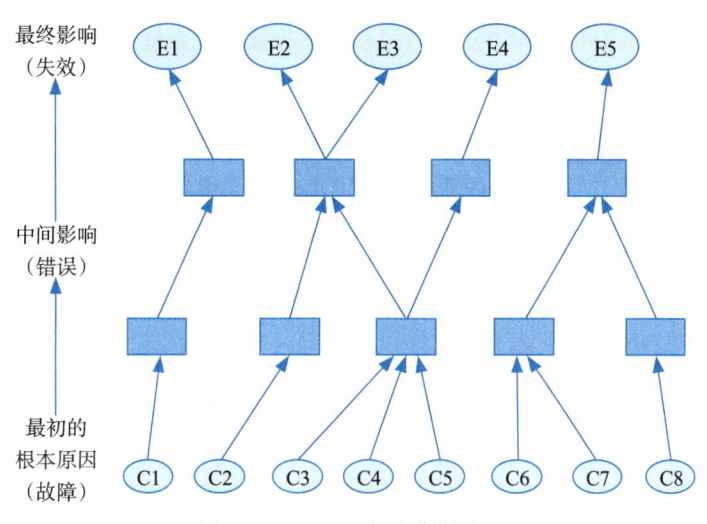

图 13-1　FMEA 方法分析过程

FTA 是一种在已知故障影响情况下，推演出其发生根本原因的分析方法。它是从影响到失效模式再到根本原因的自上而下地进行分析。图 13-2 所示是 FTA 方法分析过程。

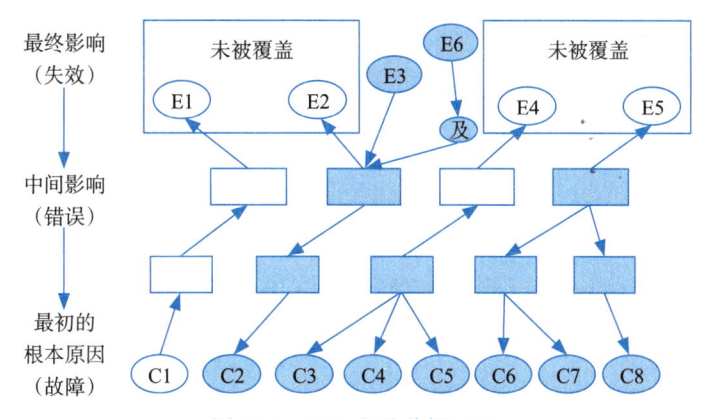

图 13-2　FTA 方法分析过程

FMEA 和 FTA 之间存在一种简单的一致性检查关系。

1）在 FMEA 中分析得到的任何导致故障树顶事件发生的单个故障，必须在 FTA 中作为单点故障出现在最小切割集中。

2）FTA 中确定的任何单点故障也应在 FMEA 中体现。

如果分析是单独且独立进行的，那么这种一致性检查结果的可信度更高，这在安全分析中尤为重要。

两者的典型区别在于 FMEA 方法分析过程中，失效模式是逐个分析的，即在分析某个功能失效模式时，假定其他功能都是正常的。因此，FMEA 方法分析时无法对比多点失效的场景，属于单因素分析方法。FTA 刚好能弥补这一点，先假定失效影响，然后逐级推演所有可能的失效模式和原因。这些原因可能涉及多个模块的多种功能，因此 FTA 方法不仅能覆盖单点失效，还能覆盖多点失效，属于多因素分析方法。

但是，FTA 是针对单个顶事件分别进行分析的，每个顶事件代表一种失效模式。也就是说，每个顶事件对应的 FTA 代表了一定的覆盖范围。当所有顶事件都分析完后，就形成了对应产品的故障森林图谱。然而，这片森林中的树木之间可能仍然存在未交叉的区域，即失效模式/原因的"盲区"。盲区的大小取决于顶事件是否充分，可以理解为树种得是否足够密。

而树与树之间的盲区往往能在 FMEA 中被覆盖，因为 FMEA 是基于功能从系统、硬件到软件逐层分析的。产品的功能定义要比安全目标描述得详细得多，所以 FMEA 几乎能遍历产品所有功能的失效模式及原因，这就是两者的核心区别。

实际使用工具进行分析时，两者确实有许多相似之处。例如，FMEA 七步法中的第四步得到的其实就是一个横向的故障树，只是顶事件为各个功能失效模式。而在 FTA 中得到的基本事件可能对应 FMEA 中的失效影响（FE），具体需视分析层次而定。

13.2　FMEA 与 FTA 的融合

FMEA 是全面识别基本事件或危险的有用方法，而 FTA 是不良事件因果分析的实用方法。

关于 FMEA 与 FTA 融合，标准有以下描述。

A typical approach is to use the FTA to analyse the hazards down to the component level. The failure modes of the components are then analysed from the bottom up using an FMEA to determine their failure modes and safety mechanisms to close out the bottom level of the fault tree.

（参考 ISO 26262-10: 2018, A.1）

解读　一个典型的方法是使用 FTA 自上而下分析至组件级别的危害，然后使用 FMEA 自下而上分析组件的故障模式，以确定故障模式和安全机制，关闭故障树的最底层。

这里我为 FMEA 与 FTA 的融合分析方法取了个新名字——FMTA。接下来探讨实施 FMTA 的 3 种方式：前融合、后融合、双向融合，希望能引发大家思考并在实践中论证。

13.2.1 前融合

前融合分析是将 FMEA 第四步失效分析过程中得到的失效影响（FE）作为两者融合的纽带，即将产品所有的失效影响进行编号（FE00X），并将其作为 FTA 顶事件（TE）的输入，然后基于定义好的 TE 逐层分析，找出每个事件的根因。注意，在 FE 和 TE 之间建立良好的追溯关系。前融合分析方案示意图如图 13-3 所示。

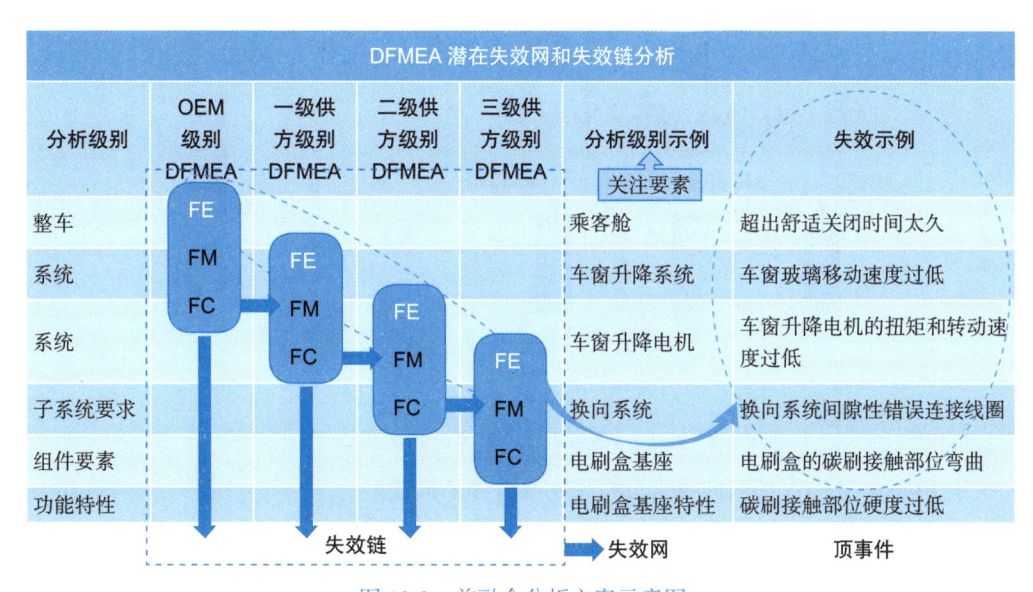

图 13-3 前融合分析方案示意图

13.2.2 后融合

后融合分析首先是通过 FTA 得到顶事件（TE）的所有基本事件（BE），并整理出所有的最小割集（MCS）。每个最小割集都是顶事件发生的一种可能。有几个最小割集，顶事件的发生就有几种可能。这意味着 FTA 得到的最小割集可以作为 FMEA 分析中失效模式（Failure Mode，FM）的输入，所以 FTA 中的最小割集（MCS）可以作为 FTA 到 FMEA 融合分析的一个纽带。

后融合分析方案的示意图参见图 13-4。

图 13-4 中的 MCS 表示通过 FTA 得到的最小割集，这些割集被整理并编号（如 MCS01，MCS02...），作为 FMEA 中失效模式的输入。

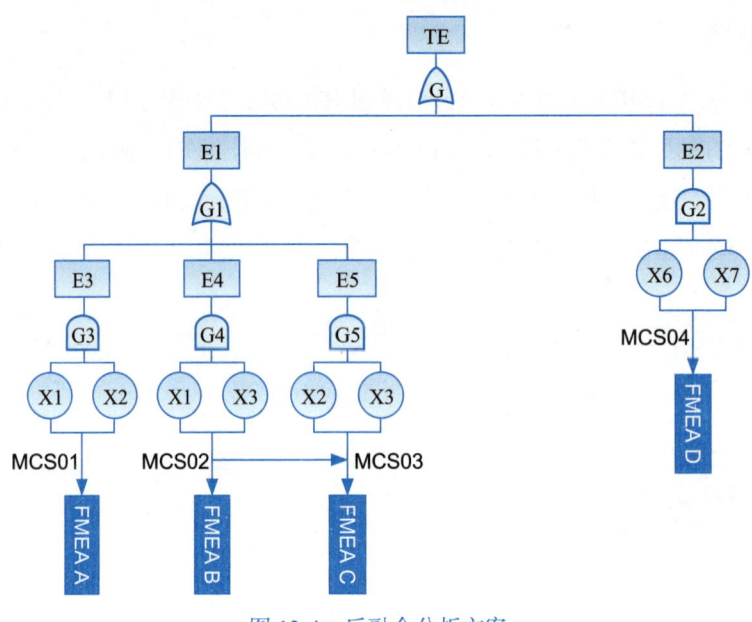

图 13-4　后融合分析方案

13.2.3　双向融合

关于 FMEA 与 FTA 的双向融合分析，标准有如下描述。

Systems are composed of many parts and subparts. FTA and FMEA **can be combined** to provide the safety analysis with the right balance of top-down and bottom-up approach. Figure A.3 shows a possible approach to combining an FTA with an FMEA. In this figure, the **basic events are derived from different FMEAs** (labelled FMEA A-E within this example) which was performed at a lower level of abstraction (e.g subpart, part or component level). Within this example, basic events 1 and 2 are fault effects as found in FMEA D, while no fault effects from FMEA B are used in the fault tree.

（参考 ISO 26262-10: 2018, A.2）

上方标准内容可用图 13-5 解释。图 13-5 展示了 FMEA 与 FTA 双向融合分析的一种可能方法。图中，基本事件来自不同的 FMEA（在本例中标记为 FMEA A～E）。这些事件是在较低的抽象级别（例如子部件、部件或组件级别）上执行的。在本示例中，基本事件 1 和基本事件 2 是在 FMEA D 中发现的故障影响，而在故障树中没有使用来自 FMEA B 的故障影响。

从图 13-5 可以看出，这种分析方法是做完 FMEA 之后，将 FMEA 方法分析中得到的失效起因（FC）作为 FTA 某个顶事件的基本事件（BE）的参考，同时 FTA 得到的基本事件（BE）也可以反过来验证 FMEA 中失效起因（FC）的完整性。

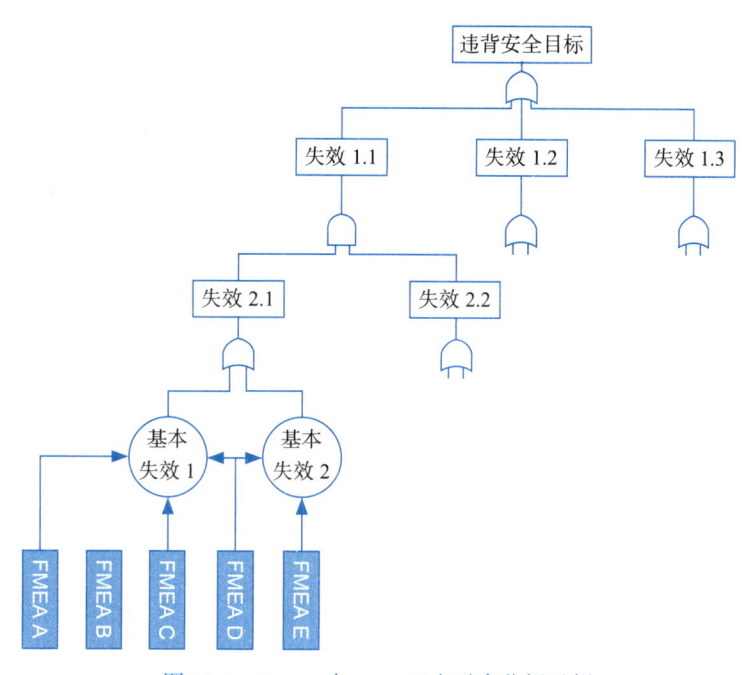

图 13-5　FMEA 与 FTA 双向融合分析示例

以上 3 种融合分析方法中，最常用且理论相对成熟的是后融合分析。实际上，两者的融合分析在分析形式上具有互补性，但需解决 RPN 的局限性这一核心问题。

正如前文提到的，评价 RPN 时，S、O、D 理论上应作为 3 个平行的指标，即 3 个指标的重要性是相同的。这势必会导致多种 S、O、D 的组合得到相同的 RPN 值，这合理吗？

答案是否定的，因为这可能导致高风险事件被忽略。在这种情况下，如果采用 FTA 与 FMEA 融合分析方法，利用 FTA 得到的最小割集（MCS）计算各失效模式的重要度，将每个最小割集的重要度作为 FMEA 评估时计算 RPN 的一个加权系数。这样，经过 FTA 得到的系统结构重要度就被分配给了 FMEA，使 FMEA 的风险评估更具合理性和说服力。

下式展示了 FTA 与 FMEA 融合过程中对于 RPN 加权的方法：

$$W_{RPN} = \omega \times S \times O \times D$$

通过结合 FTA 的系统结构重要度来对 RPN 值进行加权计算，在一定程度上解决了传统 FMEA 的 RPN 局限性问题。

13.3 本章小结

关于 FMEA 与 FTA 的核心区别与联系就谈到这里。基于两者在分析形式上的互补性，将两者进行融合分析能发挥 1+1>2 的效果。在 FMEA 中被忽略的部件可能会在 FTA 中基于某个事件进行演绎分析时被识别，而不同故障树之间的"盲区"将在 FMEA 中被分析。将两者融合在一起对产品进行可靠性分析不失为一种值得考虑的方式。

第 14 章

FMEDA 方法

本章将探讨 FMEDA 这一带有功能安全标签的安全分析活动。FMEDA 实际上是一种定量的 FMEA，其定量体现在字母"D"（Diagnostic，诊断）上。与传统 FMEA 相比，FMEDA 不仅关注故障的发生及故障对系统的影响，还深入探究故障的诊断方法和手段。除了基础的失效模式及影响分析，FMEDA 还强调对器件级故障的诊断，确保在故障发生时能够迅速、准确地定位问题，减少故障对系统的影响和损失，并通过这种诊断对硬件架构设计的安全完整性等级进行定量评估。

本章将从以下几方面讲解 FMEDA 方法论及其应用。

1) FMEDA 相关概念。
2) 随机硬件故障的特征及分类流程。
3) FMEDA 输入输出信息。
4) FMEDA 的相关要求。
5) FMEDA 方法应用。

14.1 FMEDA 相关概念

FMEDA 是功能安全开发过程中在硬件设计阶段的重要活动。它主要用来验证系统或子系统的设计是否满足相应的 ASIL 等级要求。FMEDA 不仅对功能安全产品的失效风险和诊断能力进行定性分析，也为平均失效概率和安全完整性等级的计算提供有效的数据支持。

在 FMEDA 分析中，我们需要关注以下几个关键概念。

- **失效模式**：指元器件或系统可能发生的失效类型，如开路、短路、漂移等。
- **影响**：指失效模式对系统或产品功能的影响，包括是否会导致安全目标的违背。
- **诊断能力**：指系统或产品检测失效模式的能力，即在失效发生时，能否及时检测并采取相应措施。
- **诊断覆盖率**：指系统或产品能够检测出的失效模式在总失效模式中所占的比例，作为衡量系统或产品风险控制和降低能力的重要指标。

14.1.1　FMEDA 与 FMEA

FMEDA 是 FMEA 的扩展，或者说是一种特殊的 FMEA。它将传统 FMEA 技术与识别在线诊断技术相结合，从而识别和评估诊断有效性。FMEDA 和 FMEA 都是典型的归纳分析方法，用于识别和评估不同部件故障模式的影响，以确定哪些措施可以消除或减少故障。简单理解，FMEDA 是一种定量的 FMEA 分析方法，结合失效模式及影响的定性分析与诊断覆盖率的定量评价结果，计算得到硬件的失效率数据。基于分析计算得到的失效率数据，可以评价硬件架构的安全完整性是否满足要求。

14.1.2　失效率

失效率 λ 指的是单位时间内产品失效的概率。

失效率的单位为 FIT（Failure In Time），俗称"菲特"，是指 1 个产品在 10^9 小时内出现 1 次失效（或故障）的情况。也就是说，1 FIT 等于 1 次失效 $/10^9$ 小时，即 1 FIT = $1/10^9$ 小时 = 1×10^{-9} 小时。

失效率计算公式为：$\lambda =$（失效数 / 单位样本器件总运行时间）$\times 10^9$。其中，单位样本器件总运行时间是指所有样本器件的运行时间的总和，失效数是指在该总运行时间内发生的失效总数。例如，n 个零件在规定时间 t 内发生失效数为 r，则失效率可表示为：$\lambda = (r/n \times t) \times 10^9 = r/n \times t$ FIT。

举例来说，假设 1000 个零件连续运行 5000 小时后发现有 2 个失效，那么该零件的失效率是多少？

根据定义及题设有：$\lambda = \frac{2}{1000 \times 5000} \times 10^9 = 400\text{FIT}$。这表示在每 10^9 小时中，这 1000 个器件平均会发生 400 次失效。失效率数值可以用于评估器件的可靠性，并预测其可能的寿命。

FMEDA 针对的是硬件的随机故障，且分析计算过程中假定硬件的失效率处于浴盆曲线的恒定失效率区间。浴盆曲线如图 14-1 所示。

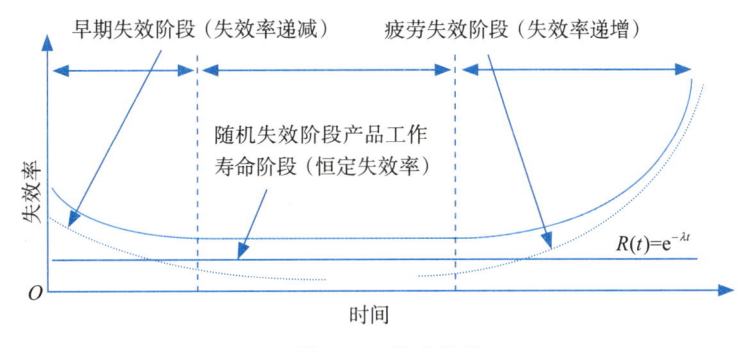

图 14-1　浴盆曲线

14.1.3　失效模式

元件或相关项发生失效的方式被称为"失效模式"。每种失效模式占元件或项目总失效率的一定比例，该比例被称为"失效模式分布"。需要指出的是，标准并没有给出失效模式的定义。从理论上讲，通过安全分析和统计计算，可以得出失效模式及其分布。关于元件的失效模式及其分布的定义可参考 IEC 61709:2011 附录 A、EN 62061:2005 附录 D、IEC TR 62380 等。

表 14-1 所示是 IEC 62061:2005 中关于失效模式的参考数据。

表 14-1　IEC 62061:2005 中失效模式的参考数据

部件	失效模式	标准失效模式率
电感	开路	80%
	短路	10%
	值的随机变化	10%
电阻器	开路	80%
	短路	10%
	值的随机变化	10%
电阻器网络	开路	70%
	短路	10%
	任意连接间的短路	10%
	值的随机变化	10%

(续)

部件	失效模式	标准失效模式率
电位计	单独连接的开路	70%
	所有连接间的短路	10%
	任意两连接间的短路	10%
	值的随机变化	10%
电容器	开路	40%
	短路	40%
	值的随机变化	10%
	变化值 $\tan \alpha$	10%

14.1.4 安全机制

安全机制（Safety Mechanism，SM）是指为保持预期功能或达到某种安全状态，由电子电气系统的要素实施的解决方案，以探测并减轻故障，或控制失效。

安全机制一般分为**预防型（被动）和探测型（主动）**两类。

预防型安全机制通常不是基于故障探测的机制，包括防呆设计、冗余设计、多通道选择设计、输出冗余等。

探测型安全机制是基于故障探测的机制，例如在线监控、软件自测、ECC、EDC 等。

一个完整有效的安全机制属性应包含描述、安全状态定义、时间参数、相应的诊断覆盖率、基本原理声明。

安全机制的有效性评估包括以下几方面。

❑ 检测或控制特定失效模式的能力。

❑ 将相关项转换并保持在安全状态的能力。

❑ 提醒驾驶员的能力。

❑ 在单点故障（SPF）的情况下，诊断测试间隔 + 故障响应时间 < 故障容错时间间隔（FTTI）。

❑ 在双点故障（DPF）的情况下，诊断测试间隔 + 故障响应时间 < 多点故障检测间隔。

14.1.5 诊断覆盖率

诊断覆盖率（Diagnostic Coverage，DC）是指由实施的安全机制探测或控制的失效率占硬件要素失效率或硬件要素某一失效模式失效率的百分比。

诊断覆盖率介于 0 到 100% 之间，表明诊断有效性的覆盖范围。诊断覆盖率大小取决于安全机制的有效性、诊断间隔和安全机制的实施层级。ISO 26262-5:2018 附录 D 给出了诊断覆盖率的参考值，若采用非标准推荐的其他诊断覆盖率值，则需要提供相应的理由和依据。ISO 26262-5:2018 附录 D 所提供的数据并不详尽，可以根据其他已知故障或具体应用情况进行调整。

表 14-2 展示了部分通信总线常见的安全机制及其诊断覆盖率。

表 14-2　部分通信总线常见的安全机制及其诊断覆盖率

安全机制	见技术概览	可实现的典型诊断覆盖率	备注
一位硬件冗余	D.2.5.1	低	—
多位硬件冗余	D.2.5.2	中	—
回读已发送的消息	D.2.5.9	中	—
完全硬件冗余	D.2.5.3	高	共模失效模式会降低诊断覆盖率

表中低、中、高分别量化为 60%、99%、99% 诊断覆盖率值，也可以采用其他值，只需提供相关理由证明该值的合理性即可。

14.1.6　安全状态

安全状态是系统要素的一种状态或模式。在这种状态或模式下，相关项没有不合理的风险。系统要素的不同范围具有不同的安全状态定义。降级模式是一种安全状态的折中策略，在保证安全的同时不完全失去功能。进入并维持在安全状态对于基于诊断的安全机制在 SPF 方面的有效性至关重要。告警对于有效避免潜在故障至关重要。在某些情况下，安全状态和降级模式可以被视为告警的一部分。安全状态和告警是安全目标的基本要素。

14.2　随机硬件故障的特征及分类流程

随机硬件故障是指硬件元件在使用寿命期间可能不可预测地发生故障，这种故障是无法避免的，但可以控制，并且遵循一定的概率分布。基于考虑故障影响和诊断有效性，我们可以应用 FMEDA 对随机硬件故障进行评估。

14.2.1　单点故障特征

单点故障的特征如下。

☐ 可以直接导致违背安全目标。

- 没有任何安全机制的硬件组件故障。

例如，给一盏灯的供电线上串联了一个电阻（假设没有安全机制），安全目标为运行期间保证灯亮，此时电阻的开路失效模式将直接导致不满足安全目标，所以该电阻的开路故障是一种单点故障。

14.2.2 残余故障特征

残余故障的特征如下。

- 可能直接导致违背安全目标。
- 对于硬件要素的故障，至少有一个安全机制可以预防某些违背安全目标的故障发生或该故障的一部分。

简单理解，残余故障是指安全机制未覆盖到的、仍然可能直接违反安全目标的故障。FMEDA 中对单点故障和残余故障的评估流程可参考图 14-2。

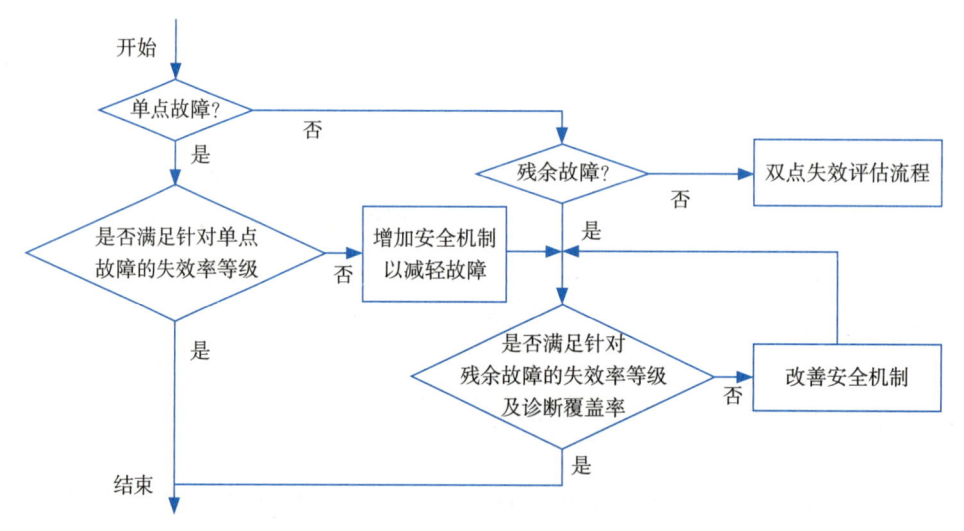

图 14-2　FMEDA 中对单点故障与残余故障的评估流程

14.2.3 可探测的双点故障特征

可探测的双点故障的特征如下。

- 只有与另一个与双点故障有关的独立硬件故障同时发生时，才可能导致违背安全目标。
- 可以被安全机制探测到。

例如，被纠错码（ECC）保护的闪存：按照技术安全概念，通过测试检测这些 ECC 逻辑中的故障并触发响应，如通过警示灯通知驾驶员。

14.2.4 可感知的双点故障特征

可感知的双点故障的特征如下。

❑ 只有与另一个独立的硬件故障共同发生时，才会违背安全目标。
❑ 在规定的时间内会被驾驶员感知，无论是否有安全机制探测到。

例如，驾驶员在转向时明显感到失去转向助力。

14.2.5 潜在双点故障特征

潜在双点故障的特征如下。

❑ 只有与另一个独立硬件故障结合时，才会导致违背安全目标。
❑ 不会被安全机制所探测，也不会被驾驶员感知到。直到第二个独立故障发生前，系统始终可以运行且驾驶员也不知道发生了故障。

FMEDA 中对潜在双点故障的评估流程可参考图 14-3。

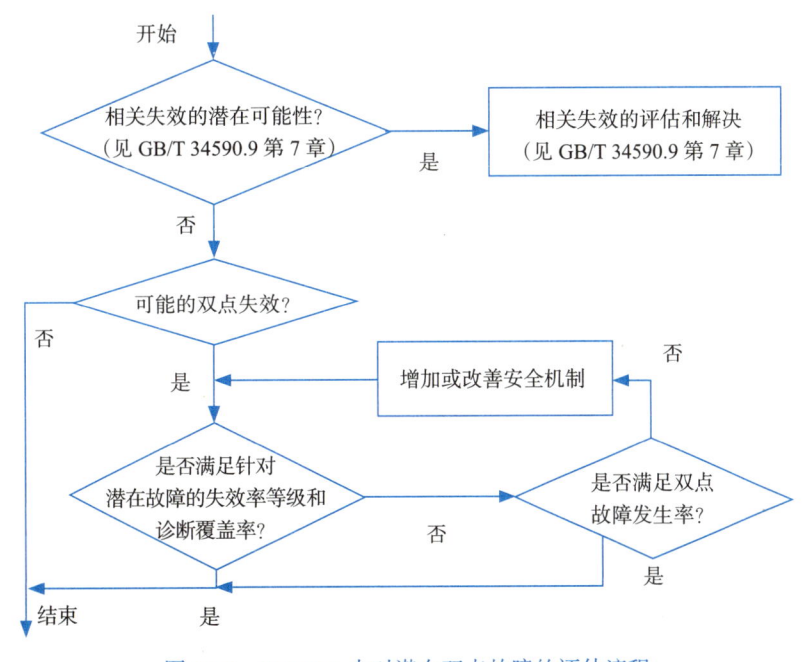

图 14-3 FMEDA 中对潜在双点故障的评估流程

14.2.6 安全故障特征

安全故障的特征如下。

- $n > 2$ 的所有 n 点故障。
- 可能不会违背安全目标。

14.2.7 随机硬件故障分类流程

图 14-4 展示了如何将硬件要素的某个失效模式归入哪一种随机硬件故障类别。

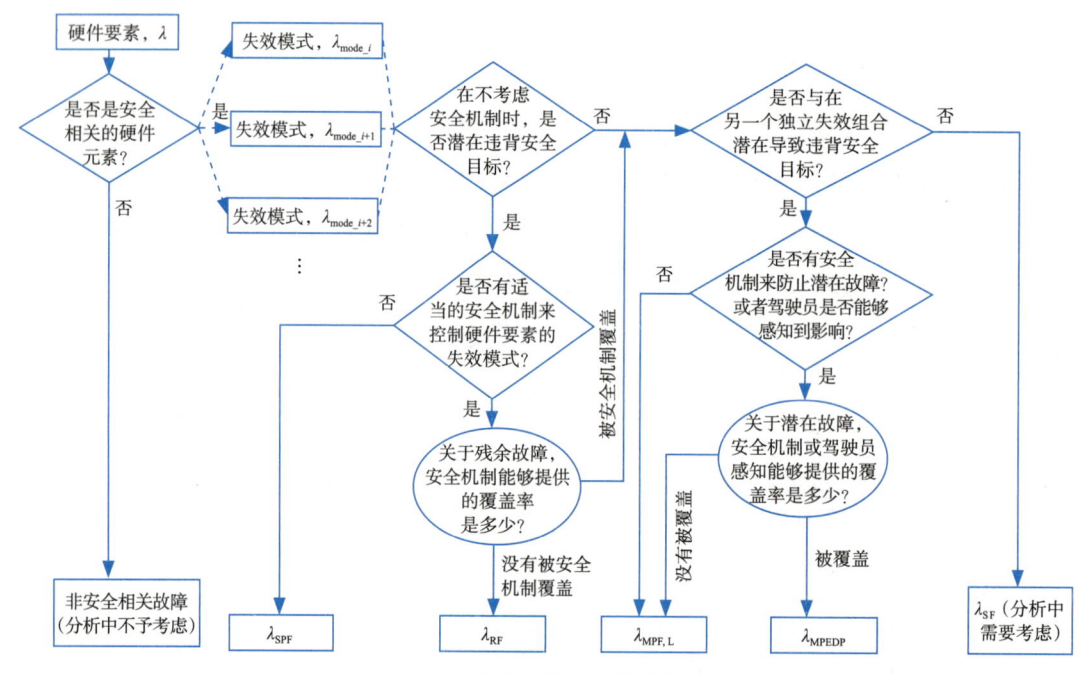

图 14-4 随机硬件故障分类流程

以上是 FMEDA 中涉及的故障，在对这些故障及分类有一定的了解后，接下来将详细介绍如何实施 FMEDA。

14.3 FMEDA 输入输出信息

FMEDA 是实施硬件架构度量的工具，可用于分析硬件架构设计是否满足对应 ASIL 等级要求的架构诊断覆盖率要求。它利用详细设计的数据（如硬件需求规范、硬件设计规范、原理

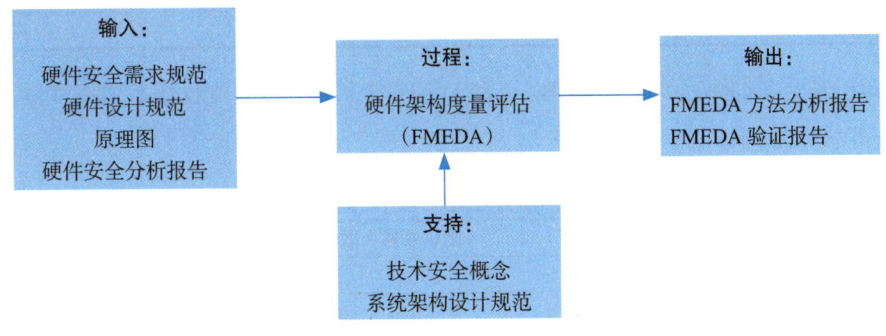

图等)来评估架构设计的合适性,其活动的输入输出关系如图 14-5 所示。

图 14-5　FMEDA 输入输出关系

14.4　FMEDA 的相关要求

下面列举了一些从标准中提取的 FMEDA 相关要求。

1)分析中用到的硬件元器件预估失效率的确定,可使用以下方法。

- 使用业界标准(如 SN 29500、IEC 61709、IEC 62380 等)设计的硬件元器件失效率数据。
- 使用现场反馈的统计数据。在这种情况下,预估失效率应至少有 70% 的置信度。
- 使用工程方法形成的专家判断,应基于定量和定性论证。专家判断应按照结构化准则进行,这些准则是判断的基础,应在失效率预估前设定。

2)在应用选定的业界数据源时,为避免人为降低所计算出的基础失效率,需考虑以下因素。

- 任务剖面。
- 失效模式相对于运行条件的适用性。
- 失效率单位(FIT=10^{-9}/h)。

3)单点故障度量适用于等级为 ASIL B、ASIL C 和 ASIL D 的安全目标。对于硬件架构设计,该故障类型的度量指标应满足表 14-3 所列的目标值要求。

表 14-3　单点故障度量的目标值

故障类型	ASIL A	ASIL B	ASIL C	ASIL D
单点故障	无要求	≥90%	≥97%	≥99%

4)潜在故障度量适用于等级为 ASIL B、C 和 D 的安全目标。对于硬件架构设计,该故障类型的度量指标应满足表 14-4 所列的目标值要求。

表 14-4　潜在故障度量的目标值

故障类型	ASIL A	ASIL B	ASIL C	ASIL D
潜在故障	无要求	≥60%	≥80%	≥90%

5）对于安全完整性等级为 ASIL B、C 和 D 的安全目标，随机硬件失效概率度量（PMHF）的目标值可参考表 14-5。

表 14-5　随机硬件失效概率度量的目标值

ASIL	随机硬件失效概率度量的目标值		
D	$<10^{-8}$/h	$<$ 10 FIT	要求
C	$<10^{-7}$/h	$<$ 100 FIT	要求
B	$<10^{-7}$/h	$<$ 100 FIT	推荐
A	—	—	未定义

14.5　FMEDA 方法应用

结合上文提到的硬件故障分类流程，本节对 FMEDA 方法的分析步骤进行了简要概括（即"FMEDA 五步法"），并介绍了 FMEDA 示例。实施 FMEDA 的目的是评估在某个安全需求（或安全目标）下，关联的电子元器件的随机硬件失效是否满足 ISO 26262 等标准的定量指标要求。

14.5.1　FMEDA 五步法

FMEDA 五步法实施步骤如下。

第一步：确定待分析电路中元件的失效率。

基于 BOM，使用业内广泛认可的失效率计算参考手册，计算每个元器件的失效率。

第二步：确定所列元件的失效模式及其分布情况。

参考相关数据手册，确定待分析元件的失效模式及其分布情况。

第三步：确定安全机制及其诊断覆盖率。

根据设计规范，检查当前失效模式及其影响是否有相应的安全机制覆盖，并依据标准第 5 部分附录 D 给出的安全机制及其诊断覆盖率确定当前所实施安全机制的诊断覆盖率。

第四步：分析失效影响并确定故障类型。

根据图 14-4，确定所分析器件失效模式及其导致的故障类型。

第五步：架构度量指标计算与符合性判断。

基于以上四步及硬件架构度量指标计算模型，计算每种架构度量指标值，并根据表 14-3、表 14-4、表 14-5 判断当前硬件架构的度量值是否满足对应的 ASIL 等级要求。

14.5.2 FMEDA 示例

经过 5.6 节硬件架构度量的介绍、FMEDA 方法步骤的说明，相信大家对于如何实施 FMEDA 已经有了基本的框架。接下来，我们将结合示例进行简要的说明。

在实施 FMEDA 之前，还有几个前提需要说明。

1）FMEDA 基于一定的计算模型来计算硬件的失效率，以评价硬件架构设计是否符合 ASIL 等级要求。这里的硬件失效率是指随机硬件失效率，即每个器件发生失效是独立事件，且在时间上是随机的。

2）多点故障被认为是安全的，因为如第 1 条所述，随机硬件失效被假设为随机发生，与单点故障相比，同时出现两点以上失效的概率是很低的。

3）假设计算的硬件元件的失效率处于浴盆曲线的恒定区。

4）为了避免 FMEDA 的计算结果过于乐观，影响 FMEDA 计算准确性的因素（如共因失效），必须加以考虑。

这里先简要说明该示例的相关项定义及安全目标，以便接下来的分析。

- **预期功能**：电机的速度必须根据速度参数值进行控制，电机控制要确保输出级永远不会持续关闭。
- **可预见的危害**：电机、CPU 或输出级中的故障，或过高的速度可能导致电机过载，从而引发电机过热，最终导致危及生命的火灾。
- **安全目标（SG01）**：防止电机过温起火而烧毁。
- **安全要求（SR01）**：如果电机温度 $T > x$℃，持续时间 $P > y$ 秒，则应断开电机的电源。
- **安全状态**：电动机电源线断开。

假设：该电路所需的运行时间为 60000 小时，该电机驱动单元架构如图 14-6 所示。

接下来按照上文提到的"FMEDA 五步法"对示例电路进行分析。

1. 第一步：确定待分析电路中元件的失效率

将示例架构电路中涉及的元件先列出来，如表 14-6 所示。

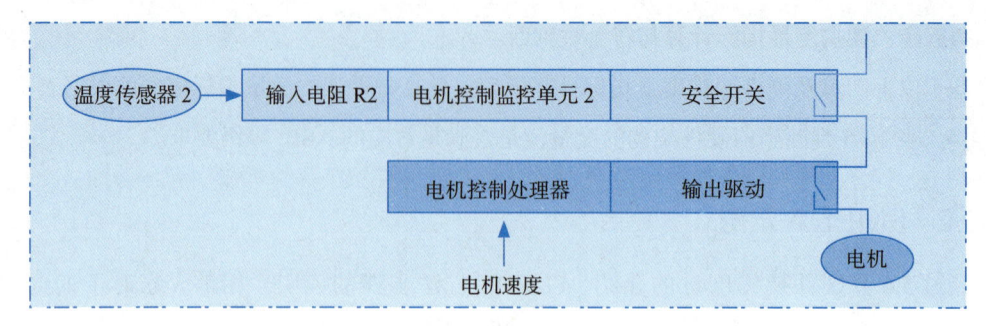

图 14-6　电机驱动单元架构

表 14-6　电机驱动单元 A2 架构组件清单

序号	元件名称	备注
1	温度传感器 2	
2	输入电阻 R2	
3	电机控制监控单元 2	
4	安全开关	
5	电机控制处理器	
6	输出驱动	
7	电机	

采用 SN 29500 作为失效率计算参考手册，以 R2 为例说明器件失效率的计算过程。关于电阻的计算模型及相关参数见 SN 29500 第 4 章，表 14-7 对计算模型参数进行了详细说明，并给出了 R2 的失效率计算结果。

表 14-7　电机驱动单元 A2 架构中电阻 R2 失效率计算模型参数及结果

Source：SN 29500-4：2004-03 Table 2，Table 7，Table 10，Formu=$\lambda_{ref} \times \pi_T$

Type	Design Ref.	Technology	λ_{ref}(FIT)	θ_1(℃)	A	Ea1	Ea2	θ_{Uref}(℃)	θ_2(℃)	π_T	π_W	λ/FIT
SMT0603_Metal film	R2		0.1	85	0.873	0.16	0.44	40	85	1	1	0.10

可见，R2 的失效率为 0.1FIT。其他元件可按照类似的方法，根据 SN 29500 中对应器件的计算模型，代入相关参数值进行计算。此处不逐一展开，假设该示例电路元件的失效率数据如表 14-8 所示。

2. 第二步：确定元件失效模式及分布

元件的失效模式在一些失效率计算手册中（如 IEC 61709、IEC 62380 等）有列出，它们可以作为元件失效模式的参考来源。这里根据 IEC 61709 得到示例电路中元件的失效模式及其分布，如表 14-9 所示。

表 14-8　电机驱动单元 A2 架构元件失效率数据

元件名	失效率 /FIT
温度传感器 2	5
输入电阻 R2	0.1
电机控制监控单元 2	100
安全开关	20
电机控制处理器	50
输出驱动	20
电机	20

表 14-9　电机驱动单元 A2 架构电路元件失效模式及其分布

元件名	失效率 /FIT	失效模式	失效模式分布
温度传感器 2	5	开路	40%
		漂移 *0.5	30%
		漂移 *2	30%
输入电阻 R2	0.1	开路	40%
		漂移 *0.5	30%
		漂移 *2	30%
电机控制监控单元 2	100	工作正常	50%
		工作异常	50%
安全开关	20	开路	80%
		短路	20%
电机控制处理器	50	工作正常	50%
		工作异常	50%
输出驱动	20	开路	80%
		短路	20%
电机	20	工作正常	50%
		工作异常	50%

3. 第三步：确定安全机制及其诊断覆盖率

标准第 5 部分附录 D 列出了电子电气系统中各架构要素的常见安全机制及其相应的诊断覆盖率，可供参考。

本示例电路中，输出驱动这个器件如果发生短路故障将直接导致违反安全目标，新增安全开关作为冗余控制路径，当输出驱动短路时依然可以通过控制安全开关正常断开电机来控制回路，从而保证系统安全运行。示例电路的安全机制如表 14-10 所示。

表 14-10　电机驱动单元 A2 架构安全机制列表

编号	描述	故障探测及响应时间（FDRT）/ms	FTTI	诊断覆盖率（DC）	依据	备注
SM01	输出驱动短路时依然可以控制安全开关正常断开电机控制回路，从而保证系统安全运行，反之亦然	100	500	99%	ISO 26262-5：2018 Table D.4_D.2.3.6	
SM02	电机控制监控单元 2 应对安全开关的状态进行回检	100	500	99%	ISO 26262-5：2018 Table D.10_D.2.9.1	
SM03	电机控制监控单元 2 应实时监控电机温度，并将温度信息反馈给电机控制处理器，当监控到温度异常时应正确地进入安全状态	100	500	99%	ISO 26262-5：2018 Table D.2_D.2.1.1	
SM04	电机控制处理器应对电机状态（电流、转速）进行监控，电流可用于温度的换算	100	500	99%	ISO 26262-5：2018 Table D.10_D.2.1.1	
SM05	电机控制处理器应基于反馈车速对电机扭矩进行监控，用于电机功率控制	100	500	99%	ISO 26262-5：2018 Table D.10_D.2.9.1	
SM06	电机控制处理器应对输出驱动的状态进行回检	100	500	99%	ISO 26262-5：2018 Table D.10_D.2.9.1	
SM07	电机控制监控单元 2 和电机控制处理器应进行内部和上电故障自检	100	500	99%	ISO 26262-5：2018 Table D.4_D.2.3.2	
……	……	……	……	……	……	

4. 第四步：分析失效影响并确定故障类别

这一步与定性的 FMEA 方法类似，但在 FMEDA 中，将硬件架构度量指标分为 SPF、LF、MPF 等，结合列出的安全机制，分析失效模式及其影响，判断元件失效模式的影响会导致哪类故障发生。根据上文提到的硬件故障模式分析流程，示例电路的分析结果如表 14-11 所示。

5. 第五步：架构度量指标计算与合规性判定

有了第四步分析计算的失效率数据，接下来就是合计各类故障的总失效率，并代入各自的架构度量模型计算得到相应的度量值。然后，将计算得到的度量值与标准中的基准指标进行比较，以判断当前架构对应的硬件电路设计是否满足安全完整性等级要求。该示例电路的架构度量 FMEDA 分析结果如图 14-7 所示。

第 14 章　FMEDA 方法　455

表 14-11　电机驱动单元 A2 架构 FMEDA 分析结果

元件名	失效率	失效模式	失效模式分布	失效影响	是否安全相关?	单点故障(SPF)?	是否有安全机制?	安全机制诊断覆盖率	单点/残余故障失效率/FIT	多点故障(MPF)?	是否有防止潜在故障安全机制?	安全机制 DC	潜在故障失效率/FIT	可探测的双点故障失效率/FIT
温度传感器 2	5	开路	40%	温度获取失败→电机存在过温烧毁风险	是	否	否	0%	0	是	否	0%	2	0
		漂移*0.5	30%	温度检测过高→不影响安全		否	N/A	N/A	0	N/A	N/A	N/A	0	0
		漂移*2	30%	温度检测过低→电机存在过温烧毁风险		否	否	0%	0	是	否	0%	1.5	0
输入电阻 R2	0.1	开路	40%	温度检测一直为高→不影响安全	是	否	N/A	N/A	0	N/A	N/A	N/A	0	0
		漂移*0.5	30%	温度检测过低→电机存在过温烧毁风险		否	否	0%	0	是	否	0%	0.03	0
		漂移*2	30%	温度检测过高→不影响安全		否	N/A	N/A	0	N/A	N/A	N/A	0	0
电机控制监控单元 2	100	工作正常	50%	无影响	是	否	N/A	N/A	0	N/A	N/A	N/A	0	0
		工作异常	50%	温度检测失败→电机存在过温烧毁风险		否	N/A	N/A	0	是	SM06	90%	5	45
安全开关	20	开路	80%	无影响	是	否	N/A	N/A	0	N/A	N/A	N/A	0	0
		短路	20%	当 Output Stage 也发生短路故障时，电机存在过温烧毁风险		否	N/A	N/A	0	是	SM1 SM2 SM6	99%	0.04	3.96
电机控制处理器	50	工作正常	50%	无影响	是	否	N/A	N/A	0	N/A	N/A	N/A	0	0
		工作异常	50%	持续过高功率请求，引起转速信息处理失败，导致电机持续高速运转而过温损毁		否	N/A	N/A	0	是	SM06	90%	2.5	22.5
输出驱动	20	开路	80%	无影响	是	否	N/A	N/A	0	N/A	N/A	N/A	0	0
		短路	20%	当 Safety Switch 也发生短路故障时，电机存在过温烧毁风险		否	N/A	N/A	0	是	SM1 SM5 SM6	99%	0.04	3.96
电机	20	工作正常	50%	无影响	是	否	N/A	N/A	0	N/A	N/A	N/A	0	0
		工作异常	50%	电机内部短路→电机过温烧毁		是	SM03	99%	0.1	是	SM04 SM05	99%	0.099	9.801
合计	215.1				215.1				0.1				11.209	85.221

注：N/A 表示不适用。

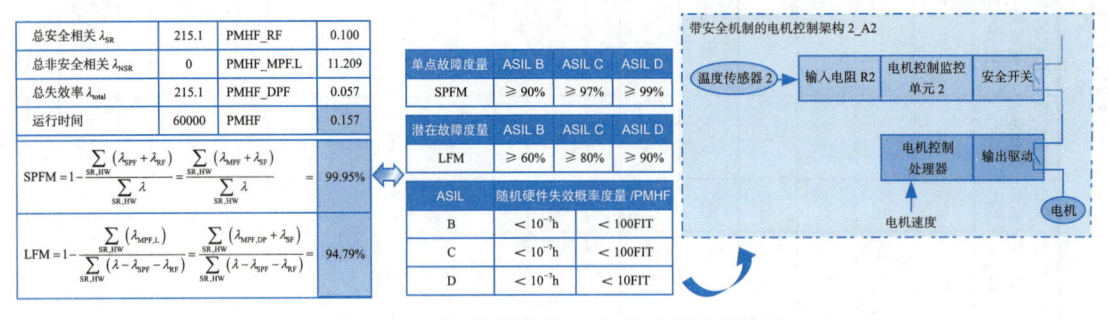

图 14-7 电机驱动单元 A2 架构度量分析结果

到此为止，示例架构对应电路的 FMEDA 实施已经完成。然而，这仅代表 FMEDA 这一主要分析活动阶段性结束。如果最终分析结果未能达到度量指标要求，这意味着需要根据分析过程中发现的设计薄弱环节，对电路进行改进。改进后需重新实施 FMEDA 方法，以检验改进后的电路是否满足要求。因此，FMEDA 和 FMEA 一样都是动态的活动，都要遵循组织的持续改进流程。

由最终的分析结果可知，该架构对应电路的单点故障指标（SPFM）、潜在故障指标（LFM）、随机硬件失效概率指标（PMHF）都满足标准要求。当然，该示例仅用于展示分析步骤，其中的数据及部分分析逻辑并不一定严谨，因此示例电路的分析数据仅供参考。

相较于 5.6 节中的电机驱动单元 A1 架构，通过分析得到的 A2 架构及其度量结果，不知大家对 FMEDA 分析的目的及作用是否有了新的认知？

Q：虽然示例电机驱动单元 A2 架构的指标都已满足标准要求（示例数据不一定严谨），但该架构是否还有改进的空间？有没有发现其中还存在哪些故障会导致安全隐患？

14.6 本章小结

FMEDA 是功能安全中特有的安全分析工具，结合了传统 FMEA 的定性分析与诊断技术的定量计算，使得硬件设计的安全性变得可度量。它的初衷是发现硬件安全设计的不足，并引导出相应的改进措施，从而提供硬件安全设计的优化指导方案。因此，要让硬件发挥应有的作用，还是要正确看待 FMEDA 活动的意义，并回到我们进行功能安全工作的初衷。

第 15 章 Chapter 15

DFA 方法

理论上，产品开发过程中通过各层级的归纳分析（如 FMEA）和演绎分析（如 FTA）已经能非常细致地验证和支持设计，然而在实际系统中，故障往往不是孤立的，一个要素的故障可能会导致另一个或当前要素内的其他要素失效，这意味着故障之间存在关联关系。为了全面评估系统的安全性，需要对潜在的故障关联关系进行分析，这就是功能安全标准里另一项重要的分析活动——相关失效分析（Dependent Failure Analysis，DFA）。

本章将从以下方面深入介绍 DFA 的分析要点和实践应用方法。

1）为什么要实施 DFA。

2）DFA 与其他安全分析方法之间的关系。

3）DFA 实施的相关要求。

4）DFA 六步法。

15.1 为什么要实施 DFA

从 9.5.2 节介绍的相关失效的概念中可以看出，DFA 的分析对象是相关电子电气系统中不同要素间存在的共因失效和级联失效风险。既然存在失效，必然会导致相关要素的功能异常，需要分析这些异常是否会影响安全，这是实施 DFA 的基础逻辑。

Q: 笔者被不少同行或朋友问及如果没有做 ASIL 分析是否需要实施 DFA。不知道大家对此是否有答案?

实施 DFA 是为了确认在设计中充分实现功能安全所需的独立性或给定元素（硬件/软件/固件）免于干扰，目的是找出安全的弱点，为 ASIL 分解提供依据。

关于免于干扰和不同相关失效之间的关系可参考图 15-1。

由图 15-1 可知，独立性受到共因失效和级联失效的威胁，而免于干扰仅受到级联失效的威胁。

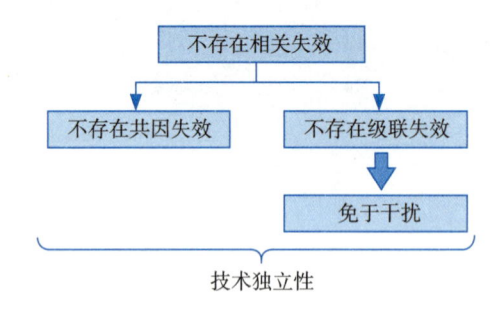

图 15-1　不同类型相关失效与免于干扰之间的关系

DFA 可用于证明要素间的免于干扰或独立性。其中，免于干扰是不同 ASIL 等级的要素或安全与非安全要素共存的前提，是独立性的一部分。独立性是判断某功能是否可以进行 ASIL 分解的前提或必要条件。不同要素/功能之间满足独立性，意味着它们互不干扰，并且不存在共同原因导致的失效。

这里先谈一谈免于被干扰的相关要求，至于 ASIL 分解的独立性问题将在第 16 章详述。

通常，当某个要素由多个子要素组成时，应按照适用于该要素的最高 ASIL 等级的相应措施开发每个子要素。在未分配 ASIL 等级或分配了不同 ASIL 等级的子要素共存，或安全无关的子要素和与安全相关的子要素共存的情况下，如果将最高 ASIL 等级分配给全部子要素，对于开发团队而言显然是不友好的。于是，为了让不同 ASIL 等级的子要素能在同一要素下和谐共存，就需要保证不同子要素能够和平共处，互不干扰。

通常，干扰是未分配 ASIL 等级的子要素或分配了较低 ASIL 等级的子要素，与分配了较高 ASIL 等级的子要素之间存在级联失效，导致违背了要素的安全要求。为了证明不同 ASIL 等级的要素能和平共处，应关注要素间的级联失效，为要素间的免于干扰提供依据。

对于要素共存，标准要求如下。

1）如果非安全相关的子要素和安全相关的子要素共同存在于同一要素中，若能证明非安全相关的子要素不直接或间接地违背分配给该要素的任何安全要求，即非安全子要素不干扰要素中安全相关的任何子要素，则应仅视其为非安全相关的子要素。否则，在没有免于干扰证据的情况下，应将共存安全相关的子要素的最高 ASIL 等级分配给该子要素。

2）在同一要素中，如果存在不同 ASIL 等级要求的执行情况，包括质量管理中的安全相关子要素，仅当能够证明所讨论的子要素对于分配给该要素的每个安全要求均不会直接或间接违反分配给更高 ASIL 等级子要素的任何安全要求时，可视该子要素为较低 ASIL 等级。否则，由于缺乏免于干扰的证据，应将共存安全相关的子要素的最高 ASIL 等级分配给该子要素。

（参考 ISO 26262-9: 2018）

不管是子要素共存的依据还是 ASIL 分级后的功能独立性要求的符合性，都指向了一项活动，那就是 DFA。

15.2　DFA 与其他安全分析方法之间的关系

首先从笔者的角度来看，支持安全设计活动的方法都可以算作安全分析方法，比如 FMEA、FTA、FMEDA，当然也包括 DFA。

所以，问题更多是这样的：已经做了 FMEA、FTA 和 FMEDA 等安全分析活动，为什么还要做 DFA？DFA 与其他安全分析方法之间是什么关系？

以下是标准中的一些描述，答案就在这些描述中。

Both systematic failures and random hardware failures have the potential to be dependent failures.
（参考 ISO 26262-9: 2018, 7.4）

The identification of the potential for dependent failures can be based on deductive analyses, e.g. examination of cut sets or repeated identical events of an FTA.
（参考 ISO 26262-9: 2018, 7.4）

The identification of the potential for dependent failures can also be supported by inductive analyses, e.g. similar parts or components with similar failure modes that appear several times in an FMEA.
（参考 ISO 26262-9: 2018, 7.4）

The safety analysis primarily focuses on identifying single-point faults and dual/multiple-point faults to evaluate the targets for the ISO 26262-5 metrics and define safety mechanisms to improve the metrics if required. The DFA complements the analysis by ensuring that the effectiveness of the safety mechanisms is not affected by dependent failures initiators.

（参考 ISO 26262-11: 2018, 4.7.2）

解读 实施 DFA 首先需判定是否存在相关失效，具体通过识别相关失效引发源（Dependent Failure Initiator, DFI）来实现。识别相关失效引发源可以通过 FMEA 或 FTA 完成，正如上文标准所述。DFA 是对 FMEA、FTA 等安全分析方法在安全设计验证方面的进一步补充。例如，对于分析安全机制的有效性，FMEA、FTA 得出的结论可能会受到某些未覆盖因素的影响，DFA 则考虑了系统要素间的交互关联、操作因素以及外部因素的影响。DFA 通过深入分析这些因素，可以进一步确认安全机制的有效性是否受到影响。因此，DFA 的作用类似于系统理论过程分析（System Theory Process Analysis，STPA），它能够覆盖 FMEA、FTA 等安全分析方法未能触及的范围，特别是同时导致多因素之间交互失效的因素。

15.3　DFA 实施的相关要求

DFA 方法用于识别和分析给定要素之间可能的共因失效和级联失效，评估其违反安全目标的风险，并在必要时定义安全措施以减小此类风险。

标准对于实施 DFA 提出了一些要求和建议，具体如下。

1）应按照 ISO 26262-9: 2018 中第 8 章的要求，识别出相关失效的潜在可能性。

2）应评估识别出的每个相关失效的潜在可能性，并判定其合理性，即是否存在导致相关失效并违背给定要素间所要求的独立性或免于干扰的合理预见原因。

3）应考虑分析相关项或要素的运行工况及其各种运行模式。

4）在 DFA 方法实施时，相关失效引发源的考虑方向如下。

a）随机硬件失效。例如：共用模块的失效，如大规模集成电路（微控制器、ASIC 等）的时钟、测试逻辑和内部电压调节器的失效。

b）开发错误。例如：需求错误、设计错误、实施错误、使用新技术导致的错误，以及更改时引入的错误。

c）生产错误。例如：过程、流程和培训的相关错误，控制计划和特殊特性监控中的错误，软件更新和下线更新相关的错误。

　　d）安装错误。例如：线束布置错误、器件互换性错误、相邻项或要素失效。

　　e）服务错误。例如：过程、流程和培训相关的错误，问题处理相关的错误，器件兼容性相关的错误，以及不兼容导致的错误。

　　f）环境因素。例如：温度、湿度、污染、腐蚀等。

　　g）共同外部资源或信息失效。例如：供电故障、输入数据错误、系统间数据总线故障和通信故障等。

　　h）在特定工况下的压力。例如：高工作负载、极端用户输入、来自其他系统的请求、热冲击和机械冲击等。

　　i）老化和磨损。

　　下文讲解DFA具体分析步骤时会进一步说明这些失效考虑方向。

　　5）相关失效的合理解决措施包括预防根本原因的措施、控制失效影响的措施或减少耦合因素的措施。

　　6）应有适当的细节和严格性，以证明要素达到所要求的独立性或免于干扰。

　　7）应依照ISO 26262-8: 2018第9章，对相关失效分析活动进行验证。

解读 以上条款不仅对DFA提出了要求，还提供了一些实施思路，例如，可以从安全分析的结果中识别相关失效的潜在可能性，需要考虑所识别相关失效的合理性，可以从上述a)～i)的方向去识别相关失效引发源，需要为分析得到的相关失效定义解决措施，分析完成后要对该活动进行验证。

15.4　DFA六步法

　　DFA方法的重点在于识别相关失效引发源，然后对识别到的失效引发源进行类似于FMEA的影响分析及风险评估。

　　结合标准ISO 26262-11: 2018中第4.7.6节提到的DFA工作流程，笔者将DFA方法分析步骤概括为6个过程，简称"**DFA六步法**"，具体见图15-2。

图 15-2　DFA 工作流程

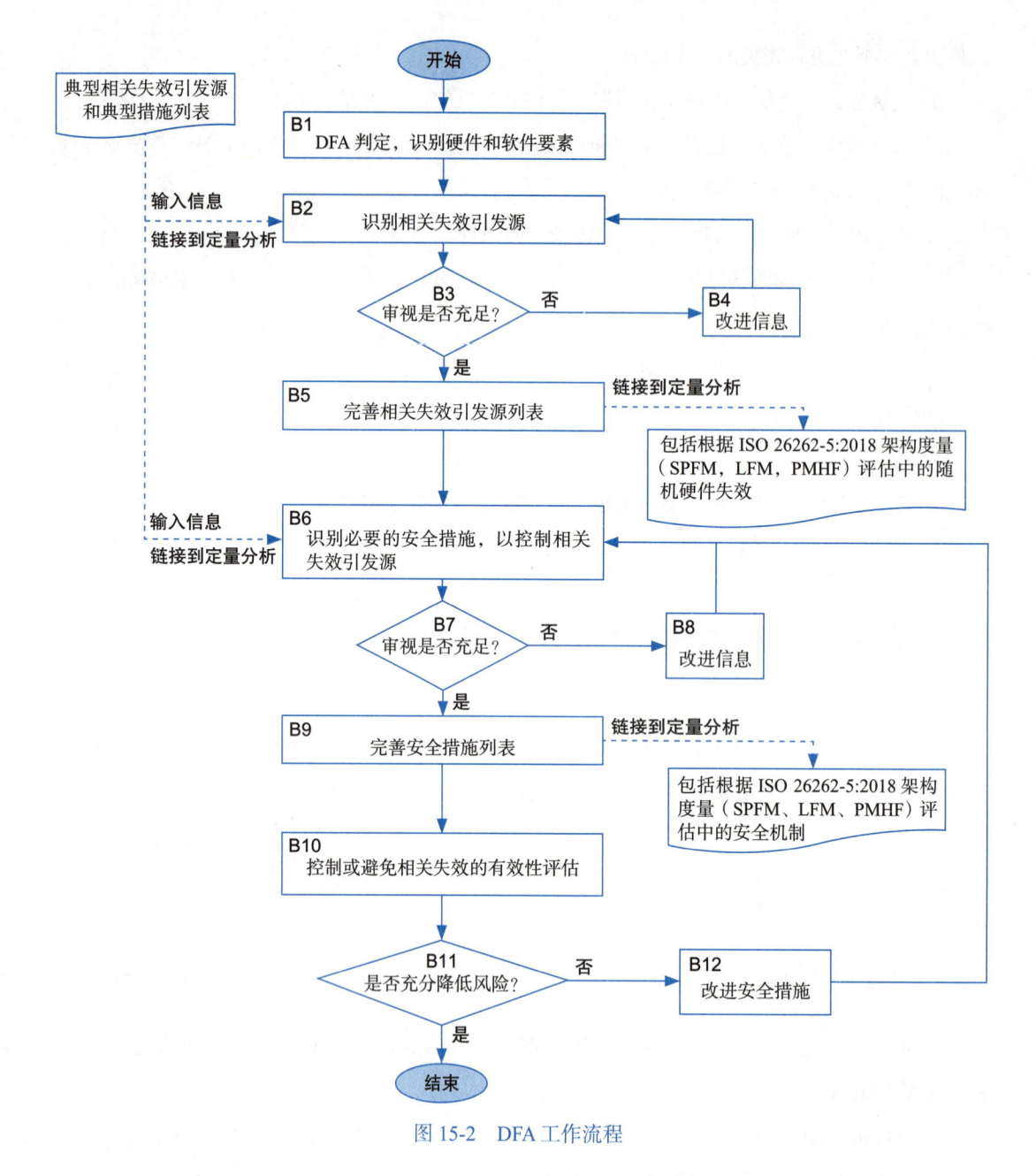

1. 第一步：准备和规划

在进行任何分析之前，首先需要识别所需的基本输入数据和资源，DFA 方法也不例外。根据收集到的相关输入数据和匹配资源，规划 DFA 活动的实施。

根据所分析层级的情况，DFA 方法的输入信息会有所差异。比如，系统 DFA 所需的基本输入信息参考如下。

1）安全计划。

2）系统需求规范（包含功能列表）。

3）系统架构设计规范。

4）系统 FMEA。

5）系统 FTA（如适用）。

6）系统 DFA 模板及指南。

2. 第二步：创建耦合因素分类列表

基于系统架构特征对架构要素间的功能相关性进行分析。实施 DFA 时，可考虑以下架构特征来识别架构要素间可能存在的耦合因素。

- 相似和不相似的冗余要素。
- 由相同软件或硬件要素实现的不同功能。
- 功能及相关安全机制。
- 功能的分割或软件组件的分隔。
- 硬件组件之间有隔离或无隔离。
- 共同的外部资源。

组织可以在上述架构层面耦合因素考量的基础上进一步扩充，并对列表中的每一项进行编号，以形成一份相关失效耦合因素类别检查清单。图 15-3 展示了架构要素间耦合因素类别参考框架。

3. 第三步：创建架构要素与功能相关性矩阵

根据架构设计规范中对构成要素及其功能的定义，以已定义的要素功能编号为基础，在当前架构层面对这些功能进行两两遍历分析，并建立一个二维矩阵来表示功能的相关性。

对于判断二维矩阵中各要素功能间是否存在依赖关系、通过哪些方式产生依赖，以及可能存在的依赖关系，可以基于第二步创建的耦合因素类别检查清单进行逐项分析。

架构要素的功能相关性矩阵示例参见表 15-1。

表 15-1 中的 b、c 等编号来源于第二步中创建的耦合因素类别项目的编号，组织可自行定义编号方式。

注：在进行要素的功能依赖性分析之前，可以在架构层面先识别要素间的相关性。这为后续的功能相关性分析提供了框架性参考，使分析思路更加清晰。

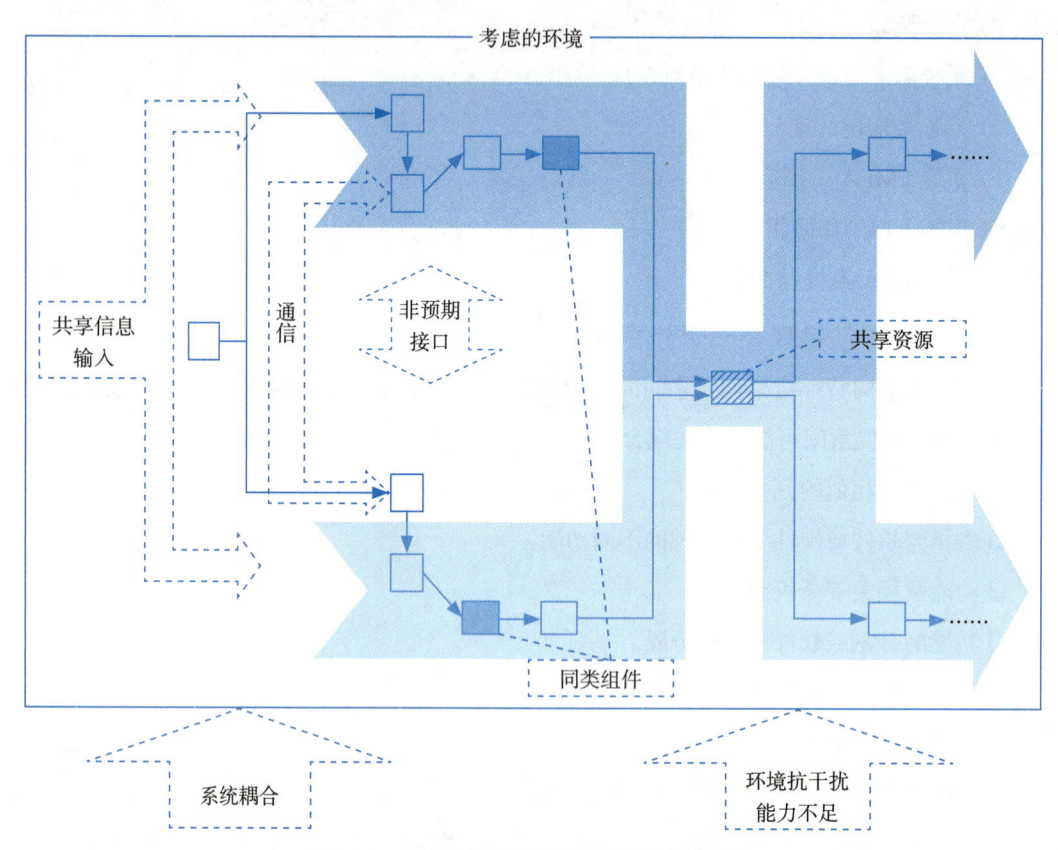

图 15-3　架构要素间耦合因素类别参考框架

表 15-1　架构要素的功能相关性矩阵示例

功能名称	功能编号	MF_01	MF_02	MF_03	MF_04	MF_05	MF_06	……
车辆上下电控制	MF_01	/	g	g	g	g	g	……
能量回馈管理	MF_02	/	/	i	i	i	i	……
高压能量管理	MF_03	/	b	/	/	/	/	……
低压能量管理	MF_04	/	/	j	/	/	/	……
能耗和功率估算	MF_05	/	/	/	/	j	/	……
充电模式管理	MF_06	/	/	/	/	c	/	……
……	……	……	……	……	……	……	……	……

4. 第四步：创建相关失效引发源列表

可以根据前文提供的相关失效引发源的考虑方向，并结合第二步中提到的要素间的耦合因素类别参考框架来识别相关失效引发源。

以下是相关失效引发源的分类。

- 共享资源的失效。
- 单一物理根本原因。
- 环境类故障。
- 开发类故障。
- 制造类故障。
- 安装类故障。
- 服务类故障。

以上分类可以在第二步中预先定义好。

定义的相关失效引发源类别可以作为相关失效分析检查清单，应用于任何开发层面，包括系统、软件、硬件和半导体层面。这些类别针对的是可能引发相关失效的广泛分类，具体应用于不同层面的分析时可以进一步细化，即需要细化出更多的相关失效引发源子项，形成一份详细的相关失效引发源列表，以更好地对应所分析架构层面的功能要素。

表 15-2 提供了相关失效引发源耦合因素在系统、软件、硬件和半导体层面细化应用的示例。一些例子可以属于多个耦合因素类别，例如软件标定参数可以被视为共享资源或共享信息输入。

下面的内容展示了共享资源失效中的随机硬件故障导致的失效。

- 共用时钟要素（包括 PLL、时钟树、时钟使能信号等）的失效。
- 共用测试逻辑和共用调试逻辑的失效，其中，共用测试逻辑包括 DFT（可测试性设计）信号和扫描链等；共用调试逻辑包括调试路由网络（该网络提供对模拟信号或数字信号进行访问，也可能打开数字寄存器使其可被读取）和跟踪信号（同步跟踪一个或多个信号的机制，例如由触发器或跟踪时钟控制，然后读取结果）。
- 电源要素的失效，包括电源分配网络、共用电压调节器、共用参考源（例如带隙、偏置发生器和相关网络）；非同步电源开启可能导致门锁或高冲击电流等影响。
- 共用复位逻辑（包括复位信号在内）的失效。

□ 共享模块（例如：RAM、闪存、ADC、定时器、DMA、中断控制器、总线等）的故障。（参考 ISO 26262-11: 2018, Table 21）

环境条件导致的系统相关失效引发源包括温度、振动、压力、湿度/凝露、腐蚀、电磁干扰、外部施加的过压、机械应力、磨损、老化、水和其他液体侵入。（参考 ISO 26262-11: 2018, Table 23）

表 15-2 相关失效引发源耦合因素在不同层面的应用示例

耦合因素类别	对应相关失效分类(参考 ISO 26262-9: 2018,7.4.4)	系统层面的示例	硬件层面的示例	软件层面的示例	半导体层面的示例
共享资源：相同的软件、硬件或系统元素实例由两个元素使用，因此这两个元素会受到共享资源失效或者不可用的影响	• 随机硬件失效 • 共同外部资源失效	• 电源（参见环境抗干扰力不足） • 线束 • 数据和通信总线	• 时钟 • 两个关闭通道使用的相同 H 桥 • 插座、插头连接器	被其他 2 个软件组件使用的软件组件，例如，数学或其他库、I/O 程序、驱动、多个软件要素使用的硬件资源	GB/T 34590-11：2022 中的"共享资源失效"和"单个物理性根本原因"
共享信息输入：从功能的角度看，即使在没有共享资源的情况下，连接到相同信息源的两个功能也会使用相同的信息	随机硬件失效	• 外部消息（例如 CAN、AUTOSAR RTE 消息） • 外部物理信号（例如磁场、远程、无线电信号） • 雷达、光学传感器检测到的数据	原始数字或模拟信号源	• 对于两个软件函数的全局常量或变量 • 由一个软件函数传递给多个其他函数的数据、参数、消息 • 软件标定参数	GB/T 34590-11：2022 中的"共享资源失效"
环境抗干扰力不足：相同或相似的物理特性的要素，可能会受到相同的外部环境干扰的影响	• 环境因素 • 特定工况下的压力	……	……	……	……

5. 第五步：实施相关失效影响分析

根据第三步中识别出的架构要素间的功能相关性及耦合因素所属类别，并结合第四步中识别出的相关失效引发源，对架构中每一个构成要素进行影响分析。

根据所分析的相关失效影响定义相应的应对措施，这部分分析类似于 FMEA 方法的分析方式，其中所定义的应对措施也可分为预防型控制措施和探测型控制措施。标准将相关失效的控制措施分为以下两类：

1）防止相关故障违背安全目标的措施。

2）防止运行期间发生相关失效的措施。

第四步中提到的共享资源失效中的随机硬件故障导致的失效，对应的应对措施如下。

(1) 防止相关故障违背安全目标的措施

- 对共享资源进行专用独立监控，例如，时钟监控、电压监控、存储器 ECC、配置寄存器内容上的 CRC。
- 针对软错误或特定冗余功能进行选择性加固。
- 共享资源在启动时、运行时或运行期间进行自检。
- 影响的多样化设计，例如，主核与检测核之间的时钟延迟、多样化的主核与检测核、不同的关键路径。
- 间接检测共享资源的失效，例如，在共享资源失效时，开启功能循环自检机制。
- 使用特殊传感器进行间接监控，例如用作共因失效传感器的延迟线。

（参考 ISO 26262-11: 2018, Table 21）

(2) 防止运行期间发生相关失效的措施

- 故障避免措施（例如保守的规范）、共享资源中的功能冗余（例如多个过孔/触点）。
- 故障诊断（例如识别和隔离失效的共享资源，重新配置或替换失效的共享资源，以及相应的设计规则）。
- 专用生产测试（例如，能够发现复杂故障的 SRAM 测试）。
- 减少共享资源数量或范围，比如内存隔离措施。
- 降低敏感性的自适应措施（例如电压降低工作频率降低）。

（参考 ISO 26262-11: 2018, Table 21）

这一步是 DFA 的主体分析环节，需要将之前几个步骤的分析结果串联在一起进行分析，即要在此环节充分展示"识别要素间的耦合类别→具体的相关失效引发源→相关失效影响→应对措施"这个分析链条。

关于这一点，表 15-3 展示了激光雷达供电模块的相关失效分析示例。

6. 第六步：整理和转化分析成果

这一步其实类似于 FMEA 七步法中的第七步，即对分析后的成果进行整理，形成可追溯的结果。完成 DFA 的主要分析活动之后，需要对分析得到的相关失效引发源及应对措施进行收集和整理，形成对应产品的典型失效引发源列表及应对措施列表。某些措施在本分析活动中可能会多次出现，整理过程中需要进行合并处理。

表 15-3　激光雷达供电模块的相关失效分析示例

存在相关影响的架构要素	耦合因素类别	相关失效类别	对应架构层级的相关失效引发源（DFI）	相关失效分析（DFA）			备注
^	^	^	^	DFI 描述	相关失效模式（DFM）	失效影响	应对措施 |^
供电模块	其他要素	• 共享资源 • 相同的软件、硬件或系统元素实例由两个元素使用，因此这两个元素会受到共享资源失效或不可用的影响	a) 随机硬件故障 g) 共同外部资源失效	供电模块失效	系统中的不同要素使用相同的电源输入	CCF	主电源失效→多个模块功能失效→点云数据输出失败	• 电源应考虑噪声过滤设计 • 电源应考虑防短路和反接保护设计 • 雷达和域控之间应具有心跳机制或类似机制 ……	

另外，DFA 活动得到的应对措施可能会与 FMEA、FTA、FMEDA 等安全分析活动得到的措施重叠，这在最终整理成需求时追溯到同一条需求即可。其实，这也说明了不同分析之间存在相互补充、相互校验的关系。

对分析成果进行收集和整理的最终目的是使分析可追溯。对相关失效分析成果的整理可以从以下两个方面入手。

（1）相关失效引发源及其影响的整理

当完成某一产品的相关失效分析后，需要对该产品的相关失效引发源（这部分基本是通用的）及其影响进行收集整理并条目化。这样，相关失效引发源的列表及其影响就可以通过对应编号进行追溯。

（2）相关失效应对措施的整理

针对第（1）条中整理的条目化的相关失效引发源及其影响，收集、整理对应的应对措施并对每一条措施进行编号，这样就建立起了相关失效影响及其应对措施的追溯体系。

通过以上操作，可以很好地实现 DFA 方法分析成果的内部可追溯。至于 DFA 方法分析成果与其他活动之间的可追溯性，比如 DFA 与 FMEA、FTA、FMEDA 或 TSR 等，不论是识别的失效模式与相关失效引发源之间，还是相关失效应对措施与安全需求之间，只要各自都有对应的编号，双方之间就能建立追溯关系。

由于每个组织都有自己的一套开发流程和方法论，因此过程活动的可追溯性可以结合组织自身的情况（如既有流程、既有方法、既有工具、既有架构等）自行定义，只要能保证分析成果在设计中的应用可追溯即可。

15.5 本章小结

本章从为什么要实施 DFA 讲起，并介绍了 DFA 实施相关要求，以及与其他分析方法之间的关系，最后讲解了"DFA 六步法"的实际操作细节，即"通过分析前的准备与规划→创建耦合因素类别列表→识别要素间的耦合类别→识别相关失效引发源→相关失效影响分析→分析成果整理和转化"这个链条向大家结构化地呈现了 DFA 的具体分析方法。希望本章能为大家在实施 DFA 时提供有价值的参考。

第 16 章

ASIL 等级分解

ASIL 等级分解是功能安全中的一个重要概念，从事过功能安全项目相关工作的小伙伴应该对这个术语耳熟能详。很多组织可能是基于已有成熟项目来实施功能安全的，因此对 ASIL 等级分解的需求很高，但面临很大的挑战。首先，ASIL 等级分解本身是功能安全的一个难点；其次，现有设计难以支持 ASIL 等级分解的成功实现。

本章将讨论 ASIL 等级分解的原理，结合示例讲解 ASIL 等级分解的误区和要点，希望能给大家在实际 ASIL 等级分解时带来启发。

16.1 ASIL 等级分解相关概念及要求

ASIL 等级分解是 ISO 26262 标准中的一个重要概念，旨在降低功能安全开发难度，同时确保系统的整体安全。ASIL 等级分解是指将一个高 ASIL 等级的安全要求分解成两个独立且易于实现的要求，并将这些要求分配到彼此独立的要素上，同时这些独立要素合力实现的功能要满足初始安全要求。

接下来谈谈 ASIL 等级分解的具体概念及要求。

16.1.1　ASIL 等级分解的概念

首先，让我们看看标准中如何定义 ASIL 等级分解的概念以及提到的相关要求。以下是摘录的部分标准内容。

标准原文 ASIL decomposition

apportioning of **redundant safety requirements** to elements, with sufficient independence, conducing to the same safety goal, with the objective of reducing the ASIL of the redundant safety requirements that are allocated to the corresponding elements.

（参考 ISO 26262-1: 2018, 3.3）

解读 从以上定义中可以得出几个 ASIL 等级分解的关键点。首先，ASIL 等级分解会涉及需求的冗余；其次，承载这些冗余需求的要素之间必须相互独立，以降低分配给某一要素所需承担的 ASIL 等级。

标准原文 ASIL decomposition is an ASIL tailoring measure that can be applied to the functional, technical, hardware or software safety requirements of the item or element.

（参考 ISO 26262-9: 2018, 5.2）

标准原文 In general, ASIL decomposition allows the apportioning of the ASIL of a safety requirement between several elements that ensure compliance with the same safety requirement addressing the same safety goal.

（参考 ISO 26262-9: 2018, 5.2）

解读 这段描述有些拗口，但实际上揭示了 ASIL 等级分解的核心之———ASIL 等级分解不挑分配对象。这意味着，当有一个安全要求需要满足时，这个要求可能涉及多个不同的系统或组件（即"要素"）。这些要素共同工作以确保整个安全目标的达成。ASIL 等级分解允许将这个安全要求的 ASIL 等级分解到这些不同的要素上。

举个例子，假设有一个安全目标是确保车辆在行驶过程中不会突然失控。为了达到这个目标，可能涉及两个要素：一个是刹车系统，另一个是电子稳定控制系统。这两个系统都需要为实现目标而服务，因此可以根据这两个系统的具体情况，将分解后的需求分配给每一个系统。

标准原文 ASIL decomposition between an intended functionality and its corresponding safety mechanism is allowed **under certain conditions.**

(参考 ISO 26262-9: 2018, 5.2)

Q：这里的"under certain conditions"（特定条件）是指什么？为什么这种类型的分解需要强调"特定条件下"？

16.1.2 ASIL 等级分解要求

以下摘录了标准对于 ASIL 等级分解需要满足的一些要求和建议（参考 ISO 26262-9:2018 第 5.4 节）。

1）进行 ASIL 等级分解时，应考虑每一个初始安全要求。

初始安全要求应分解为冗余安全要求，并由独立的要素来实现。如果 DFA 未能找到导致违反初始安全要求的合理原因，或者根据初始安全要求的 ASIL 等级，所识别的相关失效的每个原因都被充分的安全措施所控制，则这些要素具有充分的独立性。

解读 这条要求描述了 ASIL 等级分解的核心之一，即 ASIL 等级分解必然会导致需求的冗余，且分解后的冗余需求需要相互独立的要素去实现，这是分解的必要条件。要素间的独立性可通过 DFA 来提供证据。

2）分解后的每个安全要求应符合初始安全要求。

针对硬件架构度量的评估要求和随机硬件失效导致违背安全目标的评估要求，应在 ASIL 等级分解之后保持不变。

初始安全要求分解后的要求分配给预期功能及相关安全机制实现，初始安全要求分解后的较高 ASIL 等级应分配给相关安全机制；

安全要求应分配给预期功能，并按照相应分解后的 ASIL 等级实现。

解读 这条描述实际上给出了 ASIL 等级分解的一种方案，即在预期功能和相关安全机制之间进行分解，并且给出了分解后的要求分配原则——谁负责功能安全，谁承担更高等级的 ASIL，总体上都是为了减轻预期功能的负担。

Q：既然预期功能和相关安全机制之间存在 ASIL 等级分解的可行性，那么微控制器和看门狗之间是否可以进行 ASIL 等级分解？

3）应至少按照分解后的 ASIL 等级要求，在系统层面、硬件层面和软件层面开发分解后的要素，但硬件架构度量的评估和随机硬件失效导致违背安全目标的评估应按照原始的 ASIL 等级的要求执行。

解读 这条要求明确了 ASIL 等级分解后的开发边界，即要素功能的开发可以按照分解后的要求进行，但硬件架构层面的度量评估需按照分解前的 ASIL 等级进行。

4）分解后的要素的相关集成活动及后续活动（包括验证和认可措施实施）均应按照分解前的 ASIL 等级的要求进行。

解读 这条要求明确了在完成 ASIL 等级分解后的验证范围（即集成和更高层面的验证活动），应按照分解前的 ASIL 等级要求进行。

根据以上的要求和建议可知，ASIL 等级分解意味着需要独立的冗余要求来实现分解前的要求。在分解后的设计和验证活动中，具体活动的执行依据其属性和层级的不同而不同，有些可以直接按照分解后的 ASIL 等级要求执行，有些则需依据分解前的 ASIL 等级要求执行。虽然分解造成了要求的冗余，但执行的活动数量既不需要过多也不能过少。

16.2 ASIL 等级分解的目的

简单来说，ASIL 等级分解的目的是降低成本，基于合理可行的原则实现成本和效益的平衡。通过将安全要求分解为更小的要求，可以降低开发的复杂性，使开发人员更专注于每个部分的具体实现。此外，通过合理分配 ASIL 等级，可以避免对整个系统施加过高的安全要求，从而节约开发成本。

ASIL 等级分解是在概念和各个开发阶段进行 ASIL 等级剪裁的一种方法。在安全要求分配过程中，可从包括存在充分独立的架构要素的架构决策中获得益处，这提供了以下机会。

——通过这些独立的架构要素冗余来实现安全要求。

——为这些（或其中一部分）分解后的安全要求分配更低的 ASIL 等级。

（参考 ISO 26262-9: 2018, 5.2）

> **解读** 如何通过 ASIL 等级分解降低活动成本？一种方式是通过 ASIL 等级分解将高等级的安全要求分解成多个低等级的要求，从而降低设计实现的难度；另一种方式是将当前要求中承担高 ASIL 等级要求的要素转移给其他要素实现，从而减少对现有成熟设计的改动，在一定程度上降低实现难度，进而降低整体的开发成本。

想要从 ASIL 等级分解中获益，前提是满足独立性要求，不能为了分解而分解。

16.3 ASIL 等级分解原理

图 16-1 展示了整体的 ASIL 等级分解原理。

ASIL D	ASIL D	ASIL D	ASIL D
	ASIL C (D) / ASIL A (D)	ASIL B (D) / ASIL B (D)	ASIL D (D) / QM (D)
ASIL C		ASIL C	ASIL C
		ASIL B (C) / ASIL A (C)	ASIL C (C) / QM (C)
ASIL B		ASIL B	ASIL B
		ASIL A (B) / ASIL A (B)	ASIL B (B) / QM (B)
ASIL A			ASIL A
			ASIL A (A) / QM (A)

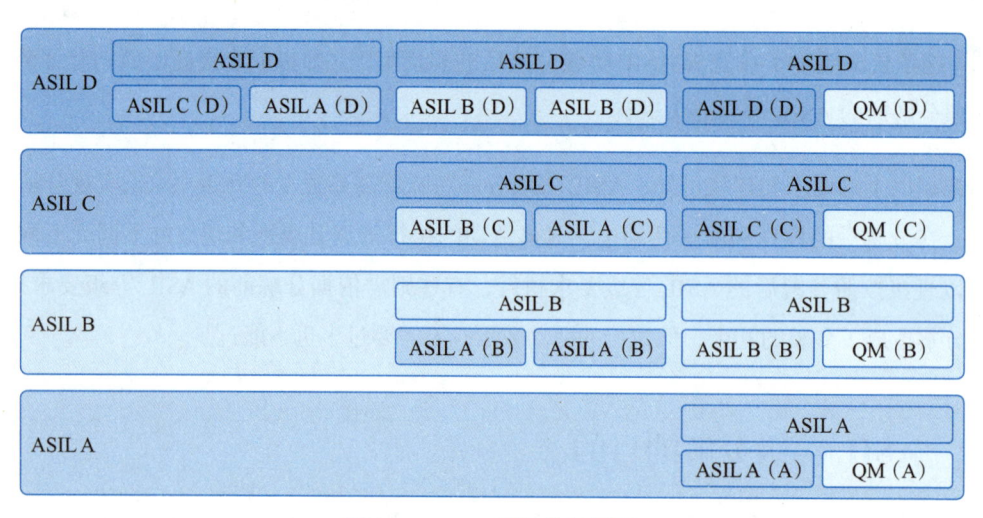

图 16-1　ASIL 等级分解原理

可以按以下方案分解 ASIL D 的要求。

1）ASIL C(D) + ASIL A(D)。

2）ASIL B(D) + ASIL B(D)。

3）ASIL D (D) + QM (D)。

可按以下方案分解 ASIL C 的要求。

1）ASIL B (C) + ASIL A (C)。

2）ASIL C (C) + QM (C)。

可按以下方案分解 ASIL B 的要求。

1）ASIL A(B) + ASIL A(B)。

2）ASIL B(B) + QM(B)。

如有需要，ASIL A 只应被分解为一个 ASIL A (A) 的要求和一个 QM (A) 的要求。

16.3.1　ASIL 等级分解的数学原理

先简单地将 ASIL A、ASIL B、ASIL C、ASIL D 四个等级分别赋值为 1、2、3、4，QM 对应的量化值为 0，对应分解后的量化值遵循以下数学原理，即 QM(X) = 0，ASIL A(X) = 1，ASIL B(X) = 2，ASIL C(X) = 3，ASIL D(X) = 4。

结合上述的 ASIL 等级分解方案和数学原理，两者的融合表示参考如下。

（1）ASIL D 分解的数学原理

图 16-2 展示了 ASIL D 的分解原理。

ASIL D	ASIL D	ASIL D	ASIL D
	ASIL C（D） / ASIL A（D）	ASIL B（D） / ASIL B（D）	ASIL D（D） / QM（D）

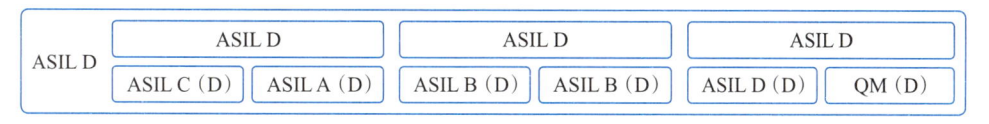

图 16-2　ASIL D 的分解原理

图 16-2 所示分解原理可解释为 ASIL D = ASIL C(D) + ASIL A(D) = ASIL B(D) + ASIL B(D) = ASIL D(D) + QM(D)，对应的数学表达为 4 = 3 + 1 = 2 + 2 = 4 + 0。

（2）ASIL C 分解的数学原理

图 16-3 展示了 ASIL C 的分解原理。

ASIL C	ASIL C	ASIL C
	ASIL B（C） / ASIL A（C）	ASIL C（C） / QM（C）

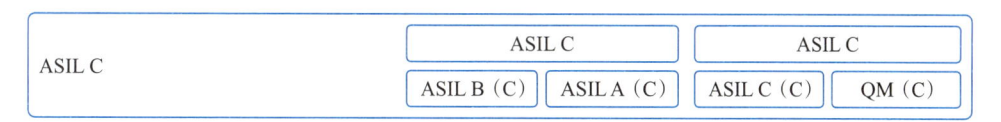

图 16-3　ASIL C 的分解原理

图 16-3 所示的分解原理可解释为 ASIL C = ASIL B(C) + ASIL A(C) = ASIL C(C) + QM(C)，对应的数学表达为 3 = 2 + 1 = 3 + 0。

（3）ASIL B 分解的数学原理

图 16-4 展示了 ASIL B 的分解原理。

图 16-4 所示的分解原理可解释为 ASIL B = ASIL A(B) + ASIL A(B) = ASIL B(B) + QM(B)，

对应的数学表达为：2 = 1 + 1 = 2 + 0。

ASIL B	ASIL B	ASIL B
	ASIL A（B） ASIL A（B）	ASIL B（B） QM（B）

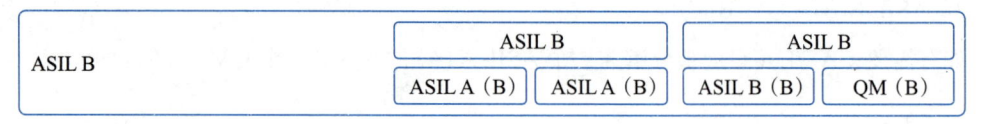

图 16-4　ASIL B 的分解原理

（4）ASIL A 分解的数学原理

图 16-5 展示了 ASIL A 的分解原理。

ASIL A	ASIL A
	ASIL A（A） QM（A）

图 16-5　ASIL A 的分解原理

图 16-5 所示的分解原理可解释为 ASIL A = ASIL A(A) + QM(A)，对应的数学表达为：1 = 1 + 0。

单从 ASIL 等级分解的数学原理来看，ASIL 等级分解的原理简单易懂，但要成功实现 ASIL 等级分解，除了要满足上文提到的标准要求外，还需要正确理解 ASIL 等级分解的核心概念，并正确地实施 ASIL 等级分解。

16.3.2　ASIL 等级分解要点

要理解 ASIL 等级分解的要点，先从 ASIL 等级分解的本质谈起。如图 16-6 所示，通过不同的功能分解来实现 ASIL 等级分解。

要点 1：ASIL 等级分解本质上是对功能的分解，即分解后的功能需要协同实现分解前的功能，并且承担分解后功能的要素必须满足独立性要求。

要点 2：ASIL 等级分解并不会降低系统风险。

需要明确的是，实行 ASIL 等级分解意味着存在功能上的冗余，冗余设计的目的是提高系统的可靠性，并降低单一故障导致系统失效的风险。另外，ASIL 等级分解的功能冗余目的是实现原 ASIL 等级要求的功能。

图 16-6　ASIL 等级分解的本质

按照风险的概念，风险等于事故发生概率乘以事故后果严重度，数学表达式为 $R=f(p, s)$，其中 R 表示风险，p 表示事故发生概率，s 表示事故后果严重度。ASIL 等级分解的目的是实现特定功能，而系统发生故障的概率和严重度并不会因 ASIL 等级分解而受影响，所以系统整体的风险并未降低。

要点 3：在 ASIL 等级分解后的架构中，要求每个分配到要求的要素具备控制系统进入安全状态的能力。只有当所有要素同时违背了分解后的安全要求时，才会违背相关的安全目标。

假设一个 ASIL C 功能被分解为两路冗余（ASIL B(C) + ASIL A(C)）来实现，如图 16-7 所示。任何一路发生短路故障，另一路仍然能正常断开电机控制回路，维持系统的安全运行。只有在两路同时发生短路故障时，系统才无法进入安全状态。

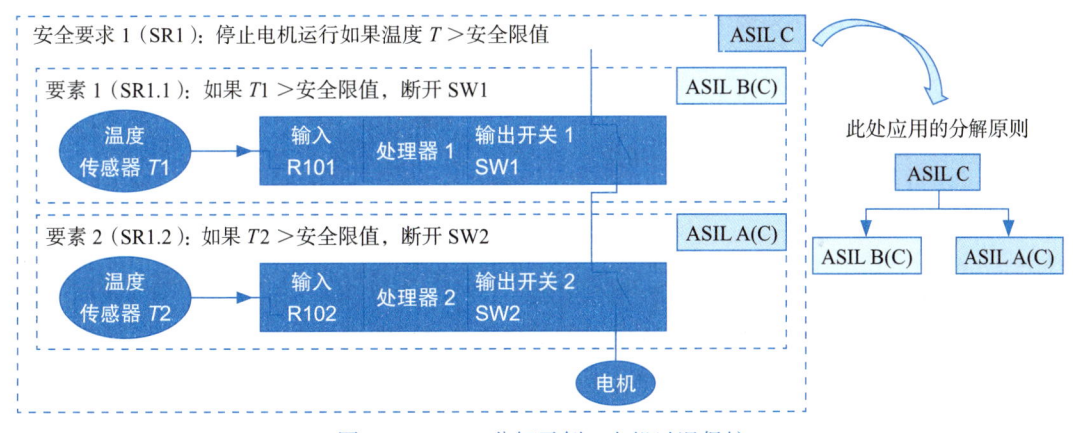

图 16-7　ASIL 分解示例：电机过温保护

注：需注明要素 1 和要素 2 之间的独立性

16.4　ASIL 等级分解实践

根据上文提到的 ASIL 等级分解要求、原理和要点，接下来结合示例进行 ASIL 等级分解实践，以加深对 ASIL 等级分解的理解。

图 16-8 所示为电子转向锁（ESL）初始架构。该装置的目的是在车辆锁车后锁定螺栓插入转向柱，从而防止未经授权的操作。

在该示例中，微控制器从 CAN 总线上接收所需的消息进行处理和验证，以发出电机驱动信号，从而驱动电机在适当的时间以适当的方向操作螺栓，进而锁定或解锁转向柱。该相关项的其中一个安全目标如下。

图 16-8 ASIL 等级分解示例：ESL 初始架构

SG01：当车辆行驶时，转向锁不得非预期激活。[ASIL D]

假设经过分析发现，当前架构下使用微控制器和软件控制锁可能无法满足以下安全需求。

SR04：当通过 CAN 总线接收到车辆"锁定"信号时，微控制器应激活电机驱动器的驱动信号。[ASIL D]

为了满足该安全要求，尝试在原有架构上增加辅微控制器，并新增从 ABS/ESP 那里接收车速信号。更新后的架构如图 16-9 所示。

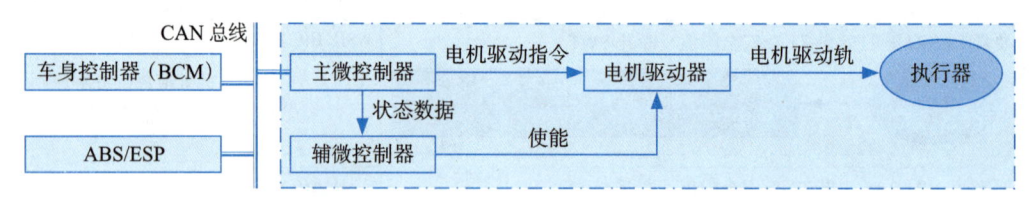

图 16-9 ASIL 等级分解示例：ESL 更新后的架构

基于更新后的架构尝试进行需求分解，得到以下分解后的需求。

SR04-01：当通过 CAN 总线接收到车辆锁定命令时，主微控制器应激活桥接驱动器的驱动信号。[ASIL B(D)]

SR04-02：当通过 CAN 总线接收到的车速表明锁定条件合理（即车辆静止）时，辅微控制器应激活桥接驱动器的使能信号。[ASIL B(D)]

Q：基于以上更新后的架构实施的 ASIL 等级分解是否可行？

接下来尝试分析该架构的 ASIL 等级分解，如图 16-10 所示。

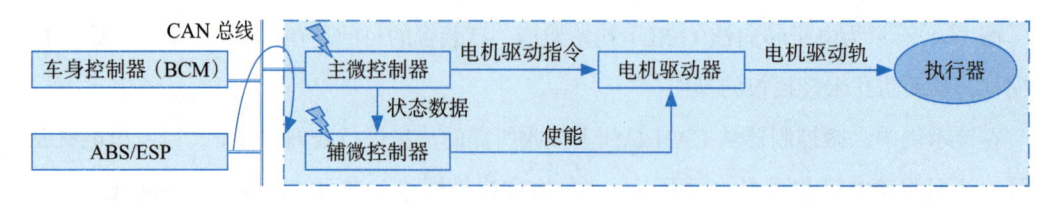

图 16-10 ASIL 等级分解示例：ESL 更新后架构的 ASIL 等级分解路径

基于该架构进行 ASIL 等级分解存在以下问题。

1）驱动器的控制输入信号（如锁车信号和车速信号）都通过同一路 CAN 总线接收。这意味着 CAN 总线故障可能成为一个共因失效来源。

2）新增的辅微控制器从主微控制器接收来自 CAN 总线的车速信号，这意味着两微控制器之间存在级联失效的可能性。

由此可知，该更新后的 ESL 架构不能满足要素间独立性的要求，且存在潜在的共因失效，因此基于该架构的 ASIL 等级分解不可行。为此，进一步对该架构进行优化，为辅微控制器配备单独的 CAN 总线，用于接收来自 ABS/ESP 的车速信号，从而独立于主微控制器实现 SR04-02。优化后的架构如图 16-11 所示。

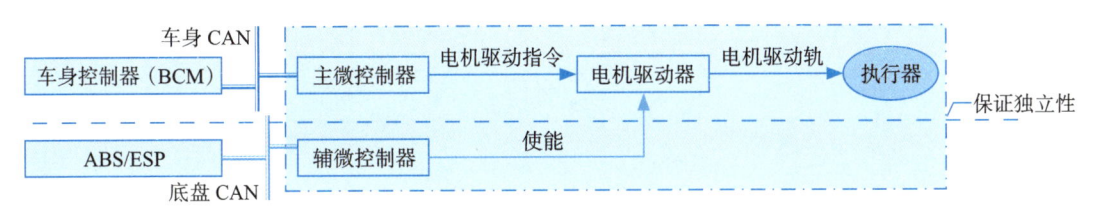

图 16-11　优化后的架构

实际上，ASIL 等级分解过程远比上方示例复杂。注意，一个经常被忽视的方面是微控制器的支持电路。在 ASIL 等级分解中，除了要确保没有共因失效，还应确保故障不会通过公共电源或公共时钟电路从一个微控制器传播到另一个微控制器。

16.5　本章小结

从根本上讲，ASIL 等级分解是对需求 / 功能的分解，组织应分析当前架构是否适合需求分解，即一个需求是否可以由不同的元素独立实现。如果这个问题的初步答案是肯定的，那么通过相关失效分析后，ASIL 等级分解可能值得考虑。

本章结合示例深入探讨了 ASIL 等级分解的动机、相关要求及概念，希望能加深大家对 ASIL 等级分解的理解，或带来一些新的认知。

后 记

对 ISO 26262 和 GB/T 34590 标准的系列应用经验的分享接近尾声了，感谢大家一直以来的支持与认可，也感谢大家提出宝贵意见和建议。由于写作水平有限，笔者将持续收集各位的问题反馈和改进建议。希望本书中的一些实践经验分享能给各位及所在组织带来价值。

当这本书编写接近尾声时，笔者的心情无比激动，同时也有种如释重负的感觉，终于给了期待本书的广大读者一个"答复"。回顾整个写作过程，笔者深感汽车功能安全这一领域的复杂性和挑战性。但正是这些挑战，让笔者更加坚定了探索、研究和实践的决心。

在本书中，笔者尝试从项目落地的角度对汽车功能安全全面深入地进行剖析，希望能够为读者呈现一个清晰、完整且具有实践指导意义的汽车功能安全知识体系，使读者能够更好地理解和掌握这一领域的关键技术和方法。

当然，笔者也深知书中存在的一些不足和疏漏。新的技术和方法不断涌现，它强调的是"state of the art"，这注定汽车功能安全将随着汽车技术的发展而不断演进。比如，自动驾驶技术的快速发展，仅是功能安全还不足以覆盖自动驾驶技术涉及的安全问题，还要同步考虑预期功能安全（SOTIF）和网络安全（CS）的问题。这就涉及在汽车安全方面进行多标准技术融合的问题，这也是笔者正在研究的重点。笔者将持续关注汽车安全领域的最新动态和研究成果，不断更新和完善本书的内容，并将开启对其他几个汽车安全关切点（如 SOTIF、CS）

的内容的写作，以期给读者带来更加全面的汽车系统安全相关标准的落地实践参考。

同时，笔者也期待与广大读者进行更多的交流与互动。希望本书能激发读者对汽车功能安全的兴趣、热情以及使命感，抱着对技术的敬畏之心，落实功能安全，同时推动标准在行业内的发展，促进该领域的学术研究和技术创新。

最后，再次感谢所有为本书出版付出努力的人。感谢业内专家和学者的悉心指导和宝贵意见，感谢编辑团队的辛勤工作和耐心修改。正是有了你们的支持和帮助，本书才能顺利完成。

让我们共同期待汽车功能安全领域的发展和创新，为构建一个更加安全、智能、环保的汽车世界而努力！

推荐阅读